저자

요한 볼프강 폰 괴테

Johann Wolfgang von Goethe

1749년 독일 프랑크푸르트에서 태어났다. 황제 고문관인 아버지와 시장의 딸인 어머니 사이에서 태어나 유복한 어린 시절을 보내며, 문학과 예술을 가까이 접했다. 8세에 시를 써서 조부모에게 보내고, 13세에 첫 시집을 낼 정도로 문학적 재능을 보였다.

1759년 '7년 전쟁'으로 프랑크푸르트에 프랑스 군대가 들어오면서 군정관 토랑 백작이 2년 정도 괴테의 집에 머물렀다. 이때 프랑스 문학, 미술, 연극에 깊은 관심을 갖게 되었다. 1765년 라이프치히 대학에서 법률을 공부했고 문학과 미술 분야에도 흥미와 소질을 보였다. 1772년 제국대법원에서 변호사 시보로 일하면서 알게 된 샤를로테 부프와 사랑에 빠졌다. 1774년, 이때의 경험을 소설로 옮긴 《젊은 베르테르의 슬픔》을 발표하면서 문단에 이름을 떨쳤다. 이후 독일 문학 최초의 사회 소설로 평가받는 《친화력》, 자서전의 백미 《시와 진실》, 《빌헬름 마이스터의 수업 시대》를 펴냈다. 1831년 필생의 대작 《파우스트》를 탈고하고, 이듬해인 1832년 자택에서 운명했다.

이탈리아 여행

지식향연 '뿌리가 튼튼한 우리말 번역'은
신세계그룹과 김영사가 함께 만든 인문 출판 브랜드입니다.

이탈리아 여행

발행 | **지식향연**
기획 | **신세계그룹**

ITALIENISCHE REISE

이탈리아 여행

요한 볼프강 폰 괴테 지음 | 안인희 옮김

지식향연

발간사

신세계는 인문학의 가치를 믿습니다.

밤하늘의 별이 더는 길을 일러 주지 않는 시대입니다. 삶의 의미와 인간성에 대한 믿음을 회복하는 데 이제는 인문학이 새로운 길잡이 역할을 하고 있습니다. 나의 본질을 들여다보고, 삶을 바꾸게 하는 힘. 이제까지 인류가 살아온 모든 시간, 얻어 낸 모든 통찰의 다른 이름이 바로 인문학이기 때문입니다.

신세계 '지식향연'은 인문학 중흥을 통해 행복한 대한민국 만들기를 희망합니다. 인간과 문화에 대한 지식과 지혜를 나누고 향유하는 '지식향연'은 인문학 예비 리더 양성, 인문학 지식 나눔을 목표로 2014년부터 수준 높은 인문학 강연과 공연을 제공해 왔습니다. 그리고 이제 인문학 콘텐츠 발굴 및 전파를 위한 '뿌리가 튼튼한 우리말 번역'을 세상에 내놓습니다.

뿌리가 튼튼한 나무는 바람에 흔들리지 않습니다. 우리 시대 최고의 인문학 서적을 번역하는 '뿌리가 튼튼한 우리말 번역'이 어떠한 시련과 도전에도 흔들리지 않는 나무를 키울, 작지만 소중한 씨앗이 되길 바랍니다.

신세계그룹

《이탈리아 여행》을 내며

"여행의 목적은 떠남이 아니라 여행 자체에 있다."

괴테의 말입니다. 괴테는 37세의 나이에 아무도 모르게 이탈리아로 떠납니다. 타들어 갈 듯한 갈증과 동경으로 서둘러 이탈리아를 찾은 괴테는 20개월간의 긴 여행을 끝내고 "익은 사과가 나무에서 떨어지는 것과 같은" 필연적인 여정이었다고 소회합니다. 이탈리아를 여행함으로써 마침내 성장의 정점을 이룬 괴테는 일생의 전환기를 돌아 이후에 대작들을 남깁니다.

괴테가 이탈리아에 머문 것처럼 17~19세기 유럽 상류사회에는 교육 여행이 유행했습니다. 이것을 '그랜드 투어'라고 하는데 주로 이탈리아로 짧게 유학을 했습니다. 자기 자신을 성장시키는 배움과 안목을 키우기 위해 길을 떠나는 것. 전인全人의 소양을 갖추려 다른 곳 다른 삶 속에서 역사, 문화, 예술, 자연을 체험하며 스스로를 갈고닦는 여정. 그 목적지가 세계 수도 로마와 르네상스의 불을 밝힌 이탈리아일 수밖에 없음은 유럽인들에게 당연한 것이었습니다.

괴테의 《이탈리아 여행》을 '지식향연'의 첫 책으로 선보이는 이유도 여기에 있습니다. 당시 유럽에서 그랜드 투어를 통해 인문학적 소양을 갖춘 리더들이 거듭났듯이, '지식향연'으로 펴내는 양서들이 우리 시대 청년들과 미래 인재들이 '그랜드 투어'를 이룰 수 있는 길목이 되기를 바라기 때문입니다.

대문호 괴테가 써 내려간 이탈리아에서의 삶은 뛰어난 문화 예술과 역사, 대자연을 그려 내며 내면의 성찰과 예술에 대한 열정을 그대로 보여 줍니다. 대문호의 천재성을 일깨우고 일생의 변화를 가져온 이탈리아 여행은 괴테에게 강력한 영향을 미칩니다. 이탈리아로의 그랜드 투어를 끝내고 수십 년에 걸쳐 남긴 기록인《이탈리아 여행》은 행간마다 늘어선 다양한 해석으로 온전히 읽어 내기가 쉽지 않은 작품입니다. 그럼에도 괴테의 여정을 따라 굵직한 역사의 순간에 함께 서 보고 밀도 높은 안목으로 소개하는 문화 예술에 감탄하다 보면 이탈리아뿐 아니라 괴테의 세심한 관찰과 내밀한 관계, 무엇보다 괴테 내면에 벅차오르는 성장 과정이 온전히 전해집니다. 더욱이 우리말에 충실한 번역 덕분에 매끄럽게 읽혀 어느새 대작을 읽는다는 부담감을 떨쳐내고 재미에 빠져듭니다.

《이탈리아 여행》은 1786년 9월부터 1788년 4월까지의 기록을 3부로 나누어 소개합니다. 시간 순서에 따라 1부는 북유럽에서 로마까지의 여행, 2부는 나폴리와 시칠리아 섬에 머문 기록이며, 3부는 1787년 6월에서 1788년 4월까지 두 번째로 로마에 체류하면서 기록한 글을 모았습니다. 특히 3부는 훗날 책을 내기 위해 기록, 편지, 보고 형식의 '뒷날 덧붙임'과 같은 다양한 형태의 글들이 편집되면서 좀 더 깊어진 예술에 대한 이상과 열정 등을 보여 줍니다.

우리의 연암 박지원이 1780년 중국 청나라를 여행하고《열하일기》를 내놓았듯, 인문학적 자양분이 풍요로운 이탈리아에서 괴테는 자아에 대한 성찰과 예술적인 탐구에 몰두하며 스스로 삶을 성장시키는 동력을 찾았던 것입니다. (아쉽고 분통한 일은, 연암의 조선이 역사적 비극으로 점차 빠져들어 간 것에 반해 괴테의 독일은 번영의 길로 나아갔다는 점이지요.)

중요한 사실은 괴테의 글이 호기심 어린 눈으로 좇는 기행기가 아닌 대문호의 삶을 이룬 결정적 체험의 기록이라는 점입니다. 독자께서 함께하는 괴테와의 이 여행이 새로운 인문학적 재미와 경험을 일깨우는 특별한 시간이 되기를 깊이 소망합니다.

지식향연 기획위원

카를스바트(카를로비 바리)
에거(헤프)
레겐스부르크
뮌헨
볼프라츠하우젠
베네딕트 보이어른
인스브루크
볼차노
트렌토
말체시네
비첸차
밀라노
베로나
파도바
베네치아
피아첸차
파르마
페라라
모데나
볼로냐
지레도
피렌체
아레초
시에나
페루지아
아시시
폴리뇨
로마
벨레트리
폰디
나폴리
폼페이
카프리 섬
파에스툼
팔레르모
메시나
알카모
에트나 산
시아카
카타니아
괴테의 주요 이동 경로

차례

일러두기

1. 번역 텍스트로는, Johann Wolfgang Goethe, *Italienische Reise*, S. Fischer Verlag(Frankfurt am Main) 2013을 기반으로 삼고, Insel Taschebuch 1976년 판을 참고했다. 그 밖에 영역판, Johann Wolfgang von Goethe, *Italian Journey*, translated by Collins 1962, published by Penguin Group(London) 1970을 참조했다.
2. 본문에 나오는 ( )는 원서를 따른 것이다. [ ]는 독자를 위한 간단한 주석이나 보충 내용을 담은 것으로, 옮긴이 주에 해당한다. 본문에 병기하기 어려운 옮긴이 주는 각주로 처리했다.
3. 괴테는 이 책에서 수많은 이탈리아 지명을 당대의 독일 방식으로 제시했다. 오늘날 이탈리아를 여행하는 사람들이 쉽게 읽을 수 있도록 이를 이탈리아 지명으로 바꾸고, 일부 중요한 것들은 독일식 지명도 함께 적었다.
4. 볼드체는 원서 본문에 이탤릭체로 표시된 것으로 강조를 나타낸다.
5. 이탈리아 어 외래어 표기 일부를 실제 이탈리아 어 발음에 맞추어 표기법과 다르게 제시했다. 특히 모음 표기의 문제점을 조금 개선하기 위한 것. 세종대왕의 뜻을 기려 한글로 훌륭하게 표기할 수 있는 이탈리아 어의 올바른 표기가 되돌아오기를 고대한다.

북유럽에서 로마까지

1

카를스바트에서 브렌너까지

1786년 9월 3일

새벽 세 시에 카를스바트[Karlsbad, 오늘날 체코의 카를로비 바리]를 남몰래 빠져나왔다. 안 그랬다간 그들이 나를 놓아주지 않았을 것이기에. 8월 28일에 몹시 친근한 방식으로 내 생일을 축하해 준 사람들은 그 덕분에 나를 붙잡아 둘 권한이라도 얻었다는 것인지. 다만 나로서는 여기서 더 머뭇거릴 수가 없었다. 혼자서 여행 가방 하나와 오소리 가죽 배낭 하나만 겨우 꾸려서는 우편 마차에 올라타고 일곱 시 반에 츠보타Zwota에 도착했다. 안개 낀 고요한 아침. 저 하늘의 아래쪽 구름은 묵직해도 위쪽 구름은 몽실몽실 가볍게 흘러간다. 좋은 징조. 그 고약하던 여름 날씨 끝에 이젠 멋진 가을을 즐기고 싶다. 열두 시에는 에거[Eger, 체코의 헤프]에 도착, 아직 햇살이 뜨겁다. 이 도시가 내 고향 도시[마인 강변의 프랑크푸르트]와 같은 위도에 있다는 사실이 이제야 기억났다. 북위 50도의 맑은 하늘 아래서 다시 점심을 먹을 수 있어 기쁘다.

바이에른에 들어서자 곧바로 발트자센Waldsassen 수도원을 만난다. 다른 사람들보다 더 일찍 영리했던 성직자들의 소중한 재산. 수도원은 가마솥까지는 아니라도 접시 정도로 우묵하게 팬 아름다운 목초지에 자리 잡고 있으니, 완만하고 비옥한 언

초보타의 역참(驛站), Goethe 作

덕들이 목초지 사방을 빙 둘러싸고 있다. 수도원의 영지들이 멀리 너른 지역까지 펼쳐진다. 부서진 점판암[슬레이트 석판들이 겹쳐진 암석] 토양. 이 산악 지대에서 발견되는 아직 부서지지 않은 석영이 흙을 느슨하게 만들어, 땅이 극히 비옥하다. 티르셴로이트Tirschenreuth 지방까지는 대지가 계속 높아진다. 거기서 이쪽으로 흘러 내려오는 물길은 에거Eger 강과 엘베Elbe 강으로 합류한다. 티르셴로이트에서 남쪽 방향으로 다시 대지가 차츰 낮아지는데, 그쪽의 물길은 도나우Donau 강으로 합류한다. 어느 지역에서든 극히 작은 물줄기를 살펴 물길이 어느 강 유역으로 흐르는지만 알아내도, 그 지역에 대한 개념이 재빨리 생겨난다. 그러면 전체를 모조리 살펴보지 못한 지역이라도, 벌써 생각 속에서 산들과 골짜기들의 연결을 찾아낼 수 있다. 티르셴로이트에 도착하기 직전에 화강암 모래로 이루어진 멋진 도로가 펼쳐지는데, 이보다 더 완벽한 도로는 생각하기 어렵다. 화강암이 부서져 자갈 모래와 점토가 되었고, 이것이 단단한 바닥재 노릇과 동시에 결합재 노릇을 해서 도로가 타작마당처럼 매끄럽다. 이 도로가 통과하는 지역은 화강암 자갈 모래가 흩어진 평평한 늪지대이니, 멋진 도로 덕분에 그 지역의 모습이 더 흉해지긴 하지만, 그럴수록 훌륭한 도로는 더욱 필요하다. 동시에 길이 아래로 내려가기 시작하자 마차가 믿을 수 없는 속도로 내달리면서, 저 보헤미아 지역에서의 굼벵이 속도에 비하면 그야말로 날아가는 수준이 되었다. 덧붙인 종이에 정차한 곳들의 이름을 적어 두었다. 이로써 충분하다. 이튿날 오전 열 시에 레겐스부르크Regensburg에 도착했으니, 31시간 만에 104마일[≒166킬로미터]을 돌파한 것이다.* 동이 트기 시작할 때쯤 나는 슈바넨도르프Schwanendorf와 레겐스타우프Regenstauf 사이에 있었는데, 토양이 차츰 나아지는 것이 보였다. 풍화 작용으로 부서진 자갈 모래로 된 산악 지대 토양이 차츰 사라지면서, 켜를 이룬 충적토가 나타난 것이다. 아주 오랜 옛날 비가 많이 내리면, 도나우강에서 넘친 물길이 레겐Regen 강과 오늘날에도 여전히 물이 흐르는 주변의 모든 골짜기로 흘러 나갔다. 그러면서 자연에 의한 이런 간척지가 생겨났으니, 이는 물론 오늘날 경작지의 기반이다. 온갖 크고 작은 강들의 인접 지역에 대해 동일한 설명

* 원서에 24.5마일로 되어 있으나 오늘날 표준에는 맞지 않는다. 《그림 형제 사전》에 따르면 예전에는 1마일의 길이가 지역마다 제각각이었다. 영어판에 104마일로 나와 있으니 여기서는 그를 따른다. 참고로 오늘날 자동차 도로로 따지면 카를로비 바리-헤프-레겐스부르크는 178.7킬로미터, 자동차로 평균 2시간 10분 정도 걸린다. 1700년 무렵 우편 마차의 속도는 대략 시속 2킬로미터였다가 1850년에 시속 10킬로미터 정도가 되었다고 한다. 여기서 1786년 괴테가 탄 우편 마차의 평균 속도는 중간 정차 시간과 심지어 식사 시간 등을 모두 집어넣고 오늘날 거리로 따져 대략 시속 5.74킬로미터 정도가 된다.

을 할 수 있는데, 이 간단한 실마리만 깨닫는다면 관찰자는 경작에 적합한 토양을 재빨리 알아낼 수 있다.

레겐스부르크는 아름다운 곳에 자리 잡고 있다. 지대 자체가 도시를 건설하도록 사람들을 유혹했거니와, 수도사들도 물론 신중하게 생각했다. 그들은 도시 주변의 모든 경작지를 소유하고 있으며, 도시에는 교회와 교회, 수도원과 수도원이 그야말로 나란히 서 있는 판이다. 도나우 강은 내게 그 옛날 마인 강[고향]의 기억을 일깨운다. 프랑크푸르트의 강과 다리들이 보기가 더 좋지만, 강 건너편의 슈타트 암 호프Stadt am Hof는 정말 멋진 모습이다. 나는 곧바로 학생들의 연례 공연이 펼쳐지는 예수회 대학으로 가서 오페라의 마지막 부분과 비극의 처음 부분을 보았다. 그들의 공연은 풋내기 아마추어 극단의 공연보다 못하지 않았으며, 의상은 아름다워서 거의 지나치게 화려하다고 할 정도였다. 이 공개 공연을 보고 예수회 신부들의 영리함을 다시 확인할 수 있었다. 그들은 조금이라도 효과를 낼 수 있는 그 어떤 요소도 무시하지 않고, 게다가 그런 것을 사랑과 세심함으로 다룰 줄을 안다. 그러니까 추상적으로 흔히 생각하는 영리함을 말하는 것이 아니다. 일 자체에서 즐거움을 느끼며, 삶의 현실에서 나오는 그대로 함께 즐긴다. 이 거대한 수도회 내부에 오르간 제작자, 목조각가, 도금장이 들이 있으니만큼, 연극에 대한 지식과 사랑에서, 자기가 좋아하는 연극의 광채로 교회를 더욱 빛나게 하려는 사람들도 분명 몇은 될 것이다. 이곳의 현명한 성직자들은 깔끔한 연극을 통해 세속의 감각성마저 장악했다.

오늘은 북위 49도에서 이 글을 쓴다. 이 위도는 퍽 좋아 보인다. 아침은 서늘하다. 물론 여기 사람들도 여름철이 습하고 춥다고 불만이다. 하지만 오늘은 밝고도 온화한 날이다. 큰 강이 실어 오는 따스한 대기가 극히 독특하다. 과일은 별로 특별하지 않다. 맛좋은 배를 먹었지만 나는 포도와 무화과가 먹고 싶다.

내 관찰은 계속 예수회의 활동과 본질에 붙잡혀 있다. 교회, 종탑들, 건축물은 모든 사람에게 은근히 경외심을 불러일으키는 위대함과 완벽함의 요소들을 지녔다.

금, 은, 청동, 광택을 낸 대리석은 모든 계급 구걸꾼들의 눈을 멀게 만드는 장식품이다. 여기저기에 몰취미의 요소가 없지 않으나, 인류를 용서하고 매혹하기 위한 것이다. 이것이야말로 겉으로 화려한 가톨릭교회 예배 의식의 속뜻이다. 예수회원들만큼 깊이 이 사실을 깨닫고, 능숙하고도 일관되게 실천하는 경우를 달리는 보지 못했다. 다른 수도회 성직자들과 달리 그들은 이미 효력을 잃은 낡은 예배를 무조건 지속하지 않고, 시대의 정신에 맞는 화려한 모습으로 신앙심을 다시 일으켜 세우려 한다. 이 사실이 모든 것에서 드러난다.

특별한 암석이 여기서 손질되어 수집가의 표본이 된다. 언뜻 역암礫岩 종류로 보이지만, 그보다 더 오래되고 더욱 근원적인 반암斑岩으로 보아야 할 것 같다. 이 돌은 석영이 박힌 연초록색으로 구멍이 많다. 큼직하고 매우 단단한 옥 조각들이 박혀 있는데, 그 옥 조각들 안에는 다시 둥글고 작은 일종의 각력암角礫岩 조각들이 박혀 있다. 그중 한 조각이 극히 매혹적인 표본으로 생각되었지만, 너무 무거웠다. 게다가 나는 이번 여행에서 돌을 챙겨 넣지 않기로 이미 맹세를 해 둔 터이다.

9월 6일, 뮌헨

9월 5일 낮 열두 시 반에 레겐스부르크를 떠났다. 도나우 강이 석회암 절벽에 부딪치는 아바흐Abach에서 잘레Saale 강까지 아름다운 지역이 펼쳐진다. 이곳의 석회석은 하르츠 산맥의 오스테로다Osteroda 지역 석회석과 같은 종류로, 촘촘하긴 해도 전체적으로 구멍이 많다. 아침 여섯 시에 뮌헨에 도착. 열두 시간을 둘러보고 났는데 별로 할 말이 없다. 미술관에서는 많은 것이 낯설었다. 눈을 다시 그림에 익숙하게 만들어야겠다. 훌륭한 작품들도 있었다. 예를 들면 룩셈부르크Luxemburg 화랑에서 온 루벤스Rubens의 스케치들은 내게 큰 기쁨을 주었다.

트라야누스Trajanus 기둥의 모형 같은 훌륭한 작품도 있었다. 바탕 재료는 라피스 라줄리[=청금석]이고, 거기 붙은 조각상들은 도금되어 있다. 아름다운 공예품 감상은 언제나 즐거운 일.

고대의 물품들을 진열한 여러 홀에서 내 눈이 이런 대상을 관찰할 훈련이 되어 있지 않음을 깨달았다. 그래서 이곳에 오래 머물러 시간을 낭비하지 않기로 했다. 왜 그런지는 모르겠는데, 많은 것이 내게는 아무 감흥도 주지 않았다. 드루수스Drusus 조각상 하나가 눈길을 끌었고, 안토니누스Antoninus 조각상 둘과 그 밖에 몇 가지가 더 마음에 들었다. 전체적으로 보면 이들은 배치도 좋지가 못하다. 이런 작품들을 돋보이게 하고 싶었던 것이겠으나, 홀 또는 아치를 이룬 거대한 방을 더 순수하고 깨끗하게만 관리했더라도 보기가 훨씬 좋았을 것이다. 자연 탐구 방에서는 티롤Tirol 지방의 아름다운 표본들을 보았다. 몇몇 작은 표본들은 나도 잘 아는 것으로, 집에 소장하고 있다.

무화과를 파는 여인을 만났는데, 무화과는 지금까지 만난 것 중 처음으로 맛이 훌륭했다. 하지만 전체적으로 과일은 북위 48도에서도 아직 썩 훌륭하지 못하다. 여기 사람들도 추위와 습기 타령이다. 오늘 새벽 뮌헨에 도착하기 직전에 거의 비라고 할 정도의 짙은 안개를 만났다. 그리고 하루 종일 티롤 산맥에서 찬바람이 불어왔다. 종탑에서 그쪽을 바라보자, 알프스는 구름으로 가득 덮여 있고 하늘은 잔뜩 찌푸렸다. 지금은 내 창문 앞으로 난 낡은 종탑 곁으로 해가 저물고 있다. 바람과 날씨 타령이 지나친 것을 용서하시라. 하지만 육지 여행자도 바다 여행자만큼이나 이 두 가지에 매달릴 수밖에 없는 것이니, 외국에서 맞이하는 가을이 지난여름 집에서 겪은 것만큼이나 힘든 날씨라면 비참한 일이 될 것이다.

이제 다음은 인스브루크Innsbruck. 이미 너무 오래 내 영혼에 머문 생각 하나를 실천할 수만 있다면 그 무엇인들 내주지 않으랴!

9월 7일 저녁, 미텐발트Mittenwald

나의 수호 정령이 내 신앙 고백에 아멘을 덧붙여 준 것만 같다. 이토록 아름다운 날에 나를 이곳으로 이끌어 준 수호 정령에게 감사한다. 우편 마차에 마지막으로 교대한 마부는 금년 여름 들어 처음이라고 만족스럽게 외쳤다. 나는 앞으로도 계속 좋은 날씨가 될 것이라는 조용한 미신을 품어 보지만, 다시 대기며 구름 이야기를 했으니, 친구들이여 용서하시라.

새벽 다섯 시에 뮌헨을 출발할 때 하늘은 개었다. 티롤 산악 지대에는 엄청난 양의 구름이 단단히 자리 잡았다. 아래쪽 구름의 띠들도 전혀 움직이지 않았다. 물에 씻긴 자갈 언덕들을 넘어 길이 차츰 위로 올라가면서 이자르Isar 강이 저 아래로 보인다. 태고 시대에 바다의 조류가 해낸 일들을 여기서 볼 수 있다. 여기 세워진 수많은 화강암 표지석들은, 크네벨Knebel 덕분에 지니게 된 내 암석 수집품과 형제자매, 또는 일가친척 관계에 있는 돌들이다.

강과 들판의 안개가 한동안 더 저항하다가 이들도 마침내 사라졌다. 사방으로 여러 시간이나 계속될 것으로 생각되는 자갈 언덕들 사이로, 저 레겐 강 유역처럼 극히 아름답고 비옥한 지역이 나타난다. [길이] 다시 이자르 강으로 다가가자 자갈 언덕이 끝나면서 대략 150피트 높이의 암벽이 보인다. 볼프라츠하우젠Wolfrathshausen에 도착했으니, 북위 48도에 도달한 것이다. 태양이 작열한다. 아무도 좋은 날씨가 계속되리라 믿지 않으며, 모두들 저물어 가는 올해의 나쁜 날씨를 탄식하고, 위대하신 신께서 이 문제에 완전히 무심하시다고 투덜댄다.

이제 새로운 세계가 열렸다. 나는 점차 펼쳐지는 산악 지대로 다가간다.

베네딕트보이어른Benediktbeuern 수도원은 첫눈에 상쾌하고 놀라운 곳이다. 비옥한 대지에 길고 널찍한 흰 건물이 자리 잡았고, 그 뒤로 넓고도 높은 암벽이 솟아 있다. 이제 길이 차츰 올라가면서 코헬 호수Kochelsee에 이른다. 그리고 산악 지대로 더 올라가 발헨 호수Walchensee에 도착. 여기서 처음으로 눈 덮인 산봉우리들이 보였다. 눈 덮인 산이 이토록 가까이 있다고 내가 놀라자, 어제 이 지역에서 천둥 치고 번개가 번쩍였는데 산에서는 눈이 내렸다는 답이 돌아왔다. 이런 대기 현상을 보고 사람들은 날씨가 좋아지려니 하는 희망을 품고, 첫눈을 보면서 대기가 급변하리라 짐작한다. 우리를 둘러싼 암벽들은 모두가 석회암인데, 화석을 포함하지 않는 것으로는 가장 오래된 것이다. 이런 석회암 산악 지대가 [크로아티아의] 달마티아Dalmatia부터 [알프스] 생고타르Saint Gotthard 산에 이르기까지, 그리고 그 너머로도 끊어지지 않고 계속된다. [프랑스의 박물학자] 하케Hacquet는 이 연봉의 대부분을 이미 여행했다. 이 연봉들은 석영과 점토가 풍부한 초기 산맥에 기대고 있다.

발헨 호수에 도착한 시각은 네 시 반. 그보다 한 시간 전에 상큼한 모험 하나를 만났다. 하프를 든 악사樂士 한 사람이 열한 살쯤 된 딸을 데리고 내 마차 앞에서 걷고 있다가, 아이를 좀 태워 달라고 부탁했다. 그 자신은 악기를 든 채 계속 걸었고, 나는 아이를 내 옆자리에 태웠다. 소녀는 큼직한 새 상자 하나를 조심스럽게 발치에 내려놓았다. 예쁘장한 이 소녀는 이미 세상 구경을 한참이나 했다. 어머니와 함께 걸어서 [스위스의] 아인지델른 수도원 성모상[Maria-Einsiedeln]을 찾아 순례 여행을 마쳤고, 이어서 두 사람이 산티아고 데 콤포스텔라[Santiago de Compostela, 스페인의 야고보 순례길]로 더 큰 순례 여행을 할 생각이었는데 어머니가 돌아가시면서 순례의 맹세를 지킬 수 없게 되었다는 것이다. 소녀는, 성모께 아무리 예배를 올려도 모자라니까요, 라고 말했다. 큰불이 나서 거대한 저택이 완전히 무너졌는데, 문의 위쪽, 유리를 끼운 작은 벽감 안에 보존된 성모 그림과 유리만은 전혀 손상을 입지 않고 멀쩡하더란다. 이것은 자기 눈으로 직접 본 기적이라는 설명. 소녀는 그 모든 여행을 다 걸어서 했는데, 마지막으로 뮌헨의 선제후 앞에서 연주하고 스물한 명의 귀족들 앞에서 노래를 불렀단다. 아이의 이야기가 퍽 재미있었다. 커다랗고 아름다운 갈색 눈, 고집 센 이마는 이야기 도중에 이따금 위쪽으로 주름을 만들어 냈다. 이야기를 할 때면 쾌활하고 자연스러운 모습, 특히 아이처럼 큰 소리로 웃을 때 더욱 그랬다. 그에 비해 침묵할 때면 무언가 의미를 알아내려는 듯이 보였고, 윗입술로 심각한 표정을 만들어 냈다. 나는 아이와 아주 많은 이야기를 나누었는데, 소녀는 어디서나 극히 편안했으며 사물을 잘 알아보았다. 한번은 내게 저게 어떤 나무냐고 물었다. 크고 아름다운 단풍나무로 이번 여행 중 처음으로 만난 종류였다. 이어서 이 나무가 거듭 나타났는데, 아이는 나무를 금방 알아보고 자기도 이 나무를 분간할 수 있게 되었다며 좋아했다. 아이 말로는 그들은 볼차노Bolzano의 연시年市로 가는 중이라는데, 나도 아마 그리로 갈 것 같다. 거기서 아이를 다시 만난다면 아이에게 연시 물건을 사 줘야겠다는 생각이 들었고, 아이에게도 그렇게 약속했다. 아이는 거기서 자신의 새 모자를 쓰고 싶다고 했다. 이 모자는 뮌헨에서 자기가 번 돈으로 맞춘 것이었다. 소녀는 내게 이 모자를 보여 주고 싶어 했다. 그래서 새 상자를 열었고, 나는 수를 잔뜩 놓고 리본으로 장식한 모자를 보며, 아이의 즐거움을 함께 나누었다.

또 다른 즐거운 전망을 두고 우리는 함께 기뻐했다. 아이는 날씨가 좋을 것이라고 확인해 주었다. 자기들한테 날씨 측정기가 있는데, 바로 하프란다. 최고음부의 소리가 잘 올라가면 날씨가 좋은데, 오늘이 바로 그랬다. 나는 얼른 이 예언을 받아들였고, 우리는 몹시 즐거운 마음으로, 곧 다시 만날 희망을 품고 작별했다.

9월 8일 저녁, 브렌너Brenner 패스에서

여기까지 몹시 힘들게 올라와 마침내 쉴 곳에 이르렀다. 내가 바라는 만큼 고요한 장소. 여러 해가 지나도 여전히 즐거운 기억으로 남을 만한 하루였다. 여섯 시에 미텐발트를 떠났는데, 날카로운 바람이 구름을 걷어 가면서 맑은 하늘이 나타났다. 2월에나 겪을 법한 추위. 하지만 태양이 떠오르면서 바로 눈앞에는 소나무가 빽빽이 우거진 검푸른 숲, 그 사이로 여기저기 잿빛 석회암벽들, 그 뒤로 깊고 푸른 하늘을 배경으로 눈 덮인 높은 산봉우리들, 이렇게 계속 교차하는 정말 소중한 풍경들.

샤르니츠Scharnitz에서 티롤로 들어선다. 골짜기를 가로막으며 산맥으로 연결되는 암벽 하나가 그 경계선이다. 암벽이 한편에선 요새처럼 가로막고, 다른 편에선 수직으로 하늘로 치솟아 올랐다. 경치가 좋다. 제펠트Seefeld부터 길이 점점 더 흥미로워진다. 저 베네딕트보이어른부터 여기까지는 길이 봉우리, 봉우리 점점 더 높아지면서 모든 물길이 이자르 강 유역으로 흘러갔는데, 능선이 하나를 넘자 이제 물길이 인Inn 강 유역으로 흐르고, 인칭엔Inzingen이 바로 눈 아래 놓여 있다. 태양이 높이 솟으면서 무더워져서 옷을 벗어야 했다. 하루 동안 변하는 기온에 따라 몇 번이고 입었다, 벗었다를 거듭한다.

치를Zirl 근처에서 길이 인 강 골짜기로 내려간다. 이곳은 이루 말할 수 없이 아름답고, 높이 피어오르는 아지랑이가 이 장소를 극히 장엄하게 만들어 준다. 마차는 내가 바라는 것보다 더 빨리 달린다. 마부가 아직 미사를 올리지 못한 형편이라, 인스브루크에서 미사를 올릴 생각이란다. 오늘은 마침 성모 탄생 축일이라 더욱 열성적으로 미사 생각이다. 마차는 인 강을 따라 계속 아래로 질주하면서, 가파르게 솟아오른 무시무시한 모습의 거대한 석회암벽인 마르틴 암벽Martinswand 옆을 달린다. 막시밀리안Maximilian 황제가 올라갔었다는 [영양을 사냥하러 올라갔다가 중간에 올라가지도 내려가지도 못한 채 묶여서, 사흘 만에 겨우 천사의 도움으로 내려올 수 있었다는 전설이 남아 있는] 동굴까지 나는 천사의 도움 없이도 올라갔다가 내려올 수 있을 것 같다. 그야 물론 매우 오만방자한 시도이긴 할 테지만.

인스브루크는 높이 솟아오른 암벽들과 산맥들 사이로, 넓고도 풍족한 골짜기에 멋지게 자리를 잡았다. 원래는 여기 머물 생각이었지만 숙소가 없다. 잠깐 주막집

주인 아들과 이야기를 나누었다. 그는 그야말로 살아 돌아다니는 쵤러였다.* 이렇게 나는 내 작품의 인물을 차례로 만난다. 성모 탄생 축일을 맞으려고 모든 것이 깔끔하게 정리되어 있다. 건강하고도 유복한 사람들이 떼를 지어 빌텐Wilten으로 순례를 떠나는 중이었다. 빌텐은 도시에서 산맥 쪽으로 15분쯤 걸어가면 나타나는 예배 장소이다. 두 시에 내가 탄 마차가 명랑한 사람들과 함께 길을 나서는데, 그야말로 모두가 즐거운 행렬이다.

인스브루크를 떠나자 풍경이 점점 더 아름다워져서 이루 말로 형용할 길이 없다. 잘 닦인 길로 우리는, 물길을 인 강으로 내보내는 협곡을 따라 올라간다. 이 협곡은 수많은 눈요깃거리를 제공한다. 길은 극히 가파른 암벽의 옆구리를 따라 나 있다기보다 오히려 그 옆구리 안으로 들어가 있는데, 맞은편에는 완만하게 흘러내리는 경사면에 세상에서 가장 아름다운 경작지가 펼쳐진다. 높고도 너른 경사면을 따라 경작지와 산울타리 사이로 나타나는 여러 마을들, 집들, 움막들, 오두막집들이 모조리 흰색으로 칠해졌다. 이용할 수 있는 땅은 모조리 목초지가 되고, 가파른 비탈에서만 목초지가 사라진다.

나는 세상을 이해하려고 어느 정도 지식을 쌓았으나, 그 무엇도 완전히 새롭고 놀라운 것은 없었다. 또한 [세상의 현상에 대한] 모델을 수없이 꿈꾸었다. 나는 오랫동안 그 이야기를 하고 있으며, 그것을 생생히 눈에 보이게 만들고 싶다. 그것은 늘 나의 내면에서 맴돌기는 하지만, 자연에서 직접 확인하여 모두의 눈앞에 보여 줄 수는 없다.

이제 차츰 날이 어두워지자, 개별 윤곽들이 사라지면서 풍경은 점점 더 크고 장엄한 덩어리가 되더니 마침내 모든 것이 단 하나의 깊고도 비밀스러운 모습이 되어 내 앞에서 움직인다. 그러다 갑자기 달빛을 받는 드높은 설봉들이 보였다. 지금은

* 쵤러(Söller)는 괴테의 희극《공범자》에 등장하는 인물.

남쪽과 북쪽의 경계선을 이루는 협곡에 갇혀 아침 빛이 이 낭떠러지를 밝히기를 기다리고 있다.

여기서 잠깐 기상에 대해 몇 마디 덧붙일까 한다. 그사이 많은 관찰을 했으니, 이제는 좀 더 유리한 입장에서 말할 수 있다. 평지에서는 좋은 날씨든 나쁜 날씨든, 이미 만들어져 나타난 다음에야 알게 된다. 산악 지대에서는 날씨가 형성되는 과정을 목격한다. 나는 여행 중이나 산책 중에, 산속에서 밤낮으로 사냥 중에 암벽들 사이에 머물 때면 자주 이런 현상을 목격했다. 그럴 때면 망상이라고밖에 할 수 없는, 그러면서도 떨쳐 버릴 수 없는 생각이 떠오르곤 했다. 망상일수록 떨쳐 버리기 어려운 법이니까. 마치 이런 망상이 진실이기라도 한 것처럼 어디서나 그것을 거듭 목격하곤 하니, 이참에 아예 그것을 말해 버릴까 한다. 어차피 친구들의 너그러움을 시험해 볼 수도 있을 테니 말이다.

멀리서 또는 가까이서 산맥을 관찰하면서, 봉우리가 태양빛 속에 빛나거나 안개에 가려진 모습, 폭풍우를 담은 구름에 둘러싸인 모습이나 빗줄기가 후려치는 모습 등을 보면 우리는 이 모든 것을 대기 탓으로 돌린다. 대기의 움직임과 변화는 우리 눈에 잘 보이니까. 그에 반해 산맥은 우리의 외부 감각 기관 앞에서 아무 움직임도 없이 원래의 자태 그대로 남아 있다. 그래서 우리는 움직이지 않는 산맥을 죽은 것으로 여기고, 이렇게 가만히 있으니 아무 활동도 없다고 여긴다. 하지만 나로서는 오래전부터, 산맥이 내부에서 조용히 비밀스럽게 어떤 작용을 해서, 대기에 생기는 변화의 상당수를 일으킨다는 생각을 떨쳐 버릴 수가 없다. 땅덩어리 자체, 특히 높이 솟아오른 거대한 지반[=산맥]이 언제나 동일한 인력引力을 갖지 않고, 맥박처럼 어느 정도 커졌다 줄었다 하는 인력을 갖는다고, 그러니까 내부의 필연적인 요인과 어쩌면 외부의 우연한 요인들을 통해 그 인력이 커졌다 줄었다 한다고 생각된다. 이런 진동을 설명하려는 다른 온갖 시도들이 너무 제한적이고 불분명한 것이라 해도, 부드럽고도 너무 널리 퍼져 있는 대기가 이런 조용한 작용을 일으킨다고 설명할 수는 없다. 산맥의 인력이 조금이라도 줄면 대기의 중력, 대기의 탄성이 줄어드는 결과를 빚는다. 대기는 속에 화학적 · 역학적으로 퍼져 있는 수분을 더는 견디지 못하고, 구름이 아래로 내려가면서 비가 오고 빗줄기는 땅으로 이끌린다. 하지만 산맥의 중력이 조금이라도 커지면, 즉 대기의 탄성이 다시 회복되면 두 가지 중요한 현상이 생긴다. 첫째는 산봉우리 주변으로 거대한 구름 덩어리들이 모여들고, 산이 이 구름을 붙잡아 제 머리 위에 마치 또 하나의 봉우리가 있는 양 잡아 둔 상태에서, 구름은 속에서 일어나는 전기력의 싸움에 따라 제각기 뇌우나 안개나 비가 되어 내려온다. 둘째로는 탄성을 얻은 공기가 나머지 구름에 작용해서 수분을 빨아들이고 해체하여 없앨 수가 있다. 나는 구름이 이렇게 해체되는 광경을 아주 뚜렷이 목격했다. 가장 가파른 봉우리 주변에 걸린 구름이 저녁노을을 만들어 내는데, 구름의 양쪽 끝이 천천히 분리되어 몇 조각이 떨어져 나가 공중으로 떠간다. 이들이 사라지고 또 나머지 구름 덩어리도 차츰 사라져서, 마치 내 눈앞에서 보이지 않는 손이 실타래를 풀어 버리기라도 한 것처럼, 완전히 없어지는 것이다.

친구들이 이 떠돌이 날씨 관찰자와 그의 기묘한 이론만 보고도 벌써 미소를 지었다면, 여기에 또 다른 관찰을 덧붙여서 이번에는 큰 소리로 웃을 기회를 주어야겠다. 내 여행이 북위 51도 아래서 나를 괴롭히던 온갖 고약한 날씨를 피해 도망친 것이라는 사실을 고백해야겠으니 말이다. 북위 48도 아래서는 정말로 좋은 날씨에 들어서려니 하는 기대를 품었었다. 지금 나는 실망하고 있는데, 실은 미리 그걸 알았어야 했다. 위도 하나만이 아니라 산맥도 함께 날씨와 기상을 만들어 내는 법이고, 동東에서 서西로 나라들을 가로지르는 이 거대한 산맥은 특히 날씨를 만들어 내니까 말이다. 이 산맥에서 언제나 큰 변화들이 생겨나는데, 산맥의 북쪽에 놓인 나라들은 이런 변화로 인해 고생할 수밖에 없다. 그러니까 금년 여름 내내 북유럽의 고약한 날씨는, 내가 지금 이 글을 쓰는 장소인 거대한 알프스 연봉에서 결정된 것으로 보인다. 여기서 지난 몇 달 동안 계속 비가 내렸고, 남서풍과 남동풍이 비를 북쪽으로 몰아갔다. 이탈리아에서는 아름다운 날씨가, 심지어 너무 건조한 날씨가 계속되었다고 한다.

이번에는 날씨, 고도, 습도에 극히 다양한 영향을 받는 식물계에 대해 몇 마디 해 보자. 이 분야에서도 나는 특별히 변화를 보지는 못했으나 몇 가지 소득을 얻었다. 사과와 배는 인스브루크 이전에도 자주 골짜기 지역에서 자라고 있었다. 하지만 복숭아와 포도는 이탈리아에서, 또는 오히려 남부 티롤에서 나온다. 인스브루크 주변에서 사람들은 옥수수와 메밀을 경작한다. 브렌너 패스를 올라오면서 처음으로 낙엽송을 보았고, 쇤베르크Schönberg 근처에서 처음으로 서양 잣나무를 보았다. 저 하프 악사의 딸이라면 아마 여기서도 이 나무가 무어냐고 물었을 테지?

식물학에 대해서는 아직 배울 것이 많음을 느낀다. 뮌헨까지는 정말로 늘 보던 것만 보인다고 여겼다. 밤낮으로 서둘러 이어진 마차 여행이 이런 섬세한 관찰에 어울리지 않는 것이기도 했다. 물론 나는 린네우스 교본을 가져왔고, 린네우스의 용어들을 머리에 확실히 새겨 두었지만, 대체 분석할 시간과 고요함이 어디서 나온단 말인가? 그렇지 않아도 나 자신도 잘 아는 일이지만, 이런 분석이 나의 강점도 아닌데 말이다. 그래서 나는 눈길을 보편적인 것으로 돌렸고 발헨 호수에서 처음으로 용담을 보았을 때, 지금까지도 언제나 물가에서 새로운 식물을 찾아내곤 했었다는 사실이 떠올랐다.

이제 내 관심을 더욱 사로잡는 것은 고도가 식물에 미치는 것으로 보이는 영향이다. 산에서는 새로운 식물들을 보았을 뿐만이 아니라, 예전부터 알던 식물들의 성장도 달랐다. 낮은 지역에서는 가지와 줄기가 더욱 통통하고 힘차게 자라고, 잎들이 서로 가까이 붙어 있고 잎사귀가 더 크다. 산으로 높이 올라올수록 가지와 줄기가 가늘어지고, 잎은 서로 멀고 마디 사이 간격도 큼직해지고, 잎사귀는 창처럼 가늘고 길어진다. 한 종류의 버드나무와 한 종류의 용담에서 이 사실을 관찰했고, 그들이 서로 다른 종류가 아님을 확인했다. 발헨 호수에서도 이미 골풀이 저지대

브렌너로 향하는 길목의 물방앗간과 농가, Goethe 作

에서보다 더욱 길고 날씬해진 것을 보았다.

지금까지 내가 가로질러 온 석회석 알프스는, 아름답고 특별하면서도 규칙적이지 않은 잿빛 암벽의 형태들을 보여 주었다. 물론 바위는 높이와 지층에 따라 달라지는 것이지만. 또한 지층이 솟아오르면서 바위의 풍화가 일정하지 않은 속도로 이루어지는 때문에도, 암벽들과 봉우리들은 기괴한 모습이 된다. 이런 암석 종류가 브렌너 패스 위로 계속 이어져 왔다. 맨 꼭대기 호수 지역에서 암석의 변화를 보았다. 큰 흰색 석회암 하나가 희미한 빛을 내면서 거대하지만 끝없이 갈라진 덩어리를 이룬 채 어떤 경사면에 들어 있는데, 이 석회암은 석영 맥이 들어 있는, 짙은 녹색과 짙은 잿빛의 운모 편암에 기대 있었다. 석회암 위로도 다시 운모 편암이 있는데, 이것은 앞의 것보다는 허약해 보였다. 다시 그 위로 엘보겐[오늘날 체코의 로케트Loket] 지역에서 볼 수 있는 것과 같은 특별한 종류의 편마암, 또는 오히려 편마암으로 변해가는 화강암 종류가 보였다. 엘보겐에서와는 달리 이곳 꼭대기의 바위는 운모 편암이다. 이 산에서 흘러내리는 물길에는 운모 편암과 잿빛 석회석만 들어 있다.

멀지 않은 곳에 화강암층이 있을 게 분명하다. 모든 것이 바로 이 화강암층 위에 자리 잡고 있다. 지도는 우리가 원래의 거대한 브렌너 산 경사면에 있음을 알려 준다. 이 일대의 물길은 모두가 이 브렌너에서 발원하는 것이다.

이곳 사람들의 인상은 다음과 같다. 사람들은 씩씩하고 반듯해 보인다. 외모는 상당히 비슷하고 커다란 갈색 눈을 하고 있다. 여자들은 매우 아름다운 검은 눈썹을 지녔다. 그에 비해 남자들은 널찍한 금발 눈썹이다. 남자들이 쓴 초록색 모자는 잿빛 암벽들 사이에서 상큼한 인상을 준다. 술이 달린 호박직 리본이나 띠 장식이 핀으로 섬세하게 모자에 고정되어 있다. 모두가 모자에 꽃이나 깃털을 꽂는다. 그에 비해 여자들은 축 늘어지는, 매우 널찍한 흰색 면 두건을 써서 보기 흉하다. 꼭 남자들이 쓰는 못생긴 나이트캡 같다. 이것이 매우 낯선 인상을 만들어 낸다. 이곳 바깥에서는 여자들도 아름다운 초록색 남자 모자를 쓰기 때문이다.

이곳 사람들이 공작 깃털을 얼마나 귀하게 여기는지, 무엇이 되었든 알록달록한 새의 깃털을 얼마나 좋아하는지, 여러 번이나 볼 기회가 있었다. 이 지역을 여행하려는 사람은 깃털을 가져오면 좋을 것이다. 올바른 순간에 제공된다면, 이런 깃털은 가장 환영받는 팁이 될 것이기 때문이다.

나는 이 기록들을 모으고 분류하고 철해서, 친구들이 내가 지금까지 겪은 것을 쉽게 훑어볼 수 있도록, 그리고 나 자신은 지금까지 경험하고 생각한 것을 마음에서 훌훌 털어 버릴 수 있도록 정리하고 있다. 그에 비해 내가 꾸려 온 서류 더미를 두려운 마음으로 바라보는데, 간단히 고백하자면 이런 마음이다. 이들이 내 여행의 동반자라면, 제발 앞으로의 내 여행에 많은 영향을 끼치지 않기를!

카를스바트로 갈 때 내 원고들을 모조리 가져갔었다. 괴셴Göschen 출판사에서 내려고 하는 전집을 위해 정리하기 위해서였다. 아직 인쇄되지 않은 원고는 오래전부터 비서인 포겔Vogel이 능숙한 솜씨로 정서한 멋진 필사본들이다. 이 씩씩한 사내는 그 능숙한 솜씨로 나를 도우려고 카를스바트에도 함께 왔다. 어쨌든 이 사람 덕분에, 그리고 가장 충직한 벗 헤르더Herder의 협조 덕분에, 나는 처음 네 권의 원고를 출판사에 보낼 수가 있었다. 그리고 뒤의 네 권에 대해서도 같은 일을 할 생각이었다. 뒤의 네 권 중 일부는 구상 단계의 작품, 아직 미완성 원고이다. 많은 일을 일단 시작해 놓고는 관심이 줄면 그대로 버려두는 내 못된 버릇 때문에, 해가 가고 일이 많아지면 주의력이 딴 데로 옮겨 가면서 이런 미완성 원고가 차츰 늘어나곤 한다.

어차피 원고를 몽땅 카를스바트로 가져갔으니, 나는 정신적 수준이 높은 카를스바트 모임의 요구에 기꺼이 순종하여, 지금까지 알려지지 않은 것을 모조리 낭독해 들려주었다. 그때마다 그들은 즐거움을 더 길게 맛볼 만한 작품들을 완성하지 않는다고 심각하게 투덜댔다.

내 생일에 받은 선물은 대부분, 시작은 했으나 완성하지 못한 내 작품의 제목을 달고 있는 시들이었다. 제각기의 방식으로 내 이런 작업 방식을 탄식하는 내용. 그중에서도 《새》라는 제목의 시가 특별했다. 활발한 새들의 사절단이 트로이프로인트*에게 파견되었는데, 이 사절단은 자기들에게 약속된 왕국을 이제 마침내 창설하

* 괴테가 고대 그리스 희극 작가 아리스토파네스의 작품 《새》를 모델로 삼아 쓴 희곡 작품 《새(Die Vögel)》에 등장하는 인물의 이름. 트로이프로인트(Treufreund)는 '충직한 친구'라는 뜻.

여 정비하고 싶다는 간절한 소망을 표현하였다. 또 다른 나의 미완성 작품들에 대한 발언들도 못지않게 통찰력이 있고 우아하여, 이런 작품들이 내 마음에 생생히 되살아났기에, 나는 원래 품었던 의도와 전체 계획을 만족스럽게 친구들에게 이야기해 들려주었다. 이런 일이 절실한 요구와 소망들을 부추겼고, 헤르더가 내 마음을 움직였다. 그는 내게 이 원고들을 이번 여행에도 가져가면 좋겠고, 무엇보다도 《이피게니아》에 어울리는 관심을 다시 기울이는 것이 좋겠다고 나를 설득했다. 현재 이 희곡은 완성된 것이라기보다는 구상에 더 가깝다. 운율을 갖춘 산문으로 쓰였는데, 자주 얌부스[약강격] 리듬으로 빠지면서, 또 다른 운율과 비슷해지곤 한다. 작품을 아주 훌륭하게 낭독하면서 특정한 기술을 동원해 이런 결함을 감추지 못한다면, 이는 작품의 효과에 심각한 해를 끼치는 특성이다. 헤르더는 이런 점을 내 마음에 대고 호소했다. 내가 다른 모든 사람에게 그랬듯이 그에게도 이번 여행 뒤에 숨겨진 더 큰 여행의 계획을 감추었기에, 그는 이번 여행 또한 일종의 산악 탐구 여행이려니 여겼다. 그는 광물학과 지질학에 대한 내 열정에 늘 조롱 섞인 태도를 보였다. 나더러 말없는 돌을 망치로 두들겨 대지 말고, 내 망치를 문학 작품으로 향하는[=문학 작품을 다듬는] 게 좋을 거라고도 말했다. 나는 이런 선량한 마음의 독촉에 귀를 기울였다. 다만 여기 도착하기까지는 내 주의력을 이쪽으로 돌리기가 불가능했다. 이제야 《이피게니아》를 서류 더미에서 꺼내어, 저 아름다운 남쪽 나라로 가는 여행의 동반자로 삼으려 한다. 낮은 길고, 생각은 아무 방해도 받지 않으며, 주변의 빼어난 경관은 시적 상념을 몰아내기는커녕 오히려 계속 이동하는 일과 자유로운 대기와 힘을 합쳐, 시적 상념을 더 빨리 불러일으킨다.

브렌너에서 베로나까지

9월 11일 아침, 트렌토Trento

목숨이 붙어 완전히 50시간이나 이리저리 흔들린 끝에, 어제저녁 여덟 시에 여기 도착했다. 곧바로 잠자리에 들었고, 이제야 겨우 이야기를 계속할 수 있는 상태가 되었다. 9일 오후에 일기의 첫 부분을 끝마치고 나서, 브렌너의 우편 마차가 멈추는 그곳 숙소의 모습을 스케치하려 했지만, 그 장소의 특성을 놓치는 바람에 제대로 하지 못하고 절반쯤 기분을 망쳐서 숙소로 돌아왔다. 주인이 여행을 계속하지 않겠느냐고 물었다. 달이 뜰 테고, 길은 최고로 좋다고 했다. 그가 내일 오전에 두 번째로 베어 내는 건초의 운반을 위해 말을 써야 하고, 그러려면 그 전에 말들이 다시 이리로 돌아와 있어야 한다는 것이니, 그의 이런 제안이 이기적인 것이긴 했으나, 그런데도 이것이 내 마음속 소망과 일치하는 것이기에 그의 제안을 받아들였다. 태양이 다시 모습을 나타냈고 대기는 따스했다. 나는 짐을 꾸려 저녁 일곱 시에 출발했다. 대기가 구름을 흩어 버려서 저녁은 매우 아름다웠다.

마부는 잠들고 말들은 아래로 경사진, 자기들이 잘 아는 길을 미친 듯이 질주했다. 평평한 곳에 도착하면 오히려 말들이 속도를 늦추었다. 그러면 마부가 깨어나서 다시 마차를 몰고, 이런 식으로 높은 암벽들 사이로 난 길을 따라, 쏟아지듯 흐르는 아디제Adige 강 곁을 질주해 내려왔다. 달이 떠올라 무시무시한 모습들을 비추어 주었다. 물거품을 일으키며 흘러 떨어지는 강물 위로, 아주 오래된 전나무들 사이에 물레방아 몇 개가 보이는 것이 영락없이 네덜란드 화가 에버딩엔Everdingen의 그림이었다.

아침 아홉 시에 슈테르칭[Sterzing, 이탈리아의 비피테노Vipiteno]에 도착해 보니 그들은 내가 즉시 다시 떠나기를 바라고 있는 게 분명했다. 미텐발트[이탈리아의 메차셀바Mezzaselva]에 밤 열두 시에 도착했을 때는 마부 빼고는 모두가 잠들어 있고, 브릭센[브레사노네Bressanone]에서도 마찬가지였다. 이곳에서도 다시 나를 쫓아내니 나는 새벽 무렵 콜만[이탈리아의 콜마Colma]에 도착했다. 마부들은 교대로 계속 달리고, 보고 들을 만한 것도 없었다. 이 아름다운 풍경을 그토록 빠른 속도로 게다가 밤중에 날아가듯이 연속으로 달리는 것이 매우 유감이긴 했으나, 그래도 순풍이 뒤에서 불어와 내 소원을 들어주는 것이 속으로는 기뻤다. 새벽빛에 처음으로 포도 덩굴이 자라는 언덕을 보았다. 배와 복숭아를 파는 여인을 만나고 아침 일곱 시에 트리니타Trinita에 당도했으나 곧바로 다시 출발했다. 그런 다음 한동안 북쪽으로 달리고 나서 태양이 높이 떠오른 뒤에야 비로소 볼차노가 자리 잡은 골짜기가 보였다. 꽤 가파른데도 상당히 높은 곳까지 경작지가 이어지는 산들에 둘러싸인 이 도시는 남쪽은 트이고, 북쪽은 티롤의 산들로 가로막혀 있다. 온화하고 부드러운 공기가 이 지역을 가득 채운다. 여기서 아디제 강은 다시 남쪽으로 방향을 튼다. 높은 산 아래쪽에 자리 잡은 언덕들에서 포도가 재배된다. 낮고 길게 이어지는 격자 울타리를 타고 포도나무가 자라는데, 울타리 천장에 푸른 포도들이 매달려서 땅의 온기로 익어가고 있다. 골짜기의 평지는 대개 목초지인데, 이곳 평지에도 이런 격자 울타리들이 오밀조밀 나란히 자리를 잡아 포도가 재배되고, 그 사이로 옥수수가 심어졌다. 옥수수 대는 이제 점점 더 키가 커져서 이따금 10피트에 이른 것도 보였다. 섬유질 수꽃들을 아직 베어 내지 않았다. 보통 수정할 시기가 지나고 나서야 베어 내기 때문.

무더운 햇빛을 받으며 나는 볼차노에 도착했다. 수많은 상인들의 얼굴을 보자 마음이 즐거워졌다. 목적의식 분명한 쾌적한 삶을 생생히 보여 주는 모습. 광장에는 과일 파는 아낙네들이 앉아 있다. 지름이 4피트쯤 되는 납작한 바구니에 복숭아가 서로 눌리지 않도록 나란히 늘어놓고 판다. 배도 마찬가지. 저 레겐스부르크 여관의 창가에 누군가 써 놓은 시가 여기서 생각났다.

Comme les pêches et les mélons
Sont pour la bouche d'un baron,
Ainsi les verges et les bâtons
Sont pour les fous, dit Salomon.
[복숭아와 멜론이
남작의 입에 쓰듯이
미친 사람에겐 형벌과 몽둥이가 쓴맛,
이라고 솔로몬이 말했지.]

북유럽의 남작이 이것을 쓴 게 분명하지만, 그가 이곳으로 왔다면 당연히 이 생각이 바뀌었을 것이다.

볼차노 연시年市에서는 비단 거래가 활발하게 이루어진다. 다른 직물도 연시에 출품되고 산악 지대에서 생산된 가죽도 이리로 모여든다. 하지만 대부분의 상인들은 주로 돈을 수금하고, 주문을 받고 새로운 신용 거래를 트려고 이리로 온다. 이곳으로 모여드는 온갖 생산품을 자세히 관찰하고 싶은 마음이야 굴뚝같았지만, 나를 앞으로 몰아붙이는 충동과 욕망 때문에 도무지 머물러 있을 수가 없어서 다시 서둘러 그곳을 떠났다. 그러면서 오늘날 통계의 시대에는 모든 것이 책으로 인쇄되어 있으니, 아마도 책에서 이런 내용에 대해서도 알 수 있으려니 하는 생각으로 위안을 삼았다. 지금 내게는 그 어떤 책이나 그림도 제공하지 못하는 감각적인 인상들이 중요하다. 내가 다시 세상에 관심을 갖고, 나의 관찰 정신을 시험해 볼 수 있느냐가 핵심이다. 나의 학문과 지식이 어디까지 미치는지, 내 눈이 가볍고 맑고 순수한지, 이런 속도로 내가 얼마나 많은 것을 파악할 수 있는지, 그리고 내 마음을 깊이 짓누르던 저 주름살을 다시 없애 버릴 수 있는지 알아내는 것 말이다. 스스로 자신을 보살펴야 하는 지금, 점점 더 깊은 주의력을 동원하면서 겨우 며칠 만에 정신의 탄성이 완전히 달라졌다. 전에는 오로지 생각만 하고, 무엇을 바라고, 궁리하고, 명령하거나 말로 불러 주곤 했는데, 이제는 스스로 환율을 알아보고, 환전하고, 지불하고, 기억하고, 기록해야 한다.

트렌토는 볼차노에서부터 아래로 갈수록 점점 더 비옥해지는 골짜기를 따라 9마일 떨어진 곳에 있다.* 고지대에서는 경작하려고 애를 써야 하던 모든 작물이 여기서는 힘과 생명력이 더 크다. 햇볕이 따갑게 내리쬐니, 이제 다시 신을 믿을 수가 있구나.

가난한 여인 하나가 땅바닥이 너무 뜨거워 자기 아이가 발을 데일 지경이니, 아이를 마차에 태워 주십사고 부탁했다. 나는 이 강렬한 햇볕의 명예를 지키려고 그녀가 요청하는 자선을 베풀었다. 아이는 특별히 잘 씻겨서 치장했지만, 그 어떤 언어로 말을 걸어도 아무 대답도 하지 않았다.

아디제 강은 이제 더욱 완만하게 흐르면서 많은 장소에 널찍한 모래톱 섬을 만들었다. 강 근처 육지에서는 언덕마다 아주 촘촘하게 온갖 작물이 재배되고 있어서, 식물이 서로를 질식시킬 지경이다. 포도, 옥수수, 뽕나무, 사과, 배, 유럽 모과, 견과류 등이다. 담벼락은 난쟁이 딱총나무 종류가 뒤덮고, 바위는 무성한 담쟁이넝쿨이

* 앞에서도 그랬듯이 이 또한 오늘날 마일과는 다른 척도. 오늘날 자동차 도로로 약 59킬로미터.

뒤덮었다. 그 사이로 도마뱀들이 미끄러져 돌아다니고, 오고 가는 온갖 존재들이 극히 사랑스러운 그림들을 생각나게 한다. 여자들의 땋아 올린 머리, 남자들의 풀어헤친 앞자락과 가벼운 윗도리, 시장에서 집으로 짐을 끌고 가는 씩씩한 황소들, 짐 실은 노새들, 이 모든 것이 [독일 화가] 하인리히 로스Heinrich Roos의 생동하는 그림 장면 같다. 저녁이 되자 공기는 온화하고 구름 몇 점이 산 주변에 모여 하늘을 떠가기보다 그대로 멈추었는데, 해가 지자마자 귀뚜라미가 큰 소리로 울어 댄다. 그러면 더는 망명지에서 숨어 지내는 것이 아니라 마침내 고향에 온 것만 같다. 나는 마치 여기서 태어나 자란 것처럼, 먼 그린란드에서 고래잡이를 하다가 마침내 고향에 돌아온 것처럼 느낀다. 마차 주변에서 일어나는 고향의 먼지도 그토록 오랜만이니 얼마나 반가운지. 종소리나 방울 소리 같은 귀뚜라미 울음소리가 극히 사랑스러우니, 귀를 찢을 듯한 소리도 불쾌하지가 않다. 대담한 사내아이들이 휘파람으로 곤충 가수들과 경쟁을 벌인다. 양측이 서로 점점 더 소리를 높이는 것 같다는 착각이 들기도 한다. 저녁에도 한낮처럼 기온이 따스하다.

남쪽 지방 사람이 내 이런 열광의 말을 듣는다면 유치하다고 생각하겠지. 하지만 내가 여기서 하는 말을 나는 이미 오래전부터, 저 고약한 날씨를 견디던 그 긴 시간 내내 알고 있었다. 우리는 영원한 자연의 필연성을 언제나 기쁜 마음으로 맞아들여야 하는 법이고, 지금은 예외적인 이 기쁨을 마음껏 맛보고 싶다.

9월 10일 저녁*, 트렌토[트리엔트]

역사가 오랜 이 도시를 이리저리 돌아다녔다. 몇몇 거리에는 잘 지은 새 집들이

* 앞뒤 내용으로 보아 '9월 11일 오후'로 보임. 영역판에는 아예 이렇게 나와 있다.

있다. 공의회에 모인 사람들이 예수회 대주교의 설교를 듣는 그림이 어떤 교회에 걸려 있다. 나로서는 그가 청중에게 무어라고 말하는지가 알고 싶다. 교부들이 모였던[=트리엔트 공의회가 열렸던] 이 교회는 정면부의 붉은 대리석 기둥을 통해 밖에서부터 이미 특별하게 표시가 되어 있다. 무거운 커튼이 문을 가려 먼지가 들어오는 것을 막는다. 교회 안쪽은 쇠 격자로 막혀 있지만, 그래도 전체 모습을 볼 수는 있다. 여기서는 예배를 드리지 않기 때문에 사방이 쥐 죽은 듯 아주 고요하다. 저녁 기도 시간에는 모든 교회의 문이 열려 있어야 하므로 앞문만 열려 있는 것이다.

그곳에 서서 같은 예수회 교단에 속한 다른 교회들과 비슷한 건축 양식을 살펴보고 있는데, 한 늙은 사내가 들어오면서 검은 사제 모자를 벗는다. 낡은 검정 복장이 그가 노쇠한 성직자임을 알려 준다. 그는 격자 앞에서 무릎을 꿇고 짧은 기도를 올린 다음 다시 몸을 일으켰다. 몸을 돌리면서 혼잣말로 중얼거린다. "그래 놈들이 예수회를 쫓아냈단 말이지. 교회가 지불한 비용을 예수회에 주었어야 마땅한데. 이 신학교에 얼마나 많은 돈이 들어갔는지 내가 아는데." 그러면서 그는 밖으로 나가고, 그의 뒤에서 커튼이 도로 닫혔다. 나는 커튼을 들어 올린 채 가만히 서 있었다. 그는 계단 맨 꼭대기에 멈추어 서서 이렇게 말했다. "황제가 그런 게 아니야, 교황이 그랬단 말이지." 얼굴은 거리를 향한 채로 내가 거기 있을 거라고는 짐작도 못 한 채 그는 혼잣말을 계속했다. "먼저 스페인 사람들, 이어서, 우리, 그다음엔 프랑스 사람들이지. 아벨의 피가 형제 카인의 죄를 고발한다!" 그는 아마 예수회의 후원을 받고 있다가, 교단의 끔찍한 몰락에 그만 제정신을 잃은 모양이었다. 이제는 매일 그 옛날 이곳의 거주민을 찾아 이 텅 빈 교회로 와서는 짧은 기도를 올리고, 예수회의 적들에게 저주를 퍼붓곤 하는 것 같았다.*

* 예수회 교단은 1773년에 교황 클레멘스 14세에 의해 해체되었다가 1814년에 재건되었다. 괴테가 이 기록을 한 시간에서 보자면 불과 13년 전에 해체된 것. 개신교도인 괴테는 무심한 태도로, 그러나 늙은 사제의 불행에 마음이 움직여 이 이야기를 전하고 있다.

어떤 젊은 남자에게 이 도시의 볼거리에 대해 물었더니, 그는 사람들이 '악마의 집'이라 부르는 건물을 보여 주었다. 보통은 파괴자 노릇을 하는 악마가 잽싸게 돌들을 날라다가 하룻밤 만에 지었다는 건물이다. 하지만 이 선량한 사내는 이 건물의 진짜 특별한 점을 알아채지 못했다. 그것은 내가 트렌토에서 본 유일하게 좋은 취향의 집으로, 옛날 뛰어난 이탈리아 사람이 지은 집이었다.

오후 다섯 시에 다시 출발. 다시 어제저녁과 같은 일몰에 귀뚜라미들의 공연이 시작되었다. 1마일 정도를 두 담장 사이로 달렸는데, 담장 너머로 포도나무 시렁들이 펼쳐져 있었다. 다른 담장들은 충분히 높지가 않아서 돌과 가시와 그 밖의 온갖 재료들을 동원해 어떻게든 높이려고 애썼다. 지나가는 사람들의 손길에서 포도를 보호하려는 방책. 일부 포도밭 주인들은 맨 앞줄의 포도나무에 석회를 뿌려 놓았다. 그러면 포도가 맛이 없어지지만, 포도주를 만드는 데는 상관이 없다. 발효 과정에서 석회의 맛이 사라지기 때문이다.

9월 11일 저녁

지금 나는 언어의 국경선인 로베레토Rovereto에 있다. 지금까지는 항상 도이치 말에서 이탈리아 말로 넘어가는 과정이었다. 이제 처음으로 진짜 이탈리아 말만 쓰는 마부를 만났다. 주막집 주인도 도이치 말을 아예 모르니, 이제는 내 외국어 능력을 시험해 볼 차례이다. 좋아하는 이탈리아 어가 이제부터는 생생히 살아나, 실제로 사용하는 언어가 되는 참이니 얼마나 기쁜지!

9월 12일 오후, 토르볼레Torbole

친구들이 단 한 순간만이라도 내 곁으로 와서 내 앞에 펼쳐진 이 풍경을 보고 기뻐할 수 있다면 얼마나 좋을까!

오늘 저녁에 이미 베로나Verona에 도착할 수 있었을 테지만, 장엄한 자연 경관이 내 바로 옆에 있었으니, 바로 가르다Garda 호수, 나는 이 장관을 놓치고 싶지 않았다. 그리고 지금 이렇게 우회한 보람을 톡톡히 느낀다. 다섯 시가 지나 로베레토를 출발하여 옆으로 난 골짜기를 올라갔다. 이 골짜기의 물길은 아직 아디제로 향한다. 꼭대기에 도달하자 거대한 암벽이 아래로 펼쳐져 있는데, 이 암벽을 지나 호수를 향해 내려가야 한다. 회화繪畫를 위해 연구해 볼 수 있을 정도로 극히 아름다운 석회석 암벽들이 여기서 모습을 드러낸다. 이렇게 아래로 내려오면 호수의 북쪽 끝에 작은 마을, 토르볼레라는 이름의 이 마을은 호수의 작은 항구, 또는 호수로 들어가는 진입로이다. 무화과나무는 이리로 오는 길에도 이미 자주 보았었다. 하지만 저 암벽들의 원형 극장으로 들어서면서 처음으로 올리브가 주렁주렁 매달린 올리브나무들을 보았다. 여기서 처음으로 저 란티에리Lanthieri 백작 부인이 내게 약속한 흰색의 작은 무화과가 그냥 저절로 자라는 열매에 지나지 않는다는 것을 보았다.

내가 지금 앉아 있는 이 방의 문 하나를 지나면 뜰로 연결된다. 문 앞에 탁자를 내놓고 선線 몇 개로 전망을 스케치했다. 호수의 전체 길이는 거의 보이지 않는다. 다만 왼쪽 끝부분에서 호수는 우리의 눈길을 벗어난다. 산들과 언덕들로 둘러싸인 호수의 양편에는 수많은 작은 마을들이 빛나고 있다.

자정 지나서야 북쪽에서 남쪽으로 바람이 분다. 호수 아래로 내려가려는 사람은 이 시간에 출발해야 한다. 해가 지기 몇 시간 전부터 기류가 방향을 바꾸어 북쪽을 향하기 때문이다. 지금 오후가 되자 바람이 강하게 내게로 불어오면서 더운 태양열을 쾌적하게 식혀 준다. 폴크만Volkmann 여행 안내서가 알려 주는 바에 따르면, 이 호

아디제 강변의 로베레토, Goethe 作

수는 예전에 베나쿠스Benacus라는 이름이었다. 그러면서 베르길리우스의 시구를 인용한다.

Fluctibus et fremitu resonans Benace marino.*

[물소리와 바람 소리를 그대로 들려주네, 그대 베나쿠스여.]

바람이 차츰 거세지면서 호수가 점점 더 높은 파도를 보내는 바로 이 순간, 내 눈앞에 그 의미를 생생히 보여 주는 최초의 이 라틴 어 시구는, 수천 년 전이나 지

* 베르길리우스《농경시》Ⅱ, 159~60행.

금이나 정말로 딱 들어맞는구나. 많은 것이 변했건만 바람은 지금도 호수에 사나운 물결을 일으키고, 지금도 여전히 베르길리우스의 시 한 줄이 그것을 고귀하게 만들어 준다.

북위 45도 50분에서 이 글을 쓴다.

저녁의 서늘한 바람을 맞으며 산책하러 나갔다. 정말로 새로운 땅, 전혀 낯선 환경에 있음을 실감한다. 이곳 사람들은 느긋한 게으름뱅이 천국의 삶을 살고 있다. 첫째로 문에는 열쇠가 없다. 주막집 주인은 내가 가진 것이 모조리 다이아몬드로 된 것이라도 전혀 걱정할 필요가 없다며 안심하란다. 둘째로 창문에 유리 대신 기름종이가 끼워져 있다. 셋째로 꼭 필요한 편의 시설이 없으니, 거의 자연 상태로 돌아가야 한다. 주막집 하인에게 특정 장소에 대해 질문했더니 그는 아래쪽 마당을 가리킨다. "Qui abasso può servirsi![저 아래서 일을 보실 수 있습죠.]" 내가 물었다. "Dove?[어디서?]" "Da per tutto, dove vuol![어디서든, 원하시는 곳에서요.]" 이렇게 그가 친절하게 대답해 주었다. 그야말로 태평스러운 태도이지만, 그래도 충분히 부지런하게 산다. 이웃 아낙들은 하루 종일 거의 외치다시피 수다를 떨지만 모두들 동시에 무슨 일인가를 하고 있다. 지금까지 게으름 부리는 여자는 단 한 명도 보지 못했다.

주인은 내게 맛있는 송어를 대접할 수 있게 되어 기쁘다고 이탈리아 방식 호들갑이다. 산악 지대에서 흘러내려 오는 시냇물을 거슬러 올라가는 송어가 토르볼레에서 잡힌단다. 황제는 이 송어를 잡는 권리에 대해 1만 굴덴의 임대료를 받는다. 이것은 진짜 송어는 아니다. 때로는 50파운드까지 무게가 나가는 큰 물고기로 전신에 검은 점의 무늬가 있다. 맛은 송어와 연어의 중간 정도, 부드럽고 뛰어나다.

하지만 내가 가장 좋아하는 것은 과일, 특히 무화과와 배이다. 레몬이 자라는 이곳에서 이 과일들은 분명 맛이 좋을 것이다.

9월 13일 저녁

오늘 새벽 세 시에 두 명의 노잡이가 있는 배를 타고 토르볼레를 출발했다. 처음에는 바람이 좋아서 노잡이들은 돛을 사용할 수가 있었다. 새벽은 구름이 끼긴 했어도 훌륭하고, 동틀 무렵은 극히 고요했다. 리모네Limone를 지나쳐 갔다. 테라스 형태의 산악 정원에서 레몬 나무들이 재배되는데, 풍요롭고도 순수한 풍경을 제공한다. 정원 전체에 흰색 사각형의 기둥들이 줄지어 서서 계단 방식으로 산으로 이어진다. 이 기둥들 위로 튼튼한 막대들이 가로놓여 있는데, 겨울이면 식물 위에 지붕을 덮어 주기 위한 것. 배가 천천히 나아가는 덕분에 이런 평화로운 풍경을 관찰하고 살펴보기에 유리하다. 말체시네Malcesine를 지나가는데 바람의 방향이 갑자기 바뀌면서, 통상적인 낮의 방향을 잡아 북쪽으로 불기 시작했다. 이 초강력 힘에 맞서 노를 저어 봤자 별수가 없기에 우리는 하는 수 없이 말체시네 항구에 정박했다. 호수 동편에 자리 잡은 이 도시는 내가 처음으로 만나는 베네치아 영토. 물과 관련된 일을 하는 사람은, 나는 오늘 여기 또는 저기에 있을 거라고 말할 수가 없다. 나는 이 기회를 가능하면 잘 이용해서, 호숫가에 아름다운 경치를 만들어 내는 저 성을 스케치하기로 마음먹었다. 아까 배를 타고 지나쳐 오는 길에 호수에서 바라본 성의 모습을 이미 스케치해 두었다.

9월 14일

어제 나를 말체시네 항구로 몰아간 역풍이 내게 위험한 모험을 마련해 주었다. 나는 이 모험을 유머로 극복했는데, 이제 지나 놓고 보니 유쾌하기까지 하다. 배에서 마음먹은 대로, 이른 아침 시간에 저 낡은 성으로 갔다. 성문도 없고, 그 어떤 방어나 경비원도 없어서 누구든 안으로 들어갈 수가 있었다. 성의 뜰에서 나는 암벽 위에 세워진 저 낡은 탑이 보이는 곳에 앉았다. 스케치하기에 편한 자리를 미리 보아 두었었다. 계단 서너 개를 올라가면 닫힌 문 옆에 돌 의자 모양이 있었다. 우리나라에서도 오래된 건물에서 이따금 만날 수 있는 모양이다.

그곳에 앉아 스케치를 하고 있는데, 얼마 지나지 않아 다양한 사람들이 성의 뜰로 들어와 나를 쳐다보며 이리저리 오갔다. 사람들은 점점 불어나는데 마침내 멈추어 서더니 나를 둘러쌌다. 내 스케치가 이런 말썽을 불러일으킨 것을 알아챘지만, 나는 별로 구애를 받지 않고 극히 편한 자세로 작업을 계속했다. 마침내 험상궂은 어떤 사내가 다가오더니, 대체 무슨 일을 하는 거냐고 물었다. 나는 말체시네의 기억을 보존할 셈으로 저 낡은 탑을 스케치하는 중이라고 대답했다. 그러자 그는 이런 일은 허용되지 않는 일이니 어서 중단하라고 말했다. 하지만 그가 베네치아 사투리로 말했기에 나는 그의 말을 거의 이해하지 못했고, 그래서 무슨 말인지 모르겠다고 대답했다. 그는 진짜 이탈리아 방식 태연자약함으로 내 스케치 종이를 잡더니 그것을 찢어서 판지 위로 떨어뜨렸다. 그러자 구경꾼 사이에서 볼멘소리가 나오는 것을 알아챌 수가 있었다. 특히 어떤 나이 든 여자가 이건 옳지 못해, 마을 행정관을 불러와야지, 그가 이런 일을 판단할 수 있을 테니, 하고 말했다. 나는 계단에서 일어나 문에 등을 기대고는, 점점 불어나는 구경꾼을 관찰했다. 호기심에 가득 차서 뚫어지게 바라보는 눈길들, 대부분의 얼굴에 나타난 선량한 표정, 그 밖에도 낯선 대중의 온갖 특징을 이룬 전체 모습이 내게 극히 즐거운 인상을 주었다. 에터스부르크Ettersburg 극장에서 맛본 최고의 경험이 생각났다. 연극《새》에서 새들로 구성된 코러스가 내 앞에 있고, 나 자신은 트로이프로인트로 분장했을 때였다. 이런 기억 덕분에 나는 극히 유쾌한 기분이 되었으며, 마침내 행정관이 법원 서기를 대동하고 나타났을 때는 전혀 거리낌이 없이 그에게 인사를 했다. 어째서 이 요새를 스케치하느냐는 그의 질문에, 나는 공손히 대답했다. 나는 이 폐허가 요새라고는 생각

가르다 호수에서 바라본 말체시네 성 전경(위)과 말체시네의 성을 그린 미완성 스케치(아래), Goethe 作

지 못했다. 그러면서 탑과 성벽이 무너졌고, 성문도 없다는 점을 지적했다. 한마디로 말해서 성 전체에 아무런 방어가 없으니, 나는 이것을 그냥 폐허라 여기고 스케치를 하고 있었다.

그가 내게 대꾸했다. 그럼 폐허라 치고, 대체 이 폐허의 어디가 그렇게 특별해 보인단 말이오? 시간도 벌고 그의 호의도 얻을 셈으로 나는 극히 조심스럽게 대답했다. 많은 여행자들이 오로지 폐허를 보려고 이탈리아로 온다는 것을 그들도 알 것이다. 세계의 수도인 로마는 야만인들에게 유린된 탓에 수많은 폐허들이 있는데, 이 폐허들을 두고 수없이 많은 스케치가 이루어졌다. 또한 고대의 수많은 유적들이 베로나의 원형 극장처럼 그렇게 잘 보존되지는 못했다. 나도 머지않아 이 원형 극장을 볼 참이지만.

계단 아래쪽에서 나를 보고 서 있는 행정관은 서른 살가량의 사내로, 키는 크지만 약간 흐느적거리는 태도였다. 별로 똑똑하지 못한 얼굴의 무딘 표정은 극히 느리고도 불분명한 그의 질문 방식과 잘 어울렸다. 키가 더 작고 더 똑똑한 서기도 이렇게 새롭고 희귀한 사건을 어떻게 처리해야 할지 모르는 것 같았다. 나는 그런 이야기들을 더 늘어놓았다. 사람들은 내 이야기를 기꺼이 듣는 듯했다. 나는 몇몇 선량한 얼굴의 여자들을 향해 말하면서, 그들의 동의와 찬성을 얻었다고 여겼다.

내가 이 지방에서 '아레나Arena'라는 이름으로 불리는 베로나의 원형 극장 이야기를 하고 있는데, 그사이 정신을 차린 듯 법원 서기가 이렇게 말했다. 아마 그 말이 맞을 것이다. 그것은 세계적으로 유명한 로마 시대 건물이니까. 하지만 이 탑들은 베네치아 영토와 오스트리아 황제 국가 사이 국경선에 있고, 따라서 스파이가 함부로 염탐해서는 안 된다는 것 말고는 특별한 점이 없다. 나는 그의 말에 맞서, 저 고대 그리스와 로마의 유적들만이 아니라 중세의 유적들도 사람들의 주목을 끈다고 설명했다. 그들이 젊은 시절부터 많이 보아 온 이 건물에서 나만큼 회화적인 아름다움을 많이 느끼지 못한다고 해도, 그들을 탓할 수는 없다. 다행히도 마침 아침 해가 탑과 낭떠러지와 성벽을 가장 아름다운 모습으로 비추어 주고 있었기에, 나는 열광적으로 이 아름다운 모습을 그들에게 서술해 주기 시작했다. 하지만 나의 관객은 찬양받는 이 광경에 등을 돌리고 있는데 내게서 완전히 눈을 떼고 싶지도 않았기에, 마치 개미잡이 새처럼 머리를 재빨리 돌려서 내가 그토록 찬양하는 광경을 잠깐 살펴보았다. 심지어는 행정관조차도 약간 더 기품이 있는 모습이긴 했지만, 어쨌든 고개를 돌려 그 모습을 바라보았다. 이런 모습이 너무나 우스워서 내 기분은 점점 더 명랑해졌고, 덕분에 나는 그들에게 아무것도 빼놓지 않고 자세히 설명해 주었다. 벌써 수백 년 전부터 바위와 성벽을 지천으로 덮고 있는 담쟁이넝쿨에 이르기까지 단 하나도 빼지 않고 말이다.

법원 서기가 다시 말을 받았다. 그 모든 말을 잘 들었지만, [오스트리아의] 요제프 황제는 분명 베네치아 공화국에 맞서 아직도 고약한 일을 많이 꾸미는 믿기 어려운 사람인데, 나는 국경선을 염탐하라고 황제가 파견한 신하 같다는 것이다.

"황제의 신하라니 가당치도 않아요." 하고 나는 외쳤다. "나도 여러분만큼이나 공화국의 주민이라고 주장할 수 있답니다. 물론 힘과 크기에서 고귀한 베네치아와는 비할 바가 못 되지만 그래도 자치를 하고, 또한 상업 활동이나 통치자의 부와 지혜로움이라는 점에서 독일의 그 어떤 도시에도 못하지 않은 공화국이지요. 나는 마인 강변의 프랑크푸르트Frankfurt am Main 태생인데, 그 이름과 명성은 분명 여러분에게도 알려졌을 겁니다."

"마인 강변의 프랑크푸르트라고!" 하고 예쁘장한 젊은 여자가 외쳤다. "그럼 행정관님, 이 낯선 사람이 어떤 사람인지 아시겠죠. 좋은 사람 같아요. 그레고리오Gregorio를 불러옵시다, 그가 오랫동안 거기서 일했으니, 이 일을 가장 잘 알 수 있을 거예요."

벌써 나에게 선의를 품은 얼굴들이 늘어났고, 처음의 싫어하던 얼굴은 사라졌다. 그레고리오가 불려 오자 사태는 완전히 내게 유리하게 되었다. 그는 쉰 살쯤 된 사내인데, 얼굴만 보아도 알 수 있는 이탈리아 인의 갈색 얼굴을 지녔다. 게다가 어떤 낯선 것도 낯설게 여기지 않는 사람의 말투와 태도를 지녔다. 자기는 볼로냐로Bolognaro 상회에서 일을 했었는데, 이제 나를 통해 즐거운 추억이 깃든 이 가족과 도시의 소식을 접할 수 있게 되었으니 기쁘다고 말했다. 다행히도 그가 머문 시기가 내 젊은 시절에 해당했다. 나로서는 그 시기에 사정이 어땠으며, 그 뒤로 사정이 어떻게 바뀌었는지 상세히 이야기할 수가 있어 이중으로 유리했다. 나는 프랑크푸르트에 사는 이탈리아 사람들을 모두 알고 있었기에, 그들 이야기를 그에게 들려주었다. 그는 퍽 만족하는 태도로 자세한 소식을 들었다. 예를 들면 알레시나Allesina 씨가 1774년에 금혼金婚을 축하했고, 그것을 계기로 기념 메달을 주조했는데, 나도 메달 하나를 가지고 있다는 등의 이야기였다. 그는 이 부유한 상인의 아내가 처녀 때 성이 브렌타노Brentano라는 것을 잘 기억하고 있었다. 그리고 나는 이탈리아 사람들의 자녀와 손주들 소식도 전해 줄 수 있었다. 그들이 잘 자라서 보호받고 결혼도 했으며, 자손을 불리고 있다는 소식이었다.

그가 묻는 말에 내가 거의 모든 집안의 극히 자세한 소식까지 전하자, 이 사내의 얼굴에 명랑함과 진지함이 번갈아 나타났다. 그는 기쁜 마음으로 감동을 받았고, 사람들은 점점 더 밝은 마음으로 지치지도 않고 우리의 대화를 들었다. 대화의 일부는 그가 이곳 사투리로 통역을 해 주어야 했다.

마침내 그가 이렇게 말했다. "행정관님, 이 사람은 좋은 교육을 받고 스스로 많은 것을 익히려고 두루 여행하는 싹싹하고 재주 있는 사람이 분명합니다. 그가 돌아가 자기 나라 사람들에게 우리에 대해 좋은 말을 하도록, 또 말체시네의 아름다운 모습이 이방인의 경탄을 불러일으키는 것이니만큼 이곳을 한번 찾아가 보라고 격려할 수 있도록 그를 석방해야 합니다." 나는 이 지방과 말체시네의 아름다움과 주민들을 칭찬해서 그의 친절한 말에 힘을 보탰다. 특히 법을 다루는 사람들이 현명하고도 조심성이 있다는 말도 잊지 않았다.

이 모든 것이 잘 받아들여져서 나는 그레고리오와 함께 마음대로 동네를 돌아다니며 구경해도 좋다는 허락을 받았다. 내가 돌아가자 주막집 주인이 우리에게 합류했다. 그는 말체시네의 좋은 점들이 널리 알려지면 자기 집으로 이방인들이 찾아올 것이라 기대하고 기뻐했다. 그는 생동하는 호기심으로 내 옷차림을 관찰하고, 특히 내가 편하게 호주머니에 집어넣을 수 있는 소형 권총들을 지닌 것을 부러워했다. 그렇게 멋진 무기를 들고 다녀도 되는 사람들은 행운이라고 찬양했다. 자기들에게는 엄한 형벌로 금지된 일이니 말이다. 나는 그의 친절한 넉살을 몇 번 중단시키고, 나를 석방시켜 준 그레고리오에게 감사 인사를 했다. "나에게 감사하지 마십시오." 하고 이 용감한 사내가 말했다. "나한테 덕을 입은 건 없어요. 행정관이 자기 일을 잘 알았더라면, 그리고 서기가 모든 사람 중에 가장 이기적인 사람이 아니었더라면, 당신은 그렇게 쉽게 풀려날 수 없었을 겁니다. 행정관은 당신보다 더 당황했고, 서기 입장에서는 당신을 체포하여 보고서를 쓰고 베로나로 압송해 봐야 한 푼도 건지지 못했을 겁니다. 그는 이런 점을 재빨리 생각했고, 그래서 우리의 대화가 끝나기도 전에 벌써 당신을 석방한 겁니다."

저녁 무렵에 이 선량한 사람이 나를 데리고, 저 아래편 호숫가에 좋은 자리를 차지한 자신의 포도밭을 보여 주었다. 열다섯 살 된 그의 아들이 우리를 따라와서는, 아버지가 가장 잘 익은 포도송이를 고르면 아들은 과일나무에 올라가 나를 위해 가장 잘 익은 과일을 따 왔다.

지상의 한 귀퉁이 이 무한한 고독 속에서 세상과 거리를 둔, 극히 선량한 두 사람하고만 같이 있으면서, 나는 오늘 있었던 모험을 되돌아보고 인간이 얼마나 이상한 존재인지를 매우 생생히 느꼈다. 좋은 사람들과 함께하면 이토록 안전하고도 편안하게 즐길 수 있는 일을, 세상과 그 내용을 자기만의 방식으로 횡령하려는 누군가의 변덕으로 인해, 똑같은 일이 아주 불쾌하고도 위험한 것으로 바뀔 수가 있으니 말이다.

자정 무렵에 주막집 주인은 그레고리오가 나를 위해 준비한 과일 바구니를 들고 배까지 나를 따라왔다. 이렇게 해서 나는 유리한 바람을 타고, 하마터면 [저 호메로스 이야기에 나오는] 사람 잡아먹는 거인족의 땅이 될 뻔도 했던 이 호숫가를 떠났다.

이제 나의 호수 여행에 대해 말해 보자! 호수 여행은 거울 같은 물의 장엄함과 브레시아Brescia 쪽[서편] 호변의 아름다움으로 내 마음을 극히 상쾌하게 해 준 다음 무사히 끝났다. 산맥 서편에서 가파른 지형이 끝나면서 호수 쪽을 향해 지형이 더 완만해지는 곳에, 약 한 시간 반 간격으로 다음과 같은 마을들이 차례로 나타난다. 가르냐노, 볼리아코, 체치나, 토스콜라노, 마데르노, 가르도네, 살로 등의 마을이 대개는 길쭉하게 자리를 잡았다. 많은 사람이 사는 이 지역의 매력을 그 어떤 말로도 표현하기가 어렵다. 아침 열 시에 바르돌리노Bardolino에 도착해서 짐을 노새 등에 싣고, 나 자신도 다른 노새를 탔다. 이제 길은 호수 지역과 아디제 강을 갈라놓고 있는 등성이를 올라간다. 그 옛날 물줄기가 양편에서 무시무시한 힘으로 흐르면서 거대한 자갈 댐을 여기 쌓아 올렸던 모양이다. 그보다 평온한 시기에 비옥한 토양이 이 자갈 댐을 넉넉히 뒤덮었다. 하지만 토양이 계속 새로 떠밀려 오는 바람에 농민은 고통을 받았다. 그래서 가능한 한 그것을 막아 보려고 떠내려 온 흙을 줄지어 켜켜이 쌓아 올렸고, 덕분에 길가에는 일종의 두툼한 벽이 생겨났다. 이 고도에서는 습기가 부족해서 뽕나무는 그리 잘 자라지 못한다. 샘은 생각하기도 어렵다. 이따금 빗물을 모아 놓은 물웅덩이를 만나는데, 노새와 노새 몰이꾼까지도 이 빗물로 갈증을 해결한다. 저 아래 강가에서는 양수기가 돌아가면서 아래쪽에 자라는 작물에 마음껏 물을 공급해 주건만.

이제 등성이를 내려가면서 굽어보는 새로운 지역의 장대함은 말로는 형용할 길이 없다. 높은 산과 가파른 암벽의 기슭에 자리 잡은 여러 마일 길이와 너비의 정원인데, 순수하게 평평한 지형이다. 이렇게 해서 나는 9월 14일 오후 한 시경에 이곳 베로나에 도착했다.* 지금 우선 이것을 써서 일기의 두 번째 부분을 마무리하여 철해 놓고, 저녁 무렵에는 즐거운 마음으로 원형 극장을 둘러볼 생각이다.

지난 며칠 동안의 날씨 보고. 9일에서 10일 사이의 밤은 맑았다 흐렸다 변덕을 부리고, 달 둘레엔 계속 달무리가 꼈다. 10일 새벽 다섯 시에 무겁지 않은 잿빛 구름이 온 하늘을 덮었지만, 날이 밝으면서 구름은 사라졌다. 골짜기 아래로 내려올수록 날씨는 더욱 좋아졌다. 볼차노에서 이미 거대한 산맥이 북쪽에 놓이면서 공기가 전혀 다른 특성을 보였다. 짙어졌다 옅어졌다 하는 푸른색blue 음영을 통해 매우 사랑스러운 모습으로 바뀌는 여러 지형들에서 다음의 사실을 알았다. 여기서 대기는 동일한 습기를 머금고 또한 이 습기를 아주 잘 감당할 수 있기에, 습기는 이슬이나 비가 되어 내리지 않고, 구름이 되지도 않았다. 아래로 내려올수록, 볼차노 골짜기에서 생긴 모든 습기, 남쪽의 산에서 올라온 모든 구름의 띠들이 북쪽의 더 높은 지역으로 끌려가서, 북쪽 산악 지대를 뒤덮지는 못하고 일종의 옅은 안개처럼 둘러싸는 것이었다. 산맥 위 아주 먼 곳에서는 이른바 토막 무지개도 보였다. 볼차노 남쪽으로는 여름 내 날씨가 쾌청했고, 아주 드물게만 약간의 습기(이곳 사람들 말로 가벼운 비를 뜻하는 '아쿠아')가 내리고는 곧바로 다시 해가 들었다. 어제도 이따금 빗방울 몇 개가 떨어졌지만 그동안 내내 햇빛이 비쳤다. 이곳에서도 이렇게 좋은 날씨가 계속된 것은 오랜만이란다. 이게 모든 것을 설명해 준다. 그들은 나쁜 날씨를 북쪽의 우리에게 보냈던 것이다.

암석에 대해서는 짧게만 언급하겠다. [스웨덴 광물학자] 페르버Ferber의 《이탈리아 여행》과 하케Hacquet의 《알프스 산맥 횡단》이 이 지역에 대해 상세한 지식을 제공해 주기 때문이다. 새벽녘 브렌너 패스를 넘고 15분 만에 콜만 근처에서 대리석 채석장을 지나쳤다. 이 채석장은 산맥의 저쪽 경사면도 그랬듯이 아마도, 아니 분명히 운모 편

* 텍스트를 정밀하게 읽으면 9월 15일로 보인다.

암 위에 자리 잡고 있을 것이다. 낮이 밝아 올 무렵 콜만에서 그것을 확인했다. 더 아래로 내려가자 반암들이 나타났다. 암벽들이 저리도 막강한데, 알맞은 크기로 부스러진 돌 조각들이 큰길가에 잔뜩 쌓여 있으니, 내가 눈과 욕심을 더 작은 표본에 길들이기만 한다면, 별 어려움 없이 각 종류별로 한 조각씩을 가져다가 포이크트Voigt의 광석 수집품 정도는 금방이라도 만들어 낼 수 있을 듯싶었다. 콜만을 지나 아래쪽으로 얼마 내려가지 않아, 일정한 간격으로 가로 석판을 이루며 쪼개지고 있는 반암 하나를 발견했다. 그리고 브론촐로Bronzolo와 에나Egna 중간에도 이와 비슷한 반암을 보았는데, 이번에는 가로가 아니라 세로로 쪼개지고 있었다. 페르버는 이 돌들이 화산의 작용으로 생긴 것이라 여겼지만, 그것은 14년 전에야 온 세상의 많은 두뇌에서 활활 타오른 생각이었다.* 그러니 하케는 이 가설을 비웃었다.**

사람들에 대해서는 할 말이 많지 않지만 그나마 별로 즐겁지 않은 것뿐이다. 브렌너 패스를 넘어 날이 밝자마자 사람들의 모습이 전혀 달라진 것을 보았다. 특히 여자들의 창백한 갈색 얼굴빛이 눈에 띄었다. 그들의 얼굴은 궁핍함을 드러냈고, 아이들도 가련한 꼴인데 남자들만 조금 나아 보였다. 하지만 기본 골격은 정상적으로 튼튼하다. 나로서는 이런 병약한 상태의 원인이 옥수수와 메밀을 자주 먹는 탓이라고 생각된다. 그들은 노란 가루라 부르는 옥수수와, 검은 가루라 부르는 메밀을 빻아 물에 개서 걸쭉한 죽으로 만들어 먹는다. 저편 독일계 티롤 사람들은 반죽을 다시 작은 조각으로 나누어 버터에 굽는다. 이쪽 이탈리아계 티롤 사람들은 그대로

* 스웨덴의 박물학자이며 중요한 광물학자인 요한 야콥 페르버(Johann Jacob Ferber, 1743~1790)는 1772년 이전에 이미 매우 정교한 암석 형성 체계에 대한 이론을 정립했다. 1786년 베를린 학술 아카데미의 회원이 되었다.

** 괴테는 여기서 지구 암석의 형성을 놓고 벌어지던 화성론(火成論)과 수성론(水成論)의 논쟁을 암시한다. 화성론자는 화산 폭발이 암석 형성의 주요인이라고 보고[오늘날 과학계의 지지를 받고 있다], 수성론자는 대양에 가라앉은 지형에서 천천히 암석이 형성된다고 보았다. 괴테는 여기서 수성론의 편을 들고 있다. 이것은 나중에 혁명에 반대하고 역사의 점진적인 발전을 옹호한 태도에서도 드러나는 괴테의 기본적 관점의 하나.

죽을 먹으면서 이따금 치즈를 얹기도 하지만, 1년 내 고기를 전혀 먹지 않는다. 특히 아이들과 여자들에게 이런 식사는 필연적으로 변비를 일으키게 마련이고, 종말증을 앓는 것 같은 그들의 얼굴색이 그런 질환을 알려 준다. 그 밖에 그들은 과일과 초록색 콩을 먹는다. 초록 콩은 물에 삶아 마늘과 올리브오일 드레싱을 곁들인다. 나는 부유한 농부들도 있지 않으냐고 물었다. “물론 있지요.” “그럼 그들은 좀 더 나은 음식을 먹나요?” “아니, 그들도 습관이 되어서요.” “그럼 대체 부자들의 돈은 다 어디로 갑니까? 그들은 무엇에다 돈을 쓰지요?” “그 사람들도 자기들의 주인이 있으니, 그 주인들이 돈을 거두어 가지요.” 이것은 내가 볼차노의 주막집 주인 딸과 나눈 대화이다.

그 밖에도 그녀에게서 포도 농사를 짓는 농부들이 여기서 가장 부자들로 보이기는 하지만, 실은 가장 끔찍한 상황을 겪고 있다는 말도 들었다. 그들은 도시의 상인들 손에 들어 있는데, 상인들은 농사가 잘 안된 해에는 생활비를 미리 빌려주고, 농사가 잘된 해에는 몇 푼 안 되는 돈만 내고 포도를 가져가 버린다는 것이다. 그거야 세상 어디서나 똑같은 일이다.

도회지 여자들이 언제나 더 건강하게 보인다는 사실이 그들의 음식에 대한 내 의견을 뒷받침해 준다. 아름답고 통통한 소녀들의 얼굴, 그들의 튼튼함과 머리 크기에 비하면 몸이 약간 작은 편이지만, 이따금 아주 친절한 얼굴들도 만나게 된다. 이리저리 떠돌아다니는 티롤 사람들 덕분에 남자들의 모습은 이미 익숙하다. 고향에서 남자들은 여자들만큼 건강해 보이지 않는다. 아마도 여자들이 육체적인 일을 하면서 더 많이 움직이는 데 반해, 가게 주인 또는 기술자 직업을 가진 남자들은 주로 앉아서 일을 하는 탓인 듯하다. 가르다 호수의 사람들은 갈색으로 그을었고, 뺨에도 붉은 기가 전혀 없다. 이들은 건강하고 몹시 생기가 넘치며 유쾌한 인상이다. 아마도 암벽의 기슭에서 누리는 격한 햇볕이 그 원인일 것이다.

베로나에서 베네치아까지

9월 16일, 베로나

원형 극장은 내가 본 최초의 중요한 고대 기념비인데, 아주 잘 보존되어 있다! 안으로 들어섰을 때, 아니 그보다는 저 위쪽의 난간을 따라 걷고 있을 때, 건물이 이렇게 큰데도 볼만한 게 아무것도 없다는 사실이 이상하게 생각되었다. 건물도 그토록 빈 모습을 보이고 싶지 않으며, 사람으로 가득 채워지기를 원한다. 최근에 요제프 2세 황제와 교황 비오[=피우스] 6세를 위한 행사 때처럼 말이다. 군중을 눈앞에 보는 일에 꽤 익숙한 황제도 그 광경에 깜짝 놀랐다고 한다. 하지만 민중이 오늘날보다 더 민중이던 그 옛날에 이 건축물은 제대로 효과를 냈다. 원형 극장은 원래 민중이 저 자신에게 가장 깊이 경탄하도록 만들어진 것이기 때문이다.

평지에서 무언가 구경거리가 벌어지면 모든 사람이 그리로 달려가는데, 뒤에 있는 사람들은 어떻게 해서든 앞줄에 있는 사람들보다 더 높은 자리를 만들려고 애쓴다. 벤치 위로 올라가고, 여러 가지 통들을 굴려 오고, 마차를 몰아오고, 그 위로 판자를 올리고, 이웃한 언덕을 점령하고, 이렇게 해서 순식간에 분화구 모양이 생겨난다.

이런 구경거리가 같은 장소에서 자주 벌어지게 되면, 돈을 지불할 수 있는 사람들을 위한 임시 좌석들이 생기고, 나머지 사람들은 각자 알아서 자리를 만든다. 이런 보편적인 욕구를 충족시키는 것이 여기서 건축가의 임무이다. 건축가는 가능하면 단순한 형태로 그런 분화구를 인공적으로 만들어 내고, 그러면 민중 자신이 건축물을 장식하는 것이다. 그렇게 많은 민중이 모인 광경을 보고 민중은 스스로 놀라지 않을 수가 없다. 언제나 모두들 멋대로 돌아다니는 꼴만 보다가, 그 어떤 질서도 특별한 규율도 없이 사람들이 떼를 지어 모여 있는데도, 수많은 머리와 수많은 생각을 지니고 이리저리 헤매던 짐승이 고귀한 하나의 몸, 하나의 통일성을 이루어 마치 **하나의** 형태, **하나의** 정신으로 되살아난 것처럼 보이니 말이다. 타원형의 단순성이 누구의 눈에나 가장 편안하게 보이고, 전체가 아무리 두려울 만큼 커도, 머리들이 척도가 된다. 하지만 지금은 전체가 텅 비어 있으니 아무런 척도도 없고, 따라서 이 건물이 큰지 작은지조차 알 수가 없다.

이 건축물을 보존한 것에 대해 베로나 사람들을 찬양해야 마땅하다. 붉은 대리석으로 지은 이 건물은 긴 세월 날씨의 공격을 받았다. 그래서 깎여 나간 계단들을 사람들이 거듭 새로 만들어 내니 거의 모든 계단이 새것처럼 보인다. 비석 하나가 서서 히에로니무스 마우리게누스Hieronymus Maurigenus라는 사람과 그가 이 기념비를 위해 바친 믿기 어려운 노력을 기린다. 외벽은 겨우 한 부분만 서 있는데, 나로서는 이 외벽이 완성된 적이 있는지 의문이다. 거대한 브라 광장il Bra과 연결된 아래쪽 아치들은 온갖 공예품 기술자들에게 빌려주었다. 아치 구멍들이 이토록 다시 생기에 넘치는 것을 바라보는 것만 해도 충분히 유쾌하다.

9월 16일, 베로나

포르타 스투파Porta stupa, 또는 델 팔리오del Palio라는 이름의 성문은 이 도시에서 가장 아름다운, 하지만 언제나 닫혀 있는 성문이다. 멀리 떨어진 곳에서도 알아볼 수 있어야 하는 성문으로서는 아주 잘 만든 것이 아니다. 가까이 와서야 비로소 건축물의 용도를 알아볼 수 있기 때문이다.

이것이 어째서 닫혀 있는지에 대해서는 별의별 설명이 다 있다. 하지만 나는 그냥 추측을 해 본다. 건축가는 이 성문을 통해 새로운 번화가를 만들어 내려는 의도를 품었다. 이 성문은 현재의 도로에는 전혀 맞지 않기 때문이다. 왼편은 순전히 가건물뿐이고, 성문 중앙과 직각을 이룬 선이 수녀원으로 연결되는데, 이 수녀원은 필요하면 무너뜨려야 했을 것이다. 하지만 귀족들과 부자들이 시내에서 이렇게 멀리 떨어진 곳에 건물을 지을 생각이 없었으리라는 것을 쉽게 알아볼 수 있다. 어쩌면 건축가가 죽고, 그러자 사람들이 성문을 닫아 버리고, 그로써 사태가 일단락된 것 같다.

9월 16일, 베로나

테아트로 필아르모니코Teatro Filarmonico 극장의 현관은 여섯 개의 커다란 이오니아 기둥들이 받치고 있어 매우 위풍당당한 모습이다. 두 개의 코린트 기둥이 떠받친 출입문 위쪽, 채색된 벽감 앞쪽에 놓인, 거대한 가발을 쓴 마페이 후작[Scipione Maffei, 1675~1755, 시인+바로크 학자]의 실물 크기 흉상은 그럴수록 더욱 작아 보인다. 명예로운 자리이긴 하지만, 기둥의 크기와 당당함에 어느 정도라도 어울리려면 거대한 흉상이라야 했을 것이다. 까치발 받침대 위에 자그마하게 놓인 현재의 모습은 전체와 조화를 이루지 못한다.

극장의 앞뜰을 둘러싸고 있는 회랑도 너무 작고, 홈 없이 매끈한 이오니아 거대 기둥들 옆에서, 난쟁이 꼴로 서 있는 홈이 새겨진 도리스식 기둥들은 볼품이 없다. 하지만 이 난쟁이 기둥들 안쪽 회랑에 놓인 아름다운 유물을 관찰하면서 그런 불균형을 용서하기로 하자. 여기에는 대개 베로나와 근처에서 발굴된 고대의 유물들이 전시되고 있다. 그중 몇 개는 원형 극장에서 나온 것이라 한다. 에트루리아의 유물, 고대 그리스와 로마의 유물들과 후대의 유물도 있다. 벽면에는 얕은 돋을새김 조각들이 새겨져 있는데, 마페이가 자신의 저술《베로나 모습》에서 이들을 서술하면서 매겨 놓은 번호들이 표시되어 있다. 제단들, 기둥의 일부나 그 비슷한 유물들도 있다. 하얀 대리석으로 만든 뛰어난 삼발이가 하나 있는데, 삼발이 위에서는 정령들이 신들의 상징물에 열중해 있다. 라파엘로는 [로마의] 빌라 파르네시나의 아치 천장 삼각형에 이 비슷한 것들을 모방하여 이상적으로 그려 놓았다.

고대인들의 무덤에서 불어오는 바람은 장미원에서 불어오는 것 같은 향기를 담고 있다. 묘석들은 충심을 담아 감동적인 데다 언제나 일상의 삶을 드러낸다. 저쪽 벽감에 한 남자가 아내와 나란히 서서, 마치 창밖을 내다보듯이 이쪽을 바라본다. 아들을 가운데 두고 아버지와 어머니가 함께 서서, 이루 말할 수 없는 자연스러움으로 서로를 바라본다. 이쪽에선 결혼한 남녀가 손을 잡고 있다. 또 소파에 앉은 아버지가 가족과 대화를 나눈다. 이런 돌들이 이렇게 여기 있다는 것이 내게는 깊은 감동을 준다. 이들은 후대의 예술이지만 감동적이고 자연스럽고, 극히 보편적인 방식으로 말을 걸어온다. 여기에는 무릎을 꿇고 즐거운 부활을 고대하는 갑옷 입은 남자는 없다. 예술가는 제각기 능숙한 또는 서툰 솜씨로 사람들의 현재만을 묘사했고, 그를 통해 그들의 존재가 계속 살아남을 수 있게 만들었다. 이 사람들은 두 손을 모으거나 하늘을 바라보지 않고, 과거나 현재나 늘 그렇듯이 그냥 지상에 있다. 이들은 함께 모여 서로의 관심사를 이야기하고 서로 사랑하고 있으니, 심지어는 서툰 솜씨로 새겨진 것마저 극히 사랑스럽다. 매우 풍성하게 장식된 대리석 기둥 하나가 내게 새로운 생각거리들을 주었다.

이 시설이 매우 찬양할 만한 것이긴 해도, 처음에 이것을 세운 고귀한 보존의 정신이 이들 유물 속에 계속 살아남지 못했다는 점이 눈에 띈다. 저 귀한 삼발이는 서편에서 오는 비바람에 그대로 노출되어 있으니 머지않아 망가질 것이다. 목재 케이스만 해 주어도 이 보물을 쉽게 보존할 수 있을 것이다.

시작만 한 영주 궁전[팔라초 델 프로베디토레Palazzo del Provveditore]이 완성되었다면, 아름다운 건축물이 되었을지도 모른다. 그 밖에 귀족들은 지금도 상당히 많은 건축을 하고 있지만, 모두가 옛날 저택이 있던 자리에, 그러니까 자주 좁은 골목길에 건물을 짓고 있다. 지금은 가장 멀리 떨어진 교외의 좁은 골목길에 신학교의 화려한 정면부를 짓는 중이다.

우연히 만난 동행자와 함께 특이한 건축물의 크고도 묵직한 정문 앞을 지나치고 있을 때, 그가 선량한 태도로 잠깐 안뜰로 들어가 보지 않겠느냐고 물었다. 형무소 건물[팔라초 델라 라지오네Palazzo della Ragione]이었다. 건물이 높아서 안뜰은 그냥 커다란 우물처럼 보였다. "모든 범죄자와 용의자가 여기 수감되죠." 하고 그가 설명했다. 사방을 둘러보자 열린 복도들이 모든 층으로 연결되어 있는데, 복도에는 거대한 쇠창살이 달려 있고, 수많은 문들이 나 있다. 죄수가 심문을 받으려고 자신의 감방에서 밖으로 나오면 곧바로 자유로운 대기를 숨 쉬게 되지만, 동시에 모든 사람의 눈에 노출된다. 심문실이 여러 개가 있을 것이니, 층마다 이쪽 복도나 저쪽 복도에서 쇠사슬 쩔렁거리는 소리가 나곤 했다. 끔찍한 광경이었다. 내가 작품 《새》에 동원한 좋은 유머 감각이라도, 여기서는 더 힘든 시련을 겪었을 것이라는 사실을 부인할 길이 없다.

해 질 녘에 분화구 모양 원형 극장의 테두리를 걸으며 도시와 그 주변을 바라보는 최고의 전망을 즐겼다. 나는 여기서 완전히 혼자인데, 저 아래 브라 광장의 너른 포석 위로는 수많은 사람들이 오갔다. 모든 계층의 남자들과 중간 계층의 여자들이었다. 여자들은 검은 겉옷을 둘러쓰고 있어서, 내가 서 있는 장소가 제공하는 새의 눈길에는 미라처럼 보였다.

모든 의상을 대신하는 '첸달레Zendale'와 '베스테Veste'는 청결에 늘 신경을 쓰지 않고, 교회에 갈 때나 산책할 때나 같은 옷을 입은 채 어디에나 나타나곤 하는 민중에게 알맞은 옷이다. 베스테는 안에 속치마를 입고 그 위에 덧입는 검은 태피터 천 스커트이다. 안에 깨끗한 흰 속치마를 입을 경우에는 검은 겉치마의 한쪽을 잡아 우아하게 위로 들어 올릴 수도 있다. 이런 치마는 갖가지 색깔의 코르셋 밑단을 덮으며 허리에 고정된다. 첸달레는 긴 술이 달린 커다란 숄이다. 이 숄은 철사로 고정되어 머리 덮개 노릇을 하며, 술은 몸 둘레에 묶고 맨 아래는 뒤로 늘어뜨린다.

9월 16일, 베로나

오늘 아레나를 벗어나 걷다가, 거기서 몇천 걸음 떨어진 곳에서 현대의 대중적인 볼거리를 만났다. 베로나 귀족 네 명이 비첸차Vicenza에서 온 네 명과 구기 경기를 벌였다. 베로나 사람들은 1년 내내 밤이 되기 한두 시간 전에 자기들끼리 이 경기를 하곤 한다. 이번에는 다른 지역 팀과 벌이는 경기였기에 믿을 수 없을 정도로 많은 구경꾼이 몰려들었다. 4천~5천 명 정도는 되는 것 같았다. 다만 어떤 계층 출신이든 여자는 단 한 명도 없었다.

앞에서 이미 이와 같은 경우에, 대중의 필요에 따라 자연스럽게 원형 극장이 만들어진다고 서술했다. 실제로 여기서 구경꾼이 그런 형태를 만들어 낸 것을 보았다. 멀리서도 힘찬 박수 소리가 들렸다. 중요한 타격이 이루어질 때마다 박수가 뒤따랐다. 경기는 다음과 같은 방식으로 이루어졌다. 서로 적당한 거리를 두고 널판 두 개가 완만한 경사를 이루도록 세워져 있다. 공을 치는 사람이 스파이크가 박힌 커다란 목재 원반을 들고 널판 꼭대기에 서 있다. 같은 팀의 한 사람이 공을 그에게 던지면 그는 공을 치는 힘을 키우려고 아래로 달려 내려오면서 손에 든 원반으로 있는 힘껏 공을 친다. 상대 팀은 공을 되돌려 보내고, 이런 식으로 공은 양쪽으로 오가다가 마침내 누군가 공을 놓쳐 아래로 떨어뜨리게 된다. 대리석으로 조각해도 될 만큼 극히 아름다운 포즈들이 경기 도중에 나타나곤 한다. 사지가 잘 발달된 건장한 젊은이들이 꼭 달라붙는 하얀색 짧은 의상을 입고 있기 때문에, 두 팀은 오로지 휘장 색깔로만 구분된다. 공을 치는 사람이 경사진 판에서 아래로 달려 내려와 공을 맞히려고 팔을 쳐드는 순간의 자세가 특히 아름다워서, 보르게세 검투사 조각상의 자세와 거의 비슷해진다.

이들이 구경꾼의 편의를 전혀 고려하지 않고 옛날 성벽 옆에서 경기를 펼치는 것이 내게는 이상하게 생각되었다. 원형 극장에 저토록 아름다운 공간이 있는데 어째서 그걸 활용하지 않는 건지!

9월 17일, 베로나

그림에 대해 짤막하게 보고하고 몇 가지 관찰을 덧붙이기로 한다. 나는 자신을 기만하기 위해서가 아니라 내가 보는 사물을 통해 나 자신을 알려고 이 경이로운 여행을 하고 있다. 그런 만큼 내가 미술이나 화가의 기술에 대해 별로 아는 바가 없다는 사실을 솔직하게 털어놓아야겠다. 그러니 나의 관심, 나의 관찰은 오로지 실질적 부분, 즉 대상과 그 대상을 다룬 방식에 집중될 수밖에 없다.

산 죠르지오San Giorgio 교회는 일종의 회화 박물관이다. 모든 제단화들이 동일한 가치를 가진 것은 아니라도, 한결같이 주목할 만한 것들이다. 하지만 불쌍한 화가들은 대체 무엇을 그려야 했던가! 그리고 대체 어떤 주문자들을 위한 것이었던가! 가로 30피트, 높이 20피트의 거대한 화폭에 [하늘에서 쏟아지는] 만나라니! 빵 다섯 덩이의 기적을 다룬 그림과 쌍을 이룬 작품! 여기 대체 그릴 게 무어란 말인가! 배고픈 사람들이 작은 곡식 알갱이들을 향해 달려드는데, 다른 쪽 그림에서는 수많은 사람에게 빵이 제공되고 있다! 화가들은 이렇게 빈약한 소재를 의미심장하게 만들려고 스스로를 고문했다. 하지만 그런데도 이런 곤궁에 자극을 받아, 천재는 아름다운 것들을 만들어 냈다. 1만 1천 명의 처녀들과 함께 등장하는 성녀聖女 우르술라Ursula를 그려야 했던 화가는 이런 소재에 대해 매우 뛰어난 능력을 보여 주었다. 성인 우르술라는 마치 이 땅을 정복하기라도 한 양 승리에 가득 찬 모습으로 맨 앞에 큼직하게 그려졌다. 매우 고귀한 아마존 같은 처녀로서 아무런 매력도 드러내 보이지 않는다. 그에 반해 아주 멀리 떨어진 곳에 작게 그려진 그녀의 동지들은 배에서 내리면서 행렬을 이루어 이쪽으로 다가오는 중이다. 대성당에 있는 티치아노의《성모의 승천》은 거의 검게 변했다. 여신이 되는 과정에 있는 주인공을, 하늘을 바라보지 않고 몸을 돌려 친구들을 바라보는 모습으로 그린 것은 찬양할 만한 아이디어이다.

게라르디니Gherardini 미술관에서 오르베토Orbetto의 매우 아름다운 작품들을 보고 이 뛰어난 화가를 처음으로 알게 되었다. 멀리 떨어진 곳에서는 오로지 1등급 예술가들에 대해서만 듣고, 자주 그들의 이름만으로 만족한다. 하지만 가까이 다가와 보면 2등급과 3등급의 별들도 빛을 내고 모두가 한데 모여 전체 별하늘을 이루면서, 세상은 넓고 예술은 풍성해진다. 여기서는 그의 그림 하나에 드러난 아이디어를 찬양해야겠다. 삼손이 델릴라의 품에서 막 잠이 들었다. 그녀는 그의 몸 저편으로 살그머니 손을 뻗어 램프 탁자 위에 있는 가위를 집어 들고 있다. 매우 대담한 필치이다. 팔라초 카노사Palazzo Canossa에서는《다나에Danae》그림 하나가 눈에 띄었다.

팔라초 베빌라쿠아Bevilacqua는 많은 소중한 물품을 소장하고 있다. 틴토레토Tintoretto의 작품 하나는 흔히《천국》이라 불리지만, 실은 성모가 하늘의 여왕이 되어 모든 족장들과 예언자들, 사도들과 성인들, 천사들이 모인 자리에서 대관식을 올리는 장면으로, 행복한 천재 화가의 온갖 풍성함이 있는 대로 다 펼쳐져 있다. 붓의 가벼움, 표현의 정신과 다양함, 이 모든 것이 경탄을 불러일으킨다. 그것을 진정으로 모조리 누리려면, 이 작품을 아예 소유해서 평생 눈앞에 두고 거듭 감상해야만 할 것이다. 그의 작업은 세심한 곳까지 흠잡을 데가 없으니, 맨 끝에서 광채의 구름 속으로 스러지는 마지막 천사들의 머리까지도 독특한 특성을 보인다. 가장 큰 인물들은 1피트 높이는 될 것이다. 성모와, 성모에게 관을 씌워 주는 그리스도는 4인치 정도 크기이다. 그림에서 가장 아름다운 여인은 물론 이브이지만 여전히 그 옛날처럼 약간 죄 많은 욕망을 품은 모습.

파올로 베로네세Paolo Veronese의 몇몇 초상화가 이 화가에 대한 나의 존경심을 더욱 높여 주었다. 고대 수집품은 훌륭한데, 특히 니오베Niobe의 죽은 아들 한 명의 모습이 뛰어나다. 시민의 관을 쓴 아우구스투스 황제와 칼리굴라Caligula와 다른 인물들의 흉상은 대개 코를 수리했는데도 불구하고 극히 흥미롭다.

위대하고 아름다운 것을 보면 즐거운 마음으로 기꺼이 존경하는 요소가 내 천성에 있는데, 이런 훌륭한 대상들을 보면서 매일, 매시간 이런 성향을 더욱 키울 수 있다는 것은 모든 감정 중에서도 가장 드높은 행복이다.

낮을 즐기지만 저녁을 맞이하면 특별한 기쁨을 느끼는 나라에서, 황혼은 극히 중요하다. 모든 일이 끝나고 산보객들도 돌아오고, 아버지가 집으로 돌아가 딸을 만나고 싶어 하는 시간, 이제 낮은 끝났다. 하지만 낮이 무엇인지 우리 킴메리아 사람들은* 제대로 알지 못한다. 영원한 안개와 흐린 날씨 속에 들어 있으니, 낮이나 밤

* 킴메리아 사람은 원래는 기원전 1300년 무렵에 캅카스 북부에 살았다는 인도-유럽 종족을 가리킨다. 여기서

이나 우리한테는 매한가지이다. 우리가 야외로 나가 즐길 수 있는 날이 대체 얼마나 된단 말인가? 여기서는 밤이 되면 저녁과 아침을 포함하는 낮은 확실히 물러가고, 24시간이 흘러갔으니 새날이 시작된다. 종이 울리고 로사리오 기도를 올리고, 램프에 불을 붙여 방으로 가져오는 하녀는 이렇게 말한다. "가장 아름다운 밤 보내세요Felicissima notte!" 계절에 따라 시간이야 바뀌지만, 삶의 온갖 즐거움을 정확한 시간 단위가 아닌 낮의 시간에 따라 정한다는 이유로 여기 사람들은 헷갈려 하지 않는다. 독일 방식의 시곗바늘을 억지로 강요한다면 이곳 사람들은 헷갈려 할 것이다. 그들의 시간을 나타내는 시계가 그들의 본성과 깊이 얽혀 있기 때문이다. 밤이 시작되기 한 시간 반이나 한 시간 전에 귀족들은 마차를 타고 드라이브를 나간다. 먼저 브라 광장으로 갔다가 이어서 길고 넓은 대로를 따라 포르타 누오바Porta Nuova로 가서 성문을 나선다. 성벽을 따라 도시를 한 바퀴 돌고, 밤이 시작되는 것을 알리는 종이 울리면 모두들 돌아온다. 일부 사람들은 교회로 가서 "아베 마리아 델라 세라!" 기도를 올리고, 일부 사람들은 브라 광장에 멈춘다. 기사들이 마차로 다가와 귀부인들과 이야기를 나누고, 그렇게 시간이 한참 흐른다. 나는 마지막까지 기다린 적이 없지만, 보행자들은 밤늦게까지 남아 있다. 오늘은 먼지를 씻어 갈 만큼의 비가 내린 덕분에 정말로 생동하는 즐거운 광경이 펼쳐졌다.

이 나라 관습의 중요한 점을 익히기 위해, 나는 그들의 시간 계산 방식을 좀 더 쉽게 익힐 보조 수단을 고안했다. 다음의 도표는 그에 대해 어느 정도 아이디어를 제공해 준다. 맨 안쪽 원의 숫자는 우리의 일상적인, 자정에서 자정에 이르는 24시간을 나타내는데, 우리가 통상 헤아리고 우리 시계도 그렇게 알려 주는 대로 열두 시까지를 두 번 보여 준다. 가운데 원에 들어 있는 숫자는 이곳에서 지금 이 계절에 벨을 울리는 방식을 보여 준다. 역시 24시간을 둘로 나누어 열두 시까지로 되어 있지

는 단순히 북유럽 사람을 가리키는 말.

이탈리아 시계와 독일 시계의 비교표
나아가 9월 후반부 이탈리아의 시곗바늘 표*

정오

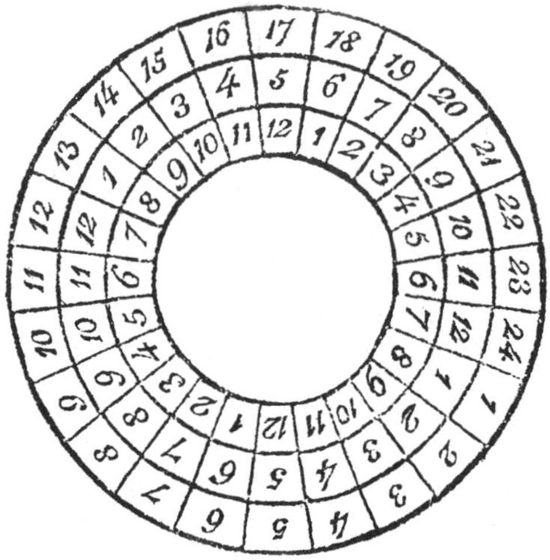

자정

8월부터 11월까지 밤이 보름마다
30분씩 길어진다.

월	일	독일시계로 밤이 시작되는 시간	그에 따라 이탈리아에서의 자정
8월	1일	8시 30분	3시 30분
	15일	8시	4시
9월	1일	7시 30분	4시 30분
	15일	7시	5시
10월	1일	6시 30분	5시 30분
	15일	6시	6시
11월	1일	5시 30분	6시 30분
	15일	5시	7시

이때부터 시간은 정지

	밤	자정
12월/1월	5시	7시

2월부터 5월까지 낮이 보름마다
30분씩 길어진다.

월	일	독일시계로 밤이 시작되는 시간	그에 따라 이탈리아에서의 자정
2월	1일	5시 30분	6시 30분
	15일	6시	6시
3월	1일	6시 30분	5시 30분
	15일	7시	5시
4월	1일	7시 30분	4시 30분
	15일	8시	4시
5월	1일	8시 30분	3시 30분
	15일	9시	3시

이때부터 시간은 정지

	밤	자정
6월/7월	9시	3시

만, 다만 우리의 시계가 여덟 시를 알릴 때 여기서는 종이 한 번 울리는 방식으로 되어 있다. 물론 열두 번까지 계속된다. 맨 바깥 원의 숫자는 실제 삶에서의 24시까지를 헤아리는 방식을 보여 준다.예를 들면 밤에 일곱 번 종이 울리는 소리를 듣는다면, 지금 이 계절에는 자정이 다섯 시라는 것을 알고 있으니, 일곱에서 다섯을 빼서 지금이 새벽 두 시라는 것을 안다. 낮에 일곱 번 종소리를 들으면 이곳의 정오가 다섯 시라는 것을 아니까 똑같은 방식으로 지금이 오후 두 시라는 것을 안다. 하지만 이곳 방식으로 시간을 말하자면 정오가 17시이니까 여기에 2를 더해서 19시라고 해야 할 것이다. 처음으로 이런 말을 듣고 생각하면, 이것이 극히 혼란스럽고 계산하기가 힘들게 생각된다. 하지만 곧 여기에 습관이 들면, 여기 사람들도 시간이 이렇듯 항구적으로 오락가락하는 것을 꽤 즐긴다는 사실이 재미있게 여겨진다. 아이들은 이런 어려움을 쉽게 극복한다. 그들은 어차피 손가락을 공중으로 들어 올린 채 이 모든 것을 머릿속 숫자로 헤아리기를 좋아한다. 이곳 사람들은 정오와 자정을 그다지 신경 쓰지 않는 데다가, 외국인들이 하는 것처럼 두 가지 시간을 서로 비교하지 않기 때문에 일이 훨씬 수월하다. 그들은 단순히 저녁부터 종소리대로 시간을 헤아리고, 낮에는 자기들이 잘 아는, 변하는 정오의 시간에다가 그 숫자를 더한다. 덧붙인 도표가 나머지를 설명해 줄 것이다.

9월 17일, 베로나

이곳 사람들은 항상 매우 활발하게 움직이고, 특히 상점과 공예품 좌판들이 나란히 늘어선 일부 거리들은 정말 유쾌해 보인다. 가게나 공방 앞에 문 같은 건 없다.

* 원판을 돌려 가며 계절에 맞추어서 시간을 비교하는 장치.

집의 폭 전체가 활짝 열려서 저 깊숙한 속까지 훤히 들여다보이고, 그 안에서 무슨 일이 일어나는지도 다 보인다. 재단사는 바느질하고, 구두공은 가죽을 잡아당기거나 망치질하고, 모두들 절반은 거리에서 일을 한다. 그렇다, 공방들이 거리의 일부를 이룬다. 저녁에 불이 켜지면 생동감이 넘친다.

광장에 장이 서는 날이면 광장 전체가 사람과 물건들로 넘쳐 난다. 채소와 과일이 헤아릴 수 없이 많고 마늘과 양파도 넉넉하다. 게다가 사람들은 하루 종일 소리치고, 시시덕거리고 노래하고, 집어 던지고 싸우고 환호하고 끊임없이 웃어 댄다. 온화한 기온과 값싼 식품이 삶을 쉽게 만들어 준다. 할 수 있는 일은 모조리 노천에서 벌어진다.

밤이 와도 노래와 소음은 계속된다. "말보로Marlborough는 전쟁터로 나갔네."* 하는 노래는 어디서나 들을 수 있고, 악기 덜시머dulcimer와 바이올린 소리도 사방에서 들린다. 또 온갖 새들의 소리를 흉내 내는 휘파람 연습들을 한다. 극히 기묘한 소리들이 사방에서 들린다. 삶의 감정이 이렇게 넘쳐 나서 가난함에도 온화한 날씨가 주어지니, 이 사람들이 지닌 이 어두운 측면[=가난함]마저 존경할 만하다.

집들이 불결하고 불편하다는 것은 우리 눈에 거슬리는 일이지만, 그것도 바로 이런 이유에서 생겨난다. 즉 그들은 늘 집 밖에 있는 데다가, 하도 태평스러워서 아무 생각도 안 한다. 이 사람들에게는 모든 것이 만사태평이다. 중간 계층 사람도 하루 벌어 하루 산다. 부자와 귀족들은 자기들의 거처 안에 머물지만, 그들의 집도 북유럽의 집만큼 살기 편하진 않다. 이곳 사람들은 공적인 장소에서 사회생활을 한다. 안뜰과 기둥이 늘어선 회랑들은 모조리 오줌똥으로 더럽혀져 있고, 이 또한 매우 자연스럽게 이루어진다. 사람들은 언제나 자기들이 더 먼저라고 느낀다. 부자는 부자이니 궁전을 지을 수 있고, 귀족은 통치를 해도 좋지만, 그들 중 누가 회랑이나 안

* 옛날 전쟁(1707~1713)에 나간 영국 장군에 대한 인기 높은 풍자 노래.

뜰을 짓는다면, 사람들은 자기들의 필요에 따라 그 장소를 사용한다. 가능한 한 자주 먹고 있으니, 가능한 한 빨리 내보내는 것보다 더 다급한 일이 없다. 그런 꼴을 못 참겠다면 나리 노릇을 하면 안 된다, 즉 자기 집의 일부가 공공건물인 양 굴어서는 안 된다. 그 사람은 문을 닫아걸어야 하고 그 또한 상관이 없다. 하지만 공공건물에서 사람들은 자기들의 권리를 뺏기지 않으려 한다. 이것은 이탈리아 전역에서 외국인이 불평하는 내용이기도 하다.

오늘은 도시에서 여러 길로 돌아다니며, 특히 중간층 사람들의 의상과 행동거지를 눈여겨보았다. 그들은 매우 흔하고 또 바쁜 모습이다. 모두들 걸을 때 두 팔을 흔든다. 더 높은 계급 사람들은 어떤 계기를 맞이하면 칼을 찬다. 그래서 이들은 왼팔을 정지시켜 두는 습관이 들어 오른팔만 흔든다.

사람들이 아무 근심도 없이 자기들의 일이나 욕구를 좇기는 하지만, 그래도 모든 낯선 것에는 날카로운 눈길을 갖고 있다. 그래서 나는 첫날 모든 사람이 내 장화를 눈여겨보는 것을 알아챘다. 그런 물건은 비싸서 겨울에도 지니기가 어렵기 때문이다. 지금은 구두와 스타킹을 신었는데 아무도 나를 쳐다보지 않는다. 하지만 오늘 아침에 다시 특별한 일을 겪었다. 그들은 모두 꽃이나 채소, 마늘과 그 밖에 다른 시장의 물건들을 들고 이리저리 바쁘게 오가면서도, 내가 손에 들고 있던 실측백나무 가지를* 놓치지 않고 바라보았다. 초록 솔방울 몇 개가 달린 실측백나무 가지와 함께 나는 꽃이 핀 케이퍼 가지도 쥐고 있었다. 어른이나 아이나 가리지 않고 모두 내 손을 바라보는데, 이상한 생각이 그들 머리를 스치는 듯했다.

뛰어난 위치에 있는, 거대한 실측백나무들이 송곳 모양으로 공중으로 뻗어 있는 쥬스티Giusti 정원에서 이 나뭇가지들을 꺾었다. 우리 북유럽의 정원에서 끝을 뾰쪽하게 자른 주목 나무는 아마도 자연적으로 멋진 남부의 이런 실측백나무를 흉내 낸

* 실측백나무(사이프러스) 가지는 보통 상(喪)을 당한 사람들이 드는 것.

것인 듯하다. 가장 오래된 것이나 새로 난 것이나 가리지 않고 모든 가지가 아래서 위로 하늘을 향해 뻗은 300살이나 된 나무는 존경할 만하다. 이 정원을 만든 뒤에 흐른 시간으로 보아 이 나무들도 그 정도 나이가 되었을 것이다.

9월 19일, 비첸차Vicenza

베로나에서 이리로 오는 길은 편하다. 길이 알프스 산맥을 따라 북동쪽으로 달리는데, 왼편으로는 사암, 석회암, 점토, 이회암 등으로 이루어진, 알프스 산맥 기슭의 작은 산들이 계속 이어진다. 이런 언덕들에는 마을, 성, 집 들이 나타나곤 한다. 오른편으로는 드넓은 평원이 펼쳐지는데, 길은 이 평원을 달린다. 잘 관리된 반듯하고 넓은 길이 비옥한 농토를 통해 뻗어 나간다. 나무들이 줄지어 서 있고, 그 나무에 기대어 포도나무가 위로 자라다가 [포도의 무게를 못 이겨] 가지가 공중에 매달린 것처럼 아래로 툭 떨어진다. 여기서 꽃줄기 장식의 기본 아이디어를 얻을 수가 있다! 포도는 알맞게 익어, 아래로 늘어진 흔들리는 긴 가지에 묵직하게 매달렸다. 온갖 종류, 온갖 직업의 사람들이 길을 가득 메우고 있다. 황소 네 마리가 끄는, 접시 모양의 나직한 바퀴가 달린 수레들이 특히 반갑다. 커다란 포도 통을 운반하는 수레들인데, 포도 농원에서 나온 포도를 이 통에 담아 옮겨서 으깨어 포도즙을 짜 낸다. 통이 비워지고 몰이꾼들이 통 안에 서 있으면, 꼭 바쿠스 신의 승리 행렬처럼 보인다. 포도나무들이 늘어선 사이의 땅에는 온갖 종류의 곡물, 그중에서도 특히 옥수수와 기장이 재배된다.

비첸차에 다가가면서 북에서 남으로 올라가는 언덕들이 나타나는데, 화산 작용에 의한 것이라고들 한다. 이 언덕들에 닿으면서 평지가 끝난다. 비첸차는 바로 이 언덕들의 발치에, 또는 굳이 말하자면 그 가슴에 안겨 있다.

9월 19일, 비첸차

몇 시간 전에 이곳에 도착해서 도시를 한 바퀴 둘러보면서, 건축가 팔라디오Palladio의 테아트로 올림피코Teatro Olimpico와 그 밖에도 그의 다른 건축물을 구경했다. 예술에 대한 이해가 깊은 사람이 외국인을 위해 쓴, 동판화가 들어간 아주 뛰어난 작은 책자가 내게 있다. 지금 이 걸작 건축물들을 현장에서 보면서, 이제야 이 건축들이 얼마나 위대한지 그 가치를 깨닫는다. 건축물은 실제 크기와 입체성으로 눈을 가득 채워야 하고, 추상적인 윤곽이 아니라 입체적인 튀어나옴과 들어감으로 정신을 만족시키는 것이기 때문이다. 그래서 지금 나는 팔라디오에 대해 이렇게 말할 수 있다. 그가 지닌 개념과 그 실현으로 보아, 그는 실로 위대한 사람이었다고. 모든 현대 건축가들이 그랬듯이 이 사람이 극복해야 했던 가장 큰 난제는, [신전이 아닌] 일반 건축물에 기둥 질서를 세련되게 적용하는 문제였다. 기둥과 벽을 결합시키는 것은 언제나 모순이기 때문이다. 하지만 그는 어떻게 작업했던가! 실제 현장의 건축물을 보면 우리는 얼마나 깊은 인상을 받으며, 또한 완전히 납득하여 [그런 모순을] 잊게 되는가! 그의 재능에는 실로 신적인 요소가 있어서, 참과 거짓을 버무려 제3의 것을 만들어 내어, 그 꾸며 낸 이야기로 우리를 매혹하는 위대한 작가의 힘과 똑같은 힘을 보인다.

테아트로 올림피코는 고대인의 극장을 작은 규모로 실현해 낸, 이루 말할 수 없이 아름다운 극장이다. 우리의 현대적인 극장과 견주어 보면 이 극장은, 영리한 세속의 인간에 비하여, 고귀하고 풍성한, 아름다운 어린아이처럼 생각된다. 이런 세속의 인간[=현대적인 극장 건물]은 고귀하지도 풍성하지도 몸매가 아름답지도 않으면서, 그냥 제가 다루는 재료를 이용하는 법을 더 잘 아는 것뿐이다.

이 도시에서 팔라디오가 만들어 낸 뛰어난 건축물들을 관찰하고, 이 건물들이 사람들의 지저분한 습관에 의해 얼마나 일그러졌는지, 그의 성향이 대부분의 건축주의 능력을 얼마나 넘어선 것인지, 고귀한 인간 정신의 이런 소중한 기념비들이 나머지 사람들의 삶과는 얼마나 안 어울리는 것인지를 보면, 이것도 다른 모든 것과 마찬가지라는 생각이 떠오른다. 누군가가 사람들의 영적 욕구를 드높이고, 그들 자신을 더욱 고귀하게 여길 만한 생각을 그들에게 제공하고, 참되고 높은 삶의 장엄함을 느낄 수 있게 해 주면, 사람들의 감사를 얼마나 못 받는 것인지! 하지만 그들을 바보로 여겨 완전히 속이고, 동화를 들려주며 매일 그들의 나쁜 점을 더욱 키우면, 비로소 그들이 좋아하는 사람이 된다. 그래서 이 시대는 그토록 수많은 몰취미에 빠져드는 것이다. 내 친구들을 깎아내리려고 이런 말을 하는 게 아니다. 그냥 사람들이 그렇다고, 모든 것이 지금 이 모습 그대로라는 게 전혀 놀랍지 않다고 말하려는 것뿐이다.

서로 균형이 맞지 않는 창문들이 무수히 달린, 성과 비슷한 낡은 건축물 바로 옆에 팔라디오의 바실리카Basilica가 서 있다. 건축가는 이 낡은 건축물과 탑을 모조리 없애 버릴 생각이었지만, 어쨌든 이들이 이렇게 나란히 서 있는 것이 얼마나 안 어울리는지 이루 말할 수가 없을 정도이다. 나는 기묘한 방식으로 나 자신을 다잡아야 했다. 여기서도 내가 피하고 싶은 것과 기꺼이 추구하는 것이 나란히 함께 있는 것을 보아야 했기 때문이다.

9월 20일

어제는 오페라에 갔었다. 오페라가 자정 넘어까지 계속되었고, 나는 쉬고 싶었다. [쥐스마이르가 작곡한] 《세 명의 여자 술탄》과 [모차르트가 작곡한] 《세라일에서의 납치》를 토막 내서 별로 영리하지 못한 방식으로 재결합한 내용이었다. 음악은 편안하게 들렸지만, 아마도 아마추어가 만든 것 같다. 내 마음에 남을 만한 그 어떤 새로운 점도 없었다. 그에 비해 발레는 극히 사랑스러웠다. 주인공 남녀 무용수가 알망드allemande를 추었는데, 그보다 더 우아한 춤을 볼 수는 없으리라.

극장은 사랑스럽고 아름답고 적당히 화려하게 새로 지은 것으로, 지방 도시에 어울리게 모든 것이 단일한 형태를 지녔다. 모든 칸막이 좌석에는 똑같은 색깔의 양탄자가 덮였고, 대공[카피탄]의 칸막이 좌석만 약간 더 긴 양탄자를 덮어 구분했다.

모든 사람들 사이에 매우 인기가 있는 프리마 돈나가 등장하자 끔찍한 박수가 터져 나왔고, 그녀가 조금이라도 뛰어난 연주를 하면 바보들은 기쁨에 겨워 거칠어지곤 했는데, 이런 일이 자주 일어났다. 그녀는 자연스러운 태도와 예쁜 몸매, 아름다운 목소리, 호감을 주는 얼굴에 상당히 단아한 태도를 지녔다. 다만 양팔을 좀 더 우아하게 움직일 수 있지 않을까 싶었다. 하지만 여기 다시 오지는 않을 셈이다. 내가 바보가 된 느낌이니까.

9월 21일

오늘 투라Turra 박사를 방문했다. 그는 5년 정도 정열적으로 식물학에 열중했다. 이탈리아 식물계의 식물 표본을 모으고, 이전 주교의 명령에 따라 식물원을 세웠다. 하지만 이 모든 것은 이미 끝났다. 의학 실습이 자연사自然史를 몰아냈으니, 식물 표본은 벌레 먹고, 주교는 죽고, 식물원은 다시금 양배추와 마늘을 심는 텃밭이 되었다.

투라 박사는 섬세하고 선량한 사람이다. 그는 내게 솔직하고 순수하고 겸손하게 자기 이야기를 했다. 대체로 매우 정확하고 호감을 주었지만, [식물 표본을 보존한] 장들을 열어 보일 마음은 없었다. 아마도 장의 내부가 남에게 보여 줄 상태가 아니었으리라. 그러자 곧바로 대화가 중단되고 말았다.

9월 21일, 저녁

늙은 건축가 스카모치Scamozzi를 찾아갔다. 그는 팔라디오 건축물에 대한 책을 펴낸 적이 있는, 대담하고 정열적인 예술가이다. 그는 나의 관심에 지극한 만족감을 지니고, 몇 가지 안내를 해 주었다. 팔라디오의 건축물 중에 내가 늘 특별한 애착을 느끼던 건물 하나가 있는데, 팔라디오 자신이 거주한 집이었다고 한다. 하지만 이렇게 가까이 와 보면 그림으로 보던 것보다 훨씬 더 많은 것이 있게 마련이다. 나는 그 건축물을 스케치하여, 재료와 세월이 거기 부여한 색깔 그대로를 그린 모습이 보고 싶다. 하지만 건축가가 자신을 위해 궁전을 지었다고 생각하면 안 된다. 이것은 세상에서 가장 소박한 집으로, 창문이 두 개뿐이다. 이 두 창문 사이에 세 번째 창을 낼 수도 있을 정도로 널찍한 공간이 들어 있다. 이 집을 그림으로 묘사하려 한다면 이웃집들도 함께 그려야 할 것이다. 이 집이 두 이웃 사이에 끼워진 모습을 보는 것도 퍽 흐뭇한 일일 테니 말이다. 그런 것은 카날레토Canaletto가 그린다면 꼭 맞을 것이다.

오늘 도시에서 반 시간쯤 떨어진 야트막한 언덕에 자리 잡은, '로톤다Rotonda'라 불리는 훌륭한 건축물을 찾아갔다. 사각형 건물인데, 위에서 조명이 되는 둥근 홀을 속에 품고 있다. 네 방향에서 모두, 넓은 계단을 통해 위로 올라갈 수가 있고, 위로 올라가면 네 군데에 모두 코린트 기둥 여섯 개가 떠받치는 현관홀이 서 있다. 아마도 건축술이 이보다 더 큰 사치를 누린 적이 없으리라. 계단과 현관홀이 차지한 공간이 집 자체의 공간보다 훨씬 더 크다. 네 방향의 면들이 제각기 신전의 모습을 보이기 때문이다. 솔직히 말해 그 안에서 살 수는 있겠으나, 살기에 좋다고 할 수는 없다. 홀은 극히 아름다운 비율을 이루었고, 방들도 마찬가지이다. 하지만 귀족 집안의 여름 거주지로서 필요한 점들을 거의 갖추지 못했다. 그 대신 이 지역 전체 어디서나 이 장엄한 집이 보인다. 다양성이 대단해서, 앞으로 튀어나온 기둥들을 갖춘 집의 모습이 오가는 사람들의 눈앞에서 계속 변하면서, 집주인의 의도를 완벽하게 만족시킨다. 그는 자기 재산의 신탁 유증 건물을 모두의 눈에 보이는 부富의 기념비로 만들어 남기고자 했다. 그리고 이 지역 모든 지점에서 이 건물이 그 장엄한 모습 그대로 보이듯이, 이 집에서 바라보는 전망 또한 극히 쾌적하다. 바킬리오네Bacchiglione 강이 흐르면서 베로나에서 오는 배들을 브렌타Brenta 강으로 보내는 모습이 보인다. 동시에 카프라Capra 후작 가문이 지닌, 나뉘지 않은 거대한 영지도 굽어본다. 네 개의 합각머리 벽면에 새겨진 명문銘文은 모두 합쳐야 전체 문장을 이루는데, 여기 적어 둘 만하다.

Marcus Capra Gabrielis filius

qui aedes has

arctissimo primogeniturae gradui subjecit

una cum omnibus

censibus agris vallibus et collibus

citra viam magnam

memoriae perpetuae mandans haec

dum sustinet ac abstinet.

[가브리엘의 아들 마르쿠스 카프라는 이 집과 아울러,

큰 거리 이편의 모든 재산 물건, 경작지, 골짜기, 언덕들을

극히 엄격한 장자 상속권에 내주었거니와,

그 자신이 참고 절제하는 동안에 이 건물을 영원한 기억에 바친다.]

마지막 문장은 이상하기 그지없다. 그토록 많은 재산을 마음대로 할 수 있었던

사람이 자기가 아직도 참고 절제해야 한다고 느끼니 말이다.* 그거야 훨씬 적은 비용으로도 배울 수 있는 일이건만.

9월 22일

오늘 저녁에 '올림포스 주민들의 아카데미'가 주관한 모임에 갔었다. 진지한 모임은 아니라도 상당히 훌륭하고, 또 사람들의 삶에 어느 정도 재미를 주는 모임이기도 했다. 테아트로 올림피코 바로 옆에 붙은, 조명이 잘된 커다란 홀에 대공과 몇몇 귀족들이 참석했고, 그 밖에 교양 있는 사람들과 수많은 성직자들도 왔으며, 모두 합쳐 참석자가 500명 정도였다.

의장이 오늘의 모임을 위해 내놓은 논제는 다음과 같았다. "아름다운 예술 및 기술에 더 많은 이점을 가져온 것은 창의력이냐, 아니면 모방이냐?" 이 논제는 매우 훌륭한 것이었다. 질문에 들어 있는 창의력 또는 모방을 갈라서 살펴보려면, 수백 년에 대한 이야기를 해야 하기 때문이다. 또한 아카데미 회원들도 이 기회를 이용하여 수많은 산문과 운문을 내놓았는데, 그중 여러 개가 매우 훌륭했다.

게다가 청중도 그야말로 생동감이 넘쳤다. 청중은 브라보를 외치고, 박수를 치고 웃음을 터뜨렸다. 그렇게 자신의 민족 앞에 서서 직접 그들을 즐겁게 할 수 있다니 얼마나 좋은 일인가! 우리 독일에서는 가장 좋은 것도 글로 쓸 수 있을 뿐이다. 그러면 사람들은 그것을 들고 귀퉁이에 웅크리고 앉아, 각자 할 수 있는 대로 곱씹어 보는 게 고작이다.

창의력 또는 모방에 대한 이야기가 벌어지는 자리에 팔라디오의 이름도 번번이

* '참고 절제하기'는 스토아 철학의 핵심적인 생활 방식이다.

등장했으리라는 것은 쉽게 짐작될 것이다. 논쟁의 끝에 우스갯소리가 기대되고 있을 때, 한 사람이 나서더니 다른 사람들이 팔라디오에 대해서는 이미 다 떠들었으니 자기로서는 대규모 비단 생산업자인 프란체스키니Franceschini를 찬양하고자 한다고 말했다. 그러면서 이 유능한 사업가가 리옹과 피렌체 견직물을 모방함으로써 자신의 사업은 물론 비첸차 시에도 얼마만 한 이익을 가져왔는지를 말했다. 그러니 모방이 창의력을 훨씬 능가한다는 것이다. 그가 아주 뛰어난 유머를 곁들여 이런 이야기를 한 덕분에 끊임없이 웃음이 터져 나왔다. 전체적으로 모방을 옹호한 사람들이 더 많은 갈채를 받았다. 그들은 대부분의 사람들이 생각하는, 또 생각할 수 있는 일들을 이야기했기 때문이다. 한번은 청중이 매우 거친 궤변에도 열렬한 갈채를 보냈다. 그들이 창의력에 유리한 뛰어난 것들을 별로 많이 겪어 보지 못했기 때문이다. 이런 일을 체험한 것이 몹시 기뻤다. 게다가 그토록 긴 세월이 흐른 다음에도 팔라디오가 동향인들 사이에서 여전히 북극성이며 모범으로 추앙받고 있음을 보는 일도 극히 즐거웠다.

9월 22일

오늘 오전 티에네Thiene에 갔었다. 북쪽 산맥 방향에 위치한 작은 마을인데, 거기서는 별로 기억할 만한 것도 아닌 옛날 설계도대로 새 건물을 짓는 중이다. 이곳 사람들은 이렇듯 옛날의 모든 것을 존중하고, 물려받은 도면에 따라 새로운 건물을 짓는 감각을 그대로 지니고 있다. 성城은 석회석 알프스 산맥과의 사이에 아무런 막힘도 없이 직접 알프스를 배경으로, 너른 평원의 빼어난 자리에 위치하고 있다. 건물로 연결되는, 직선으로 뻗은 큰길과 나란히 건물 양편으로 생동하는 물길이 여행자를 마중하듯 흘러와, 양편의 너른 논에 물을 대 준다.

우물가의 아낙들과 주변 풍경, Goethe 作

나는 이제 막 이탈리아 도시 둘을 보았고, 몇 명 안 되는 사람들하고만 이야기를 해 보았지만 그래도 이탈리아 사람들을 꽤 잘 알게 되었다. 그들은 자신들이 세상에서 제일가는 민족이라 여기고, 또 실제로 부인하기 어려운 몇 가지 이점도 지니고 있으니, 마치 자신에 대해 편안한 망상을 지닌 궁정宮廷 사람들 같다. 내 눈에 이탈리아 사람들은 매우 훌륭한 민족으로 보인다. 내가 지금 바라보는 것처럼 아이들과 평범한 사람들을 보면 알 수 있다. 나는 늘 그들과 어울리고, 또 항상 나 자신을 드러내기 때문이다. 게다가 대체 얼마나 아름다운 몸매와 얼굴인지!

특히 비첸차 사람들을 찬양해야겠다. 그들의 곁에서 나도 선량한 도시의 특권을 누릴 수 있기 때문이다. 그들은 다른 사람을 유심히 살펴보지 않기에, 누구나 제가 원하는 대로 할 수 있다. 하지만 이쪽에서 말을 걸면 상냥하게 이야기를 잘한다. 특히 여성들이 매우 상냥하다. 베로나 여성들을 탓하려는 것은 아니다. 베로나 여성들은 멋진 몸매와 단호한 얼굴 윤곽을 지녔지만, 대부분 창백한 편이다. 첸달레가 그들에게 불리하게 작용한다. 아름다운 의상 아래서는 매력적인 것을 기대하기 때문이다. 하지만 여기 비첸차에서는 매우 아름다운 여성들을 보았다. 특히 검은 고수머리의 여성들이 매력적이다. 금발도 있지만 그들은 그렇게까지 마음에 들지는 않는다.

9월 26일 저녁, 파도바

오늘 네 시간 걸려 비첸차에서 이리로 왔다. '세디올라Sediola'라 불리는 1인승 경마차에 짐을 모조리 꾸려 싣고 온 것이다. 보통은 세 시간 반이면 올 수 있는 거리이지만, 이 좋은 날을 탁 트인 야외에서 즐기고 싶었기에, 영업용 마차의 마부가 자신의 책무를 조금 소홀히 해도 별 불만이 없었다. 산울타리와 나무들 사이로 비옥한 평원을 가로질러 계속 남동쪽으로 가다 보면, 별다른 전망이 없다가 마지막에 갑자기 오른편으로, 북에서 남으로 흐르는 아름다운 산맥을 만나게 된다. 담장과 산울타리 위에 널려 있는 식물과 과일, 나무에도 매달린 이들의 풍성함이 이루 표현할 수 없을 정도이다. 호박이 지붕을 무겁게 누르고, 받침대와 격자 울타리에는 극히 기묘한 모양의 오이들이 매달렸다.

천문대에서 이 도시의 뛰어난 위치를 아주 분명히 굽어볼 수 있었다. 북쪽으로 눈 덮인 티롤 산맥이 반쯤 구름에 덮여 있고, 이 산맥은 북서쪽에서 비첸차의 언덕들과 만난다. 서쪽에는 더 가까이에 에스테Este 언덕들이 있는데 그 모습과 골짜기들이 뚜렷이 보인다. 남동쪽으로는 작은 언덕조차 없이 녹색 식물의 바다, 나무, 관목, 식물이 한없이 펼쳐지고, 그 사이로 헤아릴 수 없이 많은 하얀색 집, 빌라, 교회가 초록 배경에서 두드러져 보인다. 멀리 지평선으로 베네치아의 산마르코 종탑이 뚜렷이 보이고, 그 밖에 다른 더 작은 탑들도 보인다.

9월 27일, 파도바

마침내 팔라디오의 작품집을 손에 넣었다. 비첸차에서 보았던 것 같은, 목판화가 들어간 원본은 아니지만 매우 정교한 복사본이다. 그렇다, 이는 아주 뛰어난 사람으로서 전직前職 베네치아 주둔 영국 영사였던 스미스Smith가 기획한 동판화 복사본이다. 영국인들은 예로부터 뛰어난 것을 알아보는 능력이 있는 데다가, 또한 그것을 널리 퍼뜨리는 너그러운 방식도 가지고 있음을 인정해 주어야겠다.

이것을 사려고 나는 이탈리아에서 매우 독특한 평판을 누리는 어떤 서점에 들어섰다. 그 서점에서는 모든 책들을 임시로 철해서 죽 늘어놓았고, 하루 종일 훌륭한 이야기 상대를 만날 수가 있다. 세속 사제, 귀족, 예술가 중에 어느 정도라도 책과 연관된 사람은 모조리 여기 들르곤 한다. 책을 요구하고, 펼쳐 보고, 읽고, 기회가 주어지는 대로 서로 이야기를 나누는 것이다. 그렇게 해서 나는 대여섯 명의 사람들과 이야기를 나누었는데, 내가 팔라디오 작품집을 물어보자 그들 모두가 내게 주목했다. 가게 주인이 책을 찾는 동안에 그들은 그 책을 찬양하고, 또 원본과 복사본에 대한 온갖 정보를 알려 주었다. 그들은 모두 이 작품집과 그 저자의 공로에 대해 잘 알고 있었다. 또한 내가 건축가인 줄로 여기고는, 다른 누구보다 이 대가大家를 연구하고 있다며 나를 칭찬했다. 팔라디오는 건축술과 그 적용이라는 점에서 심지어 비트루비우스Vitruvius보다도 더 많은 공을 세웠다는 것이다. 그가 고대인과 고대의 건축술을 철저히 연구하여 우리 시대의 요구에 맞도록 적용했기 때문이다. 나는 한참 동안이나 이 친절한 사람들과 이야기를 나누고, 도시의 볼만한 것들에 대한 몇 가지 정보를 얻고 나서 작별 인사를 했다.

성인聖人들을 위해 그토록 많은 교회들을 지었으니, 지식인을 기리는 장소도 하나쯤 있다는 것은 좋은 일이다. [르네상스 시대 인문학자인] 벰보Bèmbo 추기경의 흉상이 두 개의 이오니아 기둥 사이에 세워져 있다. 아름다운 얼굴, 이렇게 말해도 된다면, 억지로 생각에 잠긴 얼굴에 풍성한 수염. 그곳의 제명은 다음과 같다.

Petri Bembi Card. imaginem Hier. Guerinus Ismeni f. in publico ponendam curavit ut cujus ingenii monumenta aeterna sint ejus corporis quoque memoria ne a posteritate desideretur.

[불멸의 정신적 업적을 남긴 사람의 신체 기념비가 후세에 부족하지 않도록, 이스멘의 아들 히에론 구에리노가 피에트로 벰보 추기경의 모습을 공개 석상에 세우다.]

대학 건물은 그 온갖 평판에도 불구하고 나를 경악하게 만들었다. 여기서 공부하지 않아도 되니 다행이구나. 독일 대학생들도 강의실의 딱딱한 의자에서 고생이 많지만, 그래도 이렇게 비좁은 환경은 생각하기 어렵다. 특히 해부학 시범실은 학생들을 고문하는 방법을 보여 주는 모범 같다. 뾰쪽하고 높은 깔때기 모양 교실에 수강생이 차곡차곡 열을 지어 앉는다. 그들은 가파르게 높은 곳에서 아래의 비좁은 바닥을 내려다본다. 바닥에는 탁자가 하나 있는데, 거기엔 아무런 조명도 없어서 교수는 램프 불빛 아래서 시범을 보여야 한다. 그럴수록 식물원은 사랑스럽고도 기분 좋은 곳이다. 이곳에서 담장에 붙어 있거나 담에서 멀지 않은 곳에 있는 많은 식물이 겨울에도 살 수 있다. 하지만 사람들은 10월 말이면 식물원 전체에 덮개를 하고, 겨울 몇 달 동안 난방을 한다. 낯선 식물 아래서 이리저리 거닐어 보면 즐겁기도 하거니와 여러 가지를 배울 수도 있다. 친숙한 식물이나 오래전부터 알았던 대상들을 보면 우리는 아무 생각도 하지 않는다. 하지만 생각 없이 바라보기만 한다면 대체 무슨 소용인가? 여기서 내게 새로이 다가오는 다양성 속에서, 그 옛날의 생각이 점점 더 생명을 얻는다. 모든 식물의 형태가 어쩌면 단 하나의 형태에서 발전되어 나왔을지도 모른다는 생각. 오로지 이를 통해서만 속屬과 종種을 진짜로 확정 짓는 것이 가능한 일일지도 모른다. 내 생각에는 그동안 속과 종을 확정하는 일이 상당히 멋대로 이루어져 왔다. 이 지점에서 나의 식물학 사유는 꽉 막혀 버리는데, 여기서 어떻게 벗어날지 아직 모르겠다. 내 생각에 이런 탐구는 매우 깊고도 광범위한 영향을 남길 것이다.

'프라토 델라 발레Prato della Valle'라는 큰 광장은 6월이면 큰 시장이 열리는 너른 공간이다. 가운데 있는 목재로 만든 가게들은 아주 보기 좋은 모습은 아니지만, 그래도 이곳 주민들은 머지않아 이곳에도 베로나에서와 같은, 돌로 지은 '피에라[fièra, 시장]' 건물을 볼 수 있을 거라고 장담했다. 광장 주변은 지금 벌써 매우 아름답고도 의미심장한 모습이 되리라는 희망을 제공한다.

엄청난 크기의 타원형 공간 주변으로 이곳에서 가르쳤거나 공부한 적이 있는 유명한 남자들의 조각상이 세워져 있다. 이곳 주민이나 이방인이나 누구든 이곳에다가 일정한 크기의 동향인이나 친척의 입상을 세울 수가 있다. 그 사람의 업적과 파도바에서 공부했다는 사실을 입증할 수만 있다면 말이다.

타원형을 둘러싸고 운하가 흐른다. 이 운하 위에 놓인 네 개의 다리에는 교황들과 총독들의 거대한 조각상과, 그 밖에도 더 작은 조각상들이 서 있다. 이들 더 작은 조각상은 길드 조합원, 재야인사, 외국인 들의 조각상이다. 스웨덴 왕은 구스타프 아돌프Gustav Adolf 왕의 조각상을 여기 세우게 했다. 그가 한동안 파도바 대학에서 강의를 들었다는 설이 있기 때문이다. 레오폴트 대공은 페트라르카Petrarca와 갈릴레이Galilei의 기념비를 새로 세웠다. 이 조각상들은 매우 훌륭하게 현대적인 방식으로 만들어졌다. 과잉된 자세가 별로 없이 매우 자연스러운 태도와 전체적으로 그 시대의 의상과 품위를 보여 준다. 제명도 찬양할 만하다. 여기에는 그 어떤 몰취미나 편협함도 보이지 않는다.

과거 전체를 다시 드러내 보인다는 생각은 어느 대학이라도 다행으로 여길 만한 것이지만, 이곳에서는 그것이 잘 어울리는, 극히 다행스러운 생각이다. 이 사람들이 계획대로 목재 가게들을 없애고 돌로 된 시장을 세운다면 매우 아름다운 광장이 될 것이다.

성 안토니우스에게 바친 수도원의 집회실에는 오래된 그림들이 있는데, 이들은 옛날 독일인들을 연상시킨다. 이 중에는 티치아노Tiziano의 작품도 몇 점 있는데, 알프스 이북에서는 아무도 성취하지 못한 대단한 발전이 이미 여기에 드러나 있다. 곧이어 극히 최근 화가들의 작품도 보았다. 이 화가들은 극히 진지한 작품으로는 많은 것을 이루지 못했어도 가벼운 작품들로 대단한 것을 성취했다. 피아체타Piazzetta가 그린 《세례 요한의 목을 베다》는 이 화가의 매너리즘 기법을 인정하고 보면 매우 뛰어난 작품이다. 세례 요한은 두 손을 앞으로 떨어뜨린 채 무릎을 꿇고서 오른쪽 무릎을 돌에 기대고 있다. 그는 하늘을 쳐다본다. 뒤에서 그를 결박하고 있던 병사가 옆으로 몸을 구부리고는 요한이 보여 주는 침착함에 놀란 듯 그의 얼굴을 들여다본다. 목을 베어야 할 형리는 뒤에 서서 참수형을 미리 연습해 보기라도 하는 것처럼, 칼을 들지 않은 손으로 몸짓만을 한다. 아래서 또 다른 군인이 칼을 칼집에서 빼고 있다. 이 아이디어는 위대한 것은 아니라도 다행스러운 것으로서, 구성이 기발하여 최고의 효과를 낸다.

에레미타니Eremitani 교회에서 만테냐Mantegna의 그림들을 보았다. 더 옛날 화가인 만테냐에게 나는 깊은 경탄을 느낀다. 이 그림들에는 얼마나 날카로운, 더욱 견고한 현실성이 드러나 있는가! 그냥 효과만 노린 채 겉모습만으로 상상력에 말을 거는 것이 아니라, 실하고 순수하고 밝고 상세한, 성실하고 섬세하고 명확한, 동시에 엄격함과 부지런함과 고단함을 지닌 이 참된 현실성으로부터, 티치아노 같은 후배 화가들이 나타나고, 선배들의 정신을 통해 깨어나 선배들의 힘을 통해 교화된 후배들이 자기들의 천재성이 지닌 생동하는 힘과 본성의 에너지를 점점 더 높일 수 있었고, 지상에서 떠올라 참된 하늘의 형상들을 드러낼 수가 있었던 것이다. 이렇게 해서 야만적인 시대[여기서는 중세] 이후에 예술이 발달한 것이다.

시청 건물[팔라초 코무날레]의 알현실은 그 거대함으로 인해 올바르게도 '살로네salóne'라는 이름이 붙어 있는데, 어마어마한 크기의 닫힌 통 같은 방으로서, 방금 보고 나서 회상해 보아도 제대로 상상이 안 될 정도로 거대하다. 길이 300피트, 너비 100피트, 길이에 맞추어 덮인 아치형 천장의 높이가 100피트에 이른다. 이 사람들은 야외에서 활동하는 것이 습관이 되었기에, 건축가는 시장에도 이렇듯 아치 천장을 덮어야 했다. 이런 거대한 아치 천장의 공간이 독특한 느낌을 만들어 낸다는 것은 의문의 여지가 없다. 이것은 별하늘보다는 인간에 더 가까운, 닫힌 무한성이다. 별하늘은 우리를 우리 자신에게서 벗어나게 하지만, 닫힌 무한성은 극히 부드러운 방식으로 우리를 우리 자신 안으로 밀어 넣는다.

마찬가지 이유에서 나는 한동안 산타 쥬스티나Santa Giustina 교회에 머물렀다. 길이가 485피트에 상대적으로 높고 넓은, 크고 단순한 건물이다. 오늘 저녁 나는 그 한 구석에 조용히 앉아 관찰했다. 상당히 고독했다. 바로 이 순간 나를 생각하고 있을지도 모르는 이 세상의 그 어떤 사람도, 내가 여기 있으리라고는 기대하지 않을 테니 말이다.

여기서도 다시 짐을 싸서 내일 아침 일찍 브렌타 강을 따라 뱃길로 길을 떠난다. 오늘 비가 내렸지만 지금은 다시 날이 갰다. 맑은 날씨에 해안 호수를 보기를, 또 바다와 결혼한 여군주[=베네치아]를 보기를, 그리고 그녀의 품에서부터 다시 친구들에게 인사를 보낼 수 있기를 희망한다.

베네치아

운명의 책 나의 부분에는 다음과 같이 기록되어 있었던 것이다. 1786년 9월 28일 저녁, 독일 시계로 다섯 시에 나는 브렌타 강에서 해안 호수로 들어서면서 처음으로 베네치아를 눈으로 보게 될 것이고, 곧이어 이 경이로운 섬 도시, 비버들의 공화국으로 들어설 것이라고 말이다. 다행스럽게도 이렇게 해서 베네치아는 이제 단순히 공허한 이름만은 아닌 것이 되었다. 그 이름은 공허한 말을 극히 싫어하는 나를 자주 두려움에 빠뜨리곤 했었다.

최초의 곤돌라가 배를 향해 다가왔을 때(급한 승객들을 더 빨리 베네치아로 실어 나르려고) 나는 옛날 어린 시절 가지고 놀던 장난감이 생각났다. 20년 넘는 세월 동안 한 번도 생각한 적이 없는 장난감이었다. 아버지한테는 아름다운 곤돌라 모형이 있었다. 아버지가 그것을 매우 소중히 여겼기에, 한번은 그것을 가지고 놀아도 좋다는 허락을 받았을 때 나는 매우 우쭐했었다. 맨 처음 나타난 번쩍이는 철판 뱃머리들, 검은색 곤돌라 몸통들, 이 모든 것이 아주 오랜 친구처럼 내게 인사를 해 왔고, 나는 오래전에 잊은 친밀한 옛날의 인상을 즐겼다.

지금 산마르코San Marco 광장에서 멀지 않은 '영국 여왕'이라는 편안한 숙소에 묵고 있다. 광장에 가깝다는 것이야말로 이 숙소의 최대 장점이다. 내 창문은 높은 건물들 사이로 난 좁은 운하를 내려다본다. 창문 바로 아래에 아치형 다리가 있고, 그 건너편으로 좁고도 활기찬 좁은 골목길이 이어진다. 독일로 보내는 소포가 완성될 때까지, 그리고 이 도시의 모습에 물릴 때까지 한동안 여기 머물 예정이다. 그토록 자주 애절한 마음으로 한숨 쉬며 고대하던 고독을 지금 누리고 있다. 그 누구도 모르는 채로 대중 속을 떠돌 때 인간은 가장 고독하다고 느끼는 법이니. 나는 베네치아에서 아마 겨우 한 사람 정도를 알 뿐인데, 그 사람을 금방 만나지는 않을 것이다.

1786년 9월 28일, 베네치아

파도바에서 이리로 온 과정을 몇 마디 말로 설명하고자 한다. 이탈리아 사람들이 서로를 존중하는 덕에, 우아한 분위기를 맛보며 브렌타 강을 왕래하는 배를 타고 오는 길은 쾌적하고도 편안했다. 강 양편에는 정원들과 별장들이 들어서 있고, 작은 마을들이 물가까지 뻗어 있다. 사람이 많이 오가는 일부 도로도 강물 바로 곁을 지나간다. 수문을 통과하며 강을 내려가는 것이라 배가 자주 멈추게 마련이고, 이런 기회를 이용해서 땅 위를 이리저리 거닐며 풍부하게 제공되는 과일을 즐길 수가 있다. 그런 다음 다시 배에 올라타고, 풍요와 생명이 넘치는 활기 찬 세상을 통과해 나아간다.

자주 바뀌는 온갖 모습과 풍경에 더하여 새로운 현상이 등장했다. 독일 출신이기는 해도, 이곳이 원래 제자리인 두 명의 순례자가 등장한 것이다. 가까이서 순례자를 보기는 이번이 처음이다. 순례자들은 이런 대중교통을 공짜로 이용할 권리가 있지만, 나머지 사람들이 그들을 가까이하기를 꺼리는 탓으로, 덮개가 덮인 선실이 아니라 뒤쪽 키잡이 곁에 앉았다. 그들은 오늘날에는 드문 현상이라 사람들의 눈길을 받는 데다가, 전에 많은 건달들이 이런 차림으로 돌아다닌 탓에 별로 사람들의

베네치아, Goethe 作

존중을 받지도 못했다. 그들이 독일인인데 외국어를 전혀 못한다는 말을 듣고 나는 그들에게로 갔다. 그들은 파더보른Paderborn에서 온 사람들이었다. 둘 다 쉰 살이 넘은 남자들로, 볕에 그을었지만 선량한 얼굴이었다. 그들은 맨 먼저 쾰른에 있는 동방 박사 세 사람의 무덤을 방문했고, 이어서 독일을 돌다가 지금은 함께 로마로 가는 중이었다. 그런 다음 다시 북부 이탈리아로 돌아와 한 명은 독일의 베스트팔렌Westfalen으로 갈 생각이고, 다른 한 명은 스페인의 산티아고 데 콤포스텔라[야고보 무덤 교회 순례길]로 갈 작정이었다.

그들의 옷차림은 이미 잘 알려진 것이지만, 그래도 단을 접어 올린 덕에 우리가 가장무도회에서 보는 뻣뻣한 태피터 천으로 만든 긴 복장보다는 훨씬 나아 보였다. 큰 칼라, 둥근 모자, 지팡이, 가장 순수한 잔으로 여겨지는 조개 등, 이 모든 것은 제각기의 의미와 용도가 있다. 얇은 금속 상자에는 그들의 여권이 들어 있었다. 가장 이상한 것은 붉은 모로코가죽으로 만든 작은 가죽 가방이었다. 여기에는 온갖 자질구레한 일들을 해결하는 데 도움이 되는 도구들이 들어 있었다. 그들은 옷에서 수선할 부분을 찾아내자 각자 똑같은 것을 끄집어냈다.

키잡이는 통역자를 만난 것에 지극히 만족해서 나를 통해 그들에게 온갖 질문을 퍼부었다. 덕분에 나도 그들이 본 것, 특히 그들의 여행에 대해 많은 것을 알게 되었다. 그들은 가톨릭 신앙의 동지들, 특히 세속 사제들과 수도원 사제들에 대해 심각하게 불만을 표시했다. 그들의 말에 따르면, 경건함이란 극히 드문 일이 되어 버렸다. 사람들이 어디서도 도무지 자기들 말을 믿으려 하지 않으며, 가톨릭 지역에서도 가톨릭 통행증과 주교가 발행한 여권을 내보여도 자기들을 건달 취급한다는 것이다. 그에 비해 오히려 개신교도들에게서, 특히 슈바벤Schwaben의 어떤 시골 목사, 실은 그 아내에게서 극진한 대우를 받았는데, 그녀는 어느 정도 못마땅하게 여기는 남편을 설득하여 자기들이 꼭 필요로 하던 먹을 것을 넉넉하게 대접했단다. 심지어 작별할 때 그녀는 순례자에게 관습적으로 주곤 하던 1탈러를 선물해 주기까지 했다. 이 돈은 가톨릭 지역으로 들어서자마자 벌써 매우 쓸모가 있었다. 이 말에 이어 한 명이 자기가 할 수 있는 가장 숭고한 태도로 이렇게 말했다. "우리도 매일의 기도 속에 이 여성을 포함시키고 있지요. 하느님께서 그분이 우리에게 마음을 열게 해 주신 것처럼 그 눈도 열어 주셔서 비록 늦기는 했지만, 단 하나뿐인 거룩한 교회[=가톨릭]의 품으로 받아들여 주십사 하고요. 우리는 언젠가 하늘나라에서 그분을 다시 만나기를 바라니까요."

나는 갑판으로 올라가는 비좁은 계단에 앉아서, 이 모든 이야기에서 꼭 필요한 것을 키잡이와 다른 사람들에게 설명했다. 다른 이들은 선실에서 이 비좁은 곳까지 내 뒤를 따라온 사람들이었다. 순례자들은 몇 가지 변변찮은 음식을 받았다. 이탈리아 사람들이 남에게 주기를 좋아하지 않기 때문이다. 그러자 순례자들은 축성을 받은 작은 종이쪽지를 꺼냈다. 거기에는 동방 박사 세 사람의 그림과 라틴 어 기도문이 적혀 있었다. 이 선량한 사람들은 나더러 여기 모인 사람들에게 그것을 나누어 주고, 또한 이 종이의 특별한 가치를 설명해 달라고 부탁했다. 내가 이 일을 잘 해냈던 모양이다. 순례자들이 거대한 베네치아에서 순례자를 받아들이도록 지정된 수도원을 어떻게 찾아내야 할지 당황하고 있을 때, 감동받은 키잡이가 착륙하면 자기가 심부름꾼 소년에게 3페니를 주고 멀리 떨어진 그 장소까지 그들을 안내하도록 하겠다고 약속했기 때문이다. 그는 은밀한 말투로, 그들이 그곳에서 별다른 위안을 얻지는 못할 것이라고 말했다. 그 시설은 대체 얼마나 많은 순례자를 받기 위한 것인지는 몰라도, 원래 매우 크게 지어졌지만 현재는 상당히 위축되었고, 수입도 다른 곳에 쓰이고 있다고 했다.

이런 이야기들을 나누는 가운데 우리는 많은 훌륭한 정원과 훌륭한 저택들을 뒤로하고, 강변에 위치한 부유하고도 활력이 넘치는 마을들을 눈으로 훑어보면서, 아름다운 브렌타 강을 내려왔다. 해안 호수로 접어들자 여러 척의 곤돌라들이 순식간에 배 주변으로 몰려들었다. 베네치아를 잘 아는 어떤 롬바르디아 사람이 나더러, 세관의 복잡한 절차를 피하여 재빨리 시내로 들어갈 수 있도록 자기와 함께 가자고 초대했다. 우리를 가로막는 몇몇 사람에게 그는 적당히 팁을 집어 주었고, 덕분에 우리는 저녁 햇살이 환할 때 일찌감치 목적지에 도달했다.

9월 29일 성 미카엘 축일, 저녁

베네치아에 대해서는 이미 많은 것이 이야기되고 인쇄도 되었으니, 여기서 상세히 서술할 생각은 없다. 다만 내가 받은 인상만 적겠다. 이 민족, 거대한 군중, 필연적이기도 하고 또 제멋대로이기도 한 삶이 한 번 더 가장 눈에 뜨였다.

이 종족은 재미로 이 섬으로 도망쳐 온 것이 아니고, 나중에 여기 합류한 사람들도 우연히 온 것이 아니었다. 필연성에 따라 그들은 가장 불리한 장소에서 안전을 찾는 법을 익혔고, 그런 불리한 위치는 나중에 가장 유리한 것으로 바뀌어서, 북부 유럽 전체가 아직도 어둠에 사로잡혀 있을 때 그들은 영리한 사람들이 되었다. 그 결과 사람들의 수가 늘고 부유해졌다. 집들이 점점 더 비좁게 들어서면서 모래와 늪지대가 견고한 바위로 대체되었다. 집들은 폐쇄된 장소에 서 있는 나무처럼 공중으로 올라가고, 너른 땅이 부족한 것을 높이 올라가는 것으로 보충했다. 한 뙈기 작은 땅마저 처음부터 집요하게 좁은 공간으로 나누었기에, 작은 거리들은 마주 보는 집들을 서로 갈라 주고 시민들에게 통로를 내주기 위해 꼭 필요한 것 이상으로 넓게 만들어진 것이 없다. 그 밖에도 도로, 광장, 산책을 위해 물을 이용했다. 베네치아 사람들은 새로운 종류의 피조물이 되어야 했고, 베네치아는 오로지 그 자신하고만 비교할 수 있게 되었다. 뱀 모양으로 굽은 대운하는 세상의 그 어떤 도로에도 밀리지 않으며, 세상의 그 무엇도 산마르코 광장 앞 공간과는 견줄 수가 없다. 즉 원래의 베네치아 땅에 의해 반달 모양으로 감싸인 저 거대한 수면 말이다. 수면 저편 왼편으로 산 죠르지오 마죠레San Giorgio Maggiore 섬이 있고, 그보다 약간 오른편에 쥬데카Giudecca와 그 운하가 있으며, 그보다 더 오른편에 세관과 대운하 입구가 있다. 대운하 입구에서는 몇몇 거대한 대리석 사원들이 빛나고 있다. 이는 산마르코 광장의 두 기둥 사이를 통과해서 물가로 다가가면, 우리 눈에 들어오는 중요 대상들을 몇 마디로 표현한 것이다. 전체의 전망과 모습들은 자주 동판화에 새겨져서 친구들도 쉽사리 베네치아의 전체 모습을 이해할 수 있을 것이다.

식사를 마치고 나는 전체 인상을 확인해 볼 생각으로, 동반자 없이 그냥 동서남북만 가늠하며 도시의 미로 속으로 들어섰다. 도시는 운하들과 더 작은 운하들로 나뉘고, 다리들과 더 작은 다리들을 통해 다시 결합된다. 직접 보지 않으면 비좁고 붐비는 전체 모습을 상상조차 할 수 없다. 골목길은 보통 두 팔을 뻗어 측정할 수 있을 정도의 너비이고, 가장 좁은 골목길에서는 두 손을 옆구리에 대면 팔꿈치가 벽에 닿을 정도이다. 더 넓은 골목길도 있고 여기저기 작은 광장들도 있지만, 전체적으로 모든 것이 좁다고 부를 만하다.

어렵지 않게 대운하와 가장 중요한 리알토Rialto 다리를 발견했다. 흰 대리석으로 만든, 아치 하나짜리 다리이다. 다리 위에 서자 엄청난 광경이 보인다. 대륙에서 온갖 필요한 물자를 수송해 오는 배들이 대운하에 점점이 가득한데, 이쪽에서는 주로 배를 대놓고 물건을 내리는 중이고, 그 사이로 곤돌라들이 우글댄다. 특히 오늘은 성 미카엘 축일이라 전체 광경이 놀랄 만큼 활기차다. 이 광경을 어느 정도라도 서술하려면 더욱 상세한 이야기를 해야 한다.

대운하가 갈라놓고 있는 베네치아의 두 핵심 부분은 유일하게 리알토 다리로만 서로 연결되지만, 여러 정류장에서 대중교통인 배를 이용해 편리하게 오갈 수 있다. 오늘은 특히 아주 보기가 좋다. 검은 베일을 두르고 옷을 잘 차려입은 수많은 여성들이 제일 천사[=미카엘]를 기리는 교회로 가려고 함께 배를 타고 있기 때문이다. 나는 리알토 다리를 떠나 그런 정류장 한 곳으로 가서 배에서 내리는 사람들을 자세히 관찰했다. 그들 중에는 아주 아름다운 얼굴과 몸매들이 섞여 있었다.

피곤해져서 나는 곤돌라에 몸을 싣고 좁은 골목길들을 벗어나, 반대편에서 장관을 맞이해 볼 셈으로, 대운하의 북쪽 끝을 지나 산타 키아라Santa Chiara의 섬을 돌아 해안 호수로 들어갔다가, 곧바로 쥬데카 운하로 들어서서 산마르코 광장까지 계속 나아갔다. 그러자 갑자기 모든 베네치아 사람들이 자신의 곤돌라에 누워서 느끼는 방식으로, 나도 아드리아 해의 주인이라고 느꼈다. 또한 베네치아에 대해 이야기하기를 정말 좋아했던 선량한 아버지가 기억에 떠올랐다. 나를 둘러싼 모든 것은, 인간 능력이 서로 힘을 합쳐 만들어 낸 존경할 만한 위대한 작품이요, 한 지배자가 아닌 한 민족의 자랑스러운 기념비이다. 해안 호수가 차츰 메워지고, 나쁜 습기가 이 늪지대 위에 떠돌면서 그들의 상업이 쇠하고, 그 힘이 허약해졌다 해도, 베네치아 공화국의 전체 위치와 그 존재는 단 한 순간도 관찰자의 눈에 덜 명예롭게 비치지는 않을 것이다. 모든 현상의 존재가 그렇듯, 이 공화국도 시간 앞에 굴복하는 것뿐이다.

9월 30일

저녁 무렵 다시 안내도 없이 길을 잃고 가장 멀리 떨어진 구역으로 들어갔다. 이곳의 다리들은 모두, 곤돌라와 제법 큰 배들도 편하게 지나다닐 수 있도록 아치 형태로 만들어졌고 계단이 붙어 있다. 나는 다시 아무에게도 묻지 않고 방향만 가늠하여, 이런 미로 안으로 들어갔다 나왔다 하며 돌아다녔다. 결국 미로에서 다시 빠져나왔다. 믿을 수 없을 정도로 서로 얽힌 좁은 길에서 그냥 감각만으로 저절로 납득하는 내 방식이 가장 좋은 방식이었던 것이다. 덕분에 사람이 사는 마지막 구역까지 들어가 주민들의 태도, 생활 방식, 관습, 습성 등을 보았다. 그들은 구역에 따라 상당히 달랐다. 맙소사! 인간이란 얼마나 가련하면서도 훌륭한 동물인가!

아주 많은 작은 집들이 물가에 바싹 서 있지만, 여기저기에 훌륭하게 포장鋪裝된 돌로 된 댐들이 있어서 이 물에서 저 물로, 이 교회에서 저 교회로, 이 궁전에서 저 궁전으로 편하게 걸어 돌아다닐 수 있다. 북쪽에 있는 긴 댐은 퍽 재미있고도 즐거운 곳이다. 그곳에서는 여러 섬들, 특히 작은 베네치아인 무라노Murano 섬이 보인다.

그 사이로 드러난 해안 호수들에는 수많은 곤돌라들이 분주히 오간다.

9월 30일 저녁

오늘 지도를 장만해서 한 번 더 베네치아에 대한 지식을 늘렸다. 지도를 어느 정도 탐색한 다음 산마르코 종탑으로 올라갔다. 그곳은 하나의 장관을 보여 준다. 정오 무렵인 데다 햇빛이 밝게 비치고 있어서, 망원경 없이도 가까운 곳과 먼 곳을 정확하게 볼 수 있었다. 해안 호수에는 밀물이 들어와 있는데, 눈길을 리도Lido(해안 호수를 둘러싼 긴 띠 같은 땅) 방향으로 돌리자, 처음으로 [리도 너머로] 바다와 그 위에 떠 있는 돛 몇 개가 보였다. 해안 호수 안에 갤리선과 프리깃함들이 정박해 있는데, 이들은 알제리 사람들과 전투 중인 에모Emo 제독에게 합류해야 하지만, 바람의 방향이 나빠 여기 묶여 있었다. 멀리 서쪽과 북쪽으로는 파도바의 산과 비첸차의 산, 그리고 티롤 산맥이 이 뛰어난 풍경을 아름답게 마무리한다.

10월 1일

여러 고려 사항을 염두에 두고 도시를 구경했다. 마침 일요일이라 도시의 불결함이 눈에 들어오기에 이 문제를 관찰했다. 이 분야엔 일종의 경찰 질서가 있는 듯하다. 사람들이 쓰레기를 모퉁이에 모아 놓으면, 커다란 배들이 오가면서 특정 자리에 멈추어 서서 쓰레기를 가져가는데, 거름이 필요한 인근 섬의 주민들이 이 일을 한다. 이런 활동에는 규칙도 엄격함도 없지만, 그럴수록 도시를 불결하게 하는 것은 더욱 용서할 수 없는 일이 된다. 이 도시는 네덜란드의 도시들만큼이나 청결을 전제로 만들어졌기 때문이다.

모든 거리는 판석으로 평평하게 마무리되어 있다. 심지어는 가장 멀리 떨어진 구역에서도 적어도 모퉁이에는 벽돌이 드러나고, 필요한 곳마다 가운데를 약간 높이고 가장자리를 낮추어 물이 운하로 흐르게 한다. 매우 잘 고안된 또 다른 건축 설비들도 베네치아를 가장 청결한 도시로 만들려고 했던 탁월한 건축가들의 의도를 증언한다. 그래서 나는 걸어 다니면서 청결 규칙들을 만들어 보고, 이 문제에 진지한 관심을 가진 경찰청장을 위한 기본 계획을 상상해 보지 않을 수 없었다. 사람은 이렇듯 남의 집 문 앞을 쓸어 보려는 충동을 갖게 마련이다.

1786년 10월 2일

서둘러서 [산타 마리아 델라] 카리타Carita로 갔다. 팔라디오의 작품집에서 그가 이곳에, 부유하고 손님 접대를 좋아하는 사람들의 개인 아파트를 포함하는 수도원 건물을 지을 생각이었음을 보아 두었었다. 전체적으로나 개별적인 부분들로 보나 매우 탁월하게 그려진 설계도가 무한한 기쁨을 주었기에 이 기적의 작품을 찾아내기를 바랐다. 하지만 아쉽구나! 계획은 10분의 1도 채 실현되지 않았다. 그런데도 이런 일부조차 그가 지닌 천상의 천재성에 어울리는 것이니, 전체 설계의 완전함과 실행된 부분의 정확성은 이때껏 보지 못한 것이다. 이런 걸작을 관찰하기 위해서는 여러 해가 필요하다. 나는 이보다 더 고귀하고 더 완벽한 것을 일찍이 본 적이 없다고 생각되며, 내 생각이 틀리지 않는 것 같다. 크기와 쾌감의 감각을 타고난 이 뛰어난 예술가는, 우선 믿기 어려운 노력을 기울여 고대인들을 탐구하고 이어서 스스로도 그런 것을 만들어 냈다. 그는 좋아하는 생각, 곧 수많은 수도사들의 집이 되고 수많은 이방인들의 숙소가 되어 줄 수도원을, 고대의 개인 저택 형태로 건축할 기회를 여기서 보았던 것이다.

교회는 이미 세워졌고, 교회에서부터 코린트 기둥들이 늘어선 앞뜰[아트리움]로 들어서면 황홀경에 잠겨 온갖 수도사 세계를 잊게 된다. 한편에 성구聖具 보관실, 다른 편에는 집회실이 있고, 바로 옆에는 세상에서 가장 아름다운 나선형 계단이 있다. 가운데가 뚫린 너른 중심부를 싸고도는 돌계단이 벽 안으로 들어가 있는데, 같은 모양이 층층이 연속된다. 이 계단을 여러 번이나 오르내려도 전혀 싫증이 나지 않는다. 계단이 얼마나 아름답게 만들어졌는지는, 팔라디오 자신이 이 계단에 만족했었다는 사실에서도 알 수 있다. 앞뜰에서부터 커다란 안뜰로 들어선다. 이 안뜰을 둘러싸는 건물들 중 오직 왼쪽 건물만 실제로 건축되었다. 3층에 걸쳐 세 가지 기둥 질서[도리스, 이오니아, 코린트 기둥]가 차례로 등장한다. 지층에는 현관홀들, 1층에는 방들로 연결된 아치 천장 복도. 그리고 맨 위층에는 창문들이 달린 벽이 있다. 하지만 이런 서술은 설계도를 보면서 보충한 것이다. 그 실현에 대해 한마디만 하자.

기둥 머리와 발판, 그리고 아치의 머릿돌들만 돌을 잘라 만든 것이고, 나머지는 모두 벽돌이라 말하기도 어려운 구운 진흙으로 되어 있다. 이런 종류의 기와는 전에 한 번도 본 적이 없다. 돌림띠[프리즈]와 처마 돌림띠도 같은 재료이다. 아치의 측면들도 모조리 같은 소재로 만들어졌는데, 이들은 모두 부분적으로만 불에 구운 것으로서, 덕분에 건물은 극히 적은 회반죽만 써서 결합되었다. 건물 전체가 **하나의** 통주물처럼 보인다. 전체가 완성되고, 매끈하게 다듬어 거기에 칠까지 했다면 천상의 모습이 되었을 게 분명하다.

하지만 이 건물은 오늘날의 많은 건물들이 그렇듯 규모가 지나치게 컸다. 건축가는 현재의 수도원을 철거하고, 옆집들도 더 사들일 것으로 전제했었다. 그러다가 아마 돈도 관심도 시들었던 모양이다. 너 운명아, 그 많은 어리석음에는 은총을 베풀어 영원하게 하면서, 어쩌자고 이 위대한 작품을 완성에 이르게 하지 않은 것이냐!

10월 3일

팔라디오의 아름답고 위대한 작품인 일 레덴토레[Il Redentore, 구원자] 교회 정면부는 산 죠르지오 교회의 정면부보다도 더욱 찬양할 만하다. 여러 번이나 동판화로 새겨진 이 건축물에 대해 말로만 듣던 것을 분명히 알기 위해서는 눈으로 보아야 한다. 여기 몇 마디만 적는다.

팔라디오는 철저히 고대인들의 정신으로 무장하고서 자기 시대의 편협함을 느꼈다. 세상과 동조하지 않고, 나머지 다른 것을 가능한 한 많이 자신의 고귀한 개념에 따라 고치려는 위대한 사람다웠다. 내가 그의 책의 부드러운 표현에서 읽어낸 바에 따르면, 그는 사람들이 계속 고대의 바실리카[원래는 고대 그리스의 궁전] 양식에 따라 기독교 교회를 짓는 것을 못마땅히 여기고, 자신의 교회 건축물을 고대의 신전 양식에 가깝게 만들려고 했다. 그런 탓에 몇 가지 어울리지 않는 요소들이 나타났지만, 다행히도 일 레덴토레에서는 그런 요소들이 제거되었다. 폴크만의 안내서에는 이에 대한 몇 가지 말이 들어 있지만, 정확히 맞는 말이 아니다.

일 레덴토레는 외부나 내부가 똑같이 귀중하며, 제단들을 포함하여 모든 것이 팔라디오의 솜씨로 이루어졌다. 유감스럽게도 입상들이 들어서야 할 벽감들이 평범한 채색 목木조각들로 채워졌다.

10월 3일

카푸친 수도사들이 성 프란체스코를 기리기 위해 측면 제단 하나를 강력하게 치장했다. 코린트 기둥들의 기둥머리 말고는 돌이 눈에 보이지 않을 정도. 나머지는 모조리 취향이 높은 아라베스크 무늬의 화려한 자수들로 뒤덮였다. 이 자수들은 더욱 자세히 들여다보고 싶을 정도로 훌륭했다. 금실로 짜인 넓은 넝쿨과 잎사귀 자수가 특히 뛰어나서 더 가까이 다가갔다가, 정말 놀라운 속임수를 발견했다. 내가 금이라고 생각했던 것은, 종이 위에 아름답게 그린 스케치에 맞추어 납작하게 누른 볏짚을 붙인 것이었다. 바탕 종이에 생동하는 색채로 그림이 그려졌는데, 매우 다양한 모습에 훌륭한 취향이었다. 전혀 값이 나가지 않는 재료로 만든, 아마도 수도원에서 자체 제작한 이 가짜 자수를 진짜로 만들었더라면, 수천 탈러 값이 나갈 것이 분명했다. 이따금 이런 예는 모방해도 좋을 것 같다.

해변의 댐 위에서 벌써 몇 번이나 보잘것없는 사내 하나가 때로는 많은, 때로는 적은 수의 청중을 놓고 베네치아 사투리로 이야기를 들려주는 것을 보았다. 유감스럽게도 그의 말을 이해할 수 없었지만, 아무도 웃는 사람이 없고, 대개 하층민으로 이루어진 청중은 미소를 짓는 일조차 드물었다. 이 사내의 태도 또한 특별히 눈에 띄거나 우스꽝스러운 요소가 없으며, 오히려 진지했다. 그의 태도에는 예술과 지성을 암시하는 특이한 다양성과 정교함이 드러나곤 했다.

10월 3일

지도를 손에 들고 극히 기묘한 미로들을 헤매며 멘디칸티Mendicanti 교회를 찾아갔다. 여기에는 오늘날 가장 많은 갈채를 받는 음악원이 있다. 여성들이 격자 뒤에서 오라토리오를 연주했다. 교회는 청중으로 가득 찼고 음악은 몹시 아름답고 목소리는 훌륭했다. 알토 목소리가 성스러운 이야기의 주인공인 사울 왕을 노래했다. 이런 목소리에 대해 나는 아는 바가 없다. 음악의 어떤 부분은 무한히 아름답고, 가사는 완전히 노래로 바뀌었는데, 이탈리아식 라틴 어라 많은 구절에서 웃지 않을 수가 없었다. 하지만 여기서 음악은 광범위한 영역을 찾아낸다.

저 망할 지휘자가 둥글게 만 악보로 박자에 맞추어 격자를 치지만 않았다면, 매우 큰 즐거움이 되었을 것이다. 그는 마치 자기가 가르치는 학생들을 데리고 공연하기라도 하는 듯 그렇게 박자를 맞추었고, 여학생들은 같은 음악을 여러 번이나 반복해야 했다. 그가 탁탁 치는 소리는 전혀 필요 없는 것으로, 마치 아름다운 조각상을 눈에 띄게 만들려고 자주색 헝겊을 조각상 팔에 붙이는 사람만큼이나 전체 인상을 망치고 있었다. 이 불필요한 소리가 모든 하모니를 깨뜨렸다. 이 사람은 음악가였지만, 그는 음악을 안 듣거나 아니면 오히려 이런 서툰 행동으로 자신의 존재를 사람들에게 알리려는 것만 같았다. 공연의 완벽함을 통해 자신의 가치를 짐작하게 하는 편이 훨씬 좋았을 것이다. 프랑스 인들이야 원래 이런 태도를 갖고 있지만, 이탈리아 인에게선 생각하기 어려운 일이었다. 청중은 여기 완전히 익숙한 것 같았다. 하지만 청중은 듣는 쾌감을 망치는 것이 쾌감에 속한다는 망상 따위는 결코 하지 않는다.

10월 3일

어제저녁에 산 모세San Mose 오페라 극장에 갔었다(여기서 극장들은 가장 가까이 있는 교회의 이름을 얻기 때문). 아주 좋은 공연은 아니었다! 내면의 열정만이 모든 공연을 최고점으로 끌어올리는 법인데, 대본과 음악과 가수들에게는 바로 그것이 결핍되어 있었다. 그 어떤 부분에 대해서도 나쁘다고 말할 수는 없었다. 다만 오로지 두 여성만이 훌륭하게 연기하고 기량을 보여, 사람들의 마음에 들려고 노력했다. 그런 노력은 언제나 값진 것이다. 이들 두 사람은 좋은 목소리를 지닌 아름다운 여성들로, 섬세하고 명랑하고 역할을 적절히 소화했다. 그에 반해 남자들 중에서는 청중의 흥을 돋우려는 내적인 힘이나 열망의 흔적도, 뛰어난 목소리도 없었다.

참담한 구상의 발레에 대해서는 전체적으로 비난의 휘파람 소리가 거듭되었다. 다만 점프 잘하는 몇몇 남녀 무용수, 그중에서도 특히 자신의 아름다운 신체 부분을 보여 주는 것을 의무로 여기는 여자 무용수들만 엄청난 갈채를 받았다.

10월 3일

그에 반해 오늘은 퍽 즐거운, 전혀 다른 종류의 코미디를 구경했다. 공작 궁전에서 공개 재판이 벌어진다는 말을 들었다. 이번 소송이 중요한 것인 데다, 내게는 다행스럽게도, 휴가 기간에 이루어졌다. 변호사 한 사람이 몹시 과장된 희극 오페라 가수가 보여 줄 법한 것을 모조리 보여 주는 사람이었다. 뚱뚱하고 땅딸막한 몸매, 그런데도 잽싼 동작, 엄청 앞으로 튀어나온 코, 금속성 목소리, 그리고 자기가 말하는 것이 자신의 가장 깊은 내면에서부터 극히 진지한 것이라는 듯한 격렬함. 이것을 희극이라 부르는 이유는, 이미 모든 것이 결정되어 있는 시점에 벌이는 공개 쇼였기 때문이다. 판관들은 자기들이 내릴 판결을 이미 알고, 원고와 피고도 자기들을 기다리는 결과가 무엇인지 알고 있었다. 다만 내게는 이런 종류의 공개 쇼가 서류 더미를 끼고 실내에 웅크리고 앉아 있는 우리 방식보다 훨씬 더 낫다는 생각이 들었다. 이제는 전체 상황에 대해, 모든 일이 군더더기 없이 얼마나 깔끔하고도 자연스럽게 진행되었는지를 서술하고자 한다.

궁전의 넓은 홀 한편에 판관들이 반원을 이루어 앉아 있다. 그들 맞은편에 여러 사람이 나란히 앉을 수 있는 큼직한 강단에 양측의 변호사들이 있고, 변호사 바로 앞의 긴 의자에 원고와 피고가 앉아 있다. 원고 측 변호사는 강단에서 내려왔는데, 오늘 모임이 변론을 위한 것이 아니기 때문이다. 변론과 반박의 전체 기록이 이미 인쇄까지 되었지만, 어쨌든 여기서 낭독이 이루어져야 했다.

꼭 끼는 검정 윗도리를 입은 깡마른 서기 한 사람이 손에 두툼한 서류 더미를 쥐고 낭독자의 의무를 이행할 준비를 했다. 홀에는 구경꾼이 꽉 들어찼다. 이번 법률 문제와 여기 관계된 사람들이 베네치아 사람들에게는 극히 중요한 듯했다.

베네치아 공화국에서 신탁 유증fideicommissum은 가장 확고한 은총이다. 한 번 신탁 유증이 [어떤 가문에] 주어지면, 이것은 항구적인 것이다. 수백 년 전에 그 어떤 변화나 상황으로 인해 이것이 양도되어 그사이 여러 사람의 손을 거쳤다 하더라도, 소유권 문제가 발생하면 맨 처음 신탁 유증을 받은 가문의 후손이 그것을 차지하게 되고, 따라서 재산의 반납이 이루어져야 한다.

이번의 사안은 극히 중요한 것이었다. 총독에 맞서, 아니 정확하게는 총독의 부인에 맞서 송사가 이루어졌기 때문이다. 커다란 숄로 몸을 가린 총독 부인이 직접 원고와 약간의 거리를 두고 같은 벤치에 앉아 있었다. 어느 정도 나이가 든 기품 있는 귀부인으로서, 반듯한 얼굴에는 진지한, 굳이 말하자면 넌더리가 난다는 표정이 드러나 있었다. 베네치아 사람들은 총독 부인이 자신의 궁전에서 법정과 군중 앞에 직접 등장한 것을 자랑스럽게 여겼다.

서기가 낭독을 시작했다. 그제야 비로소 변호사 강단에서 멀지 않은 곳, 판관들의 눈앞에서, 작은 탁자를 앞에 두고 걸상에 앉아 있는 작은 사내와 특히 그의 앞에 놓인 모래시계가 무엇을 위한 것인지 분명해졌다. 서기가 낭독하는 시간은 상관이 없지만, 변호사가 말하는 총시간은 제한되어 있었다. 서기가 낭독할 때는 모래시계가 탁자 위에 놓여 있고, 작은 사내는 손으로 시계를 잡고 있다. 변호사가 입을 열면 시계는 공중으로 높이 올라가고, 변호사가 말을 멈추면 동시에 시계도 내려온다. 이런 상황에서는 낭독의 흐름 사이로 끼어 들어가 재빨리 몇 마디 말로 주목을 끌고 요구를 하는 것이 대단한 기술이 된다. 이제 이 작은 사투르누스[로마 신화에서 시간을 나타냄]는 극히 당혹스럽다. 어느 때라도 모래시계를 수평으로 내려놓았다가 수직으로 들어 올렸다가 해야 하는데, 이런 꼭두각시놀음에서 아주 빠른 속도로 바뀌는, 저

변호사 레카이니의 변론 모습(왼쪽)과 베네치아의 법정 장면(오른쪽), Goethe 作

변덕스러운 어릿광대의 "수직! 수평!"이 어느 방향으로 튈지 모르는 끔찍한 상황에 놓여 있기 때문이다.

오직 법정에서 서류 분석하는 것을 들어 본 사람만이, 빠르고 단조로운 말투로, 그러면서도 아주 분명하게 분절해서 읽어 내려가는 이런 방식의 낭독을 어느 정도 짐작할 수가 있다. 기술이 뛰어난 변호사는 간간이 농담을 통해 지루함을 날려 버리는 법을 알고 있었고, 방청객은 그의 농담에 마음껏 웃음을 터뜨리곤 했다. 내가 이해한 것들 중에서 가장 두드러진 농담 하나가 기억난다. 불법적으로 밀려난 소유자가 여기서 문제가 되는 재산을 처리하는 문제를 다룬 서류를 방금 낭독자가 읽고 난 참이었다. 변호사가 그에게 더 천천히 읽어 달라고 요구했고, 낭독자는 "**나는 선**

물하고, 나는 유산으로 남긴다!"는 구절을 아주 똑똑히 발음했다. 그러자 변호사가 성급한 태도로 분개하며 서기를 향해 이렇게 외쳤다. "당신이 뭔데 선물한다는 말이오? 유산으로 남긴단 말이오? 가난뱅이 주제에! 이 세상에 당신 것은 하나도 없지. 하지만." 그는 생각에 잠긴 듯한 태도로 말을 계속했다. "하지만 고귀한 신분의 소유자께서는 그럴 수 있지, 그분은 당신 것도 자기 것도 아닌 재산을 선물하고, 유산으로 남길 생각이니까." 끝없는 폭소가 이어졌다. 하지만 즉시 모래시계는 다시 탁자 위에 수평으로 놓이고, 낭독자는 다시 읽으면서 변호사를 향해 사나운 얼굴을 했다. 하지만 이 모든 것은 서로 짜고 벌이는 광대 짓이었다.

10월 4일

어제는 산 루카San Luca 극장에서 희극을 보았는데, 많은 기쁨을 느꼈다. 가면을 쓰고 하는 즉흥극으로, 매우 자연스럽고 활력이 넘치는, 능숙한 공연이었다. 물론 배우들 모두가 똑같지는 않았다. 판탈로네Pantalone는 매우 좋았고, 억세고 체격이 좋은 한 여배우는 특별히 훌륭한 배우는 아니라도, 발음이 탁월하고 태도가 좋았다. 뛰어난 주제의 극은 우리의 《칸막이 방》과 비슷한 내용이다. 연극은 세 시간이 넘도록 믿을 수 없을 정도의 다양함으로 우리를 즐겁게 했다. 하지만 여기서도 민중이 모든 것의 기반이다. 관객은 함께 공연하고, 대중이 연극과 한데 어울려 하나의 전체를 이루었다. 그들은 낮 동안에 광장과 해변, 곤돌라와 궁전에서 물건 사는 사람, 파는 사람, 거지, 선장, 이웃집 여자, 변호사와 그 적수 등 이 모든 역할을 살고 감당하고, 노력하고 말하고 맹세하고, 외치고 팔아넘기고 노래하고 연기하고, 저주하고 떠들어 댔다. 그리고 저녁이면 극장으로 가서, 낮의 삶이 인위적으로 조립되어 솜씨 있게 단장되고, 동화와 뒤섞이고, 가면을 통해 현실과 구분되고, 관습을 통해 현실과 가까워진 것을 보고 듣는다. 그들은 이것을 보고 아이처럼 즐거워하고, 다시 소리 지르고 박수 치고 시끄럽게 떠든다. 낮에서 밤까지, 자정에서 자정까지 늘 모든 것이 똑같다.

또한 나는 저 가면 쓴 배우들보다 더 자연스럽게 연기하는 것을 본 적이 없으니, 이는 특별한 행운의 천성이 오랜 연습을 통해서만 도달할 수 있는 경지이다.

내가 이것을 쓰는 동안 사람들이 내 창문 아래 운하에서 소란을 피우고 있는데, 이미 자정이 지난 시간이다. 그들은 언제나 어느 정도 좋은 점과 나쁜 점을 함께 지닌다.

10월 4일

공개 석상에서 연설하는 사람들의 말을 들었다. 광장과 해안의 댐에서 세 사내가 각기 자기 방식으로 연설을 했고, 이어서 두 법률가, 두 설교자, 배우들이 이야기를 했다. 그중에서도 특히 판탈로네를 찬양해야겠다. 이들은 모두 어떤 공통점을 가졌는데, 이들이 늘 공개적인 삶을 살며 정열적으로 대화에 몰두하는 습성을 지닌 같은 민족일 뿐만이 아니라, 또한 서로를 모방하기 때문이기도 하다. 게다가 의도, 기분 상태, 감정 등을 표현할 때 동반하는 결정적인 몸짓 언어도 여기 더해진다.

오늘 성 프란체스코 축일에 성 프란체스코에게 헌정된 알레 비네alle Vigne 교회로 갔다. 카푸친 수도사들의 큰 목소리와 교회 앞 상인들의 외침 소리가 응답 송가처럼 서로 오갔다. 나는 양쪽의 중간인 교회의 문가에 서 있었는데, 듣고 있자니 정말로 기묘했다.

10월 5일

오늘 오전에 병기창에 갔었다. 배와 연관된 것을 알지 못하는 상태에서 몇 가지 기본적인 사실들을 배우니 아주 흥미로웠다. 이곳은 화려한 꽃을 피우고 열매를 맺는 시절이 지났어도 아직 살아 있는 오래된 가문 같다. 기술자들을 살펴보면서 많은 것을 보았고 골격만 완성된, 84문의 대포를 장착하는 배에 올라가 보기도 했다.

동일한 배 한 척이 6개월 전에 리바 델리 스키아보니[Riva degli Schiavoni, 베네치아의 가장 중요한 부두의 하나]에서 물 위에 뜬 부분 전체가 불탔다. 화약고가 완전히 채워지지 않은 덕에, 폭발이 큰 해를 남기지는 않았다. 다만 이웃한 집들이 그 파편을 맞았다.

이스트리아Istria에서 가져온 가장 아름다운 떡갈나무 재목을 가공하는 모습을 보면서 이 귀한 나무의 성장에 대해 마음속으로 관찰했다. 힘들게 얻은 자연에 대한 지식, 특히 인간이 자신의 쓸모를 위해 재료로 사용하는 자연 사물에 대한 지식이 예술가와 기술자들의 작업을 이해하는 데 얼마나 많은 도움을 주는지 이루 말할 수 없을 정도이다. 그렇듯 산맥과 광물鑛物에 대한 지식도 건축 예술의 이해에 대단한 이점이 된다.

10월 5일

부친토로bucintòro를 **한** 마디로 설명하기 위해 이 배를 화려한 갤리선이라 부르기로 하자. 그림에 남아 있는 옛날 갤리선이 오늘날의 그것보다 이 이름에 더 잘 어울린다. 오늘날 배의 화려함은 원래 기원을 잊게 만든다.

나는 여전히 옛날의 생각으로 되돌아간다. 예술가에게 진짜 일거리가 주어지면 진짜를 만들어 낸다는 생각. 베네치아 공화국에 관례로 내려오는 가장 중요한 축제,

자기들의 해상 권력을 보여 주는 [‘바다와의 결혼식’이라는] 거룩한 행사에 공화국 수장들을 싣고 가기에 적합한 갤리선을 축조하라는 주문이 예술가에게 주어졌고, 예술가는 이 과제를 훌륭하게 해냈다. 배는 온통 장식이지만, 그렇다고 장식으로 뒤덮였다고 말할 수는 없다. 도금된 목재 조각품인 이 배 자체가, 국민에게 자기들의 수장들을 극히 화려한 모습으로 보여 주는 것 말고는 다른 어떤 용도도 없는 순수한 장식품이니 말이다. 하지만 국민은 자신의 오두막을 꾸미기를 좋아하는 것처럼, 화려하게 장식한 공화국 수장들을 보기를 좋아한다는 것을 우리는 안다. 이 화려한 배는 베네치아의 진짜 국보로서, 이것을 보고 우리는 베네치아 사람들이 어떤 존재였는지, 스스로를 어떤 존재로 여겼는지를 알 수 있다.

10월 5일 밤

비극 작품을 보고 웃음을 터뜨리며 돌아와, 이 농담을 곧바로 종이에 옮기는 참이다. 연극 자체는 나쁘지 않았다. 작가는 모든 비극의 주인공들을 한데 모았고, 배우들의 연기는 훌륭했다. 대부분의 상황은 이미 알려진 것들이지만, 일부는 새롭고 게다가 아주 잘 들어맞았다. 서로 미워하는 두 아버지, 이렇게 나뉜 집안의 아들들과 딸들이 서로 엇갈려 사랑에 빠지는데, 심지어 한 쌍은 비밀리에 결혼까지 한다. 상황이 사납고 잔인하게 진행되어 마지막에는 이 젊은이들을 행복하게 하려고 두 아버지가 서로를 찔러 죽이는 길밖에 남지 않는다. 이어서 요란한 박수갈채 속에 막이 내렸다. 하지만 박수갈채가 더욱 심해지더니, 결국에는 “Fuora[나와라]”라는 외침이 계속되었다. 마침내 두 주인공이 거기 굴복하여 막 뒤에서 모습을 나타내 절을 하고는 반대편으로 퇴장했다.

하지만 관객은 아직도 만족하지 못한 채 박수를 계속 치며 이렇게 외쳤다. “I

morti![죽은 사람들도 나와라!]" 이것도 계속되어 결국은 죽은 두 사람도 밖으로 나와 절을 했는데 몇몇 목소리가 외쳤다. "Bravi i morti![죽은 자들 브라보!]" 그들은 박수갈채에 오래 붙잡혀 있다가 마침내 퇴장을 허락받았다. 이것을 보고 듣는 사람에게 이런 익살극은 끝이 없다. 이탈리아 사람들이 노상 입에 달고 사는 "브라보! 브라비!"라는 말이 귀에 박혀 있는 참에, 심지어는 죽은 자들까지도 이런 말로 불려 나오니 말이다.

우리 북부 사람들은 어둠이 내리면 아무 때라도 "안녕히 주무십시오!"라고 말하면 그만이지만, 이탈리아 사람들은 낮이 밤으로 바뀌면서 등불을 방으로 가져올 때 딱 한 번 "Felicissima notte![가장 아름다운 밤을 보내세요!]"라고 말하는데 그 뜻은 사뭇 다르다. 각 나라의 말은 이렇듯 번역할 수 없는 특성을 갖는다. 가장 고귀한 말에서 가장 천박한 말에 이르기까지 모든 것은, 그 말을 하는 각 민족의 성격, 기질, 삶의 조건 속에 이미 들어 있는 그들의 특성과 관계된다.

10월 6일

어제의 비극은 내게 많은 것을 가르쳐 주었다. 첫째로 이탈리아 사람들이 11음절로 된 자기들의 얌부스 운율을 다루고 낭송하는 법을 들었고, 또한 극작가 카를로 고치Carlo Gozzi가 비극의 인물들과 가면을 얼마나 영리하게 결합했는지도 알게 되었다. 이 장르야말로 이탈리아 민족에게 가장 잘 어울리는 연극이다. 이탈리아 사람들은 거친 방식으로 감동받기를 원하고, 불행한 사람에 대해 섬세한 내적인 공감을 느끼기보다는 주인공이 멋진 말을 할 경우에만 기쁨을 느끼기 때문이다. 그들은 말에 매우 큰 가치를 두며, 큰 소리로 웃음을 터뜨리고 또 진부한 것을 좋아한다.

연극에 대한 공감도 오로지 현실적인 상황에서만 나타난다. [무대에서] 폭군이 아들에게 칼을 내주며 그 칼로 맞은편에 있는 제 아내를 죽이라고 요구하자, 관객이 큰 소리로 이런 무리한 요구에 불만을 토하기 시작해서 머지않아 연극이 중단될 지경이 되었다. 관객은 아버지에게 이 칼을 도로 거두어들이라고 요구했고, 그렇게 되면 물론 연극에서 이후의 상황이 불가능해진다. 마지막에는 곤경에 처한 아들이 무대 앞쪽으로 나와 공손한 태도로, 잠깐만 참아 주시면 사태가 온전히 소망대로 될 것이라고 빌었다. 예술적으로 보자면 여러 가지 사정으로 인해 이런 상황이 진부하고도 부자연스러운 것이라, 나도 민중의 감정을 찬양했다.

이제는 고대 그리스 비극에 그 긴 연설과 이런저런 수많은 논쟁이 등장하는 것을 더 잘 이해하게 되었다. 아테네 사람들은 이탈리아 사람들보다, 누군가가 말하는 것을 듣고 이해하기를 더 좋아했던 것이다. 하루 종일 재판정에서 빈둥대다 보니 무언가를 배운 것이다.

10월 6일

팔라디오가 실행에 옮긴 건축물, 특히 교회들을 보는 가운데 몹시 소중한 것과 나란히 탓할 만한 점들을 여기저기서 찾아냈다. 이토록 비범한 사람에 대해 내 생각이 어디까지 옳고 그른지를 홀로 가늠하다 보면, 마치 그가 그 자리에 나타나 이렇게 말하는 것만 같다. "저것과 저것은 내 의지에 반해 그렇게 한 것이오. 하지만 어쨌든 내가 한 것이지. 주어진 상황에서는 내 가장 고귀한 이념에 가까이 다가갈 길이 오직 이 방법뿐이었기 때문이라오."

이미 완성되어 서 있는 교회나 낡은 집의 높이와 너비를 관찰하면서, 여기에 정면부를 붙여야 하는 상황에서 그가 오로지 다음과 같이 생각했을 것 같다. '어떻게 하면 이 공간에 가장 위대한 형식을 부여할 수 있을까? 개별적으로 보면 여기저기 끼어드는 여러 필요성으로 인해 무언가를 망치지 않을 수 없고, 저기와 또 저기서 서투른 요소들이 생겨나겠지만 그래도 전체는 고귀한 양식을 지닐 테고, 그렇다면 너는 기쁘게 일할 수 있지.'

그래서 그는 자기가 영혼에 간직한 가장 위대한 모습에 완전히 들어맞지도 않고, 부분적으로는 없애 버리지 않을 수 없는 경우에도 그 정도라도 완성했던 것이다.

산타 마리아 델라 카리타의 두 날개 건물 부분은, 이 예술가가 조건 없이 자신의 정신을 좇아 자유로운 손길로 지을 수 있었기 때문에, 그토록 높은 가치를 지닌다. 이 수도원이 완성되었더라면 아마도 현대 세계 전체에서 이보다 더 완전한 건축물은 없었을 것 같다.

그의 작품집을 읽고 그러면서 그가 고대를 어떻게 다루는지를 관찰할수록, 그가 생각하고 작업한 방식이 내게 더욱 분명하게 드러난다. 그는 별로 많은 말을 하지 않았지만, 그 몇 마디 말들이 모두 극히 중요하기 때문이다. 고대의 신전들을 다룬 4권은 참된 의미에서 고대 유물을 관찰할 수 있게 해 주는 진짜 안내서이다.

10월 6일

어제저녁 테아트로 산 크리소스토모Teatro San Crisostomo에서 [프랑스 극작가] 크레비용Crébillon의 《엘렉트라》를 보았다. 그러니까 번역 작품이다. 그것이 얼마나 몰취미하고 지루했는지는 이루 말할 수도 없다.

다만 배우들은 좋았고, 개별적인 자리에서 관객들을 홀릴 줄을 알았다. 오레스테스는 혼자서 **한** 장면에서 시적 수식을 갖춘 언어로 자그마치 세 개나 되는 이야기를 들려주었다. 중키에 중간 정도 능력을 갖춘, 프랑스 방식의 생동성과 기품을 지닌 아름다운 여배우가 맡은 엘렉트라는 시구를 아름답게 말했으나, 연기는 처음부터 마지막까지 유감스럽게도 이 역할이 요구하는 대로 과도한 것이었다. 하지만 거기서도 뭔가를 배웠다. 이탈리아의 11음절 얌부스 율격은 낭송에는 극히 불편하다. 마지막 음절이 짧아서 낭독자의 의지와는 달리 마지막 음절이 위로 올라가기 때문이다.

10월 6일

오늘 아침에 산타 쥬스티나Santa Giustina 교회의 장엄 미사에 참석했다. 총독은 터키 인에 대한 그 옛날의 승리를 기념하려고 해마다 오늘이면 이곳으로 행차한다. 총독과 귀족들을 실은 도금한 배가 이 작은 광장에 도착하고, 이상한 옷차림의 선원들이 붉게 칠한 노를 부지런히 저어 오는데, 해변에서는 수도사들이 불붙인 초가 꽂힌 막대기와 휴대용 은촛대를 들고서, 파도치듯 서로를 밀치며 기다리고 있다. 배에서 뭍으로, 양탄자로 감싼 교량들이 걸쳐지면 맨 먼저 도시 원로들Savj의 긴 보라색 옷, 이어서 원로원 의원들의 길고 붉은 옷이 포석 위로 펼쳐진다. 맨 마지막으로 총독이 가장 길게 끌리는 금빛 법복과 담비 외투를 입고, 황금색 프리기아 모자를 쓴 모습으로 배에서 내린다. 하인 셋이 그의 긴 옷자락을 잡고 따라간다. 모두가 교회 정문 앞의 작은 광장에 모이는데, 교회의 문들에는 터키 깃발이 걸려 있어서, 갑자기 오래전에 손으로 짠 아름다운 무늬와 색깔의 태피스트리[벽걸이]를 보는 듯한 느낌이 든다. 북부에서 도망쳐 온 내게는 이런 의식이 많은 기쁨을 준다. 북부에서는 모든 축제일에 짧은 외투 차림이고, 우리가 생각할 수 있는 가장 큰 축제일이라야 총을 어깨에 메고 행진하는 것뿐인데, 거기서 이런 차림은 어울리지도 않는다. 하지만 이렇게 길게 끄는 법복과 이 평화로운 행진이 여기서는 잘 어울린다.

총독은 아름다운 모습의 당당한 남자지만 병든 것 같고, 다만 기품을 유지하기 위해 이런 무거운 법복 차림을 꼿꼿이 버티고 있다. 그 밖에도 그는 모든 사람들의 할아버지처럼 보이는데, 아름답고도 상냥한 모습이다. 의상은 그에게 아주 잘 어울리고, 모자 아래 두건은 극히 섬세하고 투명해서, 세상에서 가장 또렷한 흰머리 위에 별로 부담스럽지 않게 놓여 있다.

길게 끌리는 진홍색 법복을 입은 대략 50명 정도의 귀족들이 그와 함께 움직이는데, 대부분이 아름다운 남자들로서 기형적인 모습은 하나도 없다. 일부는 큰 키에 큰 머리를 하고, 금발의 고수머리 가발이 이들에게 잘 어울린다. 그들의 얼굴은 부드럽고 하얀 피부지만 역겹게 부은 모습은 아니고, 오히려 지적이고도 긴장하지 않은, 조용하고 자신감이 있는 가볍고도 즐거운 모습들이다.

모든 사람이 교회에 자리를 잡고 장엄 미사가 시작되자, 수도사들이 정문으로 들어와 쌍쌍이 성수聖水로 축복을 받고, 제단과 총독과 귀족들에게 절을 한 다음 오른쪽 옆문으로 다시 나갔다.

10월 6일

오늘 저녁을 위해 저 유명한 뱃사공의 노래를 주문했다. 그들은 [르네상스 시대 이탈리아 시인] 타소Tasso와 아리오스토Ariosto의 가사를 자신들의 멜로디에 얹어 노래하는 사람들이다. 이 노래는 정말로 미리 주문해야 한다. 이런 노래가 일상적으로 이루어지는 것이 아니고, 절반은 사라진 옛 시대의 전설에 속하기 때문이다. 나는 달빛을 받으며 곤돌라에 올랐다. 뱃사공 가수 한 명은 앞쪽에, 또 한 명은 뒤쪽에 있다. 그들은 번갈아 한 소절씩 노래를 불렀다. 루소Rousseau*를 통해 우리에게도 알려진 멜

* 장 자크 루소,《가곡 모음, 로망스와 이중주곡(Recueil d'Airs, Romances et Duos)》, 파리 1750.

축제일 항구에 도착한 총독의 배, Canaletto 作

로디는 코랄과 레치타티보의 중간 종류로서, 특별한 박자가 없이 계속 일정하게 움직인다. 조바꿈도 동일하며, 다만 가사의 내용에 따라 낭송의 방식과 말투가 바뀔 뿐이다. 그 정신과 생명력은 대략 다음과 같이 파악된다.

멜로디가 어떤 방식으로 만들어졌는지는 탐색하지 않겠다. 어떤 멜로디를 미리 습득한 다음, 자기가 외고 있는 가사를 그 노래에 맞추어 넣는 한가한 사람에게 아주 잘 어울리는 멜로디라는 말만으로 충분하다.

가수는 섬의 해변이나 운하의 물가, 또는 곤돌라에 앉아, 모든 것을 꿰뚫는 목소리로—이곳 사람들은 무엇보다도 풍부한 음량을 좋아하니—노래하여, 자신의 노래가 가능한 한 멀리 퍼지게 한다. 고요한 수면 위로 소리가 퍼져 나간다. 멀리서 어떤 사람이 그것을 듣고 이 멜로디를 알고 또 가사를 이해하면, 그다음 소절을 불러 여기 응답한다. 이어서 처음 사람이 여기 대답하고, 이런 식으로 한 사람은 언제나 상대방의 메아리가 된다. 그들은 밤새 지치지도 않고 이렇게 노래를 계속한다. 두 사람이 멀리 떨어질수록 노래는 더욱 매력적이 될 수가 있다. 듣는 이가 두 사람의 중간에 있다면 가장 좋은 자리에 있는 것이다.

내게 이것을 들려주려고 사공들은 쥬데카 섬의 해변에 내려서, 운하를 따라 서로 반대 방향으로 멀어졌다. 나는 그들 사이 중간에 머물며, 방금 노래를 시작하는 사람에게서 멀어져서 방금 노래를 끝낸 사람 쪽으로 걸어가곤 했다. 그러는 중에 비로소 이 노래의 의미가 분명해졌다. 멀리서 오는 목소리는 마치 슬픔 없는 탄식처럼 극히 이상하게 들렸다. 거기에는 무언가 믿을 수 없는, 눈물이 날 정도로 감동적인 것이 들어 있었다. 나는 내 기분대로 이것을 적었지만, 늙은 하인도 이렇게 말했다. "È singolare, come quel canto intenerisce, e molto più, quando è più ben cantato.[이상하게도 저 노랫소리가 마음을 움직이네요. 노래를 들을수록 더욱 그래요.]" 그는 내가 리도의 여자들, 특히 말라모코Malamocco와 펠레스트리나Pellestrina 출신 여자들의 노래를 들어 보면 좋을 거라고 했다. 이들도 타소의 시를 비슷한 멜로디로 노래한다는 것이다. 그가 말을 계속했다. "남정네들이 바다로 고기잡이를 나가면, 저녁때 아낙들이 바닷가에 앉아 그토록 멀리 퍼지는 목소리로 이 노래를 불러서, 멀리 있는 남편들이 마누라 목소리를 듣고 기뻐하게 하는 거죠." 정말 멋지지 않은가? 그런데도 물론, 가까이에서 듣는 이들은 바다의 파도와 싸우는 이런 목소리를 썩 기뻐하지 않을지 모른다고 생각할 수도 있다. 하지만 이 노래 뒤에 숨은 동기는 인간적이고도 순수하며, 멜로디가 생생히 살아난다. 죽은 문자를 캐다 보면 머리가 깨질 듯한 두통을 얻지만, 이것은 고독한 사람이 불러서 멀리 보내는 노래인 것이다. 비슷한 심정을 지닌 누군가가 그 노래를 듣고 응답하라고 말이다.

10월 8일

파올로 베로네세의 소중한 그림을 보려고 피사니 모레타Pisani Moretta 궁전을 찾아갔다. 다리우스Darius 왕의 여자 가족들이 알렉산드로스Alexandros와 헤파이스티온Hephaestion 앞에 무릎을 꿇은 그림이다. 먼저 무릎을 꿇은 왕의 어머니가 헤파이스티온을 알렉산드로스로 오해했기에, 헤파이스티온은 그 인사를 거부하며 오른편에 있는 남자를 가리켜 보인다. 이 그림에 대해서는 다음과 같은 이야기가 전해진다. 베로네세는 이 궁전에서 명예로운 대접을 받으며 오래 머물렀는데, 그에 대한 감사의 표시로 몰래 이 그림을 그려서 그것을 둥글게 말아 침대 아래에 넣어 선물로 남겼다는 것이다. 이것은 물론 특별한 기원을 가졌다고 여길 만한 그림이다. 이 대가大家의 모든 가치를 보여 주는 요소가 있기 때문이다. 그림 전체에 지배적인 색조 없이 솜씨 좋게 명암을 잘 분배하고, 또한 현명하게 교차시키는 부분 색깔들을 통해, 가장 뛰어난 조화를 만들어 내는 그의 위대한 능력이 여기 뚜렷하게 드러나 있다. 이 그림은 완벽하게 보존되어 마치 어제 그려진 것처럼 선명한 모습이다. 이런 종류의 그림이 해를 입으면, 그 원인이 무엇인지도 모른 채로 우리의 즐거움이 곧바로 줄어들기 때문이다.

의상 때문에 이 화가를 비판하려는 사람은 이것이 16세기의 이야기여야 맞는다고 말할 수 있을 뿐이며, 이것으로 그만이다. 맨 앞에 어머니, 그 뒤에 아내, 이어서 딸들로 이어지는 단계는 자연스럽고도 참되다. 맨 뒤에서 무릎을 꿇은 가장 어린 공주는 예쁘장한 소녀인데 앙증맞고도 고집스럽고 반항적인 얼굴을 하고 있다. 자신이 맨 끝에 오게 된 것이 도무지 마음에 들지 않는 것만 같다.

10월 8일

방금 내게 깊은 인상을 준 그림들을 그린 화가의 눈으로 세상을 보려는 나의 성향이 다시 나름의 사색으로 나를 이끌어 갔다. 어려서부터 바라보던 사물에 따라 눈길이 형성된다는 것은 자명한 이치니만큼, 베네치아 화가는 모든 것을 다른 사람들보다 더욱 분명하고 더 밝게 바라볼 것이다. 우리 북유럽 사람들은 때로는 지저분한, 때로는 먼지가 낀, 색깔 없고 반사된 빛마저 흐리게 만드는 땅에서, 그마저 좁은 방에서 살기에 그렇듯 즐거운 눈길이 우리들 사이에서 발전되어 나올 수는 없다.

햇볕이 내리쬘 때 해안 호수를 통해 나아가면서, 곤돌라 가장자리에서 밝은 옷차림으로 가볍게 흔들리며 노를 젓는 곤돌라 뱃사공이 밝은 초록 수면 위에 푸른 하늘을 배경으로 얼마나 두드러진 모습인지를 관찰하노라면, 베네치아 유파의 가장 훌륭한, 가장 최신의 그림을 보는 듯하다. 햇볕은 부분 색깔들을 눈부시게 드러내 주고, 그림자가 진 부분도 아주 밝아서 상대적으로 빛의 원천이 될 수 있을 정도이다. 초록색 바닷물에 비친 것에 대해서도 같은 말을 할 수 있다. 모든 것이 밝음 속에 더욱 밝게 그려져서, 'i'라는 글자에 점을 찍으려면, 거품을 일으키는 파도 위로 번갯불이 필요할 정도이다.

티치아노와 파올로 베로네세는 가장 높은 정도로 이런 명료함을 지녔기에, 그들의 작품에서 이런 명료함을 찾아내지 못한다면, 이것은 그림이 손상을 입었거나 아니면 덧칠된 것이다.

산마르코 대성당의 둥근 지붕과 아치 천장들과 측면의 벽들에는 황금색 바탕에 온갖 색채의 모습들이 그려져 있는데, 모두가 모자이크 작업이다. 몇몇은 아주 훌륭하고, 다른 것들은 덜 훌륭하다. 밑그림을 그린 화가에 따라 차이가 난다.

모든 것이 최초의 구상에 달려 있다는 사실, 그리고 맨 처음 생각이 척도이며 진짜 정신을 지닌다는 사실이 가슴에 와 닿았다. 가장 깔끔한 방식은 아닐지라도, 사각형의 작은 유리 조각들로 훌륭한 것이나 그렇지 않은 것을 모방할 수가 있기 때문이다. 고대인이 바닥을 장식하는 데 사용한 모자이크 기술로 기독교도들은 교회 천장을 장식했지만, 오늘날 이 기술은 코담배 통과 팔찌 장식으로 추락하고 말았다. 우리 시대는 우리가 생각하는 것보다 더 형편없다.

10월 8일

카사 파르세티Casa Farsetti에는 고대 최고 조각품의 복제품들을 모아 놓았다. 만하임Mannheim에서 본 것과, 그 밖에도 다른 방식으로 이미 전부터 알고 있는 작품들에 대해서는 여기서 말하지 않겠고, 새로 본 것들만 언급하겠다. 거대한 클레오파트라 상이 팔에 뱀이 감긴 모습으로 죽음에 이르는 잠을 잔다. 어머니 니오베는 아폴론의 화살을 막으려고 막내딸을 외투로 가리고 있다. 그 밖에 몇몇 검투사들, 자신의 날개에 머리를 묻고 쉬고 있는 수호 정령, 앉아 있는 또는 서 있는 철학자들 등이다.

생각으로 예술가의 가치를 소진하지 않은 채, 세계가 수천 년 동안 이들을 보고 기뻐하며 모방한 작품들이다.

여러 중요한 흉상들이 나를 고대의 찬란한 시절로 데려갔다. 고대에 대한 지식이라는 측면에서 내가 얼마나 뒤처져 있는지를 통감할 뿐이지만, 차츰 좋아질 것이다. 적어도 이제는 그 길을 알고 있다. 팔라디오는 내게 그리로 가는 길과, 모든 예술과 삶을 향해 가는 길을 열어 주었다. 아마 약간 이상하게 들리겠지만, 그래도 야코프 뵈메Jakob Böhme가 주석 대접을 보고 있다가, 유피테르의 번개가 번쩍이는 바람에 우주의 신비를 깨달았다는 이야기만큼 황당하지는 않다. 로마에 있는 안토니누스Antoninus와 파우스티나Faustina의 신전에서 나온 들보 한 조각도 이곳 수집품에 들어 있다. 이 장엄한 건축물의 두드러진 현대성은, 만하임에 있는 판테온Pantheon의 기둥머리를 생각나게 한다. 이것은 우리 고딕 양식에서 작은 까치발 위에 웅크린 자세의 성인을 층층이 세우는 방식과는 물론 다르고, 우리의 담배 파이프 모양 기둥들, 뾰쪽한 첨탑들과 톱니 모양 꽃들과도 다르다. 다행히도 나는 이런 것들에서 항구적으로 벗어났다.

지나가는 길에 본 것이지만, 그래도 어쨌든 요즘 놀라움과 깨달음으로 관찰한 조각 작품 몇을 더 언급해야겠다. 병기창 정문 앞에는 흰 대리석으로 만든 엄청난 크기의 사자상 둘이 있다. 하나는 앞발을 괴고 꼿꼿한 자세로 앉아 있고, 다른 하나는 바닥에 엎드린 모습으로, 생생한 다양성을 보여 주는 뛰어난 대립상이다. 크기가 무척 커서 주변의 다른 모든 것을 작아 보이게 하는 이 고귀한 예술품이 우리 마음을 드높여 주지 않는다면, [그 크기로 인해] 우리 자신마저도 하찮은 것으로 만들 정도이다. 이들은 전성기 그리스 시대의 작품으로, 베네치아 공화국이 찬란하던 시절에 아테네의 피레우스Piraeus 항구에서 이리로 옮겨 온 것이라고 한다.

터키에 맞서 승리를 거둔 저 산타 쥬스티나 교회의 벽에 박혀 있는 몇몇 돋을새김[부조] 작품들 역시 아테네에서 온 것인지도 모르는데, 유감스럽게도 교회 의자들에 가려 보기가 어렵다. 성구 관리인이 그것을 살펴보라고 일러 주었다. 일설에 따르면 티치아노가 그린 《순교자 성 베드로의 죽음》에서 무한히 아름다운 천사들은 바로 이 돋을새김 작품을 보고 그린 것이라 한다. 이는 신들의 상징물을 끌고 가는 정령들인데, 상상을 초월할 정도로 아름답다.

어떤 팔라초의 뜰에서 마르쿠스 아그리파Marcus Agrippa의 거대한 벌거벗은 조각상을 특별한 감정으로 관찰했다. 그의 옆구리에서 꿈틀거리며 뛰어오르는 돌고래가 그가 바다의 영웅임을 알려 준다. 그런 영웅적인 묘사가 인간을 얼마나 신들과 비슷하게 만드는가!

산마르코 대성당 정문 위의 말들을 가까이서 관찰했다. 아래서 올려다보면 이들에게 얼룩이 있는 것을 쉽게 볼 수 있다. 일부는 아름다운 누런 금속성 광채를 띠고, 일부는 구리 같은 푸르스름한 색깔을 띠고 있다. 가까이서 보면 이들이 원래 완전히 금박이 입혀져 있었다가 지금은 온통 줄무늬로 뒤덮인 것을 보게 된다. 야만인들이 금을 긁어 가려 한 것이 아니라, 아예 파 가려고 했기 때문이다. 그것만 해도 다행이다. 이렇게 해서 그나마 형태라도 남았기 때문이다.

뛰어난 말들이다! 진짜 말 전문가가 하는 말을 듣고 싶다. 내게 특별하게 여겨지는 것은, 이들이 가까이서 보면 이렇게 묵직한데, 아래서 볼 때는 사슴처럼 가벼워 보인다는 사실이다.

10월 8일

오늘 오전에 나의 수호 정령[수행원]과 함께 리도 섬으로 갔다. 리도는 해안 호수를 둘러싸서 바다와 갈라놓는 길게 뻗은 곳이다. 우리는 배에서 내려 땅을 가로질러 저편 해안으로 갔다. 큰 소리가 들렸는데 바다 소리였다. 바닷물이 빠지는 중인데도 해안을 향해 파도가 높이 치는 것이 보였다. 정오에 썰물이었다. 이렇게 해서 드디어 바다를 내 눈으로 보았고, 바닷물이 뒤에 남긴 아름다운 백사장을 따라 걸었다. 조가비들을 보니 곁에 아이들이 있었으면 얼마나 좋을까 싶었다. 나 자신이 아이처럼 조가비를 잔뜩 모았지만 실은 쓸모가 있어서이다. 이리로 자주 흘러 들어오는 갑오징어의 먹물을 말리려면 이런 조가비가 필요하다.

리도에는 바다에서 멀지 않은 곳에 영국인들의 묘지와 조금 더 떨어진 곳에 유대인들의 묘지가 있다. 이들에게는 거룩한 땅에 묻히는 일이 허락되지 않았다. 고귀한 영사 스미스와 그의 첫 아내의 무덤을 보았다. 내가 가진 팔라디오 판본은 그의 덕분이니 교회의 축복을 받지 못한 그의 무덤에서 그에게 감사 인사를 올렸다.

무덤은 축복을 받지 못했을 뿐만 아니라, 절반쯤 모래에 파묻혔다. 리도는 일종의 모래 언덕이다. 모래가 계속 물에 떠밀려 와서 바람에 이리저리 흩날려 사방에 쌓인다. 그러니 상당히 높이 쌓아 올린 기념묘도 머지않아 다시 찾기가 어려워지는 것이다.

바다는 얼마나 대단한 모습인가! 어부의 배를 타고 저 바다로 나갈 수 있는지 알고 싶다. 곤돌라는 바다로 나가기 어려우니.

10월 8일

바닷가에서 여러 식물들도 보았다. 이들의 유사한 공통 특성이 내게 그들의 개별적 본성을 더 잘 알게 해 주었다. 이들은 모두가 통통하고 강하며, 즙이 많고 질기다. 모래사장의 오래된 소금과, 오히려 그보다는 대기의 소금기가 이들에게 이런 특성을 준 것이 분명하다. 이들은 물풀처럼 수분을 잔뜩 머금고 있으면서도 산악 식물처럼 튼튼하고 질기다. 잎사귀 끝이 엉겅퀴처럼 가시가 되려는 성향을 보이는 이 식물들은 끝이 길고도 강하다. 이런 식물들의 다발을 보았는데, 우리가 흔히 보는 해롭지 않은 머위처럼 보였지만, 실은 날카로운 가시로 무장하고 있으며, 잎사귀, 씨앗 껍질, 줄기가 모두 가죽 같고, 모든 것이 통통하다. 씨앗과 납작하게 누른 잎사귀를 가져갈 참이다(Eryngium maritimum[해변 엉겅퀴]).

어시장과 수많은 해산물은 많은 기쁨을 준다. 자주 찾아가서 불행히도 그물에 걸린 바다 생물들을 자세히 살펴보곤 한다.

10월 9일

아침부터 밤까지 정말 멋진 날! 키오지아Chioggia 맞은편의 펠레스트리나로 건너갔다. 베네치아 공화국은 여기에 바다에 맞서기 위해 무라치Murazzi라 부르는 거대한 방파제 사업을 벌이고 있다. 이는 잘라 낸 석재들을 쌓아 올리는 사업으로, 바다와 해안 호수를 가르는 원래의 긴 곶 리도를 사나운 바다의 힘에서 보호하기 위한 것이다.

해안 호수들은 오랜 자연의 작용으로 생겨났다. 맨 처음에 밀물과 썰물과 땅이 서로 작용하고, 이어서 태고의 수면이 천천히 낮아지면서, 아드리아 해의 북쪽 끝에 밀물 때는 잠기고 썰물 때는 드러나는 상당히 큰 늪지대가 생겨났다. 인간의 기술은 그 가장 높은 지역을 장악했고, 덕분에 백 개의 섬들로 이루어진, 그리고 수백 개의 섬들로 둘러싸인 베네치아가 생겨난 것이다. 동시에 사람들은 믿을 수 없을 정도의 노력과 돈을 들여서, 썰물 때에도 전함들이 중요한 지점까지 들어올 수 있도록 늪지대를 파서 운하를 만들었다. 옛날에 인간의 재주와 근면함이 고안해서 실현한 것을 이제는 지성과 근면함이 유지해야 한다. 긴 곶 리도는 바다와 해안 호수를 가르는 땅인데, 바닷물이 해안 호수 안으로 들어오는 통로는 두 곳뿐이다. 곧 카스텔로 근처와 맞은편 끝인 키오지아 근처이다. 보통 밀물이 하루 두 번 들어오고 썰물이 물을 두 번 내보내는데, 언제나 같은 길 같은 방향으로 이루어진다. 밀물은 해안 호수 내부의 질퍽한 지역을 뒤덮으면서 완전히 마르지는 않았어도 더 높은 지역들을 뚜렷이 드러내 준다.

바다가 새로운 물길을 찾아내 리도를 공격하고 멋대로 해안 호수 안으로 넘나든다면 사정은 전혀 달라질 것이다. 리도의 작은 마을들인 펠레스트리나, 산 피에트로와 다른 곳들이 물에 잠기는 것은 물론, 서로 통행하는 저 운하들을 가득 메워 리도를 몇 개의 섬으로 바꾸고, 지금 해안 호수 안에 있는 섬들을 곶으로 변화시킬 것이다. 이것을 피하기 위해 그들은 리도를 지켜야 한다. 사람들이 이미 차지해서 자기들의 특별한 목적을 위해 형태와 방향을 준 것을 물이 멋대로 공격하여 이리저리 뒤흔들지 못하도록 해야 하는 것이다.

파도가 특히 높아지는 비상시에는 바다가 오로지 두 장소에서만 안으로 들어오고 나머지는 막혀 있다는 것이 아주 좋은 일이다. 덕분에 바다는 가장 강력한 힘으로 안으로 밀고 들어오지 못하며, 몇 시간 뒤에는 썰물의 법칙에 따라 그 분노를 가라앉힐 수밖에 없으니 말이다.

그 밖에도 베네치아는 걱정할 것이 없다. 바다의 침식이 느린 속도로 이루어지는 덕에 아직 수천 년의 시간이 있고, 그사이에 그들은 운하를 영리하게 보강하여 자기들의 소유를 지킬 방법을 찾아낼 것이다.

그들이 이 도시를 더욱 깨끗하게 유지한다면 좋을 것이다. 이것은 꼭 필요하고도 쉬운 일이고 실제로 수백 년 동안 매우 일관되게 유지해 온 일이기도 하다. 운하에는 그 무엇도 그 어떤 쓰레기도 던지지 못하도록 엄벌로 규정하고 있지만, 폭우가 쏟아져 내리면 구석에 모아 놓은 쓰레기가 흩어져 운하로 흘러드는 것을 막을 수가 없고, 그보다 더 나쁜 것은 물만 흐르도록 되어 있는 하수구로 쓰레기가 들어가 하수구를 막으면서 주요 광장들이 물에 잠길 위험에 처할 수도 있다. 큰 광장들이 그렇듯, 매우 잘 만들어진 산마르코 광장의 몇몇 하수구들도 막혀서 물이 가득 고인 것을 본 적도 있다.

하루 동안 폭우가 쏟아지면 참기 힘든 쓰레기 곤죽이 생겨나 모두들 욕설을 퍼붓고, 다리를 오르내릴 때마다 외투와, 또 이곳 사람들이 연중으로 입고 다니는 타바로를 더럽힌다. 누구나 구두와 양말을 신고 장화를 신은 사람이 없으니, 구두와 양

말에 평범한 진흙이 아닌 똥내가 나는 진흙탕을 묻히게 된다. 그러면 모두들 욕지거리를 퍼붓는다. 그러다가도 날씨만 좋아지면 아무도 청결을 생각하지 않는다. 대중은 나쁜 대우를 받는다고 항상 불평이지만, 더 나은 대우를 받을 일을 시작할 줄을 모른다는 말이 얼마나 맞는 말인지. 여기서는 통치자가 원하면 모든 것이 즉시 시행될 수 있다.

10월 9일

오늘 저녁에 산마르코 종탑에 올랐다. 최근에 밀물이 들었을 때 해안 호수의 웅장한 모습을 본 적이 있기에 썰물 때의 겸손한 모습도 보고 싶었다. 해안 호수에 대한 올바른 이미지를 얻으려면 이 두 모습을 결합시키는 것이 꼭 필요한 일이기 때문이다. 전에는 물이 채워졌던 사방 곳곳에 땅이 드러난 모습은 이상해 보인다. 섬들은 더는 섬들이 아니라, 너른 잿빛-초록색 늪지의 지점들, 건축물이 들어서고 그 사이로 운하들이 나 있는 지점들일 뿐이다. 늪지대 부분에는 물풀들이 자라고 있으니, 그를 통해 점점 더 높아질 것이다. 비록 밀물과 썰물이 그곳을 계속 긁어 대고 파헤치며 식물을 힘들게 해도 마찬가지이다.

이야기를 한 번 더 바다로 돌리자면 오늘 바다 고둥, 삿갓 조개, 게 등의 행태를 보고 진심으로 기뻤다. 생명체란 얼마나 귀하고 놀라운 것인가! 자신의 상황에 얼마나 어울리게, 얼마나 참되게 존재하는가! 나의 보잘것없는 자연 탐구가 얼마나 도움이 되는가, 그런 만큼 나는 기꺼이 탐구를 계속할 것이다. 하지만 할 말이 이렇게나 많은데, 그냥 감탄사만으로 친구들을 자극하려는 것은 아니다.

바다에 맞서 세워진 방파제는, 맨 먼저 가파른 계단 몇 개, 이어서 살짝 오르막 평면, 그런 다음 다시 계단 하나, 그리고 다시 살짝 오르막 평면이 나오고 나서 수직벽이 나오는데 벽 위로는 지붕이 덮였다. 밀려들어 오는 바닷물이 이런 계단들과 평면들로 올라오다가 극단적인 경우에는 벽을 뛰어넘기도 한다.

바다 생물도 바닷물을 따라온다. 작은 식용 고둥과 삿갓 조개, 그 밖에도 움직일 수 있는 것들, 특히 게가 따라온다. 하지만 이 동물들이 미끈거리는 방파제에 자리를 잡자마자 벌써 바닷물은 들어올 때처럼 천천히 다시 빠져나간다. 처음에 이 생물들은 그것을 알아채지 못하고 바닷물이 곧 다시 돌아오려니 여긴다. 하지만 물은 돌아오지 않고 태양이 내리쬐면서 주변이 재빨리 말라 버리면 그제야 놈들은 돌아가려고 서두른다. 이 기회를 틈타서 게는 약탈을 시도한다. 둥근 몸과 길고 커다란 두 집게발로 이루어진 이 생물의 몸짓보다 더 기묘하고도 웃기는 것이 없다. 나머지 가는 발들은 잘 보이지도 않는다. 두 팔을 대말처럼 짚고 게들은 큰 걸음으로 기어가는데, 삿갓 조개가 삿갓을 쓴 채 바닥에서 살짝 몸을 떼고 움직이고 있으면, 재빨리 그쪽으로 덤벼 집게발을 바닥과 삿갓 사이의 틈바구니로 집어넣고 삿갓 조개를 뒤집어 그 살을 먹으려 한다. 삿갓 조개는 살그머니 제 길을 가다가 적이 근처에 있는 것을 알아채면, 즉시 돌에 찰싹 달라붙는다. 게는 놀라운 방식으로 삿갓 주변으로 움직이면서 그야말로 원숭이처럼 재주를 부려 보지만, 속살 부드러운 이 조개의 막강한 삿갓을 뒤집을 힘이 없으니, 이번 사냥을 포기하고는 이동 중인 다른 삿갓 조개를 향해 달려가는데, 그럼 원래의 삿갓 조개는 다시 제 길을 계속 가는 것이다. 이들 패거리의 퇴각을 여러 시간이나 지켜보면서, 이들이 두 군데 평면과 그 사이에 있는 계단을 기어 내려오는 꼴을 관찰했지만, 제 목적을 이루는 게는 한 마리도 보지 못했다.

10월 10일

마침내 희극을 한 편 보았노라고 말할 수가 있다. 그들은 오늘 산 루카San Luca 극장에서 《Le Baruffe Chiozzotte》를 공연했는데, 《키오지아의 난투극》 정도로 번역될 수 있을 것이다. 등장인물은 전부 키오지아 주민들인 뱃사람들, 그들의 아내, 누이, 딸 들이다. 좋은 일이든 나쁜 일이든 이 사람들이 늘 만들어 내는 온갖 소란, 상거래, 격렬함, 선량함, 진부함, 위트, 유머 그리고 거침없는 행동 등 모든 것이 아주 잘 표현되었다. 이것은 골도니Goldoni 작품인데, 나는 어제 처음으로 키오지아에 가서 그곳 뱃사람들의 목소리와 행동을 눈과 귀로 직접 보고 듣고 난 참이라, 이 연극에서 대단한 기쁨을 얻었다. 많은 부분의 연관성을 제대로 이해하지 못했는데도, 극 전체는 아주 잘 따라갈 수 있었다. 연극의 줄거리는 다음과 같다. 키오지아의 여인네들이 자기들 집 앞 부두에 앉아서 언제나처럼 실을 잣고, 뜨개질하고 바느질하고 레이스를 짠다. 젊은 사내 하나가 지나가면서 한 여자에게 특별히 더 친절하게 인사를 한다. 그러자 곧바로 비꼬기가 시작되어, 이것이 정도를 넘어서면서 차츰 서로 비웃기가 되었다가 비난으로 발전하고, 못된 말이 더욱 못된 말을 부르고, 그러다 성질 급한 이웃 여자가 진실을 폭로하고, 그러자 비난, 욕설, 외침이 한꺼번에 쏟아져 나온다. 물론 참을 수 없는 모욕들이 생겨나고, 결국은 법 집행관이 개입하지 않을 수 없게 된다.

제2막은 법정 장면이다. 귀족은 희극 무대에 등장할 수 없는데 행정관은 귀족이니, 법원 서기가 행정관을 대신한다. 서기는 여자들을 한 명씩 소환한다. 이것은 문제가 많은 일인데, 서기 자신이 여자 1에게 홀딱 반한 처지라 그녀와 단둘이 이야기할 기회를 얻은 것이 매우 기뻐서, 그녀를 심문할 생각은 않고 그녀에게 사랑의 고백을 한다. 서기에게 홀딱 반한 여자 2가 질투심에 사로잡혀 여기 뛰어들고, 여자 1의 애인도 역시 흥분해서 끼어들고, 나머지 사람들도 모조리 따라 들어와 새로이 서로 비난을 퍼부어 대니, 1막에서는 항구에서 날뛰던 악마가 이번에는 법정에서 날뛰는 꼴이다.

제3막에서 이런 웃기는 상황이 더욱 커졌다가, 전체는 필연적으로 서둘러 종결된다. 가장 다행스러운 발상은 다음과 같은 한 인물로 표현된다.

늙은 뱃사람 하나는 어려서부터 힘든 삶을 살면서 말더듬이가 된 탓에, 의사소통을 위해 팔다리를 동원한다. 그는 활동적이고 수다스럽고 소리 잘 지르는 민중과는 대립되는 인물로서, 자기가 생각하는 것을 말로 토해 내기 전에 먼저 입술을 움찔거리고 손과 팔을 저어 시동을 걸곤 한다. 그나마 언제나 짧은 문장만 가능하기에, 잠언적 진지함이 버릇이 되어, 그가 하는 말은 모조리 속담이나 격언처럼 들린다. 덕분에 나머지 온갖 거칠고 열정적인 행동들과 멋들어진 균형을 얻는다.

하지만 자신들과 똑같은 등장인물들이 그토록 자연스럽게 표현되는 것을 보면서, 관중이 이렇게나 시끄럽게 구는 것을 일찍이 경험해 본 적이 없다. 웃음과 환성이 처음부터 끝까지 계속되었다. 물론 배우들의 연기가 매우 뛰어났음을 인정해야겠다. 그들은 흔히 사람들 사이에 나타나는 온갖 유형들을 제대로 표현했다. 여주인공은 극히 사랑스러웠다. 그녀가 최근에 출연한 비극에서 보여 준 것보다 훨씬 더 훌륭했다. 여배우들 전부가 그랬지만 특히 그녀는 일반 대중의 목소리, 몸짓, 기질을 극히 자연스럽게 모방했다. 하지만 그토록 아무것도 아닌 일로 극히 유쾌한 재미를 만들어 낸 극작가가 높은 찬양을 받을 만하다. 그런 것은 삶을 즐기는 민중과 직접 가까이 접촉하는 사람만이 할 수 있는 일로서, 철저히 숙련된 손길이 써낸 극이다.

사키Sacchi 극단은 극작가 카를로 고치Carlo Gozzi가 활동한 극단으로, 지금은 뿔뿔이 흩어졌지만, 나는 그래도 그중 스메랄디나를 보았다. 작은 키와 뚱뚱한 몸매에 생명력이 넘치고 잽싸면서 유머가 넘치는 인물이다. 그녀와 함께 브리겔라*도 보았는

* 스메랄디나(Smeraldina)는 이탈리아 희극, 특히 코메디아 델라르테에 등장하는 하녀, 브리겔라(Brighella)는 하

데, 그는 깡마르고 몸매가 좋은, 특히 얼굴과 손의 연기가 뛰어난 배우였다. 우리한테 가면은 생명도 의미도 없는 것이기에 그냥 미라로만 생각되지만, 여기서는 풍경의 생산품처럼 작용한다. 어차피 연령, 성격, 계층 등이 특이한 의상을 통해 표현되며, 사람들이 1년 중 대부분을 가면을 쓰고 돌아다니는 판이니, 무대에도 시커먼 얼굴들이 등장하는 것보다 더 자연스러운 일이 없다.

10월 11일

거대한 군중 사이에서의 고독이란 게 오래 가능한 일이 아니기에, 결국은 어떤 늙은 프랑스 사람과 알게 되었다. 그는 이탈리아 말을 못하는 탓에 온갖 추천장을 다 갖고 있으면서도 망망대해에 있다고 느낀다. 신분이 높고 매우 훌륭한 매너를 갖추었지만, 자기 자신에서 벗어나지 못하는 사람. 50대 말로 보이며 집에 일곱 살짜리 아들이 있어서 초조하게 아들 소식을 기다린다. 나는 그에게 몇 가지 정보를 주었다. 그는 이탈리아를 한 번 보려고 편하고도 빠른 속도로 이탈리아를 여행 중이다. 가능하면 빨리 많은 것을 안다면 좋아할 사람이다. 베네치아 이야기를 하고 있을 때, 그가 내게 여기 온 지 얼마나 되느냐고 묻기에 "2주 되었고, 이번이 처음 여행"이라고 하자 그가 이렇게 말했다. "Il paraît que vous n'avez pas perdu votre temps.[당신은 귀한 시간을 낭비하진 않은 것 같군요.]" 이것은 내가 좋은 방식을 가졌음을 알려 주는 최초의 증명서이다. 그는 이제 일주일 되었는데 내일 떠날 참이다. 진짜배기 베르사유 사람을 낯선 땅에서 만난 것은 퍽 좋은 일이다. 그도 여행을 하는 중이다! 그리고 나는 사람들이 자기 말고는 아무것도 보지 않으면서 여행하는

인이다. 정형화된 인물들로 자주 가면을 쓰고 등장한다. 브리겔라는 흔히 검은 가면.

것을 놀라움으로 관찰했다. 그는 자기 방식으로 잘 교육받은, 용감하고 반듯한 사람이다.

10월 12일

어제 산 루카 극장에서 새로운 연극《이탈리아의 영국인》을 무대에 올렸다. 많은 영국인이 이탈리아에 살기에, 그들의 관습이 관찰된다는 것은 자연스러운 일이고, 그래서 나는 이탈리아 인들이 이 환영받는 부자 손님들을 어떤 눈으로 바라보는지 알고 싶었다. 하지만 연극은 별것이 아니었다. 언제나 그렇듯이 익살 장면 몇 개, 나머지는 너무 무겁고 진지한 데다 영국적 요소는 흔적도 없이, 극히 평범한 방식으로 통상적인 이탈리아의 진부한 도덕적인 이야기였다.

다른 사람들 마음에도 들지 않았기에 조롱의 외침이 터져 나왔다. 배우들은 자기들 고유의 영역에 있지 못했으니, 말하자면 그들은 키오지아 광장에 있지 않았던 것이다. 이것이 내가 여기서 보는 마지막 연극이니, 이 실패한 작품이 이탈리아 민족의 특성을 잘 표현한 지난번 연극에 대한 나의 열광을 오히려 더욱 높여 주어야 하나 보다.

마지막으로 일기를 살펴보며 몇 가지 기록들을 끼워 넣었으니, 이제 서류를 잘 말아서 친구들에게 보내 그들의 판단에 맡길 시간이 되었다. 더 자세히 규정하고 확장하고 개선할 부분들이 벌써 많이 보이지만, 항상 참되지는 않더라도 여전히 귀하고 값진 첫인상의 기록이라 여겨 그대로 둔다. 멀리 있는 친구들에게 이곳의 가벼운 삶의 숨결을 보낼 수만 있다면 좋겠다. 이탈리아 사람이 산맥 너머의 나라들에 대해 어두운 이미지만을 갖고 있는 것이 사실이지만, 이제는 내게도 알프스 저편이 어둡게 생각된다. 그래도 친절한 모습들이 언제나 안개 속에서 손짓한다. 다만 날씨만은 이쪽이 저쪽보다 더 끌린다. 탄생과 습관이란 매우 강력한 속박이니, 나는 여기 살고 싶지 않으며, 내게 일거리가 없는 다른 어느 곳에서도 살고 싶지 않다. 지금 새로운 인상들이 내게 끝없이 많은 일거리를 만들어 주는 이 시점에는 더욱 그렇다. 건축술은 마치 오래된 유령처럼 무덤에서 일어나, 내게 죽은 언어의 규칙을 공부하듯이 건축술의 규칙을 공부하라 명령한다. 그것을 직접 실행에 옮기거나 또는 평생 그것을 보고 기뻐하라는 것이 아니라, 그냥 영원히 사라진 지난 시대의 고귀한 존재를 조용한 감정으로 존중하라는 뜻에서이다. 팔라디오가 모든 것을 비트루비우스와 연관시켰기에, 나는 갈리아니Galiani의 비트루비우스 판본도 장만했다. 다만 이 대형 이절판 책은 그 공부가 내 정신에 부담이 되는 만큼이나 여행 짐에도 부담이 된다. 팔라디오가 자신의 말과 작품을 통해, 사유와 작업 방식을 통해 이미 비트루비우스를 내 가까이 데려왔고, 이탈리아 어 번역판보다 훨씬 더 훌륭하게 비트루비우스를 내게 번역해 주었다. 비트루비우스는 읽기가 그리 수월하지 않고, 책 자체도 모호하게 쓰여서 비판적인 읽기를 요구한다. 그런데도 불구하고 나는 이 책을 빠른 속도로 읽고 있으며, 많은 소중한 인상을 얻었다. 더 정확하게 말하자면 이렇다. 나는 이 책을 기도서처럼 읽는다. 그러니까 학습을 위해서보다는 경배하려고 읽는다. 벌써 밤이 더 일찍 시작되니 읽고 쓸 시간이 더 많다.

다행히도 어린 시절부터 내게 가치가 있던 모든 것이, 지금 다시 사랑스럽게 되었다! 고전 작가들 곁으로 더 가까이 다가가니 얼마나 행복한가! 이제야 나는 이 말을 할 수 있고, 이제야 내 질병과 어리석음을 고백할 수가 있다. 벌써 여러 해 전부터 나는 라틴 어 작품을 전혀 읽지 않고, 이탈리아의 이미지를 새롭게 해 줄 그 무엇도 관찰하지 않았다. 우연히도 그런 일이 일어나면 끔찍한 고통을 겪었다. 헤르더는 자주 내가 오로지 스피노자Spinoza를 통해서만 라틴 어를 배운다고 놀려 댔다. 이것이 내가 읽는 유일한 라틴 어 책임을 그가 알아챘기 때문이다. 하지만 그는 내가 얼마나 고전 작가들을 피했는지, 두려움에 떨며 저 스피노자의 난해한 보편성 속으로 도망쳤는지를 알지 못했다. 최근에 빌란트Wieland가 번역한 호라티우스Horatius의 《풍자시》는 특히 나를 불행하게 만들었다. 나는 몇 작품 읽지 못하고 미쳐 버릴 지경이 되었다.

내가 지금 실천에 옮기고 있는[이탈리아 여행] 이 결심을 하지 못했더라면, 나는 그대로 추락하고 말았을 것이다. 이 대상들을 내 눈으로 직접 보겠다는 욕망이 내 마음 안에서 그토록 무르익었던 것이다. 역사 지식이 늘어난다 해도 도움이 되지 않았을 것이다. 모든 것이 내게서 겨우 한 뼘 떨어진 거리에 있건만, 뚫을 수 없는 벽으로 가로막힌 것 같았다. 지금 내게는 이 모든 것이 처음 보는 것으로 생각되지 않고, 마치 두 번째로 보는 것만 같다. 겨우 짧은 시간 베네치아에 머물렀건만 이곳의 삶을 넉넉히 익혔고, 완전하지는 않아도 극히 명료하고 참된 개념을 지니고 떠난다는 사실을 나는 안다.

10월 14일 일몰 지나 두 시간, 베네치아

이곳에 머무는 마지막 순간이다. 머지않아 페라라Ferrara행 여객선을 탈 것이기 때문. 기쁜 마음으로 베네치아를 떠난다. 즐거움도 느끼고 필요한 일도 하려면 여행 계획에 들어 있는, 또 다른 행보를 취해야 하기 때문이다. 그 밖에도 누구나 이 도시를 떠나 자신의 정원과 재산을 단단한 육지에 장만한다. 나는 그사이 인상들을 잔뜩 얻었으며, 넉넉하고 특별하고도 유일한 이미지를 품고 떠난다.

페라라에서 로마까지

10월 16일 새벽, 배에서

내 여행의 동반자들, 극히 평범하고 자연스러운 남녀 승객들은 모두가 선실에서 자고 있다. 하지만 나는 외투로 몸을 감싼 채 이틀 밤을 갑판에 머물렀다. 새벽 무렵만 조금 쌀쌀하다. 이제 정말로 북위 45도로 들어왔으니 나는 다시 옛 노래를 되풀이한다. 내가 디도Dido처럼 이곳 날씨를 황소 가죽으로 감싸 옮겨다가 우리 집 주변을 이곳 날씨로 두를 수만 있다면, 나머지 모든 것은 이곳 주민에게 기꺼이 남겨 둘 텐데. 이건 정말이지 완전히 다른 삶이다. 이렇게 좋은 날씨에 여행하는 것은 그야말로 쾌적한 일이며, 주변을 둘러보는 것과 생각하는 것이 단순하면서도 편안하다. 친절한 포Po 강은 너른 평원을 가로질러 흐르고, 덤불과 숲으로 덮인 강변 말고 먼 곳은 보이지 않는다. 이곳이나 아디제 강에서도 독일의 잘레 강변에서 볼 수 있는 것처럼, 유치하고 망가지기 쉬운 평범한 부두들이 보인다.

10월 16일 밤, 페라라

독일 시간으로 오늘 새벽 일곱 시에 이곳에 도착해서 내일 다시 떠날 준비를 하고 있다. 평지에 위치한 크고도 아름다운, 주민이 많지 않은 이 도시에서 처음으로 일종의 불쾌감에 사로잡혔다. 예전에 한때 빛나는 궁정이 이곳의 거리에 활기를 불어넣고, 아리오스토가 불만스럽게 이곳에 살았으며, 타소가 불행하게 살았으니, 그 장소들을 찾아보면 기쁨을 느낄 것이라 생각하게 된다. 아리오스토의 기념묘는 많은 대리석을 썼으나 배치가 나쁘다. 타소를 가두었던 감옥 대신에 그들은 나무 우리 또는 석탄 움막을 보여 주었으나, 그가 이곳에 갇혔을 리가 없다. 건물에서도 무엇을 보여 주어야 할지 아는 사람이 거의 없었다. 마지막에 그들은 팁을 받고서야 무언가를 생각해 냈다. 루터의 유명한 잉크 자국은 성城의 관리인이 이따금 한 번씩 새로 그려 넣곤 하는 것 같았다. 대부분의 여행자들은 손에 잡힐 것 같은 무언가를 찾는 경향이 있어서 그런 흔적들을 기꺼이 둘러본다. 하지만 나는 극히 불만스럽게 되어 페라라에서 태어난 어떤 추기경이 세운 멋진 교육 기관에 대해 별다른 관심도 없었지만, 그곳 뜰에서 고대의 기념비 몇 개를 보고서야 다시 활력을 얻었다.

그런 다음 어떤 화가의 좋은 착상이 나를 즐겁게 해 주었다. 헤롯 왕과 헤로디아스 앞으로 끌려 나온 세례자 요한을 그린 그림이었다. 흔히 볼 수 있는 황야의 옷차림을 한 예언자는 격한 몸짓으로 헤로디아스를 가리킨다. 그녀는 극히 침착하게 자기 옆에 앉은 남편을 바라보고, 영주는 조용하고 영리한 얼굴로 열광에 사로잡힌 예언자를 바라본다. 왕 앞에는 하얀색의 중간 크기 개가 한 마리 서 있고, 헤로디아스의 스커트 아래에도 작은 볼로냐 강아지 한 마리가 비죽이 나와서 두 마리 개가 예언자를 향해 짖고 있다. 내 생각에 이건 참으로 재미있는 발상이다.

10월 17일 저녁, 첸토Cento

어제보다는 나은 기분으로 구에르치노*의 고향 도시에서 이 글을 쓴다. 상황도 전혀 다르다. 대강 5천 명 정도의 주민이 있는 친절하고 작은 이 도시는 전체를 조망할 수 없는 평원에 자리 잡고 있는데, 비옥하고 생동하며 깨끗하다. 나는 평소의 습관대로 도착하자마자 즉시 탑으로 올라갔다. 포플러 나무 우듬지들의 바다, 그 사이로 근처에는 각자 자신의 토지로 둘러싸인 작은 농장들이 있다. 우리 북부에서는 여름에도 쉽게 경험하기 힘든 가을날이었다. 하루 종일 흐리던 하늘이 개면서 구름이 북쪽과 남쪽의 산맥으로 가 버렸으니, 내일도 이렇듯 아름다운 날씨를 기대한다.

여기서 처음으로 아펜니노Apennino 산맥이 보이는데, 나의 여정은 그리로 다가가는 길이다. 이곳에서 겨울은 겨우 12월, 1월뿐이고, 4월에는 비가 내리지만 나머지는 계절의 특성에 따라 좋은 날씨가 이어진다. 비가 지속적으로 내리는 경우는 없다. 하지만 올해는 9월이 8월보다 날씨가 더 좋고 더 따뜻했다. 나는 평원에 이미 물린 터라 남쪽에 있는 아펜니노 산맥을 향해 친절한 인사를 보냈다. 내일이면 벌써 아펜니노의 기슭에서 글을 쓰겠지.

구에르치노는 자신의 고향 도시를 사랑했다. 이탈리아 사람들은 대체로 가장 높은 의미에서의 이런 지역 애국심을 간직하고 있으며, 그런 애국심에서 수많은 훌륭한 기관들과 다수의 지역 출신 성자들이 나왔다. 첸토에서는 이 대가大家의 지휘 아래서 미술 아카데미가 생겨났다. 그는 많은 그림들을 남겼고, 지역 주민들은 여전히 그 그림들을 보고 기뻐한다. 실제로 그럴 만한 가치가 있는 그림들이다.

구에르치노는 아이들이나 노인들의 입에 거룩한 이름으로 오르내린다.

* Il Guercino: 이탈리아의 바로크 화가 조반니 프란체스코 바르비에리(1591~1666, Giovanni Francesco Barbieri)를 가리킨다.

성모 앞에 나타난 부활한 그리스도, Guercino 作

부활하여 어머니 앞에 나타난 그리스도를 그린 그림이 특히 좋았다. 성모는 아들 앞에 무릎을 꿇은 채 이루 말할 수 없이 내밀한 감정으로 아들을 올려다본다. 그녀의 왼손은 그가 몸에 얻은 저 불행한 상처를 어루만지고 있는데, 이 상처가 전체 그림을 망치고 있다. 그는 왼손을 어머니 목에 올려놓고 몸을 굽혀 그녀를 바라본다. 좀 더 편하게 바라보려고 몸을 약간 뒤로 뺀 모습이다. 이런 자세가 그의 몸매를 억지라고 할 수는 없어도 어쨌든 부자연스럽게 만든다. 그런데도 불구하고 성모의 모습은 극히 편안하다. 고요하고 슬픈 눈길로 아들은 어머니를 바라보는데, 이런 눈길은 매우 독특한 것으로, 마치 자신과 어머니가 받은 고통의 기억이 부활을 통해서도 완전히 치유되지 않은 채, 고귀한 영혼 앞에 아직도 떠도는 것만 같다.

슈트랑에Strange가 이 그림을 동판화로 만들었다. 내 친구들이 적어도 이 동판화라도 보기를 바란다.

이어서 성모 그림 하나가 내 관심을 끌었다. 아기가 젖을 달라고 하는데, 어머니는 젖가슴을 드러내기를 수줍게 망설이고 있다. 자연스럽고 고귀하고 값지고 아름답다.

나아가 또 다른 성모. 어머니가 자기 앞에 서서 손가락을 쳐들고 우리를 축복하는 아기의 팔을 뒤에서 잡아 주는 모습. 가톨릭 신화에서 매우 다행스러운 발상으로, 자주 되풀이되는 모티프이기도 하다.

구에르치노는 내적으로 씩씩하고 남성적으로 건강한 화가로서 조잡함이 없다. 그의 그림들은 오히려 섬세한 도덕적 우아함, 평화로운 자유와 위대함을 지니며, 그러면서도 자기만의 특색을 갖고 있어서, 누구든 한번 그의 작품을 눈여겨본 사람이라면 그의 작품을 알아볼 수 있다. 그의 붓이 지닌 가벼움, 순수함, 완성도는 놀라운 것이다. 의상을 위해서는 특히 아름다운 갈색-붉은색을 이용하는데, 이런 의상은 그가 역시 즐겨 사용하는 푸른색과 아주 잘 어울린다.

나머지 그림들의 주제는 다소 불운한 것들이다. 선량한 예술가는 자신을 괴롭히면서 착상과 붓과 정신과 손을 낭비하고, 마지막에는 아예 잃어버렸다. 스쳐 지나가듯 그렇게 후닥닥 보아서는 즐거움과 교훈을 충분히 얻을 수 없지만, 이렇게라도 이런 아름다운 예술 세계를 보게 된 것이 내게는 몹시 좋고도 소중하다.

10월 18일 밤, 볼로냐Bologna

오늘 새벽 날이 밝기도 전에 첸토를 떠나 충분히 일찌감치 이곳에 도착했다. 돈을 주고 고용한 안내인이 잽싼 데다 충분한 정보를 갖고 있어서, 내가 오래 머물 생각이 아니라는 말을 듣자마자 온갖 거리와 궁전 및 교회를 재빨리 안내해 준 바람에, 나는 고국의 사람들에게 내가 어디에 갔었는지도 제대로 말할 수 없을 지경이다. 여기서 저장한 것들 중에서 내가 장차 얼마나 많은 것을 다시 기억해 낼지 누가 알리오. 하지만 정말로 안도감을 느낀 몇몇 밝은 점들을 여기 적기로 한다.

먼저 라파엘로의 체칠리아Cecilia! 이것은 내가 미리 알고 있던 작품이지만 이제는 [진품을] 눈으로 보았다. 라파엘로는 언제나 다른 사람들이 꿈이나 꿀 만한 것을 실행하였다. 그리고 지금 나로서는 이것이 그의 작품이라는 것 말고 다른 말은 하고 싶지 않다. 성인聖人 다섯 명이 나란히 서 있는데, 다섯 명 모두 이름이야 무엇이 되었든 그들의 존재가 그리도 완벽하게 표현되어 있으니, 비록 우리 자신은 완전히 스러진다 해도 이 그림은 영원히 존속하기를 소망하게 된다. 하지만 라파엘로를 제대로 알고 제대로 평가하려면, 그리고 부모도 없이 갑자기 생겨난 저 멜기세덱Melchizedek 찬양하듯 그를 신으로 찬양하지 않으려면, 그의 선배들과 스승들을 보아야 한다. 그의 선배들은 단단한 진실의 발판에 기초를 닦고, 부지런히, 거의 초조하게 너른 토대를 세우고는 그 위에 서로 경쟁하듯 단계적으로 피라미드를 높이 쌓아 올렸다. 마침내 라파엘로가 이 모든 이점들의 뒷받침을 받아, 또한 하늘이 내린 천재성의 빛을 받아 피라미드의 정점에 마지막 돌을 올려놓았으니, 그 위나 옆에 다른 돌이 들어설 자리가 없다.

그보다 이전 대가들의 작품을 관찰할 때는 역사적 관심이 특히 활발해진다. 프란체스코 프란치아Francesco Francia는 존경할 만한 화가였고, 피에트로 디 페루지아Pietro di Perugia는 소박하고 솔직한 사람이라 그를 정직한 독일인이라고 부르고 싶어진다.

하지만 행운이 알브레히트 뒤러Albrecht Dürer를 이탈리아의 더 남쪽까지 데려왔더라면 얼마나 좋았을까! 뮌헨에서 믿을 수 없을 정도로 위대한 그의 작품 몇 점을 보았다. 가엾은 뒤러, 그는 베네치아에서 계산을 잘못하여 저 고약한 사제의 주문을 받는 바람에 [그 주문 작품을 완성하느라] 몇 달이나 시간을 잃어버렸다! 네덜란드로 갔을 때는, 그가 이것으로 한 재산 만들기를 바라던 뛰어난 작품들의 대가로 겨우 앵무새를 받았고, 팁을 절약할 셈으로 하인들의 초상화를 그려 주었는데, 하인들은 겨우 과일 한 접시를 가져다주었다! 이런 바보 같은 예술가 이야기가 내게는 한없이 감동적이다. 근본적으로는 그것이 나의 운명이기도 하니까, 다만 내 사정이 그보다는 약간 더 나은 것뿐이다.

저녁 무렵에 마침내 이 오래되고 존경할 만한 학식 풍부한 도시에서 빠져나왔다. 거의 모든 거리마다 펴져 있는 아치형 정자들에서 태양과 비를 피하고, 이리저리 돌아다니며 멍하니 구경하고, 물건을 사고팔면서 각자의 일을 보는 대중에게서 벗어난 것이다. 나는 탑에 올라서 탁 트인 공기를 즐겼다. 전망이 훌륭했다! 북쪽으로는 파도바의 산맥이 보이고, 이어서 스위스, 티롤, 프리아울 알프스[=돌로미티]를 볼 수 있으니, 말하자면 북쪽 산맥 전체가 보이지만 오늘은 안개에 가렸다. 서쪽으로는 무한한 지평선, 저 멀리 모데나Modena의 탑들이 솟아 있다. 동편 역시 아드리아 해까지 평지가 이어지는데, 아침 해가 솟을 무렵에는 아드리아 해가 보인다고 한다. 남쪽으로는 아펜니노 산맥의 앞자락 산들이 놓여 있는데, 이 산들에는 비첸차의 산들처럼 정상까지 식물이 경작되고, 교회, 궁전, 정자들이 들어차 있다. 하늘이 아주 맑고 구름 한 점 없는데, 지평선에만 일종의 아지랑이가 피어오른다. 탑지기는 벌써 6년 전부터 이런 안개가 사라지지 않는다고 단언했다. 전에는 망원경으로 비첸차의 산들과 거기 있는 집들과 교회들까지 다 볼 수 있었지만, 이제는 가장 맑은 날에도 아주 드물게만 볼 수 있다는 것이다. 그런데 이런 안개는 주로 북쪽 산맥에 걸쳐 있으면서 나의 사랑하는 조국을 진짜 킴메리아로 만든다. 그는 또한 이 도시의 지붕들이 새것처럼 보이고, 습기와 이끼 낀 기와가 하나도 없다는 점을 들어 도시의 좋은 위치와 공기를 자랑했다. 지붕들이 모조리 깨끗하고 아름답다는 점을 인정할 수밖에 없지만, 그래도 기와의 품질도 조금쯤은 거기 기여했을 것이다. 적어도 전에는 이 지역에서 이런 기와들을 구우려면 값이 꽤 나갔다.

기울어진 탑은 보기에 끔찍하지만, 아마도 일부러 그렇게 건축한 것 같다. 이런 어리석음에 대해서는 다음과 같이 설명해 본다. 도시가 불안하던 시절에 큰 건물은 모두가 요새가 되었고, 막강한 가문마다 탑을 올렸다. 시간이 흐르면서 이것이 일종의 사치이자 명예로 여겨지면서 누구나 탑으로 자기 집을 치장하려 들었다. 마지막에는 반듯한 탑들이 너무 평범한 것이 되자 기울어진 탑을 세웠다. 건축가와 집주인은 제각기 목적을 달성했다. 사람들은 가늘고 반듯한 수많은 탑들을 그냥 무심히 바라보면서 기운 탑은 일부러 찾아본다. 나중에 나는 기울어진 탑에도 올라갔다. 벽돌들이 수평으로 놓였다. 좋은 접합제와 쇠 꺽쇠를 이용하면 극히 정신 나간 것들도 만들어 낼 수가 있는 것이다.

10월 19일 저녁, 볼로냐

가능하면 보고 또 보면서 시간을 보내고 있지만, 예술이란 삶과 같다. 깊이 들어갈수록 더욱 넓어진다. 이 하늘에서 다시 내가 생각지 못한, 그래서 나를 당혹게 하는 새로운 별들이 나타난다. 더 행복한 후대 예술 시대에 안니발레 카라치 Annibale Carracci, 귀도 레니Guido Reni, 도메니코 참피에리Domenico Zampieri 등이 나온 것이다. 하지만 그들을 제대로 즐기기 위해 필요한 지식과 판단력이 지금 내게는 부족하니, 앞으로 차츰 그런 것을 습득해야만 한다. 이 화가들을 관찰하고 직접 이해하는 데 가장 방해가 되는 것은 그림에 등장하는 무의미한 물건들이다. 이 그림들을 존중하고 사랑하려고 해도 이런 것들 때문에 돌아 버릴 지경이 되고 만다.

신의 자식이 인간의 딸과 결혼하면 거기서 여러 괴물이 나오는 모양이다. 귀도의 감각, 보이는 것 중에서 가장 완벽한 것만을 그려야 할 귀도의 붓이 당신을 매혹한다 해도, 당신은 머지않아 세상의 온갖 욕설을 다 동원해도 충분히 깎아내리기 어려울 만큼 멍청한 것들에서 눈길을 돌리고 싶어진다. 모두가 이런 식이다. 언제나 해부, 형틀, 피부 벗기는 장소, 그리고 언제나 주인공의 고통을 지향하며, 절대로 줄거리나 현재의 관심을 향하지 않고 언제나 밖에서 오는 환상적인 기대를 따른다. 악인 아니면 황홀경에 빠진 사람, 범죄자 아니면 바보를 그리면서 화가는 스스로를 구하기 위해 벌거벗은 인물이나 아름다운 구경꾼 여자를 불러오고, 종교적인 주인공들을 기껏 마네킹처럼 대우하면서 그냥 아름답게 주름진 외투를 덮어씌우는 것이다. 인간적인 감정을 줄 만한 것이 하나도 없다! 10점의 그림 가운데, 그림으로 그릴 만한 주제는 단 하나도 없는데, 화가는 그 하나마저 올바른 측면에서 그리지를 못했다.

멘디칸티 교회에 있는 귀도의 큰 그림은 인간이 그릴 수 있는 모든 것이지만, 또한 화가에게 주문하고 요구할 수 있는 무의미한 모든 것이기도 하다. 이것은 봉헌 그림이다. 내 생각에 원로원 전체가 이것을 찬양하고 또한 발상 자체도 원로원에서 나왔을 것이다. 불행에 빠진 프시케Psyche를 위로했을 법한 두 천사가 여기서는 시신을 보며 애도하고 있다.

성 프로쿨로Proculo는 아름다운 모습이지만, 나머지 멍청한 주교들과 사제들! 아래쪽에는 신의 상징물을 가지고 노는 아기 천사들이 있다. 재정적인 어려움에 처한 화가는 어떻게든 자신을 구하려 애쓰면서, 자신이 [이런 발상을 한] 야만인이 아니라는 것을 보여 주려고 있는 힘을 다한다. 귀도가 그린 벌거벗은 인물 둘, 황야의 요한과 세바스찬, 탁월한 솜씨로 그려진 이들은 대체 무슨 말을 하나? 한 명은 입을 헤벌리고 있고, 다른 한 명은 몸을 비틀고 있다.

이런 불쾌한 심정으로 역사를 훑어보면 이렇게 말하고 싶어진다. 신앙심이 예술을 다시 드높였지만, 미신이 지배하면서 예술을 다시 침몰시켰다고 말이다.

저녁 식사 뒤에 오전보다는 약간 누그러진 마음으로 나머지를 기록한다. 타나리Tanari 궁전에는 귀도의 유명한 그림, 아기에게 젖을 먹이는 실물 이상 크기의 성모 그림이 있는데, 여기서 머리는 신의 손길로 그린 것처럼 특별하다. 그녀가 젖먹이를 내려다보는 표정은 이루 형언하기 어려울 정도이다. 내 눈에는 그것이 고요하고 깊은 인내심 같다. 그녀는 마치 사랑과 기쁨의 아기가 아닌, 그냥 하늘에서 뒤바뀌어 아래로 내려보내진 아기에게 젖을 먹이는 것 같다. 자기가 어째서 이런 일을 해야 하는지 이해하지 못하면서도 그냥 깊은 겸손함으로, 달리 어찌해 볼 수가 없기 때문에 이 일을 하는 것 말이다. 나머지 공간은 전문가들이 매우 찬양하는 엄청 큰 옷으로 덮였다. 나로서는 그걸 어떻게 생각해야 할지 모르겠다. 색깔도 많이 시커매졌고, 방의 조명도 어두운데 날씨마저 흐렸으니.

내가 지금 빠져든 혼란에도 불구하고, 이런 미궁에서도 훈련과 만남과 호기심이 도움이 되는 것을 느낀다. 구에르치노가 그린 《할례》가 강렬하게 내게 말을 걸어왔다. 내가 이미 이 화가를 알고 사랑하기 때문이다. 참기 힘든 주제를 용서하고 그냥 그 솜씨만을 즐겼다. 인간이 생각해 낼 수 있는 것을 그린 것이고, 여기서 훌륭하게 완성된 것은 모두 마치 에나멜로 만든 것처럼 완벽하다.

내 처지는 저주를 하려고 생각하면서 축복을 하는 저 예언자 발람Balaam과 비슷하다. 내가 오래 머문다면 더욱 자주 그렇게 될 것이다.

그러다가 라파엘로의 작품, 또는 적어도 라파엘로의 것으로 추정되는 작품을 만나면 곧바로 완전히 회복되어 다시 기뻐하게 된다. 그렇게 성 아가타Agatha 그림을 보았다. 아주 완벽하게 보존된 것이 아닌데도 귀한 작품이다. 화가는 그녀에게 냉정함과 거칢이 없는 건강하고 확고한 처녀성을 부여했다. 나는 이 모습을 잘 기억해 두었다가 마음속으로 그녀 앞에서 나의 《이피게니아》를 낭송할 생각이며, 이 성녀

할례, Guercino 作

가 말했을 법하지 않은 것은 내 여주인공도 말하게 하지 않을 생각이다.

이번 여행에 함께 꾸려 온 이 '달콤한 부담'이 다시 생각난 참에 이제 더는 침묵할 수가 없구나. 내가 계속 맞닥뜨리고 소화해야 할 이런 위대한 예술의 주제 및 자연의 대상들과 나란히, 내 작중 인물들의 경이로운 줄거리도 또한 나를 불안하게 하면서 마음을 꿰뚫고 지나간다는 사실을 말이다. 첸토에서부터 나는《이피게니아》의 작업을 계속할 생각이었으나 실제로는 어떻게 되었던가? 내 영혼이《델피의 이피게니아Iphigenia von Delphi》의 줄거리를 불러왔으니, 그것을 완성해야 했다. 가능한 한 짤막하게 그 윤곽을 밝히겠다.

오레스테스Orestes가 타우리스Tauris에 있는 디아나 여신의 신상神像을 델피로 운반해 올 것이라는 확고한 희망을 품은 엘렉트라Elektra는, 자신도 [델피의] 아폴론 신전에 등장하여 펠롭스Pelops 가문에 그 많은 불운을 가져온 잔인한 도끼를 최종 화해의 제물로 바친다. 하나 유감스러운 일이지만, 그리스 사람 하나가 그녀에게 와서, 자기는 오레스테스와 필라데스Pylades를 타우리스까지 따라간 사람인데, 두 친구가 죽음에 이르는 것을 목격하고 자기만 다행스럽게 빠져나왔다고 보고한다. 정열적인 엘렉트라는 저 자신을 잊고, 자신의 분노가 신들을 향한 것인지 인간을 향한 것인지도 모를 지경에 이른다.

그사이 이피게니아, 오레스테스, 필라데스도 델피에 도착한다. 이피게니아의 거룩한 고요함이 엘렉트라의 성급한 정열과 특별히 대비되고, 마침내 두 자매가 만나지만 서로 알아보지 못한다. 도망친 그리스 사람이 이피게니아가 자기 친구들을 제물로 바친 여사제임을 알아보고, 그 사실을 엘렉트라에게 알린다. 엘렉트라는 제단에서 다시 도끼를 집어다가 이피게니아를 죽이려 하는데, 이 순간 다행스러운 반전이 나타나 두 자매는 최후의 두려운 재앙에서 벗어난다. 이 장면이 성공한다면, 쉽지는 않아도 연극 무대에서 더욱 위대하고도 감동적인 일을 보게 될 것이다. 하지만 마음이 굴뚝이라도 대체 어디서 손과 시간을 얻는단 말인가!

이와 같이 좋고도 바람직한 생각에 가득 차 초조함을 느끼는데, 한 1년쯤 전에 꾸었던 의미심장해 보이는 꿈 이야기를 해야겠다. 나는 상당히 큰 배를 타고 작물이 풍성한 비옥한 섬에 착륙했다. 가장 아름다운 꿩들이 이곳에서 난다는 사실을 나는 알고 있었다. 그래서 주민들과 꿩 이야기를 했고, 그들은 곧바로 꿩을 잔뜩 죽여서 가져왔다. 분명 꿩인데, 꿈에서 흔히 모습이 바뀌곤 하듯이, 여기서도 공작이나 희귀한 극락조에게서 보이는 길고도 눈 모양 점들이 들어간 꼬리가 달린 꿩이었다. 섬사람들은 이런 꿩을 잔뜩 배로 가져다가 머리를 안쪽으로 두고 알록달록 긴 꼬리 깃털이 가지런히 밖으로 나오도록 장식적으로 쌓아 올려서, 햇빛을 받아 상상할 수 있는 한 가장 멋진 더미가 되었다. 그것도 양이 극히 많아 배의 앞과 뒤에 키잡이와 사공들을 위한 공간이 거의 남지 않을 지경이었다. 그렇게 꿩을 싣고 우리는 고요한 물살을 가르며 나아갔고, 그사이 나는 이 알록달록 보물을 나누어 줄 친구들 목록까지 생각했다. 큰 항구에 도착하자 우리 배는 거대한 돛단배들 사이에서 길을 잃었고, 나는 갑판에서 갑판으로 기어오르며 우리의 작은 배를 위한 안전한 착륙지를 찾아보았다.

이런 망상들이 우리를 매우 기쁘게 한다. 그런 생각들이 우리 자신에게서 생겨난 것이니, 우리의 나머지 삶이나 운명과도 어떤 유사성을 가질 것이 분명하기 때문이다.

그리고 저 유명한 학문 기관도 방문했다. 흔히 연구소 또는 연구 기관이라 불리는 곳이다. 큰 건물과 특히 안뜰은 가장 훌륭한 건축술로 지어진 것은 아닐지라도, 충분히 진지한 모습이다. 계단과 복도에는 치장 벽토와 프레스코 그림들이 부족하지 않다. 모든 것이 단정하고 기품이 있으니, 여기 모아 놓은 여러 가지 아름답고도 알아 둘 가치가 있는 물건들을 보고 누구라도 적지 아니 놀라게 된다. 그런데도 이보다 자유로운 연구 방식에 익숙한 독일인에게 썩 유쾌한 것만은 아니었다.

예전에 했던 관찰이 여기서 다시 기억에 떠올랐다. 시간은 모든 것을 변화시키는 법이고 그래서 어떤 것의 특성이 예전과는 달라져도, 인간은 자기가 맨 처음에 알았던 그 특성에서 벗어나기가 어렵다는 관찰. 기독교 교회들은 아직도 여전히 고대의 바실리카 양식[=왕궁 양식]을 고집한다. 고대의 신전 형태가 아마도 예배에는 훨씬 더 이로울 텐데도 그렇다. 학문 기관들도 수도원의 모습을 하고 있다. 경건한 수도원들에서 처음으로 학문 탐구를 위한 공간과 평화가 마련되었기 때문이다. 이탈리아의 법정은 공동체의 재정 능력이 미치는 한 넓고 크게 지어졌다. 옛날에는 노천이던 시장 광장에서 판결이 내려지곤 했기 때문에, 지금도 그런 너른 장소의 느낌을 얻으려는 것이다. 그리고 우리 자신으로 말하자면 극장을 지을 때, 모든 설비를 한 지붕 아래 두는 가장 큰 건물을 짓지 않는가? 마치 극장이 짧은 시간 동안 사용하려고 널빤지를 모아 만든 연시年市의 제일 가판대이기라도 한 것처럼 말이다. 종교 개혁 시대에 이미 지식에 목마른 사람들이 잔뜩 몰려드는 바람에 학생들은 개인 집으로까지 밀려들어 갔지만, 우리가 고아원을 [교회 기관에서 속세의 기관으로] 세속화해서, 가난한 아이들에게도 꼭 필요한 교육을 해 주기까지는 얼마나 오랜 시간이 걸렸던가!

10월 20일 저녁, 볼로냐

맑고 아름다운 오늘 하루를 완전히 야외에서 보냈다. 산악 지대에 가까워지자마자 나는 다시 광석에 마음이 끌린다. 나는 마치 [몸이 땅에 닿을 때마다 땅의 힘을 받아 점점 더 강해지는 거인] 안타이오스Antaios 같다.

말을 타고 파데르노Paderno에 갔다. 이곳은 이른바 볼로냐 중정석重晶石이 나는 곳으로, 사람들은 이것을 이용하여 작은 케이크를 만드는데, 미리 빛에 노출시켰다가 만들면 석회화해서 어둠 속에서도 빛을 낸다. 이곳 사람들은 이것을 그냥 간단히 '포스포리fosfori'라 부른다.

그곳으로 가는 길에 몇몇 사암 산을 뒤로하자, 전체가 온통 백운모로 이루어진 암벽들이 보였다. 벽돌 가마 근처에서 개울이 아래로 흐르는데, 더 작은 물줄기 여러 개가 이 개울로 흘러들었다. 처음에는 이것이 높은 산에서 빗물에 휩쓸려 이리로 내려온 충적 점토 언덕이라고 생각했으나, 더욱 자세히 살펴보고 그 본성에 대해 아주 많은 것을 알게 되었다. 산맥의 이 부분을 구성하는 단단한 암석은 얇은 판들이 켜켜이 붙은 편암인데, 이것이 석고 층과 번갈아 나타난다. 편암 속에는 황철광이 섞여 있어서, 공기나 습기와 접촉하면 형태가 전혀 다르게 변해 버린다. 암석이 부풀어 올라 켜들이 사라지면서, 잘 부스러지는 조가비 모양에, 표면이 석탄처럼 빛나는 일종의 점토판들이 나타난다. 나는 아주 큰 돌덩이를 여러 개나 쪼개서 그 안에 이 두 가지 모양이 뚜렷이 나타난 것을 보았는데, 이렇게 큰 바위에서만 이런 형태 변화와 그 변화 과정을 확인할 수 있다. 동시에 조가비 모양의 표면에 하얀 점들이 박힌 것을 볼 수 있다. 그 속에는 자주 누런 부분들이 있다. 전체 표면이 이렇게 차츰 쪼개지면서, 언덕은 풍화된 거대한 황철광 덩어리처럼 보인다. 물론 이런 표면 아래에는 초록색과 붉은색의 더욱 단단한 층들이 있다. 그리고 황철광에서 자주 철광석의 흔적도 보았다.

그런 다음 위에서 내려오는 빗물에 풍화된 골짜기로 올라갔다. 그리고 기쁘게도 내가 찾던 중정석 표본들을 잔뜩 찾아냈다. 이들은 대개 풍화 부분이 떨어져 없어진 달걀 모양을 하고 있는데, 일부는 상당히 깨끗하고 일부는 아직 점토에 둘러싸여 있다. 이들이 퇴적물이 아니라는 것을 첫눈에 알아볼 수 있다. 이들이 편암과 동시에 생겨난 것인지, 아니면 편암이 팽창하거나 부서질 때 생겨난 것인지 알아내려면 더욱 정밀한 탐구가 필요하다. 내가 찾아낸 표본들은 큰 것이나 작은 것이나 모두 불완전한 달걀 모양이고, 가장 작은 것들은 불확실한 수정 모양으로 변하는 중이다.

그중에서 가장 무거운 것은 17로트* 무게가 나간다. 동일한 점토에서 느슨하긴 해도 완벽한 석고 수정도 찾아냈다. 내가 가져가는 표본들에 대한 더욱 정밀한 규정은 전문가들이 할 수 있을 것이다. 나는 다시 암석 표본들로 짐을 늘리고 있구나! 중정석 12파운드 이상을 꾸렸다.

10월 20일 밤

이 아름다운 하루 동안 내 머리를 스쳐 지나간 생각을 모조리 고백하려 한다면 아직도 할 말이 얼마나 많은지. 하지만 생각보다 욕구가 더 강하다. 나는 항거할 길이 없이 앞으로 끌려가는 기분이며, 몹시 힘들여서만 현재에 집중한다. 하늘이 마치 내 소원을 들어주는 것만 같다. 여기서 직행으로 로마로 가겠노라는 마부가 나타났고, 덕분에 나도 지체 없이 모레 로마로 떠날 생각이다. 그러려면 오늘과 내일 이곳 일들을 보고, 많은 준비도 하고 또 일도 마쳐야 한다.

10월 21일 저녁, 아펜니노 산맥의 로야노Lojano

오늘 스스로 볼로냐를 떠난 것인지, 아니면 거기서 쫓겨난 것인지 나도 모르겠다. 내가 얼른 떠날 기회를 열정적으로 붙잡았다는 말로 충분할 것 같다. 지금은 교황의 장교 한 사람과 함께 이곳의 보잘것없는 숙소에 머물고 있다. 그는 자기의 고향 도시인 페루지아Perugia로 가는 중이다. 바퀴 둘 달린 마차 안으로 그의 옆자리에 올

* Lot: 약 30분의 1파운드. 영어판은 8온스(ounce)로 번역되어 있다. 8온스는 약 227그램.

라타서는 무슨 말이든 해 볼 셈으로, 나는 독일 사람이라 군인들과 이야기를 나누는 데 익숙하며, 이제 교황의 장교와 함께 여행하게 되었으니 퍽 좋은 일이라고 그를 추어올리는 말을 했다. 그러자 그가 이렇게 대답했다. "나를 나쁘게 생각하지는 마십시오. 당신이야 군인 계층에 애착을 느낄 수도 있겠지요. 내가 듣기로는 독일에서는 모두가 군인이라니 말이오. 하지만 나로서는 우리 근무가 매우 느슨한 편이고 또 볼로냐 위수대에 근무하면서 나 편한 대로 지낼 수야 있지만, 그래도 이 군복을 벗어 버리고 아버지 영지를 관리할 수만 있다면 좋겠습니다. 하지만 나는 맏아들이 아니라 지금의 처지를 받아들일 수밖에 없지요."

22일 저녁

역시 아펜니노 산맥의 작은 둥지인 지레도Giredo에서 나는 점점 더 소원에 가까워지고 있으니 무척 행복하다. 오늘 말을 타고 여행 중인 영국인 신사와 이른바 그의 누이라는 숙녀가 우리 숙소에 합류했다. 그들의 말은 훌륭하다. 하지만 하인이 없이 여행을 하고 있는 것으로 보아, 이 신사가 말을 돌보면서 나머지 온갖 시중도 들고 있는 듯하다. 그들은 사방에 온통 불평투성이이니, 아르헨홀츠*의 작품 몇 페이지를 읽는 것만 같다.

아펜니노는 이 세계에서 신기한 한 부분이다. 포Po 강변의 너른 평원이 끝나고 산맥이 나타나는데, 이 산맥은 낮은 땅에서 높이 솟아올라 남쪽을 향해 양쪽 바다 사이로 이어지다가 마지막에 대륙을 마무리한다. 산맥의 줄기가 해수면 위로 그토

* J. W. Archenholz(1741~1812): 독일의 장교이자 작가. 그가 쓴 수많은 책 중에《영국과 이탈리아》라는 작품도 있다.

록 가파르게 높이 솟아올라 그토록 복잡하게 뒤엉키지 않았더라면, 아주 옛날부터 밀물과 썰물이 여기서 더 많이 더 오래 작용하면서 더욱 너른 평원을 만들어 내고 물도 흐를 수 있었을 것이다. 그랬더라면 다른 나라들보다 해발이 약간 더 높긴 해도, 가장 멋진 기후에서 가장 아름다운 나라의 하나가 되었을 것이다. 산등성이가 몹시 기괴하게 서로 짜여 있으니, 물줄기가 어디로 흐르는지도 잘 보이지 않는다. 골짜기들이 더 잘 메워지고 평야가 더 평평하고 물이 잘 흘렀더라면 보헤미아 땅과 견주어 볼 수 있었을 것이다. 다만 산들만은 온갖 방식으로 다른 특성을 보인다. 그렇다고 사막처럼 생각해서는 안 된다. 산악 지대이기는 해도 경작지들이 아주 많고, 밤나무는 극히 아름다우며, 밀도 매우 뛰어난 종류로 이미 초록색 열매를 매달았다. 길가에는 잎사귀 작은 상록수 떡갈나무들이 자라고, 교회와 예배당 주변에만 날씬한 측백나무들이 자란다.

어제저녁은 흐리더니 오늘은 다시 맑고 아름다운 날씨.

25일 저녁, 페루지아

지난 이틀 저녁은 글을 쓰지 못했다. 숙소 형편이 하도 나빠서 종이를 펼칠 생각조차 할 수가 없었다. 게다가 나도 약간 뒤죽박죽이 되기 시작했다. 베네치아를 출발한 이후로 내 여행의 실꾸리가 전처럼 그렇게 매끈하고 멋지게 풀리지를 않고 있다.

23일 오전 우리 시계로 열 시에, 우리는 아펜니노 산맥을 벗어나면서 멀리 떨어진 골짜기에 피렌체Firenze가 자리 잡은 것을 보았다. 빽빽하게 경작이 이루어지고, 별장들과 집들이 무한히 흩뿌려진 모습.

피렌체 시내를 서둘러 걸었다. 그곳의 대성당과 세례당을 재빨리 훑어보았다. 여기 다시 완전히 새로운, 내가 전혀 알지 못하는 세계가 펼쳐져 있는데, 나는 거기 머물고 싶지 않았다. 보볼리Boboli 정원은 정말 멋진 곳에 자리 잡았다. 나는 들어갈 때처럼 서둘러서 피렌체를 도로 빠져나왔다.

이 도시를 건설한 사람들의 부유함을 볼 수 있고, 또한 그들이 다행스러운 통치가 연속된 것을 기뻐했던 것도 알 수 있다. 토스카나Toscana에서 눈에 띄는 것은 전반적으로 공공시설, 도로, 다리 들이 멋지고 장엄한 모습을 하고 있다는 점이다. 여기선 모든 것이 쓸모가 있고 깔끔하다. 쓸모와 우아함을 동시에 추구하고, 어디서나 생동하는 배려가 눈에 보인다. 그에 비해 교황 국가는, 땅이 이 나라를 집어삼키려 하지 않아 겨우 유지되는 것만 같다.

최근에 아펜니노에 대해 그것이 어떤 가능성을 지닐 수 있는지를 말한 적이 있는데, 토스카나가 바로 그렇다. 토스카나는 저지대에 자리 잡았기 때문에, 바다가 제 임무를 제대로 수행해서 깊고도 비옥한 토양을 만들어 냈다. 땅은 밝은 노란색이고 경작하기 쉽다. 이곳 사람들은 땅을 깊이 갈지만 예전 방식 그대로 한다. 그들의 쟁기에는 바퀴가 없고, 쟁기 날은 움직이지 않는다. 그래서 농부가 황소를 뒤따라가며 허리를 굽혀 쟁기를 박아 넣어 땅을 뒤집는다. 1년에 다섯 번까지 쟁기질을 하고, 얼마 안 되는 가벼운 거름을 손으로 뿌려 준다. 마지막에 씨앗을 뿌리고 좁은 이랑을 쌓아 올려, 이랑들 사이로 깊은 고랑이 생겨난다. 고랑은 모두 같은 방향으로 나 있어서 빗물이 이리로 흘러간다. 밀은 이랑 끝에서 높이 자라고 농부들은 고랑을 이리저리 돌아다니며 잡초를 뽑는다. 비가 너무 많아 걱정인 지역에서는 이런 농사법이 이치에 맞는다. 하지만 이곳은 날씨가 이리도 좋은데 어째서 이런 식으로 농사를 짓는지 알 수가 없다. 훌륭한 평원이 펼쳐진 아레초Arezzo에서 이런 것들을 보았다. 들판이 이보다 깨끗할 수가 없고, 어디서도 흙덩이를 볼 수가 없이 모든 것이 체로 친 듯이 깔끔했다. 아레초에서는 밀이 정말로 잘 자라기에, 밀의 천성에 맞는 모든 조건이 갖춰진 듯이 보인다. 한 해는 밀을 키우고 이듬해에는 말에게 먹일 콩을 키우는데, 메귀리가 나지 않기 때문이다. 루핀 콩도 씨앗을 뿌려서 지금은 아름다운 초록색으로 서 있고, 내년 3월에 수확하게 된다. 아마 씨도 이미 뿌렸다. 아마는 겨울에도 살아남으며 서리를 맞으면 그냥 더 튼튼해질 뿐이다.

올리브 나무는 기묘한 식물이다. 이 나무는 중심 기둥이 없고 나무껍질이 벗겨지기 때문에 거의 버드나무처럼 보인다. 하지만 그래도 이들이 더 억센 모습이다. 목재를 보면 올리브 나무가 느리게 자라고 결이 이루 말할 수 없이 촘촘한 것을 알게 된다. 잎도 버드나무 잎과 비슷하지만, 가지에 잎이 더 적게 매달린다. 피렌체 주변 산에는 어디나 올리브 나무와 포도나무를 심고, 그 사이의 땅에 곡식을 심었다. 아레초 일대에서는 땅을 더 많이 놀린다. 담쟁이를 없애기는 아주 쉬운 일일 테니, 내 생각에 이곳 사람들이 올리브 나무와 다른 나무에도 해로운 담쟁이를 충분히 경계하지 않는 듯하다. 목초지는 어디에도 없다. 사람들 말로는 옥수수가 토양을 쇠약하게 만든다고 한다. 옥수수가 도입된 이후로 다른 농사는 수확이 예전만 못하다는 것이다. 내 생각에는 거름을 너무 적게 쓰는 탓일 듯싶다.

오늘 교황의 장교와 작별을 고했다. 집으로 돌아가는 길에 볼로냐에서 그를 방문하겠노라는 굳은 약속을 남기고. 그는 많은 이탈리아 사람을 대표하는 면을 지닌 사람이다. 특히 그의 특징이 되는 몇 가지 사실들. 내가 자주 조용히 생각에 잠기곤 하니 그가 한 번은 이렇게 말했다. "Che pensa! non deve mai pensar l'uomo, pensando s'invecchia." 번역하면 이렇다. "무슨 생각을 그리 많이 하십니까! 사람이 생각이 너무 많아선 못 써요. 생각하면 늙을 뿐이오." 얼마간 대화를 더 한 다음에 "Non deve fermarsi l'uomo in una sola cosa, perchè allora divien matto; bisogna aver mille cose, una confusione nella testa." 옮기자면. "인간은 단 한 가지 일에만 붙잡혀 있어선 안 되지요. 그랬다간 미쳐 버릴걸요. 머릿속을 휘감는 생각이 천 개쯤은 되어야지요."

물론 이 선량한 사람은, 옛날과 오늘날의 일들이 마구 뒤엉키는 바람에 머릿속이 복잡해서 내가 그토록 조용히 생각에 잠겨 있다는 것을 알 리가 없다. 이탈리아 사람의 이런 특성은 다음과 같은 일에서 더욱 뚜렷하게 알 수가 있다. 내가 개신교도임을 알아채고, 그는 어느 정도 에둘러서 이렇게 말했다. 자기는 개신교도들에 대해 이상한 말을 많이 들었는데, 확인해 보고 싶으니 몇 가지 질문을 허락해 달라는 것이다. 그러고는 이렇게 질문했다. "당신들은 혼인하지 않고도 예쁜 처자와 함께 살 수 있나요? 그런 걸 성직자들이 허락해 줍니까?" 내가 대답했다. "우리 성직자들은 똑똑한 사람들이라 그렇게 사소한 일에는 그다지 신경을 쓰지 않습니다. 물론 우리가 그에 대해 묻는다면 그들은 허락하지 않을 겁니다." "그러니까 꼭 물어보지 않아도 된다는 말이네요?" 그가 소리를 질렀다. "오 이런 행복한 사람들! 그러니까 당신들이 성직자에게 보고를 하지 않으니, 그들은 모른다 이거죠." 이 말에 뒤이어 그는 한참이나 가톨릭 성직자들을 비난하면서 우리의 다행스러운 자유를 찬양하기 바빴다. 그런 다음 말을 이었다. "그렇다면 고해 성사는 사정이 어떤가요? 사람들 말로는 모든 인간은, 심지어 기독교도가 아닌 사람조차도 고해 성사를 해야 한다고 하거든요. 인간이 부패하여 올바른 것을 알 수 없으니 늙은 나무에 대고 고해를 한다는 것이지요. 그야 물론 웃기는 일이고 충분한 신앙심도 아니지만, 그래도 어쨌든 고해 성사의 필요성을 인정하고 있다네요." 그래서 나는 고해 성사에 대한 우리의 개념과 어떻게 그런 일이 이루어지는지를 설명했다. 그의 눈에 그게 퍽 편리해 보였기에, 그는 그거야 나무에 대고 고해 성사를 하는 것과 얼추 비슷한 일이라고 말했다. 잠깐 망설인 끝에 그는 매우 진지한 태도로 또 다른 점에 대해서도 솔직하게 답변해 달라고 청했다. 진실한 사람인 어떤 가톨릭 사제에게서, 우리 북부 사람들은 누이와 결혼할 수도 있는데, 이는 매우 심각한 일이라는 말을 들었다는 것이다. 내가 이 말을 부인하고, 개신교 신앙의 몇 가지 인간적인 개념들을 말하려고 하자, 그는 거기에 별 주의를 기울이지 않았다. 너무 평범해 보였기 때문이다. 그러더니 새로 질문을 시작했다. "개신교 신자들에 맞서서도 아주 많은 승리를 거두고 세계적인 명성을 얻은 프리드리히 대왕은 흔히 이단으로 여겨지지만 실은 가톨릭 신자인데, 그 사실을 숨겨도 좋다는 허락을 교황님에게서 받았다고들 합니다. 잘 알려져 있다시피 왕은 그 어떤 개신교 교회에도 참석하지 않지만, 자신의 거룩한 신앙을 만천하에 공개하지 못하는 것을 참회하는 마음으로 지하 예배당에서 예배를 드리니까요. 만일 공개했다가는 야수 같은 민족이며 미친 이단자인 프로이센 국민이 즉시 그를 때려죽일 텐데, 그런 것은 아무 도움도 되지 않을 겁니다. 그래서 교황님께서도 그런 허락을 내려 주신 것이고, 그 대신 대왕은 유일하게 행복을 가져다주는 참된 종교를 조용한 가운데 가능한 한 널리 퍼뜨리고 있는 거지요." 나는 이 모든 말을 그대로 둔 채 그냥 이렇게만 대답했다. "그게 그렇게 엄청난 비밀이라면 아무도 분명한 증거를 제시할 수는 없을 테지요." 이어진 우리의 대화는 대체로 이런 식이었고, 결국 나로서는 전통적인 교회 가르침의 어두운 한계를 깨뜨리거나 혼란스럽게 만들 수도 있는 모든 것을 거부하고 일그러뜨리려고 애쓰는 이 영리한 사제 계층에 경탄하지 않을 수가 없었다.

10월 26일 저녁, 폴리뇨Foligno

찬란한 아침에 페루지아를 떠나며 다시 혼자가 되어 큰 행복감을 느꼈다. 도시의 위치는 좋았고, 호수의 모습은 극히 유쾌했다. 그 모습들을 마음에 새겼다. 길은 처음에 오르막길이다가 양옆으로 멀리 언덕들에 둘러싸인 즐거운 골짜기로 들어서는데, 그러자 멀리 아시시Assisi가 보였다.

아우구스투스 황제 시대에 지어진 소중한 미네르바Minerva 신전이 아시시에 아직도 완벽하게 보존되어 있다는 사실을 팔라디오와 폴크만 안내서에서 읽어 이미 알고 있었다. 마돈나 델리 안젤리Madonna degli Angeli 교회 근처에서 마부에게는 폴리뇨

아시시의 미네르바 신전, A. V. Ruhl 作

를 향해 계속 가라고 이르고, 나 자신은 마차에서 내려 바람이 세게 부는 가운데 아시시로 걸어 올라갔다. 내게는 그토록 고독하게 생각된 세계를 두 발로 걸어 보고 싶었기 때문이다. 성 프란체스코가 잠들어 있는 곳, 바빌론 건축물처럼 교회 위에 다른 교회를 탑처럼 쌓아 올린 거대한 건물의 하층부[=아랫 교회]를 거부감을 느끼며 왼편에 두고 걸었다. 거기엔 분명 저 교황의 장교 같은 사람들이 모여 있을 것이다. 그러고는 어떤 아름다운 젊은이에게 마리아 델라 미네르바[Maria della Minerva, 미네르바의 성모 교회. 원래 미네르바 신전이던 것을 교회로 바꾼 것]가 어디 있느냐고 물었다. 그는 나를 안내하여 함께 산의 중턱에 건설된 도시로 올라갔다. 그리고 우리는 원래의 옛 도시에 도달했다. 보라, 극히 찬양할 만한 작품이 내 눈앞에 서 있었다. 내가 본 최초로 완벽한 고대의 기념비였다. 이 작은 도시에 어울리게 소박하지만, 온 세상을 비추도록 완벽하고도 아름답게 만들어진 건물. 우선 무엇보다도 그 위치가 빼어나다! 비트루비우스와 팔라디오의 책에서, 도시는 어떻게 건설해야 하며, 신전과 공공건물은 어떻게 세워야 하는지를 읽었기에, 그런 것들에 대해 큰 존경심을 품게 되었다. 이 점에서도 고대인들은 극히 자연스럽게 위대했다. 신전은 산의 아름다운 중턱, 두 개 언덕이 만나는 광장에 자리 잡았는데, 아직도 그냥 '광장[=피아차]'이라 불리는 곳이다. 광장은 그 자체가 완만한 오르막 경사를 이루고 있으며 네 개의 길이 비틀린 X 자를 이루며 만나는 장소이다. 두 길은 아래서 위로, 둘은 위에서 아래로 향한다. 신전 맞은편에 세워져서 시야를 가로막고 있는 집들이 아마 옛날에는 없었을 것이다. 이 집들이 없다고 치면, 남쪽으로 극히 풍성한 지역을 내려다볼 수 있을 것이고, 동시에 사방에서 미네르바의 성소가 보였을 것이다. 길들은 옛날 길일지도 모른다. 산의 모양과 경사를 그대로 따르고 있으니 말이다. 신전은 광장 한가운데 자리 잡지는 않았지만, 로마에서 올라오는 사람의 눈에는 압축되어 아름다운 모습으로 보이도록 지어졌다. 우리는 건물만 그릴 것이 아니라 그 훌륭한 위치도 함께 그려야 한다.

예술가가 얼마나 철저히 일관성을 유지했던지, 건물 정면부는 아무리 보아도 물리지 않는다. 기둥 질서는 코린트 양식이고, 두 기둥 사이 넓이는 2배율 이상이다. 기둥 받침과 주춧돌이 기단 위에 세워진 것처럼 보이지만, 그냥 그렇게 보일 뿐이다. 기단이 다섯 부분으로 나뉘어 있고, 기둥 사이로 난 계단 다섯 개를 올라가야 기단 평면에 도달하는데, 실질적으로 기둥들은 신전 입구로 이어지는 이 평면 위에 서 있기 때문이다. 기단을 다섯 부분으로 나눈 대담한 아이디어가 여기서 올바른 효과를 내고 있다. 신전이 산의 중턱에 있기 때문에, 신전에 이르는 계단을 따로 만들었다면, 계단이 너무 돌출하면서 광장이 비좁아졌을 것이다. 아래쪽에 몇 개의 계단이 놓여 있었느냐 하는 것은 현재로서는 확인하기 어렵다. 계단 몇 개만 빼고는 모조리 파묻히고 포장되었기 때문이다. 나는 이 걸작에서 마지못해 눈을 떼었거니와, 모든 건축가가 이 건물을 주목하게 만들겠노라 결심했다. 우리가 정확한 도면을 얻을 수 있도록 말이다. 오늘날 전해지는 전승傳承이 얼마나 믿을 수 없는 것인지를 한 번 더 실감했다. 팔라디오의 경우 나는 그의 모든 것을 믿었는데, 팔라디오는 이 신전의 그림을 제시하고는 있어도 실제로 이 건물을 보았을 리가 없다. 그는 평면 위에 다시 기둥 받침이 놓인 것으로 그렸는데, 그로써 기둥들이 터무니없이 높아져서 팔미라Palmyra 방식의 역겨운 괴물이 생겨났다. 실제로는 이렇듯 고요하고 사랑스러운, 눈과 이성을 극히 만족시키는 모습인데 말이다. 이 작품을 관찰함으로써 내 안에 일어난 생각은 이루 말로 표현할 수 없는 것으로서, 항구적인 결실을 가져올 것이다.

극히 아름다운 오후에 로마로 향하는 길을 따라 아래로 걸어 내려갔다. 아름다운 감정에 휩싸여 조용히 걷고 있는데, 뒤에서 거칠고 사나운 목소리들이 서로 싸우는 소리가 들렸다. 아까 길에서 본 경찰관들일 것으로 짐작되었다. 나는 침착하게 앞을 향해 걸으면서 뒤쪽에서 들리는 소리에 귀를 기울였다. 갑자기 나를 두고 논쟁이 벌어지고 있음을 깨달았다. 경찰관 네 명이었는데, 그중 소총으로 무장한 두 명이 반갑지 않은 태도로 내 옆을 스쳐 지나 앞으로 갔다가 큰 소리로 외치며 몇 걸음 되돌아와서는, 넷이서 나를 둘러쌌다. 그러고는 내가 누구이며, 여기서 무엇을 하는 거냐고 물었다. 나는 외국인인데 아시시를 거치는 길을 걸어서 가는 중이라고 대꾸했다. 내 마부는 폴리뇨로 앞서 갔다고. 어떤 사람이 마차의 삯을 지불해 놓고, 자신은 걸어간다는 말이 그들에게는 도무지 그럴싸하지 않은 모양이었다. 그들은 나더러 '대성당'에 갔었느냐고 물었다. 아니라고 대답하고, 내가 예전부터 그 건물을 알고 있었다고 단언했다. 나는 건축가이기 때문에, 이번에 마리아 델라 미네르바를 직접 눈으로 본 것뿐이다. 그들도 알다시피 이 건물은 모범적인 건축물이니 말이다.

그들은 모범적인 건축물이라는 말을 부인하지는 않았지만, 그래도 내가 성 프란체스코를 방문하지 않은 것을 기분 나쁘게 여겼다. 그러면서 내가 혹 밀수품 들여오는 사람이 아닌가 하는 의심을 드러냈다. 나는 배낭도 없이 호주머니도 텅 빈 채로 홀로 길을 걷는 사람이 밀수꾼으로 여겨지다니 이거 참 우스운 일이라고 지적했다. 이어서 함께 도시로 돌아가 행정관에게로 가자, 그러면 행정관께 내 서류를 제시해 보이겠노라고 제안했다. 행정관은 내가 아무 문제도 없는 명예로운 외국인임을 인정해 줄 테니까. 그들은 이 말에 불만을 드러내면서, 그럴 필요까지는 없다고 했다. 내가 계속해서 단호한 태도를 취하자 그들은 마침내 도시로 돌아갔다. 나는 그들의 뒷모습을 바라보았다. 이 거친 사내들이 걸어가는데, 저 배경에서 사랑스러운 미네르바 신전이 한 번 더 내게 친절한 위로의 미소를 보내고 있었다. 나는 이어서 왼편으로 음침한 성 프란체스코 대성당을 한 번 바라보고는, 돌아서서 내 길을 계속 가려는데, 무장하지 않은 경찰 한 명이 일행에서 떨어져 나오더니 아주 친절한 태도로 내게 다가왔다. 그는 곧바로 내게 인사를 했다. "외국인 양반, 나한테는 팁을 좀 주셔야죠. 나는 처음부터 당신을 점잖은 양반이라 여기고 동료들에게 큰 소리로 그렇게 말했으니까요. 하지만 이 사람들은 쉽게 흥분하는 사람들로 세상 돌아가는 걸 잘 모른답니다. 당신도 보셨겠지만 나는 처음부터 당신의 말씀에 찬성했지요." 나는 그를 칭찬하고, 그에게 종교 때문에 또는 그냥 예술품 때문에 아시시를 찾아오는 명예로운 외국인을 보호하라고 요청했다. 특히 아직 한 번도 제대로 스케치된 적도 없고, 동판화로 제작된 적도 없는 이곳의 미네르바 신전을 제대로 측정하고 스케치하려는 건축가들을 도시의 명성을 위해 보호해야 한다고 말했다. 그가 그들에게 도움의 손길을 내밀면 그들도 감사 표시를 할 것이 분명하다. 나는 그의 손에 은화 몇 닢을 건네주었고, 그것은 분명 그의 기대를 넘는 액수라 그는 몹시 기뻐했다. 그는 나더러 꼭 다시 오시라고, 특히 성인의 축일을 놓치지 마시라고, 분명 매우 기뻐하실 거라고 말했다. 나처럼 아름다운 남자가 아름다운 여성을 만나고자 한다면, 그의 추천으로 아시시 전체에서 가장 아름답고도 존경할 만한 여성이 나를 맞아 줄 것이라고 단언했다. 그는 오늘 저녁에 벌써 성 프란체스코의 무덤에서 나를 위해, 그리고 내가 앞으로도 좋은 여행을 하도록 기도할 것이라고 맹세하며 작별을 고했다. 그렇게 우리는 헤어졌고, 나는 오로지 자연하고만 함께 있게 된 것이 정말로 기뻤다. 폴리뇨로 가는 길은 내가 지금까지 경험한 것 중에서 가장 아름답고도 쾌적한 산책로의 하나였다. 인가가 많은 골짜기를 오른편에 두고 산길을 따라 꼬박 네 시간을 걸었다.

이는 마부들에게는 쉬운 길이다. 그들의 뒤를 따라 편안히 걸어가는 것이 가장 좋다. 페라라를 떠나 지금까지 나는 계속 마차에 실려 왔다. 이토록 풍성한 자연의 혜택을 입고 있는 이탈리아는, 더 편리하고 참신한 생활 방식을 제공하는 모든 기계와 기술이라는 측면에서는 다른 모든 나라에 비해 무한히 뒤처져 있다. 마부들이 몰고 있는 탈것은 아직도 안락의자라는 뜻의 '세디아Sedia'라는 이름인데, 정말 어느 정도는 옛날에 부인들이나 나이 든 고귀한 사람들을 태우던, 노새 위의 가마에서 유래한 말이다. 끌채 사이에 묶이곤 하던 뒤쪽 노새를 두 개의 바퀴로 대신했을 뿐, 다른 어떤 개선도 하지 않았다. 수백 년 전이나 똑같이 마차 위에서 흔들릴 수밖에 없는데, 이들의 집이나 다른 점도 사정이 그다지 다르지 않다.

인간이 대개 노천에서 생활하면서 이따금씩만 어쩔 수 없이 동굴로 들어가곤 했다는 최초의 시적인 생각이 아직도 그대로 실현된 것을 보고자 한다면, 이곳의 건물로 들어가 보면 된다. 특히 시골의 집들에 들어가 보면, 온전히 동굴이라는 의미와 취향 그대로이다. 이 사람들은 믿을 수 없을 정도로 태평스러워서, 생각이란 걸 했다간 그냥 빨리 늙을 뿐이라고 여긴다. 예를 들면 극히 경박하게도 겨울철의 긴 밤들을 위한 준비가 전혀 없는데, 덕분에 1년의 상당 부분을 마치 개처럼 고생하며 보낸다. 그야말로 호메로스 시대[기원전 8세기]의 생활 방식을 가진 이곳 폴리뇨에서는 커다란 홀에 모두 모여 땅바닥에 피운 불을 둘러싸고는 소리 지르고 큰 소리로 떠들며, 가나의 결혼식 장면에 그려진 것처럼 긴 식탁에서 식사를 한다. 누군가가 잉크병을 가져오게 한 덕분에 나는 지금 이 글을 쓰고 있다. 이런 상황에서라면 나는 잉크병을 주문할 생각도 못 했을 테지만. 하지만 이 종이만 보아도 이곳의 추위와 책상의 불편함을 알 수 있을 것이다.

이제 나는 준비도 하인도 없이 이 나라로 들어오는 것이 얼마나 대담한 일인지 느낀다. 돈도 다르고, 마부들, 물가, 나쁜 숙소들로 인해 매일 어려움을 겪게 마련이라, 나처럼 처음으로 혼자 여행하면서 쉬지 않고 새로운 즐거움을 바라고 구하는 사람은 자주 스스로 불행하다 느끼기에 충분하다. 나는 그야말로 무슨 대가를 지불하더라도 이 나라를 꼭 한 번 보겠다는 소망밖에는 없었으니, 그들이 나를 익시온Ixion의 불 수레에 묶어서 로마로 끌고 간다 해도 투덜대지 않겠다.

10월 27일 저녁, 테르니Terni

다시금 동굴 속에 앉아 있다. 1년 전에 지진으로 손상을 입은 곳이다. 이 도시는 극히 소중한 지역에 자리 잡고 있다. 나는 기쁜 마음으로 도시 주변을 한 바퀴 돌며 살펴보았다. 석회석 언덕들 가운데 위치한 아름다운 평원의 가장자리이다. 저 위쪽 볼로냐도 그랬듯, 이곳 테르니도 산맥의 기슭에 자리 잡고 있다.

교황의 장교가 나를 떠나자 이번에는 사제 한 사람이 길동무가 되었다. 이 사람은 자신의 상황에 더욱 만족한 듯이 보이는데, 내가 분명 이단자임을 알아보고는 내 질문에 대해 기꺼이 예배 의식이며, 거기 속하는 다른 것들을 설명해 주었다. 언제나 새로운 사람들과 만나곤 하는 덕에 내 속마음이 잘 실현된다. 사람들이 자기들끼리 이야기하는 것을 들어야만 한 나라 전체의 생생한 이미지를 얻을 수 있다. 이들은 극히 놀라운 방식으로 서로 적대적이며, 극히 이상한 지방애, 또는 도시애로 모두가 상대방을 참지 못한다. 각 계급들은 언제나 서로 싸우는 중이고, 이 모든 것이 점점 더 생생해지는 정열로 무장되어 있으니, 하루 종일 코미디를 연출하며 자신을 드러내는데, 그러면서도 이방인이 자기들의 행동을 못마땅하게 여기면 금방 정신을 차리고 그것을 알아챈다.

스폴레토Spoleto로 올라가서 산과 산을 연결하는 다리 노릇도 하는 수도교水道橋 위에 서 보았다. 골짜기 위로 세워진 열 개의 아치들은 벽돌로 지어져서 그 긴 세월을 평온히 서 있고, 물은 아직도 스폴레토로 흘러 들어가 온갖 장소에 공급된다. 이것은 내가 본 세 번째 고대인의 작품인데 여전히 똑같이 위대한 정신을 담고 있다. 공공의 목적을 위해 만들어진 제2의 자연으로서, 이것이 바로 고대인들의 건축의 기본 정신이다. [베로나의] 원형 극장, [아시시의] 신전, [스폴레토의] 수도교가 모두 마찬가지이다. 이제야 비로소 온갖 자의적인 것들이 어째서 그렇게 싫었는지, 예를 들면 바이센슈타인Weißenstein 위에 세워진 빈터카스텐*, 그야말로 핵심이 없이 아무것도 아닌 것. 그냥 거대한 장난감일 뿐인 이런 것과, 또 다른 수많은 것들에 대한 나의 거부감을 이해하게 된다. 그런 것들은 모조리 태어날 때 이미 죽었다. 참다운 내적인 존재 이유를 갖지 못한 것은 생명력이 없어 위대할 수가 없으며, 위대해지지도 않는 것이기에.

기쁨과 통찰력의 면에서 지난 8주 동안 얼마나 많은 것을 얻었던가. 하지만 나 자신도 엄청난 노력을 기울였다. 언제나 눈을 크게 뜨고 대상들을 마음에 새기기 바빴다. 가능하기만 하다면 판단은 전혀 하고 싶지 않다.

산 크로체피소San Crocefisso는 길가에 있는 경이로운 예배당인데, 내 생각에 이 예배당이 옛날 그곳에 있던 신전의 일부일 것 같지는 않다. 사람들이 여기서 기둥과 들

* Winterkasten: 카셀 근교의 빌헬름 언덕에 서 있는 거대한 8각형 성. 엄청난 규모의 분수 계단이 연결되어 있다. 거대한 헤라클레스상이 있어서 흔히 헤라클레스라 불리기도 한다.

보들을 발견하고 이들을 한데 모아 지은 것으로, 멍청하지는 않아도 다분히 정신 나간 짓이다. 그것을 서술하지는 않겠다. 분명 이미 어딘가 동판화가 나와 있을 것이다.

고대에 대한 개념을 얻으려고 노력할수록 오로지 폐허들만을 향하고, 누군가가 이런 폐허들로 빈약하게나마 다시 건설해 놓으면, 우리는 그 본모습을 알지 못하게 되니 참으로 기묘한 일이다.

고전적 토양이라 부르는 것은 사정이 전혀 다르다. 여기서는 환상을 품지 않고 지금 있는 그대로의 지역을 현실적으로 바라보면, 그곳이 바로 고대의 가장 큰 사건들이 이루어진 결정적인 무대인 것이다. 지금까지 나는 장소에 대한 명료한 관점을 얻으려고 언제나 상상력과 감성을 억누르고, 지질학적 · 지형적인 눈길을 지녀왔다. 그러면 놀랍게도 역사가 저절로 생생하게 눈앞에 나타나는데, 어떻게 그런 일이 일어나는지 스스로도 알지 못하는 가운데 그렇게 된다. 지금 나로서는 로마에서 타키투스Tacitus의 역사책을 읽고 싶은 마음이 간절하다.

날씨 관찰도 완전히 무시할 수는 없다. 볼로냐에서 아펜니노 산맥으로 올라왔을 때도 구름은 여전히 북으로 이동했는데, 나중에 구름이 방향을 바꾸어 트라시메노Trasimeno 호수 쪽으로 이동했다. 구름은 여기 붙잡혀 있으며 일부만 남쪽으로 이동했다. 그러니까 포 강변의 대평원이 여름 동안에 모든 구름을 티롤 산맥으로만 보내는 것이 아니라 일부는 아펜니노 산맥으로도 보내고, 이것으로 이곳의 우기雨期를 설명할 수 있을 듯하다.

사람들은 올리브를 수확하기 시작했다. 이곳 사람들은 두 손으로 올리브를 따고, 다른 지방에서는 막대기를 이용한다. 겨울이 일찍 닥쳐오면 남은 올리브는 봄이 올 때까지 그대로 나무에 매달아 둔다. 오늘 돌이 매우 많은 토양에서 가장 크고도 오래된 올리브 나무들을 보았다.

다이몬[Daemon, 수호신]의 은총이 그렇듯이, 뮤즈 여신의 은총도 언제나 알맞은 때를 맞추어 우리에게 나타나는 것은 아니다. 오늘 뮤즈 여신들이 내게 매우 시기가 맞지 않는 자극을 주었다. 가톨릭 신자들에 둘러싸이고 가톨릭 신부와 함께 마차에 갇혀 가톨릭교회의 중심부로 다가가면서, 가장 순수한 심정으로 참다운 자연과 고귀한 예술을 관찰하고 파악하려 노력하는 가운데, 초기 기독교의 온갖 흔적을 없앨 정도로 생생한 아이디어가 내 영혼에 나타났다. 초기 기독교를 순수한 형태로, 그러니까 저 사도들의 이야기에 등장하는 모습 그대로 눈앞에 그려 보고 있는데, 이 평온한 시작의 부분에서 저 일그러진, 거의 바로크 방식의 이교異教가 대단한 부담을 준다는 사실이 머리에 떠올라 그만 온몸이 떨릴 정도가 되었다. 그 순간 '영원한 유대인'* 전설이 머리에 떠올랐다. [역사의] 온갖 놀라운 발전 과정을 모조리 목격하는 인물, 그리고 그리스도가 자신의 가르침이 만들어 낸 결실을 살펴보려고 돌아왔다가 두 번째로 십자가에 못 박힐 위험에 빠진다는 저 특수한 상황을 체험하는 인물 말이다. "Venio iterum crucifigi[다시 십자가에 못 박히려고 나는 오는 것이다]"라는 구절이 내 구상에서 파국의 소재가 되어야 한다.

그런 꿈들이 내 눈앞을 오가고 있다. 계속 앞으로 나가려는 초조한 마음에 옷을 입은 채로 잠자리에 들고, 날이 밝아 잠에서 깨워지면 서둘러 마차에 올라서, 자다 깨다 계속 달리면서, 무엇이 되었든 상상의 모습들에 이리저리 휘둘리는 것보다 더 좋은 일이 무엇이랴.

10월 28일, 치타 카스텔라나Citta Castellana

마지막 날을 기록 없이 보낼 수야 없지. 아직 여덟 시도 되지 않았는데 모두가 잠

* 영원한 유대인: 예수가 십자가를 짊어지고 골고다를 향해 힘들게 걷고 있을 때, 재촉하고 채찍질을 한 탓에 최후의 심판이 닥쳐올 때까지 죽지 못하고 지상에 남아 있으라는 형벌을 받았다는 전설의 유대인. 중세의 문헌에서 처음으로 나타난다.

자리에 들었다. 나는 마지막으로 지난 일을 정리하며 코앞으로 다가온 미래를 기뻐할 수 있다. 오늘은 극히 맑고 아름다운 날씨였다. 아침에는 몹시 추웠지만 낮은 밝고도 따스했고, 저녁에는 바람이 좀 있지만 매우 아름다웠다.

우리는 테르니에서 아주 일찍 출발했다. 날이 밝기도 전에 나르니Narni로 올라갔고, 그래서 다리를 보지 못했다. 골짜기와 저지대, 가까운 곳과 먼 곳, 이 귀한 지역들은 모조리 석회암 산맥으로, 석회암 말고 다른 암석은 아예 흔적도 없다.

오트리콜리Otricoli는 옛 시대에 형성된 충적토 위에 자리 잡은 곳으로, 강의 저편에서 밀려온 용암으로 이루어져 있다.

다리를 건너면 곧바로 화산 지형이 보인다. 그러니까 진짜 용암, 또는 용암이 굳었다 녹았다 하면서 변성된 암석으로 이루어진 지형이다. 우리는 산길을 올라갔는데, 나는 이것이 잿빛 용암이라고 말하고 싶다. 이 암석은 흰색 석류석 형태의 수정을 잔뜩 포함하고 있다. 산에서 치타 카스텔라나로 내려가는 도로는 바로 이 암석으로 이루어졌고, 마차는 그 위를 매끄럽게 달렸다. 도시는 화산 응회암 위에 세워졌다. 나는 여기서 화산재, 경석, 용암 조각 들을 보았다. 성에서 바라보는 전망은 아주 아름답다. 소락테Soracte 산은 저 멀리 홀로 뚝 떨어져 그림처럼 우뚝 서 있는데, 아마도 아펜니노 산맥에 속하는 석회암 산일 것이다. 화산 지역은 아펜니노 산맥보다 훨씬 낮다. 다만 이 지역을 가로지르는 강물이 이곳의 산과 들판을 만들었고, 그런 다음 훌륭한 그림 같은 모습들, 튀어나온 낭떠러지와 그 밖의 우연한 풍경들도 형성되었다.

내일 저녁이면 로마에 있게 되리라. 지금도 거의 믿을 수가 없다. 이 소원이 이루어진다면 나중에는 대체 어떤 소망이 남을까? 꿩 실은 배를 타고 행복하게 고향에 착륙하여 건강하고 즐거운 모습으로 친구들을 만나는 것 말고 다른 소망은 모르겠다.

로마

1786년 11월 1일, 로마

마침내 입을 열고 즐거운 마음으로 친구들에게 인사를 보낼 수가 있다. 그동안 비밀로 했던 것과 그러느라 어느 정도 몰래 감행한 여행을 용서해 주시기를. 나로서는 어디로 가는지 말할 용기가 나지 않았다. 심지어는 도중에도 여전히 두려웠고, 오로지 포폴로 성문 아래서야 비로소 로마에 왔다는 확신을 가질 수 있었다.

또한 언젠가 볼 수 있으리라고는 나 자신도 믿지 못한 수많은 대상들을 이곳 로마에서 접할 때마다 끊임없이 친구들을 떠올린다는 말도 해야겠다. 다만 나로서는 북쪽 사람들의 육체와 영혼이 모조리 북쪽에만 붙잡혀 있어 이곳을 방문하려는 온갖 열망이 사라져 버린 것을 보았기에, 마침내 결심할 수가 있었다. 길고 고독한 여행을 감행하여 항거할 길 없이 나를 잡아당기는 이 세계 중심지를 찾아보기로 했던 것이다. 그렇다, 지난 몇 년 동안은 그런 열망이 일종의 병이 되었기에, 오로지 로마를 직접 보고 느껴야만 나을 수 있는 상태가 되었다. 이제는 고백할 수 있다. 마지막에는 라틴 어 책을 더는 쳐다볼 수도 없고, 이탈리아 지방의 그림조차 볼 수가 없었다. 이 나라를 직접 보겠다는 열망이 그토록 농익어 있었다. 이제 그 열망이 실현되

로마의 포폴로 성문 맞은편의 토르토 벽, Goethe 作

었으니 이제야 비로소 친구들과 조국이 근본부터 다시 사랑스럽고, 고국으로 돌아가는 일이 바람직하게 여겨진다. 그렇다, 내가 고국으로 가져갈 이 많은 보물이 개인적 소유나 용도가 아니라, 평생을 두고 나와 다른 사람을 안내하고 격려하는 데 쓰일 것이라는 사실을 분명히 느끼기에, 그럴수록 더욱 귀국을 바라게 된다.

1786년 11월 1일, 로마

그렇다, 나는 마침내 세계의 수도에 도착했다! 지식이 많은 사람의 안내를 받아 15년 전에 이 도시를 보았더라면 나는 자신을 행복한 사람이라 찬양했을 것이다. 하지만 이 도시를 혼자서 자기 눈으로 보아야 하는 참이니, 이렇게 늦게라도 이런 기쁨이 찾아온 것이 좋다.

티롤 산맥을 도망치다시피 넘었다. 베로나, 비첸차, 파도바, 베네치아를 제대로 보았지만, 페라라, 첸토, 볼로냐를 후닥닥 봐 치우고, 피렌체는 거의 보지도 않았다. 로마로 향하는 열망이 그토록 컸는데, 시간이 흐를수록 점점 더 커져서 더는 머물 수가 없어 피렌체에는 겨우 세 시간만 머물렀던 것이다. 이제 나는 이곳에서 평온하다. 마치 일평생의 평화를 다 얻은 것만 같다. 일부만 속속들이 알고 있던 것의 전체를 제대로 본다면, 아마도 새로운 삶이 시작된다고 말할 수 있으리라. 나는 젊은 날의 모든 꿈을 생생하게 보고 있다. 거의 외다시피 하는 최초의 동판화들(아버지는 로마의 개관도를 대기실에 걸어 두었다)을 지금 진짜로 보고, 그림과 스케치, 동판화와 목판화, 석고상과 코르크상 등의 형태로 이미 오래전부터 알았던 모든 것이 이제 눈앞에 있다. 어디를 가든 새로운 세계 안에서 이미 아는 것들을 만난다. 모든 것이 내가 생각한 그대로이고, 모든 것이 새롭다. 내 관찰과 생각들에 대해서도 똑같이 말할 수가 있다. 완전히 새로운 생각이란 내게 없으며, 그 무엇도 완전히 낯설지는 않지만, 오래된 것들이 그토록 확고하고 생생하게, 그렇게 한데 모여 있으니 완전히 새로운 것으로 여겨진다고 말이다.

조각가 피그말리온Pygmalion이 온전히 자신의 소망대로 갈라테이아Galateia의 조각상을 만들면서 가능한 온갖 진실성과 존재감을 불어넣었기에, 마지막에 조각상이 그에게로 와서 "**나예요!**"라고 말했을 때, 진짜 생명을 얻은 여자가 이전의 돌 조각상과는 얼마나 달랐으랴!

온전히 감각적인 사람들 사이에 섞여 산다는 것도 내게는 얼마나 도덕적인 치유력을 지닌 것인지. 이들에 대해서는 그토록 많은 말과 글이 나와 있으니, 외국인은 저마다 제가 지니고 온 척도에 따라 그들을 판단한다. 나는 이 사람들을 비난하고 탓하는 이를 용서한다. 이들은 우리와는 너무 다르고, 이방인으로서 이들과 교류하는 것은 힘들고도 비용이 많이 드는 일이니 말이다.

11월 3일, 로마

그토록 서둘러 로마로 달려오도록 자신을 부추긴 핵심 동기 하나는 바로 11월 1일 만성절萬聖節에 맞추자는 것이었다. 개별 성인들에게 그토록 큰 명예를 바치는 터이니, 모든 성인들의 날은 대체 어떨까, 하는 생각이 들었기 때문이다. 다만 얼마나 실망스러웠는지! 로마 교회는 눈에 띄는 전체 축제를 거행하지 않고, 수도회별로 자신들이 모시는 성인聖人을 조용히 기리는 정도였다. 성인 이름이 붙은 축제와 성인에게 주어진 축제일이야말로, 그 성인이 광채 속에 드러나는 날이기 때문이다.

만령절萬靈節인 어제가 훨씬 나았다. 교황은[당시 비오 6세] 퀴리날레Quirinale 언덕에 있는 교황의 개인 예배당에서 모든 죽은 혼들을 위한 예배를 드렸다. 누구나 자유롭게 들어갈 수가 있었다. 나는 티슈바인Tischbein과 함께 서둘러 몬테 카발로[Monte Cavalo, 퀴리날레 언덕의 광장 이름. '말 언덕']로 갔다. 궁전 앞의 광장은 극히 개인적인 것으로서 형태가 매우 불규칙하면서도 장대하고 사랑스러웠다. 거대한 두 조각상을 마침내 보았다! 눈도 정신도 그들을 완전히 파악할 수는 없었다. 우리는 서둘러 군중과 함께 넉넉한 안마당을 거쳐 거대한 계단을 올라갔다. 예배당 맞은편의 거대한 전실前室들에서 그리스도의 대리인과 **한** 지붕 아래 있다는 생각에 경이로운 느낌이 들었다.

행사는 이미 시작되었고, 교황과 추기경들은 교회에 있었다. 가장 아름답고 품위

로마의 몬테 카발로 광장, Giovanni Battista Piranesi 作

가 있는 남성상을 보여 주는 거룩한 교황과, 다양한 연령과 교양을 지닌 추기경들.

교회의 수장이 이제 황홀경에 사로잡혀 황금의 입을 열어 죽은 영혼들의 지복에 대해 말하면서 우리까지 황홀경으로 데려갔으면 좋겠다는 경이로운 열망이 나를 사로잡았다. 하지만 교황이 제단 앞에 홀로 서서 한 번은 이쪽, 한 번은 저쪽을 향해 이리저리 오가면서 평범한 사제의 몸짓으로 중얼거리는 꼴을 보자, 개신교도의 원

죄가 작동하면서, 여기서 벌어지는 유명하고도 익숙한 미사가 전혀 내 마음에 들지 않았다. 그리스도는 소년 시절에 이미 입을 열어 거룩한 문서를 해석했으니, 젊은 시절에도 침묵을 통해 가르치고 활동하지는 않았을 터. 복음서에서 읽을 수 있지만, 그리스도는 지성에 넘치는 분으로 말씀하기를 좋아하셨으니 말이다. 그리스도가 이리로 들어와 지상에서 자신의 대리인이 혼자 웅얼거리며 이리저리 오가는 꼴을 보신다면, 대체 무어라 하실까? "Venio iterum crucifigi![다시 십자가에 못 박히려고 내가 온다]"라는 말이 떠올랐다. 나는 동행자에게 손짓해서 교회를 벗어나 아치들이 늘어선, 그림이 그려진 홀들로 나왔다.

여기서 우리는 한 떼의 사람들이 소중한 그림들을 주의 깊게 관찰하는 것을 보았다. 로마에서 만령절 축제는 모든 예술가들의 축제이기도 하다. 예배당도 그렇고 궁전 전체와 모든 방들도 모든 이에게 여러 시간 동안 완전히 개방되어 있으니, 입장료를 내지 않으며 성구 보관인에게 쫓겨나지도 않는다.

나는 벽화들을 보면서 내게 이름이 거의 알려지지 않은 뛰어난 화가들을 알게 되었다. 예를 들면 밝은 색채의 카를로 마라티Carlo Maratti 같은 화가를 좋아하게 되었다.

하지만 내가 이미 탐구해 본 적이 있는 화가들의 걸작이 특히 좋았다. 구에르치노의 《성녀 페트로닐라》는 전에 성 베드로 성당에 있었는데, 지금 그곳에는 원본 대신 모자이크 복사본이 걸렸다. 성인의 시신이 무덤에서 들어 올려지는데, 하늘에서 다시 동일한 인물이 새로운 생명을 얻어 천상의 젊은이에게 영접을 받고 있다. 이런 이중 처리에 대해 누가 무어라 말해도, 그림은 모든 평가를 넘어서 있다.

티치아노의 그림을 보고 더욱 놀랐다. 이것은 내가 지금까지 본 그의 모든 작품을 능가한다. 내 감각이 벌써 더욱 훈련된 것인지, 아니면 이 작품이 정말로 가장 뛰어난 것인지 나로서는 알 수가 없다. 황금색 무늬들을 돋을새김으로 수놓은 거대한 미사복이 위풍당당한 주교를 감싸고 있다. 왼손에 강력한 목자의 지팡이를 들고, 오른손에는 책을 들고 있는데, 방금 이 책에서 하느님의 계시라도 받은 듯한 모습으로, 주교는 황홀감에 잠겨 하늘을 올려다본다. 그의 뒤에서 야자 잎을 손에 든 아름다운 처녀가 펼쳐진 책을 사랑스러운 관심으로 바라본다. 그에 반해 오른편에 있는 진지한 노인은 책에 아주 가까이 있건만 책에는 거의 주목하지 않는 듯하다. 그는 손에 열쇠를 들고 있으니, 스스로 비밀을 밝힐 수 있다고 믿는 것 같다. 이 그룹 맞은편에는 화살의 상처를 입고 포박당한, 아름다운 몸매의 벌거벗은 젊은이가 겸손한 체념으로 제 앞을 응시하고 있다. 그 사이 공간에서 십자가와 백합을 든 두 수도사가 경건하게 천상의 존재들을 바라본다. 인간들 모두를 둘러싸고 있는 반구半球 형태의 폐허는 위쪽이 트여 있다. 위에서는 최고의 광채에 휩싸인 성모가 자애롭게 아래쪽을 내려다본다. 성모의 팔에 안겨 생동하는 기쁨을 보이는 아기는 명랑한 몸짓으로 화환을 아래로 내려뜨리고 있는데, 거의 아래로 던지려는 것처럼 보인다. 성모의 양쪽에서 화환을 준비한 천사들이 떠돈다. 이들 모두 위에, 삼중의 후광 위에서 전체의 중심이자 종결인 천상의 비둘기가 보인다.

우리끼리 이렇게 이야기했다. 이토록 다양하고 서로 어울리지 않는 인물들을 이렇듯 솜씨 있고 의미심장하게 함께 배치한 배경에는, 거룩하고 오래된 전통이 있는 것이 분명하다. 우리는 어떻게, 왜라는 질문을 하지 않고 그냥 있는 그대로, 말할 수 없이 소중한 예술 작품에 경탄할 뿐이다.

귀도의 프레스코화는 이보다는 덜 수수께끼지만 그래도 여전히 신비롭기 그지없다. 아이처럼 사랑스러운 극히 경건한 처녀가 조용히 홀로 앉아 바느질을 하는데, 옆에서 두 천사가 대기하면서 그녀가 손짓만 해도 그녀에게 봉사할 참이다. 이 사랑스러운 그림은 젊음의 순수함과 천상의 존재들의 근면함을 깨닫고 존중하라고 가르쳐 준다. 여기에 그 어떤 전설이나 해석도 필요치 않다.

예술적 진지함을 조금 가라앉히는 즐거운 일화 한 토막. 독일 화가들 여러 명이 티슈바인과는 잘 아는 처지라, 그에게 다가와서는 이리저리 오가며 나를 관찰하다가 돌아가곤 했다. 티슈바인이 한동안 내 곁을 떠났다가 다시 내 곁으로 오더니 이렇게 말했다. "이거 참 재미있는 일이 생겼는데요. 당신이 여기 계시다는 소문이 벌써 퍼졌기에, 화가들은 전혀 낯선 사람인 당신만을 주목하고 있었대요. 화가 한 명이 자기가 당신을 잘 안다고, 벌써 한참이나 당신과 우정을 나누는 사이라고 오래전부터 떠벌였는데, 우리는 그 말을 별로 신용하지는 않았거든요. 지금 그는 당신을 좀 살펴보고 의심을 풀어 달라는 부탁을 받고는 당신이 괴테가 아니라고, 괴테의 흔적이나 모습을 전혀 지니지 않았다고 단언했어요. 그래서 적어도 한동안은 당신은 계속 신분을 감출 수 있겠지만, 나중에는 웃을 일이 되겠지요."

덕분에 나는 자발적으로 이들 예술가들 사이에 끼어들어, 내가 잘 모르는 그림들을 그린 화가들에 대해 질문했다. 마침내 어떤 그림 하나가 특별히 내 마음에 들었다. 용을 죽이고 처녀들을 구원한 성 게오르크St. Georg를 그린 그림이었다. 아무도 내게 그 그림의 화가를 말하지 못했다. 그때까지 소리 없이 조용히 있던 작고도 겸손한 사람이 앞으로 나서더니 베네치아 사람 포르데노네Pordenone의 그림이라고 알려 주었다. 이것은 포르데노네의 가장 뛰어난 그림의 하나로, 이 작품을 보면 그의 업적 전체를 알 수 있다는 것이다. 그제야 그림이 내 마음에 들었다고 밝힐 수가 있었다. 내가 베네치아 유파를 이미 어느 정도 알고 그 대가들의 미덕을 평가할 수 있었기 때문에, 그 그림이 그렇게 나를 매혹했던 것이다.

그것을 가르쳐 준 화가는 스위스 사람인 하인리히 마이어Heinrich Meyer였다. 그는 쾰라Cölla라는 이름의 친구와 함께 여러 해 전부터 로마에서 공부하면서, 고대의 흉상들을 세피아 물감으로 탁월하게 베끼고 있는데, 미술사에 정통한 사람이다.

11월 7일, 로마

이곳에 온 지도 일주일이 지나면서 차츰 이 도시의 전반적인 인상이 생겨나고 있다. 우리는 부지런히 이리저리 돌아다니면서, 나는 고대 로마와 오늘날 로마의 지리를 익히고, 폐허와 건물들을 관찰하고, 이런저런 별장들을 방문하고, 가장 중요한 기념비들을 시간을 두고 천천히 살펴보고 있다. 오로지 눈만을 뜨고, 바라보고, 가고 또 올 뿐이다. 오직 로마에서만 로마를 익힐 준비를 할 수 있는 법이니.

현대 로마를 뒤져 고대 로마를 찾아내는 것이 괴롭고도 슬픈 일이라는 것을 고백하지 않을 수 없지만, 그런데도 그렇게 해야 하고, 결국은 비할 바 없는 만족을 얻으리라는 희망을 걸지 않을 수 없다. 통상적인 개념을 훨씬 넘어서는 장엄함의 흔적과 파괴의 흔적을 여기서 만난다. 야만인들이 훼손하지 않고 남겨 놓은 것을, 새로운 로마를 건설하는 사람들이 훼손했다.

세월의 흐름에 따라 근본부터 변해 버린 2천 년 이상 된 도시를 바라보는 일, 그러면서도 동일한 토양, 동일한 산, 자주 동일한 기둥과 성벽들을 바라보고, 또한 사람들도 그 옛날의 특성들을 지니고 있음을 보는 일은, 운명의 거대한 해답을 알아내는 일이 될 것이다. 또한 로마에 뒤이어 어떻게 다시 로마가 나타나는지, 그것도 옛 로마에 뒤이어 새로운 로마가 나타나는 것만이 아니라, 옛날 로마와 새로운 로마의 여러 시대들이 어떻게 포개져서 나타나는지를 관찰자가 알아내기란 처음부터 어려운 일이다. 나는 우선 혼자 힘으로, 절반쯤 감추어진 점들을 밝혀 보려고 한다. 그러고 나면 비로소 훌륭한 선배들의 연구가 완전히 쓸모 있어질 것이다. 벌써 15세기부터 오늘날에 이르기까지 [르네상스 시대부터 그 이후의] 탁월한 예술가와 학자들이 동일한 과제를 두고 평생을 바쳐 연구를 계속해 왔으니 말이다.

로마에서 최고의 기념비들을 방문하며 이리저리 돌아다니다 보면, 이 거대한 로마라는 괴물이 우리 마음을 극히 진정시키는 작용을 한다. 다른 곳에서라면 중요한 것을 [힘들여] 찾아야 하지만, 여기서는 그런 중요한 것들이 지천에 넘쳐 난다. 어디를 가든 온갖 종류의 풍경화가 나타난다. 궁전들과 폐허, 정원들과 울창한 숲, 너른 곳과 좁은 곳, 집들과 마구간, 개선문과 기둥들이 보이는데, 자주 이 모든 것이 아주 가까이 붙어 있어서 그냥 종이 한 장에 다 담을 수 있을 정도이다. 여기서 [스케치를 위한] 천 개의 석필이 필요한 판에 펜 한 개로 대체 무엇을 쓴단 말이냐! 게다가 보고 경탄하느라 지쳐 저녁이면 녹초가 되는 마당에.

1786년 11월 7일

내 친구들이여, 장차 내 소식이 드물어진다 해도 나를 용서하시라. 여행 중에는 자기가 잡을 수 있는 것을 무엇이든 움켜쥐게 마련이다. 매일 새로운 것을 만나면, 그에 대해 서둘러 생각하고 판단도 하려 한다. 하지만 나는 로마라는 그야말로 큰 학교에 들어왔는데, 매일매일이 해 주는 말이 많다 보니, 나로서는 그 하루에 대해 감히 무슨 말을 못 하겠다. 그렇다, 여러 해를 이곳에 머물면서 피타고라스Pythagoras 방식의 침묵 관찰을 한다면* 정말 좋을 것이다.

같은 날

아주 잘 지낸다. 날씨는 로마 인들의 말을 빌리자면 'brutto', 곧 험악하다. 정오에 시로코scirocco가 불어오면서 매일 약간의 비를 뿌린다. 하지만 나로서는 이런 날씨를 불쾌하다고 여길 수가 없다. 우리 북부에서 비 오는 여름날과도 달리 여기서는 [늦가을인데도] 날이 계속 따뜻하기 때문이다.

* 고대 그리스 현자인 피타고라스의 제자들은 학교에 들어와 처음 5년 동안—최소한 2년—아무 말도 하지 않고 경청하는 것만 허락되었다. 이를 가리켜 '피타고라스 방식의 침묵 관찰'이라 부른다.

11월 7일

티슈바인의 재능과 결의, 그리고 그의 예술적 의도를 점점 더 많이 알게 될수록 그를 높이 평가하게 된다. 그는 자신의 드로잉과 스케치를 보여 주었는데, 이들은 아주 많은 좋은 미래를 약속하고 있다. [스위스의 문헌학자] 보드머Bodmer 곁에 머물면서 그의 생각들은 자연스럽게 인류의 처음 시대로 이끌렸다. 즉 인류가 땅에 정착하면서 세계의 주인이 되기 위한 과제를 풀어 가던 시대 말이다.

시리즈 전체를 위한 재치 있는 도입으로서 그는 태초의 세계를 감각적으로 묘사하려고 했다. 훌륭한 숲으로 뒤덮인 산들과 급류에 의해 깎여 나간 협곡들, 보일락 말락 하는 연기만 내뿜는 소멸 직전의 화산들. 전경前景에는 파인 땅속에 거대한 그루터기만 남은 고대 참나무의 모습이 보이는데, 절반쯤 드러난 나무의 뿌리에 사슴 한 마리가 제 뿔의 힘을 시험해 보고 있다. 뛰어난 착상이 사랑스럽게 구현된 그림.

그런 다음 극히 주목할 만한 드로잉에서 그는 인간을 말을 길들이는 존재로, 그리고 육지, 공중, 바다의 모든 동물을 힘이 아닌 지략으로 능가하는 존재로 묘사해 놓았다. 구성이 비상하게 아름다우니, 유화로 완성하면 대단한 효과를 낼 것이 분명하다. 우리 바이마르를 위해서도 꼭 이 드로잉 한 장을 구해야겠다. 그런 다음엔 많은 시련을 견딘 현명한 늙은 남자들의 집회를 구상하고 있는데, 이 기회를 이용해 그는 실존 인물들을 그릴 생각이다. 하지만 그가 가장 큰 열광으로 스케치하는 것은, 두 패거리의 말 탄 병사들의 전투 장면이다. 이들 두 패거리는 동일한 분노에 사로잡혀 서로를 공격하는데, 그것도 말이 극도로 애써야만 겨우 뛰어넘을 수 있는 무시무시한 협곡이 그들을 갈라놓는 장소에서 그렇게 싸운다. 여기서 방어란 생각할 수가 없다. 대담한 공격과 사나운 결의, 성공하느냐 아니면 낭떠러지로 떨어지느냐가 있을 뿐이다. 이 그림은 말의 골격과 동작에 대해 그가 지닌 지식을 아주 분명하게 펼쳐 보일 기회가 될 것이다.

로마의 숙소에서 창 밖을 내다보고 있는 괴테, Johann Heinrich Wilhelm Tischbein 作

그는 몇 개의 시詩들을 통해, 이 그림들과 이어지는 또는 사이에 끼워 넣은 일련의 다른 그림들을 [한 주제主題 아래] 통합하려는 소망을 품고 있다. 시들은 그림에 묘사된 것을 설명해 주고, 그 대신 그림은 특정한 형태들을 통해 시 작품에 구체성과 매력을 부여해 주는 방식으로 말이다.

이 구상은 멋지다. 다만 이런 작품을 완성하려면 여러 해를 함께 보내면서 작업해야 할 것이다.

11월 7일

[바티칸에 있는] 라파엘로의 방들과 《아테네 학당》 등등 거대 벽화들을 우선은 한 번씩만 보았다. 이는 마치 일부가 사라지고 또 손상된 필사본에서 호메로스 텍스트를 읽어 내려고 탐구하는 것과 같다. 첫인상의 만족감은 불완전하니, 오로지 시간을 두고 모든 것을 제대로 자세히 살펴보고 탐구해야만 비로소 완전히 즐길 수 있다. 라파엘로 방들의 천장화들, 곧 성서 이야기들이 가장 잘 보존되었다. 이들은 어제 그린 것처럼 선명하다. 다만 라파엘로 자신의 손길이 가장 적게 미친 것들인데, 그래도 그의 도안과 감독 아래 작업이 이루어져서 여전히 탁월하다.

11월 7일

이전에 나는 여러 번이나, 풍부한 정보를 지닌 어떤 사람, 예술과 역사에 정통한 어떤 영국인이 이탈리아에서 나를 안내해 주기를 간절히 바라는 변덕스러운 소망을 지닌 적이 있었다. 그사이 이 모든 것이 내가 생각한 것보다 훨씬 더 멋진 방식으로 실현되었다. 티슈바인은 오랫동안 나의 충실한 친구로 이곳 로마에 머물렀다. 그는 내게 로마를 보여 주겠노라는 소망을 품고 여기서 지냈던 것이다. 편지 왕래를 통한 우리의 관계는 이미 오래되었고, 함께 지내는 관계는 얼마 되지 않았다. 대체 이보다 더 소중한 안내자가 어디 있으랴? 시간이 제한되어 있건만, 나는 가능한 모든 것을 누리고 배우고 싶다.

이런 모든 사정 덕에, 이곳을 떠나는 날 나는 방금 도착했다면 좋을 텐데, 하는 소망을 품으리라는 것을 지금 벌써 알겠다.

11월 8일

기묘하고도 어쩌면 변덕스러운, 정체를 절반쯤 감춘 나의 여행이 생각지도 못한 이점을 내게 제공해 주고 있다. 누구나 내가 누군지 모른 척해야 할 의무를 지니게 되었기 때문에, 그러니까 아무도 내게 나에 대한 이야기를 꺼낼 수 없기 때문에, 사람들은 자신에 대한 이야기 아니면 자기의 흥미를 끌고 있는 대상에 대한 이야기를 하는 수밖에 없다. 덕분에 나는 여기서 각자가 어떤 일에 열중하고 있는지, 아니면 어떤 특별한 일이 일어나는지를 매우 상세히 듣곤 한다. 궁중 고문관 라이펜슈타인Hofrat Reiffenstein은 나의 변덕을 존중한다. 하지만 그는 어떤 이유에선지 내가 선택한 이름을 싫어해서 재빨리 나를 남작으로 만들어 버렸다. 덕분에 나는 '론다니니[궁전] 맞은편[에 사는] 남작'이라 불리게 되었고 이 이름으로 충분하다. 이탈리아 사람들이 어차피 서로 성이 아닌 이름을 부르거나 아니면 별명으로 부르는 판이라 더욱 그렇다. 내 의지를 관철시켜서, 나 자신과 나의 여행에 대해 해명해야 하는 무한히 불쾌한 상황에서 벗어난 것으로 충분하다.

11월 9일

이따금 잠시 멈추고 이미 올라가 본 최고봉들을 돌아보곤 한다. 매우 기꺼이 베네치아를 돌아본다. 마치 팔라스 아테나 여신이 [아버지] 유피테르의 머리에서 뛰쳐나오듯, 바다의 품에서 뛰쳐나온 저 위대한 존재를 돌아본다. 이곳 로마에서는 판테온, 그 위대한 외부와 내부가 내 마음을 움직여 경탄으로 가득 채운다. 성 베드로 성당에서는, 자연처럼 예술도 어떻게 모든 측량의 기준을 없애 버릴 수 있는지 알게 되었다. 또한 [바티칸에 있는] 벨베데레 아폴론상도 나를 현실 바깥으로 데려갔다. 어떤 건물의 가장 올바른 스케치도 그 건물에 대한 진짜 개념을 제공할 수 없듯이, 내가 이미 아주 오래전부터 잘 알고 있던 석고 복제상도 오리지널 대리석 작품에 대한 진짜 개념을 제공하지는 못하기 때문이다.

1786년 11월 10일

오랫동안 느끼지 못했던 명료함과 평온함을 지니고 여기서 나날을 보낸다. 모든 것을 있는 그대로 보고 읽어 내려는 훈련, 눈을 밝게 유지하려는 성실성, 모든 허세의 포기 등이 내게 도움이 되고, 또한 조용한 가운데 나를 극히 행복하게 해 준다. 매일 주목을 끄는 새로운 대상, 매일 신선하고 위대하고 희귀한 그림들, 이 전체는 아무리 오래 생각하고 꿈꾸었다 한들, 상상력으로는 절대로 도달할 수 없는 것들이다.

오늘은 집정관 체스티우스Cestius의 묘지인 체스티우스 피라미드를 보았고, 저녁에는 팔라티노Palatino 언덕에 올랐다. 언덕 꼭대기에 황제 궁전들의 폐허가 마치 암벽처럼 서 있다. 물론 이 궁전들의 그 무엇도 전해지지 않는다! 여기에 하찮은 것은 없다. 여기저기에 나무랄 만한 점, 취향 없는 점이야 있었겠지만, 그런 것도 전체적인 위대함에 들어 있게 마련이다.

기회가 있을 때마다 기꺼이 하는 일이지만, 자기 성찰에 빠져들었다가 거기서 나 자신을 무한히 기쁘게 하는 감정을 찾아냈다. 이제는 그에 대해 감히 말할 수도 있다. 이곳에서 진지하게 여기저기 둘러보는 사람, 또한 볼 줄 아는 눈을 가진 사람이라면 더욱 단단해져야 한다. 지금까지 한 번도 생생히 느낀 적이 없는 단단함의 개념을 지녀야 한다.

정신은 튼실해져야 한다는 특성을 지닌 것이니, 현학적이지 않은 진지함, 즐거운 평정심에 도달해야 한다. 내가 지금까지 이 세상의 모든 것에 대해 여기서처럼 올바르게 인정해 본 적이 없었다는 느낌이 든다. 남은 평생 이 축복받은 결실을 지닐 것이라 믿으니 기쁘다.

그러니 내게 오는 모든 것을 움켜쥐게 해 주오. 질서는 뒤에 저절로 나타날 것이다. 나는 멋대로 즐기려고 여기 온 것이 아니다. 마흔 살이 되기 전에 위대한 대상들을 열심히 연구하고, 배우고, 자신을 훈련하려고 여기 온 것이다.

11월 11일

오늘은 물의 요정 에게리아Egeria의 성소를 방문했다. 이어서 카라칼라Caracalla 전차戰車 경주장[막센티우스 경기장]을 보았다. 아피아 가도Via Appia를 따라 무너진 무덤들과 메텔라Metella의 무덤, 이들은 모두 그야말로 견고한 성벽의 개념을 전해 준다. 고대 로마 인들은 영원을 위해 일했다. 모든 것을 계산했건만, 모든 것을 이기는 파괴자들의 무모함만은 계산에 넣지 않았다. 나는 실로 네게로 오기를 간절히 바랐었다. 거대한 수도교의 잔해는 극히 위대했다. 그토록 엄청난 시설을 통해 민중에게 물을 공급하겠다는 아름답고도 원대한 목적! 저녁 무렵 우리는 콜로세움Colosseum으로 왔다. 벌써 어스름이 깔렸다. 콜로세움을 보자 다시 다른 모든 것이 작아 보인다. 콜로세움은 너무 웅장해서 그 모습을 영혼에 간직할 수가 없을 정도이다. 오로지 더 작게 만들어서야 비로소 기억에 저장하는데, 다시 그리로 돌아와 보면 그것은 도로 훨씬 더 큰 모습이다.

11월 15일, 프라스카티Frascati

일행은 모두 잠자리에 들었고, 나만 아직 드로잉을 위해 사용하는 오징어 먹물[세피아] 물감으로 이 글을 쓴다. 우리는 여기서 비가 내리지 않는 아름다운 날씨의 며칠을 보냈다. 여름이 부럽지 않은 따스하고 친절한 햇볕을 누렸다. 이 지역은 매우 아늑하다. 도시는 언덕 위라기보다는 오히려 산 위에 자리 잡고 있는데, 발걸음을 옮길 때마다 스케치하는 사람에게는 그야말로 가장 뛰어난 주제를 제공한다. 무한히 너른 전망, 저편으로 로마가 보이고 저 멀리 바다도 보이며, 오른편으로는 티볼리 산맥 등등이 모두 보인다. 이 유쾌한 지역에는 정말로 즐거움을 위한 별장들이 서 있다. 고대 로마 인들이 이곳에 자기들의 별장을 지었던 것처럼, 100년 전에도 부유하고 대담한 로마 인들이 가장 아름다운 장소에 자기들의 별장을 세웠다. 우리는 벌써 이틀이나 이곳에 머물고 있는데, 계속 새롭고도 매혹적인 것들이 나타난다.

그런데도 우리의 낮이 더 흥미로운지, 저녁이 더 흥미로운지 말하기가 어렵다. 여관의 당당한 안주인이 주석으로 된 삼발이 램프를 들고 와서 커다란 원탁에 내려놓고 "가장 아름다운 밤!" 하는 인사를 하면, 곧바로 모두들 원을 이루고 둥글게 모여 앉아 낮 동안 제각기 스케치하고 드로잉한 것들을 내놓는다. 그런 다음엔 토론이 벌어진다. 이 대상은 더 나은 각도에서 접근할 수는 없었을까? 여기서 장면의 특성

달빛이 드리운 별장, Goethe 作

이 잘 표현되었나? 첫눈에 보이는 모든 기본적인 점들을 놓고 토론을 벌이는 것이다. 고문관 라이펜슈타인은 통찰력과 권위로 이 모임을 잘 주도한다. 하지만 이 찬양할 만한 모임은 원래 극히 섬세한 취향으로 진짜 전망들을 드로잉하고 완성할 줄을 아는 저 필립 하케르트Philipp Hackert가 만든 것이다. 그는 화가와 아마추어, 남자와 여자, 나이 든 사람과 젊은이를 가리지 않고, 모든 사람에게 각자 자신의 재능과 능력에 맞게 시도해 보라고 격려하면서 스스로 모범을 보였다. 그가 떠난 다음 고문관 라이펜슈타인이 친구의 이런 방식을 충실하게 이어받아 모임을 소집하고 유지하고 있는데, 각 개인의 열성적인 참여를 일깨우는 이런 방식이 매우 찬양할 만하다는 것을 알 수 있다. 각기 다른 회원들의 천성과 특성이 우아한 방식으로 드러난다. 예를 들면 역사 화가인 티슈바인은 풍경 화가와는 전혀 다른 방식으로 풍경을 바라본다. 다른 사람이 아무것도 알아채지 못하는 자리에서 그는 중요한 그룹들과, 그 밖에도 다른 많은 것을 함축하는 우아한 대상들을 찾아내곤 한다. 덕분에 아이나 시골 사람, 거지들과 그 밖에도 그와 같은 자연의 사람들에게서, 심지어는 동물들에게서도 많은 인간적인 소박한 특성을 잡아낼 줄을 안다. 동물들도 몇 개의 특징적인 선들만 이용해서 매우 쉽사리 표현하며, 그를 통해 언제나 새로운 토론의 주제를 선사하곤 한다.

토론이 끝나면 곧바로 요한 게오르크 줄처Johann Georg Sulzer의 《미술의 이론》을 읽는데, 이 또한 하케르트의 유산이다. 이보다 더 높은 수준에 이르러서 이 책만으로 만족할 수 없는 사람이라도, 중간급 교양을 갖춘 사람들에게 미치는 좋은 영향을 만족스러운 눈으로 바라볼 수가 있다.

11월 17일, 로마

우리는 로마로 돌아왔다! 지난밤에 천둥과 번개를 동반한 끔찍한 비가 쏟아졌다. 지금도 계속 비가 내리고 있는데, 여전히 기온이 따스하다.

그냥 몇 마디 말로 오늘의 행운을 표현하고자 한다. 안드레아 델라 발레Andrea della Valle에서 도메니키노Domenichino의 프레스코 화들을 보았다. 그리고 파르네세Farnese

미술관에서 안니발레 카라치Annibale Carracci의 프레스코들도 보았다. 여러 달 동안 보기에도 너무 많은 분량인데, 겨우 하루 만에 본 것이다.

11월 18일

날씨가 다시 좋아졌다. 밝고 친절하고 따스한 하루.

파르네시나Farnesina에서 프시케Psyche 이야기를 보았다. 이 그림의 복제화가 그토록 오래 내 여러 방들을 밝게 비추어 주었었지. 그다음엔 몬토리오에 있는 산 피에트로San Pietro in Montorio 성당에서 라파엘로의 《그리스도의 변용》을 보았다. 이들 모두가 멀리 떨어져 오랫동안 편지를 교환해 온 친구들처럼 잘 아는 그림들인데, 이제는 오리지널을 직접 눈으로 보게 된 것이다. 물론 함께 사는 것은 좀 다른 일이다. 진짜 호감과 반감이 곧바로 드러난다.

도시의 모든 장소, 모든 구석에서 뛰어난 작품들을 만난다. 다만 동판화나 복제화 형태로 온 세상에 널리 퍼지지 않은 경우에는, 이들에 대한 말도 거의 없다시피 한다. 솜씨 좋은 젊은 화가들의 스케치로 이들 중 많은 것을 집으로 가져갈 예정이다.

11월 18일

티슈바인과 그토록 오래 편지 왕래를 통해 최상의 관계를 맺어 왔던 것, 이탈리아에 올 희망도 없이 그에게 그토록 자주 내 소망을 털어놓았던 것이 우리의 만남을 극히 풍성하고도 즐거운 것으로 만들었다. 그는 언제나 내 생각을 하면서 나를 위해 준비했다. 고대 로마 인과 현대 로마 인이 건축 자재로 쓴 광물에 대해서도 그는 완전히 전문가가 되어 있다. 광석을 철저히 연구했는데, 그 과정에서 감각적인 사물을 보는 예술가의 눈길과 욕구가 상당한 도움이 되었다. 나를 위해 광석 표본들을 수집해서 얼마 전에 바이마르로 보냈다. 내가 귀국하면 이 표본들이 나를 반갑게 맞아 줄 것이다. 그사이 중대한 보충이 더해졌다. 지금 프랑스에 머물면서 고대의 광석 종류를 다룬 책을 쓰려고 하는 어떤 성직자가, 특별한 선교의 목적으로 [그리스의] 파로스Paros 섬에서 여러 종류의 대리석 덩이들을 들여왔다. 이 대리석 덩이들은 이곳 로마에서, 광석 표본으로 쓸 수 있도록 잘라졌는데, 가장 섬세한 것부터 거친 알갱이가 섞인 것까지, 극히 순수한 것부터 어느 정도 운모가 섞인 것들에 이르기까지 나를 위한 표본 열두 개도 남겨 둔 것이다. 섬세한 것은 조각에 쓰이고, 거친 것은 석재로 쓰인다. 재료에 대한 정밀한 이해가, 예술 작업과 그 판단에도 얼마나 필요한 것인지 충분히 알겠다.

그런 광석들을 모을 기회가 이곳에는 충분하다. 네로Nero 궁전의 폐허에서 우리는 새로 자라나 땅을 뒤덮은 엉겅퀴 사이를 걸으면서 화강암, 반암, 대리석 조각 들을 보고 주머니에 가득 채워 넣지 않을 수가 없었다. 이런 돌들이 여기 지천으로 뒹굴면서, 옛날 이들로 뒤덮인 벽들의 화려함을 아직도 분명히 증언해 주고 있다.

11월 18일

문제가 많은 어떤 놀라운 그림 이야기를 해야겠다. 늘 사람들의 이목을 끄는 뛰어난 것들에 속하는 그림이다.

벌써 여러 해 전에 미술품 애호가이며 수집가로 이름이 높은 프랑스 사람 하나가 이곳 로마에 머물렀다. 그는 어떻게 해서인지는 아무도 모르지만 어쨌든 **고대의** 초크 드로잉 한 점을 소장하게 되었다. 그는 이 그림을 [독일 화가] 안톤 라파엘 멩스Anton Raphael Mengs에게 수리하게 해서 자신의 수집품 사이에 소중한 작품으로 소장했다. [고고학자이며 미술사가인] 빙켈만Winckelmann은 자기 책 어딘가에서 열광을 품고 이 작품을 소개했다. 유피테르 신에게 포도주가 담긴 주발을 바치고 그 대가로 키스를 받는 미소년 가니메데스Ganymedes를 그린 그림이다. 프랑스 사람이 죽으면서 **고대의** 것이라며 아내에게 이 그림을 남겼다. 그런데 멩스가 죽을 때 임종의 자리에서 **"그것은 고대의 그림이 아니라 내가 그린 것"**이라고 말했다. 덕분에 지금 모든 사람이 패가 갈려 서로 싸우는 중이다. 한 편은 멩스가 장난삼아 가볍게 그린 그림이라 주장하고, 다른 편은 멩스는 그런 그림을 그린 적이 없다, 이것은 심지어 라파엘로가 그렸다고 보기에도 너무 아름답다고 주장한다. 나도 어제 그것을 보았는데 이보다 더 아름다운 가니메데스의 모습을 본 적이 없다. 특히 머리와 등이 아름답다. 나머지는 복원된 점이 많다. 그러는 사이 이 그림은 고대 작품이라는 명성이 훼손되어, 아무도 가련한 과부에게서 이 보물을 사들이려 하지 않는다.

1786년 11월 20일

시詩를 읽다 보면 갖가지 종류의 드로잉이나 동판화가 붙어 있었으면 하고 소망하고, 또한 화가들도 어떤 시 구절을 위해 극히 상세한 그림들을 바쳤으면 하고 바란다는 사실을 경험을 통해 잘 알기에, 티슈바인의 구상은 극히 찬양할 만하다. 즉 시작부터 통일성을 이루기 위해서는 시인과 화가가 공동 작업을 해야 한다는 생각 말이다. 물론 쉽게 이해되고 전파되는 작은 시들이라면 이런 공동 작업의 어려움이 많이 줄어들 것이다.

이것을 위해서도 티슈바인은 매우 편안한 목가적인 구상들을 갖고 있고, 그가 이런 방식으로 작업하려는 대상들은, 시 예술이든 회화 예술이든 저 혼자서는 충분한

괴테와 티슈바인의 목가 공동 작업을 위한 표제 동판화 구상, Johann Heinrich Wilhelm Tischbein 作

서술을 제공하기 어려운, 정말로 특수한 종류의 것들이다. 함께 산책하면서 그는 내가 이 일에 끼어들 마음이 생기도록 이것을 설명했다. 우리의 공동 작업을 위한 표제 동판화도 이미 구상이 나와 있다. 내가 새로운 일에 뛰어들기를 두려워하지 않는다면, 정말로 이 유혹을 받아들일지도 모르겠다.

1786년 11월 22일 체칠리아 축제일, 로마

이 행운의 날에 대한 기억을 몇 줄의 글로 붙잡아 생생하게 보존해야겠다. 내가 누린 것에 대해 적어도 사실적 보고서라도 만들려는 것. 극히 아름답고 고요한 날씨, 아주 맑은 하늘과 따스한 태양. 티슈바인과 함께 성 베드로 광장으로 갔다. 먼저 광장을 이리저리 오가다가 너무 더워지면, 두 사람이 서 있기에 충분한 오벨리스크의 그늘 속에 머물며 근처에서 사 온 포도를 먹었다. 그런 다음 시스티나 예배당으로 갔는데, 그곳 역시 밝고 환한 빛이 들어오고 있어 그림들도 빛을 잘 받았다. 미켈란젤로가 그린 《최후의 심판》과 극히 다양한 천장화들이 골고루 우리의 경탄을 받았다. 나는 그저 보고 경탄할 수밖에 없었다. 이 대가의 내적인 확신과 남성다움, 그의 위대함은 모든 표현을 넘어선다. 우리는 모든 것을 거듭 보고 또 보고 난 다음에 이 성소를 떠나 이번에는 베드로 성당으로 갔다. 교회는 밝은 하늘에서 가장 아름다운 빛을 받아들여 구석구석이 환하고 뚜렷한 모습을 보여 주었다. 우리는 그 어떤 거부감이나 이해하려는 취향에 이끌리지 않은 채 위대함과 화려함을 즐기는 사람이 되어 교회를 구경했고, 그 어떤 날카로운 판단도 배제했다. 그냥 즐길 수 있는 것을 즐겼다.

마지막에 교회 지붕으로 올라갔는데, 이곳에서 잘 구성된 도시의 모습을 보았다. 집, 창고, 분수, 교회 들로 보이는 것과 거대한 신전, 그 사이로 멋진 산책로들, 이 모든 것이 대기 중에 드러나 있었다. 다시 둥근 지붕[=돔]으로 올라가서 아펜니노 산맥 지역, 소락테 산, 티볼리 방면으로는 화산으로 생긴 언덕들, 프라스카티, 간돌포 성과 평원들, 그리고 더 멀리에 바다를 보았다. 우리 가까운 곳에 언덕의 궁전들과 둥근 지붕들이 있는 로마가 전체 폭을 드러내고 있었다. 바람 한 점이 없으니, 둥근 지붕 위에 얹힌 놋쇠 원탑 속은 마치 온실 속처럼 무더웠다. 모든 것을 보고 마음에 간직하고 나서 우리는 원탑에서 내려왔다. 그러고는 둥근 지붕 돌림띠, 둥근 지붕 밑의 받침으로 쓰이는 호박 주추의 돌림띠, 본당의 돌림띠로 들어가는 문들을 차례로 열어 달라고 부탁했다. 일단 들어가면 그 안에서는 스스로 돌아다닐 수가 있고, 각 부분들과 교회 내부를 위에서 내려다볼 수가 있다. 우리가 호박 주추 돌림띠에 서 있을 때 마침 저 아래쪽 교회에서 교황이 오후 예배를 드리러 지나갔다. 그러니 우리는 베드로 성당에서 그 무엇 하나 놓치지 않고 모조리 본 셈이다. 우리는 지상으로 다시 내려와 근처 음식점에서 즐겁고도 소박한 식사를 하고는 산타 체칠리아Santa Cecilia 성당을 향해 떠났다.

사람들로 꽉 들어찬 이 교회의 치장을 묘사하려면 많은 말이 필요하다. 건축물의 돌이 거의 보이지 않을 정도였으니까. 기둥들에는 붉은 비로드가 감기고 황금색 술들이 늘어뜨려졌다. 기둥머리에는 수를 놓은 비로드가 감겨서 기둥머리 형태가 대충만 보이는데, 모든 돌림띠와 각진 기둥들은 무언가로 휘감기고 뒤덮였다. 기둥 사이 벽들은 모조리 생동하는 모습들이 그려진 천 조각들로 덮여서 교회 전체가 모자이크로 만들어진 것처럼 보였다. 불을 붙인 200개 이상의 양초들이 주主 제단 둘레에 켜져 있어서 전체가 촛불로 된 하나의 벽으로 만들어진 것처럼 보이고, 본당 전체가 훤하게 밝혀져 있다. 측면 통로들과 측면 제단들도 마찬가지로 치장되고 불이 환하게 켜져 있다. 주 제단 맞은편 오르간 아래로 역시 비로드로 둘러싸인 비계[여기서는 임시 무대] 두 개가 세워졌는데, 한쪽에는 가수들이, 그리고 다른 쪽에는 악기 연주자들이 서서 끊임없이 음악을 연주했다. 교회는 사람으로 가득 찼다.

여기서 나는 아름다운 종류의 음악을 들었다. 바이올린이나 다른 악기의 협주곡을 연주하는 것처럼 그들은 성악 협주곡을 만들어 냈다. 하나의 성부聲部, 예를 들어 소프라노가 주도하며 솔로로 노래하면, 이따금 코러스가 끼어들어 거기 반주를 넣고, 물론 오케스트라는 연주를 계속한다. 음악은 훌륭한 효과를 냈다. 모든 좋은 날도 끝이 있는 법, 나도 이만 기록을 끝내야겠다. 우리는 저녁 무렵 오페라 하우스 곁을 지나갔는데, 《둘이 싸우면 제삼자가 좋아하지Litiganti》라는 [쥬세페 사르티Giuseppe Sarti의] 작품이 공연되고 있었다. 좋은 것을 그렇게 많이 즐겼기에 우리는 이것은 그냥 지나쳤다.

11월 23일

내가 좋아하는 익명이, 마치 황새가 머리만 파묻고는 제가 잘 숨었다고 생각하는 꼴이 나지 않도록, 이 원칙을 지키기는 하되 어느 정도는 양보도 한다. 내게는 소중한 하라흐Harrach 백작 부인의 오빠인 리히텐슈타인Liechtenstein 영주에게 인사를 드려야 했기에 그의 집에서 몇 번 식사를 했다. 이런 양보가 또 다른 결과를 불러오리라는 사실을 알아차렸고, 정말로 그런 일이 일어났다. 아바테 몬티Abbate Monti라는 사람에 대해, 그리고 《아리스토데모스Aristodemos》라는 그의 비극 작품이 곧 나올 것이라는 말을 벌써 듣고 있었는데, 작가가 자기 작품을 내 앞에서 낭송하고 작품에 대한 내 의견을 듣고 싶어 한다고 했다. 내가 거절하지 않고 그대로 두었더니, 마침내 영주의 집에서 작가와 그의 친구 한 사람을 만났고 정말로 작품 낭송도 들었다.

알려져 있듯이 아리스토데모스는 스파르타의 왕으로서, 온갖 양심의 가책에 시달리다가 자살한 사람이다. 그들은 상냥한 방식으로, 《베르테르Werther》의 작가라면 이 작품에서 자기 책 몇 구절이 이용되는 것을 본다 해도 나쁘게 여기지는 않으실 거라고 말했다. 그래서 나는 스파르타 성벽 안에 갇힌 채, 불운한 젊은이의 분노한 혼령에서 벗어날 길이 없게 되었다.

희곡은 극히 단순하고 고요한 진행을 보였다. 하지만 언어와 분위기는 주제에 어울리게 힘차면서도 온건했다. 매우 뛰어난 재능이 만들어 낸 작품이다.

나는 이탈리아 방식이 아니라 내 방식대로, 희곡에서 모든 좋은 점과 칭찬할 만한 점을 지적했다. 이것으로 어느 정도 만족해야 했겠지만, 남쪽의 초조함은 그 이상을 원했다. 특히 희곡이 관객에게 어떤 효과를 미칠 것인지를 예언해야만 했다. 나는 이 나라를 모르고, 공연 방식과 취향을 모른다는 점을 사과하고, 솔직하게 이렇게 덧붙였다. 완벽한 3막 희극 또는 완벽한 2막 오페라를 간주곡으로 여기고, 거대한 오페라의 중간에 매우 이질적인 발레를 끼워 넣는 등의 일에 길든 로마 사람들이, 쉬지 않고 앞으로 나아가는 고귀하고도 고요한 비극의 진행을 보고 얼마나 즐거움을 느낄지 나로서는 알 수가 없다. 게다가 자살이라는 주제도 이탈리아 사람들의 개념 범위 밖의 일처럼 보인다. 다른 사람을 죽인 이야기야 여기서도 거의 매일 듣지만, 스스로 소중한 목숨을 끊었다는 것, 또는 그런 생각을 품었다는 말조차도 로마에서 들어 본 적이 없다.

이런 나의 생각이 틀렸다는 사실을 입증하는 증거나 주장을 듣게 된다면, 나로서는 매우 기쁘겠다. 또한 이 희곡이 공연되는 것을 보고, 친구들과 함께 솔직한 박수갈채를 보내는 것보다 더 바라는 것은 없다. 이런 나의 설명은 기쁘게 받아들여졌다. 더해서 이번의 내 양보를 만족스럽게 여길 여러 이유가 있었다. 리히텐슈타인 영주는 친절함 그 자체였고, 또한 자신의 영향력을 발휘하여 주인에게 특별 허가를 받아야만 볼 수 있는 뛰어난 예술품을 자기와 함께 구경할 기회를 내게 마련해 주었다.

하지만 영주 후계자의 딸이 이방의 마멋Marmot까지 보겠노라고 요구했을 때 내 선량한 유머도 바닥나고 말았다. 나는 그것을 거부하고, 매우 단호한 태도로 다시 잠수해 버렸다.

하지만 이것도 꼭 올바른 방식은 아니다. 내가 이미 일찌감치 느꼈던 것, 곧 선의를 가진 사람도 다른 사람에 대해 이기적인 사람, 속 좁은 사람, 사악한 사람과 똑같이 활발하고도 약삭빠른 태도를 가져야 한다는 것을 여기서 매우 생생하게 느낀다. 그것을 깨닫는 것은 좋지만, 실천에 옮기기란 어려운 일이다.

11월 24일

이탈리아 사람들에 대해서는, 이들이 종교와 예술의 화려함과 품위 아래서도 결국은 동굴과 원시림에 살던 사람들과 하나도 다르지 않은 자연의 사람들이라는 말 밖에는 달리 무슨 말을 해야 할지 모르겠다. 모든 외국인의 눈에 띄는 일로 오늘도 도시 전체에서 이야기되는 것, 하지만 오로지 이야기로 끝나는 것이 바로 자주 일어나는 살인이다. 지난 3주 동안 우리 구역에서만 벌써 네 명이 살해되었다. 오늘은 스위스 사람으로 기념패 조각가이자, 헤들링어Hedlinger의 마지막 제자였던 뛰어난 예술가 슈벤디만Schwendimann이 공격을 받아 살해되었다. 빙켈만의 죽음과 똑같다. 슈벤디만은 마지막까지 맞서 싸웠지만 살인자가 그를 스무 번이나 찔렀고, 경비병이 달려오자 악당은 스스로 자기 몸을 찔러 자살했다. 이것은 어차피 여기서 흔한 일은 아니다. 보통은 살인자가 교회로 도망치면 그것으로 끝이기 때문이다.

그러므로 내 서술에도 어두운 그림자를 넣기 위해서는 나도 어느 정도 범죄와 재앙, 지진, 홍수 등의 이야기를 해야 할 것이다. 하지만 현재 베수비오Vesuvio 화산 폭발이 이곳에 있는 대부분의 외국인을 동요시키고 있어서, 거기 휩쓸리지 않으려면 어느 정도 억지 자제력을 발휘해야 할 정도이다. 이런 자연 현상은 실제로 수다쟁이의 특성을 지니고 사람들을 항거할 수 없이 끌어들인다. 지금 이 순간은 마치 로

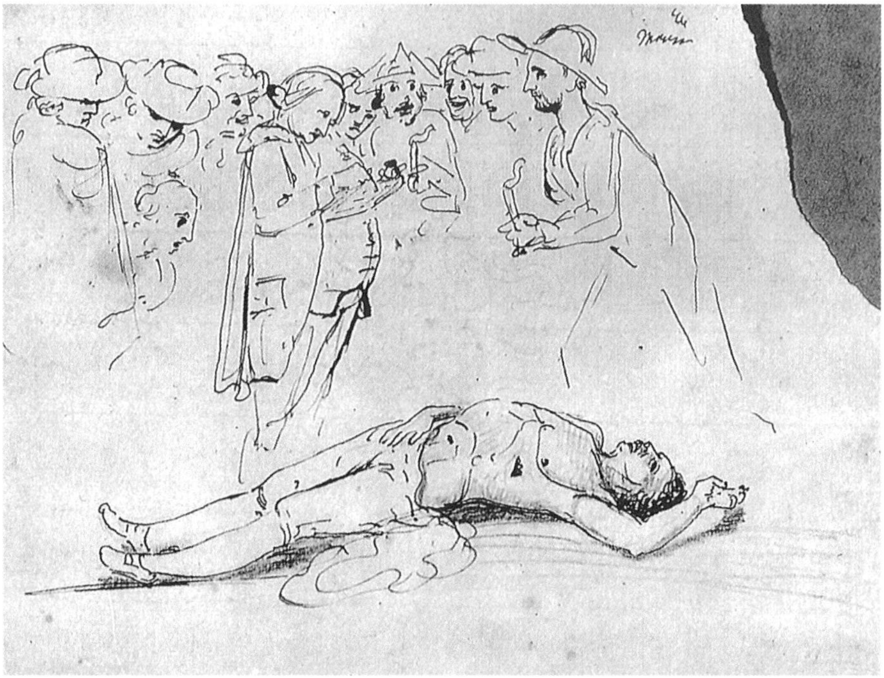

피살자를 두고 사건 조서를 꾸미는 법원 직원, Johann Heinrich Wilhelm Tischbein 作

마의 모든 보물 예술품이 망가지기라도 한 것 같다. 외국인들이 모조리 관광 일정을 중단하고 서둘러 나폴리로 달려가니 말이다. 나는 그 산이 나를 위해서도 무언가 조금쯤 남겨 두겠지, 하는 마음으로 여기서 버티고 있다.

12월 1일

모리츠Moritz가 여기 있다. 《안톤 라이저Anton Reiser》와 《영국으로 가는 방랑 길》로 우리의 관심을 끈 그 모리츠 말이다. 그는 순수하고 뛰어난 사람이라 우리는 많은 기쁨을 얻는다.

12월 1일

로마에는 수많은 외국인이 있다. 그들 모두가 예술을 공부하러 이 세계 수도를 방문한 것은 아니고, 다른 방식으로 즐기기를 원하는 사람도 많은데, 여기서는 실제로 온갖 종류의 재미가 제공된다. 능숙한 손기술과 공예 취향을 요구하는 여러 종류의 아마추어 예술이 있고, 그런 것들이 매우 발전되어 있어서 외국인들의 흥미를 잡아끈다.

밀랍화도 그중 하나인데, 어느 정도 수채화를 다루어 본 사람이라면 누구나 사전 작업과 준비를 좀 하다가, 마지막에 밀랍을 녹이는 등의 여러 가지 기계적인 작업을 할 수 있다. 그러면 이 시도가 새롭기 때문에, 특별하지 않은 작품이라도 자주 한결 낫게 보이곤 한다. 능숙한 화가들도 이 분야의 수업을 하는데, 학생들을 지도한다는 구실로 실은 가장 뛰어난 부분을 화가가 손수 작업한다. 덕분에 밀랍을 통해 더 아름답고 빛나게 된 그림이 황금색 액자에 끼워져 등장하면, 아름다운 여제자는 자신도 몰랐던 자신의 재능이 드러난 것에 깜짝 놀란다.

무언가를 새겨 넣은 돌이나 둥근 메달들을 섬세한 찰흙 사이에 끼워 눌러서 양면을 동시에 재생하는 작업도 흥미로운 일이다.

유리 세공을 완성하기 위해서는 더 많은 능력과 주의력, 근면함 등이 요구된다. 궁정 고문관 라이펜슈타인은 자기 집이나 가까운 근처에 이런 모든 것들을 위한 도구와 시설을 갖추고 있다.

12월 2일

여기서 우연히 아르헨홀츠가 쓴 《이탈리아》를 찾아냈다. 이런 글이 실제 현장에서 오그라드는 꼴을 보라. 마치 석탄 위에 이 작은 책자를 올려놓았더니 차츰 갈색으로, 이어서 검은색으로 변하면서 종이가 우글우글해지고, 천천히 연기가 피어오르는 것만 같다. 물론 그는 여러 가지를 보기는 했다. 하지만 우쭐대며 경멸하는 태도를 드러내는데, 그러기에는 아는 것이 너무 없고 덕분에 칭찬할 때나 비난할 때나 늘 말을 더듬는다.

1786년 12월 2일, 로마

11월 말에도 아름답고 따스하고 평온한 날씨, 가끔씩만 비 내리는 날이 끼어드는 이런 날씨는 내게는 완전히 새롭다. 우리는 좋은 날씨에는 야외에서, 궂은 날씨에는 실내에서 보내면서 어디서나 기쁨과 배움과 활동을 계속한다.

11월 28일에 우리는 다시 시스티나 예배당으로 가서 회랑 문을 열어 달라고 부탁했다. 여기서는 천장화를 훨씬 더 가까이서 볼 수 있다. 회랑이 아주 좁아서 상당한 어려움과 위험을 감수하면서 철제 난간에 기대 앞으로 나아가야 하지만, 그리고 그 때문에 어지럼증이 있는 사람은 아예 포기하는 쪽이 낫지만, 그 모든 것은 위대한 대가의 작품을 바라보는 것으로 보상을 받는다. 나는 이 순간 미켈란젤로에게 너무나 홀려 있어서, 심지어 자연에 대한 관심마저 잃어버렸다. 그가 바라본 것처럼 위대한 눈길로 자연을 보지 못하니 말이다. 이 그림들을 기억에 확고하게 붙잡아 둘 방책이 있기만 하다면! 적어도 동판화나 드로잉으로 그의 그림을 그대로 모사한 것들 중에 구할 수 있는 것만이라도 집으로 가져갈 생각이다.

우리는 그곳에서 나와 라파엘로의 방들로 갔다. 말하기 어렵지만 이 그림들을 더는 보고 있을 수가 없었다. 미켈란젤로의 위대한 형태들과 모든 부분의 완결성을 통해 눈이 매우 확장되고 높아졌기에, 아라베스크 무늬들로 재치 있게 장난질한 이런 그림들을 보고 싶지 않고, 성서 이야기들이 아무리 아름답게 묘사되어 있다 한들, 미켈란젤로의 그림에 비할 바가 아니다. 두 사람의 작품을 더 자주 나란히 보고, 더욱 여유를 갖고 선입견 없이 비교해 본다면 크나큰 기쁨을 얻을 것이 분명하다. 처음의 반응이란 일방적이기 쉬운 법이니 말이다.

여기서 나와서 우리는 거의 너무 뜨겁다 싶은 햇빛을 받으며 아름다운 정원들이 있는 빌라 팜필리Villa Pamfili로 가서 저녁까지 그곳에 머물렀다. 상록 떡갈나무와 키 큰 소나무들이 둘러싼 넓고 큰 초지가 온통 데이지 꽃으로 뒤덮였다. 꽃들은 모두 태양을 향해 고개를 들고 있다. 이제야 식물학 분야의 생각들이 다시 나타나더니, 다음 날 몬테 마리오Monte Mario로 가는 산책길에 만난 빌라 멜리니Melini와 빌라 마다마Madama에서도 계속되었다. 강한 추위로 방해를 받지 않는 식물들이 어떻게 활동하는지 살펴보는 것은 아주 흥미롭다. 여기에는 봉우리가 없다. 이제야 비로소 봉우리가 무엇인지 이해하게 된다. 딸기나무arbutus unedo들은 마지막 열매가 익어 가는 지금 꽃을 피운다. 오렌지 나무들은 꽃과 절반쯤 익은 과일과 완전히 익은 과일을 모조리 매달고 있다(단 오렌지 나무들은 건물 사이에 서 있는 것이 아니라면 지금 열매를 가득 매달고 있을 때이다). 주목할 만한 사이프러스 나무에 대해서는, 특히 충분히 나이 들고 제대로 발육한 나무에 대해서는 생각할 것이 많다. 무엇보다도 나는 식물원을 방문해서 많은 것을 경험하고 싶다. 생각하는 사람에게는 낯선 나라의 관찰을 허용해 주는 새로운 삶에 견줄 것이 아예 없다. 나는 여전히 동일한 사람이긴 하지만, 그래도 속속들이 변했음을 느낀다.

이번엔 여기서 마치고, 다음번에 내 서술 안으로 어두운 면도 등장하도록 재앙과 살인, 지진과 불운을 잔뜩 묘사하겠다.

12월 3일

날씨는 지금까지 6일 간격으로 변했다. 아주 맑은 날씨 이틀, 흐린 날씨 하루, 비 내리는 2~3일, 그런 다음 다시 맑은 날씨. 나는 이 모든 날씨를 제각기 가장 잘 이용하려고 애쓰고 있다.

하지만 언제나 멋진 대상들은 내게는 새로운 만남 같다. 우리는 이런 대상들과 함께 살아온 것도 아니고, 그들에게서 그 특성을 얻어 갖지도 못했다. 그들 일부가 강력하게 나를 잡아끄는 통에, 한동안 나머지 다른 대상들에 대해 무심한, 심지어 부당한 태도를 취하게 된다. 예를 들면 판테온, 벨베데레의 아폴론상, 몇몇 거대한 두상들, 최근에 본 시스티나 예배당 등이 내 마음을 너무나 홀려서, 나는 옆에 있는 다른 것을 거의 보지 못했다. 하지만 우리 자신이 이렇듯 하찮은 데다가 하찮은 것들에 길들어 있는데, 이런 고귀하고 무시무시한 창작품과 어떻게 감히 겨룰 수가 있단 말인가? 그런 마음을 겨우 어느 정도 진정시켰다 싶으면, 다시 사방에서 거대한 덩어리가 밀려들어 오고, 한 걸음 옮길 때마다 새로운 것을 만나며, 모든 것이 제각기 저를 주목하라고 요구하는 판이다. 여기서 어떻게 벗어날 수가 있는가? 그것이 작용하고 자라나도록 참을성 있게 놓아두고, 우리의 호감을 얻으려고 애쓰는 다른 것들에 대해서도 부지런히 주목하는 것 말고는 달리 방법이 없다.

페아Fea가 [이탈리아 어로] 번역한 빙켈만의 《고대 미술사》 새 판본이 매우 쓸모 있는 책이라 나는 곧바로 그것을 구입했는데, 현장인 이곳에서 해설해 주고 가르침을 주는 훌륭한 동반자로서 이 책을 매우 잘 이용하고 있다.

고대 로마의 유적들도 차츰 내게 기쁨이 되기 시작했다. 역사, 제명題銘, 동전들에 대해 전에는 전혀 몰랐었는데, 이 모든 것도 내게로 밀려온다. 자연사 분야에 대한 관심이 생겨났던 것과 비슷한 방식으로, 지금 역사에 대한 관심이 생겨난다. 전체 세계사가 이 장소와 결부되어 있으니, 나는 여기서 두 번째 탄생을 맞고 있다. 내가 로마로 들어선 날부터 진정한 재탄생이 시작된 것이다.

12월 5일

이곳에 머무는 몇 주 동안 나는 많은 외국인이 오고 가는 것을 보았는데, 그렇게 많은 사람이 이 고귀한 대상들을 경박하게 대하는 것을 보고 여러 번이나 놀랐다. 이런 철새들 중의 누군가가 장차 저 북쪽에서 내게 로마 이야기를 꺼낸다면, 다행히도 내게는 깊은 인상을 주지 못할 것이다. 그들 중 누구도 진짜로 내 입맛을 자극하지 못할 것이다. 나도 보았고, 또 내가 무엇을 보는지도 어느 정도 알기 때문이다.

12월 8일

그사이 극히 아름다운 며칠을 보내고 있다. 이따금 내리는 비는 식물과 정원의 초목을 푸르게 해 준다. 이곳에는 여기저기에 상록수들이 서 있으니, 낙엽수들의 떨어진 낙엽이 별로 마음 쓰이지 않는다. 정원에는 땅에서 자라는 월귤나무들이 열매를 가득 매달고 서 있다.

바닷가로 아주 편안한 드라이브를 나가 그곳에서 본 고기잡이 이야기를 하려고 생각하는데, 저녁때 선량한 모리츠가 팔을 부러뜨린 채 돌아왔다. 그의 말(馬)이 미끄러운 로마의 포도鋪道에서 미끄러졌기 때문이다. 이 사건이 즐거움을 망치면서 우리 작은 그룹 사이에 힘든 걱정거리가 되었다.

팔이 부러져 의사의 치료를 받는 모리츠, Johann Heinrich Wilhelm Tischbein 作

12월 13일, 로마

친구들이여, 당신들이 내가 사라진 일을 내가 바라던 그대로 받아들여 주니 얼마나 기쁜지. 그로 인해 생겨났을지 모르는 못마땅한 기분도 그만 용서해 주시기를. 나는 그 누구의 기분도 상하게 할 생각이 없었고, 지금도 변명을 위해 어떤 말도 할 수 없다. 내가 이런 결심을 한 조건들로 인해 단 한 친구도 마음이 상하지 않았기를 바랄 뿐이다.

여기서 차츰 나의 'salto mortale[공중제비]'에서 회복되면서, 즐긴다기보다는 오히려 연구를 하고 있다. 로마는 하나의 세계이니, 여기서 스스로를 알기 위해서만도 여러 해가 걸리는 곳이다. 보고 도로 떠나는 여행자들이 내 눈에는 얼마나 행복해 보이는지.

오늘 오전에 빙켈만이 이탈리아에서 쓴 편지들이 우연히 내 손에 들어왔다. 얼마만 한 감동으로 그것을 읽기 시작했는지! 31년 전 같은 계절에 그는 나보다 더 가련한 바보 꼴로 로마로 왔다. 고대와 예술의 근간과 확고함을 찾아내려는 독일 방식 진지함이 그에게도 있었다. 그는 얼마나 착실하고 훌륭하게 자신의 작업을 했던가! 바로 이곳에서 지금 이 남자를 추억하는 내 기분이 어떤 것인지!

모든 부분에 이르기까지 참되고 일관된 자연의 대상들 말고는, 지식을 갖춘 선량한 사람의 지적 업적만큼, 곧 자연처럼 일관성이 있는 참된 예술만큼 큰 소리로 우리에게 말 걸어오는 것도 없다. 수많은 변덕이 들끓고, 권력과 돈을 동원하여 수많은 난센스가 항구적인 것으로 되어 버리는 이곳 로마에서 그것을 분명히 느낄 수 있다.

프랑케Francke에게 보낸 빙켈만의 편지 한 구절이 특별히 큰 기쁨을 주었다. "로마에서는 어느 정도 무심한 마음으로 모든 것을 찾아야 합니다. 그렇지 않았다가는 프랑스 사람 취급을 당하죠. 로마는 전 세계를 위한 대학이니, 나도 여기서 정화淨化를 겪고 시험도 겪었지요."

이런 말은 이곳에서 여러 가지를 추구하는 내 방식을 정확하게 표현해 준다. 로마 바깥에서는 여기서 어떤 방식으로 훈련을 받는지 전혀 알 길이 없다. 이른바 재탄생을 겪어야 하고, 어린아이의 신발을 신은 어제의 자기가 지녔던 개념들을 돌아보아야 한다. 가장 평범한 인간이라도 여기서는 뭔가가 되고, 설사 자신의 본질을 넘어서지는 못한다 하더라도 어쨌든 뭔가 특별한 개념을 얻는다.

이 편지는 새해에 맞추어 당신들에게 도착할 것이니, 시작되는 한 해에 행운을 빈다. 내년 말 이전에 우리는 다시 만날 터이니, 적지 않은 기쁨이 될 것이다. 올해는 내 삶에서 가장 중요한 한 해였다. 나는 머지않아 죽거나 아니면 조금 더 오래 지상에 머물겠지만, 어느 경우든 똑같이 좋다. 이제는 아이들을 위한 한마디.

아이들에게 다음의 글을 읽어 주거나 아니면 그냥 이야기해 주시기를. 여기선 겨울인 줄도 모른단다. 수많은 정원에 상록수 나무들이 서 있고, 햇볕이 환하고 따스하게 내리쬐고, 아주 멀리 떨어진 북쪽의 높은 산에만 눈이 조금 보이거든. 벽 가까운 정원에 심은 레몬 나무에는 파이프 덮개를 덮어 주지만, 월귤나무들은 덮개도 없이 그대로 놓아두지. 나무에는 극히 아름다운 열매들이 수도 없이 매달렸는데, 우리나라에서 하듯이 잘라다가 통에 옮겨 심지 않고, 즐거운 모습 그대로 땅에서 형제들과 나란히 서 있어. 그 모습보다 더 흥겨운 것은 없지. 돈을 조금 내면 원하는 만큼 많이 먹어도 된다. 이 열매들은 지금도 맛이 있지만 3월이 되면 더욱 맛있어진다고 한다.

최근에 우리는 바닷가로 가서 어부들이 그물질하는 것을 보았어. 물고기, 게, 진귀한 생물체 등 매우 이상한 형태들을 보았지. 사람이 건드리면 전기로 톡 쏘는 물고기도 있단다.

12월 20일

모든 것이 즐거움보다는 고생이며 걱정이다. 내면에서 나를 개조하는 재탄생은 아직도 진행 중이다. 여기서 무언가 제대로 배울 거라는 생각은 했었다. 하지만 이렇게까지 도로 학교로 돌아가서, 많은 것을 잊어버리고 철저히 처음부터 다시 배워야 할 거라는 생각은 못 했었다. 이제는 그 사실을 납득하고 나 자신을 완전히 바치고 있는데, 자신을 부정해야 할수록 더 많은 기쁨을 얻는다. 나는 탑을 세우려고 하는데 기초를 잘못 놓은 건축가와 같다. 다만 제때에 그 사실을 알아채고, 자기가 이미 땅속에서부터 세운 것을 기꺼이 부순다. 기초를 더 넓혀 개선하고, 또한 토대를 더 튼튼하게 하려 애쓰면서 미래 건축물의 견고함을 미리 기뻐한다. 귀국할 때 내가 더 넓은 세상에서 보낸 삶의 도덕적인 결실을 느낄 수 있도록 하늘이여 도우소서. 예술 감각과 아울러 도덕적인 감각도 거대한 혁신을 경험하도록 하소서.

뮌터Münter 박사가 시칠리아 여행에서 돌아오는 길에 여기 머물고 있다. 정력적이고 격한 사람인데, 그의 목적은 모른다. 그는 5월에 당신들에게 들러 많은 이야기를 들려줄 것이다. 2년 동안이나 이탈리아를 여행하고는 이탈리아 사람들에게 불만이다. 그는 수많은 문서고와 비밀 도서관의 문을 열어 줄 중요한 추천장들을 지니고 왔는데, 이 추천장들이 제대로 존중을 받지 못했고, 그런 탓에 자신의 소망을 완전히 이루지 못한 것이다.

그의 말로는 멋진 동전들을 수집했고, 또한 린네우스의 식물 교본처럼 동전 연구 분야에서 예리한 식별 기준을 제공하는 동전 연구 필사본도 하나 갖고 있단다. 헤르더Herder는 분명 그에 대해 더 많이 알고 있으니 어쩌면 복사본을 만들 허락을 받을 수 있을 것이다. 그런 일을 하는 것은, 되기만 한다면, 가능하고도 좋은 일이다. 우리도 조만간 더 진지한 태도로 이 분야에 접근해야 할 것이다.

12월 25일

가장 좋은 것들을 두 번째로 보는 일을 시작했다. 처음의 놀라움에서 차츰 친숙해지는, 더욱 순수한 가치의 느낌으로 변하는 과정. 인류가 성취한 업적에 대한 최고 개념을 받아들이기 위해서, 먼저 영혼이 완벽한 자유에 도달해야 한다.

대리석은 특이한 소재이다. 그래서 벨베데레 아폴론의 대리석 오리지널이 그토록 무한히 즐거운 것이다. 젊은이의 자유를 간직한, 영원히 젊은, 살아 있는 본질의 최고 숨결은, 가장 잘 만든 복제 석고상에서도 순식간에 사라지고 만다.

우리 집 맞은편 론다니니 궁전에 메두사Medusa의 가면이 있는데, 실물보다 더 큰 고귀하고 아름다운 얼굴에 두려움 가득한 죽음의 경직이 이루 말할 수 없이 정확하게 표현되어 있다. 나는 훌륭한 복제 석고상 하나를 갖고 있지만, 여기에 대리석의 마법은 전혀 없다. 살빛에 가까운 누르스름한 돌의 고귀한 반투명성이 없는 것이다. 석고상은 그냥 백묵 같은 모습으로 죽어 있다.

그런데도 석고상 제조자의 작업실로 들어서면 얼마나 즐거운지. 이곳에서 여러 조각상들의 뛰어난 팔다리들이 틀에서 나오는 것을 바라보면서, 형태에 대해 전혀 새로운 눈길을 얻는다. 로마 여기저기에 흩어져 있는 것들이 여기에 나란히 놓인 것을 보며, 그들을 서로 비교하는 것은 이루 말할 수 없이 쓸모가 있다. 나는 참지 못하고 거대한 유피테르 두상 하나를 사고 말았다. 이 두상은 이제 내 침대 맞은편에 좋은 조명을 받으며 세워져 있다. 두상을 향해 곧바로 아침 경배를 드릴 수 있도록. 이렇듯 거대하고도 품위가 있는 두상이 우리에게 아주 재미있는 이야기 하나를 제공해 주었다.

우리 숙소의 나이 든 여주인이 침대 정리를 하려고 들어오면, 보통 그녀가 아끼는 고양이도 살그머니 뒤따라 들어온다. 나는 커다란 홀에 앉아 안주인이 안에서 일하는 소리를 듣고 있었다. 그녀가 평소 버릇과는 달리 갑자기 매우 서두르며 흥분한 태도로 문을 열고는 나더러 어서 와서 기적을 보라고 외쳤다. 대체 무슨 일이냐는 나의 물음에 고양이가 주 하나님께 경배를 올린다는 대답이 돌아왔다. 이 짐승을 벌써 오랫동안 지켜보았는데, 녀석이 기독교도와 같은 이성을 갖고 있음을 알아차렸고, 이건 놀라운 기적이란다. 내 눈으로 직접 보려고 서둘러 달려갔는데, 정말로 매우 기묘한 일이 벌어졌다. 흉상은 높은 받침대 위에 세워져 있고 가슴 아래쪽 몸통은 잘려 나갔으니, 머리가 공중으로 치솟아 있다. 고양이는 탁자로 뛰어올라 두 앞발을 신의 가슴에 올려놓고는, 사지를 가능한 한 쭉 늘려서 주둥이를 거룩한 신의 수염에 가져다 댔다. 그러더니 극진한 애정을 품고 그 수염을 핥았는데, 여주인이 퍼붓는 감탄에도 내가 나타난 것에도 전혀 방해를 받지 않았다. 선량한 부인이 자신의 경탄을 계속 지니도록 그대로 놓아두고, 나 자신에게는 고양이의 기묘한 경배를 이렇게 설명해 보았다. 후각이 날카로운 이 짐승이 아마도 석고 형틀에서 수염의 팬 곳으로 들어가 남아 있는 지방脂肪 냄새를 맡은 모양이라고.

1786년 12월 29일

티슈바인에 대해 아직 할 이야기가 많다. 그가 얼마나 독창적으로 대단한 발전을 하는지 칭찬하고, 또 그의 두 번째 로마 체류 기간에 나를 위해 매우 친절한 배려를 많이 한 것에 감사해야 한다. 그는 나를 위해 최고 대가들의 작품을 복제하도록 주문을 해놓았다. 일부는 검은 초크로, 일부는 오징어 물감 세피아로, 또는 수채화로 복제한 것들인데, 이들은 오리지널 그림에서 멀리 떨어진 독일에서 비로소 가치를 얻을 것이고, 내게는 최고의 기억이 될 것이다.

티슈바인은 처음에 초상화가가 될 생각이었고, 덕분에 화가 경력 중에 특히 취리히에서 중요한 남자들과 접촉하면서 그들 곁에서 자신의 감각을 키우고 통찰력을 넓혔다.

나는 [헤르더가 쓴] 《흩어진 나뭇잎들[Zerstreute Blätter, 산문집]》 2부를 로마로 가져왔는데, 책은 두 배로 환영을 받았다. 이 작은 책자를 거듭 읽어도 얼마나 좋은지, 이런 찬양을 헤르더가 꼭 들어야 한다. 티슈바인은, 이탈리아에 와 본 적도 없는 사람이 이런 글을 쓸 수 있다니 도무지 믿을 수가 없다고 말한다.

12월 29일

이 화가들의 모임에서 우리는 마치 거울 방에 사는 것만 같다. 누구나 자기 의지에 반해 거울에 비친 자신과 다른 사람들의 모습을 보게 된다. 나는 티슈바인이 나를 자주 주의 깊게 관찰하는 것을 알아챘는데, 이제야 그가 내 초상화를 그릴 생각을 품고 있었다는 사실이 분명해졌다. 밑그림은 이미 끝나 있으며 그는 벌써 캔버스를 팽팽하게 당겨 놓았다. 나는 흰 망토를 두른 실물 크기 여행자의 모습으로 야외에서 쓰러진 오벨리스크 위에 앉은 모습으로 그려질 예정인데, 뒤쪽 멀리 배경에 캄파냐 디 로마Campagna di Roma의 폐허가 보인다. 아름다운 그림이 되겠지만, 우리 북유럽 주택에는 너무 크다. 나는 그곳에서 다시 나만의 구석을 찾아낼 텐데, 그러면 초상화를 위한 자리가 없을 것이다.

12월 29일

나를 어둠에서 끌어내려고 사람들이 얼마나 많은 시도를 하든, 시인들이 직접 또는 다른 사람을 통해 내게 자기들의 작품을 낭송해 들려주려고 얼마나 애를 쓰든, 설사 그 어떤 역할이든 말 한마디로 거절할 수 있는 상황이라지만, 어쨌든 나는 헷갈리지 않고 확고하다. 로마에서 사람들이 무엇을 원하는지 이미 알아챘으니, 이런 일이 그냥 재미있을 뿐이다. 세계의 여왕[=로마] 발치에서도, 작은 서클들은 소도시의 요소들을 여기저기 드러내기 때문이다.

그렇다, 이곳도 다른 여느 곳과 다를 바 없고, 나를 두고 또는 나를 통해 그들이 하고자 하는 일을 생각만 해도 벌써 지루해진다. 어느 한편에 가담해서 그들의 정열과 음모를 지지하고, 예술가들과 온갖 딜레탕트들을 칭찬하고, 경쟁자를 깎아내

캄파냐 평원의 괴테 스케치, Johann Heinrich Wilhelm Tischbein 作

리고, 권력자와 부자의 비위를 맞추는 일이다. 이런 온갖 소동 탓에 세상을 등지고 싶은 판인데, 무엇하러 여기서 아무 목적도 없이 이런 소동에 끼어든단 말인가?

아니, 나는 더 깊이 연루될 생각이 없다. 그냥 이런 것도 알고, 그런 측면에서도 집에 있는 것에 만족하고 나나 다른 사람에게서도 너른 세상으로 나가려는 모든 욕망을 빼앗아 버릴 셈이다. 나는 영속하는 로마를 보려는 것이지, 10년 단위로 바뀌는 로마를 보려는 것이 아니다. 시간이 있다면 더 나은 곳에 쓰고 싶다. 특히 이곳에서 역사는 세상의 다른 여느 곳과도 다르게 읽힌다. 다른 곳에서는 밖에서 안을 들여다보며 읽지만, 이곳에서는 안에서 밖을 내다보며 읽는다. 모든 것이 우리를 둘러싸고 벌어지며, 우리에게서 다시 밖으로 나간다. 그것도 로마 역사만 그런 것이 아니라 세계사 전체가 그렇다. 나는 여기서 출발하여 베저Weser 강까지, 또는 유프라테스Euphrates 강까지 정복자를 따라갈 수도 있고, 또는 그냥 멍하니 입 벌리고 바라보는 사람이 되어 승리를 거두고 돌아오는 장군들을 비아 사크라[Via Sacra, 거룩한 도로]에서 기다릴 수도 있다. 그사이에는 수당으로 나오는 곡식이나 돈으로 먹고살고, 그러고도 이런 온갖 영광에 편안하게 동참한다.

1787년 1월 2일

글로 된, 그리고 구전되는 전승을 편들어 제각기 멋대로 말할 수 있겠지만, 그것만으로 충분한 경우는 극히 드물다. 이런 전승은 정신적인 일들에서조차 그 어떤 존재의 본질적 특성을 제대로 전하지 못하기 때문이다. 하지만 확실하게 제대로 한 번 눈으로 보고 나면, 그에 대해 읽고 또 듣고 싶어진다. 읽고 들은 것이 살아 있는 인상과 합쳐지기 때문이다. 그러면 생각하고 판단을 내릴 수 있다.

내가 특별한 애착을 품고 돌이나 식물이나 동물을 어떤 관점에서 바라볼 때면, 당신들은 자주 나를 비웃고 나를 거기서 떼어 내려고 했었다. 지금 나는 건축가, 조각가, 화가에게 주목하고 있으며, 여기서도 스스로 찾아내는 법을 배울 것이다.

1월 6일

오늘 다 나은 팔의 붕대를 푼 모리츠에게서 돌아오는 길이다. 팔이 제대로 잘 붙었다. 아파서 고생하는 사람 곁에서 파수꾼, 고해성사 들어 주는 사람, 또는 비밀 이야기 들어 주는 사람이자 재정 담당자 겸 비밀 비서 노릇을 한 지난 40일 동안, 내가 배우고 익힌 것은 나중에 우리에게 좋은 결과를 가져올 것이다. 극히 치명적인 통증과 가장 고귀한 즐거움이 이 기간 내내 함께했다.

기분 전환을 위해 어제 유노Juno 여신의 거대한 석고 두상을 사서 홀에 배치했다. 원본은 빌라 루도비시Ludovisi에 있다. 로마에서 맨 먼저 나는 이 두상과 사랑에 빠졌거니와 이제는 그것을 소유하게 되었다. 그 어떤 말로도 두상에 대한 소감을 표현할 수 없다. 마치 호메로스의 노래 같다.

하지만 나는 아마 장래를 위해서도 이 훌륭한 동반자를 가까이했던 모양이다. 마침내 《이피게니아》를 끝마쳤노라 보고할 수 있으니 말이다. 거의 비슷한 원고 제본 두 부가 내 책상 위에 놓여 있는데, 그중 한 부는 곧 여러분에게 보낼 것이다. 이 작품을 친절한 태도로 받아 주시라. 내가 꼭 써야 할 내용이 종이에 담겨 있는 것은 아니라도, 내가 무슨 말을 하려 했는지는 알아낼 수 있을 것이다.

당신들은 내 편지의 불확실한 구절들에 대해, 극히 찬란한 자연과 예술 현상들 사이에서도 내가 겪고 있는 어떤 압박감을 암시하는 구절들에 대해, 몇 번 불만을 표한 적이 있다. 여기저기 둘러볼 것이 많은 이 여행에서 내게 일까지 하도록 강요했으니, 이런 압박감은 그리스 여성인 이 여행 동반자[=이피게니아]에게 적잖이 책임이 있다.

탐구 여행이라 부를 만한 이런 큰 여행을 준비했던 한 뛰어난 친구가 생각난다. 그는 여러 해 동안이나 여행을 위해 탐구하고 저축도 한 다음에, 이참에 이것까지 해치우자고 생각하고는, 명망 있는 집안의 규수를 유혹해서 함께 떠났던 것이다.

똑같이 파렴치하게 나도 《이피게니아》 원고를 카를스바트로 가져가기로 했었다. 이 여주인공과 가장 많이 씨름을 벌인 장소들을 간단히 나열하자면 다음과 같다.

브렌너 패스를 떠날 때 원고를 커다란 짐 꾸러미에서 꺼내 품 안에 찔러 넣었다.

가르다 호수에서 거센 정오의 바람이 파도를 일으켜 배를 호숫가로 몰아갔는데, 거기서 나는 타우리스 섬의 해변에 도착한 여주인공만큼이나 혼자였다. 그곳에서 작품 개작의 첫 행行들을 썼다. 베로나, 비첸차, 파도바에서 일했고, 특히 베네치아에서 가장 부지런히 작업을 계속했다. 그런 다음 작업이 막혔다. 새로운 구상, 곧《델피의 이피게니아》를 쓰려는 마음에 이끌렸는데, 이런저런 산만함과 옛 작품에 대한 의무감이 가로막지 않았더라면, 그것도 아마 곧 시작했을 것이다.

로마에서는 작업이 꾸준히 진행되었다. 저녁에 잠자리에 들면서 이튿날의 과제를 미리 준비했고, 덕분에 잠에서 깨자마자 곧바로 작업을 시작했다. 작업 방식은 극히 단순했다. 먼저 작품을 차분히 베껴 쓰고는 한 행 한 행, 또는 시기별로 큰 소리로 낭독하면서, 올바른 울림이 나올 때까지 고쳤다. 이렇게 생겨난 것을 당신들은 곧 직접 평가하게 될 것이다. 이 작업에서 나는 일을 했다기보다는 오히려 배웠다. 이 희곡에 대해서는 나중에 더 언급할 것이다.

1월 6일

한 번 더 종교적인 일들로 돌아가서, 크리스마스이브에 우리가 이리저리 돌아다니며 의식이 행해지는 교회들을 방문했었다는 말을 해야겠다. 특별히 인기가 있는 교회는, 전원곡의 그 어떤 울림도 잦아들지 않도록 오르간과 음악이 정비되어 있었다. 그러니까 목동의 갈대 피리 소리, 새들의 지저귐, 양들의 울음소리가 음악에서 고스란히 울려 나왔다.

크리스마스 날에는 베드로 성당에서 교황과 성직자단을 보았는데, 교황은 옥좌 앞에서, 그리고 옥좌 아래로 내려와 대미사를 집전했다. 이것은 그 나름 독특한 볼거리로서 화려하고도 품위가 있었지만, 개신교 디오게네스[Diogenes, 따끔한 풍자가]로

나이 들어 버린 내게는 이런 장엄함도 무언가를 주기보다는 오히려 더 많이 빼앗았다. 종교적인 세계 정복자를 향해, 경건한 옛 선배[=디오게네스]처럼 말하고 싶다. "더 높은 예술과 순수한 인성人性이라는 태양을 내게서 가리지 말아 주시오."

공현절인 오늘은 그리스 정교회 방식 미사를 올리는 것을 보고 들었다. 이 의식이 내게는 라틴 방식보다 더 장엄하고, 엄격하고, 생각할 거리가 많으면서 인기도 더 많은 것으로 생각된다.

여기서도 이 모든 것을 받아들이기에는 내가 이미 너무 나이가 들었으며, 오로지 진실을 향해서만 마음이 열려 있음을 느꼈다. 그들의 의식儀式과 오페라, 행렬과 발레 등 이 모든 것이 내게서는 마치 왁스칠을 한 레인코트에 떨어진 물방울처럼 아래로 굴러떨어지고 만다. 그에 반해 마다마Madama 별장에서 본 일몰 등 자연 현상과, 많은 경배를 받는 유노 두상 등 예술품은 깊고도 지속적인 인상을 만들어 낸다.

이제는 연극 시즌이 시작되니 벌써 두렵다. 다음 주에 일곱 작품이 무대에 오른다. 안포시Anfossi는 여기서 손수 《인도의 알렉산드로스》를 무대에 올린다. 《퀴로스Cyrus》 공연도 있고, 무용극 《트로야 정복》도 있다. 이것은 아이들에게나 어울리는 것이리라.

1월 10일

여기서 다시 내 번뇌의 자식 이야기를 해 보자. 《이피게니아》는 여러 의미에서 이런 별명을 얻을 만하니 말이다. 어떤 계기에 이 작품을 우리 화가들에게 낭송해 주었다. 그 과정에서 여러 구절에 밑줄을 그었는데 그중 일부는 내 신념대로 고치고, 나머지는 어쩌면 헤르더가 손을 대겠거니, 하고 그대로 두었다. 나는 그 점에서는 완전히 무감각한 태도로 작업했다.

여러 해 전부터 내가 작품에서 산문을 선호한 것은, 우리말의 운율이 극히 불확실하게 흔들리는 탓이었다. 총명하고 학식이 있는 나의 친구들은 그런 문제들을 감정과 취향에 맡겨 두었고, 그런 탓에 우리는 운율에서 온갖 규범들을 잃어버렸다.

모리츠의 《운율Prosodie》이 내게 북극성처럼 나타나지 않았더라면, 《이피게니아》를 얌부스 운율로 옮기는 일은 전혀 시도하지 못했을 것이다. 특히 저자가 병상에 누워 있는 동안 그와 교류하면서 나는 점차 운율에 대해 많은 것을 알게 되었고, 친구들에게도 운율에 대해 선의를 품고 생각해 보라고 간청하는 바이다.

우리말에서 결정적으로 짧거나 긴 음절이 얼마 되지 않는다는 것은 놀라운 일이다. 나머지 음절들을 우리는 취향에 따라, 또는 내키는 대로 이용한다. 모리츠는 열심히 궁리한 끝에 음절에 일종의 서열이 있다는 사실, 의미상 더 중요한 음절들이 덜 중요한 음절에 비해 길어지면서 덜 중요한 음절을 짧아지게 한다는 것, 그리고 같은 음절도 내용상 더 중요한 다른 음절의 앞이나 뒤에서는 다시 짧아질 수 있다는 것 등등을 밝혀냈다. 여기에는 어떤 핵심이 있고, 이것으로 모든 것이 다 해결되지는 않는다 하더라도, 길을 찾아 나갈 어떤 실마리가 된다. 나는 이 원칙들을 자주 궁리해 보았는데 내 느낌과도 일치한다는 것을 알았다.

위에서 낭독 이야기를 했으니, 그것이 어떻게 끝났는지 짤막하게 언급해야겠다. 이 젊은이들은 격하게 앞으로 나아가는 나의 이전의 작품들에 익숙해져 있었기에, 《괴츠 폰 베를리힝겐Götz von Berlichingen》 방식의 작품을 기대했다가 고요한 진행을 보고 얼른 납득하지 못했다. 그런데도 고귀하고 순수한 구절들이 효과가 없지는 않았다. 이렇듯 완전히 정열을 포기하는 것을 거의 이해하지 못한 티슈바인이 상당히 매혹적인 비유 또는 상징을 내놓았다. 마치 제단에서 제물을 태워 올리는데, 연기는 저기압의 영향으로 아래로 내려가 땅에 퍼지고, 불꽃만 높이 피어오르는 모습 같단다. 그러면서 그 광경을 상당히 멋지고 의미심장하게 스케치했다. 이 드로잉을 동봉한다.

꼬박 3개월이나 붙잡고 있었고, 이제 그만 끝내려고 생각하는 이 작업이 나를 계속 사로잡아 괴롭힌다. 가장 중요한 일을 곁다리로 처리하는 것이 이번이 처음은 아니지만, 이 문제를 두고 더는 이러쿵저러쿵 말하고 싶지 않다.

훌륭한 그림이 새겨진 돌 하나를 동봉한다. 콧등에 등에가 붙은 사자의 모습. 고대인들은 이 주제를 사랑했고, 이것을 거듭 다시 만들곤 했다. 당신들도 앞으로 편지에 이 돌로 봉인하시기를. 당신들의 예술 메아리가 이 작은 표지를 통해 내게로 되돌아오도록 말이다.

1787년 1월 13일

매일 할 말이 매우 많건만, 활동과 주의력을 분산시키는 온갖 일들로 인해, 종이에 의미 있는 말 한 마디 쓰기가 힘들다. 방보다는 바깥에서 지내기가 더 좋은 날씨가 계속되는 데다가, 방에는 난로나 벽난로가 없어 겨우 잠을 자거나 아니면 짜증이 나는 판이라 더욱 그렇다. 그런데도 지난주에 있었던 몇 가지 일을 언급하지 않을 수가 없다.

쥬스티니아니Giustiniani 궁전에 미네르바Minerva 조각상이 서 있는데, 나는 이 조각상을 매우 숭배한다. 빙켈만은 이 조각상을 거의 언급하지 않았다. 적어도 올바른 자리에서는 안 했다. 우리가 이 조각상을 보며 한동안 거기 머물러 있는데, 관리인의 부인이 오더니 우리에게 다음과 같은 이야기를 해 주었다. 이것이 예전에는 거룩한 상이었단다. 이 종교를 믿는 영국인들은 아직도 이 상에 숭배를 바치곤 하는데, 그들이 조각상의 손에 키스를 하는 바람에 나머지 부분은 거무스름한데 손만 완전히 하얗게 되었단다. 그리고 그녀는 이런 말을 덧붙였다. 이 종교를 믿는 한 귀부인이 방금 전에도 와서는 무릎을 꿇고 이 조각상에 경배를 올렸단다. 자신은 기독교도라서 이런 이상한 행동을 보고 웃지 않을 수가 없어, 웃음이 터지지 않도록 얼른 홀로 달려 들어갔단다. 나도 조각상에서 도무지 떨어지지를 못하고 있으니, 내게 아름다운 여인이 있는데 그녀가 이 대리석상과 아주 비슷해서 그토록 끌리는 거냐고 물었다. 이 선량한 아낙은 경배와 사랑만 알 뿐, 뛰어난 작품을 향한 순수한 경탄이나, 형제애에서 우러나는 인간 정신의 숭배에 대해서는 전혀 아무것도 모르는 것이다. 우리는 그 영국 여인의 이야기를 듣고 기뻐하며, 곧 다시 오겠노라는 열망을 품고 그곳을 떠났다. 나는 정말로 다시 그곳에 갈 생각이다. 친구들이 더 자세한 말을 듣고 싶다면, 빙켈만이 그리스 인의 고귀한 양식에 대해 말하는 부분을 읽어 보라. 유감스럽게도 그 자리에서 그는 이 미네르바 조각상 이야기를 하지 않는다. 하지만 내가 잘못 생각한 것이 아니라면, 이 조각상은 저 고귀하고 엄격한 양식이 아름다운 양식으로 넘어가던 시기에 천천히 피어난 꽃봉오리였다. 이런 미적인 변천이 미네르바 조각상의 특성에 너무나도 잘 어울린다.

또 다른 종류의 구경거리에 대해! 이교도에게도 복음을 전파하는 축제일인 공현절에 우리는 포교청[팔라초 디 프로파간다Palazzo di Propaganda Fide. 예수회의 포교를 위한 건물]으로 갔다. 그곳에는 추기경 셋과 청중도 잔뜩 모였는데, 맨 먼저 청중에게 "성모 마리아가 세 명의 동방 박사들을 어느 곳에서 맞아들였나? 마구간? 아니면 대체 어디겠는가?"라는 강연이 이루어졌다. 그런 다음 비슷한 내용의 몇몇 라틴 어 시들이 낭송되고 나서, 30명의 신학생들이 차례로 등장해 각자 자기 나라말로 작은 시를 낭독했다. 인도의 말라바르Malabar 어, 에피로스Epiros 어, 터키 어, 루마니아 어, 불가리아 어, 페르시아 어, 콜키스 어, 히브리 어, 아랍 어, 시리아 어, 콥트 어, 사라센 어, 아르메니아 어, 이베리아 어, 마다가스카르 어, 아이슬란드 어, 보아 어, 이집트 어, 그리스 어, 이사우리아 어, 에티오피아 어 등등과 내가 모르는 언어들이었다. 시들은 대개 민속 운율에 맞추어 쓰여서 민족적 선언의 특성을 지녔다. 덕분에 야만적인 리듬과 소리가 나왔다. 그리스 어는 밤하늘에 별과 같았다. 낯선 소리를 듣고 청중이 거침없이 웃음을 터뜨렸기 때문에, 이 낭송은 웃음판이 되고 말았다.

거룩한 로마에서 거룩한 것을 얼마나 느슨하게 취급하는지 보여 주는 이야기가 더 있다. 죽은 알바니Albani 추기경이 방금 내가 묘사한 것 같은 축제 모임에 참석했을 때였다. 학생 한 사람이 낯선 언어로 추기경들을 향해 이렇게 외쳤다. "Gnaja! Gnaja![그나야! 그나야!]" 그 소리는 대략 "Canaglia! Canaglia![카날리아! 카날리아!]"라는 말로 들렸다. ['카날리아'를 추기경을 뜻하는 '카디날'로 여긴] 추기경이 동료들에게 이렇게 말했다. **"저 친구가 우리를 알아보네!"**

1월 13일

빙켈만은 얼마나 많은 것을 안 하고 그대로 남겨 두었던가! 그는 머리 위에 어서 지붕을 얹을 생각만으로, 자기가 모은 자료들을 이용해 너무 서둘러 건물을 지었다. 그가 아직 살아 있다면, 그리고 여전히 건강하고 싱싱하다면, 누구보다 앞서 자기 작품을 개작하려 했을 것이다. 자기가 아직 보지 못한 것들, 그리고 자기가 만든 원칙을 좇아 다른 사람들이 행하고 관찰한 것을 참고하여 수정하고, 게다가 최근에 발굴되고 발견된 것들을 덧붙일 수 있었을 것이다. 그리고 그가 자기 글을 바친 알바니 추기경, 이 추기경을 위해 그는 많은 것을 썼지만 또한 많은 침묵도 했을 것인데, 그 추기경이 죽는다면. [얼마나 더 많은 것을 그가 털어놓을 수가 있었을까!]

1787년 1월 15일

《아리스토데모스》도 마침내 무대에 올랐는데, 다행히도 큰 갈채를 받았다. 작가 아바테 몬티는 교황의 친척으로 상류층에서 매우 높은 평가를 받는 사람이라, 모든 면에서 좋은 결과가 예측되었다. 위층의 칸막이 좌석들에서 아낌없는 박수갈채가 쏟아졌다. 1층 관객도 시인의 아름다운 어법과 배우의 탁월한 낭송에 처음부터 환호를 쏟아 내면서, 만족감을 표현할 기회를 남김없이 이용해 갈채를 보냈다. 독일 화가들도 못지않게 갈채를 보냈는데, 이번에는 극히 적절한 일이었다. 그들은 보통 때도 약간 시끄러운 축이기 때문이다.

작가는 작품의 성공 여부에 마음을 졸이며 집에 남아 있었다. 막이 끝날 때마다 좋은 소식이 왔고, 그러면서 그의 근심이 차츰 가장 큰 기쁨으로 바뀌었다. 이제는 공연을 거듭하기에 부족함이 없으니, 모든 것이 가장 좋게 진행될 것이다. 모든 요소가 탁월한 점들을 지니고 있다면, 극히 상반되는 일들을 통해서도 대중의 갈채와 아울러 식자들의 갈채도 얻을 수가 있다.

정말로 공연 자체도 매우 훌륭했고, 극 전체를 가득 채운 주인공 역할의 배우가 매우 탁월한 발음과 연기를 보였다. 진짜 옛날 황제 하나가 등장한 듯했다. 이 사람들은 조각상에서 우리에게 강렬한 인상을 주는 고대 의상을 매우 훌륭하게 무대 언어로 옮겼고, 주인공 배우를 보면 이 배우가 고대 연구를 했음을 알 수가 있다.

1월 16일

로마에서 한 위대한 예술품의 손실이 눈앞에 다가오고 있다. 나폴리 왕*이 파르네세 헤라클레스상을 자기 궁으로 옮겨 갈 예정이기 때문이다. 예술가들은 모두 슬픔에 잠겨 있지만, 반면 우리는 이 기회를 이용하여 우리 선배들이 보지 못한 것을

* 페르디난드 4세(1751~1825).

볼 수 있게 되었다.

이 조각상은 머리부터 무릎까지, 그리고 조각상을 받친 받침대와 두 발이 파르네세 땅에서 발견되었다. 하지만 무릎에서 복사뼈에 이르는 종아리 부분은 빠져 있어서 쥴리엘모 델라 포르타Giuglielmo della Porta가 대체물을 만들어 덧붙였다. 이 조각상은 오늘날에도 그가 만든 두 종아리 위에 서 있다. 하지만 그사이 보르게세Borghese 땅에서 옛날의 진짜 종아리들이 발견되어, 빌라 보르게세에 보존되어 왔다.

보르게세 왕자는 이 소중한 두 종아리를 나폴리 왕에게 선물하기로 결정했다. 포르타의 두 다리가 제거되고 진짜 다리가 들어갈 것이고, 이 조각상은 지금까지도 이미 매우 만족스러운 것이었지만, 이제 전혀 다른 모습으로 더욱 조화를 이룬 즐거움을 줄 것이라 기대된다.

1월 18일

성 안토니우스St. Antonius 축일인 어제 우리는 즐거운 하루를 경험했다. 세상에서 가장 아름다운 날씨였고, 밤에는 얼음이 얼었지만 낮에는 맑고도 따스했다.

예배 의식과 사색을 확장한 모든 종교는, 마지막에 동물들에게도 어느 정도 정신적인 총애를 나누어 주는 경지에 도달할 수밖에 없다는 점이 눈에 띈다. 주교이자 수도원장이던 성 안토니우스는 네 발 달린 짐승의 수호성인으로, 그의 축제일은 보통 때 무거운 짐을 지던 짐승들과 그들을 돌보는 사람과 수레를 끄는 사람의 축제일이 된다. 주인 나리들은 이날 집에 머물러 있거나 아니면 걸어 다녀야 한다. 믿음이 적은 귀족들이 이 축제일에도 마부에게 일을 시키다가 형벌로 큰 사고를 당했다는 식의 미심쩍은 이야기들은 부족한 법이 없다.

교회는 아주 너른 광장에 자리 잡고 있는데, 이 광장은 평소에는 거의 텅 비었다는 인상을 주다가 오늘은 흥겨운 분위기로 법석댔다. 갈기와 꼬리를 리본과 한데 엮어 아름답고 화려하게 땋아 내린 말들과 노새들이 교회에서 조금 떨어진 작은 예배당 앞으로 끌려오는데, 그곳에서 사제 한 사람이 커다란 총채를 들고, 앞에 놓인 여러 통에 들어 있는 성수를 아낌없이 동물들에게 마구 뿌려 대고, 심지어는 동물을 자극할 셈으로 심술궂게 뿌려 댄다. 소중하고 쓸모 있는 동물을 한 해 동안 특히 사고에서 안전하게 지켜 달라는 마음에서 신앙심이 깊은 마부들은 크고 작은 초들을 가져오고, 주인 나리들은 자선금과 선물을 보낸다. 노새와 뿔 달린 동물들도 주인에게는 똑같이 쓸모와 가치가 있으니, 이들도 이런 축복에서 소박한 자기들의 몫을 얻는다.

나중에 우리는 그토록 행복한 하늘 아래서 극히 흥미로운 대상들에 둘러싸여 오랫동안 산책을 즐겼는데, 이번에는 이런 대상들을 주목하지 않고, 그냥 마음껏 즐거움을 맛보았다.

1월 19일

명성으로 세상을 가득 채우고, 행적으로는 가톨릭의 천국에 들어갈 만한 위대한 왕이 마침내 지상의 삶을 하직하고, 저 그림자 나라에서 자기 같은 영웅들과 함께하게 되었다[프로이센의 프리드리히 대왕. 실제 사망일은 1786년 8월 17일]. 이런 인물을 보낼 때면 우리는 기꺼이 조용해진다.

오늘 또 다른 휴일을 맞이하여 지금까지 내가 살펴보지 못한 카피톨리노 언덕의 일부를 보았다. 그런 다음 우리는 방금 도착한 배에 앉아 테베레Tevere 강을 내려다보며 스페인 포도주를 마셨다. 이 지역에서 옛날에 로물루스Romulus와 레무스Remus를 발견했다고 한다. 그렇게 우리는 이중 삼중의 강림제 축일, 거룩한 예술 정신, 극히 온화한 대기, 고대의 기억, 달콤한 포도주에 취했다.

1월 20일

즐거운 쾌락을 주는 것을 처음에 표피적으로만 받아들인다면, 근본적인 지식 없이는 참된 즐거움이 없다는 사실을 뒤늦게 깨달으면서 그것이 마음을 짓누른다.

나는 해부학에 대해 꽤 준비를 했고, 상당한 노력을 기울여 인체에 대한 지식을 어느 정도 습득했다. 여기서는 거듭되는 조각상들의 관찰을 통해 점점 더 많이 해부학에 끌린다. 우리의 의학적-외과적 해부학에서는 부분들을 아는 것이 중요하고, 여기 덧붙여 약간의 근육 지식도 도움이 된다. 하지만 로마에서는 부분들이 동시에 고귀하고 아름다운 형태를 보이지 않는다면, 아무것도 아닌 것이 되고 만다.

거대한 군용 병원 산토 스피리토Santo Spirito에는 화가들을 위해 매우 아름다운 근육 체계를 전시해 놓았는데, 그 아름다움이 경탄을 불러일으킨다. [아폴론 신과 연주 경연을 벌였다가 지는 바람에] 산 채로 가죽이 벗겨졌다는 반신半神 마르시아스Marsyas라고 할 수 있을 정도이다.

나는 이렇듯 고대인들의 안내를 따라, 인체 골격도 인공적으로 뼈들을 결합해 놓은 것만이 아니라, 생명과 운동을 가능케 하는 관절까지 함께 공부하게 된다.

저녁이면 원근법도 공부한다는 말을 한다면, 내가 그냥 한가히 게으름 부리는 게 아니라는 사실을 알 것이다. 다만 그 모든 일에서 우리는 실제보다 더 많은 일을 하기를 바라는 것뿐이다.

1월 22일

이곳 독일인 집단의 예술 취향에 대해서는 이렇게 말할 수 있을 것 같다. 종소리가 크기는 한데 화음을 내지는 못한다고 말이다. 우리 주변에 얼마나 멋진 것들이 있는지, 내가 그것들을 얼마나 적게 이용하는지를 생각하면 거의 절망할 지경이다. 그러다가 내가 여기서 장님처럼 주변만 맴돌고 있는 저 걸작들을 분명히 알아볼 수 있으리라 희망하게 되면, 다시 열렬히 귀국길을 고대하게 된다.

하지만 로마에서도 진지하게 전체를 탐구하려는 사람을 위한 배려는 너무 적다. 그런 사람은 지나치게 풍부한, 끝도 없는 폐허들을 뒤져 모든 것을 한데 모아야 한다. 물론 무언가 제대로 된 것을 보고 배우려는 진지함을 지닌 외국인도 극히 적다. 외국인들은 각자 자신의 변덕과 자만심을 따르는데, 외국인과 관계를 맺는 모든 사람이 그것을 알아본다. 모든 안내자는 각자 흑심을 품고 제각기 어떤 상인을 추천하거나 어떤 화가를 지지한다. 그들이 그러면 안 될 이유라도 있는가? 경험이 부족한 사람은 자기에게 제공된 가장 뛰어난 것조차 망가뜨리지 않는가?

하지만 고대 예술품이 반출되어야 할 경우, 그 허가권을 쥔 정부가 그때마다 복제품을 남기라고 확고하게 주장한다면, 진지한 탐구자에게 극히 유리한 이점이 될 것이다. 아니, 그 자체로 박물관이 생겨날 것이다. 하지만 설사 교황이 그런 생각을 가졌더라도 모든 것이 그에 거역했을 것이지만. 몇 년 지나지 않아 그렇게 반출된 물건들의 가치와 품위에 모두들 깜짝 놀라곤 한다. 사람들은 개별적으로 남몰래 온갖 수단을 다 동원해서 그런 허가를 받기 때문이다.

1월 22일

이미 전부터, 특히 《아리스토데모스》가 공연된 이후로, 우리 독일 화가들 사이에 애국심이 깨어났다. 그들은 내 《이피게니아》의 좋은 점들을 끊임없이 이야기하고 내게 개별 부분들을 낭독해 달라는 요구를 거듭했는데, 그러다 나는 마침내 전체 작품을 다시 낭독하지 않을 수 없다고 느꼈다. 그 과정에 종이에서 읽기보다 소리 내어 읽을 때 입에 더욱 착 감기는 구절들이 보였다. 물론 시는 눈으로 읽기 위한 것은 아니다.

이 낭독의 소문이 마침내 라이펜슈타인과 앙겔리카*에게까지 퍼져서 거기서도 다시 내 작품을 읽어야 했다. 나는 약간 말미를 달라고 부탁했지만, 즉시 희곡의 줄거리와 진행을 보여 주는 상당 부분을 낭독했다. 이 낭독은 내 기대 이상으로 사람들의 호감을 얻었고, 전혀 기대하지도 않았던 추키 씨까지 상당히 자발적인 호감을 드러냈다. 그의 호감은 물론 내 희곡이 그리스, 이탈리아, 프랑스에서 오래전부터 친숙한 형식에 더 가까운 희곡이라는 말로 설명된다. 이런 형식은 영국식 대담성에 아직 익숙하지 않은 사람에게는 아직도 가장 어울린다.

1787년 1월 25일, 로마

나의 로마 체류를 설명하기가 점점 더 어려워진다. 깊이 들어갈수록 바다가 점점 더 깊어진다는 것을 깨닫는 것처럼, 나도 이 도시를 관찰하면서 같은 것을 느낀다.

* 앙겔리카 카우프만(Angelika Kaufmann): 스위스 출신 여성 화가로 이탈리아 화가인 안토니오 추키(Antonio Zucchi)와 결혼했다.

로마의 아래쪽을 흐르는 테베레 강, Goethe 作

과거를 알지 못한 채 현재의 것을 알지 못하는 법이고, 둘을 비교하려면 시간과 고요함이 더 필요하다. 이 세계 수도의 지리적 위치가 우리를 도시의 건설 단계로 데려간다. 이곳에 정착하여 제국의 중심부를 만든 사람들이, 지혜로운 안내자를 따르는 대규모 종족이 아니었다는 사실을 금방 알 수 있다. 그 어떤 강력한 영주도 적절한 거주지로 이곳을 선택하지는 않았다. 목동들과 평민들이 맨 먼저 이곳에 자리를 잡고, 몇몇 건장한 젊은이들이 저 언덕 위에 세계 통치자의 궁전 터를 닦았다. 그리고 침입자들은 이 언덕의 기슭에서 주민들을 진흙과 갈대 사이로 내몰았다. 그러므로 로마의 일곱 언덕은 그 뒤에 있는 땅과 연결해서 보면 전혀 언덕이 아니다. 고대의 테베레 강의 강바닥에서 보아야만 언덕이 되는데, 오늘날 캄푸스 마르티우스[마르스 평원]가 바로 고대의 강바닥이다. 새봄이 와서 더 멀리 소풍을 나갈 수 있게 되면, 나는 로마의 이런 불리한 위치를 더욱 상세히 서술할 생각이다. 지금 벌써 마음에 동정심을 품고, 알바Alba의 아낙네들의 고통과 괴로움의 외침 소리를 듣는다. 그들은 자기들의 도시가 파괴되는 꼴을 보면서, 영리한 지도자가 선택한 아름다운 땅을 떠나야 했다. 그런 다음 테베레 강의 안개를 그러안은 채 황량한 첼리오Celio, Caelius 언덕에 살면서, 거기서 자기들이 떠나온 저 낙원을 돌아보곤 했다. 나는 이 지역에 대해 아는 바가 적지만, 고대 민족들이 선택한 그 어떤 곳도 로마처럼 그렇게 조건이 나쁜 곳은 없었으리라고 확신한다. 로마 인들은 결국 이 모든 것을 견뎌 냈기 때문에, 다시 로마 밖으로 나가 파괴된 도시들이 있던 자리에 별장을 짓고 삶을 즐길 수 있게 된 것이다.

1월 25일

이곳에서 많은 사람이 조용히 살면서 각자 자기 방식으로 일하는 모습은 실로 평화롭다. 타고난 독창성은 별로 없어도 예술에 삶을 바치면서 위대한 회화들을 미니어처 형태의 흥미로운 복제품으로 만드는 성직자의 집을 찾아갔다. 그의 가장 뛰어난 작품은 밀라노Milano에 있는 레오나르도 다빈치Leonardo da Vinci의 《최후의 만찬》의 복제화이다. 그리스도가 제자들과 평화롭고 만족스러운 식사를 하고 나서 "하지만 너희 중 하나가 나를 배신할 것이다"라고 말하는 순간을 포착한 그림이다.

나는 이 그림이나 또는 다른 그림의 동판화를 구하기를 바란다. 이런 충실한 복제화를 광범위한 대중에게 보여 줄 수 있다면, 그것은 가장 큰 선물이 될 것이다.

며칠 전에는 프란체스코 수도회에 속하는 자키에Jacquier 신부를 보러 트리니타 데이 몬티Trinita dei Monti로 찾아갔다. 그는 프랑스 출신으로 수학적 저술들로 유명하며, 지금은 고령이지만 극히 유쾌하고도 이성적인 사람이다. 예전에는 아주 훌륭한 남자들을 알았었고, 심지어는 볼테르의 집에서도 몇 달을 보낸 적이 있었다. 볼테르는 그를 매우 좋아했었다.

그 밖에도 선량하고 성실한 인물들을 더 많이 알게 되었다. 이곳 성직자들 사이에 그런 사람이 수없이 많지만, 성직자다운 불신으로 인해 서로 멀리한다. 이곳 서점들은 서로 연결이 없고, 신간 서적들이 결실을 맺는 경우도 드물다.

그러니 고독한 사람에게는 은둔자를 찾아가는 것이 어울린다. 나는《아리스토데모스》를 위해 여러모로 애를 썼는데, 이 작품의 성공 이후로 사람들이 다시 나를 유혹하려 들었다. 하지만 그것이 나와 아무런 상관도 없는 일이라는 것은 너무나 분명했다. 그들은 자기편을 강화하기 위해 나를 그냥 도구로 사용하려는 것뿐이다. 내가 밖으로 나가 어느 한편을 들었다면, 나도 유령이 되어 잠깐의 역할을 했을 것이다. 하지만 나와는 아무 일도 시작할 수 없음을 알고 그들은 나를 내버려 두었고, 나는 확고히 내 길을 계속 가고 있다.

그렇다, 내 삶은 적절한 균형을 잡아 주는 바닥짐을 얻었다. 그토록 자주 나를 갖고 놀던 저 유령들이 이제 더는 두렵지 않다. 그러니 여러분도 기뻐하시라, 나는 두 발로 똑바로 서서 여러분에게 돌아갈 것이니.

1787년 1월 28일

모든 것을 관통하면서, 매 순간 거기 헌신할 것을 요구하는 두 가지 관찰이 내게 분명해졌으니, 이제는 그것을 밝히고자 한다.

먼저, 조각나서 사방에 흩어진 형태로라도 이 도시가 지닌 엄청난 풍성함 때문에, 어떤 예술품을 보든 그것이 생명을 얻은 시대를 물어야 한다. 빙켈만은 우리에게 시대를 구분하고, 시간의 흐름에 따라 생겨났다가 마지막에 다시 망가져 버린, 여러 민족들의 다양한 양식을 식별하라는 자극을 주었다. 모든 참된 예술의 친구는 이 점을 분명히 납득했다. 우리 모두가 이 요구의 올바름과 중요성을 확고히 깨닫고 있다.

하지만 대체 어떻게 이런 인식에 도달한단 말인가! 개념은 올바르고 훌륭하게 제시되었다지만, 많은 준비가 없이는 개별적인 것들은 불확실한 상태로 남아 있게 마련이다. 여러 해 동안 눈을 확고히 훈련하는 일이 꼭 필요하다. 우선 질문하는 법을 배워야 한다. 여기서 망설이고 머뭇거려 봐야 아무 도움도 되지 않는다. 이 중요한 문제에 주목하게 되었으니, 이를 진지하게 여기는 사람은 누구나, 이 영역에서도 역사적으로 발전할 수 있는 것 말고는 다른 어떤 판단도 가능하지 않다는 것을 깨달을 것이다.

두 번째 관찰은 오로지 고대 그리스의 예술에만 한정된 것인데, 저 비할 바 없는 그리스 예술가들이 어떻게 작업하여 인간의 신체에서 신과 같은 형태의 원圓을 발전시켰는가를 탐색하는 일이다. 이 원 안에서 그 어떤 핵심적인 모습도, 변화 과정과 중개까지도 빠진 것이 거의 없는, 완결된 원이다. 나는 그들이 자연이 따르는 것과 같은 법칙에 따라서, 그리고 내가 추적하고 있는 바로 그 법칙에 따라서 작업했다고 추측한다. 다만 거기에는 다른 점도 있는데, 나로서는 그것을 표현할 바를 모르겠다.

1787년 2월 2일

만월滿月 아래서 로마를 가로질러 걷는 아름다움에 대해 경험해 보지 않은 사람은 그야말로 상상할 수도 없다. 모든 개별적인 것들이 빛과 어둠이라는 거대한 덩어리에 삼켜지고, 오로지 가장 크고 가장 보편적인 형태들만 눈에 드러난다. 사흘 전부터 우리는 가장 밝고도 훌륭한 밤을 그야말로 완벽하게 즐겼다. 콜로세움은 뛰어나게 아름다운 모습. 밤이면 문이 잠기는데, 어떤 은둔자가 그 안의 작은 예배당 앞에 살고, 거지 몇 명도 쓰러져 가는 아치들 사이에 자리를 잡았다. 그들은 평평한 바닥에 불을 피웠는데, 고요한 대기가 연기를 우선 경기장으로 퍼뜨려서 폐허의 아래 부분을 온통 뒤덮고, 그 위의 거대한 벽만이 어두운 모습으로 우뚝 솟아올랐다. 우리는 철책에 기대서서 이 현상을 바라보았다. 달이 밝은 모습으로 높이 떠 있었다. 벽들과 구멍, 출입구들을 통해 연기가 차츰 빠져나가는데, 달빛에 연기는 안개처럼 보였다. 그 광경이 참으로 경이로웠다. 판테온, 카피톨리노 언덕, 성 베드로 성당의 광장과 다른 큰 거리와 광장들도 이렇게 달빛 속에서 관찰해야 한다. 인간의 정신처럼, 해와 달도 이곳에서는 다른 장소에서와는 전혀 다르게 작용한다. 이곳에서는 햇빛과 달빛이 인간이 만들어 낸 거대한 덩어리들에 부딪히기 때문이다.

2월 13일

비록 작지만 행운의 사건을 언급해야겠다. 모든 행운은 크거나 작거나 **동일한** 종류의 것이며, 언제나 즐거운 일이니. 트리니타 데이 몬티에서 새로운 오벨리스크를 세우려고 땅을 팠는데, 거기 쌓아 올린 흙더미의 위쪽은 [기원전 60년에 만들어진] 루쿨루스Lucullus의 정원 폐허에서 나온 흙이다. 루쿨루스 정원은 나중에 로마 황제들이 차지했었다. 가발 만드는 사람이 이른 아침에 그곳을 지나다가 흙더미에서 몇몇 형태들이 그려진 납작한 테라코타 조각을 발견해서는 잘 씻어서 우리에게 보여 주었다. 나는 즉시 그것을 샀다. 손바닥 크기도 안 되는데, 커다란 주발의 가장자리였던 것으로 보인다. 제단의 측면에 붙인 그리핀[독수리 머리와 날개에 사자 몸뚱이를 한] 두 마리의 모습이 그려져 있다. 이들이 극히 아름다워서 나를 무한히 기쁘게 한다. 이 모습을 돌에 새기면, 그것으로 편지에 멋진 봉인을 할 수 있을 것이다.

다른 많은 것들도 내 주변으로 모였는데, 헛된 것이나 공허한 것은 없다. 여기서는 그런 일이 불가능하다. 모든 것이 무언가를 가르쳐 주고 의미심장하다. 하지만 내가 영혼에 지니게 된 것, 점점 자라서 점점 더 커질 수 있는 것이 내게는 가장 좋다.

2월 15일

나폴리로 출발하기 전에 《이피게니아》를 한 번 더 낭독하는 일을 피할 수가 없었다. 마담 앙겔리카와 궁정 고문관 라이펜슈타인이 청중이었는데, 아내가 그것을 소망하니 추키 씨까지도 함께 졸라 댔다. 그사이에 추키는 커다란 건축물에 장식용 드로잉 작업을 했는데, 그는 이 분야의 전문가이다. 그는 클레리소Clérisseau와 아주 가까운 사이라서 두 사람이 함께 달마티아Dalmatia에 갔었다. 그곳에서 그가 건축물과 폐허의 여러 형태들을 그렸고, 나중에 클레리소가 이것을 책으로 펴냈다. 이 과정에서 추키는 원근법과 그 효과에 대해 아주 많이 공부했기에, 지금 노년을 맞이하여 종이만 있으면 아주 즐거운 방식으로 즐길 수가 있다.

섬세한 영혼을 지닌 앙겔리카는 이루 말할 수 없는 공감과 이해력으로 희곡의 낭독을 들었다. 그런 다음 한 구절을 바탕으로 드로잉을 제작하여 내게 기념품으로 선물하겠다고 약속했다. 내가 로마를 떠날 준비를 하는 지금, 나는 선의를 품은 이 사람들과 사랑의 방식으로 연결되었다. 사람들이 나를 떠나보내기 싫어한다고 확신하니, 즐겁고도 고통스럽다.

1787년 2월 16일

《이피게니아》가 잘 도착했다는 사실이 놀랍고도 유쾌한 방식으로 내게 전달되었다. 오페라에 가는 길에 잘 아는 필체의 편지를 받았다. 게다가 작은 사자로 봉인된 것으로 보아 저 소포가 잘 도착했음도 미리 알 수 있었으니, 기쁨이 두 배였다. 서둘러 오페라 하우스로 가서 커다란 샹들리에 아래 낯선 사람들 한가운데 자리를 잡았다. 다시 내 친구들에게 그토록 가까이 있음을 느끼니, 벌떡 뛰어 일어나 그들을 포옹하고 싶은 기분. 소포가 잘 도착했음을 이토록 분명하게 보여 준 것이 고맙다. 여러분의 다음번 편지가 갈채의 말을 담고 있기를 소망해 본다.

괴셴Göschen 출판사에서 내게 주기로 되어 있는 책 몇 권을 친구들 사이에 어떻게 분배하면 좋을지 목록을 첨부한다. 독자가 이 작품을 어떻게 여기든 상관없지만, 그래도 친구들은 이 작품에서 얼마만큼이라도 기쁨을 느꼈으면 싶다.

나는 지나치게 많은 일을 벌였다. 마지막 네 권 전체를 생각하면 어지럼증이 생기려 하니, 낱권으로 공략해야만 어떻게든 해 볼 수 있을 것 같다.

처음 결정대로 이 작품들을 단편 상태로 먼저 세상에 내놓고, 더욱 신선한 관심으로 생겨난 새로운 대상을 향해 신선한 기분과 힘으로 덤벼드는 편이 더 좋았던 것일까? 《타소》의 변덕스러운 기분을 다루는 것보다 《델피의 이피게니아》를 쓰는 편이 더 좋을까? 하지만 이미 너무 깊숙이 《타소》 안으로 들어와 버렸으니, 아무런 결실도 없이 포기하기는 어렵게 되었다.

홀의 벽난로 옆에 자리를 잡았는데, 이번에는 석탄을 두둑이 넣어 훈훈한 난로의 열기가 내게 계속해서 다음 페이지를 쓸 용기를 준다. 가장 최신의 생각들을 들고 먼 곳으로 날아가는 것, 가장 가까운 사람들이 있는 곳으로 말로라도 다가갈 수 있다는 것이 너무 좋으니 말이다. 날씨는 극히 좋고, 낮은 눈에 띄게 길어졌다. 월계수와 회양목이 꽃을 피우고, 아몬드 나무도 마찬가지이다. 오늘 아침 경이로운 풍경에 깜짝 놀랐다. 멀리 있는 키 큰 장대 같은 나무가 온통 아름다운 보라색으로 뒤덮인 것을 보았다. 가까이 다가가 살펴보니 그것은 우리가 흔히 온실에서 '유다 나무'라고 부르는 것, 식물학자에게는 cercis siliquastrum[유럽 박태기]으로 알려진 나무였다. 보라색 나비 모양 꽃들이 가지에 직접 매달려 있다. 눈앞에 보이는 나무들은 겨우내 가지를 쳐 놓았는데, 나무껍질에서 뛰어난 모양과 색깔의 꽃들이 수천 개나 솟아 나온 것이다. 데이지 꽃은 개미 떼처럼 땅바닥에서 올라오고, 크로커스와 복수초는 그보다는 드물지만 그만큼 더 장식적이고 우아하다.

이 나라의 더 남쪽 부분이 나를 위해 예비하고 있는 자연 작품과 예술 작품이 내게 어떤 기쁨과 인식을 줄 것인가! 그에 대해서는 아주 많은 글이 쓰였으니, 직접 보는 사람은 누구라도 그것을 새로운 맥락 안에 집어넣을 수 있을 것이다.

나폴리를, 심지어 시칠리아를 생각하면, 이야기에서도 그림에서도 세계의 낙원인 이 장소들에는 수천 년 전부터 그곳에 사는 사람들을 놀라게 하고 또 당혹하게 만든 저 막강한 화산 지옥이 입을 벌리고 있다는 생각도 동시에 떠오른다.

하지만 출발하기 전에 먼저 고대 세계의 수도를 제대로 이용하려고, 다양한 의미를 품은 남쪽의 모습들에 대한 기대를 기꺼이 마음에서 몰아낸다.

2주 전부터 계속 아침부터 밤늦게까지 움직이면서 아직 보지 못한 것들을 찾아다니는 중이다. 가장 뛰어난 것들은 두 번 세 번 관찰해야 어느 정도 정리가 된다. 핵심적인 것들이 올바른 자리를 잡자, 그보다 못한 수많은 다른 것들도 그 사이에 자리를 차지한다. 내가 사랑하는 것들이 정화되고 결정되면서, 이제 내 감정은 침착한 관심으로 더욱 위대한 진짜배기를 향해 나아간다.

벽난로 앞의 긴 그림자, Johann Heinrich Wilhelm Tischbein 作

화가나 조각가는 온갖 모방의 방식을 통해 고대인들의 위대한 의도에 더욱 가까이 다가가고, 단순히 보고 생각하는 사람보다 그들을 더 잘 이해할 수 있으니 그들이 부럽다. 하지만 결국은 누구나 제가 할 수 있는 것을 하는 법, 그래서 나도 이 해안들을 배로 돌아보려고 내 정신의 돛을 있는 대로 활짝 펼친다.

벽난로는 이번에는 제대로 달구어졌고, 좋은 석탄이 수북이 쌓여 있다. 누군가가 여러 시간씩이나 벽난로 불을 보살필 마음이나 시간을 내기가 쉽지 않은 탓에 여기서는 퍽 드문 일이다. 그러니 이 멋진 환경을 이용해서 이미 절반쯤 흐려진 서판의 메모에서 몇 가지를 더 구해 내야겠다.

2월 2일에 우리는 시스티나 예배당의 예배에 참석했는데, 촛불이 잔뜩 켜져 있었다. 나는 곧바로 기분이 나빠져서, 친구들과 함께 서둘러 도로 밖으로 뛰쳐나오고 말았다. 벌써 300년 전부터 이 뛰어난 그림들[시스티나 천장화와 제단화]을 저렇게 시커멓게 만드는 것이 바로 촛불과 향인데, 거룩하지만 파렴치한 이런 예배가 세상에 하나뿐인 태양을 가릴 뿐만 아니라, 해가 갈수록 더욱 흐리게 만들어서 나중에는 완전히 어둠 속에 빠뜨리고 말 것이라는 생각 때문이었다.

이어서 우리는 밖으로 나가 오래 걸어서 산토노프리오Sant' Onofrio로 갔다. 한구석에 타소가 잠들어 있는 곳이다. 수도원 도서관에는 그의 흉상이 세워져 있다. 얼굴은 밀랍으로 되어 있는데, 그것이 그의 데스마스크라고 믿을 수 있을 듯싶다. 아주 분명하지는 않고 여기저기 망가져 있기는 해도, 다른 어떤 초상화보다도 더 많이, 재능이 많고 섬세하고 사랑스러운, 내면으로 침잠한 한 남자의 모습을 보여 준다.

이번에는 여기까지. 이제는 솔직한 폴크만 여행서의 제2부, 로마를 포함하는 이 부분에서 내가 아직 보지 못한 것들을 골라내야겠다. 나폴리로 떠나기 전에 적어도 수확물을 거두어들여야지. 결실을 볏단으로 묶을 좋은 날들이 찾아올 것이다.

2월 17일

날씨는 이루 말할 수 없이 좋다. 2월 내내 4일만 비가 왔고, 맑고도 순수한 하늘에 한낮이면 거의 무더울 정도. 이제 야외를 찾는 계절이다. 지금껏 신들과 영웅들하고만 같이 지냈으니 경치도 제자리를 차지해야지. 사람들은 극히 아름다운 날씨가 더욱 생동하게 만드는 주변 환경에 집착한다. 북부 화가들이 초가지붕과 쓰러진 성城들로 무언가를 만들어 내려 애쓰고, 또 시냇물과 덤불과 부서진 돌들에서 어떻게든 회화繪畫의 효과를 얻으려 하던 것이 이따금 기억난다. 그럴수록 나 자신이 더욱 놀랍게 생각된다. 오랜 습관으로 인해 내게도 아직 그런 것들이 남아 있기 때문이다. 하지만 2주 전부터는 용기를 내서 작은 도화지를 챙겨 들고, 별장들이 여기저기 자리 잡은 골짜기와 언덕으로 나간다. 그러고는 별로 생각도 하지 않고 눈에 띄는 대로 진짜 남부와 로마의 모습들을 드로잉하고, 행운의 도움을 받아 거기에 명암을 부여하려고 애쓴다. 무엇이 좋고 더 나은지 분명히 볼 수 있다는 것은 아주 특별한 일이다. 하지만 그것을 자기 것으로 삼으려 하면 곧바로 손가락 사이로 빠져나가 버리니, 우리는 올바른 것을 잡는 것이 아니라 우리가 익숙하게 늘 잡곤 하던 것을 붙잡는다. 규칙적인 연습을 통해서만 앞으로 나아갈 수 있을 터인데, 내가 대체 어떻게 그럴 시간과 집중력을 얻으랴! 그런데도 보름 동안의 정열적인 노력으로 많은 점에서 개선되었음을 느낀다.

화가들은 나를 기꺼이 도와주는데, 내가 파악이 빠르기 때문이다. 하지만 설사 파악했다 해도 그리 빨리 실천으로 옮겨지지는 않는다. 무언가를 재빨리 파악하는 것은 어차피 정신의 특성이지만, 무언가를 올바르게 행하는 것은 평생의 연습에 속하는 일이기 때문이다.

그런데도 그것을 사랑하는 사람이라면 노력이 허약하다 해도 쉽게 물러서서는 안 된다. 자주 서두르면서, 드물게만 올바르게 몇 개 안 되는 선들을 종이에 그어 본[스케치한] 것만으로도 감각적인 물체에 대한 온갖 표상들이 더 쉬워졌다. 대상을 더욱 정밀하고 날카롭게 관찰할수록, 우리는 오히려 보편성을 향하기 때문이다.

다만 화가와 자신을 비교해서는 안 되고, 그냥 자신의 방식에 따라 작업해야 한다. 자연은 제 자식들을 보살피는 법이니, 가장 하찮은 자라도 가장 뛰어난 자의 존재를 통해 조금도 제 존재에 해를 입지는 않는다. "작은 남자도 남자다!" 이것으로 그만 끝내기로 하자.

나는 바다를 두 번 보았다. 먼저 아드리아 해, 이어서 지중해, 그냥 지나치는 길에 본 것에 지나지 않지만. 나폴리에서는 바다와 더욱 친해지리라. 내 안에서 모든 것이 갑자기 움직이기 시작한다. 어째서 더 일찍, 더 쉽게 그러지 않았던가! 얼마나 많은 것들을 새로이 처음부터 이야기하고 싶은지!

1787년 2월 17일, 사육제의 소란이 가라앉은 저녁

모리츠를 혼자 두고 떠나기가 내키지 않는다. 그는 좋은 진척을 보이고 있지만, 그가 홀로 자신을 보살펴야 한다면 곧바로 좋아하는 은둔처를 찾아내 숨어 버릴 것이다. 나는 그를 부추겨 헤르더에게 편지를 쓰게 했다. 그 편지를 여기 동봉한다. 쓸모 있고도 도움이 되는 답장을 기대한다. 그는 특별히 좋은 사람으로, 이따금 자신에게 자신의 상태를 설명해 줄 능력과 사랑이 충분한 사람을 만날 수만 있다면, 훨씬 더 발전할 것이다. 현재로서는 헤르더가 이따금 그에게 편지를 써 주는 것보다 더 나은 일이 없을 것 같다. 그는 찬양할 만한 고고학적 작업에 몰두하고 있는데, 격려를 받을 만한 일이다. 헤르더가 자신의 수고와 가르침을 주기에 이보다 더 비옥한 토양을 찾아내기란 쉽지 않을 것이다.

티슈바인이 시도하는 나의 대형 초상화는 캔버스에서도 이미 모습을 드러내고 있다. 그는 능숙한 조각가에게 작은 점토 모형을 만들어 달라고 부탁했는데, 이 모델은 그야말로 사랑스럽게 외투를 몸에 두른 모습이다. 그는 이 모델을 보고 그림을 완성할 것인데, 물론 우리가 나폴리로 출발하기 전에 어느 정도까지는 완성되어 있어야 한다. 그렇게 큰 캔버스에 색깔을 입히는 데만도 시간이 꽤 들기 때문이다.

2월 19일

날씨는 계속 모든 표현을 능가할 정도로 아름답다. 오늘은 사육제 바보들 사이에서 고통스러운 하루를 보냈다. 밤이 시작되면서 메디치Medici 별장에서 쉬었다. 초승달이 방금 졌다. 가냘픈 초승달 옆으로 거의 맨눈으로도 달의 둥근 모습 전체가 보일 정도이고, 망원경을 쓰면 아주 뚜렷하게 보인다. 땅에는 클로드 로랭Claude Lorrain의 그림과 드로잉에서 볼 수 있는 낮의 아지랑이가 남아 있지만, 자연 현상으로는 여기서처럼 그렇게 아름다운 모습을 쉽게 보기 어렵다. 내가 알지 못하는 꽃들이 땅에서 올라온다. 아몬드 나무가 꽃을 피우면서 검푸른 떡갈나무들 사이에서 새로운 우아함을 드러낸다. 하늘은 햇빛을 받아 빛나는 담청색 태피터 천 같다. 나폴리는 얼마나 더 아름다운 모습일지! 사방이 벌써 초록빛이다. 식물학을 향한 내 성향은 이 모든 것에서 힘을 얻고 있거니와, [식물학과] 새롭고도 아름다운 관계를 정립하고, 비할 바 없는 힘을 지닌 자연이 단순한 것으로 시작하여 극히 다양한 것들을 내놓는 방법을 알아낼 준비를 하는 중이다.

베수비오 화산은 돌과 화산재를 쏟아 내고 있으며, 밤이면 정상 부근이 벌겋게 달아오른 것이 보인다고 한다. 활동하는 자연이 우리에게도 용암의 흐름을 보내 주기를! 이제 이 거대한 대상이 내 것이 되기까지 거의 기다릴 수가 없을 정도이다.

2월 20일, 재의 수요일

이제 사육제 바보짓은 끝났다. 어제저녁 수많은 작은 촛불이 장관을 이루었다. 로마의 사육제를 보겠다는 소원을 완전히 털어 버리려면, 한 번은 완전히 보아 두어야 한다. 그에 대해 쓸 것은 없지만 언젠가 입으로 전한다면 상당히 재미가 있을 것이다. 거기서 불쾌하게 느낀 것은, 사람들에게 내적인 즐거움이 결핍되어 있다는 것, 그들이 아직도 지니고 있는 작은 소망을 만족시킬 만한 돈이 없다는 것이다. 귀족들은 인색하여 뒤로 물러서 있고, 중간층은 돈이 없고, 민중은 마비되어 있다. 지난 며칠 동안 믿을 수 없을 정도의 소동이 있었지만, 마음으로부터의 기쁨은 없었다. 무한히 순수하고 아름다운 하늘은, 그토록 고귀하고도 무구한 모습으로, 이런 소동을 물끄러미 바라보았다.

하지만 여기서 그것을 서술하는 것을 완전히 그만둘 수는 없으니, 아이들에게 즐거움을 주려고 카니발의 가면과 로마의 오리지널 의상들을 드로잉해서 거기 색을 입혔다. 이 그림들은 [어린이들도 보는 책] 《눈에 보이는 세상Orbis pictus》에 빠져 있는 챕터 하나를 아이들에게 보충해서 보여 줄 것이다.

1787년 2월 21일

짐을 싸는 사이의 순간들을 이용해서 몇 가지 빠진 것들을 기록한다. 내일 우리는 나폴리로 떠난다. 이루 말할 수 없이 아름답다고들 하는 새로운 광경을 고대한다. 저 낙원과도 같은 자연에서 새로운 자유와 즐거움을 얻고, 이곳 진지한 로마로 다시 돌아와 예술 공부를 계속하기를 바란다.

짐 꾸리기는 쉽다. 6개월 전보다 가벼운 마음으로 짐을 꾸린다. 내게 그토록 사랑스럽고도 소중한 모든 것을 잘라 냈기 때문이다. 벌써 반년이나 지났다. 그리고 로마에서 보낸 지난 4개월 동안 나는 단 한 순간도 헛되이 보내지 않았다. 이것은 대단한 말처럼 들리지만, 전혀 과장이 아니다.

《이피게니아》가 그곳에 도착한 것을 알고 있다. 베수비오 기슭에서 여러분이 그것을 좋게 받아들였다는 소식을 읽고 싶다.

티슈바인은 화가로서 자연에 대해서도 아주 뛰어난 눈길을 지니고 있는데, 이번 여행을 그와 함께하기로 한 것이 내게는 아주 중요하다. 하지만 우리는 진짜 독일인으로서 의도와 작업 계획 등에서 완전히 벗어날 수가 없다. 가장 아름다운 종이들을 샀으니 거기에 드로잉을 할 생각이다. 대상이 많은 데다 아름답고도 빛나는 것들이라, 아마 우리의 좋은 의도에도 한계가 생기겠지만.

나 자신에 대해 한 가지는 확실하다.《타소》말고는 다른 어떤 문학 작업도 가져가지 않는다. 이 작품에 최고의 희망을 걸고 있다. 여러분이《이피게니아》에 대해 무슨 말을 할지 안다면, 그것이 내게 안내 역할을 해 줄 텐데. 이번의《타소》도 거의 비슷한 작품이며, 소재는 오히려《이피게니아》보다도 더욱 제한되어 있다. 그런데도 디테일 면에서는 작업이 더 많이 완성되어 있다. 하지만 이것이 무엇이 될지도 아직 모른 채로, 이미 완성된 부분을 완전히 파기해야 한다. 너무 오래 묵었고, 인물도 플롯도 말투도 현재 나의 관점과는 조금도 상관이 없기 때문이다.

방을 비우는 과정에서 사랑하는 여러분의 편지 몇 통이 도착했고, 이들을 읽으면서 내가 편지에서 모순된 말을 한다는 비난을 보았다. 나 자신은 그것을 알아차리지 못했다. 쓴 것을 언제나 곧바로 부쳐 버렸으니 말이다. 그래도 매우 그럴 법한 말이다. 나는 엄청난 힘들에 이리저리 휘둘리고 있었으니, 자신이 어디 있는지 항상 제대로 알지는 못했다는 것도 퍽 자연스러운 일이기 때문이다.

바다에서 폭풍우 치는 밤을 만난 뱃사람이 집으로 가려고 애쓴 이야기를 해 보자. 어둠 속에서 아버지만 믿고 있던 어린 아들이 이렇게 물었다. "아버지, 어쩔 때는 우리 위에 있다가 어쩔 때는 우리 아래에 있는 저 바보 같은 불빛은 뭔가요?" 아버지는 아들에게 이튿날 설명을 해 주겠노라고 약속했다. 사나운 파도로 인해 위아래로 흔들리는 눈길에 한 번은 위에, 한 번은 아래에 있는 것처럼 보이던 것은 등대의 불빛이었다.

나도 사납게 요동치는 바다에서 항구를 찾아가는 중인데, 등대의 불빛이 위치가 바뀌는 것처럼 보여도 눈은 오로지 그 불빛만을 향하고 있으니, 마지막에는 해안에 안전하게 도착할 것이다.

여행을 떠나는 순간에는 언제나 자신도 모르게 이전의 이별과, 앞으로 닥쳐올 마지막 이별을 생각하게 마련인데, 내게도 이번에는 전보다 더욱 강력하게 그런 생각이 밀려들어 온다. 우리가 삶을 위해 너무 많은 사전 준비를 한다는 생각도 든다. 티슈바인과 내가 아주 많은 훌륭한 것들, 그중에서도 우리 자신이 만든 박물관에도 등을 돌리고 있으니 말이다. 서로 비교해 보려고 세 개의 유노상을 마련했는데, 우리는 마치 하나도 없는 양 그것들을 그대로 두고 떠난다.

나폴리와 시칠리아

2

나폴리

1787년 2월 22일, 벨레트리Velletri

좋은 시간에 여기 도착했다. 엊그제 이미 구름이 끼면서 아름다운 날씨가 흐려졌지만, 대기의 몇 가지 움직임이 머지않아 날씨가 다시 좋아질 것을 예고했고, 정말로도 그랬다. 구름이 차츰 흩어지면서 여기저기 푸른 하늘이 나타나더니, 마침내 햇빛이 우리 길을 비추어 주었다. 우리는 알바노Albano를 지났고, 겐차노Genzano에 도착하기 전에, 소유주인 키지Chigi 왕자가 기묘한 방식으로 유지하면서도 관리하지는 않는, 그런 탓인지 누가 안을 둘러보기를 바라지도 않는 공원 입구에 멈추었다. 그야말로 야생으로 돌아간 곳. 나무와 관목, 잡초와 덩굴 식물이 멋대로 자라고 말라비틀어지고 쓰러져서 썩고 있다. 모든 것이 그런 모습으로 오히려 더욱 좋다. 입구 앞 광장은 이루 말할 수 없이 아름답다. 높은 담이 골짜기를 둘러싸고 있지만, 격자문을 통해 안을 들여다볼 수 있다. 위쪽으로 언덕이 솟아 있고, 그 꼭대기에 성이 있다. 위대한 화가라면 그야말로 대단한 그림의 주제로 삼을 만하다.

더 이상 서술할 수는 없을 것 같다. 다만 우리가 언덕에서 세차Sezza 산맥과 폰티노Pontino 습지, 바다와 섬들을 내려다보고 있을 때, 한순간 강한 소나기가 습지를 통과하여 바다로 향했다. 빛과 그림자가 번갈아 움직이며 황량한 평원에 극히 다채로운 생기를 불어넣었다. 여기에다 보이지도 않는 오두막들 여기저기서 올라오는 연기구름 몇 개까지 더해서 햇빛을 받아 매우 아름다운 효과를 냈다.

벨레트리는 화산으로 형성된 언덕 위에 자리 잡았는데, 북쪽만 다른 언덕들과 연결되고, 나머지 세 방향은 극히 광활한 전망을 열어 준다.

우리는 귀족인 보르지아Borgia 가문의 박물관을 방문했다. 추기경과 친척이고 포교청 담당자와도 친척인 덕분에, 보르지아 집안은 뛰어난 고대 물품과 그 밖에도 매우 주목할 만한 것들을 여기 모아 놓을 수가 있었다. 가장 단단한 돌들을 깎아 만든 이집트 신상神像들, 고대와 그보다 후대에 나온 작은 금속상像들, 근처에서 발굴한 점토 부조상들 등이다. 특히 이 마지막 작품들은 고대 볼시Volsci 사람들이 고유한 양식을 가졌다는 생각을 하게 만든다.

박물관에는 그 밖에도 온갖 희귀한 물품들이 많이 보존되고 있다. 그중에 중국산 먹물 그릇 두 개가 있는데, 그중 하나에는 누에치기의 전 과정이, 또 다른 하나에는 벼농사 과정이 묘사되어 있다. 둘 다 극히 단순한 모습을 극히 공들여서 표현했다. 먹물 그릇과 그 포장이 몹시 아름다우니, 저 포교청 도서관에서 내가 찬양한 책과 나란히 놓아도 손색이 없을 듯하다.

로마 가까이에 이런 보물을 두고도 더 자주 이곳을 찾지 않았다니 부끄러운 일이다. 하지만 이 지역으로 나오기가 매우 불편하고, 로마가 지닌 마법의 힘이 워낙 강력하다는 것으로 변명을 삼고 싶다. 숙소로 돌아오는데 아낙네 몇 명이 각기 자기 집 앞에 앉아 있다가 우리에게 고대 물건을 살 마음이 있느냐고 소리쳤다. 우리가 큰 관심을 보이자 그들은 낡은 솥이며 부지깽이 등 온갖 낡아빠진 가재도구를 들고 오더니, 우리를 속였다고 죽어라 웃어 댄다. 우리가 몹시 화를 내자 안내인이 우리를 진정시켰다. 이런 장난은 이곳의 관례로서 모든 이방인이 이곳에서 치르지 않을 수 없는 대가라는 설명이다.

매우 후진 숙소에서 이 글을 쓰고 있는데, 글을 더 써 나갈 기력도 기분도 나지 않는다. 그러니 친절한 마음으로 밤 인사를 보낸다!

1787년 2월 23일, 폰디Fondi

새벽 세 시에 길을 나섰다. 날이 밝자 어느새 폰티노 습지에 와 있다. 하지만 습지는 로마에서 자주 들었던 것처럼 그렇게 사나운 꼴은 아니다. '습지 말리기'라는 광범위하고 거대한 기획에 대해, 지나가는 여행길에 잠깐 본 것만으로 판단할 수는 없는 일이다. 다만 교황의 지시로 시행되는 이 사업은 적어도 대부분 최종 목적을 달성할 것으로 보인다. 북쪽에서 남쪽으로 계속 이어지면서, 산맥을 향하는 동쪽 땅은 더 낮고, 바다를 향하는 서쪽 땅은 점점 높아지는 너른 골짜기 평원을 연상해 보라.

습지 전체의 길이를 따라 직선으로 고대의 아피아 가도Via Appia가 복구되어 있다. 도로 오른편을 따라 중심 운하를 만들었는데 그 안으로 물이 흐른다. 덕분에 바다까지 펼쳐지는 오른편 습지는 완전히 말라서 농경지로 쓰인다. 눈길이 미치는 한 농사를 짓는 땅이고, 소작농민만 있다면 너무 낮은 몇 군데 땅만 빼고는 전부 농사를 지을 수가 있다.

아피아 가도 왼편으로 산맥을 바라보는 습지는 다루기가 더욱 어렵다. 도로를 가로지르는 운하들이 도로 아래로 중심 운하와 연결되어 있기는 하지만, 산맥을 향해 펼쳐지는 땅이 너무 낮아서 이런 식으로는 물을 뺄 수가 없다. 산맥 쪽에 또 다른 운하를 건설할 예정이라고 한다. 거대한 땅덩이, 특히 테라치나Terracina에 이르는 긴 구역에서 버드나무와 포플러 나무들이 자라고 있다.

역마차가 머무는 역참 하나는 그냥 긴 초가집이다. 티슈바인은 그 집을 그리면서

나폴리 인근의 만과 성채, Goethe 作

그 자신만이 온전히 느낄 수 있는 만족감으로 보상을 받았다. 물을 뺀 초원에 백마 한 마리를 풀어놓았는데, 녀석은 제가 얻은 자유를 마음껏 누리며 갈색 땅 위를 한 줄기 빛처럼 이리저리 돌아다닌다. 티슈바인의 열광을 통해 비로소 올바른 의미를 얻게 된 그야말로 멋진 풍경.

예전에 메차Meza 마을이 있던 곳에 교황의 지시에 따라 평원의 중심점을 알려 줄 커다랗고 아름다운 건물이 세워졌다. 그 모습이 전체 기획에 희망과 신뢰를 더욱 키워 준다. 그렇게 우리는 이 길에서 졸지 말라는 경고를 마음에 새긴 채, 생동하는 즐거움을 느끼면서 앞으로 나아갔다. 게다가 이 계절에 벌써 땅바닥에서 어느 정도 떨어진 높이에서 떠도는 푸르스름한 증기가 습지의 위험한 대기층을 알려 주고 있었다. 그럴수록 높은 곳에 자리 잡은 테라치나의 위치가 기쁘고도 바람직한 것으로 여겨졌다. 그것을 보고 즐거워하는데 벌써 도시 바로 앞쪽의 바다가 보였다. 곧이어 도시가 위치한 산의 저편에서 새로운 식물들의 장관이 나타났다. 잿빛 도는 초록색의 키 작은 도금양 사이로, 누르스름한 초록 석류나무와 연초록 올리브 나뭇가지 아래서, 인도 무화과나무가 크고도 통통한 잎사귀를 펼치고 있다. 길가에는 전에 한 번도 본 적이 없는 새로운 꽃과 관목들이 보였다. 들판에는 수선화와 복수초가 꽃을 피웠는데, 길 오른편으로 한참이나 바다가 계속된다. 하지만 가까운 왼편에 석회암벽이 남아 있다. 이들은 티볼리Tivoli에서 출발하여 바다까지 연결되는 아펜니노 산맥의 끝자락이다. 티볼리에서 시작하여 로마 평원을 통과하고, 프라스카티, 알바노, 벨레트리 등 화산 지역을 지나, 마지막으로 폰티노 습지에 의해 양쪽으로 갈라졌다가 여기에 이르는 것이다. 폰티노 습지가 끝나는 곳, 테라치나를 마주 보는 치르첼로Circello 산山도 아마 길게 이어진 석회암으로 이루어졌을 것이다.

우리는 바다를 떠나 곧바로 폰디 평원으로 들어간다. 너무 거칠지 않은 산맥으로 둘러싸인 비옥한 농업 지대인 이 작은 지역은 모든 여행자를 미소로 맞이한다. 아직도 많은 오렌지가 나무에 매달려 있고, 초록색 새순을 내놓는 농작물은 대부분 밀이다. 경작지에는 올리브 나무들이 있고, 작은 도시 폰디는 저 아래 자리 잡았다. 야자수 하나가 솟아올라 인사를 한다. 오늘 저녁은 여기까지. 너무 빨리 흐르는 펜을 용서하시라. 나는 그냥 아무 생각도 없이 쓰기 위해 쓰고 있다. 쓸 내용은 너무 많은데 숙소는 너무 나쁘고, 그런데도 종이에 몇 가지를 털어놓으려는 나의 열망이 너무 크다. 밤이 시작될 때 도착했으니, 이제는 휴식을 얻을 시간.

1787년 2월 24일, 산타가타Sant'agata

추운 방에서 아름다운 하루에 대한 보고를 하는 처지. 우리가 폰디를 출발할 때는 이미 날이 훤했다. 곧 이어서 양편 담벼락 위로 귤이 매달린 길을 달렸다. 나무마다 그야말로 상상하기 힘들 정도로 많은 열매가 매달렸다. 위에서는 누르스름한 어린잎들이 나고 있는데, 아래쪽과 중간까지는 아직도 싱싱한 초록 잎들이 남아 있다. 미뇽Mignon이 이곳을 그리워할 만하다.*

이어서 적당한 거리를 두고 올리브 나무를 심어 놓은, 잘 갈아엎은 밀밭을 지나갔다. 바람이 올리브 나무를 흔들어 잎 아래쪽의 은색을 드러낸다. 잿빛 아침, 강한 북풍이 불면서 구름을 모조리 거두어 갈 것을 예고하고 있었다.

이어서 돌이 많지만 잘 경작되는 경작지 사이를 지나 길이 골짜기로 이어지는데, 들판에는 새로 올라온 작물의 초록 새순이 몹시 아름답다. [경작지 사이에] 낮은 담장으로 둘러싸인, 널찍하고 둥근, 바닥을 포장한 광장들이 보인다. 추수한 곡식을 볏단으로 만들어 집으로 운반하지 않고 즉석에서 탈곡하는 장소이다. 골짜기는 점점 더 좁아지고, 길은 산으로 올라간다. 양편에 헐벗은 석회암벽이 드러나 있다. 우리 뒤에서 폭풍이 점점 더 사나워지더니 싸락눈이 내리고, 떨어진 싸락눈은 아주 천천히 녹는다.

옛날 건물의 그물 모양 담장이 우리의 호기심을 자극했다. 지대가 높고 돌이 많은데도, 아주 작은 땅뙈기만 있어도 올리브 나무가 재배되고 있었다. 이어서 우리

*《빌헬름 마이스터의 수업 시대》에 실린 미뇽의 노래 '그리움을 아는 이만이……'는 이미 1785년에 쓰인 것.

는 올리브 나무들의 평원을 지나 곧바로 작은 도시에 이르렀는데, 이곳에서는 고대의 비석들과 온갖 종류의 파편들이 정원 울타리에 함께 섞여 들어가 있다. 이어서 훌륭한 담을 쳤건만 이제는 흙 속에 묻힌 고대 별장들의 아래층에 작은 올리브 숲이 자리 잡았다. 그런 다음 정수리에서 연기구름을 피워 올리는 베수비오 화산이 보였다.

귤나무가 풍부한 몰라 디 가에타Mola di Gaeta가 다시 우리에게 인사를 했다. 우리는 이곳에 몇 시간 머물렀다. 이 작은 도시 앞의 곶이 매우 아름다운 전망을 제공하는데, 바다가 여기까지 올라온다. 눈길이 오른쪽 해변을 따라가다가 마침내 반달 모양의 뾰쪽한 끝에 이르면, 여기서 적당한 거리에 암벽 위에 솟은 가에타 요새가 보인다. 왼편의 곶은 훨씬 길게 뻗어 있다. 먼저 산맥들이 보이고, 이어서 베수비오 산이, 그런 다음 섬들이 보인다. 이스키아Ischia 섬이 거의 맞은편 가운데로 보인다.

이곳 해변에서 처음으로 씻긴 불가사리와 섬게를 구경했다. 극히 섬세한 양피지처럼 아름답고 푸르스름한 잎사귀도 발견하고, 특이한 자갈들도 보았다. 석회석 자갈이 제일 흔하지만, 사문암, 벽옥, 석영, 화강암, 반암, 대리석 종류의 자갈들도 있다. 뒤에 열거한 암석 종류는 이 지역에서 잘 나지 않는 것들이니, 아마도 옛 건물들의 잔해일 것이다. 그러므로 우리는 파도가 우리 눈앞에서 이전 시대의 화려함을 가지고 놀 수도 있음을 목격하는 셈이다. 몰라 디 가에타에서 멀어지면서 바다가 사라져도 전망은 여전히 아름답다. 마지막 눈길이 머문 곳은 사랑스러운 작은 만, 우리는 그곳을 스케치했다. 이어서 알로에로 울타리를 두른 비옥한 들판. 산맥에서 내려와 어떤 알 수 없는 폐허로 연결되는 수도교를 보았다.

이어서 가릴리아노Garigliano 강을 건넜다. 상당히 비옥한 지대를 통과하여 산악 지대로 들어갔는데, 특별히 눈에 띄는 것은 없었다. 마침내 최초의 화산재 언덕. 눈 덮인 봉우리들을 먼 배경에 두고, 산들과 들판이 어우러진 크고도 장엄한 지역이 여기서부터 시작된다. 더 가까운 언덕 위에 눈에 띄는 긴 도시. 골짜기에는 산타가타.

깔끔한 숙소에 작은 방처럼 만들어진 벽난로에서 타오르는 불길. 하지만 우리 방은 춥고, 창문도 없이 덧문만 있으니 서둘러 이 글을 맺는다.

1787년 2월 25일, 나폴리

마침내 이곳에 잘 도착했고, 징조도 좋다. 오늘의 여행에 대해서. 해가 뜰 때 산타 가타를 출발했다. 우리 뒤에서 바람이 격하게 불었는데, 이 북동풍이 종일 계속되었다. 정오가 되어서야 구름에서 벗어났다. 우리는 추위에 시달렸다.

길은 다시 화산 언덕들을 통과하는, 또는 넘어가는 것으로, 여기서는 석회암이 거의 보이지 않는 것 같다. 마지막에 카푸아Capua 평원에 도달하고, 곧바로 카푸아 시에 도착했다. 그곳에서 점심시간을 보냈다. 오후에는 아름다운 평지가 눈앞에 펼쳐졌다. 대로는 푸른 밀밭 사이를 지나는데, 밀은 벌써 한 뼘 정도나 자라서 양탄자처럼 들판을 덮고 있다. 포플러 나무들이 줄을 지어 너른 들판에 심어졌고, 나뭇가지 사이로 포도 넝쿨이 올라간다. 나폴리까지 계속 이런 식이다. 토양은 보송보송하고 돌도 없어 경작하기가 좋다. 포도나무 줄기가 특별히 강하고 키도 커서 포플러에서 포플러로 마치 그물처럼 덩굴을 뻗고 있다.

그 시간 내내 왼편으로 베수비오가 보이는데, 엄청난 증기를 뿜어 올린다. 이 거대한 장관을 마침내 직접 눈으로 보게 되니 속으로 기뻤다. 하늘이 점점 더 맑아지더니 마침내 태양이 비추자 비좁은 마차 안이 무더웠다. 아주 맑은 대기 속에서 나폴리에 가까이 다가갔는데, 이거야말로 다른 나라이다. 지붕이 평평한 건물들이 전혀 다른 날씨를 암시하고, 건물 안은 그다지 편하지 않을 것 같다. 햇빛이 비치는 한, 모든 일이 거리에서 이루어진다. 나폴리 사람들은 자기들이 낙원에 산다고 믿으며, 북쪽 나라들에 대해서는 매우 우울한 관점을 지닌다. "Sempre neve, case di legno, gran ignoranza, ma danari assai." 그들은 우리의 상태를 이렇게 생각하는 것이다. 도이치 어를 쓰는 사람들이 알 수 있도록 번역하자면 다음과 같다. "늘 눈이 내리고, 목재 집에다가 정말로 무식하지만, 돈은 많다."

반면에 나폴리는 즐겁고도 자유롭고 생동하는 곳이란다. 수많은 사람이 이곳으로 몰려들고 또 여기서 다른 곳으로 나가며, 왕은 사냥 중이고, 왕비는 임신 중이니, 이보다 더 좋기가 어렵다는 것이다.

2월 26일 월요일, 나폴리

"Alla Locanda del Sgr. Moriconi al Largo del Castello."[성城 평지에 위치한 모리코니 씨 여관] 이런 명랑하고도 화려한 울림의 주소로 온 세상 모든 곳에서 우리에게 편지를 보낼 수 있다. 바닷가에 위치한 큰 치타델[요새] 구역에는 거대한 광장이 있는데, 사방이 집들로 둘러싸여 있건만 피아차라 불리지 않고 '라르고largo', 곧 툭 트인 너른 평지라 불린다. 아마도 먼 옛날부터 그랬으리라. 이곳이 끝없이 너른 평원이었기 때문이다. 이 광장 한편에 커다란 모퉁이 집이 있는데, 우리는 이 모퉁이 집에서 큼직한 모퉁이 방을 얻었기에, 늘 생동하는 광장이 고스란히 내려다보인다. 창문 여러 개를 지나는 긴 쇠 발코니가 밖으로 나 있고, 심지어는 모퉁이에도 나 있다. 날카로운 바람이 극히 차지만 않다면 그곳을 떠나기가 어려울 것이다.

우리가 얻은 큰 방에는 즐거운 장식이 되어 있고, 특히 천장 장식이 좋은데, 수백 개의 당초무늬는 이곳이 폼페이Pompeii와 헤르쿨라네움Herculaneum에서 멀지 않은 곳임을 알려 준다. 모든 것이 아름답고도 좋지만 난로나 벽난로가 없는데, 이곳에서도 2월이 아직 그 권세를 행사하고 있으니, 나는 몸을 따뜻하게 해 줄 무언가가 간절히 그리웠다.

그들은 바닥에서 위로 높여져서 두 손을 녹일 수 있도록 되어 있는 삼발이 화로를 가져다주었다. 삼발이 위에 납작한 화로가 얹혔고, 화로 안에는 타는 석탄불 위에 재를 뿌려 놓아 불이 살며시 타도록 해 두었다. 로마에서 이미 배운 일이지만 이것은 알뜰하게 써야 한다. 이따금씩 열쇠 머리를 이용해 위쪽의 재를 조심스럽게 밀쳐 내서 석탄불이 다시 공기와 접촉하게 만든다. 성급하게 불을 일으켰다간 한순간 온기를 더 얻겠지만, 머지않아 온기가 아예 사라진다. 그러면 돈을 지불하고 다시 화로를 가득 채워야 한다.

나는 몸 상태가 그리 좋지 않아 좀 더 편안함을 원했다. 갈대 돗자리가 차가운 돌바닥의 냉기는 막아 주었다. 모피가 흔치 않으니, 우리가 재미 삼아 가져온 두건 달린 두툼한 선원 작업복을 입기로 했다. 허리를 트렁크 밧줄로 묶자 이 옷이 제 역할을 한다. 선원과 카푸친 수도사의 중간 모습인 내 꼴이 몹시 우스꽝스러웠던 모양이다. 친구들을 방문하고 돌아온 티슈바인이 참지 못하고 웃어 댔으니 말이다.

1787년 2월 27일, 나폴리

어제는 약간 불편한 몸을 좀 낫게 하려고 하루 종일 쉬면서 보냈다. 오늘은 잘 먹고 가장 뛰어난 것들을 구경하며 시간을 보냈다. 누구나 원하는 것을 말하고 이야기하고 그림으로 그리지만, 여기서는 그 이상이다. 해변, 만灣, 바다의 품[=만], 베수비오, 도시, 교외 지역, 성들과 즐거운 장소들! 우리는 저녁인데도 포실리포Posillipo 동굴로 갔다. 마침 저편으로 지는 해가 동굴 안쪽을 비추고 있었다. 나는 나폴리에서 제정신을 잃은 모든 사람을 용서하거니와, 오늘 내가 처음으로 본 여러 대상들에 대해 지울 수 없는 인상을 간직하고 있던 내 아버지를 감동의 마음으로 기억했다. 유령을 만난 사람이 다시는 즐거워할 수 없다고들 말하지만, 거꾸로 아버지는 언제나 다시 나폴리로 돌아올 생각을 했기에, 다시는 완전히 불행해질 수 없었다고 할 수 있을 것 같다. 나는 이제 내 방식으로 극히 침착할 수 있고, 다만 너무 지나친 일을 볼 때면 그냥 눈만 휘둥그레진다.

1787년 2월 28일, 나폴리

오늘 우리는 유명한 풍경 화가인 필립 하케르트를 방문했다. 그는 특별히 신뢰할 만한 사람으로, [나폴리의] 왕과 왕비의 총애를 누린다. 그에게 팔라초 프란카빌라Palazzo Francavilla의 한쪽 날개 건물이 제공되었는데, 이곳에 그는 화가 취향으로 가구를 들여놓고 만족스럽게 살고 있다. 매우 확고하고 영리한 사람으로, 끊임없는 근면함 속에 삶을 즐길 줄을 안다.

그런 다음 우리는 바닷가로 가서 파도에서 끌어 올린 각종 물고기와 기묘한 형태들을 구경했다. 낮은 멋지고, 알프스에서 불어오는 찬바람은 참을 만했다.

3월 1일, 나폴리

로마에서 이미 원하는 것 이상으로 은둔자 성향을 포기하고 사교 생활을 해야만 했었다. 물론 세상으로 나가서 다시 홀로 있고 싶어 한다는 것이 기묘한 일로 보이기는 한다. 그래서 극히 친절한 방식으로 나를 초대하고, 신분과 영향력을 동원해 내게 많은 좋은 일에 동참할 기회를 마련해 준 발데크 영주Fürst von Waldeck의 초대를 무조건 거절할 수만은 없었다. 그는 지금 잠시 나폴리에 머물고 있는데, 우리가 나폴리에 도착하자마자 벌써 자기와 함께 포추올리Pozzuoli와 그 일대로 드라이브를 나가자고 초대를 해 왔다. 나는 오늘 베수비오 산에 갈 생각이었지만, 티슈바인이 저 드라이브에 가자고 나를 설득했다. 드라이브는 그 자체로 유쾌한 데다가 이렇게 좋은 날씨에 그토록 완벽하고 아는 것이 많은 영주와 함께 나간다면 기쁨과 유익함을 많이 얻으리라는 것이다. 우리는 로마에서 이미 영주와 가까운 친구인 아름다운 귀부인과 그 남편을 만난 적이 있었다. 그녀도 온다고 하니, 즐거움을 기대할 수가 있다.

나도 전에 이미 만난 적이 있어서 이번에 오는 귀족들을 잘 알고 있었다. 우리가 만나자마자 물론 영주는 내게 요즘 무슨 일로 바쁘냐고 물었고, 나는《이피게니아》에 아직 빠져 있는 참이라 저녁에는 상세히 그 이야기를 할 수 있었다. 이어서 어느 정도의 담화가 펼쳐졌지만 사람들이 내게서 더 활달하고 거친 것을 기대했었다는 것을 느꼈다.

저녁

오늘 하루에 대해서는 결산이 어렵다. 저항할 길 없이 마음을 사로잡는 책을 재빨리 읽었는데, 그 인상이 평생 남아 큰 영향을 미치면서 결정적인 작용을 하는 바람에, 그 이후에 다시 읽기와 진지한 관찰을 해도 거기 덧붙여지는 것이 별로 없더라는 경험을 해 보지 않은 사람이 어디 있는가. 내게는 예전에《샤쿤탈라》가 그랬다.* 중요한 사람들과의 만남에서도 똑같은 경우가 많지 않던가? 배 타고 포추올리로 넘어가기, 몇 번 잠깐씩 마차 타기, 세상에서 가장 놀라운 곳들 산책. 극히 맑은

* 4세기의 인도 시인 칼리다사(Kalidasa)가 남긴 7막의 운문 희곡. 인도의 국민 희곡인 이 작품은 1789년에 처음으로 영어로 번역되었고, 1790년에야 다시 도이치 어로 번역되었기 때문에 괴테가 어떤 판본을 읽었는지는 불확실하다.

포추올리에서 분출되고 있는 화산 가스, Goethe 作

하늘 아래 정말 위험한 지반. 상상할 수 없을 정도의 부유함을 보여 주는 건물 잔해들이 끔찍하고도 괴롭다. 끓어오르는 물, 유황을 내뿜는 구덩이들, 식물의 생존을 거부하는 용암의 산, 황량하고 역겨운 장소들, 그런 다음 자리를 잡을 만한 곳만 있으면 다시 어디나 매우 풍성한 식물, 온갖 죽음을 극복하고 호수들과 만灣들을 둘러싼 식물, 심지어는 옛 분화구의 담에도 바싹 붙어 자라는 무성한 참나무 숲.

자연의 사건들과 민족들이 겪은 사건들 사이에서 우리는 그렇게도 이리저리 떠밀린다. 생각하기를 바라지만, 생각하기에는 자신이 너무 서툴다고 느낀다. 그러는 사이 살아 있는 것들은 즐겁게 삶을 계속하고, 우리도 거기서 빠지지 않는다. 하지만 문화를 아는 교육받은 사람들은 세계와 그 본질의 소리를 듣고, 진지한 운명의 경고를 받으며, 또 관찰의 임무를 부여받는다. 육지와 바다와 하늘을 무제한 바라보다가 사랑스러운 젊은 귀부인이 옆에 있음을 깨닫고 정신을 차린다. 숭배받는 것에 익숙하고 또 그것을 좋아하는 여성.

이 모든 흥분 중에도 나는 몇 가지를 기록할 수 있었다. 현장에서 이용한 지도와 티슈바인의 재빠른 스케치들이 장차 그것을 정리하는 데 가장 큰 도움이 될 것이다. 오늘은 여기에 조금이라도 덧붙이기란 불가능.

3월 2일

흐린 날씨로 정상에 구름이 꼈는데도 베수비오에 올랐다. 마차를 타고 레시나Resina에 도착해서 노새를 타고 포도원들을 지나 산으로 올라갔다. 그런 다음 걸어서 1771년도에 분출된 화산의 용암을 넘어갔다. 그것은 이미 단단하고도 섬세한 이끼로 덮여 있었다. 이윽고 용암의 측면. 꼭대기에서 보니 은둔자의 오두막이 왼편으로 보인다. 계속 화산재 언덕을 넘어가는 것은 힘든 일이다. 정상의 3분의 2가 구름으로 덮였다. 마침내 우리는 지금은 메워진 옛날 분화구에 도착해서 두 달 전 용암, 보름 전의 것, 5일 전에 분출된 용암의 흐름 등을 보았다. 마지막 것은 식었지만 아직 말랑말랑하다. 그것을 지나 최근에 분출된 화산재 언덕에 올랐다. 사방에서 불꽃이 피어올랐다. 연기가 조금 멀어지자 나는 분화구로 가 보기로 했다. 겨우 50걸음쯤 다가갔을까, 연기가 너무 짙어서 내 신발도 안 보일 지경. 손수건으로 입을 막았지만 도움이 되지 않았고, 안내자도 보이지 않고, 용암 부스러기들 위를 걷는 일이 점점 더 위험해서 오늘은 이쯤에서 돌아서고, 날씨가 맑은 날 연기가 줄어들면 그때 와 보는 것이 더 낫겠다는 생각이 들었다. 게다가 이런 대기에서 숨 쉬기가 얼마나 힘든지도 알게 되었다.

그 밖에 산은 극히 조용했다. 그동안 내내 계속되던 불꽃도 굉음도, 유황 분출도 돌 분출도 없었다. 날씨가 좋아지면 곧 다시 공략할 속셈으로 이런 것들을 잘 정찰해 두었다.

내가 본 용암 유형은 대개가 이미 아는 것들이었다. 아주 특이해 보이는 현상 하나를 찾아냈는데, 그에 대해 잘 아는 사람이나 수집가들과 상의를 한 다음 더욱 상세히 탐구할 생각이다. 화산 침니[chimney, 암벽에 세로로 난 큰 균열]의 안쪽을 덮은 종유석 모양의 내벽인데, 이 침니는 전에 한 번 막혔다가 이번에 다시 폭발하면서 전에 막힌 분화구에서 솟아 나온 것이다. 단단한 잿빛 종유석 모양의 이 암석은 가장 섬세한 화산 증기가, 습기의 작용이나 화학 작용 없이 그대로 응고되어 만들어진 것처럼 보인다. 이것은 더 많은 생각을 해 볼 기회를 제공한다.

오늘 3월 3일은 하늘에 구름이 끼고 남동풍인 시로코 바람이 분다. 편지 쓰기 좋은 날.

그 밖에도 잡다한 사람들, 아름다운 말(馬)들, 기묘한 물고기 등을 이미 넉넉히 보았다.

자주 서술되고 찬양받은 도시의 위치와 장엄함에 대해서는 말하지 않기로 한다. 여기 사람들은 이렇게 말한다. "Vedi Napoli e poi muori!" 번역하자면 "나폴리를 보고 나서 죽어라!"

3월 3일, 나폴리

나폴리 사람은 자기 고향을 떠나려 하지 않는다. 또한 바로 근처에 베수비오 화산이 여러 개가 된다 하더라도, 나폴리 시인들이 이 위치의 행운을 과도하게 찬양하는 것을 이상하게 생각하지 않을 것이다. 이곳에서는 로마를 되돌아보고 싶지 않다. 탁 트인 이곳 위치에 비하면, 테베레 강변의 저 세계 수도조차 위치가 나쁜 낡은 수도원처럼 여겨진다.

이곳에서는 항해에 대해 전혀 새로운 가능성을 생각하게 만든다. 어제 팔레르모Palermo로 떠나는 프리깃함은 순수하고 강력한 북동풍[여기서는 순풍]을 받으며 출발했다. 이번 여정은 분명 36시간을 넘기지 않았을 것이다. 배가 카프리Capri와 미네르바 곶 사이를 지나 마침내 사라질 때까지 나는 얼마나 큰 동경을 품고 활짝 펼쳐진 그 돛들을 바라보았던가. 사랑하는 사람이 그렇게 떠나는 것을 본다면 분명 그리움으로 죽어 버릴 것이다! 지금은 남동풍인 시로코가 분다. 바람이 더 강해진다면 항구 주변의 파도가 흥미로워질 것이다.

오늘 금요일에 귀족들의 마차 드라이브가 펼쳐졌는데, 누구나 자신의 마차, 특히 말들을 자랑하고 있었다. 이 동물보다 더 사랑스러운 것을 볼 수는 없으리라. 나는 평생 처음으로 그들에게 마음을 연다.

3월 3일, 나폴리

이 새로운 세계에서 보낸 처음 며칠을 요약하여 기록한 몇 페이지를 보낸다. 그리고 당신들이 보낸 지난번 편지의 봉투, 가장자리가 그을린 봉투도 베수비오 산에 갔었다는 증거로 함께 보낸다. 하지만 여러분은 꿈에서나 깨어서나 내가 위험에 둘러싸여 있다고는 생각하지 마시기를. 내가 어디로 향하든지 그것은 벨베데레 Belvedere[•]로 가는 대로보다 더 위험하지 않다고 분명히 말씀드린다. "땅은 어디나 주님의 것이요, 모든 것은 그 손안에 있다"고 말할 수 있을 것이다. 나는 호기심이나 특별함에 대한 애착에서 모험을 찾는 것이 아니다. 사물에서 그 본성을 재빨리 파악하는 명료한 정신을 지닌 덕에, 다른 사람보다 더 많이 행하고 약간 더 모험을 하는 것뿐이다. 시칠리아Sicilia 항해는 완전히 안전하다. 며칠 전에 프리깃함이 순풍에 돛을 달고 팔레르모로 떠났거니와, 카프리 섬을 오른편에 두고 떠난 배는 분명 36시간 안에 목적지에 착륙했을 것이다. 게다가 실제로 팔레르모는 여기서 보면 멀리 떨어진 곳에서 생각하는 것처럼 그렇게 위험해 보이지 않는다.

지금 이탈리아 남부에서는 지진의 흔적이 거의 느껴지지 않는다. 북쪽 리미니 Rimini와 그 근처에서 지진의 피해를 입었다. 이곳에서는 그런 소식을 마치 바람이나 날씨 이야기하듯이 하는데, 튀링겐Thüringen에서는 마치 대형 화재라도 난 것처럼 이야기하니 기묘한 기분이 든다.

여러분이 개작된《이피게니아》를 보고 좋아하니 기쁘다. 하지만 여러분이 첫 판본과의 차이를 분명히 깨닫는다면 더 좋겠다. 나는 자신이 어떤 작업을 했는지 알고 있으니 그에 대해 말할 수가 있다. 그 이상 더 나갔을 수도 있었을 테니까. 좋은 것을 즐기는 것이 기쁨이라면, 더 좋은 것을 느끼는 일은 더욱 큰 기쁨이며, 예술에서는 가장 좋은 것만이 충분히 좋은 것이다.

• 여기서는 바이마르 공작의 여름 궁전을 가리킨다.

3월 5일, 나폴리

사순절의 두 번째 주일을 맞이하여 우리는 이 교회 저 교회로 돌아다녔다. 로마에서는 모든 것이 극히 진지하다면, 이곳에서는 모든 것이 즐겁고 유쾌하다. 나폴리 미술 유파도 나폴리에서만 제대로 이해할 수 있다. 이곳 어떤 교회의 서쪽 정면부 전체에 아래부터 위까지 그림이 그려져 있으니 깜짝 놀라 바라보게 된다. 출입문 위에는 상인들과 구매자들을 성전에서 몰아내는 그리스도의 모습이 그려졌고, 교회 양편으로 이들 상인들과 구매자들이 놀란 표정으로 계단에서 아래로 굴러떨어지는 모습이 그려졌다. 또 다른 교회의 내부에는 출입문 위 공간이, 성전에서 추방되는 헬리오도로스Heliodoros를 보여 주는 프레스코화로 넉넉하게 치장되어 있다. 이 그림을 그린 루카 죠르다노Luca Giordano는 이 거대한 표면을 모조리 칠하느라 꽤나 서둘렀던 모양이다. 설교단도 1인 설교자를 위한 의자가 놓인 다른 강단과 항상 똑같지는 않다. 이따금 긴 회랑처럼 된 곳도 있는데, 거기서 카푸친 수도사 한 사람이 이쪽저쪽으로 오가면서 한 번은 이쪽 끝에서, 다음번에는 저쪽 끝에서 청중에게 죄짓기 쉬운 그들의 성향을 나무라는 것을 보았다. 이런 것이야 무슨 이야기인들 전하지 못하랴!

하지만 우리가 경험한 보름달이 뜬 밤의 장엄함에 대해서는 이야기할 길도 묘사할 길도 없다. 우리는 거리들과 광장들을 지나 끝없는 산책로인 키아야Chiaja에 이르렀고, 다시 해변으로 나가 이리저리 거닐었다. 공간의 무한한 느낌에 완전히 압도당했다. 이런 꿈을 꿀 수 있으니 분명 그렇게 오래 수고한 보람이 있다.

1787년 3월 5일, 나폴리

지난 며칠 사이에 뛰어난 남자 한 사람을 만났는데, 필란지에리Filangieri라는 이름의 귀족으로서, 입법에 대한 저술로 명성을 얻었다. 그는 인류의 행복과 자유를 항상 염두에 두고 있는 고귀한 젊은 남자들에 속한다. 그의 태도를 보면, 그가 병사이며 기사이고 세속인이라는 사실을 알 수 있다. 다만 그 사람 전체에 퍼진 섬세한 도덕 감정이 그의 말과 본질에서부터 우아하게 표현되어 나오는 덕에, 그의 태도는 부드럽다. 왕국에서 벌어지는 모든 것을 인정하지는 않더라도, 그는 자신의 왕과 왕국에 충심으로 결합되어 있다. 이런 그도 요제프 2세에 대한 두려움에 사로잡혀 있다. 설사 애매하게 공중에 떠도는 것에 지나지 않는 것이라도, 폭군이라는 이미지가 고귀한 정신을 두렵게 하는 것이다. 그는 내게 나폴리 사람들이 요제프 2세를 두려워하는 이유를 솔직하게 털어놓았다. 몽테스키외Montesquieu 이야기와 [이탈리아의 법철학자인] 베카리아Beccaria에 대한 이야기를 하고, 또한 자신의 저술 이야기도 했는데, 이 모든 것을 가장 선량한 의지와 좋은 일을 행하려는 젊은이의 열망을 품고 이야기했다. 그는 아마 아직 30대일 것이다.

우리가 만나고 곧바로 그는 조금 더 옛날 지식인의 작품을 내게 소개했는데, 그 심오함과 지혜가 이탈리아 젊은 법학자들의 마음을 진정으로 고양시키는 인물이다. 잠바티스타 비코Giambattista Vico라는 사람으로, 그들은 그를 몽테스키외보다 더 위에 둔다. 그들이 내게 거룩한 책처럼 소개한 이 사람의 책을 재빨리 훑어보았다. 삶과 전통에 대한 깊은 탐구에 근거를 두고, 앞으로 실현될, 또는 실현되어야 할 선善과 정의에 대한 예언적인 관점들이 포함되어 있다. 한 민족에게 이와 같은 영적 지도자가 있다면 그야말로 좋은 일이다. 아마도 독일인들에게는 앞으로 언젠가 하만Hamann의 작품이 이와 비슷한 경전이 될 것이다.

1787년 3월 6일, 나폴리

티슈바인은 내키지 않는데도 충심의 동지애를 발휘하여 오늘 나와 함께 베수비오에 갔다. 언제나 가장 아름다운 인체와 동물 형태들에만 관심을 갖고, 심지어 일그러진 것, 바위와 풍경들조차 감각과 취향을 통해 인간화해 버리는 화가인 그에게, 이렇게 두렵고 형태 없는 것들의 축적, 언제나 거듭 스스로를 갉아먹고 모든 아름다움의 감정에 선전 포고를 하는 이 베수비오 산은 정말로 끔찍하게 보일 것이다.

우리는 각자 이륜마차 한 대씩, 두 대를 빌려 타고 갔다. 우리가 직접 이 도시의 혼잡을 뚫고 마차를 몰 용기가 없었기 때문이다. 마차 모는 사람은 끊임없이 "비켜요, 비켜!" 하고 외쳐 댔다. 목재나 쓰레기를 실은 나귀들, 맞은편에서 달려오는 이륜마차, 짐을 끌고 있는 사람들, 아니면 그냥 걸어가는 사람들, 아이들과 노인들이 그 말을 듣고 피하도록, 그렇게 해서 마차가 방해를 받지 않고 계속 빠른 속도로 달리기 위해서였다.

도시 외곽과 정원들을 통과하는 길이 벌써 어느 정도 저승 세계를 보여 주는 듯했다. 오랫동안 비가 안 내려서 두툼한 잿빛 먼지가 상록수 잎들을 뒤덮고, 모든 지붕과 벽에 두른 장식 돌림띠, 그 밖에도 자리만 있으면 어디든 뒤덮어서, 오로지 빛나는 푸른 하늘과 내리쬐는 강렬한 햇빛만이 우리가 살아 있는 것들 사이에 있음을 알려 주었다.

가파른 오르막 기슭에서 건장한 안내인 두 사람이 우리를 맞이했다. 한 명은 나이가 들고 다른 한 명은 더 젊은 사람인데 둘 다 아주 튼실했다. 나이 든 사람이 나를 끌고, 젊은 안내인이 티슈바인을 끌고 산으로 올라갔다. 끌고 갔다고 하는 것은, 안내인이 가죽 끈을 허리에 두르고 앞장서서 올라가면, 여행자가 그 끈을 잡고 또 다른 손은 지팡이에 의지해서야 겨우 두 발로 서서 올라갈 수 있었기 때문이다.

그렇게 해서 우리는 원추형 산의 지반에 도달했다. 북쪽에 솜마Somma 산의 잔해가 있었다.

이 지역을 넘어 서쪽을 바라보니, 마치 치유력을 가진 온천처럼, 그 모든 고통과 수고로움이 눈 녹듯 사라졌다. 우리는 자욱한 연기와 더불어 돌과 재를 내뿜는 원추형 산을 둘러싸고 계속 걸었다. 공간이 허용하는 한에서 적당한 거리를 유지하며 바라보니, 그것은 정신을 드높이는 대단한 광경이다. 먼저 깊숙한 목구멍에서 강력한 굉음이 솟아 나오고, 이어서 재 구름에 둘러싸여 수천 개나 되는 크고 작은 돌들이 공중으로 솟구친다. 이들 대부분은 분화구 안으로 도로 떨어진다. 옆으로 밀려간 다른 돌들은 원추형의 바깥 면으로 떨어지면서 놀라운 굉음을 낸다. 가장 무거운 것들이 먼저 쿵 하고 떨어지면서 둔탁한 울림으로 원추형 측면을 따라 굴러 내려간다. 더 가벼운 것들이 쿵쾅하며 떨어져 내리고, 마지막으로 재가 졸졸 흐르는 소리를 내며 떨어진다. 이 모든 일이 규칙적인 간격을 두고 되풀이되는데, 조용히 숫자를 헤아려 보니 아주 분명하게 예측할 수 있는 간격이다.

솜마 산과 베수비오 원추형 산 사이의 공간은 상당히 좁아서 돌이 벌써 여러 개나 우리 주변으로 떨어져서 이렇게 한 바퀴 도는 것을 힘들게 했다. 티슈바인은 이제 이 산이 더욱 역겹다고 느꼈다. 이 괴물이 그냥 추한 것으로만 끝나지 않고 위험해지려 했기 때문이다.

하지만 현재의 위험은 무언가 도발하는 요소를 갖고 있어서, 인간의 저항 정신을 자극하여 거기에 맞서라고 부추겼다. 내가 계산해 보니 폭발 사이 휴식 시간이면 원추형 산을 올라 분화구의 가장자리에 도달했다가 다시 돌아올 시간이 되었다. 솜마 산의 안전한 바위 아래 몸을 숨기고 준비해 온 음식을 먹으면서 나의 이런 생각에 대해 안내인들과 상의를 했다. 젊은 안내인이 나와 함께 이 모험을 감행하겠노라고 나섰다. 우리는 리넨과 비단 수건들을 모자 속에 집어넣어 머리를 보호하고는, 지팡이를 잡고 준비를 마친 다음 내가 그의 허리춤을 잡았다.

작은 돌들이 아직도 우리 주변으로 굴러 내리고, 재가 졸졸 소리를 내며 흘러내

해안 절벽 위로 쏟아져 내리는 돌멩이와 화산재, Goethe 作

리는데, 이 튼튼한 젊은이는 불붙은 조약돌들을 넘어 나를 끌고 올라갔다. 우리는 무시무시한 화산의 목구멍 가장자리에 섰다. 가벼운 바람이 불어와 거대한 목구멍의 연기를 우리에게서 거두어 갔지만, 동시에 그 연기는 사방의 수많은 틈새에서 증기를 뿜어 올리는 분화구 내부를 가렸다. 이런 자욱한 증기 틈새로 여기저기 암벽이 보였다. 그 모습은 무언가를 알려 주는 것도, 즐거운 것도 아니었건만, 바로 이렇듯 아무것도 보이지 않는다는 것 때문에 우리는 무언가가 나타나기를 기다렸다. 속으로 숫자 헤아리는 것도 잊어버린 채, 우리는 무시무시한 아가리의 날카로운 가장자리 위에 서 있었다. 갑자기 굉음이 울리고 어마어마한 분출물이 우리 곁을 스쳐 날아가자 그제야 저도 모르게 머리를 숙였다. 마치 그렇게 해서 위에서 떨어지는 돌덩이에서 구원을 받을 수 있기라도 하다는 양. 작은 돌들이 아직 쿵쾅거리고 있는데, 이제 분출 후의 휴식 시간을 한 번 더 얻었다는 사실도 생각지 못한 채, 우리는 위험천만한 폭발을 무사히 견딘 것만 기뻐하며 아직도 졸졸 흐르는 재와 함께 원추형 분화구의 아래쪽으로 돌아왔다. 모자와 어깨에 재를 흠뻑 뒤집어쓴 꼴로.

티슈바인이 극히 친절한 태도로 반기면서 나무라는 소리를 들으며 기운을 되찾아서, 더 오래된 용암과 새로운 용암들을 찬찬히 관찰할 수가 있었다. 나이 든 안내인은 용암들을 보고 각각의 분출 연도를 정확하게 알아맞혔다. 오래된 것들은 벌써 재가 덮이고 표면이 매끈하다. 새로운 것들, 특히 느리게 흘러내린 것들은 이상한 모양을 했다. 용암이 흘러내릴 때 이미 응고된 것들이 용암 표면에서 한동안 함께 끌려가게 되는데, 그러다가 이따금 정체되기도 하고 다시 작열하는 흐름에 계속 이끌려 가면서 서로 밀쳐서, 기묘하게 뾰쪽뾰쪽한 모습으로 응고되는 경우들이 생기기 때문이다. 이들은 비슷한 방식으로 서로 뒤엉켜 만들어진 얼음 조각보다도 더 이상한 모양이다. 이렇게 녹아서 황량한 모습이 된 것들 중에는 거대한 덩어리들도 있는데, 이들이 새로운 충돌을 통해 깨지면 원시 산맥의 돌들과 아주 비슷해 보인다. 안내인들은 이런 돌들에 대해, 화산이 이따금 분출하는, 가장 밑바닥에서 올라온 오래된 용암이라고 주장한다.

나폴리로 돌아오는 길에 작은 집들이 내 주의를 끌었다. 이상하게 지어진 단층 건물인데, 창문이 없이 모든 방은 오로지 도로로 향하는 문을 통해서만 빛을 받아들이게 되어 있었다. 주민들은 이른 아침부터 밤까지 문 앞에 나와 앉아 있다가 마지막에야 다시 동굴 속으로 돌아간다.

저녁이 되어 전혀 다른 방식으로 수선스러운 도시의 모습은, 한동안 여기 머물면서 풍속화를 힘 닿는 대로 구성해 보고 싶다는 소망을 일깨웠다. 그렇게 될 것 같지는 않다만.

1787년 3월 7일 수요일, 나폴리

이번 주에 티슈바인은 나폴리 예술의 상당 부분을 보여 주고 설명해 주었다. 동물을 잘 알고 또 잘 그리는 화가인 그는 전부터 콜롬브라노Colombrano 궁전에 있는 청동 말머리를 주목하라고 말했었다. 오늘 우리는 그리로 갔다. 이 경이로운 말머리는, 성문 통로 맞은편의 정원에 있는 분수 위 벽감에 들어 있다. 이 머리가 나머지 지체들과 하나의 전체로 결합되어 있었다면 대체 어떤 효과를 냈을 것인가! 말은 [베네치아의] 산마르코 대성당 위에 있는 말들보다 훨씬 더 큰데, 여기서도 머리를 가까이서 찬찬히 살펴보아야 그 특성과 힘을 더욱 뚜렷하게 깨닫고 경탄하게 된다. 튼튼한 이마 뼈, 헐떡이며 콧김을 내뿜는 코, 쫑긋 기울인 귀, 꼿꼿하게 일어선 갈기털! 그야말로 엄청나게 흥분한 강한 동물이다.

우리는 돌아오는 길에 성문 길가 벽감에 세워진 여성 조각상을 보았다. 이미 빙켈만이 여성 무용수를 모방한 것이라고 간주했던 작품. 조각가들이 응고된 요정 또는 여신상으로 표현하는 것을, 여성 무용수들은 생동하는 움직임을 통해 극히 다양하게 보여 주곤 한다. 조각상의 여성은 극히 가볍고 아름답다. 머리는 부서졌지만 훌륭한 대체품이 놓였기에, 전혀 훼손된 느낌을 주지 않고 오히려 더 나은 것처럼 보인다.

3월 9일, 나폴리

2월 16일자의 극히 사랑스러운 편지들을 받았다. 앞으로도 계속 그렇게 보내 주시기를. 그사이 우편물에 대한 자세한 지시를 내려놓았으니, 내가 여행을 떠나도 우편물은 잘 도착할 것이다. 이렇게 멀리 떨어진 곳에서 친구들이 잘 모이지 않는다는 말을 읽으니 정말 이상하게 생각된다. 사실은 그렇게 가까이에 살면, 서로 모이지 않는다는 것보다 더 자연스러운 일이 없건만.

날씨가 컴컴해졌다가 지금 바뀌고 있다. 봄이 시작되고 있으니 앞으로 비 오는 날들이 있을 것이다. 베수비오 정상은 내가 다녀온 이후로 아직도 맑아지지 않았다. 지난 며칠 밤 동안 여러 번이나 불꽃을 뿜는 모습을 보이더니 지금은 다시 진정되었는데, 이곳 사람들은 더 강력한 폭발이 나타날 것이라 예상한다.

지난 며칠 동안의 폭풍은 우리에게 그야말로 멋진 바다를 보여 주었다. 폭풍이 몰아치면 파도는 극히 장엄한 방식과 모습을 보여 준다. 자연은 페이지마다 위대한 내용을 제공하는 유일한 책이다. 그에 비해 극장은 내게 더는 기쁨을 주지 않는다. 이곳에서는 사순절을 맞이하여 종교 오페라들을 공연하는데, 막 사이에 작은 발레 공연을 끼워 넣지 않는다는 점만 빼면, 세속적인 오페라와 별 차이도 없다. 산 카를로San Carlo 극장에서 《네부카드네자르의 예루살렘 파괴》가 공연되고 있다. 내게는 그냥 규모만 큰 만화경 같다. 내가 그런 것들에 어울리는 취향을 갖지 못한 모양이다.

오늘은 발데크 영주와 함께 카포디몬테Capodimonte 궁전에 갔다. 상당한 양의 그림과 동전 등의 수집품이 있는데, 전시 방식이 쾌적하지는 않아도 매우 소중한 물건들이다. 그 많은 전통 개념들이 분명해졌다. 동전, 가공된 준보석, 꽃병, 뭉툭하게 자른 레몬 나무 등이 북부 유럽으로 넘어오곤 하지만, 여기서 이들을 이토록 대량으로 보니 전혀 다르게 보인다. 이 보물들이 여기서 나온 것이기 때문이다. 이런 예술 작품이 귀한 곳에서는 희귀하다는 점도 가치가 되지만, 여기서는 오로지 품격을 갖춘 것만이 높이 평가된다.

사람들은 엄청난 돈을 들여 에트루리아 꽃병들을 사들이는데, 그중에는 분명히 아름답고 탁월한 물건들도 있다. 그런 것을 소유할 생각을 하지 않는 여행자가 없다. 이곳에서는 고향에서만큼 돈을 귀하게 여기지 않게 되니, 나도 그런 유혹에 넘어갈까 봐 두렵다.

1787년 3월 9일 금요일, 나폴리

여행에서 유쾌한 것은, 극히 일상적인 것조차 새로움과 놀라움을 통해 모험의 모습을 띨 수 있다는 점이다. 카포디몬테 궁전에서 돌아와 그날 저녁에 필란지에리 부부를 방문했는데, 부인 옆자리 안락의자에 한 여자가 앉아 있었다. 그녀의 외모는 전혀 거리낌이 없는 그녀의 친근한 태도와는 어딘지 어울리지 않아 보였다. 줄무늬가 있는 가벼운 비단옷을 입고 머리에 이상한 장식품을 달고 있는 이 작고 상냥한 여자는, 다른 사람의 치장에는 신경을 쓰면서 자신의 외모에는 조금도 주목하지 않는 모자 제조공과 비슷한 데가 있었다. 그런 사람들은 돈 받고 일하는 것에 습관이 들어서 자기 자신을 위해 공짜로 일하는 것을 이해하지 못한다. 내가 방에 들어섰는데도 그녀는 전혀 수다에 방해를 받지 않고, 우스꽝스러운 이야기들을 잔뜩 늘어놓았다. 자기가 요즘 겪은 일, 또는 오히려 자신의 경솔한 행동을 통해 스스로 불러들인 일들에 대한 이야기였다.

집주인 여자는 내게도 이야기할 기회를 주려고 노력하면서 카포디몬테의 뛰어난 위치와 그 보물에 대해 말했다. 그러자 저 유쾌한 여자가 벌떡 일어났는데, 그러자 아까보다 아름다워 보였다. 그녀는 작별을 고하고, 문으로 달려가면서 지나는 길에 내게 이렇게 말했다. "며칠 있으면 필란지에리 부부가 우리 집에 식사하러 오는데, 당신도 같이 오시면 좋겠네요." 내가 무어라 대꾸할 틈도 없이 그녀는 가 버렸다. 그제야 나는 그녀가 이 집안과 친척인 ○○○공주라는 말을 들었다. 필란지에리 부부는 부자가 아니어서 기품은 있어도 소박하게 살았다. 그래서 나는 나폴리에는 어차피 그런 귀족 직함들이 드물지 않으니, 그 공주도 그런 수준이려니 하고 생각했다. 그리고 이름, 날짜, 시간 등을 잘 기억하고, 제시간에 올바른 장소에 나타나기로 했다.

1787년 3월 11일 일요일, 나폴리

나폴리에 체류할 시간이 그리 길지 않을 것이기에 먼저 가장 멀리 떨어진 지점들을 찾아보고 가까운 곳은 뒤로 미룬다. 티슈바인과 함께 폼페이로 갔다. 오른편과 왼편으로 온갖 화려한 모습들이 서로 가까이 늘어서 있다. 이 모습들은 수많은 풍경화를 통해 우리에게도 잘 알려진 것들인데, 다만 지금은 모조리 한데 모여 한꺼번에 광채를 발한다. 폼페이는 그 비좁음과 작은 규모로 인해 모든 사람을 놀라움에 빠뜨린다. 양쪽에 포석을 깔고 직선이긴 해도 비좁은 도로들, 오로지 출입문과 회랑을 통해서만 빛을 얻는 창문 없는 작은 집들. 심지어 공공건물, 곧 성문 곁의 벤치, 신전 그리고 근처에 있는 별장조차도 건물이라기보다는 오히려 모형 또는 인형의 집 같다. 이런 방, 복도, 회랑 들이 극히 명랑한 그림으로 치장되어 있다. 지금은 대부분 망가졌지만, 어쨌든 벽면은 단조로운데, 벽면 가운데에 세밀한 그림이 그려져 있는 것이다. 모서리와 끝부분에는 가볍고도 우아한 당초무늬들, 이런 무늬들에서 사랑스러운 아이들과 요정들의 모습이 이어져 나오고, 다른 곳에서는 꽃들이 뒤엉킨 모습에서 사나운 짐승과 길든 짐승들의 형태가 만들어져 나온다. 먼저 비처럼 내리는 돌과 화산재에 덮이고, 나중에 발굴자들의 손에 약탈당한 이 도시는 완전히 황폐한 현재 상태로도 민족 전체에 퍼진 예술 욕구와 그림 욕구를 보여 준다. 지금은 가장 열렬한 애호가라도 느끼거나 이해하지 못할 정도의 욕구를.

이 지역이 베수비오에서 멀리 떨어져 있다는 점을 생각해 보면, 이 지역을 뒤덮은 엄청난 규모의 화산 폭발물이, 이리로 돌이 쏟아져 내리거나 바람이 불어서 만들어졌다고 볼 수는 없다. 오히려 이 돌과 재가 한동안 구름처럼 공중을 떠돌다가 마침내 이 불운한 장소에 떨어져 내렸다고 생각해야 할 것 같다.

이 사건을 한 번 더 감각적으로 설명하자면, 눈으로 뒤덮인 산악 마을을 생각해 보라. 건물들 사이의 공간, 아래로 짓눌린 건물들 자체도 잿더미로 가득 채워졌고, 오로지 성벽만 이곳저곳 아직도 서 있다. 그 뒤로 사람들은 이 흙더미를 이용해서 포도원과 정원을 만들었다. 자기 땅을 소유하고 경작하려고 땅을 판 농부들이 아마도 맨 처음으로 귀중한 보물을 차지했을 것이다. 많은 방들이 텅 비어 있었는데, 어떤 방의 구석에서 재에 뒤덮인 수많은 작은 가재도구와 예술품을 찾아냈다.

우리는 바다 가까운 곳 작은 음식점의 정자에 앉아 소박한 식사를 하면서, 미라로 변한 이 도시의 경이롭고도 절반은 불쾌한 인상을 도로 씻어 냈다. 푸른 하늘과 바다의 광채와 빛을 보며 즐거워하고, 이 땅이 포도 잎으로 뒤덮일 때 다시 이곳으로 와서 함께 즐기면 좋겠다는 희망을 품었다.

도시 가까이에서 다시 작은 집들이 눈에 띄었는데, 이들은 저 폼페이의 집들을 모방한 모습이다. 우리는 어떤 집에 들어가게 해 달라고 간청해서 안으로 들어갔는데, 매우 깔끔하게 정돈되어 있었다. 잘 엮은 등나무 의자들, 전체에 금색을 입히고 다채로운 꽃들을 붙인 위에 에나멜 칠을 한 장롱 하나, 이렇게 수많은 세월이 지나고 지역이 거듭 변해도, 이곳의 주민들은 비슷한 생활 방식과 관습, 성향과 애착을 그대로 유지하는 것이다.

3월 12일 월요일, 나폴리

오늘 내 방식대로 조용히 관찰하며 도시를 돌아다니고 수많은 지점들을 보아 두었는데, 앞으로 언젠가 그것들을 서술하겠지만 유감스럽게도 지금으로선 그 이야기를 할 수가 없다. 모든 것이, 인간의 기본 욕구를 풍부히 충족시키는 행운의 땅이 행복한 천성을 지닌 사람들을 만들어 낸다는 사실을 알려 주는 듯하다. 아무 근심도 없이 오늘 일어난 일이 내일도 일어나려니 여기며 걱정 없이 살아가는 사람들. 순간의 만족, 소박한 즐거움, 지나가는 고통을 명랑하게 견디기! 고통 견디기의 훌륭한 예가 있다.

지난밤 비가 조금 내려서 아침은 춥고도 축축했다. 포장도로의 커다란 마름돌들이 말끔하게 비질이 되어 있는 광장에 도달했다. 내겐 그야말로 놀라운 광경이었지만, 완전히 매끈한 바닥에 넝마를 걸친 아이들 여러 명이 둥글게 원을 이루고 웅크리고 앉아, 마치 손을 따뜻하게 하려는 것처럼 바닥에 대고 있었다. 처음에는 장난이려니 여기다가, 그들의 얼굴이 매우 진지하고 마치 욕구를 충족시킨 것처럼 조용하니, 아무리 머리를 굴려 보아도 도무지 무슨 일인지 알아낼 수가 없었다. 그래서 대체 무슨 일로 저 아이들이 저런 특이한 자세로 반듯한 원을 그리며 모여 있는지 물어보는 수밖에 없었다.

그래서 얻은 대답. 근처에 사는 대장장이가 이곳에서 다음과 같은 방식으로 바퀴테를 뜨겁게 만든단다. 쇠테를 바닥에 놓고는 쇠가 물러지기에 필요한 만큼 참나무 장작을 쌓아 올린다. 불붙은 목재가 다 타면, 물러진 쇠는 바퀴살 둘레에 붙이고 재는 조심스럽게 치운다. 그러면 곧바로 부랑 소년들이 모여들어 포도에 아직 남은 온기를 이용하는데, 마지막 온기를 다 빨아들일 때까지 저렇게 자리에서 움직이지 않고 앉아 있는 것이다. 이와 같은 분수 지키기, 어차피 사라질 것을 조심스럽게 이용하는 방식들의 예는 이곳에 헤아릴 수 없이 많다. 나는 이 민족에게서 부자가 되려는 것이 아니라, 그냥 근심 없이 살기 위한 가장 생동하고 재치 있는 방식을 본다.

저녁

오늘 정해진 시각에 저 유별난 공주의 집에 도착하도록, 또 집을 잘못 찾는 일이 없도록 안내인을 고용했다. 안내인은 나를 거대한 궁전의 정문 앞으로 데려갔다. 하지만 나는 그녀가 그렇게 화려한 저택에 산다고 믿을 수가 없었기에, 한 번 더 그녀의 이름 철자를 분명하게 말했다. 안내인은 내가 제대로 찾아왔다고 확인해 준다. 정원은 사람이 없이 조용하고 깔끔하게 텅 비어 있는데, 본채와 여러 바깥채들이 정원을 둘러싸고 서 있다. 잘 알려진 명랑한 나폴리 건축 방식과 색깔. 내 맞은편 위로 커다란 현관문이 있고 그리로 올라가는 넓고도 완만한 계단. 계단 양쪽으로 값진 제복을 입은 하인들이 늘어서 있다가, 내가 곁을 지나갈 때 모두들 깊숙이 고개를 숙여 인사한다. 나는 자신이 빌란트의 동화에 나오는 술탄처럼 생각되었고, 그의 예에 따라 마음을 굳게 다잡아 먹었다. 위에서 더 높은 하인들이 나를 맞아들이고, 맨 마지막에 가장 높은 하인이 커다란 홀로 통하는 문을 연다. 그러자 드러난 공간은 나머지 다른 공간처럼 명랑하긴 한데 여전히 사람 없이 텅 비어 있다. 천천히 오가며 보니 옆으로 난 회랑에서 대략 40명 정도의 사람들이 전체에 어울리게 화려한 식탁을 준비하는 중. 교구 사제 한 사람이 들어왔다. 내가 누구며 어디서 왔는지 묻지도 않고, 내가 거기 있는 것이 지극히 당연하다는 듯이 극히 일반적인 일들에 대해 담화를 나누었다.

양옆으로 열리는 문 한 쌍이 열리더니 어느 정도 나이 든 신사 한 명이 들어오고는 그의 뒤에서 문이 도로 닫혔다. 신부가 그에게로 갔고 나도 따라갔다. 우리가 몇 마디 예의바른 말로 인사를 건네자 주인은 낭랑하게 울리는, 더듬는 말투로 대답했는데, 그의 낯선 사투리를 나는 단 한 마디도 알아들을 수가 없었다. 그가 벽난로 앞에 자리를 잡자 신부는 뒤로 물러났고, 나도 함께 물러났다. 위풍당당한 베네딕트 수도사 한 사람이 젊은 수행원을 거느리고 들어섰다. 그도 주인에게 인사를 하고 똑같이 낭랑하게 울리는 대답을 들은 다음, 창가에 있는 우리 곁으로 물러났다. 수도원에 속한 성직자들, 특히 우아한 옷차림의 성직자들은 모임에서 가장 많은 이점을 갖게 마련이다. 그들의 옷이 그들에게 결정적인 품위를 부여하고, 또 겸손과 체념을 암시한다. 그들은 몸을 던지지 않고도 복종하는 듯이 보일 수가 있고, 그들이 다시 엉덩이를 들고 꼿꼿한 자세로 서면 어느 정도의 자만심이 그들을 둘러싸는데, 이것은 나머지 다른 계층에게는 쉽사리 허용되지 않는 태도이다. 이 베네딕트 수도사도 그런 사람이었다. 나는 몬테 카시노Monte Cassino에 대해 물었다. 그는 나더러 그리로 찾아오라고 초대하면서 최고의 영접을 약속했다. 그사이 홀에는 사람이 많아졌다. 장교들, 궁정인들, 교구 사제들, 심지어는 카푸친 수도사들까지도 있었다. 여성을 찾아보았지만 허사였다. 하지만 여성이 없을 리가 없다. 한 번 더 양옆으로 열리는 문이 열렸다가 닫혔다. 나이 든 귀부인이 들어섰는데, 그녀는 집주인보다 나이가 더 많아 보였다. 안주인이 등장하자 이제야 비로소 내가 주인들을 전혀 모르는 낯선 궁전에 있다는 사실을 확실히 깨달았다. 식탁이 차려지고 내가 성직자들 곁에 붙어서 그들과 함께 낙원과 같은 식당으로 들어서는데, 갑자기 필란지에리가 아내와 함께 들어오더니 늦은 것을 사과했다. 곧이어서 공주도 홀 안으로 뛰어 들어왔다. 무릎을 살짝 굽히는 인사, 머리를 숙이는 인사, 고개를 까딱하는 인사 등을 하며 모든 사람을 스쳐 내게로 다가왔다. "약속을 지켜 주셔서 정말 좋아요!" 하고 그녀가 외쳤다. "내 옆자리에 앉아요, 최고의 식사를 하셔야지요. 잠깐 기다려요! 우선 내 자리를 찾아야지. 그러면 당신은 내 곁에 앉으세요!" 이런 명령을 듣고 나는 그녀가 여러 번이나 코너를 돌아 나가는 것을 따라가서 마침내 자리를 잡고 앉았다. 저 베네딕트 수도사가 우리 맞은편에 있고, 필란지에리 부부가 내 다른 쪽 옆자리에 앉았다. "음식은 아주 좋아요." 하고 그녀가 말했다. "모든 것이 사순절 음식인데 잘 선별된 것들이죠. 가장 좋은 걸 알려 드릴게요. 우선 수도사들 콧대 좀 꺾어 주고. 이들을 나는 도무지 참을 수가 없어요. 모조리 악당들이거든요. 우리 집에 올 때마다 음식을 갖고 간단 말이죠. 우리가 스스로 우리 것을 친구들과 나눠야 하는데 말이에요." 수프가 분배되었고, 베네딕트 수도사는 품위 있게 먹었다. "그렇게 점잔 빼지 마세요, 수도사님." 그녀가 외쳤다. "숟가락이 너무 작은가요? 더 큰 걸 가져오라고 해야겠네. 이 신사분들은 한 입 미어져라 밀어 넣는 게 습관이니 말이에요." 그러자 수도사가 대꾸했다. 영주와 같은 이 집에서는 모든 것이 아주 훌륭하게 준비되어 있으니, 자기보다 훨씬 더 안락에 길든 손님들도 완전히 만족하실 거라고 말이다.

수도사가 작은 파이 한 개를 집어 들자 그녀는 여섯 개쯤 드시라고 소리쳤다. 이렇게 껍질이 얇은 파이는 소화가 잘된다는 걸 알고 계시지 않느냐. 그러자 분별 있는 이 남자는, 마치 그런 모욕적인 농담을 못 알아들은 양 그녀의 관심에 감사를 표하면서 파이 하나를 더 집어 들었다. 속이 꽉 찬 다른 파이가 나오자 그녀가 악의를 분출할 기회가 왔다. 수도사가 파이 하나를 집어서 자기 접시에 옮기는데 하나가 더 따라서 굴러 왔다. 그녀가 소리쳤다. "하나 더요. 신부님, 좋은 기초를 놓을 수 있을 것 같은데요." "이렇게 재료가 좋다면 건축가가 일을 더 쉽게 하겠지요!" 수도사가 대꾸했다. 이런 식으로 시비를 계속하느라 그녀는 내게 가장 좋은 음식을 덜어 줄 짬을 낼 수가 없었다.

나는 그사이에 다른 쪽 옆에 앉은 필란지에리와 극히 진지한 것들에 대해 이야기를 나누었다. 필란지에리가 무심히 말하는 것을 단 한 번도 들은 적이 없다. 그는 다른 많은 점에서도 우리의 친구인 게오르크 슐로서Georg Schlosser*와 비슷한데, 다만 그

* 괴테의 매제. 법률가.

는 나폴리 사람이며 사교계 사람이라, 더 부드러운 천성에 사람들과의 교제를 더 편하게 한다는 것만 달랐다.

식사 시간 내내 수도사들은 내 옆자리 여성의 변덕에서 벗어나지 못했다. 특히 사순절을 맞이하여 고기 모양으로 만든 생선 요리가 그녀에게 신과 도덕성에 어긋나는 발언을 계속할 기회를 만들어 주었다. 고기가 금지되어 있다면 적어도 형태만이라도 고기 모양인 것을 먹어야 한다면서, 고기 좋아하는 것을 폭로하고 동의하느라 바빴다.

그런 농담을 더 많이 들었지만 그것을 여기서 알릴 용기는 없다. 그런 말은 현실에서 아름다운 입에서 나오면 참을 만하지만, 종이에 쓰는 것은 내 마음에도 들지 않는다. 그리고 뻔뻔스러운 대담함은 현실에서는 사람을 깜짝 놀라게 해서 즐겁지만, 글로 옮기면 모욕감과 역겨움을 불러일으킨다는 특성을 갖는다.

디저트가 나왔고, 나는 끝까지 이렇게 계속되려나, 하고 두려웠다. 하지만 예상도 못 하고 있을 때 옆자리 여성이 아주 침착한 태도로 내게로 몸을 돌리고는 이렇게 말했다. "수도사님들이 시라쿠사Siracusa 포도주를 조용히 드시는 게 좋겠어요. 나는 그 누구도 죽도록 화를 내게 만들기는커녕, 식욕을 떨어뜨리지도 못했네요. 그러니 당신이 분별 있는 말씀을 좀 하셔야지요! 필란지에리랑은 대체 무슨 이야기를 그렇게 진지하게 하시나요! 저 선량한 사람은 걱정거리가 너무 많아요. 난 벌써 여러 번이나 이렇게 말했죠. '당신들이 법을 새로 만들면, 우리는 이번 것은 또 어떻게 넘기나 궁리하느라 다시 수고해야 한다고요. 옛날 법은 벌써 해치웠거든요'라고요. 나폴리가 얼마나 아름다운지 한번 보세요. 사람들은 아주 옛날부터 근심 없이 만족하며 살아가지요. 물론 이따금 누군가가 교수형을 당하지만, 나머지는 모조리 훌륭하게 흘러간답니다." 이어서 그녀는 나더러 소렌토Sorrento에 가 보라고 제안했다. 그곳에는 그녀의 거대한 영지가 있는데, 청지기가 내게 최고의 생선과 뭉가나[mungana, 아주 연한 송아지 고기]를 대접할 것이다. 산악 지대의 공기와 천상의 전망이 온갖 철학적 사색에서 나를 치유해 줄 것이고, 나중에 그녀 자신도 합류하겠다. 그러면 나이에 안 어울리게 생긴 내 모든 주름살이 흔적도 없이 사라질 것이고, 우리는 함께 즐거운 삶을 살아갈 것이란다.

1787년 3월 13일, 나폴리

편지가 이어서 도착하도록 오늘도 몇 마디만 쓴다. 건강이 좋은데도 나는 원래 봐야 할 것보다 더 적게 보고 있다. 이 장소는 게으름 부리며 편하게 살라는 영감을 주는 데다가, 그사이에 도시의 이미지도 조금씩 더 둥글어지고 있다.

일요일에 우리는 폼페이로 갔다. 세상에는 수많은 재앙이 있지만, 후세에 그렇게 큰 기쁨을 주는 재앙은 별로 없다. 나는 이보다 더 흥미로운 것을 쉽게 찾아내지 못하겠다. 집은 작고 좁아도, 집집마다 극히 사랑스러운 그림 장식이 되어 있다. 도시 성문은 특이한데, 바로 옆에 무덤들이 붙어 있다. 여사제의 무덤은, 돌 등받이가 붙은 반원의 벤치 형태. 거기에는 큰 글자로 비명이 새겨져 있다. 등받이 너머로 바다와 지는 해가 보인다. 아름다운 생각을 할 수 있는 멋진 장소.

우리는 그곳에서 명랑하고 선량한 나폴리 사람들 한패를 만났다. 이 사람들은 극히 자연스럽고 가벼운 마음이다. 우리는 토레 델라눈치아타Torre dell'Annunziata에서 바다 바로 옆에 차려진 식탁에 앉아 식사했다. 날씨는 극히 아름답고, 카스텔람마레Castellammare와 소렌토의 전망은 가깝고도 멋지다. 모임은 극히 편안하고, 일부 사람들은 바다를 안 보고는 살 수 없을 거라고 말했다. 나한테는 이 모습을 영혼에 간직하는 것만으로 충분하고, 이제는 이따금 저 산악 지대로 돌아가고픈 마음도 들건만.

다행스럽게도 아주 사실적인 풍경 화가가 한 명 있어서, 탁 트인 풍성한 주변을 종이에 매우 잘 옮겼다. 그는 나를 위해 드로잉 몇 개를 만들었다.

소렌토 만, Goethe 作

베수비오 산의 돌들에 대해서는 이미 상당히 탐구를 했다. 맥락 속에 들어가면 모든 것이 전혀 다른 모습이 된다. 나는 아마도 내 삶의 나머지를 관찰로 보낼 것이고, 인간의 지식을 차츰 늘려 줄 수 있는 것을 많이 찾아낸다면 좋겠다. 나의 식물학 인식이 차츰 더 발전하는 중이라고 헤르더에게 전해 주시라. 언제나 같은 원칙이지만, 그것을 실천하기는 평생이 걸린다. 어쩌면 나는 핵심 줄기를 이끌어 낼 수 있을 것도 같다.

이제 포르티치Portici 박물관을 보기를 고대한다. 사람들은 보통 맨 먼저 그것부터 보는데, 우리는 맨 마지막으로 본다. 내 상황이 앞으로 어떻게 될지 아직도 모르겠다. 모든 사정으로 보면 나는 부활절에는 로마로 돌아가야 한다. 다만 아직은 그대로 두고 볼 셈이다. 앙겔리카는 나의 《이피게니아》에서 뽑아낸 장면 하나를 그리려고 마음먹었다. 착상이 아주 뛰어나니, 그것을 훌륭하게 실행에 옮길 것이다. 오레스테스Orestes가 누이와 친구 곁에서 자신을 되찾는 장면이다. 앙겔리카는 세 사람이 차례로 이야기하는 것을 동시 장면으로 붙잡아 한 그룹으로 만들고, 각자의 발언을 몸짓으로 표현하려는 생각이다. 이것만 보아도 그녀가 얼마나 섬세한 감정을 가지며, 자기 전문 분야의 일을 얼마나 잘 장악하고 있는지 알 수 있다. 이 장면이 바로 이 희곡의 중심축이니 말이다.

잘 지내시고 나를 사랑하시기를! 이곳 사람들은 나와 함께 무엇을 어찌해 볼 수 있는지도 모르면서 모두들 내게 친절하다. 그에 반해 티슈바인은 그들을 더 잘 만족시킨다. 그는 저녁이면 그들 중 몇 명의 머리를 실물 크기로 그리는데, 그러면 그들은 전함을 처음으로 본 뉴질랜드 원주민[마오리 족]처럼 반응한다. 여기에 대한 유쾌한 이야기 한 토막.

티슈바인은 신들과 영웅들의 모습을 실물 크기로, 그것도 펜으로 윤곽을 그려 내는 대단한 재능을 갖고 있다. 가는 선 몇 개를 그리고는 굵은 붓으로 그림자를 더하면, 도드라진 둥근 얼굴이 드러난다. 그것을 바라보는 사람들은 깜짝 놀라며 그렇게나 쉽게 모습이 나타나는 것을 보고는 정말로 기뻐한다. 그러면 자기들도 그렇게 그려 보고 싶다는 생각이 손가락 사이로 스멀스멀 밀려든다. 그들은 붓을 잡고는 번갈아 가며 수염을 그려서 얼굴을 망치고 만다. 여기에는 인간의 원초적인 어떤 모습이 있지 않은가? 게다가 스스로 상당히 대담한 드로잉도 하고 또 그림도 그리는 남자의 집에 모인 교양이 있는 사람들의 모임인데도 그렇다. 그들을 정말로 보지 않고는 이들에 대해 그 어떤 개념도 갖기가 어렵다.

3월 14일 수요일, 카세르타Caserta

하케르트의 극히 편안한 처소에 와 있다. 낡은 성에서 그에게 할당된 부분. 새 궁전은 물론 엄청난 규모인데, [스페인 마드리드의 왕궁] 에스코리알Escorial 방식의 사각형 건물로 여러 개의 안뜰을 갖추었다. 그야말로 왕궁답다. 세계에서 가장 비옥한 평원에 자리 잡은 극히 아름다운 곳, 그러면서도 정원은 곧바로 산맥과 연결된다. 수도교 하나가 물길 전체를 그리로 끌어들여 성과 그 일대에 물을 공급하고, 그 많은 물이 인공 암벽으로 흘러가서 가장 장엄한 계단식 인공 폭포를 이룬다. 여러 정원의 위치는 멋지고, 어차피 전체가 정원인 지역에 정말 잘 어울린다.

그야말로 왕궁다운 성에는 충분한 생기가 없어 보인다. 그리고 나 같은 사람에게는 이렇게 엄청나게 큰 텅 빈 공간들이 그다지 쾌적하게 여겨지지도 않는다. 왕도 비슷한 느낌을 가졌던 걸까. 산속에 사람들이 가까이 모여 있을 수 있는, 사냥과 즐거움을 위한 또 다른 시설이 있는 것을 보면 말이다.

3월 15일 목요일, 카세르타

하케르트는 낡은 성에서 편안하게 산다. 그와 손님들이 묵기에 넉넉한 공간. 언제나 스케치나 그림으로 바쁘게 지내면서도 그는 사교적이고, 모든 사람을 제자로 만드는 방식으로 사람들을 끌어들인다. 그는 내 약점에 인내심을 보임으로써 내 마음도 완전히 사로잡았다. 그리고 무엇보다도 스케치의 확고함, 그런 다음에는 관점에 대한 자신감과 명료함을 강조했다. 그림을 그릴 때면 언제나 세 가지 색조가 준비되어 있고, 그가 배경에서부터 시작하여 전경前景으로 차례차례 작업을 하면 그림이 생겨나는데, 나로서는 그것이 대체 어디서 생겨나는지 알 수가 없다. 보이는 것처럼 그렇게 쉽게 할 수 있는 일이기만 하다면야. 그는 보통 때의 확고한 솔직함으로 내게 이렇게 말했다. "당신은 소질이 있지만 아무것도 못 하지요. 내 곁에서 18개월만 보내시오, 그러면 당신과 다른 사람들에게 기쁨을 줄 무언가를 만들어 낼 겁니다." 모든 딜레탕트에게 영원히 설교해 줄 만한 말이 아닌가? 내게선 어떤 결실을 맺을지 앞으로 보기로 하자.

여왕이 그에게 각별한 신뢰를 베푸는 덕분에 그는 공주들에게 그림 수업을 할 뿐만 아니라, 저녁이면 자주 미술에 대한, 그리고 그 한계에 대한 즐거운 대담을 위해 불려 가곤 한다. 그는 요한 게오르크 줄처Johann Georg Sulzer의 사전을 기초로 이용한다. 멋대로 또는 확신에서, 사전의 이 구절 저 구절을 선택하는 것이다.

나는 그것을 수긍할 수밖에 없었고, 그러면서 나 자신에 대해 빙긋이 웃었다. 내면에서부터 자신의 삶을 세우려는 사람과, 세상에 영향을 미치고, 다른 사람의 가정용 쓰임을 위해 가르치는 사람 사이에는 얼마만 한 차이가 있는가! 나는 줄처의 이론이 잘못된 기본 원리에 토대를 둔 것이기에 그 이론을 늘 싫어했었다. 그런데 지금 이 책이 사람들이 알아야 할 것을 아주 많이 포함하고 있다는 것을 보았다. 여기서 전달하는 수많은 지식, 줄처처럼 대담한 사람이 편하게 이용하는 사고방식만으로 사교계 사람들에게는 충분한 것이 아니겠는가?

옛 그림을 복원하는 화가 안드레스Andres 곁에서 만족스럽고도 의미심장한 시간을 보냈다. 그는 로마에서 이곳으로 초빙되어 와서, 여기 낡은 성에 살면서 열심히 일하는데, 왕이 그의 작업에 관심이 많다. 낡은 그림을 복원하는 그의 능력에 대해서는 이야기를 시작해 볼 수도 없다. 이 독특한 공예 기술에서 핵심이 되는 힘든 과제와 다행스러운 해결책을 동시에 알아야 하기 때문이다.

1787년 3월 16일, 카세르타

2월 19일자의 다정한 편지들이 오늘 내 손에 들어왔으니, 그에 대해 곧바로 한마디 하고자 한다. 친구들을 생각해서 나도 얼마나 기꺼이 정신을 차리고 싶은지.

나폴리는 낙원이라 여기서는 누구나 일종의 자기 망각에 빠져 산다. 나도 그와 비슷해서 나 자신을 모르겠고, 내가 전혀 다른 사람인 것만 같다. 어제는 이런 생각도 했다. "전에 네가 미쳤었든지, 아니면 지금 미쳤든지."

여기서 옛날 카푸아의 유적과 거기 연결된 것을 방문했다.

이 지역에서야 비로소 식물이란 무엇이고, 어째서 농사를 짓게 된 것인지를 배운다. 아마는 거의 꽃을 피우는 참이고, 밀은 한 뼘 반 정도 자랐다. 카세르타 주변의 땅은 완전히 평지이니, 농경지도 똑같이 평지이고 여기서는 마치 꽃밭에서처럼 분명하게 일할 수 있다. 모든 것은 포플러 나무와 함께 심어져서 포도 넝쿨이 포플러 나무를 휘감고, 이 나무의 그늘에서도 땅은 극히 풍성한 결실을 낸다. 완전히 봄이 되면 과연 그 모습이 어떨까! 아직까지는 태양이 환하게 비쳐도 바람은 차갑고, 덕분에 산악 지대에는 눈이 남아 있다.

보름이 지나면 시칠리아로 갈지 결정이 끝나 있을 것이다. 이토록 이상하게 결심이 이리저리 흔들린 적이 전에는 없었다. 오늘은 여행을 격려하는 일이 생기고, 내일이면 포기할 사정이 생긴다는 식이다. 두 정신이 나를 두고 싸우는 중.

여자 친구들에게만 하는 말이니 남자들이 이 말을 듣지 못하게 하시라! 나의《이피게니아》가 기묘한 효과를 낸 것을 알겠다. 모두들 자주 낭송해서 듣고 익힌 처음 형식에 그토록 익숙하게 길들어 있다는 것을. 이제 모든 것이 전혀 다른 소리를 내고 있으니, 근본적으로는 아무도 이 끝없는 수고에 고마워하지 않는다는 것을 알겠다. 그런 작업은 완전히 끝내기가 어려우니, 시간과 상황이 허용하는 대로 가능한 것을 행하고 나서, 끝났다고 선포해야 한다.

하지만 그렇다고 내가 《타소》를 비슷한 방식으로 쓰는 것을 막지는 못한다. 차라리 이 작품을 불 속에 집어 던지는 한이 있더라도 내 결심을 지키고, 달리 도리가 없으면 우리는 그것을 기묘한 작품으로 여기기로 하자. 그러니 내 글의 인쇄가 그렇게 느리게 진행되어도 나는 퍽 만족한다. 어느 정도 떨어진 곳에서 식자공의 위협을 받는 것은 괜찮다. 가장 자유로운 행동을 위해 어느 정도의 압력을 기대, 아니 거의 요구하다니 그야말로 이상한 일이다.

1787년 3월 16일, 카세르타

로마에서는 공부를 하고 싶었다면 이곳에서는 그저 살고 싶을 뿐. 자신과 세상을 모두 잊는다. 삶을 즐기는 사람들하고만 교제하고 있으니 내게는 경이로운 감정이다. 아직 영국 대사 자격으로 이곳에 살고 있는 기사 해밀턴Hamilton은 그토록 오랫동안 예술 애호가이자 자연 탐구가 노릇을 하더니, 이제는 자연과 예술에서 얻는 온갖 기쁨의 절정을 아름다운 아가씨에게서 찾아냈다. 스무 살쯤 된 영국인 아가씨 한 명을 자기 집에 데리고 있는데, 그녀는 매우 아름답고 몸매도 잘빠졌다. 그녀를 위해 그리스 의상이 제작되었고, 그녀는 그것을 아주 훌륭하게 소화한다. 머리를 풀고, 숄 몇 개를 이용하여 자세와 몸짓, 표정 등을 바꾸면서 우리가 정말로 꿈을 꾸고 있다고 믿게 만든다. 수많은 화가들이 기꺼이 그리고 싶어 했을 자태, 그것도 계속 움직이면서 놀라운 방식으로 바뀌는 모습을 우리는 현실에서 바라본다. 서 있는, 무릎 꿇은, 앉은, 누운, 진지한, 슬픈, 짓궂은, 방탕한, 회개할 준비가 된, 유혹하는, 위협하는, 겁먹은 모습 등등이다. 하나에 이어 다른 것이 나오고, 이것에서 저것이 나온다. 그녀는 모든 표현에 제각기 알맞은 숄의 형태를 선택하고 또 바꿀 줄을 알고, 똑같은 천을 이용해 수백 가지 머리 장식을 만들어 낸다. 늙은 기사는 이 행사를 위해 조명을 들고, 온 영혼으로 이 대상에 자신을 바친다. 그는 모든 고대, 시칠리아 동전에 등장하는 모든 아름다운 옆모습, 심지어는 벨베데레 아폴론까지도 그녀에게서 찾아낸다. 이것만은 확실하다, 이 즐거움은 세상에 다시없는 것이다! 우리는 두 번의 저녁에 이것을 보고 즐겼다. 오늘 아침에 티슈바인은 그녀를 그리고 있다.

궁정 사람들과 상황에 대해 내가 들어서 결합한 내용을 먼저 검토하고 정리해야만 한다. 오늘 왕은 늑대 사냥을 나갔는데, 사람들은 적어도 다섯 마리 정도는 잡아 올 것이라 기대하고 있다.

3월 17일, 나폴리

낱말을 쓰려고 하면 언제나 결실 풍부한 땅, 탁 트인 바다, 아지랑이가 피어오르는 섬들, 연기를 뿜어 올리는 산의 모습이 눈앞에 나타난다. 이 모든 것을 서술할 감각 기관이 내게는 없다.

이곳에서 비로소 땅을 경작하겠다는 생각이 어떻게 인간의 머리에 떠오를 수 있었는지를 이해한다. 경작지가 모든 소출을 가져오고, 한 해에 세 번에서 다섯 번까지 수확할 수 있는 이곳에서 말이다. 상황이 가장 좋을 때는 동일한 경작지에서 옥수수를 한 해 세 번까지 경작할 수 있다.

많은 것을 보았고, 생각은 더 많이 했다. 세계가 점점 더 많이 스스로를 드러내니, 이제야 비로소 내가 이미 오래전부터 알고 있던 모든 것이 내 것이 된다. 인간은 얼마나 일찌감치 알고 늦게야 연습하는 존재인가!

매 순간 나의 관찰을 알릴 수가 없다는 것이 유감이다. 티슈바인이 나와 함께 있지만, 인간이며 예술가로서 그는 천 가지 생각에 이리저리 휘둘리며, 백 사람에게서 이런저런 요구를 받는다. 그의 위치는 독특하고 놀랍다. 그는 자신의 열망에 완전히 갇혀서 다른 사람의 존재에 자발적으로 관여하지 못한다.

그런데도 세상은 그냥 단순한 바퀴, 언제나 동일한 원을 그리고 있건만 우리에게는 극히 변덕스럽게만 여겨진다. 우리 자신이 함께 끌려가고 있기 때문.

항상 나 자신에게 하던 말이 맞았다. 수많은 자연 현상과 수많은 의견들의 뒤엉킴을 이 나라에서 비로소 이해하고, 그것이 생겨나는 방식을 여기서 배운다. 모든 면에서 요약하고, 많은 것을 다시 가져온다. 물론 애국심도 그리고 소수의 친구들과 함께하는 삶의 기쁨도.

나의 시칠리아 여행을 결정할 저울이 아직도 신들 손에 들어 있다. 저울 침은 이쪽저쪽으로 흔들린다.

사람들이 내게 그토록 신비스럽게 예고해 준 친구는 대체 누구일까? 내가 헤매며 섬에 가느라 그 친구를 소홀히 하지 않기만을 바라며!

프리깃함이 팔레르모에서 돌아왔다. 일주일 뒤에 이 배는 다시 이곳을 떠나 팔레르모로 간다. 이 배로 항해할지, 아니면 수난 주간에 로마로 돌아갈지 아직도 모르겠다. 이렇게까지 갈피를 잡지 못한 적은 한 번도 없는데. 하나의 순간이, 극히 작은 일이 이것을 결정할 것이다.

나폴리 항구 풍경, Claude Joseph Vernet 作

사람들과 더 잘 지내기 시작했다. 그들을 소매상인의 저울로 달아야지, 황금 저울로 달아서는 안 된다. 유감스럽게도 자주 친구들 사이에서 우울증이 섞인 변덕과 특이한 요구로 인해 황금 저울을 쓰곤 하지만.

이곳에서 사람들은 서로에 대해 아무것도 알아채지 못하고, 이리저리 달려 다니면서 바로 옆 사람도 잘 쳐다보지 않는다. 하루 종일 낙원에서 별로 많은 것을 보지도 않으며 이리저리 달리다가, 바로 옆에서 지옥의 아가리가 광분하기 시작하면 [나폴리 성인聖人] 성 야누아리우스Januarius의 피에 기댄다. 물론 나머지 세계도 죽음과 악마에 맞서 싸울 때 피에 기대지만.

그렇게 끊임없이 움직이는 거대한 대중 사이로 뚫고 지나가는 일은 특이하고도 치유력이 있는 일이다. 모든 것이 서로 뒤엉켜 흐르면서도 저마다 길과 목표를 찾아낸다는 것. 이렇듯 거대한 모임과 움직임 속에서 나는 비로소 차분함과 고독함을 느낀다. 거리가 미쳐 날뛸수록 나는 더욱 조용해진다.

이따금 루소Rousseau와 우울증 섞인 그의 비탄을 생각하며, 그토록 아름답게 조직된 정신이 뒤틀릴 수도 있음을 깨닫는다. 내가 자연의 일들에 관심을 갖지 않았다면, 언뜻 혼란처럼 보이는 것에서 수많은 관찰들이 서로 비교되고 정리된다는 사실을 알지 못했더라면—측량 기사가 마구 뒤엉킨 선들을 이용해서 몇 개의 측량 값들을 검토하는 것처럼—나는 자주 자신이 미쳤다고 여겼을 것이다.

1787년 3월 18일, 나폴리

이제는 헤르쿨라네움[오늘날의 에르콜라노]을 방문하는 것과 포르티치 박물관의 발굴품 보는 일을 더는 미룰 수 없게 되었다. 베수비오 산기슭에 있는 저 옛 도시는, 연속되는 화산 폭발로 켜켜이 쌓인 용암에 완전히 뒤덮여서 이제 지하 60피트 깊이에 놓여 있다. 사람들이 샘을 파다가 널빤지를 댄 대리석 바닥을 발견하면서 이곳을 찾아냈다. 이 발굴이 독일 광부들의 손으로 계획에 따라 이루어지지 않은 것이 그야말로 유감이다. 우연한 도굴꾼들의 행동으로 수많은 소중한 고대 물품들이 사라졌을 것이기에 하는 말이다. 구덩이 아래로 계단 60개를 내려가면, 예전에 푸른 하늘 아래 서 있던 극장을 횃불 빛에 보면서 놀라고, 또한 그 모든 것이 어떻게 발견되어 이렇게 공개되었는가 하는 설명을 듣는다.

우리는 박물관 입장을 위한 추천서도 받았고, 정말로 환영도 받았다. 그런데도 무엇이든 스케치할 허락은 받지 못했다. 어쩌면 그럴수록 우리는 더욱 집중하여, 이 모든 것들이 그 주인의 주변에서 사용되고 즐거움을 주던, 저 사라져 버린 시대에 더욱 생생하게 몰입했던 것도 같다. 폼페이의 작은 집들과 방들이 이제는 더욱 좁게 동시에 더욱 넓게도 생각되었다. 이 많은 소중한 물건들로 가득 찼으리라 생각하니 더욱 좁게 생각되고, 이 물건들이 그토록 궁핍하게 존재하지 않고 미술을 통해 극히 재치 있고 우아하게 장식되어, 가장 큰 크기의 집들도 할 수 없는 방식으로 감각을 즐겁게 확장해 주었으리라는 생각에 더 넓게 생각되는 것이다.

예를 들어 훌륭한 형태의 항아리가 거기 있었다. 위쪽에 극히 화려한 장식의 테두리가 붙어 있는데, 더 자세히 들여다보자 이 테두리 양측에 두 개의 반원형 손잡이가 붙어 있어 항아리를 쉽사리 잡고 옮길 수가 있게 되어 있다. 램프에는 심지 숫자만큼의 가면과 당초무늬 장식이 되어 있어서 램프 불빛 하나가 정말로 예술품 하나씩을 비춘다. 램프를 올려놓는 높고 날씬한 주석 받침대는 고정되어 있지만, 공중에 매달린 램프들은 온갖 기발한 형태들로 매달아 놓았기에, 이들이 공중에 매달려 흔들리고 있으면 즐거움을 준다는 본래 목적을 달성하고도 남음이 있다.

다시 와 보겠노라는 희망을 품고 우리는 안내인의 뒤를 따라 이 방 저 방 다니면서 있는 힘을 다해 이 짧은 시간이 허용하는 만큼의 즐거움과 배움을 얻으려고 애썼다.

1787년 3월 19일 월요일, 나폴리

지난 며칠 사이에 새로운 관계가 더욱 가깝게 결합되었다. 지난 4주 동안 티슈바인은 나의 자연과 예술 탐색에 충실한 동반자 노릇을 했고, 어제도 함께 포르티치에 갔었다. 그러면서 서로를 관찰한 결과, 그의 예술적 목적과 나폴리에서 장래 희망하는 일자리를 위해 그가 이 도시, 특히 궁정에서 수행해야 할 일들이 나의 의도, 소망, 좋아하는 것들과는 서로 결합될 수 없는 것으로 밝혀졌다. 그래서 그는 언제나처럼 나를 도우려는 마음에서 한 젊은이를 나의 수행원으로 추천했다. 이곳에 온 첫날부터 나는 관심이나 애착이 없지 않은 상태로 자주 그를 만났다. 크니프라는* 사람으로, 한동안 로마에 머물다가 풍경 화가에게 이상적인 나폴리로 왔다. 로마에서 이미 그가 뛰어난 도안가라는 칭송을 들었는데, 사람들은 그의 다른 활동상에 대해서는 곧바로 동일한 칭찬을 하려고 하지 않았다. 나는 그사이 이미 그를 상당히 잘 알게 되었는데, 그가 비난받는 이 결함을 오히려 자신감 결핍이라 부르고 싶다. 우리가 한동안 함께 지내면 분명히 극복될 수 있는 요소이다. 다행스러운 시작이 내게 이런 희망을 확인해 주고 있으며, 상황이 계속 이렇게만 된다면 우리는 한동안 좋은 동반자가 될 것이다.

3월 19일, 나폴리

거리를 돌아다니며 눈만 뜨고 있어도, 정말로 흉내 내기 어려운 모습들을 보게 된다.

* 크리스토프 하인리히 크니프(Christoph Heinrich Kniep, 1755~1825).

어제 시내에서 가장 시끄러운 구역의 하나인 몰로Molo에서 풀치넬라[이탈리아 특히 나폴리의 민중극에 등장하는 인물. 보통 가면을 쓰고 등장.] 한 명이 목재 무대 위에서 작은 원숭이와 싸우는 것을 보았다. 그 위로는 발코니가 있는데, 그 발코니 위에서 예쁘장한 소녀가 자신의 매력을 한껏 뽐내고, 원숭이 무대 옆에서는 돌팔이 의사가 모든 병을 고친다는 만병통치약을 몰려든 군중에게 선전하는 중이었다. [네덜란드 화가] 제라드 도우Gerard Dow가 그것을 그린다면 오늘날 사람들과 후세를 즐겁게 할 것이다.

오늘은 성 요셉 축제일. 성 요셉은 모든 프리타루올리Frittaruoli, 즉 제빵공들의 수호성인인데, 물론 가장 거친 의미에서의 제빵공들을 말한다. 시커멓게 끓고 있는 기름 아래에는 언제나 강한 불길이 있어야 하는 까닭에 온갖 불길의 고통도 이 영역에 속한다. 사람들은 어제저녁에 자기들의 집 앞면을 여기 알맞은 그림들로 치장했다. 연옥에 떨어진 영혼들과, 불길을 내며 지글지글 타오르는 최후의 심판 그림들이 사방에 널렸다. 문 앞에는 임시로 만들어진 화덕 위에 커다란 가마솥들이 놓였다. 견습공 하나가 반죽을 빚고 다른 견습공은 도넛 모양을 만들어 끓고 있는 기름에 집어넣는다. 프라이팬 곁에서는 또 다른 견습공이 익은 도넛을 끄집어내서 네 번째 견습공의 꼬챙이에 끼우고, 네 번째 견습공은 도넛을 둘러 서 있는 사람들에게 내준다. 세 번째와 네 번째 견습공은 금발의 고수머리 가발을 쓴 젊은이들로, 이 가발은 이곳에서는 천사를 의미한다. 이 그룹에는 몇몇 사람이 더 섞여 있는데, 이들은 열심히 일하는 견습공들에게 포도주를 돌리고, 자기들도 마시면서 상품을 찬양하는 소리를 외쳐 댄다. 천사와 요리사도 모두 소리치고 군중이 몰려든다. 이날 저녁에는 온갖 페이스트리가 상당히 할인된 가격으로 제공되는 데다가, 수익금 일부는 가난한 사람들에게로 돌아가기 때문이다.

이런 이야기는 끝도 없이 계속할 수 있다. 매일 이런 식이고, 언제나 새로운 것, 더욱 정신 나간 일이 벌어지는데, 다만 의상이 다양할 뿐이다. 톨레도Toledo 거리에서 부딪히는 인파만 해도 엄청나다.

민중과 더불어 산다면 수많은 독창적인 즐거움이 있다. 이런 사람들과 함께 지내면서 스스로도 자연스럽게 된다는 것은 극히 자연스러운 일이다. 예를 들면 풀치넬라는 원래 이탈리아 가면극의 인물이고, 베르가모Bergamo의 아를레키노Arlecchino, 티롤의 어릿광대 한스부어스트Hanswurst도 그렇다. [원래 나폴리 민속극 인물인] 풀치넬라는 진짜 태평하고 조용한, 어느 정도까지는 무심하고 거의 게으른, 그러면서도 가장 유머가 풍부한 하인이다. 이곳의 웨이터나 하인들은 정말로 그런 모습이다. 오늘 나는 우리 집 하인과 특별한 즐거움을 누렸는데, 겨우 그에게 종이와 펜을 가져오라고 시킨 것밖에 없었다. 그런데도 절반 오해와 망설임, 선의와 악의가 모두 합쳐져서, 어떤 극장에서라도 오로지 행운의 덕을 입어야 보여 줄 수 있을 만한, 극히 즐거운 장면이 생겨났다.

1787년 3월 20일 화요일, 나폴리

또 다른 용암 분출이 일어나, 나폴리에서는 보이지 않는 오타야노Ottajano 쪽으로 흐르고 있다는 소식에 자극을 받아, 세 번째로 베수비오 산을 찾았다. 말 한 마리가 끄는 이륜마차를 타고 베수비오 산기슭에 이르러 마차에서 뛰어내리자, 전에 우리를 안내했던 안내인 두 명이 모습을 나타낸다. 둘 중 누구도 놓치고 싶지 않았다. 한 명은 습관과 고마움에서, 그리고 다른 한 명은 신뢰에서 안내인 두 명을 모두 고용했고, 두 사람도 여러 가지 편리한 점 때문에 나와 함께 움직였다.

꼭대기에 도달해서 한 명은 여기 남아 외투와 식품을 지키기로 하고, 젊은 안내인이 나와 함께 움직였다. 우리는 용감하게, 원뿔 목구멍 아래쪽의 산에서 솟구치는 엄청난 증기를 향해 출발했다. 원뿔 목구멍의 옆을 따라 살짝 아래로 내려가자 마침내 맑은 하늘 아래 사나운 증기 구름 속에서 용암이 분출하는 모습이 보였다.

어떤 대상에 대해 천 번을 듣는다 해도, 결국은 직접 보아야만 그 본질이 우리에게 말을 거는 법이다. 용암의 흐름은 가늘어서 10피트 정도나 될까, 하지만 그것이 꽤나 완만한 평지를 흘러내리는 방식만은 충분히 눈길을 끈다. 흘러내리는 동안 양쪽 측면과 표면이 식으면서 일종의 운하가 형성된다. 용암의 흐름 아래서도 녹은 물질이 응고되기 때문에 운하는 차츰 높아지고, 용암 표면에서 헤엄치는 탄재가 오른쪽과 왼쪽으로 똑같이 밀리면서 차츰 댐도 높아지고, 그 위에서 용암은 마치 물방앗간을 흐르는 물처럼 평온히 계속 흘러간다. 우리는 상당히 높아진 댐의 곁으로 다가갔는데, 탄재가 규칙적으로 옆으로 밀려 나와 우리 발치께로 떨어진다. 운하에 생겨난 몇 군데 균열을 통해 이런 불꽃 흐름을 아래서도 볼 수가 있고, 그것이 계속 흘러가면 다시 위에서 관찰할 수가 있었다.

극히 밝은 햇살에 불꽃 흐름이 칙칙해 보였다. 다만 적당한 연기구름 하나가 맑은 하늘로 올라갔다. 나는 용암이 솟구쳐 오르는 지점에 접근하고 싶었다. 안내인의 설명에 따르면 용암이 분출해 나오면 즉시 용암 위쪽으로 아치와 지붕이 형성되곤 하는데, 그는 여러 번이나 그 지붕 위에 올라가 서 보았단다. 이것을 보기도 하고 직접 경험도 해 볼 마음으로 우리는 다시 산으로 올라갔다. 뒤쪽에서 그 지점에 접근할 셈이었다. 수많은 틈에서 올라오는 증기가 사방에 자욱했는데, 다행히도 강한 바람을 통해 그 장소가 완전히는 아니라도 일부가 드러나 보였다. 우리는 마침내 널찍하게 꼬이며 응고된 천장 위에 정말로 서기는 했지만, 천장이 너무 앞으로 튀어나와 있어서 용암이 솟구치는 모습은 보지 못했다.

몇십 걸음 더 앞으로 나가 보려 했지만 바닥이 점점 더 뜨거워졌다. 게다가 극복하기 힘든 짙은 증기가 태양을 가리며 소용돌이쳐서 거의 숨이 막힐 지경이 되었다. 나보다 앞서 가던 안내인이 재빨리 돌아서서 나를 움켜잡았고, 우리는 이 지옥의 증기에서 도망쳤다.

전망을 보며 눈을 진정시키고, 포도주로 입과 마음을 진정시킨 다음 우리는 이리저리 돌아다니며, 낙원 한가운데 솟아난 지옥의 산봉우리가 제공하는 우연한 일들을 관찰했다. 화산의 연통 노릇을 하면서 연기가 아닌 불꽃의 대기를 지속적으로 강력하게 분출하는 몇몇 분화구들을 다시 주의 깊게 관찰했다. 이런 분화구들은 꼭대기까지, 젖꼭지나 고드름 모양의 종유석 같은 물질로 완전히 뒤덮였다. 분화구 모양이 모두가 똑같지 않은 덕에 위에 매달린 증기 퇴적물 일부는 상당히 손 가까이 있었고, 덕분에 우리는 막대기와 몇몇 갈고리 비슷한 것들을 이용해 몇 개를 따 모을 수가 있었다. 용암 판매인의 가게에서 '진짜 용암'이라는 팻말 아래 그와 같은 표본들을 본 적이 있다. 이것이 뜨거운 증기에서 나온 화산 검댕이라는 사실을 밝혀낸 것이 기뻤다. 뜨거운 증기 안에 포함되어 있다가 발산된 미네랄 부분이다.

집으로 돌아오는 길에 극히 찬란한 일몰, 하늘나라 같은 저녁의 모습에 마음이 상쾌해졌지만, 이런 엄청난 상반됨이 사람의 마음을 얼마나 헷갈리게 하는가를 느낄 수 있었다. 끔찍한 것에서 아름다운 것으로, 아름다운 것에서 끔찍한 것으로 넘나들기. 이 두 가지가 서로를 상쇄하며 될 대로 되라는 감정을 불러일으킨다. 신과 악마 사이에 갇혔다고 느끼지 않았더라면, 나폴리 사람들은 분명 전혀 다른 사람이 되었을 것이다.

1787년 3월 22일, 나폴리

독일인의 감각 방식, 즐기기보다는 배우고 행동하겠노라는 욕구가 나를 몰아가지 않는다면, 나는 이토록 가볍고 즐거운 삶의 학교에 한동안 더 머물면서 그 혜택을 누릴 궁리를 했을 것이다. 이곳에서는 약간만 수입이 있어도 아주 즐겁게 지낼 수가 있다. 도시의 위치, 온화한 날씨 등은 아무리 칭찬해도 모자라지만, 외국인은 거의 전적으로 그것에만 의지하게 된다.

물론 시간이 있고, 게다가 재능과 돈까지 가진 사람이라면 이곳에서도 아주 넉넉하게 정착할 수 있을 것이다. 해밀턴은 그런 식으로 멋진 생활 방식을 만들어서 이제 삶의 황혼 녘을 즐기고 있다. 그가 영국식 취향으로 꾸민 방들은 정말 멋진데, 구석방에서 내다보는 전망은 아마 유일무이한 것일 게다. 우리 아래로 바다가 있고 카프리 섬이 내다보인다. 오른편에 포실리포, 가까운 곳에 빌라 레알레Villa Reale로 가는 산책길, 왼편으로는 낡은 예수회 건물, 그 저편으로 미네르바 곶까지 펼쳐지는 소렌토 해변. 유럽에 이런 풍경은 두 번 다시 찾기 어려울 것이다. 적어도 인구가 많은 대도시 한가운데서는 말이다.

해밀턴은 보편적 취향을 갖춘 사람이다. 온갖 창작의 영역을 두루 거친 다음, 위대한 예술가[창조주]의 걸작인 한 여인 곁에 안착했다.

바다 저편의 세이렌Seiren들은 이런 모든 것과, 또 수많은 다채로운 즐거움을 누리라고 나를 유혹한다. 순풍이 불면 나는 이 편지와 동시에 떠날 것이다. 편지는 북쪽으로, 나는 남쪽으로. 인간의 감각은 매인 데가 없으니, 나는 특히 먼 곳이 꼭 필요하다. 현재 나의 목표는 보존보다는 빠른 파악 능력이어야 한다. 전에는 어떤 대상이든 손가락 끝만큼만 알아냈다면, 이제는 듣고 생각하기를 통해 손 전체를 내 것으로 삼을 수 있다.

이상하게도 요즘 한 친구가 내게 《빌헬름 마이스터》를 상기시키고는 그것을 계속해 달라고 요청했다. 이 하늘 아래서 그것은 가능할 것 같지 않다. 어쩌면 이곳의 대기에서 이 작품의 마지막 몇 권을 위한 무언가가 나올지도 모른다. 나의 존재가 넉넉히 발전해서 줄기가 훨씬 더 길게 뻗어, 더욱 아름답고 풍성한 꽃들을 피우기를! 물론 내가 다시 태어나 돌아올 수 있는 것이 아니라면, 아예 다시 오지 않는 편이 더 낫겠지.

3월 22일, 나폴리

오늘 팔려고 내놓은 코레지오Correggio의 그림 한 점을 보았다. 완전한 형태로 보존된 것은 아니라도 그의 작품이 지닌 매력의 가장 좋은 특징만은 그대로 남아 있다. 성모를 그렸는데, 아기가 어머니의 젖과 어린 천사가 내밀고 있는 배 몇 개 사이에서 망설이는 순간을 포착한 것. 그러니까《그리스도의 젖떼기》인 셈이다. 내 눈에 발상은 극히 사랑스럽고, 구성은 감동적이며, 자연스럽고 다행하게, 극히 매혹적으로 그려졌다. 이 그림은 곧바로《성 카타리나의 약혼》을 연상시키며, 내 눈에는 의심의 여지 없이 코레지오의 손길에서 나온 작품이다.

1787년 3월 23일 금요일, 나폴리

이제 크니프와의 관계가 매우 실용적인 방식으로 형성되고 고정되었다. 우리는 함께 파에스툼Paestum에 갔었는데, 오가는 길과 그곳에서, 그가 여러 스케치를 통해 가장 활동적인 방식으로 자신을 입증했다. 가장 멋진 윤곽들이 포착되었고, 이렇게 열심히 일하는 감동적인 삶이 그 자신을 기쁘게 했으며, 이로써 그 자신도 감히 믿지 못하던 재능이 자극을 받았다. 여기서는 단호함이 필요하다. 하지만 바로 그 자리에서 그의 정확하고도 순수한 노련함이 드러난다. 그는 스케치 종이에 빙 둘러 직사각형의 줄을 긋기를 절대로 소홀히 하지 않으며, 또한 가장 품질이 좋은 영국제 연필의 끝을 뾰쪽하게 깎기를 소홀히 하는 법이 없다. 연필 끝을 뾰쪽하게 만드는 것이 거의 스케치 자체만큼이나 그에게 큰 기쁨이 되는 것 같다. 그 대신 그가 그리는 윤곽은 몹시 훌륭하다.

우리는 다음과 같이 약속했다. 오늘부터 우리는 함께 살고 여행하는데, 요즘 이미 그랬듯이 그는 오직 윤곽 스케치의 임무만을 지닌다. 그의 모든 스케치는 내 것이 된다. 다만 우리가 돌아온 다음 이 작업들을 바탕으로 그의 다음 작업이 나올 수 있도록, 그는 정해진 금액을 받고 나를 위해, 내가 골라 낸 일정한 수의 스케치를 더욱 정교하게 제작한다. 그사이에 그의 기술과 그가 정복할 수 있는 것의 중요성에 따라 그 이상의 작품도 나올 수 있다[그에 대해서는 따로 지불한다]. 이런 약속으로 나는 몹시 만족했고, 이제야 비로소 우리의 여행에 대해 짧은 보고를 할 수 있다.

이륜 경마차에 앉아 서로 번갈아 고삐를 쥐고 마차를 몰면서, 선량한 소년 마부를 뒤에 세운 채 우리는 장엄한 풍경을 통해 달렸다. 크니프는 화가의 눈길로 이런 풍경을 바라보며 반가워했다. 산맥의 골짜기에 이르렀는데, 극히 잘 닦인 도로가 골짜기를 따라 나 있어 우리는 그림 같은 숲과 바위의 곁을 지나 달렸다. 그러다 크니프가 알라 카바Alla Cava 지역에서 더는 참지 못하고, 우리 눈앞에 하늘을 배경으로 날카로운 모습으로 솟아오른 장엄한 산과 그 양쪽 경사면, 이곳 기슭에 이르기까지의 전체 윤곽을 말끔하게 특징을 잡아 종이에 옮겼다. 우리는 그것을 우리 결합의 시작이라 여겨 기뻐했다.

저녁에 살레르노Salerno 숙소의 창문에서도 또 다른 드로잉이 제작되었다. 이곳은 모든 묘사를 뛰어넘는, 독특하게 사랑스럽고 풍요로운 지역의 하나이다. 대학이 전성기를 구가하던 시절에 이곳에서 공부하고 싶어 하지 않은 사람이 어디 있었으랴? 이른 아침에 우리는 마차를 몰고 나가서, 길이 제대로 닦이지 않아 자주 진흙투성이가 되는 길을 통해 아름다운 산들을 향해 달렸다. 시내와 물길을 통과하면서 하마 비슷한 모습의, 시뻘겋고 거친 물소들의 눈을 들여다보았다.

땅이 점점 더 평평하고 황량해지고 집들이 점점 드물어지면서, 농사짓기 힘든 곳임을 알려 주었다. 바위를 통과하는지 아니면 파편들을 통과하는지도 불분명한데, 마침내 우리는 멀리서부터 보이던 몇몇 거대한 직사각형 덩어리들이, 옛날 화려한 도시에서 남겨진 사원과 기념비들임을 알아볼 수 있었다. 크니프는 도중에 벌써 두 개의 석회암 산을 스케치하더니, 여기서도 그림과는 거리가 먼 이 지역의 특성을 파악하고, 묘사하기에 좋은 장소를 서둘러 찾아보았다.

그사이에 나는 한 시골 사람의 안내를 받아 건물들을 둘러보았다. 첫인상은 오로지 놀라움만을 주었다. 나는 완전히 낯선 세계에 들어왔다. 그 긴 세월이 진지한 것을 그냥 매혹적인 것으로 바꾸어 버렸고, 이 세월은 사람도 그렇게 바꾸었다. 아니, 사람을 그렇게 창조했다. 이제는 우리 눈과, 눈을 통해 우리의 내적인 본질 전체가 더 날씬한 건축술에 이끌리고 그렇게 규정되었기에, 이토록 둔한 원추형으로 비좁게 늘어선 기둥 더미들이 부담스럽게, 아니 두렵게 느껴졌다. 하지만 나는 얼른 정신을 집중하여 미술사를 기억해 내고, 그 시대정신이 이런 건축 방식에 어울리던 시대를 생각하고, 엄격한 양식의 조각을 눈앞에 떠올려 보았다. 한 시간이 채 지나지 않아 여기 친숙해졌음을 느꼈다. 그리고 이렇게 잘 보존된 유적을 내 눈으로 보게 해 준 수호 정령을 찬양했다. 그림만 보아서는 이들에 대한 그 어떤 개념도 얻을 수 없었을 것이다. 건축의 스케치는 실제보다 더 우아하게 보이고, 원근법적인 묘사는 실제보다 더 우둔해 보인다. 건축물들을 이리저리 살펴보고, 그 사이로 돌아다녀 보아야 비로소 거기에 원래의 생명을 도로 부여하게 된다. 건축가가 의도했던 것, 그 안에 불어넣은 것을 거기서 다시 느끼는 것이다. 그렇게 나는 하루 종일을 보냈다. 그사이 크니프는 우리 둘을 위해 극히 정교하게 스케치를 하느라 바빴다. 이런 측면에서 그야말로 아무 근심도 없어졌다는 것, 기억을 위한 더 확실한 표지들을 얻을 수 있다는 사실이 얼마나 기뻤던지. 유감스럽게도 여기엔 밤에 묵을 시설이 없었다. 우리는 살레르노로 돌아와서, 다음 날 늦지 않게 나폴리로 출발했다. 뒤편에서 바라보는 베수비오는 가장 비옥한 지역에 있었다. 피라미드만큼이나 거대한 포플러 나무들이 대로변에 줄지어 서 있었다. 우리는 잠깐 멈추어 이 즐거운 광경을 우리 것으로 만들었다.

그런 다음 언덕에 이르렀다. 눈앞에 가장 위대한 장관이 펼쳐졌다. 화려한 모습을 뽐내는 나폴리, 평평한 만灣의 해변을 따라 여러 마을에 걸쳐 줄지어 있는 집, 곶, 지협, 암벽 들, 그런 다음 섬들, 그 뒤로 바다. 사람의 마음을 홀리는 풍경.

뒤에 서 있던 소년 마부의 끔찍한 노래, 라기보다는 오히려 즐거움의 외침과 포효 소리가 나를 깜짝 놀라게 만들었다. 나는 호되게 야단을 쳤다. 그는 아직까지는 우리에게서 단 한 마디도 나쁜 소리를 듣지 않았다. 선량한 소년이었으니.

그는 한동안 꼼짝도 안 하더니 내 어깨를 살그머니 치고는 집게손가락을 세운 오른팔을 뻗어 크니프와 나 사이에 두고 이렇게 말했다. "Signor, perdonate! questa è la mia patria!"—옮기자면 이렇다. "나리, 용서해 주세요! 그래도 제 조국이잖아요!" 나는 또다시 깜짝 놀랐다. 가여운 북부 사람 눈에 눈물 같은 것이 고였다.

1787년 3월 25일 성모의 수태 고지일, 나폴리

크니프가 나와 함께 시칠리아로 가기를 퍽 좋아한다는 것을 금방 느꼈지만, 그런데도 무언가 남겨 놓고 가기를 꺼린다는 것도 알아챌 수가 있었다. 그는 정직한 사람이라 머지않아, 연인이 있는데 그녀와 아주 충실하고 가깝게 결합되어 있다고 털어놓았다. 그들이 서로 알게 된 과정은 정말로 듣기가 좋았다. 아가씨가 지금까지 보인 태도는 사람의 마음을 사로잡는 것인데, 그는 이제 나도 그녀가 얼마나 예쁜지 보았으면 좋겠다고 했다. 그래서 준비가 이루어졌고, 그것도 나폴리를 굽어보는 가장 아름다운 전망 하나를 즐길 수 있는 장소를 골랐다. 그는 나를 어떤 집의 평평한 지붕으로 데려갔는데, 그곳에서는 몰로Molo, 만, 소렌토 해변을 향하는 도시의 아랫부분 전체가 눈에 들어왔다. 그보다 오른쪽의 모든 것은, 이 자리에 서지 않고는 쉽사리 볼 수 없는 극히 이상한 방식으로 옆으로 밀려나 보인다. 나폴리는 어디나 아름답고 빼어나다.

우리가 이 경치에 경탄하고 있을 때, 비록 기대는 했어도 여전히 모르는 사이에 아주 예쁜 아가씨의 머리가 바닥에서 불쑥 올라왔다. 이런 종류의 테라스에는 긴 사각형 출입구가 바닥에 나 있어서, 위로 들어 올리는 문이 출입구가 되기 때문이다. 천사 같은 아가씨가 완전히 위로 올라오자, 옛날 화가들이 성모에게 수태를 알리는 천사를 계단에서 위로 올라온 것으로 묘사했던 것이 생각났다. 이번 천사는 정말로 아름다운 몸매, 예쁜 얼굴과 선량하고 자연스러운 태도를 지녔다. 빼어난 하늘 아래 세상에서 가장 아름다운 풍경을 바라보는 가운데, 새 친구가 그토록 행복한 것을 보니 기뻤다. 그녀가 다시 멀어지자 그는 내게 고백했다. 지금까지는 그녀의 사랑을 즐기고 또 그녀의 검소함을 제대로 알아보느라 자발적으로 빈곤을 견뎠지만, 이제는 그녀에게 더 좋은 시간을 마련해 주기 위해 더 나은 미래 전망과 재정적으로 넉넉하게 되기를 바란다는 것이다.

3월 25일, 나폴리

이 유쾌한 모험이 끝난 다음 나는 바닷가로 산책을 나갔다. 차분하고 행복했다. 그 순간 갑자기 식물학에 대해 번쩍이는 깨달음이 나타났다. 헤르더에게 내가 원형 식물의 비밀에 거의 다가가고 있다고 전해 주시길. 그것을 알면 아무도 나머지 식물계를 알려 하지 않을까 하는 것만 걱정이다. 떡잎에 대한 나의 유명한 이론이 아주 잘 다듬어져서 이제는 더 앞으로 나아가기 어려울 정도이다.

1787년 3월 26일, 나폴리

내일 이 편지는 이곳을 출발해 당신들에게로 간다. 29일 목요일에 나는 저 코르베트Korvette함을 타고 팔레르모로 간다. 항해에 무지한 탓에 지난번 편지에서 프리깃함으로 격상시켜 불렀던 배 말이다. 가야 할지 말아야 할지 망설이는 마음이 이곳 체류의 일부를 불안하게 했었다. 이제 결심을 하고 나니 한결 마음이 편하다. 이번 여행은 내 감각 방식에 치유력을 갖는 것이니 꼭 필요한 일이다. 시칠리아는 아시아와 아프리카로 향하는 관문이라는 의미를 갖는데, 세계사의 수많은 사건들이 이리로 향하는 경이로운 지점에 직접 서 본다는 것은 절대로 작은 일이 아니다.

나폴리에서 나는 나폴리 사람처럼 지냈다. 절대로 부지런하지 않았지만, 그런데도 많은 것을 보고 이 땅과 주민과 상황에 대한 전반적인 개념을 얻었다. 돌아오는 길에 많은 것을 만회해야 한다. 물론 전부 만회하지는 못할 것이다. 6월 29일에는 다시 로마에 있어야 하니 말이다. 성聖주간을 놓쳤으니 성 베드로 축일이라도 그곳에서 보내고 싶다. 시칠리아 여행이 내 처음의 의도에서 나를 지나치게 멀어지게 하면 안 된다.

그제는 천둥 번개가 치고 소나기가 오는 사나운 날씨였다. 이제는 날씨가 다시 맑아졌고 강력한 북동풍이 불어오니, 이대로 계속된다면 우리는 가장 빠른 항해를 할 것이다.

어제 내 여행 동반자와 더불어 우리 배를 방문하고, 우리가 묵을 작은 선실을 구경했다. 내 머리에는 항해라는 것이 완전히 결핍되어 있었다. 이 작은 항해는 어쩌면 해안을 따라가는 것이 될 수도 있는데, 이번 항해가 내 상상력을 후원하고, 내 세계를 넓혀 줄 것이다. 선장은 젊고 씩씩한 남자, 배는 미국에서 건조된 화려하고 산뜻한 훌륭한 범선이다.

이곳에서도 이미 모든 것이 초록으로 물들기 시작했으니, 시칠리아는 더욱 초록이겠지. 당신들이 이 편지를 받을 때쯤이면, 나는 [시칠리아의 상징인] 세 다리Trinacria를 뒤로하고 벌써 돌아오는 길에 있을 것이다. 인간이란 이와 같다. 생각 속에서 언제나 저만치 앞서 있거나 뒤를 돌아본다. 나는 아직 그곳에 가지도 않았는데, 벌써 여러분 곁에 있으니 말이다. 이 편지가 이렇듯 뒤엉킨 것은 내 탓이 아니다. 매 순간 거듭 방해를 받는데도 편지를 끝맺고 싶다.

방금 베리오Berio 후작이 다녀갔는데, 많은 지식을 가진 듯이 보이는 젊은이이다. 그는《젊은 베르테르의 슬픔》의 작가를 직접 만나고 싶었단다. 이곳에도 교양과 지식을 향한 대단한 충동과 열의가 있다. 다만 너무 행복해서 올바른 길로 가지 못하는 것뿐이다. 내게 시간이 더 있다면, 기꺼이 이들에게 내 시간을 내주련만. 지난 4주는—엄청난 삶에 비하면 그것이 대체 무엇이랴! 안녕히들 지내시기를! 이번 여행에서 나는 여행하는 법을 배우고 있다. 사는 법도 배우는지는 모르겠다. 그것을 아는 듯이 보이는 사람들은 행동이나 본성이 나와는 아주 다르다. 그러니 나는 아마 이 재주를 요구할 수 없나 보다.

잘 계시고, 내가 여러분을 마음으로 생각하듯이 나를 사랑해 주시오.

1787년 3월 28일, 나폴리

이 며칠은 온통 짐 꾸리기와 작별 인사, 이것저것 사들이기, 지불하기, 보충하고 준비하기 등으로 보내고 있으니 완전히 잃어버린 며칠이다.

발데크 영주는 헤어질 때도 나를 불안하게 했다. 내가 시칠리아에서 돌아오면 자기와 함께 그리스와 달마티아로 갈 준비를 해야 한다는 말밖에는 하지 않았기 때문이다. 한번 세상으로 나와 세상과 관계를 맺으면, 너무 멀리 나가거나 완전히 돌아 버리지 않도록 조심해야 하는 모양이다. 이제 더는 한 마디도 쓸 수가 없다.

1787년 3월 29일, 나폴리

며칠 전부터 날씨가 불확실하더니 출발하기로 정해진 오늘은 가능한 범위에서 날씨가 좋다. 가장 유리한 북동풍, 해가 뜬 맑은 하늘, 그 아래서 우리는 너른 세상으로 나가기를 고대한다. 이제 바이마르와 고타Gotha의 모든 친구들에게 충심의 작별 인사를 고한다! 여러분의 사랑이 나를 따라와야 한다. 언제나 그 사랑이 필요하니까. 지난밤에는 내가 다시 돌아가 일상의 일들을 하는 꿈을 꾸었다. 내 꿩 배가 여러분 곁에 말고 다른 어느 곳에도 짐을 풀지 못하리라는 것만은 확실하다. 그 배에 우선 짐을 넉넉히 제대로 실어야겠지!

시칠리아

3월 29일 목요일, 배 위에서

지난번 정기선의 출발 때처럼 순풍인 북동풍이 불지 않고, 유감스럽게도 반대편에서 가장 방해가 되는 미지근한 남서풍이 불어왔다. 덕분에 우리는 선원들이 날씨와 바람의 변덕에 얼마나 좌우되는지를 경험했다. 오전의 일부는 해변에서, 일부는 카페에서 시간을 보냈다. 마침내 정오에 배에 타고 아주 아름다운 날씨와 뛰어난 경관을 즐겼다. 코르베트함은 몰로에서 멀지 않은 곳에 정박했다. 밝은 태양에 대기에는 습기가 풍부해서, 그늘진 소렌토 암벽들은 극히 아름다운 블루로 보인다. 햇빛을 받아 생동하는 나폴리는 온갖 색채를 화려하게 뽐낸다. 일몰 무렵에야 배가 아주 천천히 움직이기 시작했고, 역풍이 우리를 포실리포와 그곳 튀어나온 쪽으로 밀어 보냈다. 밤새도록 배는 조용히 나아갔다. 배는 미국에서 만들어져 빠른 돛을 달고 있으며, 예쁜 선실에 개인 침대가 비치되어 있다. 승객들은 꽤나 명랑하다. 오페라 가수들과 무용수들이 팔레르모로 가는 중이다.

3월 30일 금요일

동틀 무렵에 우리는 이스키아 섬과 카프리 섬 사이에 있었다. 지난번 자리에서 겨우 1마일 떨어진 곳. 카프리 산과 미네르바 곶 뒤에서 태양이 떠올랐다. 크니프는 열심히 해변과 섬들의 윤곽을 다양하게 스케치한다. 배가 느리게 나아가니 그의 수고에는 도움이 된다. 우리는 약한 바람을 받으며 항해 중이다. 네 시 무렵 베수비오가 시야에서 사라졌지만, 미네르바 곶과 이스키아 섬은 여전히 보였다. 저녁 무렵 이들도 시야에서 사라졌다. 태양은 바다 속으로 가라앉았다. 그러자 구름과 여러 마일에 걸친 해안선, 보라색으로 빛나는 온갖 빛들도 함께 가라앉았다. 이런 현상도 크니프가 스케치했다. 지금은 육지가 전혀 보이지 않는다. 사방이 수평선뿐, 온통 물에 둘러싸였는데, 밤은 맑고 아름다운 달빛.

하지만 멀미 탓에 나는 이런 훌륭한 경관을 한 순간밖에 즐길 수가 없었다. 선실로 돌아가 길게 누워서 온갖 음식 중에 흰 빵과 붉은 포도주 말고는 아무것도 먹지 않으니 기분이 아늑하다. 외부 세계에서 단절된 채 생각이 내면에서 멋대로 흘러가게 두었더니[떠오른 생각], 느린 항해가 예상되는 만큼 자신에게 더 중요한 즐거움을 위해 엄격한 과제를 부여하기로 한다. 모든 서류 중에서 오로지 시적인 산문으로 쓰인 《타소》의 1막과 2막만을 들고 배에 올랐다. 이 두 막은 줄거리와 흐름이 대략 현재 내 의도와 비슷하지만, 벌써 10년 전에 써 둔 것으로, 원래 부드럽고 모호한 요소를 지녔었다. 새로운 관점에 따라 형식을 통제하고 리듬을 집어넣으니, 이런 모호한 점이 금방 사라진다.

3월 31일 토요일

또렷한 태양이 바다에서 떠올랐다. 일곱 시에 우리보다 이틀 먼저 출발한 프랑스 배를 따라잡았다. 그만큼 우리 배가 더 잘 항해한 것이지만, 여전히 항해의 끝은 보이지 않는다. [팔레르모에서 멀지 않은] 우스티카Ustica 섬을 보고 어느 정도 위안을 받기는 했으나, 카프리도 그랬듯이 원래는 우리 오른편에 있어야 할 섬이 유감스럽게도 우리 왼편에 있다. 정오 무렵에 바람이 완전히 역풍이 되면서 우리는 그 자리를 벗어나지 못했다. 바다의 물결이 높아지기 시작했고, 배에 있는 거의 모든 사람이 멀미를 한다.

나는 이제 익숙해진 자세로 누워서 희곡 전체를 철저히 처음부터 끝까지 다시 생각했다. 시간은 계속 흘러갔고, 이런 파도에도 전혀 식욕에 영향을 받지 않는 저 악당 같은 크니프가 이따금 빵과 포도주를 가져와서는, 훌륭한 점심 식사며 젊고 씩씩한 선장의 명랑함과 우아함, 그리고 내가 식사에 참석하지 못해 선장이 유감으로 여기더라는 말 등을 어느 정도 심술궂은 기쁨으로 전하지 않았더라면, 시간의 흐름을 아예 느끼지도 못했을 것이다. 또한 농담과 즐거움이 차츰 불쾌감과 멀미로 바뀌면서 각각의 승객들에게 나타나는 온갖 멀미 증세도 그에게는 장난스러운 서술을 위한 풍성한 자료가 되었다.

오후 네 시에 선장은 방향을 바꾸었다. 커다란 돛들이 다시 펼쳐지고, 우리의 항로는 곧장 우스티카 섬을 향했는데, 섬의 뒤편으로 기쁘게도 시칠리아의 산들이 보였다. 바람의 방향이 좋아지면서 우리는 더욱 빠른 속도로 시칠리아를 향해 나아갔고, 도중에 몇몇 섬들도 보았다. 일몰의 광경은 희미하고 하늘은 안개에 덮였다. 저녁 내내 상당히 유리한 바람. 그러다 자정 무렵 바다가 매우 불안해지기 시작했다.

4월 1일 일요일

새벽 세 시에 격한 폭풍우. 나는 비몽사몽 중에도 계속 희곡의 플롯을 생각했다. 그사이에 갑판에서는 대단한 작업이 벌어졌다. 돛들을 모조리 거두어들였고, 배는 높은 파도에 흔들렸다. 날이 밝을 무렵 폭풍이 잦아들면서 대기가 맑아졌다. 이제 우스티카 섬은 완전히 우리 왼편에 있다. 선원들이 커다란 거북이 한 마리가 저 멀리서 헤엄쳐 간다고 알려 주었고, 망원경을 통해 이 살아 있는 점 하나를 알아볼 수 있었다. 정오 무렵에는 산들과 만들이 있는 시칠리아 해변이 뚜렷하게 보였다. 하지만 배가 바람을 받지 못하는 자리로 들어서더니 그 자리에서 쉽사리 벗어나지 못했다. 오후가 되면서 우리는 해안에 가까워졌다. 맑은 날씨, 빛나는 태양에 릴리베오Lilibeo 곶에서부터 갈로Gallo 곶에 이르기까지 [시칠리아] 서부 해안이 아주 분명하게 보인다.[팔레르모는 북부 해안에 위치]

돌고래 한 떼가 배의 앞부분 양쪽에서 함께 헤엄치면서 계속 우리보다 조금 앞서 나갔다. 이들이 때로는 속이 들여다보이는 맑은 파도에 덮여 헤엄치고, 때로는 초록색과 황금색으로 빛나는 등지느러미와 옆구리를 물 위에 드러낸 채 뛰어오르며 움직이는 모습을 구경하는 것이 유쾌했다.

우리가 아직도 바람 없는 자리에 있었기 때문에 선장은 곧바로 만을 향해 갈로 곶을 지나 그 뒤편으로 나아갔다. 크니프는 이 멋진 기회를 놓치지 않고 다양한 모습들을 꽤 상세히 스케치했다. 해가 질 무렵 선장은 배를 다시 먼 바다로 돌려서 팔레르모의 위도에 도달할 때까지 동북쪽으로 진행했다. 나는 이따금 갑판으로 나가긴 했지만 작품 생각을 마음에서 내려놓지 않았고, 덕분에 희곡 전체를 상당히 장악하게 되었다. 구름 낀 하늘에 밝은 달빛, 바닷물에 비친 그 모습이 무한히 아름다웠다. 화가들은 천체가 물에 비친 모습을 그릴 때 효과를 위해 자주 관찰자 바로 옆을 가장 넓게 그린다. 하지만 실은 수평선에 비친 모습이 가장 넓어서, 이것은 배 바로 옆에서 반짝이는 파도를 정점으로 하는 피라미드 꼴이 된다. 선장은 밤에도 몇 번 더 방향을 바꾸었다.

4월 2일 월요일 오전 여덟 시에

우리는 팔레르모를 마주 보고 있다. 오늘 아침은 내게는 극히 즐거운 모습. 이 며칠 동안 내 희곡의 플롯은 고래 배 속에서 상당한 진척을 보았다. 나는 컨디션이 좋아서 갑판에서 시칠리아 해안들을 주의 깊게 관찰할 수가 있었다. 크니프는 부지런히 스케치를 계속했고, 민첩한 정확성을 통해 여러 장의 종이가 이 늦어진 착륙에 대한 소중한 기억으로 바뀌었다.

1787년 4월 2일 월요일, 팔레르모

우리 배는 힘들게 노력해서 마침내 오후 세 시에 항구에 도착했다. 항구는 극히 즐거운 모습으로 우리를 맞아 주었다. 나는 완전히 회복되어 최고의 기쁨을 누렸다. 북향인 도시는 높은 산들의 기슭에 자리 잡고 있다. 하루의 이맘때에 어울리게 태양은 머리 위 높은 곳에서 우리를 비추고, 온갖 건물의 또렷한 그늘이 반사광을 받으며 우리를 바라본다. [배에서 바라보면] 오른편에는 펠레그리노Pellegrino 산이 완벽한 빛을 받아 섬세한 자태를 뽐내고, 왼편으로는 만灣들과, 지협과 산들을 품은 너른 해안이 펼쳐져 있다. 멀리서 가장 멋진 효과를 만들어 내는 것은, 사랑스러운 나무들의 연초록 빛깔과 뒤쪽에서 빛을 받는 나무 우듬지들이 마치 식물로 이루어진 반딧불이의 거대한 덩어리처럼 어두운 건물들 앞에서 이리저리 물결치는 모습이다.

괴테 시대, 팔레르모 항구에 나 있던 펠리체(Felice) 문, Art Institut Orell Füssli, Zürich

맑은 대기가 모든 그림자를 푸르스름하게 만든다.

서둘러 해변으로 가지 않고 우리는 쫓겨날 때까지 갑판에 머물렀다. 대체 어디서 그리 쉽사리 이런 위치, 이런 뛰어난 순간을 다시 만날 수 있으랴!

거대한 기둥 두 개로 이루어진 경이로운 문을 통해 시내로 들어가게 되는데, 유명한 축제일에 탑처럼 높은 [팔레르모 수호성인] 성 로살리아Rosalia의 마차 행렬이 통과하려면 두 기둥의 위가 막혀 있어선 안 된다. 우리는 이 문을 통해 시내로 들어가 곧바로 왼편에 있는 커다란 숙소로 안내되었다. 온 세상의 이방인을 보는 데 익숙한, 나이 들고 편안한 주인장이 우리를 큰 방으로 안내했다. 이 방의 발코니에서 바다와 외항, 로살리아 성인의 산[몬테 펠레그리노]과 해안이 보이고, 우리 배도 보이고, 우리가 맨 처음 관찰한 자리를 이곳에서 판단해 볼 수도 있다. 방의 위치는 매우 만족스러운데, 우리는 커튼 뒤쪽 방바닥에 바닥을 높인 벽감이 감추어져 있다는 것을 거의 알아채지도 못했다. 벽감에는 아주 커다란 침대가 놓였는데, 비단 덮개로 화려하게 치장되어 주변의 오래 묵은 다른 가구들과 극히 잘 어울린다. 이렇게 화려한 방이 우리를 당황하게 만들어서 우리는 통상적인 방식에 따라 조건을 협상하자고 요구했다. 주인장은 여기엔 아무 조건도 없다, 자기는 그냥 모든 것이 우리 마음에 들기만을 바란다고 대답했다. 게다가 우리 방과 붙은 널찍한 앞방까지 써도 된단다. 공기가 잘 통해 서늘하고, 여러 개의 발코니가 달려 있는 공간이다.

우리는 [이 발코니들이 제공하는] 무한히 다양한 전망에 만족했고, 각각의 전망들을 스케치와 채색화로 그리기로 했다. 여기서는 화가를 위한 훌륭한 전망들이 끝도 없이 굽어보이기 때문이다.

저녁에도 밝은 달빛이 유혹하기에 우리는 외항으로 나갔고, 돌아온 다음에도 한참 동안이나 발코니에 머물렀다. 조명은 특별하고, 고요함과 아름다움은 크다.

1787년 4월 3일 화요일, 팔레르모

우리가 맨 먼저 한 일은 도시를 찬찬히 살펴보는 것이었는데, 이 도시는 매우 쉽게 조망할 수는 있어도 제대로 익히기는 어렵다. 아래쪽 문에서 위쪽 문으로, 즉 바다에서 산악 지대로, 도시를 가로지르는 여러 마일 길이의 도로가 하나 있고, 그 가운데쯤에서 또 다른 도로 하나가 이 도로를 가로지른다. 이 큰 도로들 옆에 붙어 있는 것은 찾아내기 쉽다. 그에 비해 도시의 안쪽은 이방인을 헤매게 만드는데, 안내인의 도움을 받아야 겨우 이런 미로에서 벗어날 수 있다.

저녁 무렵에 우리는 귀족들의 유명한 드라이브 행렬을 주의 깊게 살펴보았다. 행렬은 도시를 벗어나 외항으로 나가 탁 트인 공기를 마시며, 서로 이야기를 주고받고, 특히 숙녀들과 사교 활동을 벌인다.

일몰 두 시간 전에 보름달이 떠올라 저녁을 이루 말할 수 없이 아름답게 꾸며 주었다. 팔레르모가 북향인 탓에, 도시와 해변은 햇빛 달빛과 기묘한 관계를 맺고 있다. 이 도시가 물에 반사된 모습을 절대로 볼 수 없는 것이다. 그래서 오늘 낮에 가장 맑은 날씨에도 바다는 우리 눈에 검푸른 색으로 매우 진지하고 집요하게 보였다. 나폴리에서는 낮 동안에는 언제나 모든 것이 훨씬 더 밝고, 명랑하고 더욱 멀리 빛나기 때문이다.

크니프는 오늘 벌써 세상 모든 근교 산들 중에 가장 아름다운 펠레그리노 산의 정확한 윤곽을 그리느라, 여러 번의 외출과 관찰을 나 혼자 하게 만들었다.

1787년 4월 3일, 팔레르모

이제 몇 가지 일들을 늦었지만 편하게 요약해 덧붙인다.

우리는 3월 29일 목요일 일몰 무렵에 나폴리를 떠나 4일 동안 항해한 다음 오후 세 시에 팔레르모 항구에 도착했다. 여기 동봉하는 짧은 기록에 우리 운명이 설명되어 있다. 나는 이번 여행처럼 고요히 여행한 적이 없다. 계속 역풍이 불어 매우 지연된 이번 항해에서보다 더 편한 시간을 가져 본 적도 없다. 심지어 처음 며칠 동안 멀미가 기습한 탓에 좁은 객실에 묶여 있었지만, 그곳 침대에서도 그랬다. 지금 나는 조용히 여러분을 생각한다. 내게 무언가 결정적인 일이 있다면 바로 이번 여행이 그것이다.

사방이 완전히 바다로 둘러싸여 본 적이 없다면 세계에 대해, 그리고 세계와 자신의 관계에 대해 제대로 알 길이 없다. 이 거대하고 단순한 노선은 풍경을 스케치

몬테 펠레그리노, Goethe 作

하는 화가로서의 내게 완전히 새로운 생각을 심어 주었다.

동봉한 기록이 보여 주듯이 우리는 이번 짧은 항해 동안 여러 가지 변화와 또한 뱃사람들의 운명을 잠깐이나마 경험했다. 그 밖에도 정기선의 안전함과 편안함은 아무리 칭찬해도 모자란다. 함께 여행한 승객은 전부 무대에 서는 사람들로, 상당히 매너가 좋고 괜찮은 상냥한 사람들이었다. 나와 함께 온 나의 화가는 명랑하고 충직하고 선량한 사람으로, 모든 것을 극히 정밀하게 스케치한다. 그는 중간에 만난 모든 섬들과 해안선들을 스케치했다. 내가 이 모든 것을 집으로 가져가면 여러분은 몹시 기뻐할 것이다. 그 밖에도 그는 지루한 항해 시간을 좀 줄여 볼 셈으로, 현재 이탈리아에서 인기가 높은 수채화의 기계적 측면을 글로 적었다. 특별한 색조를 만들어 내려면 어떤 색의 사용법을 이해해야 하는데, 이 비밀을 모른다면 죽도록 색을 섞어도 이 색조를 만들어 내지 못한다. 나는 로마에서 이미 그런 말을 들었지만, 구체적인 맥락에서 들어 본 적은 없었다. 이탈리아 같은 나라에서 화가들은 그 비법을 완전히 익히고 있다. 우리가 극히 아름다운 오후에 팔레르모를 향해 들어오고 있을 때, 해안 주변을 떠돌던 그 습기 많은 명징함은 어떤 말로도 형용하기 어렵다. 윤곽의 순수함, 전체의 부드러움, 색조들이 서로 뒤섞임, 하늘과 바다와 땅의 조화. 그것을 본 사람은 평생 그것을 간직한다. 이제야 [프랑스 풍경 화가] 클로드 로랭Claude Lorrains을 이해할 수 있다. 그리고 앞으로 언젠가 고향에서, 이 행복한 집의 환영幻影들이 내 영혼에서 다시 솟아나기를 희망한다. 내 스케치에서 초가지붕의 자질구레한 하찮은 것들이 지워지듯이, 여기서도 모든 하찮은 것이 말끔히 씻겨 나간다면 얼마나 좋을까. 모든 섬들의 여왕인 시칠리아가 무슨 일을 할지 두고 보기로 하자.

이 섬이 나를 어떻게 맞아들였는지 그 어떤 말로도 묘사할 길이 없다. 싱싱한 초록색 뽕나무들, 상록수 협죽도, 레몬 나무 관목 등등. 공원에는 미나리아재비와 아네모네가 심어진 너른 꽃밭들이 있다. 대기는 부드럽고 따스하고 향기로우며, 바람은 온화하다. 달이 한쪽 편의 근교 산에서 떠올라 바다를 비춘다. 4일 낮밤을 파도에 흔들린 다음 맛보는 이 만족감! 나의 여행 동반자가 스케치에 덧칠할 때 쓰는 뭉툭한 세피아 물감 붓으로 이 글을 끄적이는 것을 용서하시기를. 여러분에게 보내는 속삭임 같은 말, 나를 사랑하는 모든 이를 위해 이렇게 행복한 내 시간들이 만들어 내는 또 다른 기념비를 준비하고 있다고. 그것이 어떤 모양이 될지, 여러분이 그것을 언제 받을지도 말할 수 없지만.

1787년 4월 3일 화요일, 팔레르모

내 사랑하는 벗들이여, 가능하기만 하다면 이 편지가 여러분에게 가장 멋진 즐거움을 나누어 준다면 좋겠다. 엄청난 바닷물을 품에 안은, 비할 바 없는 만灣을 서술할 테니 말이다. 동쪽으로 낮은 산이 바다 멀리까지 뻗어 나가 있는데 거기서부터 서쪽을 향해 숲이 우거진, 모양이 잘빠진 가파른 암벽을 따라 근교 어부들의 집이 나타나고, 이어서 도시 자체가 등장하는데, 맨 바깥쪽 집들은 모조리 항구를 바라보고 있다. 우리 고향에서 집들이 우리가 드나드는 성문을 바라보는 것과 같다.

그 서편에 작은 배들이 정박하는 통상적인 상륙장이 이어지고, 이어서 방파제를 따라 더 큰 배들이 머무는 진짜 항구가 나타난다. 그다음 서쪽에는 선박 전체를 바람으로부터 보호하는 아름다운 자태의 펠레그리노 산이 우뚝 솟아 있다. 이 산과 시칠리아 내륙 사이에 사랑스럽고 비옥한 골짜기가 저편 바다까지 펼쳐진다.

크니프는 드로잉을 하고 나는 거친 스케치를 하고, 둘 다 큰 만족감으로 일하고는 이제 즐거운 마음으로 집으로 돌아오니, 두 사람 모두 무엇을 다듬거나 완성할 힘도 용기도 없다. 우리의 구상을 미래에 맡겨 두어야 하는 판이니, 이 편지는 여러분에게 우리가 이런 대상들을 충분히 파악할 능력이 없음을, 또는 오히려 그렇게 짧은 시간에 그것을 정복하려고 한 우리 오만함의 증거를 제공할 뿐이다.

1787년 4월 4일 수요일, 팔레르모

오후에 우리는 과실이 많은 편안한 골짜기를 찾아갔다. 남쪽 산들이 팔레르모로 내려오면서 만들어 내는 골짜기로, 오레토Oreto 강이 뱀처럼 꿈틀거리며 흐른다. 이곳에서도 그림을 찾아내려면 회화를 아는 눈과 능숙한 손길이 필요한데, 크니프는 탁월한 지점을 찾아냈다. 즐겁게 무리 지은 나무 그늘에서 강물이 반쯤 무너진 둑을 넘어 폭포처럼 쏟아지고, 배경에는 오르막 골짜기의 탁 트인 전망과 농사에 쓰이는 건물 몇 채가 보인다.

가장 아름다운 봄 날씨와 솟아 흐르는 풍요로움이 골짜기 전체에 생동하는 평화의 느낌을 퍼뜨리고 있는데, 눈치 없는 나의 안내인이 자신의 학식을 동원해 그 옛날 한니발Hannibal 장군이 이곳에서 전쟁을 했다는 이야기며, 바로 이 자리에서 벌어

오레토 골짜기, Christoph Heinrich Kniep 作

진 무시무시한 전투 행위들을 상세히 설명한다. [이런 평화의 순간에] 그런 오래된 [전쟁] 유령들을 불러냈다고 퉁명스레 그를 질책했다. 코끼리는 그만두고 이따금씩 말(馬)과 사람의 힘으로 나라들이 짓밟히는 일만 해도 충분히 고약한 일이라고 내가 말했다. 그러니 그 옛날의 소동을 동원해 상상력을 평화로운 꿈에서 소스라치게 깨워 일으키는 짓만이라도 하지 말아야지.

그는 내가 이 [역사적] 장소에서 이런 고전의 기억을 거부하는 것에 매우 놀랐고, 나는 물론 과거의 일과 현재의 일을 그런 식으로 혼합하면 내가 어떤 기분이 되는지 분명하게 설명할 수가 없었다.

게다가 내가 강물이 말라 얕아진 장소들을 찾아 돌아다니며 조약돌을 찾고, 또 다양한 종류의 조약돌을 주워 모으는 일이 안내인에게는 더욱 놀라워 보였던 모양이다. 산악 지대에서는 시냇물을 따라 밀려 내려온 암석의 종류를 탐구함으로써 지역의 특성을 가장 빨리 파악할 수 있다는 사실을 그에게 설명할 길이 없었다. 그리고 여기서도 이런 잔해들을 통해, 영원한 고전인 지구의 고대에 대한 개념을 얻는 것이 우리의 과제라는 사실도 물론 설명할 수 없었다.

이 강물에서 얻은 수확이 풍부해서 거의 40개의 표본을 모았는데, 이들은 물론 극소수 항목들 아래로 들어가게 된다. 대부분은 옥玉 또는 전판암으로 보이는 암석 종류였다. 일부는 둥글고 매끈하고, 일부는 울퉁불퉁하고, 일부는 마름모꼴을 한, 여러 색깔의 자갈이다. 나아가 오래된 석회암의 수많은 변종들이 나타났는데, 적지 않은 각력암들이 석회암으로 접합되어 있고, 또 옥이나 석회암도 석회암으로 접합되어 있다. 또한 조개가 박힌 석회암[패각 석회암] 자갈도 부족하지 않았다.

이곳 사람들은 말에게 보리, 여물, 밀기울 등을 먹인다. 이른 봄에는 싹이 난 푸른 보리를 주는데, 그들의 표현대로는 'per rinfrescar', 곧 말의 원기를 회복시키기 위해서이다. [건초가 자라는] 목초지가 없기 때문에 건초가 없다. 산에는 방목장이 있고, 그 밖에도 휴경지로 놓아두는 곳이 3분의 1이나 되기 때문에 경작지에 놓아기르기도 한다. 야만인들에게서 종자가 넘어오는 양羊은 거의 키우지 않으며, 어차피 말보다 노새가 더 많다. 노새가 말보다 더운 지역 산물을 더 잘 소화하기 때문이다.

팔레르모가 위치한 평야와 도시의 바깥인 아이 콜리Ai Colli 지역, 그리고 바게리아Bagheria 지역 일부에서도 땅바닥에서 패각 석회암이 나는데, 팔레르모의 대부분이 이 암석으로 건축되었다. 따라서 이 지역에는 채석장도 있다. 펠레그리노 산 근처에는 50피트 이상 깊이 내려가는 채석장들이 있다. 낮은 지층의 돌들이 색깔이 더 희다. 거기서 많은 화석 산호와 갑각류들이 나오는데, 특히 대형 순례자 조개[가리비]들이 나온다. 높은 지층에는 붉은 점토가 섞였고, 조개는 아주 조금만 나오거나 아니면 아예 없다. 맨 위에는 붉은 점토층이 얇게 나타난다.

펠레그리노 산 자체의 석회암이 이 모든 것보다 더 우뚝 서 있다. 더 오래된 석회암으로 구멍과 균열이 많다. 이런 구멍과 균열은 정밀하게 살펴보면 매우 불규칙한데도 지층들의 질서를 따르고 있다. 암석은 단단하고 망치로 치면 맑은 소리가 난다.

1787년 4월 5일 목요일, 팔레르모

우리는 특별히 시내를 돌아다녔다. 이곳의 건축 방식은 대개 나폴리의 그것과 비슷하지만 공공 기념비들, 예를 들면 분수들은 좋은 취향과는 거리가 훨씬 더 멀다. 이곳에서는 로마와는 달리 노동을 감독하는 예술 정신이라는 게 없다. 건축물은 그냥 우연히 형태와 존재를 얻는다. 섬 주민 모두를 깜짝 놀라게 만든 분수 하나는, 시칠리아에 아름다운 오색 대리석이 없었더라면, 그리고 당시 마침 동물 형태에 능한 조각가가 인기를 얻지 못했더라면 아예 존재하지 못했을 것이다. 이 분수를 묘사하기란 어려운 일이다. 중간 정도 크기의 광장에 둥근 건축물이 서 있는데, 1층 높이도 채 안 되지만 색채 대리석으로 만든 기단, 벽, 돌림띠 등이 있다. 여러 개의 벽감들이 열을 지어 벽에 설치되었는데, 이 벽감에서 흰 대리석으로 조각된 온갖 동물들의 머리가 긴 목에 연결되어 밖을 내다본다. 말, 사자, 낙타, 코끼리가 번갈아 나타나고, 이런 동물 우리의 대열 안쪽에 분수가 있으리라고 기대하기란 어렵지만, 네 방향으로 열린 구멍을 통해 대리석 계단을 오르면 풍부한 물을 내뿜는 분수에 도달한다.

교회들도 그와 비슷하다. 사치를 좋아하는 예수회원들의 특성이 넉넉하게 드러나 있지만, 원칙과 의도가 아니라 그냥 우연히, 때마침 등장한 기술자, 여러 형태나 잎사귀를 조각하는 목조각가, 도금가, 칠장이, 대리석 조각가 등이 제각기 저 할 수 있는 것을 그 어떤 취향이나 방향도 없이 어떤 장소에 설치한 꼴이다.

그러다가 자연 사물을 모방하는 능력을 발견한다. 예를 들면 저 동물 머리가 아주 훌륭하게 만들어졌다든가 하는 식이다. 현실을 모방한 공예품이 현실과 비슷한 것을 보고, 그것만으로 온갖 예술적 기쁨을 느끼는 대중의 경탄이 그런 것을 통해 자극받는다.

저녁 무렵 긴 거리에서 여러 가지 물건들을 사려고 자그마한 가게에 들어갔다가 즐거운 만남을 경험했다. 가게 앞에 서서 물건들을 구경하는데 작은 먼지 폭풍이 일어나 거리를 따라 소용돌이치면서 끝도 없이 많은 먼지를 모든 가판대와 창문에 골고루 배달했다. 내가 이렇게 외쳤다. "온갖 성인님들에 걸고, 당신네 도시의 이런 불결함은 대체 어디서 오는 겁니까, 이걸 없애 버릴 순 없소? 이 거리는 길이와 아름다움으로 보면 로마의 코르소 거리에도 뒤지지 않을 게요. 길 양편의 디딤돌은 가게와 공방 주인들이 끊임없이 비질을 해서 깨끗하긴 해도, 실은 모든 쓰레기를 그냥 길 한가운데로 밀어 버리는 것이지 않소. 길 가운데는 점점 더러워지다가 바람만 불면 당신네들한테로 쓰레기가 되돌아오니, 당신들이 중심가로 오물을 밀어 놓는 꼴이 아니오. 나폴리에서는 부지런한 나귀가 매일 쓰레기를 정원과 들판으로 실어 내던데, 여기서도 그런 비슷한 조치가 이루어져야 하는 것 아니겠소?"

"우리네야 언제나 이런 식이죠." 가게 주인이 대답했다. "집에서 무엇이든 내다 버리면 그것은 곧바로 문 앞에 쌓여서 썩어요. 손님은 지푸라기와 갈대, 부엌 쓰레기와 온갖 오물이 쌓였다가 말라서는 먼지가 되어 우리에게로 돌아오는 꼴을 보신 거죠. 우린 하루 종일 그에 맞서 싸우죠. 하지만 부지런하고 싹싹한 우리 멋진 빗자루가 끝이 닳아 버리면 그냥 집 앞에 쓰레기만 더 늘리는 꼴입지요."

우스꽝스럽긴 해도 이것은 정말로 맞는 말이었다. 그들은 작은 야자 잎을 약간 변형시켜 깔끔한 부채꼴로 만든 빗자루를 쓰는데, 이런 빗자루는 쉽게 닳아 버리고, 이렇게 뭉툭해진 빗자루가 거리에 수도 없이 널려 있다. 이런 일에 맞설 아무런 방책도 없느냐고 거듭 질문하자, 그의 대답은 이랬다. 사람들 사이에 도는 말로는, 청결을 돌볼 사람들이 큰 영향력을 지녔으니 돈을 목적에 맞게 쓰지 않아도 된다고 한다. 더 웃기는 상황은, 쓰레기를 만드는 이런 빗자루를 없애 버리면, 쓰레기 아래 포도가 얼마나 엉망인지 드러날 텐데, 그를 통해 다시 시市의 또 다른 재정이 얼마나 부실하게 쓰이는지 들통 날까 두려워한단다. 그는 우스꽝스러운 표정을 만들며 덧붙이기를, 이런 거야 모두 악의적인 사람들이 하는 생각일 뿐이며, 자기로서는 귀족들이 저녁때 폭신한 바닥 위에서 전통적인 마차 드라이브를 편안하게 즐길 생각으로 이런 부드러운 바닥 깔개를 유지한다고 주장하는 사람들과 같은 의견이라나. 이 남자는 어차피 시작한 참이라 경찰의 직권 남용 이야기를 여러 개나 농담처럼 들려주었는데, 내게는 인간이 어찌해 볼 수 없는 상황을 우스갯소리로 만들 만큼의 유머를 갖고 있다는 다행스러운 증거로 생각되었다.

1787년 4월 6일, 팔레르모

팔레르모의 수호성인 산타 로살리아는 [스코틀랜드 출신 여행가] 패트릭 브라이던Patrick Brydone이 남긴 로살리아 축제의 서술을 통해 널리 알려져 있으나, 이 성녀가 특별히 추앙을 받는 곳에서 직접 전하는 이야기들을 읽는 것도 친구들에게는 분명 퍽 재미있을 것이다.

거대한 암벽 덩어리인 펠레그리노 산은 높다기보다는 옆으로 쩍 벌어진 모습으로, 팔레르모 만灣의 북서쪽 끝에 자리 잡고 있다. 이 산의 아름다운 자태는 말로는 표현하기 어렵다. 그에 대한 불완전한 그림 한 장이 《그림이 있는 시칠리아 여행Voyage pittoresque de la Sicile》에 나와 있다. 고대의 잿빛 석회암으로 이루어진 산이다. 나무도 관목도 자라지 못해 암벽들은 완전히 헐벗은 꼴이고, 평평한 부분에도 풀과 이끼가 겨우 조금 덮여 있을 뿐이다.

지난 세기 초에 이 산의 동굴에서 성인의 유해가 발견되어 팔레르모로 옮겨졌다.

유해가 등장하면서 도시는 페스트에서 해방되었고, 로살리아는 이 순간부터 민중의 수호성인이 되었다. 사람들은 성인을 위해 여기저기에 예배당을 짓고 성인을 기리는 빛나는 축제를 벌이고 있다.

신앙심이 깊은 신도들이 부지런히 산으로 순례를 가게 되자, 많은 돈을 들여 높은 기둥과 아치를 세워 두 골짜기 사이를 지그재그로 연결한 [고대 로마 시대] 수도교水道橋 모양의 길을 냈다.

세상을 포기하고 이리로 도망친 성인의 겸손함을 기리기에는 화려한 축제보다 이곳의 예배소가 더 어울린다. 하지만 초기 기독교도들과 열렬한 신도들이 선택한 빈곤 위에다가 지난 1800년 동안 온갖 소유, 화려함, 장엄한 오락들을 잔뜩 만들어 낸 기독교는, 이렇듯 소박하면서도 감정 풍부하게 치장하고 예배 드리는 이런 성소를 세울 이유가 아마 없었을 것이다.

산을 올라 모퉁이 하나를 돌아가면 가파른 암벽이 마주 보이는데, 이 암벽에 기대 교회와 수도원이 지어졌다.

교회의 겉모습은 전혀 눈길을 끌지도 무언가를 약속해 주지도 않는다. 그래서 아무런 기대도 없이 문을 열고 안으로 들어서면 그야말로 깜짝 놀라게 된다. 교회의 넓이를 모조리 차지한, 본당으로 연결되는 커다란 홀 안에 들어선 것이니. 이 홀에는 성당에서 늘 보이는 성수대와 고해실들이 있다. 본당이라야 그냥 비어 있는 안뜰인데, 오른편에는 암벽이 그대로 드러나 있고, 왼편은 입구의 홀과 연결된다. 빗물이 흘러 나갈 수 있도록 석판들이 약간 비탈지게 세워졌다. 작은 분수 하나가 대략 가운데쯤에 자리 잡고 있다.

자연의 모습에서 무언가를 없애지 않고 동굴 자체가 [강단과 합창대석이 있는] 성단석이 되었다. 계단 몇 개를 올라가면 악보대를 앞에 둔 커다란 지휘대가 있고, 양옆으로 성가대 좌석들이 있다. 이 모든 것은 안뜰 또는 본당에서 들어오는 자연광을 받는다. 동굴의 저 뒤편 어둠 속 한가운데에 주主 제단이 있다.

로살리아 성소, Goethe 作

앞서 이미 말했듯이 동굴은 아무것도 바뀌지 않았다. 다만 암벽에 계속 물이 듣기 때문에 이 장소를 건조시킬 필요가 있었다. 납으로 된 빗물받이를 동원해 물을 처리하는데, 이 빗물받이를 암벽 가장자리로 연결해 다양한 방식으로 암벽과 결합시켰다. 빗물받이들은 위가 넓고 아래는 뾰쪽한 모양인데 더러운 초록색으로 칠해져서, 마치 동굴에 커다란 선인장 종류들이 심어진 것처럼 보인다. 물은 일부는 옆에, 일부는 뒤에 있는 깨끗한 저수통으로 흐르고, 신도들은 이 물을 떠다가 온갖 질병을 쫓는 데 이용한다.

이것들을 자세히 관찰하고 있는데 한 성직자가 다가오더니 내게 제노바 사람인지, 그리고 미사를 올릴 생각인지 물었다. 그 말에 대해 나는 어떤 제노바 사람과 함께 팔레르모로 왔으며, 그는 내일 축제일을 맞이해서 이리로 올라올 것이라고 말했다. 우리 두 사람 중 한 명은 항상 집에 남아 있어야 해서 나는 오늘 올라와서 둘러보고 있노라고. 그러자 그는 내가 모든 것을 자유롭게 이용해도 좋으며, 모든 것을 관찰하고 예배를 올려도 좋다고 했다. 특히 동굴 왼편에 있는 어떤 제단을 가리키면서 이것이 특별한 성소라고 일러 주고는 내 곁을 떠났다.

커다란 놋쇠 잎사귀 장식 하나로 이루어진 입구를 통해서, 제단 아래에 램프들이 희미하게 빛나는 것이 보였다. 나는 입구 바로 앞에서 무릎을 꿇고 안을 들여다보았다. 섬세한 철사처럼 짠 놋쇠 격자가 한 번 더 안을 가로막고 있어서, 그 안의 모습은 마치 베일을 통해 바라보는 것처럼 겨우 분간이 되었다.

고요한 램프 불빛에 아름다운 여성의 모습이 보였다.

일종의 황홀경에 잠겨 눈을 반쯤 감고 여러 개의 반지와 팔찌로 장식한 오른손에 무심히 머리를 떨구고 있다. 이 모습을 아무리 관찰해도 충분치가 않았다. 내게는 특별히 매력적인 모습. 의상은 도금된 금속판으로 만들어졌는데, 이는 금을 넉넉하게 사용한 옷감을 아주 잘 표현하고 있다. 머리와 두 손은 흰 대리석으로 만들어졌는데, 고귀한 양식이라 부를 수는 없겠으나 극히 자연스럽고 훌륭해서, 그녀가 숨을 돌리고 다시 움직일 거라고 생각될 정도이다.

어린 천사 하나가 그녀 옆에 서서 백합꽃 자루로 시원한 바람을 보내는 듯하다.

그사이에 수도사 몇 명이 동굴 안으로 들어와 각자 자리를 잡고 저녁 예배 노래를 부른다.

나는 제단을 바라보는 벤치에 앉아 한동안 그 노래를 들었다. 그런 다음 다시 제단으로 가서 무릎을 꿇고 성인의 아름다운 모습을 더욱 분명히 바라보려고 애썼다. 그 모습과 장소의 매혹적인 환상에 온전히 몸을 맡겼다.

수도사들의 노랫소리가 동굴에서 차츰 잦아들자 제단 바로 옆에 있는 그릇으로 물방울 뚝뚝 떨어지는 소리가 또렷해지고, 교회 본당인 안뜰의 비스듬한 암벽들이 이 장면을 더욱 하나로 모아 준다. 죽어 버린 이 황량함 속으로 다시 큰 고요함이 밀려들고, 자연 그대로의 동굴에는 위대한 순수함이 남았다. 가톨릭교회의, 특히 시칠리아 예배의 여러 장식적 요소가 여기서는 원래의 자연스러운 단순함에 가장 가까워진다. 잠자는 여인의 아름다운 자태가 불러일으키는 환상은 훈련된 눈길에도 충분히 매혹적인 것이니, 나는 이 장소를 떠나기가 몹시 힘들어서 늦은 밤에야 겨우 팔레르모에 돌아왔다.

1787년 4월 7일 토요일, 팔레르모

팔레르모의 외항 바로 옆의 공원에서 조용한 가운데 극히 만족스러운 시간을 보냈다. 세상에서 가장 경이로운 장소. 조화롭게 조성된 이 공원은 우리에게는 요정처럼 보인다. 그리 오래되지 않은 이 공원이 우리를 고대 세계로 데려간다. 이국적인 식물들을 초록 울타리가 둘러싸고 있다. 레몬 나무 지지대가 아치를 이루어 상냥한 나무 그늘 길을 만들어 내고, 수많은 붉은 패랭이꽃이 장식처럼 붙어 있는 협죽도의 높은 벽들이 눈길을 끈다. 나로서는 전혀 알지 못하는 완전히 낯선 나무들이, 아직 잎도 나지 않은 것으로 보아 아마도 더운 지방에서 온 듯한데, 이상한 가지를 사방으로 펼치고 있다. 평지 뒤쪽에 아래를 높인 벤치 하나가 있고, 여기서 공원의 기묘한 식물들을 굽어볼 수가 있다. 다른 방향에는 커다란 연못이 있는데, 이 연못에는 금색과 은색 물고기들이 사랑스럽게 노닌다. 이따금 이끼 낀 파이프 뒤로 사라졌다가 빵 조각을 던지면 다시 떼를 지어 나타난다. 식물들에서는 우리에게 익숙하지 않은 여러 가지 초록색이 나타나는데, 때로는 우리 것보다 더 누르스름한 초록, 때로는 더 푸르스름한 초록이다. 하지만 전체에 가장 특이한 우아함을 부여하는 것은, 모든 것 위에 똑같이 퍼져 있는 강한 아지랑이이다. 이것은 겨우 몇 발짝 떨어진 대상조차도 아주 뚜렷한 밝은 푸름light blue으로 나누어 버리는 놀라운 효과를 내는 것이라, 원래 색깔을 완전히 사라지게 하거나 아니면 적어도 매우 푸르스름한 색깔로 보이게 만든다.

이 아지랑이는 대상들을 뚜렷하게 구분해 주고 심지어 측정까지 할 수 있게 해 주니, 멀리 떨어진 대상들, 배들과 근교 산들이 회화를 다루는 눈길에 얼마나 특별한 모습이 되는지. 덕분에 언덕을 오르는 산책이 몹시 매혹적인 것이 되었다. 더는 자연이 아니라, 극히 능숙한 화가의 마무리 칠을 통해 대상들을 명료하게 구분해 놓은 그림을 구경하는 일이 된 것이다.

하지만 저 경이로운 공원의 모습이 내게 너무나 깊은 인상을 남겼다. 북쪽 수평선에 나타나서는 활처럼 휜 만灣을 향해 다가오는 검푸른 파도들, 수증기를 피워 올리는 바다의 냄새가 내 감각과 기억 안으로 [호메로스의 《오디세이》에 나오는] 저 행복한 파에아키아Phaeacia 섬의 모습을 불러들였다. 나는 호메로스의 작품을 사려고 서둘러 그 자리를 떴다. 위대한 교훈을 담은 그 노래를 읽고 즉석에서 번역해 크니프에게 들려줄 셈으로.[괴테는 고대 그리스 어로 호메로스 작품을 읽었다.] 그는 오늘 하루 힘든 노동을 했을 터, 유쾌한 마음으로 쉬면서 좋은 포도주를 마시고 호메로스의 시 한 구절을 들어도 좋으리.

1787년 4월 8일 부활절 주일, 팔레르모

동틀 무렵 벌써 주님의 행복한 부활을 기리는 시끄러운 즐거움이 시작되었다. 폭죽과 축포와 북소리와 즐거워 떠드는 사람들의 소리 등이 차례로 교회의 문에서 터져 나오고, 교회 정문 옆의 열려 있는 문으로 신자들이 몰려들었다. 종소리와 오르간의 울림, 축제 행렬의 합창대 노래, 그에 대응하는 수도사들의 노래는, 이렇게 시끄러운 찬송가에 익숙하지 않은 사람의 귀에는 정말로 혼란스럽게 들렸다.

아침 미사가 끝나자마자 총독의 심부름꾼 두 사람이 단정한 모습으로 우리 여관에 들어섰다. 두 가지 심부름을 가지고 온 사람들인데, 하나는 이 축제일을 맞아 모든 외국인들에게 인사를 전하고 그 대가로 팁을 받았다. 그런 다음 내게는 식사에 초대하는 인사를 전하고는 조금 더 많은 팁을 받았다.

오전 시간에 여러 교회들을 방문하여 사람들의 얼굴과 모습들을 관찰한 다음, 도시의 위쪽 끝에 자리 잡은 총독의 궁전으로 향했다. 내가 조금 일찍 도착한 탓에 커다란 홀들은 아직 비어 있었고, 어떤 작고도 명랑한 사내 하나가 내게로 다가왔는데, 나는 그가 몰타Malta 사람임을 금방 알아보았다.

내가 독일인이라는 말을 듣고는 그가 에르푸르트Erfurt 소식을 알려 줄 수 있느냐고 물었다. 그곳에서 한동안 꽤 좋은 시간을 보냈다는 것이다. 다헤뢰덴Dacheröden 집안과, 달베르크Dalberg 부관에 대한 그의 질문에 나는 넉넉한 정보를 제공할 수 있었고, 그는 몹시 만족해서 나머지 튀링겐 지역에 대해서도 물었다. 그러고는 조심스러운 관심을 품고 바이마르 소식을 물었다. "내가 아직 젊고 생생하던 시절 그곳에서 대단한 소동을 만들어 낸 사람은 지금 어떻게 지내나요? 그 사람의 이름은 잊었지만《베르테르》의 작가라는 말로 충분할 것 같은데."

나는 잠깐 생각에 잠겨 침묵한 다음에 이렇게 대답했다. "내가 바로 당신이 방금 물어본 그 사람이오." 그는 아주 깜짝 놀라 뒤로 물러나더니 이렇게 외쳤다. "그렇다면 정말로 많은 변화가 있었던 모양이네요!" "그렇다마다요!" 내가 대답했다. "바이마르와 팔레르모 사이에서 그야말로 많은 변화를 겪었지요."

이 순간 총독이 수행원을 거느리고, 이런 신분의 신사에게 어울리는 우아한 너그러움을 보이며 홀 안으로 들어왔다. 그는 나를 여기서 만난 놀라움을 계속 표현하는 이 몰타 사람을 보고 미소를 짓지 않을 수 없었다. 식탁에서 총독은 내 옆에 앉았는데, 내 여행의 의도에 대한 이야기를 나누면서, 내가 팔레르모에서 무엇이든 할 수 있도록, 또 시칠리아 전역에서 내 여행을 위해 가능한 모든 방법으로 도움을 주도록, 명령을 내리겠노라고 약속했다.

1787년 4월 9일 월요일, 팔레르모

팔라고니아Pallagonia 왕자의 미친 짓들이 오늘 하루 종일 우리를 사로잡았는데, 그의 이런 멍청한 짓들은 내가 그동안 읽거나 들어서 상상하던 것과는 완전히 다른 것이었다. 멍청한 짓들을 서술해야 하는 사람은, 진실에 대한 사랑이 아무리 크다 해도, 점점 더 혼란에 빠져들기 때문이다. 멍청함의 모습을 전달하려고 하지만, 그렇게 함으로써 실은 아무것도 아니면서 중요한 것으로 간주되기를 바라는 어떤 것을 정말로 중요한 것으로 만들어 버리기 때문이다. 나로서는 멍청함이나 탁월함이 어느 **한** 사람, 또는 어느 **한** 시대에서 갑자기 튀어나오는 것이 아니라, 오히려 어느 정도 주의를 기울이면 멍청함의 계보와 탁월함의 계보를 입증할 수 있다는, 일반적인 성찰부터 미리 내놓아야겠다.

팔레르모의 저 분수는 팔라고니아 집안의 광증의 조상들에게서 나온 것이다. 다만 오늘 본 것은 이 집안의 오래된 영지에서 가장 자유롭고도 폭넓게 분출된 멍청한 짓이었다. 이것이 생겨난 과정을 서술해 보기로 하자.

이 지역에서는 별궁別宮이 전체 소유지의 한가운데 위치하는 터라, 주인이 사는 집에 도달하려면 채소와 기타 유용 작물을 재배하는 경작지를 통과하여 한참이나 마차를 달려야 한다. 여기서는 북부 유럽에 비해 유용 작물을 재배하는 경우가 더 흔하다. 북부에서는 상당히 큰 비옥한 토지가 공원으로 조성되어, 아무런 결실도 내지 않는 식물들이 그냥 눈을 즐겁게 해 주는 경우가 꽤 있다. 그에 반해 이들 남쪽 사람들은 성城에 이르는 길 양편에 담을 세워서, 길의 오른편이나 왼편에 무엇이 있는지 알 수 없게 만든다. 이런 길은 흔히 아치 홀 형태의 커다란 정문으로 시작되어 마지막에 궁전의 뜰에서 끝난다. 하지만 양쪽 담장 사이에서 눈이 아주 불만을 느끼지 않도록, 벽 꼭대기에 쇠시리를 덧대고 당초무늬와 받침대들로 꾸미는데, 받침대 위에는 여기저기 고작 꽃병 하나씩이 놓이곤 한다. 벽면은 칸을 나누어 칠한다.

하인과 노동자들이 사는 1층짜리 집들이 궁전 안뜰을 둥글게 둘러싸고, 사각형 궁전이 모든 것 위로 솟아 있다.

이것은 전통적으로 내려오는 건축 방식이니 아마도 오래전부터 이런 모양이었을 것이다. 그러다가 왕자의 아버지가 최고급 취향은 아니라도 어느 정도 견딜 만한 취향으로 성城을 지었다. 하지만 현재의 소유주는 이런 통상적인 기본 틀을 깨지 않고도, 취향 없고 일그러진 형태들을 향한 변덕과 열정을 멋대로 드러냈고, 그에게 단 한 줄기 상상력이라도 인정해 줄 계기만 있으면 사람들이 그를 지나치게 찬양한다.

우리는 그의 소유지의 경계를 이루는 거대한 홀[=정문]로 들어섰는데, 넓이에 비해 매우 높은 팔각정이다. 현대식으로 단추 달린 각반을 두른 무시무시한 거인 넷이 돌림띠를 받치고, 정문 맞은편 돌림띠 위에는 삼위일체의 모습이 공중에서 흔들리고 있다.

성으로 가는 길은 특히 넓고, 양쪽 벽은 바닥을 높인 기단基壇 노릇을 한다. 이 기단 위에는 뛰어난 토대 위에 특이한 그룹들이 세워져 있고, 그 사이마다 꽃병이 놓였다. 최하급 석공들의 서투른 솜씨로 만들어진 이런 온갖 형태들은 부스러지기 쉬운, 조개 섞인 응회암으로 만들어졌다는 점을 통해 더욱 역겨워진다. 하기야 더 나은 석재石材가 쓰였더라면 형태의 무가치함이 그럴수록 더욱 눈에 뜨였겠지만. 앞에서 '그룹'이라는 말을 썼지만, 그것은 이 자리에 어울리지도 않는 잘못된 표현이다. 이렇게 모아 놓은 것들은 그 어떤 성찰이나 심지어 변덕에서 생겨난 것조차 못 되고, 그냥 뒤죽박죽 섞어 놓은 것에 지나지 않는다. 사각형 받침대 위에 매번 세 형태들이 나타나고, 이들의 토대가 서로 합쳐지면서 이 형태들의 다양한 자세가 전체 공간을 채우도록 되어 있다. 가장 자주 나타나는 그룹은 통상 두 형태로 구성되는데, 그들이 서 있는 바닥이 받침대 앞부분을 차지한다. 이들은 대개가 동물이나 인간 형상을 한 괴물이다. 받침대의 뒤쪽 공간을 채우기 위해서는 아직 두 개의 형태가 더 필요하다. 중간 크기의 형태는 남자나 여자 양치기, 기사나 숙녀, 춤추는 원숭이나 개가 가장 흔히 쓰였다. 그런데도 받침대 한 부분이 아직 빈다. 어디서나 재치 없는 농담에서 난쟁이가 큰 역할을 하는 법이지만, 여기서도 이 부분은 대개 난쟁이로 채워진다.

팔라고니아 왕자가 보여 주는 어리석음의 요소들을 완전히 전하기 위해 다음의 목록을 제시한다. **인간 형상**: 남녀 거지들, 스페인 남녀, 무어 사람, 터키 인, 곱사등이, 온갖 종류의 불구자들, 난쟁이, 악사, 풀치넬라, 고대 의상의 병사들, 신들, 여신들, 옛날 프랑스 의상을 입은 인물들, 탄약통과 각반을 찬 병사들, 일그러진 첨가물을 더한 신화적 인물들. 예컨대 풀치넬라와 함께 있는 아킬레스Achilles와 케이론Cheiron. **동물 형상**: 동물의 신체 일부, 인간의 손들을 지닌 말, 인체 위에 말 머리, 기형 원숭이, 많은 용들과 뱀들, 온갖 형태에 붙은 온갖 종류의 앞발들, 이중 머리, 또는 뒤바뀐 머리들. **꽃병**: 꽃병의 중간 아랫부분과 받침대에 온갖 종류의 괴물과 당초무늬 장식들.

이런 형태들이 만들어져서 그 어떤 의미나 맥락도 없이, 그 어떤 선별이나 의도도 없이 그냥 한데 모여 충격적인 방식으로 튀어나온다고 상상해 보라. 이런 기단, 받침대와 기형적인 모습들이 맥락도 없이 줄지어 나타나는 것을 상상해 보라, 그러면 이 정신 나간 광증의 도로를 쫓기듯 마차로 달리는 사람의 마음에 엄습하는 느낌을 짐작할 수 있을 것이다.

우리는 성에 접근하여 반원을 이룬 앞뜰의 끝자락에서 영접을 받았다. 맞은편에 보이는, 중앙 벽면과 출입문은 요새처럼 건설되었다. 여기에는 이집트의 형태 하나가 벽에 붙박이로 장식되어 있고, 물 없는 분수 하나, 기념비 하나, 여기저기 흩어져 놓인 뒤집힌 꽃병들, 코를 바닥에 대고 서 있는 인물상들이 있다. 성의 안뜰로 들어서자 다양성이 부족하지 않도록, 안뜰을 둘러싼 낮은 건물들이 더 작은 여러 반원들을 이루도록 지어졌다.

바닥은 대부분 풀로 뒤덮여서 마치 폐허가 된 교회 묘지에 있는 것만 같다. 여기에 아버지에게서 물려받은 이상하게 비비 꼬인 대리석 항아리들이 놓여 있고, 아직 제자리를 찾지 못한, 최근에 만든 난쟁이들, 이상하게 뒤틀린 형태들도 함부로 뒤섞여 있다. 심지어 낡은 꽃병들과 온갖 넝쿨무늬로 뒤덮인 돌들로 채워진 정자도 있다.

이렇게 취향 없는 사고방식이 만들어 내는 역겨움은, 작은 집들의 지붕 돌림띠가 제각기 이 방향 저 방향으로 비스듬히 기울어, 우리를 인간으로 만들어 주는, 온갖 상쾌한 리듬감의 기반인 수평 감각을 엉망으로 만들면서 고통스럽게 한다는 것에서 최고조에 이른다. 이렇게 비스듬히 기운 지붕들에는 히드라 뱀과 작은 흉상들, 연주하는 원숭이 악단과 그 밖에도 비슷한 정신 나간 장식들이 붙어 있다. 용들과 신들이 번갈아 나타나고, 천체 대신 와인 병을 받쳐 든 아틀라스Atlas도 있다.

이 모든 것에서 벗어나 그의 아버지가 건축한, 상대적으로 분별 있는 겉모습의 성 안으로 도망쳐야겠다고 생각하지만, 출입문 근처에서 벌써 돌고래를 탄 난쟁이 모습 위에, 월계관을 쓴 로마 황제의 머리를 보게 된다.

겉모습만 보면 평범한 실내를 기대하게 되는 성 안에서, 왕자의 열병은 그야말로 미쳐 날뛰기 시작한다. 의자 다리들이 서로 균형이 맞지 않아서 아무도 앉을 수가 없고, 그나마 앉을 수 있을 것처럼 보이는 의자는 집사가 앉지 말라고 말린다. 비로드 쿠션 아래 바늘이 숨겨져 있단다. 중국제 도자기로 된 샹들리에가 이곳저곳 구석에 세워져 있는데, 가까이 다가가 보면 각각 주발, 위 받침 접시, 아래 받침 접시 등을 접착제로 붙여 놓은 것들이다. 그 어떤 정신 나간 변덕이 등장하지 않는 구석이 없다. 심지어는 앞산 너머로 바다가 굽어보이는 이루 말할 수 없이 좋은 전망조차도, 전혀 사실적이지 않은 색조로 대상을 차가운 색깔 또는 너무 뜨거운 색깔로 만드는 색유리를 통해 망가져 있다. 옛날에 접합하여 도금한 테두리들을 이어 붙인 작은 별실도 언급해야겠다. 더 옛날의, 혹은 최근의, 어느 정도 먼지 끼고

빌라 팔라고니아에 있는 그림, Christoph Heinrich Kniep 作

손상된 도금 판들로 이루어진 수없이 많은 과일 조각 무늬들이 아주 촘촘히 벽 전체를 뒤덮어서, 잘게 쪼개진 고물이란 무엇인지를 아주 잘 알려 준다.

예배당을 서술하기 위해서만도 작은 공책 한 권이 필요할 정도이다. 여기서 광증 전체에 대한 해명을 얻을 수 있다. 오로지 종교적 광신자의 두뇌만이 이런 경지에 도달할 수 있다. 도착倒錯된 경건함의 캐리커처들이 여기 얼마나 많이 모여 있을지 여러분이 상상하시라, 나는 그냥 가장 눈에 띄는 것만 적겠다. 상당히 큰 나무를 깎아 만든 십자가에 못 박힌 그리스도상 하나가 천장에 납작하게 고정되어 있는데, 자연스러운 색깔에 부분적으로 도금이 되어 있다. 십자가에 달린 그리스도의 배꼽에 갈고리 하나가 박혔고, 그 갈고리에서 아래로 늘어진 사슬에, 무릎 꿇고 기도하는 사내의 머리가 대롱대롱 매달려 있다. 이 사내는 교회의 모든 다른 그림들과 똑같이 채색되어 에나멜 칠이 되어 있다. 집주인의 끊임없는 경건함을 나타내는 상징이라고 할 것이다.

그 밖에 이 장소는 아직 완공되지 않았다. 그의 부친이 설계해서 다채롭게 장식했지만 아직 역겨운 취향을 드러내지 않는 커다란 홀은 미완성 그대로 남아 있다. 어리석음으로 채워진 집주인의 끝없는 광증이 아직도 끝에 도달하지 않은 것이다.

나는 정신 나간 이 집에서, 예술가로서의 감각이 거의 절망 상태까지 내몰린 크니프가 초조해하는 것을 처음으로 보았다. 내가 이런 몰취미의 요소들을 하나하나 살펴보고 탐색하려는데, 그가 나를 밖으로 몰아냈다. 그런데도 선량한 크니프는 마침내 그룹 하나를 스케치했다. 적어도 일종의 그림이 될 만한 그룹 하나를 그린 것이다. 말(馬) 머리를 한 여성이 안락의자에 앉아서, 맞은편에 그리핀의 머리에 왕관과 커다란 가발로 단장하고 구식 하의를 입은 기사와 카드놀이를 한다. 이 모습은 온갖 어리석음을 드러내지만 그래도 여전히 팔라고니아 가문의 극히 흥미로운 문장紋章을 포함한다. [남자 얼굴과 몸에 염소 다리와 뿔을 가진] 사티로스 한 명이 말 머리 여성을 위해 거울을 잡아 주고 있다.

1787년 4월 10일 화요일, 팔레르모

오늘 우리는 마차를 타고 남쪽의 산을 올라 몬레알레Monreale로 갔다. 번영을 누리던 시대에 수도원의 원장이 만든 길은 넓고 편안한 오르막길이고, 여기저기에 나무들이 심어져 있으며, 무엇보다도 큼직한 분수들과, 관을 타고 흐르는 물길이 만들어졌는데, 거의 팔라고니아 집안의 장식처럼 넝쿨 모양에 장식이 많지만, 그래도 여기서는 짐승과 사람에게 신선한 물을 공급한다.

언덕 위에 자리 잡은 산 마르티노San Martino 수도원은 주목할 만한 시설이다. 팔라고니아 왕자에게서 보듯이, 나이 든 독신자 한 사람이 분별 있는 것을 만들어 내는 일은 드물지만, 그런 독신자 여럿이 모이면 교회나 수도원이 보여 주는 것처럼 극히 위대한 업적을 만들어 낸다. 하지만 수도회들은 그 어떤 가장家長보다도 더욱 수많은 후손을 생각할 수 있기에 아마도 그런 업적을 세웠을 것이다.

수도사들은 우리에게 수도원 박물관을 보여 주었다. 아름다운 고대의 물건과 자연의 물건들 상당수가 보존되어 있었다. 젊은 여신의 모습을 담은 동전 하나에 우리는 특히 마음을 빼겼다. 이 선량한 사람들은 기꺼이 탁본을 떠 주었을 테지만, 형태를 본뜰 때 필요한 그 무엇도 손 가까운 곳에 없었다.

그들은 이전의 상태와 현재의 상태를 약간 서글픈 마음으로 비교하면서 모든 것을 보여 준 다음, 우리를 편안한 작은 홀로 안내했는데, 우리는 그곳 발코니에서 뛰어난 전망을 즐겼다. 이 홀에 우리 둘을 위한 식탁이 마련되었고, 점심 식사는 매우 훌륭했다. 디저트가 나온 다음 수도원장이 가장 나이 많은 수도사들을 동반하고 들어왔다. 그는 우리 앞에 자리를 잡고 반 시간가량 머물렀는데, 그동안 우리는 많은 질문에 대답을 해야 했다. 극히 친밀한 분위기에서 작별 인사를 나누었다. 젊은 수도사들은 한 번 더 우리를 전시실로 따라오고, 마지막에는 마차까지 따라와서 배웅했다.

어제와는 전혀 다른 기분으로 집으로 돌아왔다. 도시 한편에서 그토록 몰취미한 시도가 싱싱하게 행해지는 동안에, 이런 거대한 시설이 서서히 몰락하는 것이 안타까웠다.

산 마르티노로 가는 길은 옛날에 형성된 석회암 산을 올라가는 길. 석회암을 깨뜨려 태우면 색이 매우 하얀 석회가 나온다. 석회암을 태우는 데는 단으로 묶어서 말린, 길고 강한 풀이 이용된다. 이렇게 해서 그들이 '칼카라calcara'라고 부르는 석회를 얻는다. 가장 가파른 꼭대기까지 지표면은 붉은색 점토로 덮여 있다. 위로 올라갈수록 땅은 식물이 거의 덮이지 않아 더욱 붉은색이 된다. 거의 선홍색의 채석장이 멀리 보였다.

수도원은 석회암 산 한가운데 있다. 이 일대는 물이 매우 풍부해서 많은 작물이 재배된다.

1787년 4월 11일 수요일, 팔레르모

도시 밖에서 흥미로운 두 장소를 보았으니 이번에는 궁전[팔라초 레알레]으로 갔다. 총독의 부지런한 심부름꾼이 우리를 안내하여 궁전의 방들과 그 내용물을 보여 주었다. 보통 때 고대 유물을 전시하던 홀은 놀랍게도 엄청난 무질서 상태였다. 건축물을 장식하는 작업이 벌어지고 있었기 때문이다. 조각상들은 제자리에서 다른 곳으로 밀려 나와 보자기로 덮여 있고 비계들이 여기저기 놓여 있어서, 안내자의 선의와 노동자들의 온갖 노력에도 불구하고 매우 불확실한 인상만을 얻을 수 있었다. 청동으로 만든 두 마리 숫양이 내게는 가장 흥미로웠는데, 이들은 이런 상황에서도 여전히 예술적 감각을 만족시켜 주었다. 앞발 하나를 쳐들고 앉은 모습으로 머리를 다른 방향으로 향함으로써 서로를 보충한다. 그리스 신화에 나오는 오누이 프릭수스Phrixus와 헬레Helle를 싣고 날 수 있을 만큼 강한 모습이다. 털은 짧게 곱슬거리지 않고 길게 파도 모양으로 흘러내리는데, 매우 우아하고 현실적으로 묘사되어 있으며 가장 좋던 그리스 시대의 작품이다. 이 숫양들은 시라쿠사 항구에 세워져 있었다고 한다.

이어서 심부름꾼은 우리를 도시 바깥의 카타콤[지하 묘지]으로 데려갔다. 이것은 건축적인 감각으로 지어졌지만 묘지로 사용된 적이 없는 채석장이다. 수직으로 깎인 매우 단단한 응회암벽에 아치를 이룬 입구들이 나 있는데, 이 안에 관들이 묻혔다. 여러 층으로 켜켜이 쌓인 관들이 덩어리를 이루어 따로 받침대도 필요 없다. 맨 위쪽의 관들은 조금 더 작고, 각진 기둥 위 공간에는 아이들을 위한 자리도 있다.

1787년 4월 12일 목요일, 팔레르모

오늘은 토레무차Torremuzza 왕자의 동전 수집실을 구경했다. 나는 썩 마음이 내키지 않는 채로 그리로 향했다. 이 분야에 대해 아는 것이 거의 없는데, 그냥 호기심만 지닌 여행자는 진짜 식견을 갖춘 애호가들이 싫어하는 존재이기 때문이다. 하지만 어차피 시작을 해야 하는 판이라 마음을 편히 먹고 여기서 즐거움과 이점을 얻었다. [유럽의] 고대 세계는 [지중해 연안] 여기저기에 도시[폴리스]들이 점점이 흩뿌려진 세계였는데, 그 가장 작은 도시에서도, 미술사 전체는 아니라도 미술사의 몇몇 시대들이 소중한 동전에 새겨져서 우리에게 전해지고 있음을 잠깐만이라도 생각한다면 얼마나 대단한 일인가. 예술의 꽃과 과실을 지닌 영원한 봄이 이 영역에서 우리에게 미소 짓고 있으니, 평생에 걸쳐 작업한 기술자의 장인 정신과 그 밖에도 얼마나 더 많은 이야기가 여기 있으랴. 이제는 스러진 옛날 시칠리아 도시들의 영광이 이렇게 주조된 동전에서 다시금 생생히 빛나고 있다.

유감스럽게도 우리는 젊은 시절에, 아무것도 말해 주지 않는 가족의 메달과, 동일한 옆모습을 질리도록 반복한 황제들의 동전밖에는 갖지 못했었다. 인류의 모범이라 여길 수도 없는 지배자들의 모습을 담은 것들. 우리 젊은 시절 나의 역사 지식이란 게 아무런 형태도 없는 팔레스티나[이스라엘]와, 이미지가 너무 많아 혼란스러운 로마에만 한정되었음을 생각하면 얼마나 슬픈 일인가. 시칠리아와 마그나 그라이키아[Magna Graecia, 남부 이탈리아에 있던 고대 그리스 식민 도시들]가 새로운 생명을 얻기를 바라게 된다.

내가 이런 대상들에 대해 전반적인 관찰을 늘어놓는다는 것이 이미, 내가 이 분야에 대해 많이 알지 못한다는 사실을 증언한다. 하지만 다른 모든 일에서 그렇듯이 이 분야에서도 차츰 나아질 것이다.

1787년 4월 12일 목요일, 팔레르모

오늘 저녁에 내 소원 하나가 독특한 방식으로 실현되었다. 큰길의 디딤돌 위에 서서 지난번 그 가게의 상인과 농담을 주고받고 있는데, 갑자기 훌륭한 옷차림의 키 큰 심부름꾼 한 사람이 은쟁반을 받쳐 들고 내게로 다가왔다. 쟁반 위에는 동전 여러 개와 은화 몇 개가 놓여 있었다. 이게 대체 무슨 일인지 몰라서 나는 고개를 숙이면서 어깨를 으쓱했다. 할 말이 없고 무엇을 원하는지도 모르겠다, 또는 알고 싶지도 않다는 통상적인 표시였다. 그는 올 때처럼 재빨리 가 버렸고, 그제야 나는 길 건너편에서도 그의 동료가 같은 일을 하고 있음을 알아차렸다.

이게 대체 무슨 뜻이냐고 상인에게 물었더니, 그는 주저하는 몸짓으로 슬그머니 도로 한가운데에 있는 키 크고 야윈 신사를 가리켰다. 신사는 궁정 방식 옷차림으로 점잖고 침착하게 쓰레기 더미를 넘어 걸어오고 있었다. 머리와 수염을 깔끔하게 손질하고 분을 뿌린 모습에 모자는 팔 밑에 끼고, 실크 양복을 입고 옆구리에는 대검을 차고, 보석 버클이 달린 깔끔한 구두를 신었다. 이런 차림의 나이 들어 가는 사내가 진지하고 조용한 태도로 이쪽으로 걸어왔다. 모든 눈길이 그를 향했다.

"팔라고니아 왕자죠." 하고 상인이 말했다. "이따금 저렇게 거리를 지나가면서 야만인에게 노예로 잡혀간 사람들을 위한 몸값을 모으고 있어요. 이렇게 해서 큰돈을 모은 적은 없어도, 사람들이 그들의 고난을 기억하고 또 평생 돈을 내지 않던 사람들도 자주 상당한 금액의 유산을 이 일을 위해 남기죠. 왕자는 벌써 오랜 기간 이 자선 활동에 앞장섰고, 좋은 일을 아주 많이 했답니다."

"그의 영지에 그 모든 어리석은 일에 퍼부은 엄청난 돈을 여기 사용했더라면 좋았을 것을." 하고 내가 외쳤다. "그랬더라면 세상 그 어떤 영주보다도 더 큰 업적을 이루었을 텐데."

그러자 상인이 대꾸했다. "우리 모두 그러지요! 제 어리석음을 위해서는 기꺼이

제 돈을 내고, 미덕을 위해서는 다른 사람이 돈을 내도록 한단 말이죠."

1787년 4월 13일 금요일, 팔레르모

보르히Borch 백작이 극히 부지런히 시칠리아 광물학 분야의 연구를 해 놓아서, 같은 관심을 품고 그보다 뒤에 시칠리아를 방문하는 사람은 그에게 큰 고마움을 느끼게 된다. 선배의 업적을 기리는 일은 기분 좋은 일일뿐더러 또한 의무이기도 하다. 나도 삶에서 그리고 여행에서 미래의 다른 사람에게 선배가 되겠지!

그야 그렇다 치고 백작의 활동이 그의 지식보다 더 컸던 모양이다. 그는 상당히 자기만족의 태도로 작업하는데, 이것은 중요한 대상을 다룰 때 필요한 겸손한 진지함에는 어긋난다. 반면 그가 온전히 시칠리아 광물계만을 기록한 4절판 노트는 내게 대단히 쓸모 있는 것으로, 나는 그것을 공부하며 보석 가공사들을 방문할 준비를 했다. 이 가공사들은 예전만큼 바쁘지는 않아도, 교회나 제단들이 대리석이나 마노를 가공할 필요가 생기면 여전히 솜씨를 발휘한다. 그들의 작업장에서 나는 '부드러운 돌'과 '단단한 돌'의 표본을 주문했다. 이것은 대리석과 마노를 가리키는 그들의 용어인데, 대리석과 마노의 가격 차이는 바로 이런 차이에서 나온다. 하지만 그들은 이 두 가지 말고도 석회 소성로에서 나오는 부산물인 또 다른 소재에 대해서도 잘 알고 있다. 생석회가 생산될 때 밝은 푸른색에서부터 극히 어두운, 거의 검푸른 색까지를 띠는 일종의 유리 덩어리가 그 속에 섞여 나온다. 이 덩어리들은 다른 암석처럼 얇은 판으로 잘라서 사용되는데, 색깔과 순도에 따라 값이 매겨지며, 제단, 묘비, 그 밖에도 교회의 장식을 위해 유리 대신 아주 잘 이용될 수 있다.

나는 완벽한 수집품을 원했지만, 그것이 아직 완성되지 않아 나중에 나폴리로 보내 주기로 했다. 마노가 가장 아름다운데, 불규칙한 노란 옥이나 붉은 옥이 얼마간

얼어붙은 수정과 번갈아 나타나면서 극히 아름다운 효과를 내는 것들이 특히 아름답다.

며칠 전 정신 나간 팔라고니아 저택에서 본 것 중 유일하게 분별 있는 것은, 얇은 유리판 뒷면에 수지를 입혀서 정밀하게 마노를 모방한 소재였다. 장식용으로는 이런 판들이 진짜 마노보다 더 아름다워 보인다. 마노는 수많은 작은 조각들이 모인 것인 데 반해, 유리판은 건축가가 마음대로 크기를 정할 수 있으니 말이다. 이런 기술적인 방식은 더 널리 쓰여도 좋을 듯하다.

1787년 4월 13일, 팔레르모

시칠리아를 뺀 이탈리아는 영혼에 진짜 이탈리아의 이미지를 만들어 내지 못한다. 시칠리아에 비로소 모든 것의 열쇠가 있기 때문이다.

날씨의 좋은 점은 아무리 칭찬해도 모자라다. 지금은 비가 내리는 철인데도, 비는 거듭 중단되곤 한다. 오늘은 천둥과 번개가 내리치는데 세상 모두가 더욱 초록이 된다. 아마는 일부가 벌써 씨앗을 맺고, 다른 일부는 꽃을 피우고 있다. 바닥에 작은 연못이 보일 듯하다. 저 아래 아마 밭은 그토록 멋진 블루 그린이니. 매혹적인 대상들이 끝없이 많다! 나의 동반자는 탁월한 인간으로, 진짜 호페굿*이다. 그러니 나는 정직하게 트로이프로인트[충직한 친구] 노릇을 계속해야지. 그는 벌써 상당히 훌륭한 윤곽들을 잡았으니 최고 작품을 만들어 낼 것이다. 앞으로 언젠가 이런 보물들을 가지고 집으로 돌아갈 테니 이 얼마나 멋진 일인가!

이곳의 음식과 음료에 대해서는 아직 아무 말도 안 했지만 이 또한 작지 않은 주

* Hoffegut: 트로이프로인트처럼 괴테의 희곡《새》에 나오는 등장인물. '좋은 희망'이란 의미.

팔레르모 인근의 기름진 골짜기, Christoph Heinrich Kniep 作

제이다. 정원의 과일은 그야말로 풍성하고, 부드러운 맛의 양상추는 우유 같다. 고대인들이 이 야채를 '락투카[lactuca, 우유 야채]'라 부른 이유를 알 수 있다. 올리브 오일과 포도주는 모두 훌륭해서 이들을 더욱 세심하게 준비하여 차려 내면 지금보다 더 훌륭해질 수도 있다. 생선은 극히 부드럽고 맛이 최고이다. 게다가 이곳 사람들은 별로 추천하지 않지만 우리는 늘 아주 뛰어난 쇠고기를 맛보고 있다.

하지만 이제 점심 식사를 마치고 창가로 가자! 길거리로 나가 보자! 모두를 치유하는 부활절 주간에는 항상 있는 일이지만, 범죄자 한 사람이 은사恩赦를 받았다. 수도사들이 그를 가짜 교수대 아래까지 데려왔다가, 범죄자가 사다리 앞에서 기도를 올리고 사다리에 키스를 하자 도로 데려간다. 그는 중간 계층의 잘생긴 남자로서, 깨끗하게 이발하고, 흰 연미복에 흰 모자, 온통 흰색 차림이다. 그는 모자를 벗어 들고 있으니, 그의 몸 여기저기에 여러 색깔의 리본만 좀 덧붙인다면, 그 차림 그대로 목동이 되어 무도회에 갈 수도 있을 정도이다.

1787년 4월 13일과 14일, 팔레르모

마지막 직전에 기묘한 모험이 내게 주어졌으니, 그에 대해 상세한 보고를 하겠다.

이곳에 머무는 내내 사람들과의 식사 자리에서 칼리오스트로Cagliostro, 그의 출신과 운명에 대한 이야기가 자주 오가는 것을 들었다. 팔레르모 사람들은 이 도시에서 태어난 쥬세페 발사모Giuseppe Balsamo라는 사람이 수많은 나쁜 행실로 악명이 자자하다는 사실을 한목소리로 인정한다. 하지만 이 사람이 칼리오스트로 백작과 **동일인**이냐를 두고는 의견이 나뉜다. 예전에 그를 본 적이 있는 사람들은 잘 알려진 동판화에서 그의 모습을 확인할 수 있다고 주장한다. 이 동판화는 우리들 사이에도 알려져 있으며, 팔레르모로도 들어왔다.

이런 담화를 나누는 중에 손님 한 사람이, 팔레르모의 법률학자 한 명이 이 사태를 밝히려고 여러 가지로 노력한 적이 있다고 말했다. 그는 프랑스 관청의 위임을 받아, 프랑스가 바라보는 가운데, 또는 전 세계가 바라보는 가운데라고 하는 편이 더 나은데, 중요하고도 위험한 재판에서* 헛소리를 늘어놓는 등 파렴치 행위를 벌인 어떤 인물의 혈통을 조사하게 되었다.

사람들 말로는 이 법률학자가 쥬세페 발사모의 가계도를 작성하고, 또 믿을 만한 서류를 동원해 많은 것을 밝혀낸 비망록과 함께 이 가계도를 프랑스로 보냈으며, 프랑스에서는 그것을 재판에서 이용했다고 한다.

* 마리 앙투아네트 왕비가 연루된 '다이아몬드 목걸이 사건'의 재판.

이것 말고도 다른 여러 가지로 좋은 평판을 누리는 이 법률학자를 만나고 싶다는 내 소망을 밝히자, 이야기를 들려준 사람은 법률학자에게 미리 귀띔을 하고 나를 그에게 데려가 주겠다고 나섰다.

며칠 뒤에 우리는 함께 법률학자의 집으로 갔는데, 그는 마침 고객과 이야기를 나누는 중이었다. 일을 마치고 우리와 함께 늦은 아침을 먹고 나서 그는 문서를 가져왔다. 꼭 필요한 증빙 서류의 복사본과 프랑스로 보낸 비망록의 개요를 포함한 칼리오스트로의 가계도였다.

그는 내게 가계도를 펼쳐 놓고 필요한 설명을 했는데, 전체를 더 쉽게 조망하기에 필요한 만큼 여기서 그의 설명을 인용하겠다.

쥬세페 발사모의 외가 쪽 증조할아버지는 마테오 마르텔로Matteo Martello, 증조할머니의 성은 알려져 있지 않다. 이 결혼에서 두 딸이 태어났다. 그중 쥬세페 브라코네리Giuseppe Bracconeri와 혼인한 마리아가 쥬세페 발사모의 외할머니가 된다. 또 다른 딸인 빈첸차Vincenza는 쥬세페 칼리오스트로Giuseppe Cagliostro와 결혼했는데, 그는 메시나에서 8마일 떨어진 라 노아라La Noara라는 작은 마을 태생이다. 이야기 중에 나는 칼리오스트로라는 성을 쓰는, 종鐘 만드는 사람 둘이 메시나에 살고 있다는 것을 알게 되었다. 그의 작은 외할머니가 되는 빈첸차가 나중에 쥬세페 발사모의 대모가 된다. 빈첸차의 남편의 세례명인 쥬세페가 그의 이름이 되었고, 나중에는 칼리오스트로라는 성도 여기서 얻게 되는 것이다.

마리아와 쥬세페 브라코네리 부부는 세 자녀를 두었다. 펠리치타스, 마테오, 안토니노가 그들이다.

펠리치타스Felicitas는, 팔레르모의 바느질 도구 판매상이며, 유대인 혈통으로 추정되는 안토니노 발사모의 아들 피에트로 발사모Pietro Balsamo와 혼인했다. 악명 높은 쥬세페의 아버지인 피에트로 발사모는 파산하여 마흔다섯 살에 죽었고, 그의 어머니는 아직 살아 있다. 이 부부는 쥬세페 말고 딸 하나를 더 두었는데, 죠반나 쥬세페-마리아라는 이름이다. 그녀는 죠반니 바티스타 카피툼미노Giovanni Batista Capitummino와 혼인했는데, 그들 사이에 세 자녀를 남겨 둔 채 남편은 이미 죽었다.

친절한 법률학자가 우리에게 읽어 주고, 또한 내 청에 따라 며칠 동안 내게 빌려 준 비망록은 조심스럽게 수집된 세례 증명서, 결혼 계약서와 그 밖에 다른 문서들을 기반으로 삼은 것이었다. 그리고 비망록은 당시 내가 만들어 둔 발췌록을 보면 알 수 있는 일인데 지금은 로마의 재판을 통해 알려져 있는 상황들을 포함한다. 즉 쥬세페 발사모가 1743년 6월 초 팔레르모 태생으로, 빈첸차 마르텔로의 남편인 칼리오스트로의 이름을 세례명으로 받았고, 젊은 날 주로 병자들을 보살피는 수도회[성 요한 의료 봉사 수도회]인 자비의 수도사들에게 받아들여졌으며, 머지않아 의술 분야에서 특별한 재능을 보였으나, 곧 고약한 행실로 인해 수도원에서 쫓겨났다는 것, 그러다가 나중에 팔레르모에서 마법사이며 보물을 찾아다니는 사람이 되었다는 사실을 알 수 있다.

그는 누구든 무엇이든 쉽사리 흉내 내는 자신의 재능을 이용했다. 낡은 문서를 위조했다기보다는 오히려 완성해서 몇몇 영지의 소유권을 분쟁 상태로 몰아넣었다. 의혹을 받다가 감옥에 갇혔지만, 도망쳐서 칙령에도 언급되었다. 칼라브리아를 거쳐 로마로 가서 놋쇠 세공사의 딸과 결혼했다. 그런 다음 로마를 떠나 펠레그리니Pellegrini 후작이라는 이름으로 나폴리로 돌아왔다. 이어서 다시 팔레르모로 돌아와서는 이름을 날리고, 다시 감옥에 갇혔다가 교묘하게 빠져나갔다. 이 이야기는 여기서 상세히 언급할 만하다.

시칠리아의 일급 왕자로서 광범위한 영지를 소유한 사람이 나폴리 궁정에서 상당한 지위를 얻었다. 그의 아들은 강한 육체와 격한 성정을 지녔지만, 올바른 교양이 없다면 부자에다 지위까지 높은 사람이 갖기 쉬운 온갖 오만함도 한데 지녔다.

돈나[Donna, 마담] 로렌차 칼리오스트로, 일명 펠레그리니 여사가 왕자의 환심을 사는 데 성공했다. 가짜 후작 펠레그리니는 왕자를 통해 어느 정도의 안전을 확보

했다. 왕자는 자기가 방금 도착한 이 부부의 보호자라는 것을 공개적으로 보여 주었다. 쥬세페 발사모의 사기 행각으로 손실을 입은 사람들의 호소에 따라 그가 다시 감옥에 갇히자, 젊은 왕자는 대단히 분노했다. 그를 석방시키려고 여러모로 방책을 강구하고, 그런 방책들이 도무지 먹히지 않자 총독의 대기실에서 한바탕 소동을 일으키며, 상대방 변호사가 발사모의 체포를 즉시 철회하지 않는다고 몹시 고약하게 행동했다. 왕자는 상대 변호사의 멱살을 잡아 때리고 바닥에 내동댕이치고 발로 짓밟으며 난동을 부렸는데, 이런 소동을 듣고 총독이 뛰어나와 중지하라고 명령하지 않았더라면 더 심한 행동도 했을 것이다.

심약하고 의존적인 총독은 이런 모독적인 행동을 한 사람을 감히 벌주지 못했다. 상대편 변호사도 위축되었고, 덕분에 발사모는 석방되었다. 다만 문서 기록실에서는 그의 석방에 대한 문헌을 찾아볼 수 없으며, 누가 그런 일을 했는지, 어떻게 그런 일이 일어났는지도 기록되지 않았다.

곧이어 발사모는 팔레르모를 떠나 여러 곳을 여행했는데, 비망록 기록자는 그에 대해 불확실한 소식만을 전하고 있다.

비망록은 칼리오스트로가 발사모와 동일 인물이라는 날카로운 증언들로 끝을 맺고 있다. 당시에는 주장하기가 어려웠지만, 지금은 이런 기록들을 종합하여 완전히 확실해진 주장이다.

당시에 내가 프랑스에서 이 글이 공개적으로 이용될 것이며, 따라서 돌아가는 길에는 아마 인쇄된 판본을 얻을 수 있으리라는 짐작을 하지 못했더라면, 나는 허락을 받아 사본을 만들어서 친구들과 대중에게 더 일찍 몹시 흥미로운 세부 사항을 알려 주었을 것이다.

그사이에 우리는 저 비망록에 들어 있던 것 이상의 내용을, 보통은 오로지 오류를 전파하는 통로를 통해 접했다. 로마가[교황청] 이토록 계몽에 공헌할 줄을, 재판 때 나온 저 발췌록을 발간함으로써 사기꾼을 완전히 폭로하는 일에 이토록 기여

할 줄을, 대체 누가 짐작이나 했던가! 이 문서가 지금보다 훨씬 더 흥미로운 것이 될 수도 있었겠지만, 어쨌든 분별 있는 사람이라면 여전히 그에 대해 감사할 것이다. 기만당한 사람들, 절반쯤 속은 사람들과 사기꾼들이 오랫동안이나 이 사람과 그의 기만술을 숭배하고, 그와 한패가 되어 드높은 오만의 꼭대기에서, 얕볼 수 없는 건강한 인간의 분별력을 동정하는 꼴을, 분별 있는 사람들이 바라보고 있을 수밖에 없었으니 말이다.

이 시기에는 누군들 침묵하지 않았으랴? 모든 일이 마무리되고 논쟁의 여지가 남지 않게 된 지금에 와서야, 나는 용기를 내고 이 문서를 보충해서 당시 내가 알았던 내용을 알릴 수 있다.

이 가계도에 나오는 여러 사람, 특히 그의 어머니와 누이가 아직 살아 있다는 것을 알았을 때 나는 비망록의 저자에게, 그토록 특별한 인간의 친척들을 찾아가 만나 보고 싶다는 소망을 말했다. 그는 이 사람들이 가난하지만 신뢰할 만한 사람들이고, 몹시 폐쇄적인 삶을 살기에 외부인을 만나는 데 익숙하지 않을뿐더러, 시칠리아 사람들이 천성적으로 의심이 많으니, 내가 방문했다가는 여러모로 오해를 살 수 있다고 대답했다. 하지만 그래도 그는 내게 이 가족과 왕래가 있는, 그래서 가계도를 작성할 때 이용한 여러 문서와 소식들도 그를 통해 얻을 수 있었던 자신의 서기를 보내 주겠노라고 약속했다.

다음 날 이 서기가 내게로 와서는 나의 방문 소망에 대해 몇 가지 주저되는 내용을 털어놓았다. 그는 이렇게 말했다.

"나는 지금까지 이 사람들과 다시 얼굴 맞대기를 늘 피해 왔어요. 그들의 혼인 계약서, 세례 증명서, 그 밖의 서류들을 입수하고, 또 이런 서류의 합법적인 사본을 만들려고 지략을 써야 했거든요. 당시에 기회를 틈타서, 어딘가의 가족 장학금에 마침 자리가 났다는 말을 했어요. 젊은 카피툼미노가 어쩌면 그것을 받을 자격이 있을지도 모르는데, 그러려면 소년의 권리가 얼마나 되는지를 보기 위해 무엇보다도 가계도를 작성해야 한다, 물론 그런 다음엔 모든 것이 내 협상 능력에 달려 있다, 그들이 받은 금액에서 약간의 수고비를 내게 주기로 한다면 내가 그 일을 떠맡겠다고 했어요. 이 선량한 사람들은 선선히 모든 것에 동의했고, 덕분에 나는 필요한 서류를 받아 사본과 가계도를 만들었는데, 그 뒤로는 그들 앞에 나타나기를 피하고 있지요. 몇 주 전에 카피툼미노 아주머니의 눈에 띄었는데, 이곳에서는 이런 일들이 아주 느린 속도로 진행된다는 말로 변명했지요."

서기는 이렇게 말했다. 하지만 내가 끝내 뜻을 굽히지 않자 우리는 한참이나 숙고를 거듭한 끝에, 내가 가족에게 칼리오스트로의 소식을 전하러 온 영국인인 척하기로 합의를 보았다. 그가 마침 바스티유 감옥에서 풀려나 런던으로 갔기 때문이다.

대략 오후 세 시 정도 되었을까, 약속된 시각에 우리는 길을 나섰다. 그 집은 큰길에서 멀지 않은 카사로il Cassaro라는 이름의 좁은 골목길 구석에 있었다. 보잘것없는 계단을 올라가자 곧바로 부엌으로 이어졌다. 강하고 떡 벌어졌지만 뚱뚱하지 않은 중키의 여자가 설거지를 하고 있었다. 그녀는 깔끔한 옷차림이었고, 우리가 안으로 들어서자 지저분한 부분을 우리 눈앞에서 가리려고 앞치마 끝자락을 들어 올렸다. 내 안내자를 보고 반가워하면서 물었다. "죠반니 씨, 좋은 소식이라도 가져오셨나요? 일이 다 정리됐나요?"

"우리 일은 아직 될 것 같지 않아요. 하지만 여기 이 외국분이 당신 오빠의 인사를 전하러 오셨으니, 그가 지금 어떤 상황인지 전할 수가 있지요."

내가 인사를 전하려고 한다는 것은 우리의 합의 사항이 아니었지만, 어차피 나는 소개를 받은 셈이었다.

"그럼 우리 오빠를 아시나요?" 그녀가 물었다.

"유럽 전체가 그를 알지요." 하고 내가 대답했다. "그가 이제는 안전하게 잘 지낸다는 소식을 들으면 마음이 편하시겠지요. 지금까지 분명 그의 운명 때문에 걱정하셨을 테니까요."

"안으로 들어가세요." 하고 그녀가 말했다. "나도 곧 들어갈게요." 그래서 나는 서기와 함께 방으로 들어갔다.

방은 우리나라에서라면 홀이라 부를 정도로 크고도 높았다. 하지만 이 공간이 거의 전 가족의 거처인 모양이었다. 옛날에는 색이 칠해졌던 커다란 벽에는 창문이 단 하나 나 있고, 벽 이곳저곳에 황금 테두리 안에 색이 시커멓게 된 성화聖畫들이 걸려 있었다. 벽 한편에 커튼도 없이 커다란 침대 두 개가 놓여 있고, 책상 모양의 갈색 장롱 하나가 다른 쪽 벽에 있었다. 옛날에는 등받이가 도금되어 있던 낡은 등나무 의자들이 그 옆에 놓여 있고, 바닥의 벽돌은 여러 곳이 움푹 파였다. 그 밖에는 모든 것이 깔끔했다. 우리는 방의 한쪽 구석, 단 하나뿐인 창가에 모여 있는 가족에게로 다가갔다.

나를 데려온 서기가 구석에 앉아 있는 늙은 발사모 부인에게 우리가 방문한 이유를 설명하고, 노파가 귀가 먹은 탓으로 여러 번이나 큰 소리로 말을 반복하는 동안, 나는 방과 나머지 사람들을 관찰할 시간이 있었다. 몸매가 예쁘지만 마맛자국으로 얼굴 윤곽이 불확실해진 열여섯 살가량의 소녀가 창가에 서 있었다. 그녀 옆에 젊은이 하나가 서 있는데, 역시 마맛자국으로 일그러진, 편치 않은 그의 모습도 내 눈에 뜨였다. 창가에 기댄 안락의자에 병들어 움츠러든 사람이 앉아 있다기보다 누워 있는데, 그 사람은 일종의 수면병을 앓고 있는 듯했다.

서기가 자신의 뜻을 분명히 전하자 그들은 우리에게 앉으라고 권했다. 노파는 내게 몇 가지 질문을 했는데, 나는 대답하기 전에 우선 그녀의 말을 통역으로 들어야 했다. 시칠리아 사투리가 익숙하지 않았기 때문이다.

그사이에 나는 만족스럽게 노파의 얼굴을 관찰했다. 그녀는 중키에 잘빠진 몸매를 했다. 나이가 아직 망가뜨리지 못한 반듯한 얼굴 위로, 청력을 뺏긴 사람들에게 흔히 나타나는 만족감이 퍼져 있었다. 그녀의 목소리 어조는 부드럽고 편안했다.

나는 그녀의 질문에 대답했고, 내 대답은 다시 통역되어 그녀에게 전달되었다.

우리의 대화가 느리게 이루어져서 나는 말을 가다듬을 기회가 충분했다. 그녀의 아들이 프랑스에서 석방되어 현재 영국에 있는데, 그곳에서 잘 지낸다고 말했다. 이런 소식을 듣고 그녀가 드러낸 기쁨에는 내면의 경건함이 함께 나타났다. 그녀가 조금 더 큰 소리로 느리게 말하자 나는 그녀의 말을 이해할 수가 있었다.

그사이에 부엌에 있던 딸이 들어와 내 안내자 옆에 자리를 잡았다. 그는 내가 이야기한 내용을 충실하게 반복해 딸에게 들려주었다. 그녀는 깔끔한 앞치마를 두르고, 머리는 그물망 속에 정돈해 넣었다. 그녀를 관찰할수록, 그리고 어머니와 비교해 볼수록 두 모습의 차이가 더욱 분명해졌다. 생동하는 건강한 관능의 요소가 딸의 모습 전체에서 드러났다. 마흔 살쯤 된 여자였다. 그녀는 그 어떤 악의의 흔적도 없이 활달한 푸른 눈으로 영리하게 사방을 둘러보았다. 자리에 앉자 서 있을 때보다 더 커 보였다. 자세는 단호했는데, 몸을 앞으로 굽히고 손은 무릎에 올려놓았다. 그 밖에도 날카롭기보다 뭉툭한 얼굴 모습은 동판화를 보아 알고 있는 오빠의 얼굴을 연상시켰다. 그녀는 나의 여행, 시칠리아에서의 의도 등에 대해 여러 질문을 하고는, 내가 분명히 다시 찾아와서 자기들과 함께 성 로살리아 축제를 즐길 것이라고 확신했다.

노파가 다시 내게 몇 가지 질문을 해서 내가 그 질문에 답을 하는 동안, 딸은 목소리를 낮추고 서기와 이야기를 나누었다. 내가 무슨 이야기냐고 물었다. 카피툼미노 부인의 말로는, 오빠가 자기에게 14온스의 빚을 지고 있다는 것이었다. 오빠가 서둘러 팔레르모를 떠날 때 그녀가 오빠를 위해, 저당 잡힌 물건 몇 가지를 되찾았단다. 하지만 그 뒤로는 오빠에게서 연락도 없고, 그가 큰 부자가 되어 영주처럼 돈을 쓴다는 소문을 들었어도 돈이나 아니면 다른 어떤 원조도 그에게서 오지 않았단다. 내가 돌아가면 혹시 선량한 방식으로 그에게 이 빚을 상기시키고, 동생에게 무언가 도움을 주라고 말해 줄 수 있는지, 아니면 내가 편지를 한 통 가져가거나 어쨌든 전해 줄 수 있는지? 나는 기꺼이 그러겠노라고 말했다. 그녀는 내가 어디 사는지, 어디로 이 편지를 가져다주면 되느냐고 물었다. 나는 내 주소를 말하지 않고, 다음 날 저녁 무렵 편지를 가지러 다시 오겠노라고 약속했다.

그러자 그녀는 자신의 곤란한 처지를 이야기했다. 자식 셋이 딸린 과부인데, 셋 중 딸 하나는 수도원에서 양육되고 있다. 다른 딸은 여기 살고, 아들은 지금 견습공 일을 하러 나갔다. 자식 셋 말고도 어머니를 모시고 생계를 책임지고 있다. 거기 덧붙여 기독교도의 사랑에서 불행한 병자를 집 안에 받아들였는데, 이 또한 그녀의 부담을 늘렸다. 아무리 열심히 일해도 자신과 가족에게 꼭 필요한 것을 마련하기가 버겁다. 이 모든 선행에 대해 하나님께서 보상하지 않으실 리 없다는 것을 알지만, 이미 너무 오래 짐을 지고 있다 보니 거기 짓눌려 한숨이 나온단다.

젊은이들도 대화에 끼어들면서 이야기가 더욱 활기를 띠었다. 내가 젊은 사람들과 이야기를 하는 동안, 노파가 딸에게 내가 거룩한 가톨릭을 믿는 신자냐고 묻는 것이 들렸다. 딸은 어머니에게 이 외국인이 자기들에게 좋은 마음을 품고 있는데, 누군가에게 곧장 이런 질문을 하는 것은 그리 똑똑한 일이 아니라고 대답해서, 영리한 방식으로 즉답을 피하는 것이었다.

내가 곧 팔레르모를 떠날 것이라는 말을 듣고, 그들은 더욱 절박하게 자기들을 다시 방문해 달라고 청했다. 그들은 특히 로살리아 축제의 낙원 같은 날들을 찬양하고, 세상 어디서도 그런 것을 보거나 즐길 수 없다고 했다.

벌써 한참 전부터 이곳을 떠나고 싶어 하던 서기가 마침내 몸짓으로 대화를 끝냈다. 나는 다음 날 저녁때 다시 와서 편지를 가져가겠노라고 약속했다. 서기는 모든 것이 그렇게 잘 진행된 것을 기뻐했고, 우리는 만족스럽게 헤어졌다.

가난하고 경건하며 선량한 이 가족이 내게 어떤 인상을 남겼는지 짐작할 수 있으리라. 나는 호기심을 충족시켰지만, 그들의 자연스럽고 선량한 태도가 내 관심을 일깨웠고, 곰곰이 생각을 하자 그런 관심이 더욱 커졌다.

하지만 곧바로 다음 날에 대한 걱정이 밀려왔다. 나의 등장은 첫 순간에 그들을 깜짝 놀라게 했지만, 내가 떠난 다음 그들은 분명 여러 생각을 했을 것이다. 가계도를 통해서 더 많은 친척들이 살아 있다는 사실을 나는 알고 있었다. 친척들과 친구들을 불러 모아 놓고 그들이 있는 자리에서, 전날 자기들이 놀라움을 품고 들었던 말을 내가 한 번 더 되풀이하게 할 것이 분명했다. 내 의도는 이미 달성되었다. 이제는 세련된 방식으로 이 모험을 끝내는 일만 남았다. 그래서 다음 날 아침 식사를 물리자마자 곧바로 혼자서 그들의 집으로 갔다. 내가 안으로 들어서자 그들은 깜짝 놀랐다. 편지가 아직 완성되지 않았고, 친척들 몇 사람도 나를 만나고 싶어 하는데, 저녁 무렵이나 되어야 나타날 것이란다.

나는 내일 아침 일찍 여행을 떠나야 하는데, 몇 군데 더 방문할 데가 있고, 또 짐도 싸야 하는 판이라 아예 안 오는 것보다는 이렇게 일찍이라도 오는 편이 나을 것 같았다고 대답했다.

그 순간 전날 만나지 못한 아들이 들어왔다. 그는 누이와 비슷한 체형과 키였다. 그는 내가 가져갈 편지를 가져왔다. 이 지역에서는 흔히 있는 일이지만 집 밖의 광장에 앉아서 일을 보는 서기가 쓴 편지였다. 아들은 조용하고 슬픔에 찬 겸손한 젊은이였다. 그는 외삼촌 일을 물어보고, 그의 부유함과 지출에 대해서도 질문한 다음, 그가 어째서 그토록 가족을 완전히 잊었는지 모르겠다고 슬픈 말투로 덧붙였다. 그리고 이렇게 말했다. "외삼촌이 언젠가 이곳으로 와서 우리를 보살펴 준다면 우리한테는 가장 큰 행복일 텐데요. 삼촌은 어떻게 당신에게는 팔레르모에 친척이 있다는 말을 털어놓았을까요? 사람들 말로는 삼촌이 우리의 존재를 완전히 부인하고 귀족 행세를 한다던데." 나는 서기가 이 집에 처음 발을 들여놓으면서 한 부주의한 발언으로 해서 생겨난 이런 질문에 대해서, 가장 그럴싸한 방식으로 대답했다. 외삼촌은 공개 석상에서는 자신의 출신을 감출 이유가 있지만, 친구나 아는 사람들에게는 그걸 비밀로 삼을 이유가 없다고 말이다.

이런 이야기를 하는 도중에 그의 누이가 옆으로 다가와서, 오빠가 옆에 있는 덕에, 그리고 아마도 어제의 친구가 곁에 없는 덕에, 더욱 용기를 내서 매우 상냥하고도 활달한 태도로 말을 시작했다. 그들은 내가 삼촌에게 편지를 쓰게 된다면, 자기들을 언급해 달라고 열심히 간청했다. 그리고 내가 왕국을 여행한 다음 다시 이곳으로 와서 자기들과 함께 로살리아 축제에 가자고도 했다.

어머니가 자녀들과 한목소리를 냈다. "나리, 내가 이렇게 장성한 딸을 두고 있는데, 내 집에 외간 남자를 맞아들이는 게 영리한 일은 아니고, 위험과 소문을 다 경계해야 하는 형편이긴 해도, 당신이 우리 도시로 돌아오신다면 우리 집에서는 언제나 환영입니다."

"그렇고말고요." 자녀들이 대답했다. "우리는 나리를 축제로 안내하고 모든 것을 다 보여 드릴 거예요. 축제를 가장 잘 볼 수 있는 관람석 위에 앉을 셈이거든요. 나리께서 커다란 성인의 마차와 특히 화려한 조명을 보면 얼마나 좋아하실까요!"

그사이에 할머니는 편지를 읽고 또 읽었다. 그녀는 내가 작별 인사를 하려 한다는 말을 듣고 자리에서 일어나 내게 접은 편지를 내밀었다. "내 아들에게 전해 주시오." 그녀가 고귀한 생동성을 품고 말을 시작했다. "당신이 내게 가져온 아들 소식을 듣고 내가 얼마나 기뻐했는지 모른다고 전해 주시오. 그를 이렇게 내 품에 안고 싶어 한다고도 전해 주시오."—그러면서 그녀는 두 팔을 활짝 펼쳤다가 다시 가슴 위에 모았다.—"매일 하나님과 성모님께 그를 위해 기도한다고, 아들과 며느리에게 내 축복을 전한다고, 내가 죽기 전에, 그를 위해 많은 눈물을 흘린 이 두 눈으로 한 번 더 그를 보고 싶어 하더라고 말이오."

이탈리아 어의 장식성이 이런 말의 순서와 선택을 더욱 유리하게 만들어 주는 데다가, 이 민족이 자기들의 말을 믿을 수 없을 정도로 매력적으로 만드는 생생한 몸짓까지 동반되었다.

그들과 헤어질 때 감동이 없을 리 없었다. 그들 모두가 내게 손을 내밀었고, 자녀들은 나를 따라 밖으로 나와서, 내가 계단을 내려가는 동안, 부엌에서 거리를 향해

나 있는 창문의 발코니로 뛰어 올라가 내게 인사말을 외치고, 손을 흔들고, 꼭 다시 오시라는 말을 되풀이했다. 내가 모퉁이를 돌 때도 그들은 여전히 발코니 위에 서 있었다.

내가 이 가족에게 느낀 관심으로 인해 그들에게 무언가 쓸모 있는 일을 하고, 그들의 곤궁에 도움을 주고 싶다는 마음이 생겼다는 말을 꼭 하지 않아도 되리라. 이 가족은 나를 통해 한 번 더 속아 넘어갔다. 기대하지도 못한 도움에 대한 희망이 북부 유럽인의 호기심을 통해 두 번째로 기만당한 것이다.

내 처음 생각은 출발에 앞서 그들에게 저 도망자가 빚진 14온스를 내주겠다는 것이었다. 내가 이 금액을 나중에 돌려 받을 수 있을 거라는 짐작을 만들어 내서 나의 선물을 은폐할 수 있으리라. 다만 집에 돌아와 계산을 하고 금고 사정과 서류를 대강 맞추어 보니, 의사소통의 결핍으로 인해 모든 거리가 무한히 먼 거리로 바뀌는 이 나라에서, 만일 내가 선량한 마음에서 파렴치한 한 인간의 부당함을 보상하는 일을 감행했다가는 나 자신이 당혹스러운 처지에 빠지게 된다는 사실을 알았다.

저녁 무렵에 나는 한 번 더 저 상인에게로 가서 내일의 축제가 어떻게 진행되는지 물었다. 거대한 축제 행렬이 도시를 가로질러 나아가는데, 총독이 손수 맨 앞에서 성인의 발치를 따라가며 행진을 주도한다고 했다. 바람이 약간만 불어도 신과 인간이 모조리 끔찍한 먼지 구름에 휩싸일 것이 분명했다.

명랑한 이 사내는 팔레르모 사람들이 그냥 기적만 믿고 있다고 대답했다. 이 비슷한 경우에 벌써 여러 번이나 엄청난 폭우가 쏟아져서, 대부분 비탈진 도로를 적어도 일부만이라도 깨끗이 씻어 내려 행렬을 위해 깨끗한 길을 마련해 주었단다. 이번에도 동일한 희망을 품고 있는데, 근거가 없지도 않은 것이 하늘이 저렇게 흐려지고 있으니 밤사이에 비가 내릴 것이라나.

1787년 4월 15일 일요일, 팔레르모

정말로 그렇게 되었다! 지난밤에 매우 강력한 폭우가 하늘에서 쏟아졌다. 기적의 목격자가 될 셈으로 나는 아침 일찍 곧바로 거리로 나가 보았다. 정말로 이상하기 짝이 없었다. 양쪽의 디딤돌 사이로 제한된 강물 줄기가 가장 가벼운 쓰레기를 비탈진 도로의 아래로 쓸어 내려 일부는 바다로, 일부는 막히지 않은 배수구로 흘려보내고, 더 무거운 쓰레기들은 다른 곳으로 밀어내서 포도 위에는 경이롭고도 깨끗한, 뱀처럼 구불구불한 길이 생겨났다. 이제는 수많은 사람들이 저마다 삽과 빗자루와 갈퀴를 가지고 나와 강물 뒤를 따라가면서 아직 남아 있는 쓰레기를 때로는 이편으로 때로는 저편으로 쌓아 올려서, 이 깨끗한 길을 더 넓히고 또 서로 연결하고 있었다. 덕분에 행렬이 시작되자 정말로 진흙탕 사이로 아주 깨끗한 뱀 같은 도로가 닦여서, 긴 옷을 끌고 있는 사제단과 총독을 선두로, 깔끔한 구두를 신은 귀족들이 아무런 방해도 없이 옷을 더럽히지 않은 채 걸어갈 수 있었다. 이스라엘의 자손들을 위해 천사의 손길로, 저 늪지대를 통과하는 마른 길이 마련된 것만 같았다. 이런 비유를 하자, 신앙심이 깊은 수많은 사람들이 축축한 쓰레기 더미 사이로 난 오솔길을 따라 구불구불 움직이면서 예배하고 또 화려함을 뽐내는 이런 광경을 바라보는 일이 내게도 고귀하게 여겨졌다.

디딤돌 위에는 언제나 그렇듯이 깔끔한 변화가 나타났지만, 하필 오늘 같은 날 지금까지 소홀히 한 여러 가지를 보겠노라는 의도로 도시 내부로 들어가자, 거기서도 쓰레기 모아 놓는 일을 소홀히 하지 않았건만 통과가 거의 불가능했다.

이번 축제를 계기로 우리는 대성당을 방문하여, 그곳의 특별한 기념비들을 구경했다. 이왕 내친김에 또 다른 건물들도 보기로 했다. 오늘날까지 잘 보존된 무어 인의 주택이 특히 보기 좋았다. 크지는 않아도, 아름답고 넓고 비율이 좋은 조화로운 방들을 갖춘 집이다. 이런 집은 북방의 기후에서라면 살 수가 없지만 남쪽에서는 극히 환영받는 거처가 될 수 있다. 건축 전문가들이 이 집의 설계도와 투시도를 준다면 좋겠는데.

그 밖에도 형편없는 구역에서 고대 대리석상의 잔해들을 보았지만, 그 비밀을 풀 만한 참을성이 우리에게 없었다.

1787년 4월 16일 월요일, 팔레르모

이 낙원을 떠날 날이 임박해지고 있으니, 오늘 한 번 더 공원에서 완벽한 청량감을 맛보고, 《오디세이》의 오늘 분량을 읽고, 또 로살리아 산[펠레그리니] 기슭의 골짜기로 산책을 나가 《나우시카Nausikaa》 구상을 더욱 치밀하게 훑어보고, 이 주제에서 연극적 요소를 뽑아낼 수 있는지 시도해 보고 싶었다. 큰 행운은 아니라도 큰 만족감으로 이 모든 일을 행했다. 플롯을 기록하고, 특히 내 마음을 매혹하는 몇몇 구절들을 구상하고 연기해 보지 않을 수가 없었다.

1787년 4월 17일 화요일, 팔레르모

사람이 여러 유령에게 쫓기고 유혹을 당한다면 그야말로 진짜 불운이다! 오늘 오전에 나의 문학적 꿈을 계속하겠노라는 확고하고도 고요한 의도를 품고 공원으로 나갔다. 다만 실행에 옮기기도 전에, 요즘 내 뒤를 쫓던 또 다른 유령에게 붙잡히고 말았다. 한 해의 대부분을 온실 안에서 지내는, 보통 때는 화분에 심어진 것만 보던 수많은 식물이 여기서는 자유로운 하늘 아래 즐겁고도 싱싱하게 서 있다. 게다가 이런 식물들이 본래의 규정을 완벽하게 실현하고 있으니, 우리 눈에는 더욱 분명해

해 질 녘 시칠리아 해변 정경, Goethe 作

진다. 갖가지로 새로운 형태들과 새로워진 형태들을 보면서 이런 식물 무리에서 원형 식물을 발견할 수 있을 게 아닌가 하는 나의 오랜 망상이 다시 나타났다. 원형 식물이란 게 있을 것이 분명하다. 그들이 하나의 모범에 따라 형성된 것이 아니라면, 이것 또는 저것이 식물이라는 사실을 우리가 무엇을 보고 안단 말인가?

수많은 서로 다른 형태들이 무엇으로 서로 분간되는가를 알아내려고 많은 탐색을 했다. 그리고 언제나 차이점보다는 비슷한 점을 더 많이 발견했고, 나의 식물학 용어를 동원하면 술술 풀리기는 했으나 결실은 없고, 그것은 나를 돕지는 못한 채 오히려 불안하게만 했다. 나의 훌륭한 문학적 의도는 방해를 받고, [《오디세이》에 나오는 나우시카의 아버지] 알키노스Alcinoos의 정원은 사라지고, 대신 세계 정원이 펼쳐졌다. 우리 현대인은 어쩌자고 이리 산만한지, 우리 자신이 성취할 수도 도달할 수도 없는 도전에 어쩌자고 그리 자극을 받는 것인지!

1787년 4월 18일 수요일, 알카모Alcamo

아침 일찍 말을 타고 팔레르모를 떠났다. 크니프와 마부는 짐을 꾸리고 싣는 일을 아주 탁월하게 해냈다. 산 마르티노 수도원을 방문할 때 갔던 저 훌륭한 길을 따라 천천히 올라가면서 길가에 있는 화려한 분수 하나를 보고 경탄하던 중에, 이 지역의 절약 관습을 알려 주는 일을 겪었다. 마부는 우리나라의 종군 상인들이 흔히 하듯이 작은 포도주 통을 가죽끈에 매어 어깨에 매달고 있었는데, 이 통에는 우리가 며칠 동안 마실 포도주가 넉넉히 들어갈 듯했다. 그래서 그가 물기둥 하나로 말을 타고 달려가서 포도주 통의 마개를 열고 거기 물을 담는 것이 매우 이상하게 생각되었다. 우리가 독일식 놀라움으로 대체 무슨 일을 하는 거냐, 통에는 포도주가 가득 담기지 않았느냐고 묻자, 그는 아주 천연덕스럽게 통의 3분의 1을 미리 비워 두었노라고 대답했다. 어차피 아무도 물 섞지 않은 포도주를 마시지는 않으니, 처음부터 곧바로 물을 섞어 버리면 액체가 서로 잘 섞일 것이고, 여기저기서 물을 찾느라 애쓸 필요도 없으니 더 낫지 않으냐는 것이다. 그사이 통은 가득 채워졌고, 우리로서는 고대 오리엔트 지방 혼인식에서나 볼 수 있는 이런 관습을 받아들이지 않을 수 없었다.

몬레알레 뒤쪽 언덕에 도달해서 경제적인 방식보다는 역사적인 방식으로 매우 경이로운 지역을 구경했다. 우리 오른편으로 바다가 보이는데, 극히 기묘한 근교 산들 사이로 드러난 바다는, 나무가 많거나 없는 해변 위로 자처럼 반듯한 수평선을 그었고, 덕분에 사나운 석회암벽에 대해 확고한 고요함으로 대립하는 모습이다. 크니프는 참지 못하고 이 모습들을 작은 종이 여럿에 스케치해 담았다.

지금 우리는 알카모에 와 있다. 고요하고 깨끗한 작은 도시, 잘 정돈된 이곳의 숙소는 아름다운 시설이라 찬양할 만하다. 한편에 떨어져 고독하게 자리 잡은 세제스타Segesta의 신전을 여기서는 쉽게 방문할 수 있으니.

1787년 4월 19일 목요일, 알카모

고요한 산악 도시의 기분 좋은 숙소가 우리 마음을 사로잡았으니, 우리는 완전히 하루를 이곳에서 보내기로 결정한다. 무엇보다도 어제의 여행 이야기를 해야겠다. 일찍이 나는 팔라고니아 왕자의 독창성을 부정한 바가 있다. 그에게 선배와 모범이 있을 것이라고 말이다. 몬레알레로 올라오는 길가 분수 한곳에 영락없이 왕자가 주문했을 법한 괴물 둘이 서 있고, 난간에는 꽃병 몇 개가 세워져 있다.

몬레알레를 지나 아름다운 길을 버리고 돌이 많은 산악 지대로 들어서자, 높은 등성이 위에서 무게나 광채로 보아 철광석으로 보이는 돌들을 만난다. 근처의 모든 땅에 작물이 심어져서 좋거나 나쁘거나 결실을 맺고 있다. 석회암은 붉은 색깔이고, 이 지역의 풍화된 토양도 같은 색깔이다. 점토-석회암질의 붉은 토양이 사방에 퍼져 있는데 모래알 하나 섞이지 않았으니, 밀 재배에 안성맞춤이다. 매우 튼튼하면서도 손상된 늙은 올리브 나무도 보였다.

질이 떨어지는 숙소에 덧대어 지은, 바람 잘 통하는 홀에서 소박한 점심을 먹었다. 우리가 내버린 소시지 껍질을 개들이 탐욕스럽게 먹는데 거지 소년 하나가 나타나 개들을 쫓아내고는 우리가 먹던 사과의 껍질을 먹었다. 하지만 이 소년도 늙은 거지에게 쫓겨나고 만다. 동업자 간의 경쟁은 어디에나 있는 법. 너덜너덜한 긴 상의를 입은 늙은 거지는 식당의 하인이나 웨이터처럼 부지런히 오간다. 전에도 이미 본 일이지만, 손님이 식당 주인에게 없는 어떤 것을 주문하면, 주인은 거지를 시켜 잽싸게 가게에서 물건을 가져오게 하는 것이다.

하지만 우리 마부가 워낙 뛰어난 사람이라 보통은 그렇게 형편없는 서비스를 피하곤 했다. 그는 마구간지기, 여행 안내인, 보디가드, 장 보는 사람, 요리사 등등 모든 역할을 잘한다.

더 높은 산악 지대에도 여전히 올리브 나무, 캐럽 나무, 마가목 등이 있다. 이들의 농업은 3년 단위로 반복된다. 콩, 곡물, 안식년, 하는 방식이다. 농부들 말로는 "거름이 성인들보다 더 많은 기적을 행한다". 포도나무는 키가 매우 작다.

알카모는 만灣에서 어느 정도 떨어진 언덕 위에 자리 잡고 있는데 이 지역의 거대함이 우리 마음을 사로잡았다. 높은 암벽들, 그 사이로 깊은 골짜기들, 또한 너른 땅과 온갖 다양성. 몬레알레를 지나면 골짜기로 내려가는데, 이 골짜기 중앙부로 또 다른 산등성이가 내려와 합류하는 아름다운 이중 골짜기이다. 비옥한 농토들은 초록으로 고요한데, 너른 길가에는 줄지어 선 야생 관목들이 서로 뒤엉켜 흐드러지게 꽃을 피웠다. 유향 나무는 온통 나비 모양의 노랑 꽃으로 뒤덮여 초록 잎사귀가 하나도 보이지 않는다. 산사나무, 키가 커지면서 막 꽃을 피우려는 알로에, 짙은 자주색 클로버 양탄자, 곤충 모양의 난들, 작은 알펜로제, 닫힌 종鐘을 매단 히아신스, 서양 지치, 파 종류, 수선화 등이 이어진다.

세제스타에서 흘러 내려오는 물은 석회석 말고도 많은 각암 조각들을 담고 있는데, 이들은 매우 단단하고, 온갖 명암의 검붉은 색, 곧 붉은, 누런, 갈색 등의 색조를 드러낸다. 석회암벽에 각암이나 부싯돌이 박힌 것이 보였다. 알카모에 도착하기 전까지 산 전체가 그랬다.

1787년 4월 20일, 세제스타

세제스타 신전은 완성된 적이 없다. 신전을 둘러싼 장소를 완전히 평평하게 고르지 않았고, 그냥 기둥을 세울 주변 지역만 평평하게 만들었을 뿐이다. 오늘날에도 이곳저곳에 9~10피트 높이의 계단들이 있는데, 근처에는 언덕이 없어 돌이나 흙이 씻겨 내려갈 만한 곳도 없으니 이렇게 말할 수가 있다. 더욱이 돌들은 원래의 제자리에 있으며, 그들 중에 부서진 잔해는 없다.

기둥들은 모두가 제대로 서 있다. 무너진 두 기둥은 최근에 다시 세워졌다. 기둥들 아래로 기단이 있었는지 말하기 어렵고, 드로잉이 없이는 어째서 그런지 설명하기도 힘들다. 어떤 곳에서는 네 번째 계단 위에 기둥이 서 있는 것처럼 보이는데, 그럴 경우 한 계단을 내려가야만 신전 내부에 도달하게 된다. 또 어디서는 맨 위 계단이 잘려 있으니 마치 기둥 받침이 있었던 듯이 보이고, 또 다른 곳에서는 이렇게 잘라진 자리가 없으니 도로 처음의 가설로 되돌아가게 된다. 건축가가 이것을 더욱 정확하게 확인해 줄 수 있겠지.

신전의 긴 측면은 모서리 기둥을 빼고 모두 열두 개, 앞면과 뒷면은 모서리 기둥을 합쳐서 여섯 개로 이루어져 있다. 신전 계단들에는 돌을 운반할 때 쓰인 돌출부가 사방에 아직 잘라지지 않고 그대로 남아 있으니 신전이 완성되지 않았다는 증거가 된다. 특히 바닥이 가장 중요한 증거이다. 옆에서 안으로 들어가는 바닥에는 석판들이 놓였지만, 가운데에는 주변부 석판보다 더 높은 자연석이 아직 그대로 박혀 있으니 바닥이 제대로 골라진 적이 없음을 알 수 있다. 내부 홀의 흔적도 없다. 신전이 치장 벽토로 덮이지 않았으나 그럴 의도가 있었다는 것만은 짐작이 된다. 기둥머리에 튀어나온 부분은 아마도 치장 벽토로 연결되는 지점이었을 것이다. 전체는 기공이 많은 석회석으로 지어졌는데, 지금은 심하게 침식되었다. 1781년의 복구 작업이 상당히 좋게 작용했다. 부분들을 이어 붙인 복구 부분은 매우 단순하고 훌륭하다. 리데젤Riedesel이 언급한 거대하고 특별한 돌들은 찾을 수가 없었다. 어쩌면 기둥의 복구 작업에 쓰였을 수도 있다.

신전의 위치는 특별하다. 넓고 긴 골짜기의 가장 높은 끝자락에 홀로 서 있는, 그러면서도 암벽들로 둘러싸인 언덕 위에 세워진 신전은 많은 땅을 넘어 먼 곳을 내다볼 수 있지만 바다는 오로지 한 귀퉁이에서만 보인다. 이 지역은 슬픈 비옥함에 잠겨 있으니, 사방이 경작되지만 집은 거의 어느 곳에도 보이지 않는다. 꽃을 피운 엉겅퀴 위로 헤아릴 수 없이 많은 나비들이 떼를 지어 날아다닌다. 8~9피트 높이로 자란 전년도의 야생 회향들이 아직도 풍성하게, 언뜻 보면 마치 종묘 재배소를 위해 보존해 두기라도 한 것처럼, 질서를 갖추어 말라 있다. 바람이 숲 속으로 불어 가듯 기둥 속으로 불어 가고, 맹금류가 소리를 지르며 들보 위에서 맴돈다.

별다른 인상도 주지 못하는 극장의 폐허를 오가는 수고를 하고 나자, 도시의 유적을 구경할 마음이 사라졌다. 신전의 기슭에는 큼직한 각암 덩어리들이 놓여 있고, 알카모로 가는 길바닥에는 이런 각암의 충적토가 뒤섞여 있다. 덕분에 일부 규조토가 바닥에 들어가면서 바닥이 느슨해진다. 올해 새로 나온 회향에서 아래쪽 잎과 위쪽 잎의 차이를 보았다. 기관은 같은데, 다만 단순함에서 다양성으로 발전하고 있다. 농부들은 마치 몰이사냥 할 때처럼 밭 전체를 오가면서 부지런히 잡초를 제거한다. 곤충들도 보인다. 팔레르모에서는 반딧불이만 보았었다. 도마뱀, 거머리, 달팽이 등은 북부의 그것들처럼 아름다운 색깔이 아니고 오로지 잿빛만을 띠고 있다.

1787년 4월 21일 토요일, 카스텔베트라노Castelvetrano

알카모에서 카스텔베트라노로 가는 길은 석회암 산을 끼고 자갈 언덕을 넘어간다. 가파른 불모의 석회암 산들 사이로 구릉진 너른 골짜기들이 펼쳐지는데, 온통 경작지뿐 나무는 거의 없다. 거대한 충적토로 이루어진 자갈 언덕들이 가지런히 늘어서서 고대 해류의 흐름을 알려 준다. 바닥은 모래가 뒤섞이면서 지금까지보다 더 잘 부스러진다. 오른편으로 마차로 한 시간 거리에 살레미Salemi가 있다. 석회암 위에 석고가 덮인 토양은 점점 더 좋아진다. 죽은 무화과나무들을 보았다. 하지만 흥미와 경탄을 불러일으키는 것은 끝도 없이 피어 있는 온갖 꽃들. 드넓은 길에 정착해서 상당히 큰 지표면을 각각의 색깔로 뒤덮고 서로 충돌하면서 다시 나타나곤 한다. 가장 아름다운 서양 메꽃, 부용, 당아욱, 수많은 종류의 클로버가 번갈아 땅을 차지하고, 파 종류, 콩과 식물 등이 그 사이에 자리 잡았다. 이 오색 양탄자 사이로 수없이 서로 얽히는 좁은 오솔길을 따라 말을 타고 지나간다. 아름다운 붉은 갈색의 소 떼가 작고 아름다운 뿔을 자랑하며, 크지는 않아도 아름다운 모습으로 여기저기서 풀을 뜯고 있다.

북동쪽 산들이 줄지어 서 있는데 그 한가운데 유일한 봉우리인 쿠닐리오네Cuniglione 산이 솟아 있다. 자갈 언덕은 물의 흔적을 거의 보이지 않고, 이곳에서는 분명 비도 거의 내리지 않으니, 물의 흐름이나 그 밖에 어떤 범람의 흔적도 찾기가 어렵다.

밤중에 특별한 모험 하나. 우리는 당연히 그다지 화려하지 않은 숙소의 침대에 몹시 고단한 몸을 던졌다. 한밤중에 깨어나서 내 위로 극히 상쾌한 현상을 보았다. 평생 본 적이 없을 정도로 아름다운 별 하나를 본 것이다. 온갖 행운을 약속하는 이 사랑스러운 모습을 즐기고 있는데, 나의 사랑스러운 별이 갑자기 사라지고 어둠 속에 나만 홀로 남았다. 날이 밝고서야 이런 기적이 일어난 원인을 알았다. 지붕에 구멍 하나가 나 있는데, 하늘의 가장 아름다운 별 하나가 마침 그 순간 나의 자오선을 통과한 것이다. 여행자들은 이런 자연스러운 사건을 확신을 품고 물론 행운의 표지라고 해석하곤 한다.

1787년 4월 22일, 시아카Sciacca

광물학 측면에서는 별로 흥미롭지 않은 이 길은 여전히 자갈 언덕을 넘어 계속된다. 바닷가에 도착하니 저편에 석회암 절벽 몇이 솟아 있다. 평지 전체가 무한히 풍요롭고, 보리와 귀리는 상태가 아주 좋다. 퉁퉁마디salsola kali가 심어져 있다. 알로에 줄기는 어제와 그제보다 더 키가 크다. 마침내 작은 관목 숲에 도착했지만, 키 큰 나무들은 드물다. 마침내 코르크나무!

4월 23일 저녁, 지르젠티Girgenti[오늘날 이름 아그리젠토Agrigento]

시아카에서 이곳까지 하루 여정. 시아카를 떠난 직후에 온천들 몇을 보았다. 강한 유황 냄새를 담은 온천수가 바위에서 솟아나는데 물은 몹시 짠맛이 나지만 악취는 없다. 물이 뿜어져 나오는 순간에 유황 증기가 생기는 걸까? 조금 위쪽에 냄새가 없는 시원한 샘이 있다. 맨 위에는 증기욕을 할 수 있는 수도원이 있다. 그곳에서는 강력한 증기 기둥이 맑은 하늘로 솟아오른다.

이곳의 해변은 석회암 표석漂石들로 이루어졌고, 석영과 각암은 완전히 사라졌다. 작은 강들을 관찰했다. 칼라타벨로타Calatabellotta, 마칼루바Macaluba, 플라타니Platani 강들이다. 앞의 두 강은 석회암 충적토만 날라 왔지만, 플라타니에는 누런 대리석과 황철광이 있었다. 황철광은 더 고귀한 돌인 대리석의 영원한 동반자인 것이니. 작은 용암 몇 개가 내 관심을 불러일으켰지만, 이 지역에서 화산을 생각하기는 어렵다. 오히려 맷돌을 만들거나 뭐 그런 목적으로 멀리서 운반해 온 것으로 생각된다. 몬테알레그로Monteallegro 근처는 온통 석고뿐이다. 두툼하고 단단한 석고층이 석회암의 위를 덮고 중간에도 박혀 있다. 그 꼭대기에 자리 잡은 작은 마을 칼라타벨로타의 기묘한 위치!

1787년 4월 24일 화요일, 지르젠티

해 뜰 무렵 오늘처럼 화려한 봄의 풍경은 우리로서는 물론 평생 한 번도 본 적이 없는 것. 높은 곳에 자리 잡은 고대 도시의 자리에 새 지르젠티가 서 있다. 도시가 들어서기에 충분한 크기. 우리 창문에서 내려다보면 예전에 도시가 서 있던 너르고 완만한 비탈이 온통 밭과 포도원으로 뒤덮인 것이 보인다. 그 초록색 아래 많은 주민을 자랑하던 옛날의 큰 도시가 있었을 거라고는 짐작하기 어렵다. 이렇듯 초록빛으로 덮여 꽃이 피어 있는 지표면 남쪽 끝에 콘코르디아Concordia 신전이 솟아 있는 것이 보인다. 동쪽에는 얼마 남지 않은 유노Juno 신전의 폐허가 있다. 이 두 신전들에 대해 직각 방향으로 자리 잡은 나머지 거룩한 건축물[신전]의 잔해들은 이 위에서는 보이지 않으니, 눈길은 서둘러 더 남쪽의 해안 평지로 향한다. 바다까지 거의 2마일 정도나 펼쳐지는 평지이다. 저 나뭇가지와 포도 넝쿨 사이로 펼쳐진, 초록으로 물든, 꽃피어 나는 비옥한 곳으로 오늘 내려가 보겠다는 우리의 소망은 거부당했다. 우리의 안내를 맡은 선량하고 작은 신부가 오늘은 무엇보다도 도시를 보자고 간청했기 때문이다.

그는 먼저 우리에게 잘 닦인 도로들을 보라고 했다. 그런 다음 거대한 넓이를 통해 눈길이 더 멀리 더 넓은 곳을 바라볼 수 있는 지점으로 우리를 안내하고, 이어서 예술품을 감상하라고 중앙 교회로 데려갔다. 이 교회에는 옛날의 관 하나가 제단으로 바뀌어 아주 잘 보존되고 있다. 히폴리토스Hippolytos와 사냥 친구들과 말(馬)들이 파이드라Phaedra의 유모에게 제지를 당하고, 유모가 그에게 작은 서판 하나를 전한다. 여기서 핵심 의도는 아름다운 젊은이들을 묘사하는 것이기에, 노파는 아주 작게 거의 난쟁이 같은 꼴로 아무런 방해도 되지 않도록 젊은이들 사이에 부수적으로 살짝 끼어들어 있다. 얕은 돋을새김 작품 중에 이처럼 훌륭한 것을 본 적이 없는 것 같다. 게다가 완전한 형태로 보존되었다. 내가 잘못 생각한 것이 아니라면, 이것은 앞으로 한동안 내게는 그리스 예술의 가장 화려한 시기의 예로 생각될 것 같다.

완벽하게 보존된 상당한 크기의 값진 꽃병 하나를 관찰함으로써 우리는 고대로 안내를 받았다. 나아가 새로운 교회의 건물 여기저기에도 고대 건축물 일부가 들어가 있는 것처럼 보였다.

이곳에는 숙소가 없어서 한 친절한 가족이 우리를 위해 쉴 자리를 만들어 주었다. 그들은 우리를 위해 커다란 방에 붙은, 바닥을 높이고 안으로 움푹 들어간 장소를 치웠다. 초록색 커튼 하나가 집안 사람들과 우리를 나누어 준다. 이 사람들은 이 큰 방에서 스파게티 면을 생산하는데, 그것도 가장 섬세하고 희고, 가장 작은 종류의 면이다. 그중에서도 가장 비싼 값을 받는 것은, 먼저 팔 길이로 뽑은 면을 뾰쪽한 소녀의 손가락으로 빙글빙글 돌려서 달팽이 모양으로 만든 것이다. 우리는 예쁜 아이들 곁에 앉아 면을 만드는 법에 대한 설명을 듣고, 또 무게가 많이 나가는 가장 좋은 '강력분grano forte'으로 면을 만든다는 말도 들었다. 이것은 기계나 틀로 만든 면보다 더 많이 손재주가 요구된다. 그리고 우리에게 대접한 마카로니 요리는 극히 훌륭한 것이지만, 그보다 더 뛰어난 종류는 이 지역, 특히 이 집에서밖에 생산되지 않는데, 아직 1인분 요리를 할 만큼이 되지 않는다고 아쉬워한다. 다른 어떤 마카로니도 자기들 것처럼 이렇게 희고도 섬세한 것은 없는 것 같단다.

저녁에도 안내인은 우리를 또 다른 뛰어난 전망의 언덕으로 안내하여, 내일 가까이서 구경하게 될 온갖 중요한 장소들을 전망할 수 있게 해 주어서, 아래로 내려가려는 우리의 초조한 마음을 달래 주었다.

1787년 4월 25일 수요일, 지르젠티

태양이 뜨는 것과 동시에 우리는 아래로 내려갔는데, 한 걸음 옮길 때마다 주변은 더욱 그림 같은 모습이 되었다. 우리에게 최고로 흥미로운 것을 제공할 마음으로 작은 안내인은 풍성한 채소밭을 끊임없이 가로지르며, 이 지역의 목가적 풍경을 만드는 수많은 세부 사항을 보느라 멈추는 일 없이 그대로 지나쳐 갔다. 우리 발아래 땅은 평탄하지 않은 파도 같은 모습으로, 감추어진 폐허를 뒤덮었다. 옛날 건물들은 조개 섞인 응회암으로 지어졌는데, 이 광물이 옛날 건물들을 뒤덮은 흙을 더욱 비옥하게 만들어 주었다. 그렇게 우리는 도시의 동쪽 끝에 있는 유노 신전의 폐허에 도착했다. 조개가 섞여 느슨한 돌이 풍우에 시달리니, 신전은 해마다 더욱 부서지고 있다. 안내인은 오늘은 그냥 대충만 구경할 거라고 했지만, 크니프는 벌써 내일 그림을 그릴 장소들을 골랐다.

신전은 풍파에 노출된 암벽 위에 세워져 있다. 이곳으로부터 도시 성벽이 동쪽으로 뻗어 나가 해변 평지 위에 수직으로 솟은 석회암 언덕의 끝으로 이어진다. 바다가 옛날에 이 언덕을 만들고는 기슭을 적시다가 여기서 떠나갔다. 성벽은 일부는 암벽에서 잘라 낸 석재로, 일부는 암벽 자체를 이용해 건축되었다. 이 성벽 안쪽에 신전들이 줄지어 서 있다. 그러므로 바다에서 지르젠티의 아랫부분과, 위로 솟아오르는 부분과, 가장 높은 부분을 모두 합쳐 바라보면, 얼마나 인상적인 광경이 되었을지 상상해 볼 수 있다.

콘코르디아 신전은 그 긴 세월을 잘 견뎌 냈다. 날씬한 건축 방식은 아름다움과 조화에 대한 우리의 척도에 더욱 가까워지고, 파에스툼의 신전과 비교하면 마치 거인상에 대해 신의 자태처럼 보인다. 이런 기념비들을 보존하려는 현대의 의도는 찬양할 만한 것이지만, 저 결함 부분들을 눈부신 하얀 석고로 땜질해 놓았으니, 참으로 형편없는 취향으로 고쳤다고 불평하려는 것은 아니지만. 덕분에 기념비는 어차피 눈에는 어느 정도 망가진 모양을 하고 있다. 석고를 돌 색깔로 칠하기란 얼마나 쉬울까! 하기야 기둥과 벽이 이처럼 쉽게 부서지는 조개 섞인 석회암으로 만들어졌는데도 그토록 오래 버틴 것에 놀라지 않을 수 없다. 하지만 이것을 건축한 이들은 후손들도 자기들과 비슷하리란 희망을 품고 예방책을 강구했다. 눈에 아름다우면서도 오랜 세월을 견디도록 섬세한 마무리 칠을 한 흔적을 기둥들에서 아직도 찾아볼 수 있다.

다음으로 우리는 유피테르 신전의 폐허에 멈추었다. 이 신전은 멀리 뻗어 있으니, 마치 울타리들로 가로막혀 온갖 크기의 식물이 자라는 몇몇 작은 소유지의 안쪽과 아래쪽에 거인의 유골이 길게 드러누운 것만 같다. 이 거대한 토사 더미에서 유일하게 알아볼 수 있는 것은 거대한 트리글리프와, 그에 어울리게 거대한 기둥 절반뿐. 나는 팔을 활짝 벌려 저 트리글리프를 측량해 보려 했지만 측량할 수가 없었다. 하지만 기둥은 어느 정도 짐작할 수 있는 점이 있는데, 내가 벽감처럼 파인 기둥의 홈으로 들어가서 그 안을 채우자, 두 어깨가 양쪽 선에 닿았다. 22명의 남자가 어깨를 나란히 해서 원을 이루면 대강 그런 기둥의 둘레가 될 것이다. 우리는 여기에는 스케치할 그 무엇도 없다는 유쾌하지 못한 감정을 품고 그곳을 떠났다.

그에 비해 헤라클레스Heracles 신전은 옛날 좌우 대칭의 흔적들을 보여 주었다. 신전의 앞과 뒤를 이루는 두 줄의 기둥들이 그 옛날 나란히 서 있을 때와 동일한 방향, 곧 남북 방향으로 누워 있다. 그들이 모조리 동시에 무너진 것처럼 한 줄은 언덕 위로, 한 줄은 언덕 아래로 향한다. 아마도 무너진 신전이 이 언덕을 이룬 것 같다. 들보로 서로 연결되어 있었을 기둥들은 아마 폭풍에 밀려 단번에 무너지고, 원래는 합쳐져 있던 기둥의 부분들이 서로 나뉘긴 했어도 아직 원래의 순서대로 나란히 쓰러진 것이다. 이 특이한 현상을 정확하게 스케치할 생각으로 크니프는 벌써 머릿속에서 연필들을 뾰쪽하게 깎았다.

아스클레피오스Asclepios 신전은 극히 아름다운 구주 콩나무 그늘 아래 서 있는데,

지르젠티의 테론 묘역 전경, Goethe 作

작은 농사용 가옥에 거의 붙박이로 포함되어 즐거운 그림을 만들어 낸다.

그런 다음 우리는 테론Theron의 무덤으로 내려갔고, 자주 그림에서 보던 이 기념비를 실제로 보니 기뻤다. 특히 이것이 우리에게 놀라운 풍경화의 전경前景이 될 수 있으니 더욱 기뻤다. 서쪽에서 동쪽으로 암벽을 바라보면, 이 암벽 위로 여기저기 결함이 있는 도시 성벽이 보이고, 또한 성벽을 통해, 또는 성벽 위로 신전의 폐허들도 보인다. 하케르트의 뛰어난 손길을 통해 이 풍경은 뛰어난 그림이 되었다. 크니프도 여기서 드로잉을 하지 않을 리가 없다.

1787년 4월 26일 목요일, 지르젠티

깨어 보니 크니프가 벌써, 그림용 판지도 들고 길 안내도 해 줄 소년과 함께 그림 여행을 떠날 준비를 끝낸 참이었다. 나는 창가에서 나의 조용한 비밀 친구, 하지만 말이 없지 않은 친구를 곁에 두고 찬란한 아침을 즐겼다. 내가 이따금 바라보며 그의 말을 경청하곤 하는 이 멘토mentor의 이름을 지금까지 경건한 수줍음에서 말하지 않았다. 이는 바로 뛰어난 리데젤*, 그가 남긴 작은 책자를 나는 성무 일과나 부적처럼 품에 지니고 다닌다. 나는 언제나 매우 기꺼이 그런 사람들을 거울삼아 나 자신을 바라본다. 내게는 없는 것을 지닌 사람들인데, 이 경우에는 고요한 의도, 목적의 확고함, 순수하고 세련된 수단, 준비, 지식, 위대한 스승인 빙켈만과의 내적인 관계 등이다. 내게는 이 모든 것이 없고, 또 거기서 생겨나는 나머지 요소들도 없다. 내 평생에 일상의 방식으로는 내게 거부된 것을 억지로 얻고, 횡령과 간계 등을 통해 갈취하려 한다고 자신을 비난할 마음은 없다. 이 세상의 소동 한가운데서 바로 이 순간 이 선량한 사람도, 감사의 마음을 품은 후배 한 사람이 자신의 업적을 기린다고 느끼지 않겠는가. 그가 그토록 많은 매력을 느낀 고독한 이 장소에서 후배도 홀로 고독하게, 그가 가족과 모든 사람에게 잊히고 자신도 그들을 잊은 채로, 바로 이곳에서 시간을 보내기를 소원했었다는 사실을 기억한다는 것을 말이다.

그런 다음 나의 작은 안내인과 더불어 어제의 길을 다시 더듬고, 같은 대상들을 여러 측면에서 관찰하고, 부지런한 화가 친구를 이따금씩 찾아보곤 했다.

안내자가 옛날 강력하던 도시의 아름다운 시설 하나를 잘 살펴보라고 일러 주었다. 지르젠티의 보루가 되어 준 암벽과 성벽에는, 아마도 옛날 용감한 사람들과 선

* 요한 헤르만 리데젤(Johann Hermann Riedesel, 1740~1785): 빈 궁정에 주재한 프로이센 대사. 《시칠리아와 마그나 그라이키아 여행기》를 남겼다.

량한 사람들의 휴식처였던 무덤들이 있다. 영원히 살아 있는 모범인 이들이 자신의 영광을 위해 이보다 더 아름다운 무덤을 그 어디서 얻으랴!

성벽과 바다 사이 너른 공간에는 아직도 작은 신전의 폐허 하나가 기독교 예배당으로 변해서 보존되고 있다. 여기서도 절반 크기 기둥들이 성벽의 네모 돌과 매우 아름답게 결합되어 두 가지가 서로 합쳐져서 눈에 극히 즐거운 모양이 되었다. 도리스 기둥 질서가 최고 완결성의 척도에 도달한 지점을 목격하는 것만 같다.

별로 중요하지 않은 고대의 기념비 몇 가지를 더 보았다. 이어서 땅속에 큰 아치 성벽을 만들어 밀을 보관하는 오늘날의 방식을 더 세심히 살펴보았다. 선량한 늙은 안내인은 이곳 사람들과 교회의 상황에 대해 많은 설명을 해 주었다. 마음을 북돋워 주는 내용은 없었다. 우리의 대화는 끊임없이 풍화되어 스러지는 이곳의 잔해들과 퍽 잘 어울리는 내용이었다.

조개 섞인 석회암 층은 모두가 바다를 향하고 있다. 아래쪽 층들이 깎이고 위쪽 층들이 일부 남아 있으니 마치 아래로 매달린 술 장식처럼 보인다. 이곳에서는 프랑스 사람들이 야만인들과 평화 조약을 맺었다고 프랑스 인에 대한 미움이 아직 남아 있다. 프랑스 인들이 불신자들과 어울려 기독교를 배신했다는 것이다.

바다로부터 들어오는 고대의 성문 하나가 암벽에 만들어졌다. 아직 남아 있는 성벽은 암벽 위에 계단식으로 기초가 닦였다. 우리 여행 안내자 이름은 돈 미켈레 벨라Don Michele Vella, 산타 마리아 근처에 사는 장인匠人 제리오Gerio의 집에 사는 골동품상.

이 사람들은 다음과 같은 방식으로 누에콩을 심는다. 서로 적당한 거리를 두고 땅을 판다. 그 안에 한 줌의 거름을 넣고 비가 오기를 기다렸다가 콩을 심는다. 콩줄기를 태워서 얻은 재를 사용해 아마 섬유를 씻는다. 이 사람들은 비누를 쓰지 않는다. 아몬드 겉껍질도 태워서 소다 대신 사용한다. 먼저 물로 빨래를 하고 이어서 이런 잿물을 쓰는 것이다.

풍작을 위한 돌려짓기는 콩-밀-투메니아Tumenia, 이어서 4년째는 목초지로 그냥 놀리기 등의 순서로 이루어진다. 콩이란 물론 여기서는 누에콩을 말한다. 이곳에서 생산되는 밀은 정말 훌륭하다. 투메니아는 원래 '비메니아' 또는 '트리메니아'란 말에서 나온 것으로, 곡물의 여신 케레스Ceres의 뛰어난 선물이다. 석 달이면 알이 영그는 일종의 여름 작물이다. 투메니아는 1월 1일부터 6월까지 아무 때나 씨를 뿌리면 언제나 정해진 시간이 지나 여문다. 비는 별로 필요하지 않지만 강한 열기가 필요하다. 처음에는 아주 연한 잎사귀가 나와 밀만큼이나 빨리 자라고, 마지막에는 아주 튼튼해진다. 밀은 10월과 11월에 씨를 뿌려 이듬해 6월에 수확한다. 보리는 11월에 뿌리고 6월에 수확한다. 해안에서는 조금 더 빠르고, 산악 지대에서는 조금 더 늦어진다.

아마는 벌써 여물고, 아칸서스는 화려한 잎사귀를 펼치고 있다. 살솔라 프루티코사salsola fruticosa는 무성히 자란다.

경작지가 아닌 언덕에서는 꼬투리 달린 콩과科 식물이 풍성히 자란다. 콩의 일부는 소작 농사가 된 것으로, 단으로 묶여 도시로 운반되어 팔린다. 마찬가지로 밀 사이에서 거둔 귀리도 단으로 묶여 팔린다.

사람들은 관개를 위해 양배추를 심는데, 그럴 경우에는 빗물을 가두려고 땅을 아주 잘게 나눈다.

무화과나무는 잎을 모조리 내놓았고 열매가 맺히기 시작했다. 세례자 요한의 축일[6월 24일] 무렵엔 모두 익을 것이다. 그런 다음 가을에 한 번 더 결실을 맺을 것이다. 아몬드 나무는 엄청난 열매를 매달았다. 가지치기를 한 캐럽 나무에 끝없이 많은 콩 꼬투리가 매달렸다. 열매를 먹는 포도는 높은 기둥이 받치고 있는 아치형 정자에 매달려 있다. 6월에 익는 멜론은 3월에 심는다. 습기라고는 흔적도 없는 유피테르 신전의 폐허에서 멜론이 싱싱하게 자라고 있다.

마부는 엄청난 식욕을 보이며 아티초크와 콜라비를 먹었다. 물론 이곳의 아티초크와 콜라비가 우리 것보다 훨씬 연하고 즙이 많다는 점을 인정해야겠다. 농경지를 돌아다니다 보면 농부들이, 예를 들면 어린 잠두콩을 원하는 만큼 먹도록 내버려 둔다.

검고 단단하기가 용암 비슷한 돌을 주의 깊게 살펴보고 있자니 골동품상이 설명하기를, 이 돌이 에트나 화산에서 온 것으로, 항구나 선착장에 그런 돌들이 있단다.

이곳에 메추라기 말고는 새가 많지 않다. 철새들로는 꾀꼬리, 종달새, 제비 등이 있다. 작고 검은 제비들은 레반테Levante 해역을 떠나 시칠리아에서 부화하고 떠났다가 또 돌아온다. 리데네Ridene, 또는 야생 오리는 12월과 1월에 아프리카에서 이리로 와서 아크라가스[아그리젠토의 그리스 식민지 시절 이름]에 내려앉았다가 산악 지역으로 날아간다.

대성당의 꽃병에 대해 한마디. 이 꽃병에는 완전 무장을 갖춘 채 방금 도착한 영웅이, 왕관을 쓰고 왕홀을 들고 있는 늙은 왕 앞에 서 있다. 왕 뒤에서 한 여인이 머리를 떨구고 왼손으로 턱을 받치고 주의 깊게 생각에 잠겨 서 있다. 영웅의 뒤에서 역시 왕관을 쓴 노인 한 사람이 근위병으로 보이는 창을 든 사내와 이야기를 나눈다. 노인은 주인공을 데려와서 근위병에게 이렇게 말하는 것만 같다. "이 사람이 왕과 이야기를 나눌 수 있게 해 주시게. 그는 용감한 사람이니."

꽃병은 붉은색 바탕 위에 검은색으로 인물상이 그려졌다. 다만 여인의 의상에서

만 검정 위로 붉은색이 드러나 보인다.

1787년 4월 27일 금요일, 지르젠티

크니프가 자기 의도를 모조리 실행하려면, 내가 작은 안내인과 이리저리 돌아다니는 동안 죽어라고 그림을 그려야 한다. 우리는 바다로 산책을 나갔는데, 바다에서 바라보니, 옛사람들이 확인해 주듯이 지르젠티는 정말로 뛰어난 모습이다. 눈길이 파도 넓이로 확장되자, 안내인은 남쪽 수평선 위에 산등성이처럼 걸린 구름을 보라고 한다. 이것이 아프리카 해안의 윤곽이라는 설명이다. 또 다른 현상이 내 눈에 이상하게 보였다. 가벼운 구름으로 좁다랗게 만들어진 무지개 모양 아치인데, 시칠리아에 한쪽 발을 두고, 완전히 맑은 푸른 하늘에 커다란 아치를 그리고는 다른 발은 남쪽 바다 위에 둔 것처럼 보인다. 이 아치는 떨어지는 태양의 빛을 받아 아름다운 색깔로 물들었고, 거의 움직임도 없이 극히 이상하고도 즐거운 모습이다. 사람들 말로는 이 아치는 몰타 섬 방향을 향하고 있으니, 아마도 몰타 섬에 또 다른 발을 내려놓았을 것이고, 이런 현상이 이따금 나타나곤 한단다. 시칠리아와 몰타 두 섬의 인력이 서로에게 작용해서 이런 방식으로 대기에 나타난다면 그야말로 이상한 일이다.

이런 대화를 하는 중에 몰타를 방문하겠다는 의도를 포기해야 하나 하는 의문이 다시 나타났다. 이미 전에도 생각했던 어려움과 위험은 여전히 남아 있고, 우리는 마부를 메시나Messina까지 고용하기로 작정해 두었다.

그러는 가운데 다시 어느 정도 멋대로의 변덕에 따른 행동을 하게 되었다. 지금까지 시칠리아 여행에서 곡물 재배 지역을 거의 보지 못했기 때문이다. 지평선이 어디서나 가까운 또는 먼 산에 가로막히면서 이 섬에는 평야가 없는 것처럼 생각되

시칠리아 해안 정경, Christoph Heinrich Kniep 作

니, 케레스 여신이 이 땅에 대체 무슨 특별한 은총을 베풀었다는 것인지 이해할 수가 없었다. 내가 그에 대해 질문하자, 평야를 보고 싶다면 시라쿠사를 경유하지 말고 섬을 가로질러 가야 한단다. 그러면 밀 재배 지역을 충분히 보게 될 것이라고. 우리는 이런 유혹에 따라, 어차피 화려한 이름 말고는 옛날 훌륭하던 도시에서 남은 것이 별로 없다는 사실을 알기에 시라쿠사를 포기하기로 했다. 필요하다면 카타니아Catania에서 쉽사리 시라쿠사를 방문할 수도 있을 테니까.

1787년 4월 28일 토요일, 칼타니세타Caltanissetta

오늘 시칠리아가 어떻게 이탈리아의 곡창 지대라는 명예로운 이름을 얻었는지 분명한 개념을 얻었다고 말할 수가 있다. 지르젠티를 떠나고 조금 지나자 풍요의 땅이 시작되었다. 너른 평야는 없지만, 부드럽게 서로 이어지는 산등성이와 언덕 등성이들이 모조리 밀과 보리로 뒤덮여서, 그야말로 비옥함의 영역을 그침 없이 눈에 제공한다. 밀과 보리를 재배할 수 있는 땅은 너무나 잘 보호되고 이용되고 있어서, 거의 나무 한 그루도 볼 수 없다. 석회암이 널리 뻗어 나와 어차피 경작을 할 수 없게 만드는 언덕의 등성이에만 작은 마을이나 주택들이 자리 잡고 있다. 그곳에서 여자들은 1년 내내 물레질과 베 짜기로 바쁘고, 남정네들은 들일을 보는 시기에는 오로지 토요일과 일요일에만 집에 있고, 나머지 날들은 들에 머물면서 밤이면 갈대 오두막에서 지낸다. 이렇게 우리의 소망은 질리도록 실현되었고, 이런 단조로운 풍경에서 벗어나기 위해서라면 [그리스 신화에서 농업의 전파자인] 트립톨레모스Triptolemos의 날개 달린 마차라도 소망했을 것이다.

뜨거운 태양 아래 이 황량한 비옥함을 뚫고 말을 달려서 마침내 위치와 건물이 모두 훌륭한 칼타니세타에 도착한 것이 퍽 기뻤다. 하지만 여기서도 다시 산뜻한 숙소를 찾으려는 노력이 수포로 돌아갔으니. 노새들은 훌륭한 아치를 이룬 마구간을 할당받고, 하인들은 가축에게 먹일 클로버 위에서 잠을 자지만, 외국인은 처음부터 살림을 다시 시작해야 했다. 마침내 얻은 방은 먼저 청소부터 해야만 했다. 의자나 벤치는 없고, 낮게 쌓은 튼튼한 목재 더미에 앉아야 한다. 책상도 물론 없다.

이 목재 더미를 침대 다리로 바꾸기 위해 목수에게 가서 얼마큼 돈을 주고 필요한 널빤지를 빌려왔다. 하케르트가 빌려준 커다란 가죽 자루가 이번에는 아주 쓸모가 있어서 임시로 여물을 가득 채웠다.

하지만 무엇보다도 식사 준비를 해야만 했다. 도중에 닭 한 마리를 샀고 마부는 쌀, 소금, 양념 따위를 사러 나갔다. 하지만 그는 이곳에 와 본 적이 한 번도 없는데, 숙소에는 그런 설비가 전혀 없으니 대체 어디서 요리를 할 것인지 논의조차 하지 못했다. 마침내 나이 든 주민 한 사람이 돈을 조금 받고 냄비며 장작, 그 밖에 조리기구와 식기류를 내주었고, 식사 준비가 되는 동안 우리에게 시내를 안내해 주었다. 우리는 시장에 이르렀는데, 가장 점잖은 주민들이 고대의 방식에 따라 그곳에 모여 앉아 서로 이야기를 나누고 또 우리 이야기를 들으려 했다.

우리는 프리드리히 2세 이야기를 해야만 했다. 이 위대한 왕에 대한 그들의 관심이 어찌나 컸던지 우리는 그가 죽었다는 사실을 감추었다. 그렇게 불행한 소식을 전했다가 주민들의 미움을 사지 않기 위해서였다.

1787년 4월 28일 토요일, 칼타니세타

뒤늦게 지질학 이야기. 지르젠티에서 아래로 내려오면서 토양은 조금 더 흰색으로 변했다. 이것은 나중에 설명하겠다. 더 오래된 석회석을 다시 보았는데, 이어서 곧바로 석고가 나타난다. 넓고 평평한 골짜기마다 곡식 농사, 이것은 산꼭대기까지, 이따금 그 너머로도 이어진다. 더 오래된 석회석이 풍화된 석고와 뒤섞였다. 그런 다음 약간 더 물러진, 누르스름하고 조금 풍화된 새로운 석회석. 경작지를 보면 때로는 조금 더 어두운 색, 즉 보라색이 된 이 돌의 색깔을 분명히 알아볼 수 있다. 여정의 중간쯤에 다시 석고가 나타난다. 이 땅에서는 자주 아름다운 보랏빛, 거의 핑크 빛깔의 꿩의비름이 자라고, 석회암벽엔 아름다운 연노란 이끼가 덮였다.

풍화된 석회석이 자주 나타나다가 칼타니세타에서 가장 많이 보이는데, 이곳의 석회석은 켜를 이루고 있으며, 그 켜마다 독특한 조개 화석들이 들어 있다. 거의 연단鉛丹, red lead처럼 불그스름한 빛이 약한 보라색과 뒤섞여서 산 마르티노에서 보았던 것과 비슷하다.

석영층은 길의 중간쯤 어떤 작은 골짜기에서만 보였는데, 이 골짜기는 3면이 막히고, 동쪽, 즉 바다 쪽을 향해서만 열려 있었다. 왼쪽 멀리에 카메라타Camerata 근처의 높은 산이 두드러지고, 또 다른 산은 위를 자른 원추형 모양. 곡식은 아주 훌륭하다. 지르젠티와 해변 지역처럼 그렇게 큰 키는 아니어도 아주 깔끔하다. 측량할 수 없이 너른 밀밭에 잡초가 하나도 없다. 우선 초록 들판 말고 다른 것은 보이지도 않고, 습기가 있는 갈아엎은 지역에 약간의 목초지가 보일 뿐이다. 그런 곳에는 포플러 나무도 있다. 지르젠티를 뒤로하자마자 우리는 사과와 배를 보았고, 그다음에는 언덕들과 이따금 나타나는 마을 근처에서 무화과를 조금 보았다.

30마일 동안 오른편과 왼편으로 알아볼 수 있는 것이라곤 더 오래된 석회석과 덜 오래된 석회석, 그 사이에 있는 석고뿐이었다. 땅은 석고가 풍화되고 가공되는 세 과정 덕에 그 풍요로움을 얻었다. 모래가 거의 섞이지 않은 것 같으며, 흙은 씹어보니 그대로 부스러진다. 아카테스Achates 강 때문일 거라는 추측은 아마 내일 확인되겠지.

골짜기들은 형태가 아름답고, 완전히 평평하지는 않아도 빗물이 쏟아져 내린 흔적이 없으며, 작은 개울이라야 거의 눈에 띄지도 않게 겨우 물이 듣는 정도이니, 모든 물이 내리자마자 즉시 바다로 흘러가 버리는 탓이다. 붉은 클로버도 거의 눈에 띄지 않고, 난쟁이 야자수와 온갖 꽃과 관목도 사라져 버린다. 엉겅퀴가 길을 덮을 뿐, 나머지 모든 땅은 곡물의 여신 케레스의 것이다. 그 밖에도 이 지역은 예컨대 에르푸르트와 고타 같은 독일의 구릉진 비옥한 지역과 비슷한 점이 많다. 특히 [고타 근처에 있는 세 개의 산인] 글라이헨Gleichen 방향을 바라볼 때와 아주 비슷하다. 많은 요인들이 합쳐져서 시칠리아를 세계에서 가장 비옥한 땅의 하나로 만들었다.

여행 내내 아주 드물게만 말(馬)을 보았다. 사람들은 황소를 매어 쟁기질을 하고, 암소와 송아지를 죽이는 일도 금지되어 있다. 염소, 나귀, 노새 등은 많다. 말들은 대개가 갈기와 발이 검고, 회색 얼룩이 있는 것들이다. 가장 훌륭한 마구간에는 담을 둘러친 침대가 놓인 것이 보인다. 토양에는 콩과 완두를 위한 거름을 주었고 나머지 작물은 이 여름 작물이 지난 다음 자란다. 이삭을 맺었지만 아직은 초록색인 보리를 단으로 묶어서, 붉은 클로버도 마찬가지로 단으로 묶어서, 말 탄 여행자들에게 [말 먹이로] 판다.

칼타니세타 위로 솟은 산에서 화석들이 들어간 단단한 석회석이 발견된다. 큰 조개 화석은 아래층, 작은 조개 화석은 위층에 있다. 마을의 포장도로에서도 가리비 화석이 박힌 석회석을 보았다.

1787년 4월 28일

칼타니세타를 지나자 언덕들은 급경사로 여러 골짜기로 향하는데, 이 골짜기의 물은 살소Salso 강으로 흘러간다. 토지는 불그레한 점토, 많은 부분이 경작되지 않고 있다. 재배지 곡식의 질은 상당히 좋지만, 이전 지역들에 비해서는 조금 못하다.

1787년 4월 29일 일요일, 카스트로죠반니Castrogiovanni[현재 이름 엔나]

오늘은 더 큰 비옥함과 인간이 더욱 드문 풍경을 보았다. 비가 쏟아져서 여행의 상황이 몹시 불쾌해졌다. 물이 불어 버린 곳들을 지나야 했기 때문이다. 살소 강변에서 다리를 찾아보아도 헛일이었는데, 놀라운 일이 벌어졌다. 튼튼한 사내들이 대기하고 있다가 항상 두 명, 두 명이 짝을 지어 사람과 짐을 실은 노새의 가운데를 잡고 깊은 강물을 지나 너른 자갈밭으로 안내했다. 그렇게 해서 일행이 모두 이쪽으로 넘어오자 같은 방식으로 강의 두 번째 지류를 넘어가는데, 사내들은 한 번 더 짐승을 들어 올리기도 떠밀기도 해서 올바른 길로 가고 물살의 흐름에도 휩쓸리지 않도록 도와주었다. 물가에는 무성한 덤불이 자랐지만 육지로 향하자 곧바로 다시 사라졌다. 살소 강은 화강암을 실어 온다. 이들은 편마암으로 넘어가는 과정, 또는 색깔이 있거나 단색인 대리석으로 넘어가는 과정에 있다.

이제 우리 눈앞에 우뚝 홀로 서 있는, 카스트로죠반니가 자리 잡은 산등성이가 보였다. 이 산등성이는 이 지역에 진지하고도 특별한 성격을 부여한다. 산의 측면을 휘감아 오르는 먼 길을 말 타고 가면서, 이 산이 조개 섞인 석회암으로 이루어진 것을 보았다. 석회화하는 커다란 조개껍데기들이 들어간 표본 몇 개를 꾸려 넣었다. 산등성이 맨 꼭대기에 도달하기 전에는 카스트로죠반니가 보이지 않는다. 이 작은 도시가 북쪽 경사면에 자리 잡고 있기 때문이다. 경이로운 작은 도시 카스트로죠반니와 왼편으로 조금 떨어진 곳에 위치한 또 다른 작은 도시 칼타시베타Caltascibetta는 서로 매우 진지하게 마주 보고 있다. 평원에는 콩이 꽃을 피우고 있는데, 누가 이 광경을 보고 기뻐할 수 있으랴! 길은 끔찍한 상태인데, 전에 포장이 되어 있었기 때문에 더욱 끔찍한 꼴이고, 비도 계속 내린다. 고대 도시 엔나Enna는 매우 불친절한 방식으로 우리를 맞아들였다. 유리창 없는 덧문 달린 다락방을 얻었으니, 그냥 어둠 속에 앉아 있거나 아니면 [덧문을 열고] 겨우 피해 온 빗방울이 다시 튀는 것을 참거나 해야 한다. 우리 여행 준비물 중에서 남은 것 일부를 먹고 비참하게 밤을 보냈다. 다시는 신화적인 이름을 좇아 여행 목적지를 잡지는 않을 거라고 심각하게 맹세했다.

1787년 4월 30일 월요일

카스트로죠반니에서 거칠고도 불편한 내리막길이 이어지니, 우리는 말을 끌고 가야 했다. 저 아래로 우리 앞의 대기는 짙은 구름에 덮여 있지만, 가장 높은 곳에서는 경이로운 현상이 나타났다. 흰색과 회색 줄이 쳐진 어떤 물체가 공중에 보였다. 하지만 하늘에 대체 무슨 물체란 말인가! 안내인의 설명으로는 우리가 경탄하는 이것은 구름의 틈 사이로 보이는 에트나Etna 산의 측면이란다. 눈과 산등성이가 번갈아 나타나면서 줄무늬로 보이는 것인데, 그나마 최고봉도 아니란다.

고대 엔나의 가파른 암벽이 이제 우리 뒤쪽에 놓였다. 우리는 길고 긴, 쓸쓸한 골짜기들을 통과했다. 풀을 뜯는 소 떼에게 맡겨진 채 경작도 되지 않고 사람도 살지 않는 곳, 소들은 아름다운 갈색 몸이 별로 크지 않으며, 작은 뿔을 지니고 있어 사슴처럼 사랑스럽고 날씬하고 활달하다. 이 짐승들은 아직은 넉넉히 풀을 먹을 수 있지만, 거대한 엉겅퀴 더미로 인해 목초지가 제한되면서 차츰 줄어드는 중이다. 엉겅퀴는 이곳에서 씨를 뿌리고 종족을 널리 퍼뜨릴 좋은 기회를 얻은 셈인데, 엄청난 크기의 방목장이 될 만한 공간을 멋대로 차지하고 있다. 엉겅퀴가 여러해살이풀이 아니므로 꽃을 피우기 전인 지금 베어 버린다면 아마 없앨 수 있을 것이다.

우리는 엉겅퀴에 맞서 농업 전쟁의 계획을 세우다가, 부끄럽게도 엉겅퀴가 그렇게 완전히 쓸모없는 식물이 아니라는 사실을 깨닫게 되었다. 외따로 떨어진 음식점에서 말에게 사료를 주고 있는데, 시칠리아의 귀족 두 사람도 때마침 도착했다. 그들은 축제 행렬을 보려고 섬을 가로질러 팔레르모로 가는 중이다. 진지한 두 남자가 날카로운 나이프를 들고 엉겅퀴 더미 앞에 서서, 키 큰 이 식물의 맨 꼭대기 부분을 잘라 내는 것을 우리는 놀라서 바라보았다. 그런 다음 그들은 가시 박힌 노획물을 손끝으로 잡고는 줄기 껍질을 벗겨 내고 그 속을 먹었다. 우리가 이번에는 물 섞지 않은 포도주와 좋은 빵을 즐기는 동안, 그들은 한참 동안이나 계속 엉겅퀴를 먹었다. 마부가 우리에게도 엉겅퀴 줄기를 가져와서는 건강에 좋고 몸을 시원하게 해 주는 음식이라고 말했다. 하지만 그것은 세제스타의 날콜라비만큼이나 맛이 없었다.

4월 30일, 길 가는 도중에

산 파올로San Paolo 강이 구불구불 흐르는 골짜기에 도달하자, 풍화된 검붉은 석회의 토양이 나타난다. 아주 너른 들판에 휴한지가 많고, 작은 강은 아름다운 골짜기를 통해 퍽 쾌적하게 흐른다. 잘 섞인 점토 바닥이 20피트 깊이인데 대개는 평평하다. 알로에는 키가 크고 작물은 훌륭하지만 여기저기 잡초가 섞여 있고, 섬의 남쪽에 비해 수확량이 훨씬 떨어진다. 여기저기 작은 집들. 카스트로죠반니 바로 아래쪽 말고는 나무가 없다. 강변에는 많은 버드나무, 그나마 엉겅퀴 더미에 둘러싸였다. 강에는 다시 단순한, 또는 돌이 박힌 수정들이 있다.

몰리멘티Molimenti는 현대에 생겨난 마을인데, 산 파올로 강변 아름다운 들판 한가운데 아주 좋은 위치를 차지하고 있다. 이곳의 밀은 일대에서 비할 바가 없으며, 5월 20일에는 벌써 수확한다. 지역 전체에 화산의 흔적이 없고, 강물도 화산암 종류를 실어 오지 않는다. 잘 뒤섞인 땅은 가볍다기보다는 무겁고, 전체적으로 커피색과 보라색을 띠고 있다. 강을 포함하여 강 왼편에 있는 산들은 모두 석회암과 사암인데, 그들이 번갈아 나타나는 것을 직접 관찰할 수는 없었다. 하지만 이 암석이 풍화되면서 아래쪽 골짜기에 완전히 고른 풍요로움을 만들어 준다.

1787년 5월 1일 화요일

자연만 따지면 평균 정도로 비옥한데도, 다양한 경작이 이루어지는 골짜기를 따라, 우리는 어느 정도 실망해서 내려갔다. 그토록 많은 불쾌한 것들을 견뎠건만 우리가 그릴 만한 광경이 나타나지 않았기 때문이다. 크니프는 상당히 먼 곳을 스케치했지만 앞쪽 가운데가 너무 흉해서, 취향 좋은 농담처럼 [프랑스 화가] 푸생Poussin 방식의 전경前景을 멋대로 그려 넣었다. 그러자 돈을 전혀 들이지 않고도 그림이 아주 아름답게 되었다. 얼마나 많은 그림 여행들에 이런 가짜가 포함되어 있을까.

우리 마부는 우리의 불만을 가라앉히려고 그날 저녁 좋은 숙소를 얻을 거라고 약속해 주었다. 카타니아에서 적당히 멀리 떨어진 곳에 있는 이 숙소는 여행자들에게 환영받는다. 덕분에 우리는 12일 만에 처음으로 참을 만한 시설을 갖춘 숙소에서 어느 정도 편하게 지냈다. 벽에는 아름다운 영어 필체로 적힌 경구가 우리 눈에 띄었다. 그것은 다음과 같은 내용. "여행자여, 당신이 누구든 카타니아에서 황금 사자관을 피하시라. [호메로스의《오디세이》에 나오는] 키클롭스Cyclops, 세이렌, 스킬라Scylla의 발톱에 동시에 뛰어드는 것보다 더 나쁠 터이니." 우리는 선량한 마음으로 경고해 준 이 사람이 위험을 신화적으로 과장했을지도 모른다는 생각은 했더라도, 그렇게 무시무시한 짐승으로 예고된 황금 사자관을 피하기로 굳게 마음먹었다. 그래서 노새 몰이꾼이 카타니아의 어느 숙소로 가려느냐고 물었을 때 이렇게 대답했다. "어디든 좋지만, 사자한테는 가지 마시오." 그러자 그는 지금까지 늘 그랬듯이 자신의 노새가 묵는 곳에 우리도 묵으면 어떻겠느냐고 제안했다. 우리는 모두 만족했다. 사자의 아가리를 피하는 것만이 우리의 소원이었으니.

히블라 마요르Hybla Major 근처에서 북쪽에서 강물에 밀려온 용암 표석[강물에 떠밀려 온 돌]들을 보았다. 나룻배 건너편에는 각암, 용암, 온갖 층위의 석고가 결합된 석회석, 이어서 단단한 화산재가 석고 응회암에 뒤덮인 것을 볼 수 있다. 충적토 언덕들이 카타니아 근처까지 계속된다. 이 언덕들 저편에 에트나 화산의 용암 흐름이 나타난다. 예전에 분화구였던 것이 우리 왼편으로 보인다. 몰리멘티 바로 아래서 농부들은 아마를 훑고 있었다. 원래 자연이란 다양성을 사랑하니, 여기에도 검푸른 잿빛 용암이 나타나 있다. 진노랑 이끼가 용암을 뒤덮고, 그 위로는 아름다운 빨강색 꿩의비름이 우거지고, 또 다른 아름다운 보라색 꽃들이 흐드러지게 피어 있다. 선인장과 포도나무는 세심히 가꾼 것들이다. 이제 거대한 용암의 흐름들이 밀려온다. 모타Motta는 아름답고 인상적인 암벽. 여기서 콩이 키 큰 관목을 이루어 자란다. 자갈이 많은 곳과 흙이 더 잘 섞인 경작지들이 번갈아 나타난다.

마부는 섬 남동부의 봄 작물을 오랫동안 보지 못했던 듯, 이런 풍요로운 아름다움에 큰 소리로 탄성을 지르며 뽐내는 애국심으로, 우리나라에도 이런 것이 있느냐고 묻는다. 여기는 이런 풍요에 모든 것을 바쳐서, 나무조차 거의 없다. 아름답고 날씬한 소녀 하나가 마부와는 오래 아는 사이인 듯 재빨리 다가와 그의 나귀들을 따라 걸으며 그와 이야기를 나누면서 동시에 극히 사랑스러운 태도로 계속 실을 잣고 있다. 이제 노란 꽃이 전체를 지배하기 시작한다. 미스테르비앙코Misterbianco 근처에서 선인장은 다시 울타리 안에서 재배된다. 하지만 카타니아 근처에서 이 경이로운 작물 울타리가 점점 더 규칙적으로 나타나면서 점점 더 아름다워진다.

1787년 5월 2일 수요일, 카타니아

우리 숙소가 아주 형편없다. 노새 몰이꾼이 준비할 수 있는 음식도 훌륭하지가 않았다. 쌀과 함께 요리한 닭은 사프란을 너무 많이 넣어 그렇게 샛노랗지만 않았더라도 그런대로 괜찮았을 것이다. 침대가 너무 불편해서 우리는 어쩔 수 없이 하케르트의 가죽 자루를 다시 꺼낼 수밖에 없었는데, 그런 이유에서 아침에 때맞추어 친절한 주인과 이야기를 나누었다. 그는 우리에게 더 나은 대접을 할 수 없다고 유감스러워했다. "하지만 저 건너편에 외국인들이 좋은 대접을 받는 만족할 만한 집이 하나 있는데요." 그는 커다란 모퉁이 집을 가리켜 보였다. 우리 쪽을 향한 그 집의 측면도 퍽 좋아 보였다. 우리는 곧바로 서둘러 그리로 가서 잽싸게 움직이는 사내 하나를 만났다. 그는 자신이 품값을 받고 고용된 사람이라고 말했다. 주인이 없으니 그가 우리에게 커다란 홀 옆의 멋진 방을 배당해 주면서 합리적인 가격으로 이용할 수 있다고 확인해 주었다. 우리는 즉시 관례에 따라 숙소, 식사, 포도주, 아침 식사, 그 밖에도 다른 요금을 물어보았다. 모든 가격이 좋았다. 그래서 우리는 서둘러 우리 짐을 이쪽으로 날라다가 도금된 널찍한 서랍에 정리해 넣었다. 크니프는 맨 먼저 자신의 판지를 펼쳐 그림들을 정리하고, 나는 나의 기록을 정리했다. 그런 다음 이 아름다운 공간에 만족해서 홀의 발코니로 나아가 전망을 즐겼다. 실컷 구경하고 찬양도 하고 나서 우리의 일상으로 돌아왔는데, 보라! 저 위쪽 우리 머리 위로 커다란 황금 사자가 보이는 게 아닌가! 우리는 생각에 잠겨 서로를 바라보고 미소를 짓다가 웃음을 터뜨렸다. 그런 다음에 여기 어디서 호메로스의 작품에 나오는 괴물들이 튀어나올지 사방을 둘러보았다.

그런 것은 어디에도 없고, 대신 홀에서 아름다운 젊은 여인이 두 살가량 된 아기를 데리고 장난질을 치다가, 바쁘게 움직이는 임시 주인에게 야단을 맞고 멈추어 선 것이 보였다. 어서 떠나라, 그녀가 여기서 할 일은 없다고 했다. "나를 쫓아내는 건 정말 가혹한 일이에요." 여자가 말했다. "당신이 나가고 나면 집에서 아이를 달랠 수가 없는데, 주인님은 당신이 있는 곳에서 아이와 놀아도 좋다고 허락하셨단 말이에요." 하지만 남편은 여기서 이야기를 끝내려 하지 않고 그녀를 쫓아내려고 했다. 아이가 문간에서 아주 서럽게 울어 대는 바람에, 마침내 우리가 나서서 그 아름다운 여인을 여기 있게 해 달라고 요구하지 않을 수가 없었다.

영국인의 경고를 받은 터라 이 코미디를 꿰뚫어 보기란 그리 어려운 일이 아니었다. 우리는 방금 도착한 사람이니, 풋내기 노릇을 하지 않을 수가 없었고, 그 사내는 덕분에 사랑에 넘친 아버지 노릇을 했던 것이다. 이상하게도 아이는 어미 노릇을 하는 여자보다 오히려 그와 더 잘 지냈다. 그녀는 아마도 문 아래서 아이를 몰래 꼬집었을 것이다.

덕분에 우리가 가져온 추천서를 들고 남편이 비스카리Biscari 왕자의 사제에게 전하러 간 다음에도, 그녀는 아무 문제 없이 그곳에 남아서 남편이 돌아올 때까지 가장 순진한 모습으로 계속 아이와 함께 놀았다. 그는 수도원장이 자세한 것을 상의하러 직접 오실 거라는 말을 전했다.

1787년 5월 3일 목요일, 카타니아

어제저녁에 이미 우리와 인사를 나눈 수도원장은 오늘 제시간에 나타나 우리를 궁전으로 안내했다. 궁전은 높은 기단 위에 세워진 1층짜리 건물. 우리는 먼저 박물관을 보았다. 대리석과 상아로 만든 조각상들, 꽃병들, 온갖 종류의 고대 유물을 모아 놓은 이 박물관에서 우리는 한 번 더 지식을 넓힐 기회를 가졌다. 특히 '유피테르의 토르소'가 우리 마음을 끌었는데, 티슈바인의 작업장에서 이 작품의 모조품을 보아서 알고 있었지만, 모조품으로 짐작할 수 있는 것보다 더 큰 미덕을 갖춘 작품이다. 집안 사람 하나가 꼭 필요한 역사 정보를 알려 주었고, 그사이 우리는 천장이 높은 커다란 홀에 도달했다. 벽을 따라 수많은 의자들이 놓여서 여기서 이따금 큰 규모의 모임이 열리곤 한다는 사실을 증언한다. 우리는 의자에 앉아 집주인의 너그러운 영접을 기다렸다. 그러는데 두 숙녀가 들어와서 홀의 길이를 따라 이리저리 오가며 거닐었다. 그들은 열렬한 대화에 빠져 있었다. 그들이 우리를 보자 수도원장이 일어섰고, 나도 따라 일어나서 우리는 고개를 숙여 인사했다. 그들이 누구냐고 물어보자, 젊은 여성은 공주이고, 나이 든 쪽은 카타니아의 귀족 여성이라고 한다. 우리는 도로 주저앉았고, 그들은 보통 시장 광장에서 하듯이 다시 이쪽에서 저쪽까지 거닐었다.

우리는 왕자에게 소개되었고, 왕자는 미리 예고한 것처럼 우리에 대한 특별한 신뢰에서 동전 수집실을 보여 주었다. 이전에 그의 아버지 시절과 이어서 그 자신이 영주가 된 뒤로도 이렇게 수집실을 공개했다가 많은 동전이 사라졌기에, 사람들에게 이곳을 보여 주려는 마음이 상당히 위축되었다고 한다. 나는 저 토레무차 공작의 수집실에서 여러 가지를 익힌 덕분에, 여기서는 어느 정도 학식이 풍부한 것처럼 보일 수가 있었다. 다시 많이 배우고, 또한 덕분에 여러 미술 시대를 관통하는 저 지속적인 빙켈만 실마리에 더욱 다가갈 수 있었다. 이런 일들에 완전히 통달한 왕자는, 전문가가 아닌데도 주의 깊게 자세히 관찰하며 좋아하는 나를 보고는, 우리가 궁금해하는 모든 것에 대해 기꺼이 설명해 주었다.

상당히 길지만 여전히 불충분한 시간을 이런 관찰에 바친 다음 작별을 고하려는데, 왕자가 나이 지긋한 자신의 모친에게로 우리를 데려갔다. 그곳에서 나머지 작은 예술품들을 볼 수가 있었다.

자연스럽게 고귀한, 기품 있는 부인이 다음과 같은 말로 우리를 맞아들였다. "여기 이곳에 있는 것들을 둘러보세요. 작고한 남편이 모아 정리한 것들을 모두 여기서 볼 수가 있으니까요. 내 아들의 경건함 덕에 나는 이 궁전의 가장 좋은 방들에서 지낼 뿐만 아니라, 그 애 아버지가 장만해서 진열해 둔 것을 조금도 없애거나 옮기지 않고 있답니다. 덕분에 좋은 점이 두 배나 되지요. 그토록 오랜 세월 계속해 온 삶의 방식을 유지할 수 있을뿐더러 극히 뛰어난 이방인들을 만날 수도 있으니까요. 우리의 보물을 보려고 아주 먼 곳에서도 사람들이 찾아오거든요."

이어서 그녀는 호박 세공품을 보관한 유리장을 손수 열어 주었다. 시칠리아 호박은, 풍부한 노랑에서 극히 아름다운 히아신스 빨강까지의 온갖 음영을 지닌 투명한, 또는 불투명한 벌꿀 색깔로 북부의 호박과는 차이가 난다. 항아리와 잔과 그 밖에 다른 물건들이 이 호박으로 만들어졌는데, 이런 물건들을 만들려면 엄청나게 크고도 값진 호박 덩어리가 필요할 것이 분명하다. 노부인은 이런 물건들과 트라파니Trapani에서 만들어진 조개 세공품, 나아가 선별된 상아 세공품 등에서 특별한 기쁨을 느끼면서 이들에 대한 명랑한 이야기들을 들려주었다. 영주는 더 진지한 물건들로 우리의 관심을 돌리고, 이렇게 해서 만족스럽고도 배움이 풍부한 여러 시간이 흘러갔다.

그러는 사이 나이 든 영주 부인이 우리가 독일인이라는 말을 듣고 리데젤, 바르텔스Bartels, 뮌터Münter 등에 대해 물었다. 그녀는 이 사람들을 모두 알고 있었고 그들의 특성 및 행동 방식을 잘 구분하고 찬양할 줄도 알았다. 우리는 그녀와 헤어지고 싶지 않았고, 그녀도 우리를 보내고 싶어 하지 않는 듯했다. 이 섬의 상황이 언제나 좀 고독한 것이라, 오로지 지나가는 여행자의 관심을 통해서만 어느 정도 생기를 얻고 또한 유지되는 것이다.

수도원장은 이어서 우리를 베네딕트 수도원의 어떤 수도사의 방으로 안내했다. 중년의 수도사는 우울하고 안으로 침잠해 버린 모습이어서, 즐거운 대화를 기대할 수 없을 듯 보였다. 하지만 그는 유일하게 수도원 교회의 어마어마한 오르간을 통제할 수 있는, 예술성이 매우 풍부한 사람이었다. 우리의 소망을 알아들었다기보다 짐작하고서 말없이 그 소망을 실현시켜 주었다. 우리는 넓은 교회당으로 들어갔고, 그는 이 엄청난 악기를 연주하여 나직한 숨결과 가장 강렬한 음조들이 가장 구석진 데까지 속삭이고 또 울려 퍼지게 만들었다.

이 남자를 미리 보지 못한 사람이라면, 그토록 엄청난 힘을 행사하는 사람이 거인이라고 생각했을 것이다. 우리는 그를 직접 보았으니 그가 이런 투쟁에서 무너지지 않은 것을 신기하게 여겼다.

1787년 5월 4일 금요일, 카타니아

식사를 마친 다음 수도원장이 마차를 끌고 왔다. 이 도시의 가장 외진 부분을 보여 주려고 했던 것이다. 마차에 올라탈 때 아주 엉뚱한 서열 다툼이 일어났다. 내가 먼저 올라탔고, 덕분에 그의 왼편에 앉을 참이었다. 그는 올라타면서, 나더러 몸을 움직여 자기가 내 왼편에 앉게 해 달라고 분명하게 요청했다. 나는 그에게 그런 예법은 생략하자고 간청했다. 그러자 그가 말했다. "용서하십시오. 하지만 만일 내가 당신의 오른편에 앉게 되면 누구나 내가 [주인으로서] 당신을 데리고 다닌다고 생각할 테지만, 내가 당신 왼편에 앉는다면 당신이 나를 데리고 다닌다고 믿을 것입니다.

곧 영주님의 이름으로 내가 당신을 안내한다고 말입니다." 그의 말에 반박할 길이 없어서 그렇게 했다.

우리는 1669년에 도시의 대부분을 파괴한 용암이 아직도 남아 있는 오르막길을 마차로 올라갔다. 굳어 버린 불길의 흐름이 마치 또 하나의 암벽처럼 이용되고 있었다. 그 위로 도로 표지판이 세워져 있고 도로도 일부 건설되었다. 의심의 여지가 없는 마그마 한 조각을 떼어 냈다. 내가 독일을 떠나기 전에, 현무암의 화산 특성을 두고 이미 논쟁이 활발히 불붙었던 것이 기억났다. 그래서 많은 변성암들을 얻으려고 여러 곳에서 돌을 수집했다.

원주민이 자기들이 사는 지역을 사랑하고, 이용하기 위해서든 아니면 학문적인 이유에서든 자기 지역의 특이한 것들을 수집하려고 노력하지 않는다면, 여행자가 아무리 애를 써도 소용이 없다. 나폴리에서 이미 용암 판매상이 내게 매우 도움이 되었는데, 여기서는 기사 지오에니Gioeni가 그보다 훨씬 더 높은 의미에서 도움을 주었다. 매우 우아하게 진열된 그의 풍부한 수집품을 보고 나는 에트나의 용암들, 에트나 기슭의 현무암들, 다양한 변성 광물들을 어느 정도 알아볼 수 있었다. 기사는 극히 친절하게 내게 모든 것을 보여 주었다. 야치Jaci 아래 바다 속에 가파르게 서 있는 암벽에서 나온 제올라이트zeolite가 가장 경탄스러웠다.

에트나에 오르려면 어떻게 해야 하느냐고 기사에게 묻자 그는 특히 이 계절에 정상에 오르겠노라는 대담한 발상은 들어 본 적이 없노라고 했다. 그는 우리에게 용서를 구한 다음 이렇게 말했다. "여기 오는 외국인들은 이 일을 너무 쉽게 본단 말입니다. 이 산 근처에 사는 우리는 평생 가장 좋은 기회를 엿보다가 혹 정상에 오를 수 있다면 매우 만족하지요. [스코틀랜드 출신 여행가] 브라이던Brydone이 처음으로 묘사해서 이 불타는 봉우리를 향한 욕구를 불 질렀지만, 실은 그는 아예 올라가지도 않았어요. [독일 작가] 보르히Borch 백작은 불확실한 묘사를 남겼는데, 그도 어느 정도 높이까지만 올라갔어요. 그 정도는 나도 여러 가지로 이야기할 게 있죠. 현재는 눈(雪)

이 너무 아래까지 내려와서 엄청난 장애를 만들어 내고 있어요. 당신이 내 충고를 따르시겠다면 내일 좋은 시간에 몬테 로소[Monte Rosso, 붉은 산] 기슭까지 말을 타고 가서 그 산을 올라가십시오. 그곳에서 아주 멋진 전망을 즐기면서, 동시에 1669년에 분출해 불행히도 도시로 밀려온 그 옛날의 용암도 볼 수 있을 겁니다. 전망은 아주 훌륭하고도 뚜렷해요. 나머지는 그냥 다른 사람의 이야기를 듣는 편이 나을 겁니다."

1787년 5월 5일 토요일, 카타니아

좋은 충고를 따라 우리는 일찌감치 길을 나서서 노새 등에 올라타고 거듭 뒤쪽의 풍경을 돌아보면서, 세월이 흘러도 통제되지 않는 용암 지역에 도달했다. 뾰쪽뾰쪽한 덩어리들과 널찍한 암벽들이 우리 맞은편에 있는데, 그 사이로 짐승들이 다니면서 만들어 낸 우연한 오솔길 하나가 보인다. 우리는 최초의 중요한 높이에서 멈추었다. 크니프는 우리 앞쪽 비스듬히 위로 올라가는 풍경을 극히 정확하게 스케치했다. 전면 중앙에 용암 덩어리들, 왼편으로 몬테 로소의 이중 봉우리, 우리 머리 위로는 니콜로시Nicolosi 숲이 있고, 그 숲에서부터 약간 연기가 피어오르는 눈 덮인 봉우리가 위로 솟아 있다. 우리는 붉은 산으로 다가갔고 나는 산을 올라갔다. 이 산은 완전히 붉은 화산재로 이루어진 것으로, 재와 돌들이 하나로 뒤엉켜 쌓였다. 강력한 폭풍이 몰아온 아침 바람이 한 걸음 한 걸음을 불안하게 만들지 않았더라면, 분화구의 테두리를 따라 편하게 돌아보았을 것이다. 조금이라도 앞으로 나아가려면 먼저 외투를 벗어야 했지만, 그러자 모자가 아무 때라도 분화구 속으로 떨어지고 나도 떨어질 위험이 있었다. 그래서 정신을 차리고 그 지역을 살펴볼 셈으로, 그 자리에 주저앉았다. 저 동쪽에서부터, 내 발아래로 바닷가까지 펼쳐지는 장엄한 땅을 넘어 이리로 폭풍이 불어왔다. 튀어나온 부분들과 만灣들을 이루며 메시나에서 시라쿠사까지 길게 뻗은 해안선이 눈앞에 펼쳐져 있다. 일부는 완전히 모습을 드러내고, 일부는 해안의 암벽으로 약간 모습이 가려져 있다. 귀가 완전히 먹먹하게 되어 내가 아래로 내려와 보니, 크니프는 비바람을 막아 주는 자리에서 시간을 잘 활용하여 종이 위에, 사나운 폭풍으로 인해 나로서는 거의 보지도 그리지도 못한 것을 섬세한 선으로 확실하게 붙잡아 놓았다.

황금 사자관의 아가리에서 저 품삯 일꾼이 나타났다. 그가 우리를 따라가겠다는 것을 겨우 떼어 놓았었다. 그는 우리가 봉우리를 포기한 것을 찬양하고, 내일 바닷가의 야치 암벽으로 드라이브를 나가자고 조르듯이 제안했다. 카타니아에서 할 수 있는 가장 아름다운 소풍이란다! 음료와 식사를 가져가고, 음식을 데울 식기도 가져가자. 자기 아내가 이런 일을 떠맡을 수 있다. 영국인들이 음악 연주 들려주는 배를 따로 고용하고 환호성을 지른 일이 기억난단다. 상상을 뛰어넘는 즐거움이었다나.

야치 암벽이 몹시 내 마음을 끌었다. 지오에니 수집품 사이에서 보았던 아름다운 제올라이트를 구하고 싶다는 엄청난 열망을 느꼈던 것이다. 일을 간단하게 만들기 위해 그의 아내가 따라오는 것을 거절할 수 있을 것이다. 하지만 우리에게 경고해 주는 영국인의 정신이 여전히 우위를 차지해서 우리는 제올라이트를 포기했다. 그러곤 이런 절제에 대해 적지 않은 자부심을 느꼈다.

1787년 5월 6일 일요일, 카타니아

수도원장 안내자가 아직 우리를 떠나지 않았다. 그는 우리를 안내하여 옛날 건축의 폐허를 보여 주었는데, 대신 구경꾼이 강력한 복원 상상력을 가져야 한다. 저수

탑의 잔해, 모의 해전海戰 장소와 그 비슷한 폐허들을 구경했는데, 도시가 여러 번이나 파괴되면서 용암과 지진과 전쟁 등으로 뒤덮이고 가라앉아서, 고대 건축술에 대해 가장 정밀한 지식을 갖춘 사람만이 그런 것들에서 기쁨과 교훈을 얻을 수 있을 정도이다.

사제는 왕자를 한 번 더 예방하기를[우리의 제안을] 거절했고, 우리는 양쪽 모두 심심한 감사와 호의를 열성적으로 표현하면서 헤어졌다.

1787년 5월 7일 월요일, 타오르미나Taormina

다행히도 오늘 우리가 본 모든 것은 이미 넉넉히 기록되었다. 덧붙여 크니프는 내일 하루 종일 위에서 그림을 그릴 생각이다. 해변에서 멀지 않은 곳에 가파르게 솟아 있는 암벽의 꼭대기로 올라가면, 봉우리 두 개가 반원 모양으로 서로 결합된 것이 보인다. 원래 자연 상태에서 이것이 대체 어떤 모양이었든, 기술技術이 그것을 도와 구경꾼에게 원형 극장의 반원 모양을 만들어 준다. 성벽과 다른 벽돌 건축들이 꼭 필요한 통로들과 홀들을 보충해 주었다. 계단을 이룬 반원의 기슭에 비스듬히 앞무대를 건설해서 그를 통해 두 개 암벽이 서로 결합되면서, 가장 엄청난 자연과 기술의 협동 작품을 완성했다.[원형 극장이 아닌 도시 자체의 서술]

예전에 최상류층 관객들이 앉던 자리에 앉아 보면[바다 쪽이 아니라 도시를 바라보면], 어떤 극장의 관객도 이런 장관을 구경한 적이 없다는 것을 고백하지 않을 수가 없다. 오른편 더 높은 암벽에는 성들이 솟아 있고, 그 훨씬 아래쪽으로 도시가 있다. 이 건물들이 비록 근대의 것이라 해도, 옛날부터 아마도 같은 자리에 같은 것들이 서 있었을 것이다. 이제 눈길이 길고 긴 에트나 산등성이들을 따라가다 보면, 왼편으로 카타니아를 넘어 시라쿠사에 이르는 해안선이 보인다. 이어서 무시무시하게

타오르미나 만, Goethe 作

연기를 내뿜는 불의 화산이 멀고 큰 그림을 마무리하지만, 아주 끔찍한 모습은 아니다. 온화한 분위기가 이 산을 실제보다 더 멀고도 부드럽게 보여 주기 때문이다.

이 광경에서 눈을 돌려 구경꾼의 뒤로 나 있는[오른편] 통로들을 바라보면 암벽들 전체가 왼편에, 그 암벽과 바다 사이에 메시나로 가는 길이 뻗어 나간 것이 보인다. 바다에 있는 암벽들과 등성이들, 저 멀리에 있는 칼라브리아 해변은 아주 주의를 집중해야만 가볍게 떠 있는 구름과 겨우 구분할 수 있다.

우리는 아래쪽에 있는 고대의 원형극장으로 내려와서 극장의 폐허에 머물렀다. 이 폐허에서는 능숙한 건축가라면 종이 위에서나마 자신의 복원 재능을 시험해 볼 만하다. 그런 다음 우리는 정원들을 통과해 도시로 내려가는 길을 뚫어 보려고 했다. 다만 바싹 붙여 심어진 용설란이 얼마나 뚫기 힘든 보루인가를 체험했다. 교차하는 잎들을 통해 저편이 내다보이고, 당연히 그 사이로 뚫고 지나갈 수 있으려니 여긴다. 다만 잎 가장자리에 붙은 강한 가시가 심히 방해가 된다. 혹시 그 거대한 잎사귀가 우리를 받쳐 주려나 기대하고 잎사귀를 디디면, 잎이 부러지면서 우리를 저편으로 넘겨주지 않고 옆에 있는 식물의 팔에 떨어뜨린다. 그런데도 우리는 마침내 이 미로를 뚫고 길을 내서 시내로 들어오긴 했지만, 일몰 전에 도시를 떠나지는 못했다. 모든 점에서 의미심장한 이 장소가 차츰 어둠에 잠기는 것을 바라보고 있으니 이루 말할 수 없이 아름다웠다.

1787년 5월 8일 화요일, 타오르미나 아래 바닷가에서

행운이 내게 붙여 준 크니프를 아무리 칭찬해도 모자라다. 나로서는 감당하기 어렵고 또 내 본성에도 어긋나는 무거운 짐을 그가 내게서 덜어 주었기 때문이다. 그는 우리가 위에서 관찰한 것을 하나하나 그리려고 도로 위로 올라갔다. 아마도 연필 끝을 여러 번이나 뾰쪽하게 만들었을 것이다. 다만 나는 그가 어떻게 끝을 맺는지 볼 수가 없구나. 나도 그 모든 것을 다시 볼 수가 있었으련만! 처음에 나도 함께 올라갈 생각이었지만, 여기 머무는 일이 내 마음을 끌었다. 나는 마치 둥지를 지으려는 새처럼 좁은 곳으로 찾아들었다. 황폐해진 농원에서 오렌지 나무에 앉아 나만의 망상에 잠겼다. 여행자가 오렌지 나뭇가지에 올라앉다니, 좀 이상하게 들릴 것 같다. 하지만 사람이 가꾸지 않아 원래의 본성대로 자란 오렌지 나무는, 뿌리 바로 위에서 가지가 갈라져서 나중에 핵심 가지들이 된다는 사실을 안다면 지극히 자연스러운 일이다.

그렇게 나는 앉아서 《오디세이》를 희곡으로 구성한 《나우시카》 플랜을 계속 생각했다. 이런 작품이 불가능하다고 여기지는 않지만, 희곡과 서사시의 기본적 차이를 아주 분명히 알고 있어야 한다.

크니프는 말끔히 스케치된 두 장의 큰 종이를 만족스럽게 가지고 내려왔다. 이 훌륭한 하루를 영원히 기억할 수 있도록 그는 나를 위해 이 두 장의 스케치를 완성한 것이다.

우리가 가장 맑은 하늘 아래 작은 발코니에서 이 해변을 내려다보았던 것을 잊을 수 없을 것이다. 장미를 보고 밤꾀꼬리 소리를 들었던 일을. 사람들이 확인해 준 바로는, 이 새들은 여기서 6개월 동안 노래한다고 한다.

기억을 더듬어

솜씨 좋은 예술가가 함께하고 또한 그의 활동을 통해서, 그리고 개별적이고 허약하긴 해도 자신의 노력을 통해서, 가장 흥미로운 지역들과 그 일부가 스케치나 자유롭게 작업한, 선별된 확실한 그림들로 남으리라는 사실을 확신할수록, 나는 점점 더 살아나는 어떤 충동에 이끌렸다. 현재의 이 황홀한 환경, 바다, 섬들, 항구들을 고귀한 시의 형태로 살려내어, 이 지역에 관련된 어떤 구상을 여기서 만들겠다는 충동이었다. 내가 지금까지 만들어 보지 못한 맥락과 어조로 말이다. 산맥과 하늘과 바다를 동시에 녹여 내 하나의 원소元素로 만들어 버리는 하늘의 맑음과 바다의 숨결과 향기, 이 모든 것이 내 의도에 자양분을 공급했다. 꽃 피어 나는 올레안더[협죽도] 산울타리 사이의 아름다운 공원에서, 열매를 매단 오렌지 나무와 레몬 나무들의 정자를 통해 이리저리 거닐거나, 알지 못하는 다른 나무들과 관목들 사이에 머물면서, 이런 낯선 영향을 가장 편안하게 느꼈다.

이렇게 생생히 살아 있는 환경보다 《오디세이》를 위한 더 나은 주석이 내게 있을 리 없음을 확신하고, 견본을 만들어 내 방식에 따라 극진한 관심으로 읽어 보았다. 하지만 나는 곧 내 작품을 쓰겠노라는 자극을 받아서, 첫눈에는 아무리 이상하게 보였더라도, 점점 더 그것을 좋아하다가, 마지막에는 거기 완전히 자신을 바쳤다. 즉 **나우시카**라는 대상을 비극으로 다루겠다는 생각을 하게 된 것이다.

내가 그것으로 무엇을 만들어 낼지 스스로도 예측하기가 불가능했지만, 나는 머지않아 그 계획에 완전히 빠져들었다. 그 핵심 맥락은 다음과 같다. 나우시카라는 인물을 통해, 많은 사람의 구혼을 받는 뛰어난 처녀를 서술한다. 그녀는 스스로 자신의 취향을 모른 채 지금까지 모든 구혼자를 거절했는데, 이상한 이방인에게 마음이 움직여 자신의 상태에서 벗어나, 자신의 애착을 너무 서둘러 발표함으로써 자신의 위신을 깎아 버렸는데, 상황이 이것을 완전히 비극으로 만든다. 이 단순한 플롯은 풍성한 종속 모티프들을 통해, 그리고 바다와 섬 특유의 독특한 진행 방식과 말투를 통해 즐거운 것으로 되어야 한다.

제1막은 공놀이로 시작된다. 예상치 못한 만남이 이루어지고, 이방인을 손수 도시로 안내하지 못하는 망설임이 애착을 암시한다.

제2막은 알키노스의 집안과 구혼자들이 소개되고, 율리시스Ulysses의 등장으로 끝을 맺는다.

제3막은 모험의 의미심장함을 위한 것인데, 대화 형태로 그의 모험 이야기가 나오고, 듣는 이들은 이것을 제각기 다른 방식으로 받아들인다. 인위적이고도 즐거운 장면. 이야기 도중에 정열이 더욱 커지고, 나우시카가 이방인에게 보이는 관심이 작용과 반작용을 통해 완전히 드러난다.

제4막에서 율리시스는 막 밖에서 용감한 행동을 하고, 그사이 여자들이 뒤에 남으면서 애착과 희망과 온갖 섬세한 감정들을 위한 충분한 공간이 생긴다. 이방인이 크나큰 이점을 얻게 되자 나우시카는 더욱 자신을 통제하지 못하고, 동향인들 사이에서 돌이킬 수 없이 위신이 깎인다. 절반은 죄가 있고, 절반은 죄가 없이 이 모든 일을 만들어 낸 율리시스는 떠나겠다고 선언하고, 선량한 아가씨는 제5막에서 스스로 죽음을 찾을 수밖에 없게 된다.

이 구상에서 나의 천성에 따라 내 삶의 경험에서 그려 낼 수 없는 것은 없었다. 나 또한 여행자이며, 꼭 비극적인 종말을 맞는 것은 아니라도, 충분히 고통스럽고 파괴적인 감정들을 불러일으킬 위기에 처해 있었으므로. 모임의 사람들을 즐겁게 하려고, 고향에서 이토록 멀리 떨어진 대상들, 여행의 모험, 삶의 사건들을 생동하는 색깔로 그려서 들려주고, 젊은이들에게는 반신半神으로, 분별 있는 사람들에게는 허풍

선이로 간주되며, 아무 공로도 없이 주어지는 호의와 기대치도 않은 방해들을 경험하는 처지에 있었기 때문이다. 이런 모든 사정이 이 계획에 그토록 집착하게 만들어서, 나는 팔레르모 체류와 나머지 시칠리아 여행의 대부분을 그 생각으로 보냈다. 덕분에 그 온갖 불편함조차 별로 느끼지 못했다. 지나칠 정도로 고전적인 이 땅에서 내가 경험하고 보고 기록한, 또 내게 닥친 모든 일을 붙잡아, 모조리 즐거운 그릇에 담아 보겠다는 시적인 느낌에 빠져 있었기 때문이다.

찬양할 만한, 또는 찬양할 만하지 않은 습관에 따라, 나는 그에 대해서는 거의 또는 아예 아무 말도 쓰지 않았지만, 정신적으로는 대부분의 시간에 극히 상세한 부분에 이르기까지 이 작업을 계속했고, 밀려드는 산만한 일들에 밀려 놓아두었다가 지금에서야 그 기억을 도로 불러낸다.

5월 8일, 메시나로 가는 도중에

왼편에 높은 석회암벽. 이들은 점점 다채로운 색채를 띠면서 아름다운 만灣을 이룬다. 그런 다음 전판암, 또는 경사암이라 부르고 싶은 광석 종류가 이어진다. 시냇물에는 이미 화강암 표석들이 보인다. 노란 사과 모양의 가지, 붉은 올레안더 꽃들이 풍경을 즐겁게 만든다. 니시Nisi 강과, 이어지는 다른 시내들도 운모 편암을 실어 온다.

1787년 5월 9일 수요일

동풍에 밀리면서 우리는 오른편의 파도치는 바다와 왼편의 암벽 사이로 말을 타고 나아갔다. 그제 우리는 이 암벽 위에서 이 아래를 굽어보았는데, 오늘 암벽은 밀려드는 바닷물과 싸우는 중이다. 우리는 헤아릴 수 없이 많은 작은 시내들을 건넜고, 그중에 강이라는 고귀한 이름을 지녔지만 약간 큰 시내일 뿐인 니시 강도 건넜다. 하지만 이런 하천들과, 하천이 실어 온 조약돌은, 격하게 풍랑을 일으키면서 많은 곳에서 길 위로 넘어와 암벽을 치면서 여행자에게 물보라를 뿌리는 바다보다는 더 쉽게 극복된다. 다만 그 모습을 바라보기가 너무 좋으니, 이런 특이한 사건들이 불편함을 이기게 했다.

동시에 광물 관찰도 빠져선 안 되겠지. 풍화되고 있는 거대한 석회암벽들이 아래로 굴러떨어져, 그중 부드러운 부분은 파도의 움직임에 마모되고, 더욱 단단한 부분만 뒤에 남았다. 덕분에 해안 전체가 오색의 각암 비슷한 부싯돌로 뒤덮였는데, 여러 개의 표본들을 짐에 꾸려 넣었다.

1787년 5월 10일 목요일, 메시나Messina

그렇게 우리는 메시나에 도착해서, 묵을 만한 숙소를 알지 못하는 판이라 첫날은 그냥 마부가 머무는 숙소에서 보내고 다음 날 더 나은 숙소를 찾아보기로 했다. 이 결정 덕분에 도시에 들어서자 곧바로, [1783년의 지진으로] 파괴된 이 도시에 대한 가장 끔찍한 개념을 얻었다. 우리는 15분 동안이나 무너진 집들만을 따라 계속 말을 타고 오다가 겨우 숙소에 도착했는데, 이 숙소는 이 구역 전체에서 유일하게 다시 세워진 집으로, 맨 위층 창문에서 내다보면 사방에 온통 뾰쪽뾰쪽한 폐허 더미만 굽어보인다. 이 농가 영역 밖으로는 사람이건 짐승이건 보이지 않고 밤이 되자 끔찍한 침묵만 흐른다. 문을 닫거나 빗장을 지르지도 않으며, 인간 손님이건 말을 맞아들이기 위해서건 거의 아무 시설도 없다. 하지만 우리는 충실한 마부가 주인이 깔고 자던 매트리스를 빼 와 그 위에서 편하게 잠을 잤다.

1787년 5월 11일 금요일

오늘 우리는 싹싹한 안내자에게 그동안의 세심한 봉사에 대해 넉넉한 팁을 준 다음 그와 작별을 고했다. 그보다 전에 그는 우리를 즉시 가장 좋은 숙소로 안내하고, 메시나의 볼거리도 안내해 줄 하인을 소개해 주었다. 우리를 내보내고 싶은 소망을 될 수 있으면 빨리 이루려고, 집주인은 잽싸게 트렁크며 짐들을 도시의 분주한 구역 가까이에 있는, 그러니까 결국 도시 바깥에 있는 편안한 숙소로 옮기는 일을 도왔다. 도시의 사정은 다음과 같았다. 메시나의 주민 1만 2천 명의 목숨을 앗아 간 엄청난 재앙이 지나고 보니, 3만 명의 주민이 집을 잃었다. 대부분의 건물들이 쓰러지고 성벽들이 무너져서, 시내에 거주하기가 불안했다. 그래서 몹시 서둘러 메시나 북부의 커다란 초지草地에 판자촌을 만들었다. 이 판자촌에 대해서는 프랑크푸르트에서 연시年市가 열릴 때의 뢰머베르크Römerberg나, 아니면 라이프치히의 시장을 돌아다녀 본 사람이라면, 얼른 짐작할 것이다. 모든 가게와 작업장이 거리를 향해 열려 있고, 많은 일들이 밖에서 벌어진다. 극소수의 큰 건물들만이 문을 잠그지만, 이 또한 대중에게 제대로 효과를 내지 못한다. 주민들이 건물 밖에서 많은 시간을 보내기 때문이다. 그들은 벌써 3년이나 이렇게 살고 있으며, 이런 노점상 생활, 오두막 생활, 그렇다, 천막생활이 주민들의 성격에 결정적인 영향을 주었다. 저 무시무시한 사건에 대한 공포, 비슷한 일이 또 일어날까 하는 두려움, 현재 이 순간의 즐거움을 누리려는 성향. 약 20일 전인 4월 21일에 새로운 재앙에 대한 공포가 다시 나타났다. 상당히 강력한 진동이 한 번 더 일어났던 것이다. 사람들은 우리에게 작은 교회를 가리켜 보였는데, 많은 사람들이 마침 그 순간에 이 교회에 모여 있다가 진동

스트롬볼리, Goethe 作

을 겪었다. 그 안에 있던 사람들 몇은 아직도 그 두려움에서 벗어나지 못한 듯했다.

이런 것들을 방문하고 관찰하는데, 친절한 영사領事가 자발적으로 나서서 우리를 위해 많은 일을 하며 우리를 안내했다. 이런 폐허의 황무지에서는 다른 어느 곳에서보다 더욱 고마운 일이다. 그는 우리가 곧 다시 떠나기를 원한다는 말을 듣고, 나폴리로 출항할 준비를 하는 프랑스 상선을 소개해 주었다. 두 배나 바람직한 일인 것이, 이 배가 해적들의 손에서 안전하게 보호해 줄 흰 깃발을 꽂고 있다는 것이었다.

우리가 선량한 안내자에게, 비록 1층이라도 좀 큰 오두막의 시설과 즉흥적인 살림살이를 보고 싶다는 소망을 말하고 났는데, 한 친절한 사내가 우리와 합류했다. 그는 자신이 프랑스 어 선생이라고 말했다. 영사는 산책을 마친 다음 그에게 그런 오두막 하나를 보고 싶다는 우리의 소망을 털어놓았고, 그는 우리를 자기 집으로 데려가서 자기 가족에게 소개하겠다고 말했다.

우리는 판자로 지어진, 지붕이 있는 오두막으로 들어갔다. 오두막의 인상은 연시 때에 들짐승이나 그 밖의 온갖 모험들을 돈을 받고 구경하게 해 주는 가건물과 똑같았다. 벽과 천장의 목재가 다 보이고, 초록색 커튼이 앞방을 따로 구분해 주었다. 앞방은 바닥을 깔지 않고, 곡물 창고 방식으로 바닥을 밟아서 다진 것으로 보였다. 의자와 탁자들이 있을 뿐, 그 이상의 가재도구는 없었다. 이 장소는 천장의 판자에 우연히 뚫린 구멍들을 통해 내려오는 빛을 조명으로 삼았다. 한동안 이야기를 나누면서 내가 초록 덮개와 그 위로 보이는 안쪽의 들보를 관찰하고 있는데, 커튼의 이쪽과 저쪽 위로 극히 사랑스러운 몇몇 소녀들의 작은 머리가 호기심에 차서 불쑥 올라온 것이 보였다. 검은 눈, 검은 곱슬머리, 하지만 자기들이 들킨 것을 보자마자 번개처럼 사라졌다. 영사의 청에 따라 옷을 입는 데 필요한 것보다 더 오랜 시간이 흐른 다음, 깔끔하게 단장한 귀여운 머리들이 다시 나타났는데, 그들의 다채로운 옷들은 초록색 커튼과 아주 잘 어울렸다. 그들의 질문을 들어 보니 그들은 우리를 다른 세상에서 온 동화 속 존재로 여기고 있었다. 소녀들은 우리의 대답을 듣고 이런 사랑스러운 오해를 더욱 확고하게 만들었을 뿐이다. 영사는 우리의 동화 같은 모습을 명랑한 방식으로 두드러지게 해 주었다. 이야기가 아주 편안해서 헤어지기가 어려웠다. 문 밖으로 나와서야 비로소 우리는 내부 공간을 보지도 못했고, 이 집의 소녀들에게 반해서 집 안 살림살이 살펴보기를 깜빡 잊었다는 사실을 기억했다.

1787년 5월 12일 토요일, 메시나

영사는 다른 일들을 이야기하는 사이로, 꼭 필요한 일은 아니더라도 지사를 예방하는 것이 좋을 것 같다고 말했다. 지사는 기묘한 사람으로, 변덕과 선입견에 따라 해롭기도 이롭기도 할 수 있는 사람이라고 한다. 설사 방금 도착한 사람으로서는 그런 사람의 도움이 필요한지 절대 알지 못한다 해도, 지사에게 중요한 외국인을 소개하는 것이 영사 자신에게 유리하다고 생각했을지도 모른다. 나는 친구를 위해서 함께 갔다.

전실前室로 들어서면서 우리는 안에서 놀라운 소음이 나는 것을 들었다. 심부름꾼 하나가 풀치넬라 몸짓으로 달려 나오더니 영사의 귀에 무언가 속삭였다. "고약한 날이네요, 재수 없는 시간이고!" 그런데도 우리는 안으로 들어가서 늙은 지사를 만났다. 그는 우리에게 등을 돌리고 창문 옆의 책상 앞에 앉아 있었다. 누렇게 빛이 바랜 낡은 서류 한 더미가 그의 앞에 놓여 있었다. 그는 이 서류들에서 아무것도 쓰이지 않은 종이를 극히 신중하게 잘라 내고 있었는데, 이로써 그의 검소한 특성이 드러났다. 이런 평화로운 작업을 하면서 그는 단정한 사내 하나에게 끔찍하게 야단치고 욕을 퍼붓고 있었다. 옷차림으로 보아 몰타 기사단과 연관이 있을 것 같은 이 사내는, 거의 말할 짬이 주어지지 않는데도 아주 고요하고도 확고한 태도로 자신을 방어했다. 보아하니 지사는 그가 정확한 서류도 없이 여러 번이나 메시나로 들어왔다가 나갔다가 한 탓으로 의심스러운 사람으로 여기는 것 같았는데, 그토록 큰 소리로 야단을 맞는 사람은 침착한 태도로 통행증과 나폴리의 여러 관계들을 들먹이며 자신을 옹호했다. 하지만 이 모든 것이 전혀 소용이 없었다. 지사는 낡은 편지들에서 하얀 종이 부분을 조심스럽게 잘라 내면서도 계속해서 소리를 지르며 화를 냈다.

우리 두 사람 말고도 열두 명 정도 되는 사람들이 큰 원을 그린 채로 이렇게 포효하는 싸움판의 증인 노릇을 하고 있었다. 그들은 아마도 우리가 문간에 자리 잡은 것을 부러워하고 있을 텐데, 그야 이렇게 화를 내는 사람이 지팡이를 집어 들고 휘두를 경우에 문간이 유리한 자리이기 때문이다. 이런 광경을 보고 영사의 얼굴은 아주 분명하게 일그러졌다. 심부름꾼이 내 뒤 문지방 밖에 서서 내가 돌아볼 때마다, 온갖 익살스러운 표정을 지어 보이며, 마치 이게 별일이 아니라는 듯 안심시켜 주는 것이 적잖이 위로가 되었다.

이 끔찍한 사건은 극히 온화하게 해결되었다. 지사는 불법 침입한 자를 잡아 가두지 못할 이유가 없기는 하지만 이번만은 보아줄 터이니, 정해진 며칠 동안 메시나에 머물고 나서 짐을 싸 떠나면 다시는 이리로 오지 말라고 말했다. 이 사내는 얼굴색 하나 바꾸지 않고 아주 평온한 태도로 하직 인사를 올리고 둘러선 사람들에게도 상냥하게 인사를 하고, 문으로 가려면 우리 사이로 지나가야 했으므로 특히 우리에게 더욱 각별히 인사를 했다. 지사는 그에게 잔소리를 덧붙이려고 못마땅해서 돌아보았다가, 우리를 보더니 금방 평정을 되찾고는 영사에게 손짓을 했고 우리는 그에게 다가갔다.

나이가 몹시 많은 사내가 머리를 약간 구부정하게 구부린 채, 무성한 잿빛 눈썹 아래 깊숙이 자리 잡은 검은 눈길로 이쪽을 바라보았다. 이제 조금 전과는 사정이 완전히 달라졌다. 그는 나더러 자기 옆에 앉으라고 말하고는 자기 일을 계속하면서 여러 가지 질문을 했고, 내가 그에게 답변을 하자, 여기 머무는 동안 자신의 식사에 초대한다는 말을 덧붙였다. 영사는 나만큼이나 만족해서, 아니 우리가 방금 피한 위험을 더욱 잘 알기에 나보다 더욱 만족해서 계단을 달려 내려왔다. 하지만 나는 이 사자 굴에 다시 발을 들여놓을 생각이 전혀 없었다.

1787년 5월 13일 일요일, 메시나

편안한 숙소에서 가장 밝은 햇살이 비치는 가운데 깨어났지만, 우리는 여전히 불운한 도시에 있었다. 외항을 둘러싸고 약 1마일 길이로 진짜 궁전들이 초승달 모양으로 줄지어 늘어서 있는 이른바 팔라차타Palazzata의 모습만 유일하게 불쾌했다. 이들은 모두 돌로 지은 4층짜리 건물인데, 이 중 일부는 핵심 돌림띠에 이르기까지 정면부가 완벽하게 남아 있고, 나머지는 제각기 3층, 2층, 1층만 남기고 다 무너졌다. 덕분에 초승달 모양으로 화려하게 줄지은 건물 대열은 극히 불쾌하게 이가 빠져 구멍을 드러낸 모습이다. 거의 모든 창문을 통해 푸른 하늘이 보인다. 그러니까 [정면부만 남기고] 안쪽의 진짜 건물들은 모조리 무너진 것이다.

원래 부자들이 시작한 화려한 건축물에 뒤이어, 덜 부유한 이웃들이 겉모습만 놓고 경쟁하면서, 강물에 떠밀려 온 크고 작은 표석들과 석회를 섞어 지은 낡은 집의 전면에 네모 돌로 만든 새로운 정면부를 덧붙인 탓에, 이렇게 이상한 현상이 생긴 것이다. 그러지 않아도 원래 불안하던 접합부가 엄청난 진동에 의해 해체되고 부서지면서 무너졌다. 이 대재앙 때 있었던 놀라운 구원의 이야기들 중에는 다음과 같은 이야기도 있다. 이런 건물에 사는 주민 한 사람이 저 끔찍한 순간에 마침 정면부 속으로 깊이 들어간 창문으로 들어섰는데, 그의 뒤에서 집이 몽땅 무너지고 말았다. 덕분에 공중에 매달려 살아남은 그는 이 허공의 감옥에서 해방의 순간을 기다렸다. 견고한 건물들이 그대로 남아 있는 것을 보면, 이웃한 집들이 올바른 석재가 없는 상황에서 부실하게 건축된 탓에 도시가 그토록 완전히 붕괴되었다는 사실을 알 수 있다. 튼튼한 네모 돌을 써서 제대로 지은 예수회 대학과 교회는 처음의 모습 그대로 튼튼하게 서 있다. 그야 그렇다 치고, 메시나의 모습은 극히 역겨운 것이어서, 저 그리스 식민지 시대의 시칸 사람Sikaner과 시쿨 사람Sikuler들이 이 불안정한 땅을 떠나 시칠리아 서부 해안에 집을 건설한 옛 시대를 기억나게 한다.

그렇게 우리는 아침 시간을 보내고 숙소로 돌아와 소박한 식사를 했다. 우리가 아주 만족해서 앉아 있는데, 영사의 하인이 숨을 헐떡이며 달려 들어오더니, 지사가 나를 찾으러 도시 전체로 사람을 보냈다고 알렸다. 그가 나를 식사에 초대했는데, 내가 나타나지 않은 것이다. 영사가 나더러 식사를 했든 안 했든, 잊어서 안 갔든 의도적으로 안 갔든, 제발 즉시 그리로 가시라고 청하고 있단다. 그제야 나는 저 [《오디세이》에 나오는 외눈박이 거인] 키클롭스의 초대를 잊어버리다니 자신이 믿을 수 없이 경박함을 느꼈고, 그런데도 첫 번째 기회를 피한 것이 기뻤다. 하인은 내게 망설일 기회를 주지 않았다. 그의 요청은 극히 절박하고도 절실했다. 그의 말에 따르면, 저 분노를 폭발시키는 폭군이 영사와 주민 전체를 발칵 뒤집어 놓을 상황을 영사가 만들어 낸 것이란다.

그래서 나는 머리와 옷매무새를 가다듬고 마음을 굳게 먹고, 명랑한 기분으로 내 보호자인 오디세우스를 불러내 팔라스 아테나 여신에게 나를 위해 빌어 달라고 간구하면서 안내자[하인]를 따라나섰다.

사자 굴에 도착하자 나는 명랑한 심부름꾼에 이끌려 커다란 식당으로 안내를 받았는데, 그곳에는 약 40명의 사람들이 단 한 마디도 하지 않으며 길고 둥근 식탁에 앉아 있었다. 지사의 오른편 자리가 비어 있었고, 심부름꾼은 나를 그리로 안내했다.

집주인과 손님들에게 몸을 굽혀 인사를 한 다음, 나는 그의 옆에 앉으면서 도시가 멀어서 얼른 오지 못했으며, 특이한 시간 계산법으로 인해 시간 계산을 자주 틀리게 한다고 변명했다. 그는 눈길을 빛내면서, 외국에서는 그곳의 관습을 계속 물어서 적응해야 한다고 말했다. 나는 그것이야말로 내가 늘 노력하는 바이지만, 선의를 가지고 있어도 어떤 장소가 아직 낯설고 사정도 잘 모르는 처음 며칠 동안에는, 여행의 피로, 여러 가지 일들로 인한 산만함, 괜찮은 숙소 찾기, 심지어는 다음 여행에 대한 걱정 등을 함께 배려하지 않고는, 용서하기 어려워 보이는 잘못을 범하기도 한다고 대답했다.

이어서 그는 여기 얼마나 오래 머물 생각이냐고 물었다. 나는 그의 명령과 지시를 가장 정확히 따름으로써 그가 베풀어 준 호의에 감사를 표할 수 있을 만큼 오래 머물고 싶다고 대답했다. 잠깐의 침묵이 지난 다음에, 그는 메시나에서 무엇을 보았느냐고 물었다. 나는 오늘 아침의 일을 짤막하게 이야기하고는, 파괴된 도시의 거리가 깨끗하게 질서가 잡힌 것에 가장 많이 경탄했다. 실제로 폐허가 된 전체 도로들이 얼마나 깨끗하게 청소가 되어 있는지 경탄할 만했다. 사람들은 파편을 부서진 성벽 쪽으로 던져 넣고, 돌들은 집 쪽으로 밀어붙여 거리 가운데를 비워서 상거래를 할 수 있도록 만들었다. 덕분에 나는 진실을 동원하여 지사의 비위를 맞출 수 있었다. 모든 메시나 사람들이 그런 노력의 덕을 입고 있으니, 그것을 감사히 여길 것이라고 말했다. 그가 으르렁대듯이 말했다. "하지만 자기들의 이익을 위해 가혹하게 강요한다고 먼저 불만을 터뜨리고는, 이제 와서 인정하는 거지요." 나는 정부의 지혜로운 의도와 더 높은 목적이 나중에서야 인정받고 평가받는 수도 있다는 등의 이야기를 했다. 그는 나더러 예수회 교회를 보았느냐고 물었고, 나는 아니라고 대답했다. 그러자 모든 부속물을 포함하여 교회를 보여 주도록 지시하겠노라 약속했다.

몇 번의 침묵이 끼어드는 이런 대화 도중에 살펴보니, 나머지 사람들은 가장 깊이 침묵을 지키면서, 음식을 입으로 가져가는 데 필요한 것 말고는 전혀 움직이지 않았다. 식기들이 치워지고 커피가 나왔을 때도, 그들은 벽을 따라 세워 놓은 밀랍 인형들처럼 서 있었다. 나는 내게 교회 구경을 시켜 줄 신부에게로 가서 미리 그의 노고에 감사했다. 그는 오로지 각하의 명령을 따를 뿐이라고 겸손하게 말하며 옆으로 물러났다. 이어서 나는 그 옆에 서 있는 젊은 외국인에게 말을 걸었다. 그는 프랑스 사람이었는데도 자신의 처지가 전혀 편해 보이지 않았다. 그도 나머지 사람들처럼 단단히 굳어서 입을 꾹 다물고 있었기 때문이다. 전날 몰타 기사의 장면에 걱정스럽게 서 있던 얼굴들이 여럿이나 보였다.

지사가 자리를 뜨고도 얼마가 지난 다음, 신부가 이제 출발할 시간이라고 말했다. 나는 그를 따라갔고, 나머지 사람들은 조용조용히 흩어졌다. 그는 나를 예수회 교회의 입구로 안내했다. 이 건물은 잘 알려진 예수회의 건축 방식에 따라 화려하고도 정말 인상적으로 높이 솟아 있다. 청지기 한 사람이 우리를 마중 나와서 들어오라고 했으나, 신부는 우선 지사를 기다려야 한다고 나를 제지했다. 금방 지사가 나타나서 교회에서 멀지 않은 광장에 멈추더니 손짓을 했다. 그에 따라 우리 셋은 그의 마차 옆으로 가까이 다가갔다. 지사는 청지기에게, 교회의 모든 부분을 내게 보여 줄 뿐만이 아니라 제단과 다른 시설들의 역사도 상세히 설명해 주라고 지시했다. 나아가 성구실 문을 열고 그 안에 있는 모든 중요한 것을 상세히 관찰하도록 하라. 그는 나를 존경하는 바이니, 내가 조국으로 돌아가 메시나를 찬양할 수 있어야 한단다. 이어서 나를 향하더니 그의 얼굴로 가능한 미소를 지으며 이렇게 말했다. "여기 머무는 동안에는 잊지 말고 시간에 맞추어 식사하러 오시오. 당신은 항상 환영이오." 내가 무어라 감사 인사를 할 틈도 없었다. 마차가 휙 떠나 버렸기 때문이다.

이 순간부터 신부도 더 명랑해졌고, 우리는 교회로 들어갔다. 예배 시간 이외에는 이 마법 궁전의 성주라고 불리는 것이 마땅해 보이는 청지기가 자기에게 내려진 임무를 수행하려고 하는데, 영사와 크니프가 텅 빈 교회로 달려 들어와 나를 얼싸안고 정열적으로 기쁨을 표현했다. 내가 구류당할 것으로 여겼다가 [자유로운 모습으로] 다시 만났기 때문이다. 그들이 죽을 정도의 공포에 빠져 있는데, 아마도 영사에게서 넉넉한 보상을 받았을 잽싼 심부름꾼이 달려와, 당연히 수많은 어릿광대짓을 섞어 가며 모험의 다행스러운 결말을 알렸다. 그러자 정말 밝은 기쁨이 두 사람을 사로잡아, 지사가 예수회 교회에 대한 지시를 내렸다는 말을 들었기에 곧바로 나를 찾아온 것이었다.

그사이에 우리는 주 제단 앞에 서서 고대의 보물들에 대한 설명을 들었다. 도금된 청동 막대 줄무늬가 들어간 유리 기둥, 피렌체 방식으로 상감 처리된 벽기둥과 패널들, 헤아릴 수 없이 많은 화려한 시칠리아 마노, 주석과 도금된 것들이 합쳐져서 되풀이 나타난다.

이제 기묘한 대위법 푸가가 시작되었다. 한편에서 크니프와 영사가 내 모험이 만들어 낸 당혹함을 설명하고, 다른 한편에서 청지기가 아직까지 보존된 화려한 보물들의 역사를 설명하면서 양쪽 모두 각자 자기들의 주제에 몰두해 있는 사이. 나는 이중의 만족감을 느꼈다. 다행스럽게 빠져나오다니 얼마나 행운인가를 느끼면서,

동시에 시칠리아 산맥이 내놓은 광물들이 건축에 적용된 것을 보는 즐거움이었다. 그런 광물들을 얻으려고 나 자신도 이미 많은 노력을 기울였다.

이런 생산품을 구성하는 개별적인 부분들에 대한 정확한 지식이 내게 도움이 되어서, 저 기둥의 유리라는 것이 실은 내가 지금까지 보지 못한 매우 아름다운 색채의 칼카라일 뿐이라는 것, 그것을 매우 훌륭하게 접합한 것이라는 사실을 알아냈다. 하지만 그래도 여전히 이 기둥들은 고귀하다. 그토록 아름다운 동일 색깔의 덩어리들을 찾아내려면 거대한 덩어리가 있어야 하기 때문이다. 게다가 자르고 광택을 내고 연마하는 노동 또한 극히 중요하다. 하지만 예수회 신부들이 극복하지 못할 일이 어디 있으랴?

그사이에도 영사는 내가 맞을 뻔한 위태로운 운명에 대한 설명을 중단하지 않았다. 지사는 내가 궁에 들어서자마자 마침 자기가 저 몰타 사람에게 폭력적인 언사를 퍼붓는 것을 목격당한 것이 스스로 못마땅해서, 나를 특별히 명예롭게 대하기로 마음먹고, 계획을 세웠다. 하지만 내가 나타나지 않음으로써 이런 계획은 시행 처음부터 즉시 난관에 부딪혔다. 한참이나 기다린 끝에 마침내 식탁에 앉으면서 이 폭군은 자신의 초조한 못마땅함을 감추지 못했고, 거기 모인 사람들은 내가 나타날 때나, 식탁을 물린 다음 다시 한바탕 소동이 벌어질까 봐 두려움에 빠져 있었다는 것이다.

그사이에 교회 청지기는 거듭 말할 기회를 찾다가 비밀의 방들을 열었다. 아름다운 비율로 지어져 훌륭하고도 화려하게 치장된 방들인데, 그 안에는 이동 가능한 교회 식기들이 아직 많이 남아 있었다. 이들은 다른 것들이 그렇듯이 모양을 갖추고 깨끗이 닦여 있었다. 고귀한 금속은 없고, 고대나 현대의 진짜 예술 작품도 없었다.

우리의 이탈리아 어-도이치 어 푸가가 마침내 끝나 가고 있었다. 그야 신부와 청지기는 이탈리아 어로 찬가를 부르고, 크니프와 영사는 도이치 말로 읊어 대고 있었으니까. 그 순간 지사의 식탁에서 만난 장교 한 사람이 우리에게 합류했다. 그는 지사 시종단의 일원이었다. 이것은 다시 근심을 불러일으킬 만한 일이었다. 특히 그가 외국인이 접근할 수 없는 항구의 구역들로 나를 안내하겠다고 자청하고 나섰으니 더 그랬다. 내 친구들은 서로 눈길을 맞추었지만, 나는 주저하지 않고 혼자서 그와 함께 걸어갔다. 몇 마디 무심한 대화를 나눈 끝에, 나는 붙임성 있는 태도로 그에게 말을 걸었다. 식사 때 그곳에 있던 여러 사람들이, 내가 세상과 거리가 먼 사람들 사이에 있는 것이 아니라 친구들, 심지어 형제들 사이에 있으며, 그러므로 걱정할 것이 하나도 없다는 사실을 친절한 신호로 알려 주려고 애쓰는 것을 보았다*, 그래서 나는 장교에게 고마움을 표시할뿐더러, 나머지 친구들에게도 동일한 감사의 마음을 전해 달라고 부탁하는 것이 의무라고 생각한다. 이 말을 듣고 장교는 그 사람들이 지사의 기질을 알고 있기에 나를 위해 걱정할 일이 더욱 없었을 것이고, 그럴수록 다만 나를 안심시키려 한 것뿐이라고 대답했다. 왜냐하면 저 몰타 사람에게 터뜨린 것 같은 폭발은 아주 드물게만 나타나는 것이고, 그런 것이 한번 터져 나오면 고귀한 노인은 스스로를 비난하면서 오래 조심할 것이니, 한동안은 근심 없이 안전하게 의무를 행할 수 있단다. 그러다가 예기치 못한 사건에 놀라 다시 새로운 폭발이 나오긴 하겠지만. 이 씩씩한 장교는 이렇게 덧붙였다. 자기와 동료들은 나와 더 가깝게 지내기를 바란다. 내가 호의를 베풀어 내 신분을 밝히려 한다면, 오늘 저녁이 가장 좋은 기회가 될 것이다. 나는 그의 이런 요구를 정중하게 피했다. 나는 여행 중에는 그냥 한 인간으로 간주되고 싶고, 또 한 인간으로서의 신뢰와 관심을 얻을 수가 있다면 그것으로 편하고 또 만족한다. 내가 이런 변덕을 가진 것을 용서하시라. 여러 이유에서 다른 상황으로 들어갈 수가 없다.

나는 물론 그를 납득시킬 수는 없었다. 진짜 이유가 무엇인지 말하지 못했기 때

* 여기서 '형제들'은 프리메이슨 회원을 가리킨다. 괴테는 프리메이슨이었다.

문이다. 하지만 이런 전제 통치 아래서도 생각이 깊은 남자들이 얼마나 훌륭하고 순수하게 자신과 이방인을 보호하기 위해 서로 결속하는지 정말 주목할 만한 일이었다. 나는 그들이 다른 독일인 여행자들을 대하는 방식을 상당히 잘 알고 있음을 감추지 않았고, 또한 그들이 달성하고자 하는 찬양할 만한 목적에 대해서도 이야기를 했다. 그는 내가 친밀한 태도로 계속 고집을 피우며 거절하는 것을 보고 점점 더 놀라워했다. 있는 힘을 다해 나의 익명성에서 나를 이끌어 내려고 노력했으나, 물론 성공하지 못했다. 일부는 내가 한 가지 위험에서 빠져나와 아무런 목적도 없이 또 다른 위험으로 들어가려 하지 않았기 때문이고, 또 다른 일부는 이런 솔직한 섬사람의 관점이 나의 생각과는 너무 달라서, 그들이 나를 더 잘 알게 된다 해도 그들에게 기쁨이나 위안이 될 수 없으리라는 것을 내가 아주 분명히 보았기 때문이다.

그에 비해 관심이 많고 활동적인 영사와 더불어 저녁의 몇 시간을 더 보냈다. 그는 몰타 사람에 얽힌 소동을 이렇게 설명했다. 이 사람은 진짜 부랑자는 아니고 다만 이리저리 자주 장소를 옮겨 다니는 사람이란다. 대가족 출신인 지사는 진지함과 쓸모 있는 행동으로 높은 존경을 받고 중요한 임무를 수행한 덕에 좋은 평가를 받고 있지만, 끝 모르는 고집과 경계를 모르는 격함, 그리고 강철 같은 불통不通이라는 평판을 얻은 사람이다. 늙은 폭군으로서 의심이 많고, 궁정에 적들이 있다고 확신한다기보다는 근심스러워서, 그는 저렇게 이따금 왔다 갔다 하는 사람들을 미워하고, 그들을 첩자로 여긴단다. 이번에는 저 붉은 상의上衣가 지사의 비위를 거스른 것인데, 어차피 그는 한참이나 침묵한 다음이라 담즙을 분출하려면 분노를 터뜨려야만 했다나.

1787년 5월 13일 월요일*, 메시나에서 그리고 바다 위에서

우리 두 사람 모두 동일한 감정으로 잠에서 깼다. 메시나의 황폐한 첫인상에 초조해져서 그만 프랑스 상선을 타고 얼른 돌아가기로 결정한 것이 못마땅했던 것이다. 지사와의 모험이 다행스럽게 끝나고, 또한 내 정체를 조금 더 자세히 밝혀야 했겠지만 용감한 사람들과 만난 것, 또 이 땅의 극히 쾌적한 지역에 살고 있는 거래 은행의 은행가를 만나고 보니, 메시나에 더 오래 머물렀더라면 하는 간절한 마음이 생겼던 것이다. 크니프는 몇몇 예쁜 아이들을 만나고는, 보통 때는 그토록 싫어하던 역풍이 오래 지속되기를 간절히 소망한다. 그사이의 상황은 극히 불편했다. 짐은 풀지도 않은 채 그대로였고, 우리는 언제라도 떠날 준비를 하고 있어야 했다.

정오쯤 해서 승선하라는 부름이 왔다. 우리는 서둘러 배를 타러 갔는데, 해변에 모인 사람들 사이에서 우리의 선량한 영사를 발견하고는 감사의 마음으로 그와 작별 인사를 나누었다. 노란색 옷을 입은 심부름꾼도 자신의 팁을 받으러 나타났다. 이 사람은 보상을 받고, 또 주인인 지사에게 우리의 출발을 알리고 내가 그의 초대에 응하지 못함을 사죄하라는 부탁도 받았다. "배 타고 떠난 사람이야 용서가 되죠!" 그는 이렇게 외쳤다. 그런 다음 이상한 방식으로 폴짝 뛰어 돌아서더니 그대로 사라지고 말았다.

배 안은 나폴리에서 시칠리아로 올 때 타고 온 코르베트함과는 전혀 달라 보였다. 하지만 해안선이 점차 멀어지는 동안, 궁전들의 구역과 요새의 모습, 도시 뒤쪽으로 솟아오르는 산들의 모습에 차츰 열중했다. 저편에는 칼라브리아. 이제 남북으로 뚫린 해협, 길게 뻗은 양편으로 아름답게 펼쳐진 긴 해변. 우리가 이런 것들을

* 이 꼭지와 앞으로 몇 꼭지의 날짜와 요일이 뒤죽박죽 엉켜 있다. 이는 원서에도 그렇게 되어 있는 것으로, 문헌학자들도 해결하지 못한 내용이다. 옛글 읽는 실감이 나는 부분.

보고 차례차례 경탄하는데, 누군가가 왼편으로 상당히 떨어진 물속에서의 몇몇 소용돌이와 오른편으로는 그보다 약간 가까운 곳 해변에서 두드러진 암벽을 가리키면서, 앞의 것이 [《오디세이》에 나오는] 카리브디스Charybdis, 뒤의 것이 스킬라라고 일러준다. 자연에서 실제로는 이토록 멀리 떨어진 것을 시인이 가까이 붙어 있는 두 괴물로 만든 것을 두고, 사람들은 이따금 시인의 허무맹랑함에 대해 불평한다. 그들은 모든 인간의 상상력이 그토록 중요한 것을 표상할 때면 넓이보다는 높이로 상상하고, 그럼으로써 전체 이미지에 더 많은 특성과 진지함과 품위를 부여한다는 점을 생각하지 못한다. 그 원인은 늘 동일하다. 상상력과 현실의 관계는 마치 시와 산문의 관계와 같다. 상상력과 시는 대상을 강력한 수직으로 생각하고, 현실과 산문은 언제나 그것을 수평으로 펼친다. 오늘날의 풍경 화가들과는 다른 16세기의 풍경 화가들이 가장 두드러진 예를 제공한다. [안트베르펜 출신 화가인] 요스 데 몸페르Joos de Momper의 드로잉 하나를 크니프가 스케치한 윤곽과 나란히 놓아 보면 전체의 대립이 뚜렷하게 눈에 보일 것이다.

우리는 그런 이야기들과 또 비슷한 주제의 이야기들을 나누었다. 크니프는 이 해변들을 그릴 준비를 해 두었지만 이들이 충분히 매력적으로 보이지 않았다.

하지만 머지않아 불쾌한 멀미가 다시 나를 덮쳤다. 다만 이런 상태가 이번에는 나폴리에서 출발했을 때처럼 편안한 격리를 통해 완화되지 않았다. 하지만 선실은 여러 사람을 받을 만큼 충분히 넓고 좋은 매트리스도 부족하지 않았다. 나는 다시 자리에 누웠고, 크니프는 미리 붉은 포도주와 좋은 빵을 가져다 놓았다. 이런 상태로는 우리의 시칠리아 여행 전체가 유쾌한 조명을 받을 수가 없었다. 우리는 결국 자연의 폭력성과 시간의 음흉한 간계에 맞서, 그리고 인간들 자신의 적대적인 분열에서 나온 악의에 맞서, 자신을 지키려는 인간 종족의 처절하게 허망한 노력들 말고는 아무것도 보지 못한 것이다. 카르타고 사람, 그리스 사람, 로마 사람, 그리고 그 후로도 수많은 민족들이 [시칠리아에서] 건축물을 짓고 또 파괴했다. 셀리눈테Selinunte

는 체계적으로 파괴되었다.* 지르젠티의 신전들을 부수는 일은 2천 년의 세월로도 부족하건만, 카타니아와 메시나의 파괴는 [자연재해] 몇 분 만에 일어난 일은 아니라도 몇 시간으로 충분했다. 나는 삶의 파도에 실려 이리저리 흔들리는 사람의 멀미 중 관찰이 내 생각을 완전히 주도하도록 놓아두지는 않았다.

1787년 5월 13일 화요일, 바다 위에서

이번만이라도 더 빨리 나폴리에 도착했으면 하는, 또는 멀미를 겪지 않았으면 하는 내 소망은 이루어지지 않았다. 크니프의 격려를 받아 여러 번이나 갑판으로 올라가려 했지만, 그 많은 아름다움을 즐기는 일이 내게는 허용되지 않았고, 그냥 몇 가지 일들만이 잠깐 어지럼증을 잊게 해 주었다. 전체 하늘은 증기를 담은 흰 구름으로 덮였고, 태양의 모습을 제대로 분간할 수는 없어도, 구름 사이로 태양이 바다를 비추었다. 바다는 우리가 볼 수 있는 한 가장 아름다운 하늘색을 보여 주었다. 돌고래 한 떼가 배를 따라오는데, 헤엄치고 뛰어오르면서도 늘 같은 자리에 머물러 있다. 이들은 멀리 깊은 곳에서 검은 점으로 보인 이 배를 먹이로 여겼던 모양이다. 적어도 배에 있는 사람들은 그들을 호송병이 아니라 적으로 취급했다. 한 마리는 작살에 맞았지만 끌려오지는 않았다.

바람은 불리한 상태, 우리 배는 여러 방향으로 흔들리면서 이 불리한 바람을 술책으로 이겨 나가는 수밖에 없었다. 경험 많은 여행자들이 선장도 키잡이도 뱃일을 제대로 알지 못한다는 사실을 확인하면서, 초조함은 더욱 커졌다. 선장은 상인, 키

* 시칠리아 서남부 해안에 자리 잡았던 고대 그리스 폴리스. 카르타고의 동맹국으로 먼저 그리스 인, 이어서 로마 인의 손으로 거의 완전히 파괴되었다. 가장 중요한 것들로 꼽히는 고대 그리스 신전의 폐허들이 남아 있다.

잡이는 선원으로는 어떨지 몰라도, 이 많은 사람과 물건을 지켜 줄 사람들로는 영 적합하지 않다는 것이다.

나는 성실한 이 사람들에게 그런 염려를 비밀로 해 달라고 간청했다. 승객의 수가 많고, 그중에는 여러 연령대의 여자들과 아이들이 있는데, 이들 모두가 하얀 깃발이 해적에게서 안전을 지켜 준다는 이유로 다른 것은 전혀 고려하지 않고 이 프랑스 상선으로 몰려든 사람들이었다. 불신과 염려가 생겨나면, 지금까지 색깔도 문장도 없는 하얀 아마포를 안전이라 여기고 있던 한 사람 한 사람이 모두 극히 고통스러운 상황으로 빠져들 것으로 생각되었다.

실제로도 하늘과 바다 사이에서 이 하얀 깃발이 결정적인 부적 노릇을 하니 기묘한 일이다. 작별할 때도, 떠나는 사람들과 남은 사람들이 서로 하얀 천을 흔들어 댔는데, 이를 통해 보통 때는 느낄 수 없던 우정과 애정의 분위기를 만들어 냈었다. 여기서도 이 단순한 깃발 속에 그런 근원적인 생각이 들어 있다. 마치 누군가가 바다 저편에서 친구가 온다는 것을 온 세상에 알리려고 막대 끝에 손수건을 달아 놓는 것과 같다.

선장은 내가 지불한 것에 합당하게 [선장과 한 테이블에서] 식사를 하라고 요구하지만, 나는 그를 실망시키고는 이따금 포도주와 빵만 먹으면서 갑판에 앉아 이따금 [승객들과의] 대화에 동참할 수가 있었다. 크니프는 저 코르베트에서처럼 훌륭한 식사를 찬양해서 나의 시기심을 불러일으키려 하지 않고, 이번에는 내가 식욕이 없는 것이 행운이라고 칭찬해서 내 기분을 북돋워 주었다.

1787년 5월 14일 월요일

그렇게 오후가 지나갔지만 우리는 원래 소망대로 나폴리 만에 들어서지 못했다.

오히려 배는 서쪽으로 밀려 카프리 섬에 접근하면서 점점 더 미네르바 곶에서 멀어졌다. 모든 사람이 실망하고 초조해했지만, 우리 두 사람은 회화의 눈길로 세계를 관찰하는 덕에 이것을 퍽 만족스럽게 여길 수가 있었다. 해가 질 때에 전체 여행이 우리에게 허용한 것 중에 가장 장엄한 풍경을 즐겼기 때문이다. 미네르바 곶과 그에 이어진 산맥들이 빛나는 색채의 장신구를 하고서 우리 눈앞에 펼쳐져 있었다. 남쪽으로 뻗어 가는 암벽들은 푸르스름한 색조를 띠고, 빛나는 해변이 곶으로부터 소렌토까지 뻗어 있다. 베수비오 화산이 보였다. 엄청난 증기가 산 위로 탑처럼 올라갔다가 동쪽으로 멀리 뻗어 나가 있어서, 우리는 가장 강력한 폭발이 나타날 것을 짐작할 수 있었다. 왼쪽에는 카프리 섬이 가파르게 하늘로 치솟아 있다. 우리는 투명하고 푸르스름한 안개를 통해 그 암벽의 모습들을 완전히 분간할 수 있었다. 구름 없이 맑은 하늘 아래서 바람이 완전히 멎어 맑은 호수처럼 우리 앞에 놓인 바다, 움직임이 거의 없는 고요한 바다가 빛나고 있다. 우리는 그 모습에 넋을 잃었고, 크니프는 온갖 색채 기술도 이런 조화를 재현하는 데에는 이르지 못하며, 가장 섬세하게 깎은 영국제 연필도 익숙한 손길이 자연의 선들을 있는 그대로 그려 내도록 하지 못한다고 탄식했다. 그에 비해 나는 이 능숙한 화가가 만들어 내는 것보다 훨씬 적은 기억만 해도 장래에는 극히 바람직한 것이 될 거라고 확신했다. 그러니 한번 시도해 보라고 그를 격려했다. 그는 그 말에 넘어가서 극히 정교하게 드로잉 하나를 제작했다. 나중에 그는 여기 색칠을 해서, 그림의 묘사가 불가능한 것을 가능케 한다는 하나의 예를 남겼다. 우리는 똑같이 욕망에 가득 찬 눈길로 저녁에서 밤으로 넘어가는 과정을 바라보았다. 카프리는 우리 앞에 완전히 검은색으로 놓였다. 놀랍게도 베수비오의 구름과 그 긴 꼬리가 빛을 내기 시작했는데, 우리가 오래 바라볼수록 점점 더 밝아졌다. 그러다가 마침내 대기의 상당한 부분이 마치 여름의 번개처럼 불꽃을 일으켰다.

우리는 그토록 환영할 만한 장면에 완전히 몰입하여 대단한 위험이 닥쳐오는 것

카프리 섬의 범선, Christoph Heinrich Kniep 作

도 알지 못했다. 그렇다 해도 승객들 사이의 움직임을 오래 모르고 있을 수는 없었다. 우리보다 바다의 일들을 더 잘 아는 사람들이 선장과 키잡이에게 심한 비난을 퍼붓고 있었다. 그들이 능숙하지 못해서 해협을 놓쳤을 뿐만 아니라, 그들에게 맡겨진 사람과 물건과 모든 것을 잃어버릴 위험에 처했다는 것이다. 우리는 이렇게 바람이 전혀 없는데 대체 어떤 재앙이 온다는 것인지 몰라서 이 소동의 원인에 대해 물었다. 이렇듯 바람이 없다는 것이 바로 이 사람들을 불안하게 하는 것이었다. 그들의 설명은 이랬다. "우리는 위험한 조류 안에 들어와 있어요. 카프리 섬을 둘러싸고 돌면서 특별한 파동을 통해 아주 느리고도 저항할 길이 없이 저 가파른 암벽으로 이끌어 가는 조류 안으로 말이오. 저기엔 그 어떤 돌출부도 만灣도 없으니 구원의 방도가 없지요."

이런 대화를 하고 주목하면서 우리도 공포심을 품고 우리 운명을 바라보게 되었다. 밤이 되어 점점 커지는 위험을 분간할 수는 없어도, 배가 흔들리고 철썩거리며 우리 앞에 버티고 있는 암벽으로 서서히 다가가고 있음을 알아볼 수 있었다. 저 바다에는 아직 약간의 저녁 어스름이 남아 있는데 암벽은 점점 더 어두워졌다. 대기 중에는 아주 작은 움직임도 없었다. 저마다 손수건과 가벼운 리본을 공중에 들어 올리고 있었지만, 간절히 고대하는 바람의 아주 작은 흔적조차 없었다. 사람들은 점점 더 소란스럽고 거칠어졌다. 여자들은 갑판에서 아이들을 안고 무릎을 꿇고 기도하는 것이 아니라, 공간이 너무 비좁아 그렇게 할 수가 없어 거의 나란히 붙어 엎드려 있었다. 도움과 구원을 궁리하는 남자들보다도 여자들이 더 많이 선장에게 소리 지르고 화를 냈다. 그동안 여행 중에 말없이 기억 속에 간직한 모든 불만이 그를 향한 비난으로 터져 나왔다. 배 안의 자리가 나쁜데도 비싼 가격과 맛 없는 음식, 불친절한 것은 아니라도 말이 없는 행동 방식까지도 비난거리였다. 선장은 그 누구에게도 자신의 행동을 변명하지 않았다. 그리고 이 마지막 저녁에도 침묵을 지킨 채 자신의 항로를 바라보았다. 이제 선장과 키잡이는 미심쩍은 장사꾼으로, 항해 기술의 지식도 없이 단순히 이기심에서 배를 소유하고는 무능과 서투름으로 자기들에게 맡겨진 모든 것을 망가뜨리는 사람이라는 비난이 이어졌다. 선장은 침묵한 채로 여전히 구원의 방도를 모색하는 듯했다. 나는 젊어서부터 죽음 자체보다도 이런 무정부 상태가 더 싫었던 사람이라 더 이상 오래 입 다물고 있을 수가 없었다. 나는 그들 앞으로 나서서, 마치 말체시나의 새들을 앞에 두기라도 한 것만큼이나 침착하게 연설을 했다. 이런 순간에 그들이 만들어 내는 소란과 외침은 우리가 유일하게 구원을 희망할 수 있는 사람들의 귀와 머리를 어지럽히는 것이니, 이 사람들은 생각할 수도 서로 이야기를 나눌 수도 없는 지경이다. 이어서 나는 말했다. "여러분에 관해 말하자면, 각자 조용히 물러나서 성모 마리아께 은총을 주십사 기도를 올리시오. 지금은 모든 것이 오로지 성모께만 달려 있습니다. 저 폭풍우 치는 티베리아스[디베랴] 호수[=갈릴리 호수]에서 파도가 배에 몰아칠 때 주께서는 잠이 드셨는데, 위안도 희망

카프리 섬 해안(위)과 카프리 섬과 소렌토(아래), Christoph Heinrich Kniep 作

도 잃은 사람들이 주님을 깨우자, 주께서는 즉시 바람에게 잠잠하라 명령하셨지요. 성모께서 아드님께, 그 옛날 사도들을 위해서 한 일을 여러분을 위해서도 하시도록 권고해 달라 기도하십시오. 아드님께서 바람에게 일어나라 명령하시라고요."

이 말이 최고의 효과를 냈다. 전에 이미 도덕적 · 종교적인 일들에 대해 나와 이야기를 주고받은 적이 있는 한 여인이 이렇게 외쳤다. "아 성 바를람Il Barlame이시여! 축복받은 바르람이시여!" 그러자 그들은 어차피 무릎을 꿇고 엎드려 있던 참이라, 전통적인 방식보다 더욱 열성적으로 기도를 올리기 시작했다. 뱃사람들이 구조 방책을 찾기 시작하자 그들은 더 조용히 기도를 올렸다. 이번의 구조 행동은 모두의 눈에 잘 보였기 때문이다. 뱃사람들은 남자 여섯 또는 여덟 명 정도를 태울 수 있는 보트를 아래로 내려서 긴 밧줄로 그것을 묶어 배에 고정시켰다. [보트에 탄] 선원들은 힘껏 노를 저어 배를 자기들 쪽으로 끌어당기려고 노력했다. 사람들도 한순간 자기들이 조류 안에서 움직인다고 믿고 곧 여기서 벗어나리라는 희망을 걸기도 했다. 하지만 이런 노력이 조류의 힘을 오히려 더욱 키운 것 같았다. 긴 밧줄에 매달린 보트와 그곳에 탄 선원들이 원을 그리며 갑자기 뒤쪽으로 배를 향해 끌려왔다. 마부가 채찍을 휘두르면 채찍이 되돌아오는 것처럼 말이다. 그래서 이 희망도 포기되고 말았다. 기도와 탄식이 교차하고, 상황은 점점 더 끔찍해졌다. 저 위쪽 암벽 위에서 아까부터 염소지기들이 불을 피운 것이 보였는데, 이들은 저 아래서 배가 좌초한다고 외쳐 댔다. 그들은 상당히 다른 음조로 외침을 주고받았는데, 그들의 말을 알아들은 몇 사람은 그들이 내일 아침 노획물을 건질 생각에 기뻐하는 것 같다고 했다. 배가 정말로 그토록 암벽에 가까이 다가갈까 하는, 위안을 주는 의심조차도 곧 사라졌다. 선원들이 아주 큰 막대기를 잡고, 극단적인 상황이 되면 배를 밀어낼 차비를 했다. 그래 봤자 이 막대들이 부러지고 나서 모든 것이 끝날 것이다. 배는 점점 더 심하게 흔들리고, 파도의 포효 소리는 점점 커지는 듯한데, 이 모든 일 사이로도 되돌아온 멀미에 밀려 나는 선실로 내려가지 않을 수 없었다. 나는 절반쯤 귀머거리가 되어 매트리스에 몸을 던졌지만, 티베리아스 호수에서 넘어온 듯한 어떤 편안한 느낌을 지녔다. 메리안의 동판화 성서* 모습이 눈앞에서 아주 또렷하게 어른거

* 루터 번역의 대형 2절판 성서. 스위스의 동판화가 마테우스 메리안(Matthus Merian)의 삽화가 들어갔다. 1627년 간행.

렸다. 인간이 완전히 자신에게로 돌아오면 이렇듯 모든 감각적 · 도덕적 인상들의 힘이 보존된다. 얼마나 오래 그렇듯 비몽사몽 중에 누워 있었을까, 위쪽에서 나는 강한 충돌 소리에 깨어났다. 사람들이 갑판 위에서 커다란 밧줄을 이리저리 끄는 소리가 분명하게 들렸다. 그러자 어쩌면 저들이 돛을 이용하려는가, 하는 희망이 생겨났다. 잠시 뒤에 크니프가 달려 내려오더니 살았다고 알려 주었다. 극히 약한 바람이 일어났다고 했다. 저들이 돛을 올리려고 애쓰는 순간에 그 자신도 놓치지 않고 손을 합쳤단다. 우리는 이제 눈에 띄게 암벽에서 멀어졌다. 완전히 조류에서 벗어난 것은 아니라도 어쨌든 조류를 극복할 거라는 희망이 생겼다. 위에서는 모두가 조용했다. 이윽고 여러 명의 승객들이 선실로 돌아오더니 다행스러운 결말을 알리고는 자리에 누웠다.

우리 항해가 시작되고 4일째 되는 날에 깨어 보니 나는 완전히 건강해져 있었다. 팔레르모로 갈 때도 이 기간이 경과하고 나서야 건강해졌다. 그러니 나는 긴 항해에서는 아마도 만 사흘 동안의 적응 기간이 필요한 모양이다.

갑판에서 보니 카프리 섬은 옆으로 한참 떨어진 곳에 있고, 우리 배는 나폴리 내해內海로 들어가리라는 희망을 품을 만한 자리에 있었는데, 머지않아 실제로 그렇게 되었다. 우리는 힘든 하룻밤을 견디고 나서, 전날 저녁때 우리를 기쁘게 한 것을 반대편에서 바라보며 경탄할 수가 있었다. 머지않아 우리는 저 위험한 암벽 섬을 완전히 뒤로했다. 어제 우리가 멀리서 내해의 오른편을 보고 경탄했다면, 이제는 요새들과 도시가 바로 우리 눈앞에 있었다. 이어서 왼편으로 포실리포와 지협이 길게 뻗어 나와 프로치다Procida와 이스키아 섬을 향한다. 모든 사람이 갑판에 나와 있다. 맨 앞에는 자신의 오리엔트에 매우 푹 빠져 있는 그리스 인 사제가 서 있었다. 고향을 보고 환호성을 지르던 주민들이 그에게 콘스탄티노플에 비해 나폴리가 어떠냐는 질문을 하자, 그리스 인 사제는 매우 숭고한 태도로 대답했다. "Anche questa è una città!"—"이것도 도시지요!"라고. 우리는 제시간에 사람들이 잔뜩 몰려 웅성

대는 항구에 도착했다. 하루 중 가장 생동하는 시간이었다. 우리 짐과 나머지 도구들이 배에서 내려져 해변에 놓이자, 짐꾼 두 명이 그것을 차지하고는 우리가 모리코니 여관에 묵을 거라는 말을 하자마자, 마치 노획물처럼 짐을 가지고 달려가 버렸다. 우리는 사람이 많은 거리를 통해, 그리고 술렁이는 광장을 넘어 눈으로도 그들을 쫓을 수가 없었다. 크니프는 서류 가방을 팔에 끼고 있었는데, 덕분에 저 짐꾼들이 나폴리의 가난한 악마들보다 덜 정직해서, 파도에서 겨우 구해 낸 이 물건들을 모조리 가져가 버릴 경우에도 하다못해 자신의 그림만은 구했을 것이다.

나폴리

헤르더에게

1787년 5월 17일, 나폴리

나는 싱싱하고 건강한 모습으로 다시 돌아왔죠, 사랑하는 벗들이여. 시칠리아 여행은 가볍고도 빠른 속도로 해치웠어요. 내가 돌아가거든 여러분이 내가 어떤 식으로 보았는지 판단하시오. 보통 객관적 · 구체적인 것들에 집착하는 나의 습관이 믿을 수 없을 정도로 숙련되면서, 무엇이든 첫눈에 쓱 보고 알아챌 수 있게 되었지요. 시칠리아 섬에 대해 아름답고 위대하고 비할 바 없는 생각들을 분명하고도 온전하며 순수한 방식으로 영혼에 지니게 되어 몹시 행복합니다. 이제 남쪽에는 내 그리움의 대상이 더는 없어요. 어제 파에스툼에서 돌아왔으니 말이죠. 바다와 섬들은 내게 즐거움과 고통을 주었고, 나는 만족하여 돌아갑니다. 상세한 설명은 내가 돌아갈 때까지 유보해 주시기를. 이곳 나폴리에서도 더는 생각할 것이 없어요. 이제 이 장소에 대해 내 처음 편지들에서보다 더 잘 서술할 수 있죠. 더 높은 힘이 나를 방해하지 않는다면, 6월 1일에는 로마로 돌아갔다가, 7월 초에는 로마에서 출발할 생각이에요. 가능한 한 빨리 여러분을 다시 만날 것이니, 좋은 날이 오겠지요. 나는 이루 말할 수 없을 정도로 충전되었으니 그것을 다듬을 평온함이 필요합니다.

당신이 내 작품들을 위해 사랑과 선의로 행한 모든 일이 천 번이나 고마울 따름입니다. 당신에게 더 나은 즐거움을 드리기를 언제나 바라죠. 당신의 작품을 보는 것도 고대하는 바입니다. 우리는 표상 방식이 완전히 동일하지는 않더라도 가능한 범위에서 아주 비슷하고, 핵심이 극히 가깝지요. 당신이 이 시간 동안 작품을 많이 창작했다면 나도 많은 것을 얻었어요. 좋은 나눔을 기대합니다.

당신 말처럼 나는 현재의 것에 매달려 있으니, 세상을 많이 보면 볼수록 인류 전체가 언젠가는 현명하고 영리하고 행복한 대중이 되리라는 희망이 줄어들어요. 어쩌면 수백만 개의 세상 중에서 하나가 그런 것을 자랑삼을 수 있으려나. 우리 세상의 특질로는 그럴 희망이 거의 없죠. 마치 시칠리아 사람들로는 시칠리아에도 그런 희망이 거의 없듯이.

함께 보내는 서류에 살레르노와 파에스툼으로 가는 여행에 대해 적었어요. 이것은 내가 이제 마지막으로 북쪽으로 가져가는, 그리고 내 생각에 가장 훌륭한 아이디어입니다. 내 생각에 중간급의 신전도 시칠리아에서 본 모든 것보다 더 나은 것 같아요.

호메로스에 대해 말하자면 내 눈에서 비늘이 떨어졌답니다. 서술, 비유 등등이 우리에게는 시적으로 보이지만 실은 말할 수 없이 자연스러운데, 물론 깜짝 놀랄 만큼의 순수함과 내면성을 지녔죠. 가장 특별하고 날조된 사건들조차 자연스러움을 지닙니다. 서술된 대상들 가까이에서 그것을 더욱 많이 느꼈어요. 내 생각을 간략하게 이렇게 표현해 보기로 하지요. **고대 작가**들은 사람이나 사물 자체를 묘사하고, **우리**는 통상 그 주관적 효과를 노린다고 말입니다. **그들**은 공포를 서술하고, **우리**는 무섭게 서술한다고. **그들**은 쾌적함을, **우리**는 그냥 쾌적하게 서술한다고, 등등. 그래서 모든 과장된 것, 매너리즘화 한 것, 거짓 우아함, 온갖 허식 등이 나타나죠. 효과를 만들어 내고 효과만 노리면서 작업하다 보면, 오히려 그런 효과를 충분히 드러낼 수가 없다고 생각하기 때문인데요. 지금 내가 말하는 것이 새로운 것이 아니

파에스툼, Alexandre Calame 作

라 해도, 어쨌든 새로운 계기에 그것을 생생히 느꼈어요. 이 모든 해안과 산악 지대, 내해內海와 만灣들, 섬과 지협들, 암벽과 백사장, 덤불 우거진 구릉, 부드러운 목초지, 비옥한 평야, 잘 꾸민 정원, 잘 가꾼 나무, 매달린 포도 덩굴, 구름에 둘러싸인 산, 늘 평온한 평지, 낭떠러지와 둑, 그 많은 다채로운 색깔 변화와 다양성을 지니고 모든 것을 감싸 안은 바다 등을 정신에 지니게 된 지금, 이제야 《오디세이》는 내게 살아 있는 언어가 되었어요.

나아가 내가 식물의 번식 및 기관의 비밀에 매우 가까이 다가갔으며, 그것이 생각할 수 있는 가장 단순한 것이라는 점도 털어놓아야겠지요. 이탈리아의 하늘 아래서 가장 아름다운 관찰을 할 수 있으니. 싹이 맺히는 지점을 아주 분명하고도 의심의 여지 없이 찾아냈죠. 나머지 모든 것도 전체로는 이미 보고 있으나, 몇 가지 점들은 더욱 확실하게 규정되어야 해요. 원형 식물은 자연 자체도 나를 질투할 정도로, 세상에서 가장 경이로운 피조물이 될 것입니다. 이 모델 또는 이 열쇠를 가지면, 일관성을 지닐 수밖에 없는 식물들을 무한히 창안해 낼 수 있지요. 그러니까 어떤 식물이 설사 존재하지 않더라도, 회화적인 또는 문학적인 그림자나 환영이 아닌, 내적인 진실성과 필연성을 지닌 존재 가능한 식물들을 말입니다. 동일한 법칙이 나머지 모든 생명체에도 적용될 것입니다.

1787년 5월 18일, 나폴리

티슈바인은 로마로 되돌아갔지만, 그사이에 이곳에서 아주 많은 일을 해 놓았기에, 그가 그동안 없었다는 것을 느낄 수가 없을 정도이다. 그는 이곳의 친구들 전부가 나를 신뢰하도록 만들어 놓은 듯하다. 덕분에 그들 모두가 내게 개방적이고 친절하며 활동적인 태도를 보이는데, 이것은 현재 나의 상황에서 꼭 필요한 일이다. 누군가에게 그 어떤 호의나 도움을 구하지 않고 지나가는 날이 하루도 없기 때문이다. 아직 더 보아야 할 것들의 전체 목록을 만들 참이다. 시간이 짧으니, 아직 만회할 수 있는 것들을 찾아내 행동으로 옮겨야 한다.

1787년 5월 22일, 나폴리

오늘 유쾌한 모험을 겪었는데, 그로 인해 여러 생각들을 하도록 자극을 받았으니 그 이야기를 할 만하다.

처음 이곳에 머물 때 이미 여러모로 내게 은총을 베푼 귀부인이, 저녁 다섯 시 정각에 자기 집에 들러 달라고 요청했다. 어떤 영국인이 《젊은 베르테르의 슬픔》에 대해 내게 하고 싶은 말이 있단다.

반년 전에 이런 이야기가 나왔더라면 그것이 내게 두 배나 가치가 있다 하더라도, 분명히 거절했을 것이다. 하지만 승낙한다면, 그것이야말로 시칠리아 여행이 내게 남긴 다행스러운 영향이라는 것을 알아챘기에 가겠노라고 약속했다.

유감스럽게도 도시가 너무 크고 볼거리가 많아서, 15분이나 늦게 계단을 올라가 닫힌 문 앞의 갈대 매트 위에 서서 막 벨을 울리려는 찰나, 안에서 문이 열리더니 아름다운 중년 남자가 밖으로 나왔다. 그가 그 영국인임을 금방 알아챘다. 그는 나를 보자마자 말했다. "당신이 《베르테르》의 작가군요!" 나는 그렇다고 말하고 더 일찍 오지 못해 미안하다고 했다.

"단 1분도 더 기다릴 수가 없었어요." 하고 상대방이 말했다. "당신한테 하고 싶은 말은 극히 짧으니 이곳 매트 위에서 해도 상관이 없소. 당신이 이미 수많은 사람에게 들었을 말을 되풀이할 생각은 없어요. 또 그 작품이 다른 사람들한테 그랬듯 내게도 그토록 엄청난 인상을 준 것도 아니오. 다만 그걸 쓰려면 대체 얼마만 한 용기가 필요했을까를 생각하면 그때마다 거듭 경탄하지 않을 수 없소."

나는 무언가 감사의 말을 하려고 했지만 그가 내 말을 끊고 이렇게 외쳤다. "나는 단 1분도 더 지체할 수 없어요. 당신에게 이 말을 해야겠다는 소망은 충족되었으니, 안녕히 계시오. 행운을 빕니다!" 그러고는 계단을 내려가 버렸다. 나는 한동안 더 이 영예로운 말을 곱씹다가 마침내 벨을 울렸다. 귀부인은 우리가 만났다는 이야기를 듣고 만족하고는, 아주 특별한 이 사내의 좋은 점들 몇 가지를 이야기해 주었다.

1787년 5월 25일 금요일, 나폴리

저 뻔뻔스러운 작은 공주를 다시 만나지는 못할 것이다. 그녀는 정말 소렌토로 갔는데, 떠나기 전에 내가 그녀의 저택보다는 저 돌 많고 황량한 시칠리아를 선택했다고 비난하는 말을 했단다. 몇몇 친구들이 이 특별한 사람의 이야기를 들려주었다. 그녀는 재산 없는 좋은 가문에서 태어나 수도원에서 양육을 받고는, 돈 많은 늙은 영주와 결혼하기로 결심했다. 선량하기는 해도 천성적으로 사랑을 할 줄 모르는 존재였으니, 사람들이 그녀에게 그렇게 하라고 설득할 수가 있었던 것이다. 부유하긴 해도 가족 관계로 보면 매우 제한된 이런 처지에서 그녀는 자신의 지성을 이용하기로 했다. 활동 범위가 제한되어 있으니 하다못해 말재주만이라도 마음껏 구사하려 한 것이다. 사람들 말로는 그녀의 가장 독특한 결점은 전혀 비난할 것이 아니라고 한다. 거침없는 말솜씨로 온 세상의 면상을 갈기려고 결심한 것 같단다. 그녀의 말이 종교, 국가, 관습을 위반하지 않는 것이 없으니, 그걸 글로 쓴다면 그 어떤 검열도 통과할 수 없을 거라는 농담마저 돌고 있을 정도.

가장 놀랍고도 재미있는 이야기들을 들었는데, 그리 점잖은 것은 아니라도 그중 하나를 여기서 되풀이하겠다.

칼라브리아를 기습한 지진이 나기 직전에 그녀는 칼라브리아에 있는 남편의 영지로 갔다. 성 근처에 작은 1층짜리 목재 오두막을 기단 없이 맨땅 위에 지었다. 그 밖에는 벽지도 제대로 붙이고 가구도 들여서 잘 꾸몄다. 지진의 첫 징후가 나타나자 그녀는 이 오두막으로 피신했다. 소파에 앉아 바느질 테이블을 앞에 두고 수를 놓는데, 맞은편에는 자그마한 수도원장이 앉아 있었다. 갑자기 땅이 흔들리고, 건물이 그녀 쪽으로 기울면서 맞은편 부분이 위로 올라가자, 수도원장과 테이블도 공중에 매달리게 되었다. 그녀는 가라앉는 벽에 머리를 기댄 채 이렇게 말했다. "흠, 이렇게 존경받는 분에게 이런 게 어울리기나 한 일인가요? 당신은 꼭 나를 덮치려는 것처럼 굴고 있잖아요. 그야말로 온갖 관습과 도덕에 어긋나는 일인데도."

그러는 사이에 집은 도로 제자리를 찾았고, 그녀는 이 선량한 노인이 맡았던 어리석고 죄 많은 역할을 두고 웃어 대는 일을 그칠 수가 없었다. 그녀는 이 익살에 붙잡혀서 자신의 가족과 수많은 사람에게 닥친 그 많은 재앙과 엄청난 손실에 대해서는 전혀 아랑곳하지 않는 것만 같았다. 땅이 자기를 삼키려는 순간에도 그런 익살을 부리다니, 그야말로 특이한 행운의 기질이다.

1787년 5월 26일 토요일, 나폴리

엄밀하게 관찰하면 그 많은 성인이 있다는 것을 좋게 보아야 할 것이다. 모든 신자는 자신의 성인을 골라, 자기에게 허용된 성인에게 완전히 신뢰를 바친다. 오늘은 나의 성인의 날이니, 나는 그의 방식과 가르침을 따라 그를 찬양하겠다.

필리포 네리 Filippo Neri는 높은 존경을 받음과 동시에 명랑한 일화들을 지닌 인물. 그와 하느님을 향한 그의 높은 경외심에 대해 듣다 보면 교훈과 함께 즐거움을 느끼게 된다. 하지만 동시에 그의 선량한 변덕 이야기도 많이 들을 수 있다. 처음 청소년기부터 열렬한 종교심을 느꼈고, 시간이 흐를수록 종교적 열광의 최고 재능이 그의 내면에서 발전되었다. 무심코 기도하는 능력, 말이 없이 가장 깊이 예배 드리는 능력, 눈물과 망아忘我의 능력, 그리고 땅에서 떠올라 공중에 떠 있는 능력. 물론 이 마지막 것이 최고의 능력으로 간주된다.

이런 모든 신비롭고도 특이한 내면성에 덧붙여서 그는 가장 명료한 인간 이성을 지녔다. 지상의 사물에 대한 가장 순수한 평가 또는 오히려 경멸, 가장 활동적인 도움, 육체적 · 정신적 곤궁에 처한 이웃을 향한 헌신 등을 지녔던 것이다. 축일 지키기, 교회 가기, 기도, 금식과 그 밖에 모든 신심 깊은 종교인에게 요구되는 온갖 의무를 엄수했다. 또한 젊은이 교육에 헌신했으며, 그들의 음악 연습과 연설 연습에도 몰두했다. 그는 종교적인 주제만이 아니라 지적인 주제도 내놓고, 그 밖에도 지적 자극을 주는 대화와 토론을 유도하기도 했다. 이 모든 것을 자신의 충동과 권한에서 행하면서, 그 어떤 수도회나 종교 단체에도 소속되지 않고, 성직자로서의 축성도 받지 않은 채, 여러 해 동안이나 꾸준히 자신의 길을 걸었다는 점이 가장 특이하게 보인다.

하지만 이런 일이 하필 루터의 시대에 일어났다는 것, 로마 한복판에서 유능하고 하느님을 경외하는, 에너지 넘치는 활동적인 인간이, 종교적인 것, 즉 성스러운 것과 세속적인 것을 결합시켜야 한다는 [루터와] 똑같은 생각을 가졌다는 점이 더욱 중요해 보인다. 하늘의 일을 세속의 일 안으로 끌어들이고, 그로써 똑같이 개혁을 준비했다는 점 말이다. 바로 교황의 감옥을 열고, 자유로운 세상에 그 하느님을 되돌려 주는 열쇠가 바로 이 점에 들어 있으니까.

하지만 이토록 중요한 사람을 로마의 영역 안, 자신의 보호 아래 가까이 두었던 교황청이 고집을 굽히지 않아 마침내, 어차피 종교적인 삶을 살면서 이미 수도원에 거처를 정하고 수도원에서 가르치고 격려하던 이 사람은, 교단이 아닌 자유로운 모임을 결성하려던 순간에 마침내 설득되어서 교황의 축성을 받고, 그로써 지금까지 생애의 길에 부족했던 온갖 이점들을 받아들이게 되었다.

사람들이 그의 신체가 땅 위로 뜨는 현상에 대해 당연한 일이지만 의문을 제기하자, 그는 [몸이 아닌] 정신으로 이 세상보다 높은 곳으로 떠올라 허영심, 가짜, 불손함 등을 못마땅히 여겼다. 참된 종교 생활의 가장 큰 방해들에 맞서듯 이런 일들에 맞섰으며, 그것도 전해지는 이야기들에서 알 수 있듯이 언제나 좋은 유머를 동원해서 맞섰다.

예를 들면 그가 교황 가까이에 있을 때, 로마 근처 수녀원의 한 수녀가 온갖 경이로운 종교적 재능을 보인다는 보고가 교황에게 들어왔다. 이런 소문의 진실성을 알아볼 의무가 네리에게 맡겨졌다. 그는 곧바로 노새의 등에 올라타고 매우 나쁜 날씨와 길을 통과하여 수녀원에 도착했다. 안으로 안내를 받아 수녀원장과 이야기를 나누었는데, 수녀원장은 이 모든 은총의 표지들을 완전히 수긍하며 가장 정확한 정보를 전해 주었다. 수녀가 등장하자, 그는 인사도 하지 않고 더러운 장화를 신은 발을 불쑥 앞으로 내밀며 그녀에게 장화를 벗기라고 요구했다. 거룩하고 순수한 처녀는 깜짝 놀라 뒤로 물러나면서, 이런 무례한 요구에 대해 격한 말로 자신의 격분을 표현했다. 그러자 네리는 극히 침착한 태도로 일어나서 노새에 올라타고 다시 교황 앞에 나타났다. 교황이 예측한 것보다 더 빨리 돌아온 것이다. 이런 정신적인 재능을 심사하기 위해 가톨릭 고해 신부들은 극히 상세한, 중요한 예방 규칙들을 받아들인다. 교회는 이런 천상의 은총이 가능함을 인정하기는 해도, 이런 은총이 나타난 것에 대해서는 극히 정교한 심사가 없이는 승인하지 않기 때문이다. 놀라는 교황에게 네리는 아주 간결하게 결론을 말했다. "그 수녀는 성인이 아닙니다. 기적을 행하지 못했어요. 가장 핵심적인 특성이 결핍되어 있습니다. 즉 겸손함이 없습니다."

이런 겸손함의 원칙을 그의 생애의 주도적인 원칙이라고 볼 수 있을 것이다. 이야기 하나를 더 하겠다. 그가 파드리 델 오라토리오Padri dell' Oratorio 신도회를 설립하자 머지않아 이 단체가 높은 신망을 얻으면서, 수많은 사람들이 그곳의 회원이 되고 싶다는 소망을 갖게 되었다. 로마의 젊은 귀족 한 사람이 이곳에 받아들여지기를 간청하여 그곳의 신참자가 되고 그에 어울리는 의상을 받았다. 시간이 얼마 흐르자 그는 진짜 입회를 열망했다. 진짜 입회를 위해서는 미리 몇 가지 시험을 통과해야 했다. 그는 시험을 위한 준비가 되었다고 선언했다. 그러자 네리는 긴 여우 꼬리를 가져와서 그에게 이것을 긴 윗옷에 매달고 로마 길거리를 진지한 자세로 걸으라고 요구했다. 젊은 귀족은 위의 수녀처럼 깜짝 놀라서, 자기는 명예를 얻으러 온 것이지 수치를 얻으러 여기 온 것이 아니라고 말했다. 그러자 네리 신부는 최고의 체념을 첫 번째 규칙으로 삼는 이곳에서는 그런 것을 기대할 수 없다고 말했다. 젊은이는 작별을 고하고 떠났다.

그의 짧은 격언집에서 네리는 핵심적인 가르침을 다음과 같이 말한다. "Spernere mundum, spernere te ipsum, spernere te sperni.[세상을 무시하고, 우리 자신을 무시하며, 우리가 무시당한다는 사실도 무시하라.]" 이로써 이미 할 말을 다 한 셈이다. 앞의 두 가지는 우울증 환자들도 이따금 실천에 옮길 수 있는 일이지만, 세 번째 규칙을 따르려면 성인聖人이 되는 길 위에 있어야 하니까.

1787년 5월 27일, 나폴리

어제 프리스Fries 백작의 친절함 덕분에 지난달 말의 여러분의 편지를 모조리 한꺼번에 로마에서 전달받고, 그것을 읽고 다시 읽으며 즐겼다. 간절히 기다리던 작은 상자도 왔으니, 이 모든 것에 대해 천 번이나 감사드린다.

하지만 곧 이곳을 떠날 시간이 다가오고 있어, 나폴리와 주변의 여러 지역들을 다시 방문하면서 기억을 새롭게 하고 많은 것을 마무리하자니, 하루가 쏜살같이 흘러간다. 게다가 훌륭한 사람들과도 작별을 해야 하니, 오래전부터 아는 분이나 새로 만난 분들에게 만나기를 거절하기도 불가능하다. 지난여름 카를스바트에서 가장 쾌적한 시간을 함께 보낸 사랑스러운 귀부인을 여기서 만났다. 우리는 여러 시간이나 명랑한 회상에 잠겨 현재를 잊었다. 온갖 사랑스러운, 가치 있는 사람들이 차례로 생각나는데, 무엇보다도 우리 [바이마르] 영주님의 명랑한 유머가 생각났다. 그녀는 아직도 영주님이 말을 타고 떠나려고 할 때, 엥겔하우스Engelhaus 아가씨들이 그에게 가져와서 그를 깜짝 놀라게 한 시詩를 보관하고 있었다. 그러자 재치 있는 야유와 속임수, 서로에게 복수하려는 기지 넘치는 시도 등등 모든 유쾌한 장면들이 되살아났다. 순간 우리는 독일 땅에서 최고의 독일인 모임에 있다고 느꼈다. 사방이 암벽으로 둘러싸인 특이한 장소를 통해 하나가 되어, 그럴수록 더욱 상호 존중과 우정과 애착으로 뭉친 모임 말이다. 하지만 창가로 다가가자마자, 나폴리의 물살이 도도히 우리 곁을 스쳐 지나가니 그 어떤 평화로운 추억도 붙잡아 둘 수가 없었다.

우르셀Ursel 공작 부처와의 만남도 마찬가지로 피할 수가 없었다. 고귀한 관습과 순수한 자연적 · 인간적 감정, 예술에 대한 애착, 만나는 사람들에 대한 친절함을 지닌 탁월한 분들. 우리는 여러 번이나 길고도 유쾌한 담화를 나누었다.

윌리엄 해밀턴 경과 그의 아름다운 아가씨도 내게 친절을 베풀었다. 그들의 집에서 식사를 했는데, 저녁 무렵 하트Hart 양이 음악적 재능과 노래의 재능을 보여주었다.

나에 대한 호감을 더욱 높인 친구 하케르트가 모든 특이한 것을 내게 알려 주려는 마음에서 내놓은 제안에 따라, 해밀턴은 우리를 자신의 비밀의 보물실로 안내했다. 그곳은 극히 어지럽게 보였다. 모든 시대의 산물들이 우연히 뒤엉켜 한데 놓여 있었다. 흉상들, 토르소, 꽃병, 청동상, 시칠리아 마노로 만든 온갖 장식품, 심지어는 작은 예배당, 목조각, 그림 등 그가 우연히 사들인 온갖 것들이다. 바닥에 놓인 긴 상자의 뚜껑을 내가 호기심에 넘쳐 밀어 보니 그 안에는 아주 훌륭한, 초를 꽂는 청동 샹들리에 두 개가 들어 있었다. 하케르트에게 이것이 저 포르티치 박물관에 있는 것들과 아주 비슷하지 않으냐고 속삭임으로 물었다. 그는 조용히 하라고 손짓했다. 이들은 물론 폼페이 발굴 현장에서 아마도 슬쩍 빼돌린 물건 같았다. 이런 것들과 또 다른 비슷한 행운의 습득물 때문에 해밀턴 경은 감추어 둔 이 보물을 극히 믿을 만한 친구들에게만 보여 주는 것이다.

화려한 도금 테두리를 두른, 앞면이 트이고 속은 검은 칠이 된 상자 하나가 반듯하게 세워진 것이 눈에 띄었다. 속의 공간은 인간이 들어가 설 수 있을 만큼 큼직한데, 정말로 바로 그런 목적으로 만들어진 것이라는 설명. 예술과 아가씨를 사랑하는 집주인은, 아름다운 아가씨를 움직이는 동상처럼 바라보는 것만으로는 만족하지 못하고, 흉내 낼 수 없는 다채로운 색상의 그림처럼도 보고 싶어서, 이따금 그녀가 이 상자의 검은 바탕 위에 색상이 풍부한 옷을 입고 서서 폼페이의 고대 그림이나, 새로 그린 걸작에 나오는 것과 비슷한 포즈를 취하도록 한단다. 그런 공연을 하던 시기는 이제 지나간 듯했다. 게다가 이 도구를 올바른 조명을 받는 곳으로 운반하기도 어려운 일이었다. 그래서 우리는 그 멋진 장관을 볼 기회가 없었다.*

그 밖에 나폴리 사람들이 좋아하는 또 다른 것도 이 자리에서 말해야겠다. 이것은 크리스마스 때 모든 교회에서 볼 수 있는 말구유(presepe) 장식인데, 원래는 목동들과 천사와 동방 박사들이 아기 예수에게 경배하는 장면을 상당히 완벽하게, 화려하고도 사치스럽게 재현하여 보여 주는 것이다. 명랑한 나폴리에서는 이런 경배 장면 장식이 평평한 지붕 위로도 올라갔다. 지붕에 상록수와 상록 관목들로 꾸민 가벼운 초가집 형태를 세운다. 성모, 아기와 둘러선 사람들, 하늘에 떠 있는 천사들 모두가 비싼 돈을 들여 만든 것으로, 이런 분장을 위해 엄청난 돈을 들이는 것이다. 하지만 이 모든 것을 흉내 낼 수 없이 화려하게 만드는 것은, 바로 그 배경이 베수비오 화산과 그 주변이라는 점이다.

이따금 살아 있는 사람들이 인형들 사이에 함께 섞이기도 하는데, 이런 것은 고위층의 부유한 가족들 사이에서 차츰 가장 중요한 오락의 하나가 되었다. 그들은 저녁 시간에 궁전에서 역사나 문학 작품에 속하는 세속의 모습들을 이런 식으로 연

* 유럽, 특히 이탈리아에는 중세와 르네상스 시대에 활인화(活人畫)의 전통이 있었다. 대개는 종교적 장면을 살아 있는 사람들이 분장하고 그림처럼 연출하는 일이었다. 여기서도 유사한 활인화 장면을 만들었던 것. 이어지는 설명도 활인화에 대한 것.

출한다.

특별한 대접을 받은 손님으로서 해서는 안 되는 주석을 하나 덧붙이자면, 우리의 아름다운 여성이 내게는 솔직히 말해 별생각이 없는 존재로 보였다고 고백해야겠다. 비록 겉모습은 아주 잘 어울리지만, 영혼이 풍부한 목소리나 언어의 표현력이 뛰어난 것은 아니다. 그녀의 노래도 확고한 풍성함을 보이지 않는다.

결국은 아마도 혼이 없는 미인들은 이와 비슷할 것이다. 아름다운 여인들은 어디에나 있지만, 훌륭한 성대와 깊은 감수성을 지닌 여성은 훨씬 드물고, 아름다운 겉모습에다가 뛰어난 목소리와 감수성까지 지닌 여성은 극단적으로 드물다.*

헤르더의 책 3부를 몹시 고대하고 있다. 나를 위해 한 부를 보관해 두면 어디로 보내야 할지 말씀드리겠다. 그것은 분명 언젠가 인류가 더 낫게 되리라는 인류의 아름다운 소망을 탁월하게 서술한 부분일 것이다. 나는 인류가 마침내 승리하리라는 믿음을 참된 것으로 여기지만, 동시에 세계가 거대한 병원으로 되어 누구나 서로 다른 사람의 간호사가 되는 것이 아닐까 두렵다.

1787년 5월 28일, 나폴리

선량하고 쓸모가 많은 폴크만 안내서이지만, 이따금 그 의견에서 벗어나지 않을 수 없다. 예를 들면 이 책에는 나폴리에서 3만~4만 명의 게으름뱅이를 볼 수 있다고 되어 있는데, 그 말을 되풀이하지 않는 사람이 어디 있던가! 하지만 나는 남부의

* 괴테의 이 주석은 하트 양, 뒷날의 레이디 해밀턴의 노래 솜씨에 대한 것. 하지만 앞의 서술로 보아 그녀는 탁월한 춤의 감각을 지녔고, 거의 현대 무용의 선구자 같은 모습을 지녔다.

사정에 대해 약간의 지식을 얻자마자, 이것이 어쩌면 북부 유럽인의 관점일지도 모른다고 짐작하게 되었다. 북부에서는 하루 종일 그야말로 열심히 일하지 않으면 게으름뱅이로 여겨지기 때문이다. 그래서 움직이거나 멈추어 있는 이곳 사람들을 세심히 살펴보았는데, 옷차림이 형편없는 사람은 수없이 보았지만, 일을 안 하는 사람은 한 명도 보지 못했다.

그래서 몇몇 친구에게 그 수많은 게으름뱅이를 좀 만나 보고 싶다고 요청했다. 하지만 그들도 내게 진짜 게으름뱅이를 보여 주지 못하니, 내가 직접 나서서 찾아보았다. 그야 어차피 도시 관찰과 탐색은 함께하는 법이니까.

거대한 군중 속에서 여러 다양한 모습들을 관찰하고 익숙해지면서 그들의 모습, 옷차림, 행동, 하는 일 등을 판단하고 분류할 수 있게 되었다. 다른 어느 곳보다 이곳 나폴리에서 이런 일이 쉬운데, 이곳 사람들이 훨씬 더 태연하게 자신의 신분을 겉으로도 드러내기 때문이다.

이른 아침에 관찰을 시작했다. 여기저기에 서 있거나 쉬고 있는 사람들은 모두가 그 순간에 자신의 직업을 수행하는 중이었다.

짐꾼들: 어느 장소든 들어갈 특권을 가진 이 계층은 누군가 자기를 부를 때까지 기다리는 중. **마차꾼들**, 그들의 시중꾼과 소년들은 말 한 필이 끄는 마차를 큰 광장에 세워 놓고, 말들을 보살피면서 원하는 누구에게나 봉사할 준비가 되어 있고. **뱃사람**은 항구에서 파이프를 피우는 중이고, 태양빛 아래 누워 있는 **어부**들은 현재 바람이 불리해서 바다에 나가지 못하고. 그 밖에도 이리저리 오가는 많은 사람들을 보았으나 대부분은 자기 활동을 나타내는 무언가를 들고 있었다. 아주 늙거나 활동이 불가능한 사람, 또는 불구자가 아니고는 다른 종류의 **거지**를 보지 못했다. 사방을 많이 살펴볼수록, 더욱 정확하게 관찰할수록, 하층민이나 중류층, 아침이나 하루의 대부분 시간, 나이나 성별을 막론하고 게으름뱅이를 찾아볼 수가 없었다.

내가 주장하는 것을 더욱 믿을 수 있고 더욱 분명히 보여 주기 위해 자세한 세부 사항으로 들어가 보자. **가장 작은 아이들도** 여러 가지 방식으로 활동을 한다. 아이들 대부분은 산타 루치아Santa Lucia 항구에서 도시로 생선을 팔려고 운반한다. 다른 아이들은 병기창 구역과 바닷가에서 내던져진 잔가지들과 목재를 아주 작은 조각까지 바구니에 주워 담는 일을 한다. 겨우 서너 살만 되면, 대여섯 살 정도의 아이들과 함께 땅에서 이리저리 기어 다니면서 이런 작은 일에 종사한다. 그들은 나중에 작은 바구니를 도시 안쪽으로 가져가서 그 얼마 안 되는 목재를 시장에 내놓는다. 그러면 기술자들과 소시민들이 아이들에게서 그 목재를 사서 삼발이에 올려놓고 태워서 숯을 만들면서 스스로 몸을 덥히거나 아니면 소박한 부엌에서 숯을 이용한다.

다른 아이들은 이른 봄이면 냄새가 몹시 강해지는 유황천의 물을 짊어지고 팔러 다닌다. 또 다른 아이들은 아주 작은 이익을 위해 과일이나, 끈처럼 꼰 꿀, 케이크, 사탕 등을 사서는 꼬마 행상인이 되어 다른 아이들에게 판다. 그래 봤자 그냥 자기 몫을 공짜로 얻기 위한 일일 뿐이다. 그런 꼬마가 가진 도구라야 널빤지와 칼, 참외나 절반 익힌 호박 같은 상품이 전부인데, 이것을 들고 돌아다니는 것을 보면 참 귀엽다. 그의 주변으로 한 떼의 아이들이 몰려들고, 그러면 아이는 자신의 판자를 내려놓고 과일을 작은 조각으로 자르기 시작한다. 사는 아이들은 동전 한 닢을 내고 자기 몫을 제대로 받으려고 매우 진지하고, 꼬마 행상인도 욕심에 찬 구매자들에게 한 조각도 속임수로 뺏기지 않으려고 역시 매우 신중하게 행동한다. 여기서 오래 머문다면 이런 아이들 사업의 여러 예를 수집할 수 있으리라고 확신한다.

일부는 중년, 일부는 소년들로 이루어진 상당히 많은 수의 사람들이 대개 매우 형편없는 옷차림으로, 나귀 등에 쓰레기를 싣고 도시 밖으로 내가는 일을 한다. 나폴리 주변의 엄청난 들판이 전부 식용 작물을 재배하는 밭이다. 시장이 서는 날이면 얼마나 많은 식용 작물이 도시 안으로 운반되는지, 이어서 사람들이 음식을 조리하고 남은 부분을 다시 열성적으로 들판으로 날라다가 식물의 순환을 빠르게 만들고 있는지를 바라보면 즐겁다. 믿을 수 없을 정도로 채소를 소비하는 덕에 콜리플라워, 브로콜리, 아티초크, 양배추, 양상추, 마늘 등의 줄기와 잎사귀가 나폴리 쓰레기의 대부분을 이룬다. 이런 쓰레기는 특히 인기가 있다. 접을 수 있는 커다란 바구니 두 개가 온통 쓰레기로 가득 채워져서 나귀의 등에 매달려 있을 뿐만 아니라, 바구니 속 쓰레기는 특별한 기술로 탑처럼 쌓아 올려져 있다. 이런 나귀가 없는 농장이 없다. 하인, 소년, 때로는 주인 자신이 매일 가능한 한 자주 이런 풍성한 보물을 캐는 구덩이인 도시로 나간다. 이렇게 쓰레기를 모으는 사람들이 말과 노새의 배설물에 얼마나 주의를 기울이는지 이해할 수 있을 것이다. 밤이 되면 그들은 마지못해 도시를 떠난다. 자정 이후에 오페라에서 돌아오는 부자들은, 동이 트기도 전에 부지런한 사람들이 조심스럽게 말들이 남긴 흔적을 찾으리라는 사실을 생각하지 못할 것이다. 이런 사람들 몇 명이 함께 나귀 한 마리를 사서 더 큰 땅의 소유주에게서 한 뙈기 채소밭을 빌려 연중으로 야채가 끊기는 법이 없는 이곳의 다행스러운 날씨에, 쉬지 않고 부지런히 일해서 사업을 상당히 확장하곤 한다는 이야기를 사람들이 들려주었다.

나폴리와 다른 어떤 대도시에서도 큰 만족감으로 만날 수 있는 수많은 상품들에 대해 여기서 이야기하는 것은 아마도 내 주제에서 너무 멀리 나가는 일이 될 것이다. 다만 여기서 행상인들 이야기를 해야겠다. 그들이 가장 하층민에 속하기 때문이다. 일부는 얼음물이 담긴 작은 통, 유리잔, 레몬 등을 들고 나가서 어디서나 즉석 레모네이드를 만든다. 가장 하찮은 사람도 이 음료가 없이는 살지 못한다. 다른 사람들은 쟁반을 들고 있는데, 쟁반에는 다양한 리큐어 병들과 가는 잔들이 떨어지지 않도록 목재 테두리 안에 담겨 있다. 또 다른 이들은 온갖 과자와 사탕, 레몬이나 다른 과일들이 담긴 바구니를 들고 돌아다닌다. 마치 이들 모두가 나폴리에서 매일 벌어지는 즐거움의 축제를 함께 즐기려는 것처럼 보인다.

이런 종류의 행상인들은 열성적으로 일하는데, 역시 이들처럼 이리저리 돌아다니는 또 다른 소매상인들이 있다. 이들은 그다지 번잡하지 않게 상자 뚜껑이나 널빤지에, 또는 광장에서는 그냥 평평한 땅에 잡다한 물건들을 늘어놓고 판다. 각각의 상품들에 대해서는 특별히 말할 필요가 없다. 더 큰 가게에서도 볼 수 있는 물건들로 하찮은 것들이다. 쇠, 가죽, 헝겊, 아마포, 모피 등은 이런 허접한 물건들에 섞이지 않고는 시장으로 다시 돌아와 팔리는 일이 없을 것이다. 아직도 하층 계급의 많은 사람들이 이런 상인들이나 기술자들 곁에서 잔심부름꾼이나 막일꾼 노릇을 하고 있다.

몇 걸음 걷지 않아서 벌써 아주 형편없는 옷차림을 한, 심지어는 아예 너덜너덜해어진 옷을 입은 사람을 만난다는 것이 사실이다. 하지만 그렇다고 해서 이 사람이 게으름뱅이나 빈둥거리는 사람이라는 것은 아니다. 나는 오히려 나폴리에서는 상대적으로 아마도 가장 많은 직업이 극히 하층 계급 사이에서 이루어진다는 역설을 주장하고 싶다. 물론 이런 직업을 북부의 직업과 비교해서는 안 된다. 북쪽에서는 하루 종일 일할 뿐만 아니라 나쁜 날씨에 대비해 좋은 날씨에도, 겨울에 대비해 여름에 벌써 열심히 일해야 하기 때문이다. 북부 사람들은 장래 대비를 하도록, 미리 예비하도록 자연의 강요를 받고 있으니, 가정주부는 1년 내내 부엌을 경영하려면 음식을 절이고 훈제하고, 남자는 땔감과 곡식을 비축하고 가축의 먹이를 생각해야 하는 판이라, 가장 아름다운 날과 시간을 즐거움에 바치지 못하고 노동에 헌신해야 한다. 북부 사람들은 여러 달이나 외부의 공기를 멀리하고, 폭풍과 비와 눈과 추위를 피해 집 안에 머물고자 한다. 계절이 끊임없이 바뀌니, 몰락하고 싶지 않은 사람은 살림꾼이 되지 않을 도리가 없다. 거기서는 좀 없이 **지내려고 하느냐**는 질문이 아예 불가능하기 때문이다. 아무도 무언가가 없어서는 안 되고, 그렇게 살려고 **할 수**도 없다. 그래서는 살 수가 없으니까. 자연은 인간을 강요해서 일하고 예비하게 만든다. 물론 이런 자연의 작용이 수천 년에 걸쳐 계속되면서, 많은 점에서 존경할 만한 북방 민족들의 성격을 결정했다. 그에 반해 하늘이 퍽 온건한 대우를 해 준

남방 민족들에게 우리는 우리의 관점에 따른 엄격한 잣대를 들이댄다. [네덜란드 역사가+문화사가인] 코르넬리우스 데 파우브Cornelius de Pauw가 《그리스 인들에 대한 철학적 탐색》이라는 저술에 견유학파에 대해 말하는 자리에서, 대담하게 털어놓은 것이 여기서도 완전히 들어맞는다. 그의 생각으로는, 우리 북방 사람들은 그들의 비참한 상황에 대해 올바른 이해를 하지 못한다. 무엇이든 없어도 된다는 이들의 근본 원칙은 모든 것을 허용하는 날씨의 덕을 입은 것이기 때문이다. 우리 눈에는 비참하게 보이는 가난한 사람이라도, 이곳에서는 가장 긴급한 욕구들을 충족시킬 수 있을 뿐만 아니라 세계를 가장 아름답게 즐길 수가 있다. 마찬가지로 이른바 나폴리의 거지는 노르웨이의 부왕副王 자리라도 쉽사리 물리치고 업신여길 수도 있으며, 만일 러시아의 황후나 시베리아 총독 자리가 주어진다면 그런 명예를 거절할지도 모른다.

우리 북방에서는 견유파 철학자가 오래 견디기 어렵겠지만, 남방 국가에서는 자연이 오히려 그런 방향으로 유도한다. 여기서 누더기를 입은 사람이라도 아직 벌거벗은 것은 아니다. 자기 집도 없고 세조차 살지 못해 여름이면 궁전과 교회와 공공건물의 지붕 아래 문지방 위에서 밤을 보내고, 날씨가 나빠지면 약간의 돈을 내고 어딘가에서 잠자리를 구하는 사람도 그렇다고 쫓겨나거나 비참한 것은 아니다. 어떤 인간이 다음 날을 위해 예비하지 않는다고 해서 꼭 가난한 것은 아니다. 이 사람들은 바다가 내주는 산물로 일주일의 여러 날을 지내야 하는데, 물고기가 풍부한 바다가 얼마나 많은 식품을 제공하는지 생각해 보라. 계절마다 온갖 과일과 정원의 결실이 얼마나 넘치도록 많은가. 나폴리가 위치한 지역이 테라 디 라보로Terra di Lavoro(**노동**의 땅이 아닌 **농업**의 땅)라는 이름을 얻었으며, 이 전 지역이 벌써 오래전부터 **행복한 지방**(Campagna Felice[캄파냐 펠리체])이라 불리고 있음을 생각한다면, 이곳에서 사는 것이 얼마나 쉬운지 이해가 될 것이다.

누구든 나폴리에 대한 상세한 서술을 시도한다면, 내가 위에서 감히 주장한 역설이 여러 관찰의 계기를 마련해 줄 것이다. 물론 그런 일을 위해서는 적지 않은 재능과 여러 해에 걸친 관찰이 필요하겠지만. 그러면 이른바 Lazzarone[게으름뱅이]라는 사람들이 나머지 다른 계층보다 조금도 덜 활동적이 아니라는 것을 알게 될 것이다. 동시에 모든 사람이 단순히 **살기** 위해서가 아니라 **즐기기** 위해서 일하며, 심지어는 삶의 노동에서도 즐거움을 얻으려 한다는 것도 알아볼 수 있을 것이다. 이를 통해 많은 것이 설명된다. 기술자들은 북부 사람들에 비해 거의 철저히 매우 뒤처지고, 공장들은 나타나지 않으며, 변호사와 의사 말고는 인구의 크기에 비해 학식이 적게 나타나고, 학식을 얻은 남자들은 개별적으로 노력해서 얻은 것이다. 나폴리 유파의 어떤 화가도 완전히 철저하고도 위대하게 된 적이 없으며, 성직자도 게으르게 극히 편하게 지내고, 위대한 사람들조차 자기들의 영지를 대개는 감각적 즐거움과 화려함과 오락의 형태로 누리는 것을 볼 수 있다.

이것이 지나치게 일반화한 발언이며, 각 계층의 특성들은 오로지 더욱 정확하게 알고 관찰한 다음에야 순수하게 추론해 낼 수 있다는 것을 잘 알지만, 그래도 전체적으로는 이런 결론에 도달하리라고 생각된다.

다시 나폴리의 하층민에게로 돌아가 보자. 그들에게, 그리고 즐거워하는 아이들에게 무언가를 시키면 그들은 일을 하면서 동시에 그 일을 가지고 유쾌한 장난을 만들어 낸다. 이 계층은 전체적으로 매우 생동하는 정신을 지닌 사람들로서, 즐겁고도 올바른 눈길을 보여 준다. 그들의 언어는 비유적이고, 그들의 재치는 매우 생동하면서도 톡 쏘는 것이라고 한다. 고대의 희극 아텔라나 파불라Atellána fábula가 나폴리 근처에서 공연되었고, 그들이 사랑하는 풀치넬라는 바로 이 고대 소극笑劇의 후손이며, 이들 하층민들은 모두가 아직도 이런 분위기에 동참하고 있다.

플리니우스는《자연사》제3권 5장에서 캄파니아Campania에 대한 매우 광범위한 서술을 남기고 있다. 그는 다음과 같이 말한다.

"이 지역들은 행운이 많고 우아하고도 행복한 곳이라 자연이 여기서 자신의 작품을 기뻐하고 있음을 깨닫게 된다. 이런 공기, 늘 치유의 힘을 갖는 온화함, 극히 비옥한 평야, 햇빛이 잘 드는 언덕들, 사납지 않은 숲, 서늘한 그림자를 드리우는 작은 숲들, 쓸모가 많은 산림, 바람이 잘 통하는 산들, 널리 퍼진 씨앗들, 풍부한 포도나무와 올리브나무, 귀한 양모, 기름진 목덜미의 황소, 수많은 호수, 넉넉히 물을 대 주는 강과 수원지들, 바다, 그 많은 항구들! 사방으로 통하는 무역을 위해 자신의 품을 열어 주고, 동시에 탐욕스럽게 바다로 팔을 뻗치는 사람들을 돕는 대지.

사람들의 유능함과 그들의 관습과 힘에 대해서는 언급하지 않겠다. 그들이 얼마나 많은 민족들을 언어와 무역으로 정복했는가에 대해서 말이다.

끝없이 자화자찬하는 버릇을 가진 민족인 그리스 사람들은 이 땅의 일부를 차지하고 '마그나 그라이키아[큰 그리스]'라는 이름을 붙임으로써, 가장 영광스러운 평가를 이곳에 내렸다."

1787년 5월 29일, 나폴리

나폴리에서 가장 큰 즐거움 하나는 사방에 나타나는 명랑함이다. 다채로운 색깔의 꽃들과 과일들로 무장한 자연이 사람들에게 온갖 일과 활동을 가능한 한 밝은 색깔로 꾸미라고 초대하는 것만 같다. 어느 정도 능력이 있는 사람은 누구나 실크 스카프와 리본을 두르고, 모자에도 꽃을 꽂는다. 극히 보잘것없는 집에서도 의자와 장롱에는 금색 바탕 위에 색색의 꽃들이 그려져 있다. 심지어 말 한 마리가 끄는 마차들도 밝은 붉은색으로 칠하고 목재 부분은 금색 칠이 되어 있으며, 앞에 묶인 말은 조화造花와 새빨간 술과 금박으로 치장되어 있다. 많은 이들은 머리에 깃털 장식을 하고, 다른 이들은 심지어 어느 방향으로 움직이든 돌아가는 깃발을 꽂고 있다.

우리는 보통 너무 많은 색깔을 사용하는 것을 야만적이고 취향이 없다고 보지만, 그리고 이것은 어느 정도 맞는 말이고 앞으로도 그렇겠지만, 정말로 밝고 푸른 하늘 아래서는 그토록 많은 색깔이란 게 아예 없으며, 그 어떤 것도 태양의 광채와 바다에 반사된 태양광을 능가할 수가 없다. 가장 화려한 색깔도 강렬한 햇빛으로 인해 약화되고, 모든 색깔, 나무와 식물의 모든 초록, 그리고 노란색, 갈색, 붉은색의 극히 강렬한 대지가 눈에 작용하기 때문에, 극히 다채로운 꽃들과 의상들도 전체와 아주 잘 어울린다. 가장자리에 금색과 은색 술을 매단 네투노Nettuno 여자들의 새빨간 조끼와 치마, 그 밖의 다른 색채의 민속 의상, 색칠한 배들, 이 모든 것이 하늘과 바다의 광채 사이에서 어느 정도 눈에 띄려고 열렬히 경쟁하는 듯이 보인다.

그리고 이들은 자기들이 사는 방식대로 죽은 이들을 매장한다. 느린 검은색 행렬이 즐거운 세계의 하모니를 전혀 방해하지 않는다.

죽은 아이를 무덤으로 운반하는 광경을 목격한 적이 있다. 황금색이 수놓인 붉은 비로드로 된 커다란 덮개가 널찍한 관대를 덮었고, 관대 위에 황금색과 은색 장식을 새겨 넣은 관이 놓였고, 관 속에는 흰색 옷을 입은 아이가 장밋빛 리본들로 완전히 뒤덮여 누워 있었다. 네 군데 관 모퉁이에는 약 2피트 크기의 천사가 서서 죽은 아이 위로 커다란 꽃다발을 드리우고 있는데, 이들이 아래쪽에 그냥 철사로만 고정되어 있기 때문에 관이 움직일 때마다 이리저리 흔들리면서 꽃향기를 사방에 퍼뜨리는 것처럼 보인다. 앞장선 사제들과 촛대를 든 사람들이 걷는다기보다 거의 달린다고 할 정도로 행렬이 서둘러 거리를 지나가고 있었기에 그럴수록 천사들은 더욱 격하게 흔들렸다.

먹을 것들로 사방이 둘러싸이지 않은 계절이 없다. 나폴리 사람들은 먹기를 좋아할뿐더러 팔 물건들도 아름답게 치장되어 있기를 바란다.

산타 루치아 항구에서 물고기는 종류별로 초록 잎사귀 위에 놓이고, 게, 굴, 홍합과 작은 조개들이 제각기 깨끗하고 예쁜 바구니에 담겨 있다. 말린 과일과 콩과科 열매를 파는 가게들이 가장 다양하게 꾸며졌다. 중간에 세운 초록 잎사귀들로 경계를 이룬 갖가지 종류의 귤과 레몬들은 극히 보기가 좋다. 하지만 정육을 파는 가게들만큼 잘 꾸민 곳은 없다. 이곳 사람들의 눈길은 특히 탐욕스럽게 정육을 향하는데, 정기적인 결핍을[종교적 금지 기간] 통해 식욕이 더욱 자극을 받기 때문이다. 정육점에는 황소, 송아지, 숫양의 각 부위들이 걸려 있는데, 뒷다리와 옆구리는 언제나 강한 금색 칠이 되어 있다. 연중 여러 날, 그중에서도 크리스마스 기간은 먹자판 파티로 유명하다. 이때가 되면 사람들 전부가 코카냐*를 즐기는데, 여기서 50만 명의 사람들이 서로 자기가 최고라고 경쟁한다. 그럴 때면 톨레도 거리와 그 주변의 여러 거리들과 광장들이 극히 먹음직스럽게 치장된다. 야채를 파는 가게들, 건포도, 멜론, 무화과를 쌓아 놓은 가게들을 보면 눈이 극히 즐겁다. 이런 식품들로 만든 화환이 거리 저편까지 이어지고, 붉은 끈에 꿴 도금 된 소시지로 만든 커다란 주기도문도 내걸린다. 거세한 수탉들은 모두 엉덩이에 붉은 깃발을 꽂았다. 집에서 기르는 것을 빼고도 이렇게 팔린 수탉이 3만 마리나 된다고들 한다. 이것 말고도 채소와 수탉과 어린 양을 가득 실은 당나귀들이 도시를 통과하여 시장으로 간다. 이곳의 달걀 더미처럼 한 번에 이렇게 많은 달걀을 모아 놓은 것은 다른 어디서도 본 적이 없다. 이것을 먹어 치우는 것만으로 끝이 아니다. 해마다 경찰관 한 명이 나팔수를 대동하고 도시를 돌면서 광장과 교차로마다 멈추어 서서, 몇천 마리의 황소, 송아지, 양, 돼지 등을 나폴리 사람들이 먹었는지 알려 준다. 사람들은 이런 공지公知를 귀담아 듣고는 그 엄청난 숫자를 특히 기뻐하며, 모든 사람이 제각기 이런 즐거움에 자신도 동참했음을 만족스럽게 여긴다.

* Cocagna: 예전에 나폴리에서 왕이 베푼 잔치. 사육제 기간 마지막 네 번의 일요일마다 민중에게 베풀었다. 특히 식품을 피라미드 형태로 쌓아 올리는 것이 여기서 유래했다. 그냥 먹자판 파티라는 의미.

우리 요리사들이 극히 다양한 방법으로 마련하는 밀가루와 우유 제품을, 제대로 된 부엌도 없이 재빨리 만들어 내는 이 사람들은 보통 두 가지 방식으로 제공한다. 고운 밀가루를 반죽하여 몹시 힘들게 일해서 특정한 형태로 눌러 만드는 섬세한 마카로니 요리는 어디서나 돈을 조금 내면 온갖 종류별로 살 수가 있다. 이것은 대개 그냥 물에 삶아서, 갈아 낸 치즈와 함께 볶고 향신료를 치면서 동시에 접시에 담아 낸다. 특히 명절 때면 거의 모든 큰 거리 모퉁이마다 요리사가 끓는 기름이 담긴 프라이팬을 들고는 고객의 요청에 따라 물고기나 페이스트리 등을 즉석에서 튀겨 준다. 이들의 판매고는 믿을 수 없을 정도로 좋다. 수많은 사람들이 점심이나 저녁 식사로 이것을 사서 종이 봉지에 담아 간다.

1787년 5월 30일, 나폴리

밤에 도시를 산책하다가 몰로에 이르렀다. 그곳에서 달과 구름 가장자리를 비추는 달빛과 바다에서 부드럽게 흔들리는, 다음번 파도 가장자리에서 더 밝고 생생해지는 반사광 등을 한꺼번에 보았다. 그러곤 하늘의 별들, 등대의 램프, 베수비오 화산의 불길, 물에 비친 그 반사광, 배들 위로 흩뿌려진 그 수많은 빛을 모조리 보았다. [네덜란드 화가] 판 데르 네르Van der Neer의 그림에서 그토록 다양한 과제가 해결된 것을 보았으면 싶다.

1787년 5월 31일 목요일, 나폴리

로마의 성체 축일 행사와, 특히 라파엘로의 도안에 따라 제작된 벽걸이 양탄자가 너무나도 확고히 내 마음에 들어와 있어서, 이 모든 찬란한 자연 현상들이 세상에 다시없는 것이라 해도, 그에 흔들리지 않고 고집스럽게 출발 준비를 계속하고 있다. 통행증을 신청했고, 마부가 내게 여행의 안전을 보장하는 보증금을 주었다. 이곳에서는 우리나라에서와는 반대로 이것이 안전을 위한 장치이기 때문이다. 크니프는 새로운 거처로 이사하느라 바쁘다. 새 집은 이전 집보다 훨씬 낫다.

이사 준비가 시작되기 전에 이미 그는 새 집으로 이사 가면서 아무것도 가져가지 않는다면 이상한 일이고, 심지어는 어딘지 부적합한 일이라는 생각을 한두 번 털어놓았었다. 매트리스를 뺀 침대 틀만 가져가도 집주인에게 존경심을 불러일으킬 것이란다. 오늘 라르고 델 카스텔로Largo del Castello를 걷는 중에 수많은 중고 가구들 사이에서 청동색으로 칠해진 침대 쇠틀 몇 개를 발견하고는, 곧바로 흥정을 해서 이것을 조용하고 확고한 안식을 위한 미래의 기반으로 삼도록 친구에게 보냈다. 계속 주변을 서성거리던 짐꾼 한 명이 이 틀과 함께 거기 필요한 침대 바닥을 새 집으로 운반했다. 크니프는 이것을 보고 너무 기뻐서 즉시 내 곁을 떠나 큰 제도판들, 종이와 몇 가지 필요한 것들을 재빨리 마련해서 새 집으로 이사할 생각을 하게 되었다. 약속한 대로 시칠리아와 나폴리 일대에서 그가 그린 스케치 일부를 그에게 넘겨주었다.

1787년 6월 1일, 나폴리

루케시니 후작이* 도착하면서 내 출발 날짜가 며칠 더 미루어졌다. 그를 알게 되어 많은 기쁨을 맛보았다. 그는 세계의 식탁에 앉아 즐길 수 있을 정도로 튼튼한 도

* 루케시니 후작(Marquis Lucchesini): 프로이센의 외교 장관으로 외교 업무로 이탈리아를 방문한 것.

덕적 위장을 가진 것으로 보인다. 되새김질하는 동물처럼 이따금 거듭 곱씹으며 전혀 앞으로 나아가지 못하는 나 같은 사람이 되새김질을 그만 끝내게 만든다. 후작 부인도 아주 마음에 든다. 그녀는 용감한 독일 본성을 지닌 여자이다.

이제는 정말로 나폴리를 떠나고 싶다. 그렇다, 떠나야 한다. 지난 며칠 동안 사람들을 만나는 일에만 매달렸다. 대부분 흥미로운 사람들을 만났고, 그들과 함께 보낸 시간이 퍽 만족스럽기는 하나, 보름만 더 이렇게 지내다가는 내 원래 의도에서 차츰 완전히 벗어나게 될 것이다. 그러면 완전히 게을러지겠지. 파에스툼에서 돌아온 이후로는 저 포르티치 박물관의 보물 말고는 거의 아무것도 보지 못했다. 덕분에 아직도 발길을 돌리지 못하게 하는 많은 것이 그대로 남아 있다. 하지만 저 박물관은 어차피 고대 물품 수집의 알파이자 오메가이다. 거기서 우리는 고대 세계가 즐거운 예술적 감각에서 앞서 있는 부분을 아주 잘 볼 수 있다. 더 엄격한 기술적 완성도라는 측면에서 보자면, 그 감각은 오늘날보다 훨씬 못한 것이긴 하지만.

1787년 6월 1일에

발급된 통행증을 가져온 하인 말이, 베수비오 화산에서 터져 나온 강력한 용암이 바다 쪽으로 향하는 길을 잡았는데 내가 출발하게 되어 유감이란다. 용암은 가장 가파른 산기슭을 이미 거의 내려와서 며칠만 지나면 해안에 닿을 거란다. 이제 나는 그야말로 앞으로도 뒤로도 못 갈 상황에 빠지고 말았다. 그 많은 선의를 갖고 격려해 주신 분들을 찾아 작별 인사를 하며 오늘 하루를 보냈는데, 내일 내가 어찌 될지 벌써 눈에 선히 보인다. 저 가는 길에 사람을 완전히 피할 길이 없으니, 사람들은 우리에게 쓸모가 있고 즐거운 일을 제공하기도 하지만, 우리가 그들의 목적을 격려해 주는 것도 아닌데 그들은 결국 우리를 우리 자신의 진지한 목적에서 옆길로 새게 만들곤 한다. 극히 지겹구나.

저녁에

감사하는 마음으로 사람들을 방문하는 것도 기쁨이나 교훈이 없지 않다. 사람들은 지금껏 미루었거나 소홀히 한 여러 가지 것들을 친절하게 보여 주었다. 기사 베누티Venuti는 심지어 감추어 둔 보물까지 보여 주었다. 나는 큰 경탄을 품고 비록 훼손되었지만 그래도 이루 말할 수 없이 소중한 그의 율리시스를 보았다. 그는 작별 인사를 하도록 나를 도자기 작품들이 있는 곳으로 데려갔는데, 나는 헤라클레스를 가능한 한 깊이 마음에 새기고, 아름다운 캄파냐의 꽃병들을 한 번 더 자세히 살펴보았다.

정말로 감동해서 친절하게 작별 인사를 나눌 때 그는 내게 마지막으로 자신의 숨은 고충을 털어놓으면서, 내가 잠시만 더 자기 곁에 머문다면 좋을 것이라고 말했다. 식사 시간 즈음에 방문한 은행가는 나를 놓아주려 하지 않았다. 저 용암이 내 상상력을 잡아끌지 않았다면 그 모든 것은 아주 멋진 일이었을 것이다. 수많은 일들을 처리하고 돈을 지불하고 짐을 싸는 등의 일을 하다 보니 어느새 밤이 찾아왔고, 그제야 서둘러 몰로로 달려갔다.

여기서 온갖 불길과 빛들과 반사광을 보았다. 다만 파도가 치고 있어서 더욱 흔들리는 모습. 보름달은 화산에서 솟구쳐 나온 불꽃 옆에서 그 광채를 한껏 뽐내고, 요즘 들어 없었던 용암은 펄펄 끓는 모습으로 진지하게 길을 찾아 나간다. 나는 그쪽으로 달려가야 했겠지만 준비할 게 너무 많아 아침이 되어야 그곳에 도착했을 것이다. 여기서 즐기는 이 전망을 초조함으로 망치고 싶지 않아서 그대로 사람들 사이에 앉아 있었다. 사람들이 몰려왔다가 떠나도, 용암이 어디로 흐를지, 그런 재앙이 더 많아질지를 두고 그들이 해석하고 설명하고 비교하고 싸우는데도, 더는 눈을 뜨고 있을 수 없을 때까지 그렇게 머물렀다.

1787년 6월 2일 토요일, 나폴리

뛰어난 사람들과 만족스럽고 유용하게, 하지만 내 속셈에 거스르니 무거운 마음으로 이 아름다운 하루도 보내고 말았을 것이다. 산에서 내려와 천천히 바다로 다가가면서 매시간 용암이 가는 길을 알려 주는 저 증기를 나는 동경에 가득 차 바라보았다. 저녁에도 자유로워질 형편이 아니었다. 저 성에 사는 죠바네Giovane 공작부인을 방문하기로 약속이 되어 있었기 때문. 그곳에서 나는 아주 많은 계단을 올라가 여러 복도들을 통과하여 안내되었다. 꼭대기 층의 복도는 궁정 의상이 담긴 상자, 장롱 등으로 인해 비좁았다. 그러다가 아무 특별한 전망도 없는 크고도 높은 방에서 아름다운 자태의 젊은 귀부인을 보았는데, 그녀는 매우 우아하고 반듯한 대화를 이끌었다. 원래 독일 태생이라, 우리 문학이 더욱 자유롭고 명료한 휴머니즘으로 나아가고 있음을 모르지 않았다. 그녀는 헤르더의 저술들과 그 비슷한 것을 높이 평가했고, [괴테 당시 독일의 계몽 철학자] 크리스티안 가르베Christian Garve의 순수 오성에 매우 깊이 공감하였다. 또한 독일의 여성 작가들과 보조를 맞추려고 노력하면서, 능숙하고 찬양받는 문체를 갖고 싶다는 소망을 비쳤다. 그런 방향으로 대화를 이끌어가면서, 최고 가문의 딸들에게 영향력을 갖고 싶다는 의도도 드러냈다. 이런 이야기가 끝날 줄을 몰랐다. 이미 어둠이 깃들었지만 아직 촛불을 가져오지는 않았다. 우리는 방 안을 이리저리 거닐고 있었는데, 그녀가 덧문이 내려진 창으로 다가가더니 덧문 하나를 열었다. 그 순간 나는 인간이 평생 한 번이나 볼까 말까 한 광경을 보았다. 나를 놀라게 하려는 의도가 있었다면, 그녀는 그 의도를 완벽하게 달성했다. 우

베수비오 화산의 폭발, Goethe 作

리는 위층 창가에 서 있었는데, 베수비오 화산이 바로 우리 눈앞에 있었다. 벌써 한참 전에 태양이 졌기에 흘러내리는 용암의 불꽃이 매우 또렷하게 피어오르면서, 폭발할 때 같이 올라온 증기를 황금빛으로 물들이기 시작한 것이 보였다. 산은 엄청난 소리로 포효하고 산 위로는 무시무시하고도 빽빽한 증기 구름이 올라가는데, 폭발할 때마다 증기 구름의 덩어리들이 번개처럼 분리되어 제각기 밝은 빛을 받았다. 거기서부터 아래로 바다 근처에 이르기까지 한 줄기 불길, 작열하는 증기가 길게 이어졌다. 나머지는 바다와 땅, 암벽과 식물들이 저녁 어스름 속에 아직 모습도 선명하게, 마법 같은 고요함 속에서 평화롭기까지 했다. 이 모든 것을 한눈에 바라보고, 또 세상에 가장 기적 같은 이 그림의 화룡점정으로 산등성이 너머로 떠오르는 보름달을 바라보는 일이 어찌 놀라움이 아니겠는가.

이 위치에서는 이 모든 것이 단번에 눈을 사로잡고, 각각의 사물을 일일이 음미할 수는 없어도 거대한 전체의 인상을 놓칠 수는 없었다. 이런 장관을 통해 우리의 대화가 중단되었지만 그럴수록 오히려 더욱 쾌적한 변화였다. 수천 년이 걸려도 다 해석하기 어려운 거대한 텍스트를 우리 눈앞에 두고 있으니 말이다. 밤이 깊어질수록 이 지역은 더욱더 또렷해지는 것처럼 보였다. 달은 제2의 태양처럼 밝게 비추었다. 연기 기둥들의 줄기와 덩어리를 아주 또렷하게 비추어 주니, 어느 정도의 성능을 가진 망원경을 이용하자 분출하여 원추형 산의 밤으로 내던져진 바위 덩어리들까지도 구분되는 정도였다. 나를 위해 적지 아니 성대한 저녁 식사가 마련되었다. 나의 여주인은 촛불을 방의 반대편에 놓아두게 했다. 이 믿을 수 없는 그림의 전경이 되어 준, 달빛을 받아 아름다운 여인은 시간이 흐를수록 점점 더 아름다워졌고, 이 남쪽의 낙원에서 편안한 우리말을 들을 수 있다는 사실을 통해 그녀의 사랑스러움이 더욱 커졌다. 나는 시간이 얼마나 되었는지를 잊었고, 마침내 그녀는 정말 내키지는 않아도 나를 떠나보내야 한다는 사실을 알려 주었다. 마치 수도원에서처럼 이곳 복도들의 문을 잠글 시간이 다가오고 있었기 때문이다. 그래서 나는 망설이면서 멀리 있는 것과 그리고 가까이 있는 존재와도 작별을 고하고, 그토록 탐탁잖게 보낸 하루의 끝에, 그토록 아름다운 저녁을 보상으로 준 내 운명을 축복하였다. 밖으로 나와서는 더 거대한 이 용암 가까이에서도 더 작은 용암들에서 본 것과 똑같은 것만을 보았다고 자신에게 말했다. 그리고 또 그 전망이라니, 나폴리와의 작별이 이것 말고 다른 식으로 이루어질 수는 없었을 것이다. 집으로 가는 대신 발걸음을 몰로로 향했다. 그 거대한 장관을 다른 각도에서 바라볼 셈이었지만, 그렇게 풍성한 하루를 보낸 뒤의 피로감, 또는 마지막의 아름다운 모습을 지워 버리면 안 될 거라는 느낌이 나를 다시 모리코니로 돌아가도록 이끌었다. 새로 이사 간 집에서 크니프가 나를 보려고 찾아와 있었다. 포도주 한 병을 놓고 우리는 앞으로의 우리 관계에 대해 이야기를 나누었다. 나는 독일에서 그의 작품을 무엇이든 내보일 수 있게 되면 곧바로 저 탁월한 에른스트 폰 고타Ernst von Gotta 공작에게 그를 추천할 것이며, 그는 아마도 그곳에 고용될 거라고 약속해 주었다. 그렇게 우리는 진정한 기쁨을 안고, 또한 장래에도 서로 왕래하며 활동할 확고한 전망을 품고 작별했다.

1787년 6월 3일 일요일, 나폴리

그렇게 해서 나는 앞으로 아마 다시는 보지 못할, 비할 바 없는 이 도시의 끝없는 활기를 통과하여 절반쯤 마비된 채로 도시를 떠났다. 하지만 후회도 통증도 뒤에 남기지 않은 것이 만족스러웠다. 선량한 크니프를 생각하며, 멀리서도 그를 보살피리라 맹세했다.

도시 외곽의 마지막 경찰 초소에서 서기 한 사람이 내 얼굴을 친절하게 바라보더니 곧바로 사라져서 나를 놀라게 만들었다. 세관원들이 마부와의 일을 아직 끝내지 못했는데, 간이 커피 집의 문이 열리더니 블랙커피가 가득 담긴 커다란 중국제 잔을 쟁반에 받쳐 든 크니프가 밖으로 나왔다. 그는 진지한 표정으로 내가 탄 마차의 문으로 다가왔다. 이런 진지함은 그의 마음에서 우러난 것이라 그에게 매우 잘 어울렸다. 나는 깜짝 놀라고 감동을 받았다. 그렇게 두드러진 감사의 표시는 그리 흔한 것이 아니기 때문이다. 그가 말했다. "당신은 제게 아주 많은 사랑과 좋은 것을 주셨고, 제 삶 전체에도 중요한 것을 남기셨죠. 그래서 당신께 드리는 감사를 이렇게 비유적으로 보여 드리고 싶었어요."

나는 이런 상황에는 어차피 말을 못 하기 때문에, 그냥 간결하게 그가 이런 행동으로 나를 다시 빚지게 만들었으며, 우리의 공통된 보물을 잘 이용하면 앞으로도 점점 더 많이 연결될 것이라고 말했다.

우리는 우연히 짧은 시간을 함께 보낸 사람들에게는 드문 방식으로 작별 인사를 나누었다. 사람들이 서로에게 무엇을 기대하는지 터놓고 이야기한다면 아마도 삶에서 더욱 많은 감사와 이점을 얻을 것이다. 그렇게 된다면 양측이 만족할 것이고, 모든 것의 처음이자 마지막인 인간적 공감이 순수한 보너스로 덧붙여질 것이다.

6월 4, 5, 6일, 로마로 가는 길에

이번에는 혼자 여행하는 덕에 지난 몇 달 동안의 인상들을 다시 돌아볼 시간이 충분했다. 그것은 극히 쾌적한 일이었다. 하지만 이런 발언은 자주 결함을 드러내곤 한다. 여행을 마친 사람에게 여행이 강물처럼 흘러가는 것으로 보이고 또 상상 속에서는 끊임없이 이어지는 것으로 나타나지만 실은 진짜 전달하기란 불가능하다는 것을 느끼게 된다. 이야기하는 사람은 온갖 세부 사항으로 들어가야만 하니까. 하지만 그래서야 어떻게 제3자의 영혼에 전체의 모습을 그려 보인단 말인가?

그래서 여러분이 마지막 편지들에서 확인해 준 것, 여러분이 부지런히 이탈리아와 시칠리아를 탐구하고, 여행기들을 읽고 동판화를 관찰했다는 것보다 더 위안이 되고 기쁨이 되는 일이 없다. 그를 통해 내 편지들이 효력을 발휘했다는 증언이 내게는 최고의 위안이 된다. 만일 여러분이 더 일찍 그런 일을 했거나 내게 말해 주었다면, 나는 더 열심히 일했을 것이다. 내 모든 노력이 충분치 못했다는 생각이 들 때면, 바르텔스와 뮌터 같은 탁월한 사람들, 여러 민족의 건축가들은 분명히 나보다 더욱 조심스럽게 외적인 목표를 추구했고 반면에 나는 오로지 가장 내면적인 것만을 염두에 두고 있었다는 사실로 자주 자신을 진정시켰다.

모든 인간을 나머지 모든 사람에 대한 보충이라 여기고, 또 자기 스스로도 그렇게 생각해야만 가장 쓸모 있고 사랑스러운 것이라면, 이것은 특히 여행기와 여행자에게 해당하는 말일 것이다. 개인의 품성, 목적, 시간 사정, 우연의 호의나 악의 등은 모든 사람이 제각기 다르다. 내가 어떤 사람의 선배를 안다면 나는 이 사람을 만나기쁠 것이며, 그를 돕고, 또 그의 후배를 기다릴 것이다. 심지어 이 지역을 직접 방문할 행운이 내게 주어진다면, 그 후배와도 역시 친절하게 만날 것이다.

1787년 6월~1788년 4월

괴테의 로마 유학 기록

3

"Longa sit huic aetas dominaeque potentia terrae,
Sitque sub hac oriens occiduusque dies."
이 도시가 헤아릴 수 없이 오랜 세월 세계의 여주인이 되게 하소서.
동양과 서양을 그 지배 아래 두게 하소서.*

*오비디우스의 《축제일들(Fasti)》 IV, 831~832행. 로물루스가 로마를 위해 드리는 기도.

6월

편지

1787년 6월 8일, 로마

그제 무사히 이곳에 다시 도착했지요. 어제의 성체 축일 축제가 나를 다시 축복하여 로마 사람으로 만들었고. 나폴리를 떠나는 일이 상당히 고통스러웠다는 것을 기꺼이 고백해야겠네요. 그 멋진 지역만이 아니라, 정상頂上에서 바다로 향하는 길을 잡은 그 막강한 용암도 뒤에 두고 와야 했으니. 물론 가까이서 관찰하고 싶었지요. 그 방식에 대해 그토록 많이 읽고 이야기를 나누었던 만큼, 경험도 축적하고 싶었던 거지요.

하지만 이 거대한 자연 현상을 향한 동경이 오늘 다시 말끔히 해결되었어요. 경건한 축제의 거대한 틀 아래 여기저기서 어리석은 개인들이 축제의 참된 의미를 손상시키는 이런 소동 때문이 아니라, 라파엘로의 밑그림에 따라 만들어진 벽걸이 양탄자[태피스트리]를 구경하면서 다시금 더 높은 예술 관찰의 영역으로 되돌아온 덕이지요. 라파엘로가 도안한 것이 분명한 가장 뛰어난 양탄자들이 한군데 펼쳐졌고, 다른 것들, 아마도 제자들과 당시 또는 후세의 동료들이 도안한 다른 작품들도 역시 품위 있는 모습으로 여기 합류하여 끝도 없는 공간을 뒤덮었지요.

6월 16일, 로마

내 사랑하는 벗들이여, 다시 한마디 더 하게 해 주시오. 나는 잘 지내고 있으며, 점점 더 많이 자신에게로 돌아와, 내게 고유한 것과 낯선 것을 구분하는 법을 배우고 있어요. 부지런히 사방에서 많은 것을 받아들이며 점점 성장하고 있습니다. 지난 며칠을 티볼리Tivoli에서 지내면서 최초의 자연 장관 하나를 보았어요. 그곳의 폭포들은 옛 유적들과 또 전체 풍경과 한데 어우러지면서, 우리의 가장 깊은 내면까지 더욱 풍성하게 만들어 주지요.

지난번 우편 마차 편에 맞추어 편지를 쓰지 못했어요. 티볼리에서 이리저리 돌아다니며 열기 속에 스케치를 하느라 매우 지쳤거든요. 하케르트 씨와 함께 밖으로 돌아다니는데, 그는 자연을 모사하는 것과 스케치에 형태를 부여하는 데서 믿을 수 없을 정도로 대가大家의 기술을 갖고 있죠. 지난 며칠 동안 그에게서 아주 많이 배웠어요.

더 이상은 말하지 않겠습니다. 그건 다시 지상의 일들 중에서 하나의 정상頂上입니다. 이 지역의 매우 복잡한 폭포 하나가 가장 장엄한 효과들을 만들어 냅니다.

하케르트 씨는 칭찬도 하고 야단도 치면서 나를 계속 도와줍니다. 농담 반 진담 반으로 내게 이탈리아에 18개월을 머물면서 올바른 원칙에 따라 연습을 하면 어떻겠느냐고 제안했어요. 이 기간이 지나면 내가 스스로의 작품에 기쁨을 느낄 것이라고요. 물론 안 그러면 평생 걸려도 그 짐을 벗기 어려울 난관 일부를 극복하려면 무엇을 어떻게 공부해야 할지 내 눈에도 잘 보입니다.

로마에서의 괴테, Johann Heinrich Wilhelm Tischbein 作

한마디만 더. 이제야 비로소 나무들, 암벽들, 심지어 로마 자체가 사랑스러워지기 시작했어요. 지금까지는 이들이 언제나 낯설게 느껴졌던 거지요. 대신 어린 시절에 본 것과 비슷한 더 작은 지역들이 내게 기쁨을 주었거든요. 이제 마침내 로마에서도 집에서처럼 편히 지내야겠어요. 그래도 삶에서 맨 처음 만난 대상들처럼 그렇게 가까워질 수는 없을 테죠. 이 기회에 예술과 모방에 대해 여러 가지 생각을 하고 있습니다.

내가 없는 사이에 티슈바인이 포르타 델 포폴로의 수도원에서 다니엘레 다 볼테라Daniele da Volterra의 그림 한 점을 발견했는데요. 수도사들은 1천 스쿠디를 받고 그림을 내줄 용의가 있다는데 예술가 티슈바인은 그 돈을 조달할 수가 없었지요. 그래서 그는 마이어Meyer를 통해 마담 앙겔리카에게 제안을 했고 그녀가 동의했어요. 그러니까 그녀가 정해진 금액으로 일단 그림을 받고, 나중에 50퍼센트의 중개료를 티슈바인에게 주고 계약에 따라 그에게서 그림을 샀어요. 이것은 수많은 인물이 들어간, 그리스도의 매장을 그린 탁월한 그림입니다. 마이어가 이것을 보고 조심스럽게 그린 스케치도 있어요.

6월 20일, 로마

여기서 벌써 탁월한 예술 작품들을 다시 보았어요. 내 정신은 순수하고도 확고해지고 있지요. 하지만 로마에 혼자서 적어도 1년은 더 머물러야 내 방식대로 이곳 체류를 이용할 수 있을 것인데, 당신들도 알듯이 나는 다른 방식으로는 일을 못 하니까요. 지금 이곳을 떠난다면, 내가 어떤 중요한 것을 아직도 못 깨달았는가 하는 것만 알 테지요. 당분간 이 문제는 그대로 놓아둡시다.

파르네세Farnese 궁전의 헤라클레스는 이제 [나폴리로] 갔어요. 나는 아주 오랜 세월이 흐르고 나서야 사람들이 되돌려 놓아 원래의 두 다리를 되찾은 헤라클레스상을 보았지요. 이제는 포르타Porta가 만든 처음의 [대체代替] 다리들이 어째서 그렇게 잘 어울린다고 생각되었는지 아무도 이해하지 못한답니다. 이 작품은 이제 가장 완벽하게 보존된 고대 작품의 하나이지요. 나폴리 왕은 박물관 하나를 세울 거랍니다.

그곳에 자기가 소유한 온갖 예술품, 헤르쿨라네움 수집품, 폼페이의 벽화들, 카포디몬테Capodimonte의 그림들, 그리고 파르네세 유물들을 모조리 전시하겠다는 거지요.* 거대하고도 아름다운 기획입니다. 독일인 하케르트가 처음에 이 거대한 기획을 시작하도록 자극을 주었지요. 심지어는 파르네세 황소Farnese Toro도 나폴리로 옮겨서 그곳의 프로메나드[산책로]에 세운다고 하는데요. 카라치Carracci 미술관도 파르네세 궁전에서 떼어 갈 수만 있다면 그렇게 할걸요.

6월 27일, 로마

하케르트와 함께 콜론나Colonna 미술관에 갔었습니다. 푸생, 클로드 로랭, 살바토르 로사Salvator Rosa의 그림들이 걸려 있는 곳이죠. 그는 이 그림들에 대해 아주 많은 좋은 것, 철저히 생각한 것들을 이야기해 주었어요. 그는 이들 중 몇 작품의 복제화를 그리고, 다른 것들은 기본부터 제대로 연구했지요. 내가 처음에 이 미술관을 방문했을 때 전체적으로 거의 비슷한 생각을 했었다는 사실이 기뻐요. 그가 말해 준 내용이 내 개념을 바꾸어 놓은 것이 아니라 그냥 확인하고 더 넓혀 주었을 뿐입니다. [그림들을 본 다음] 곧바로 다시 자연을 보면서 저 화가들이 찾아내어 모방한 것을 우리도 [자연에서] 찾아내고 읽어 낼 수 있다면, 우리 영혼은 확장되고 순화되어 마침내 자연과 예술에 대한 최고의 시각적 관점을 얻게 될 것입니다. 그 무엇이든 말과 전통만이 아닌 살아 있는 개념이 될 때까지, 나도 쉬지 않을 생각입니다. 어린 시절부터 그것이 나의 충동이자 고민이었으니, 나이가 든 지금 나는 적어도 이룰 수 있는 것을 이루고, 행할 수 있는 것을 행할 생각이지요. 그렇게 오랜 기간 업보야 있든

* 현재 나폴리 국립 고고학 박물관(The National Archeological Museum of Naples) 전시품의 기본 골격.

캄파냐 평원의 괴테, Johann Heinrich Wilhelm Tischbein 作

없든 시시포스Sisyphos와 탄탈로스Tantalos의 운명을 견뎌 왔으니 말입니다.

나에 대한 사랑과 믿음을 그대로 간직해 주십시오. 이제 나는 사람들과 더불어 괜찮은 삶을 보내고 좋은 종류의 개방성을 지니게 되었으니, 나날을 즐겁게 보냅니다.

티슈바인은 매우 착실하지만 그가 즐거움과 자유로움으로 일하는 상태에 도달할 수 없는 게 아닐까 걱정이 됩니다. 이 놀라운 인간에 대해서는 직접 만나서 더 이야기를 하기로 하지요. [그가 그린] 나의 초상화는 성공적입니다. 나와 매우 비슷하고, 모두가 그 발상을 좋아합니다. 앙겔리카도 나를 그리고 있지만 잘 안 될 것 같아요. 그림의 모습이 실물과 비슷하지도 않고 앞으로도 그렇게 되지 않으리라는 사실이 그녀를 낙담시킵니다. 아름다운 젊은이지만 나와 비슷한 데라곤 없으니까요.

6월 30일, 로마

성 베드로와 성 바울로 축일[6월 29일]이 마침내 다가왔지요. 어제 우리는 [성 베드로 성당] 둥근 지붕이 조명을 받은 모습과 천사성[天使城, 카스텔 산탄젤로]의 불꽃놀이를 보았어요. 조명은 무시무시한 동화 같은 모습이라 제 눈을 못 믿을 지경이죠. 이제 나는 무엇이든 있는 그대로 바라보고, 이전에 그랬듯이 거기 없는 것을 덧붙여 바라보지 않기에, 내가 즐거워하려면 그 정도 대단한 구경거리가 나타나야 합니다. 그런 장관은 이번 여행에서 대략 여섯 번쯤 보았는데, 이번의 구경거리가 물론 가장 강렬한 것들에 속하죠. 줄지어 선 기둥들의 형태, 교회의 형태와 특히 둥근 지붕의 아름다운 형태를 먼저 불 속의 윤곽으로, 이어서 한 시간 뒤에는 불타오르는 덩어리로 보는 것은 매우 특별하고도 장엄한 일입니다. 이 엄청난 건물이 한순간 오로지 골격으로만 나타난다고 생각해 보면, 세상에 이와 비슷한 것이 없으리라는 것을 깨달을 수 있겠죠. 하늘은 맑고 깨끗한데, 달이 떠올라 램프 불빛을 누그러뜨려 희미하게 만들고, 마지막에 두 번째 조명을 통해 모든 것이 작열하는 빛 속으로 들어가면서 달빛도 사라지고 말지요. 불꽃놀이는 장소로 인해 아름답지만, 조명에 비하면 충분히 길지도 잘 어울리지도 않아요. 오늘 저녁 우리는 그 두 가지를 한 번 더 보게 될 겁니다.

그것도 지나갔어요. 맑고 아름다운 하늘, 달은 여전히 보름달이고, 그를 통해 조명은 더욱 약해지고, 온전히 동화 속 풍경만 같죠. 교회와 둥근 지붕의 아름다운 형태를 동시에 불꽃의 윤곽으로 보는 것이니, 이는 위대하고도 매혹적인 광경입니다.

6월 말, 로마

나는 너무나도 큰 학교에 들어왔기에 이곳의 배움에서 얼른 도로 떠날 수가 없습니다. 나의 예술 지식, 내 작은 재능은 여기서 철저히 훈련받고 완전히 성숙해져야 하죠. 그렇지 않으면 나는 반쪽짜리 친구로 여러분에게 되돌아가서는, 그리움, 애쓰기, 꿈틀거림, 몰래 빠져나가기 등이 다시 시작될 겁니다. 이번 달에 이곳에서 모든 일이 다시 얼마나 잘 진행되었는지, 내가 소망한 모든 것이 그야말로 한 접시에 담겨 제공되었다는 말을 하지 않는다면 이야기를 끝낼 수 없을 거예요. 좋은 사람들이 관리하는 아름다운 숙소를 만났죠. 티슈바인이 나폴리로 가면 그의 작업실을 물려받기로 했어요. 큼직하고 서늘한 홀입니다. 내 생각을 할 때면 여러분은 행복한 나를 생각하십시오. 자주 편지를 쓸 터이니 그렇게 우리는 함께하게 됩니다.

새로운 발상과 생각도 충분해요. 나 자신을 스스로에게 맡겼더니, 아주 작은 부분까지 어린 시절이 다시 살아나고 있으며, 그러자 나를 둘러싼 대상들의 광채가 나를 다시 아주 높고 멀리 들어 올려서 최근의 내 존재로는 겨우 감당할 수 있는 정도입니다. 눈은 믿을 수 없을 정도로 훈련되고 내 손도 완전히 뒤처져 있지만은 않죠. 세상에 로마는 오직 **하나**뿐이니, 나는 여기서 물 만난 고기가 되어, 다른 유동체에서라면 떨어져 버렸을 테지만, 여기서는 수은 표면 위의 작은 방울처럼 헤엄치고 있지요. 이런 행운을 사랑하는 벗들과 나눌 수 없다는 점만 빼고는, 그 무엇도 내 사색의 환경을 흐리게 만드는 게 없습니다. 하늘은 정말로 맑으니, 로마에는 아침저녁으로만 안개가 조금 낍니다. 하지만 지난주 사흘 동안 머물렀던 산악 지대, 곧 저 알바노, 카스텔로, 프라스카티 지역에는 언제나 밝고 순수한 대기가 남아 있죠. 거기서는 자연을 탐구할 수 있어요.

참고

당시의 상태와 인상과 감정에 어울리는 보고도 여기 끼워 넣고 싶고, 그래서 뒷날의 다른 어떤 이야기보다 그 순간의 특성을 더 많이 지닌 당시의 편지들에서 전체적으로 흥미로운 구절들을 모조리 뽑아내기 시작하면서, 여기 덧붙이면 아주 훌륭한 효과를 낼 만한 친구들의 편지도 내게 있음을 알았다. 그래서 여기저기 그런 편지도 끼워 넣기로 했다. 로마를 떠나 나폴리에 도착하는 티슈바인의 편지에서 가장 생생한 이야기들을 즉시 이 자리에 집어넣기로 한다. 이런 이야기들은 그 지역과 그곳 사람들의 가장 직접적인 상황으로 독자를 안내하고, 특히 이 화가의 성격까지 설명해 주는 이점이 있다. 그는 오랫동안 아주 중요한 영향을 주었고, 이따금 기묘한 모습도 보였지만, 노력과 업적의 측면에서 늘 고마운 사람이다.

티슈바인이 괴테에게

1787년 7월 10일, 나폴리

로마에서 카푸아까지의 여행은 매우 행복하고 편안했습니다. 알바노에서 하케르트가 합류했어요. 벨레트리에서는 보르지아 추기경 집에서 식사를 하고, 그의 박물관을 구경했는데, 내게는 특별한 즐거움이었지요. 처음에 그냥 지나쳤던 많은 것을 보았으니 말입니다. 오후 세 시에 다시 출발하여 폰티노 습지를 지났는데, 겨울보다 이번이 훨씬 더 마음에 들더군요. 초록색 나무들과 산울타리들이 이 거대한 평야에 쾌적한 다양성을 주니까요. 저녁 어스름 직전, 역마차를 바꿔 타는 습지 한가운데 역참에 도착했지요. 마부들이 온갖 능변을 다 동원하여 우리에게서 돈을 뽑아내려고 애쓰는 동안에, 용감한 수컷 백마 한 마리가 스스로 고삐에서 벗어나 도망칠 기회를 잡았어요. 뛰어난 자태의 눈처럼 하얀 아름다운 말이었는데, 녀석이 저를 묶은 고삐를 끊고 저를 잡으려는 사람을 앞발로 걷어차고 뒷발질도 하면서, 모두가 두려워 옆으로 물러설 만큼 엄청난 소리로 히힝거렸습니다. 그러더니 도랑을 뛰어넘어 들판으로 달려갔지요. 끊임없이 헐떡이며 히힝거리는 소리를 내면서요. 꼬리와 갈기를 공중에 휘날리며 자유롭게 움직이는 그 모습이 얼마나 아름다운지 모두들 소리쳤지요. "O che bellezze! che bellezze![정말 멋져! 정말 멋져!]" 녀석은 또 다른 도랑 근처를 이리저리 오가면서 도랑이 좁은 지역을 찾아보았죠. 도랑을 뛰어넘어 저편에 수백 마리가 모여 풀을 뜯고 있는 망아지와 암말들에게로 가려고요. 녀석은 마침내 도랑을 뛰어넘어 조용히 풀을 뜯던 암말들에게로 달려갔어요. 이들은 수말의 사나움과 외침 소리에 깜짝 놀라 긴 대열을 이루어 녀석의 앞에서 평지를 달려갔어요. 녀석도 그들을 따라잡으려 애쓰면서 뒤따라갔고.

녀석은 마침내 암말 하나를 떼어 냈는데, 이 암말은 서둘러 다른 편 들판, 다시 수많은 암말들이 모여 있는 곳으로 달려갔지요. 이 암말들도 깜짝 놀라 처음의 무리를 향해 달려갔어요. 그러자 들판은 온통 검은 말들로 뒤덮였는데, 하얀 수컷만 계속 이리저리 뛰어다니며 모두를 놀라움과 사나움으로 몰아넣었어요. 말들은 긴 대열을 이루어 들판에서 이리저리 달리고, 검은 말들의 힘이 몰린 곳에선 바람이 일어나고 땅이 쿵쿵 울렸어요. 우리는 한참 동안이나 수백 마리 말들이 들판을 이리저리 달리며, 때로는 덩어리를 이루고 때로는 갈라지면서 뿔뿔이 흩어져 돌아다니다가, 다시 긴 대열을 이루어 같은 방향으로 달리는 꼴을 만족스럽게 바라보았죠.

마침내 밤이 시작되면서 어둠이 덮여 이 유일한 구경거리를 우리에게서 빼앗아 갔답니다. 아주 환한 달이 산맥 뒤에서 떠오르자 우리 램프 불빛이 약해졌지요. 하지만 나는 한참 동안이나 그 부드러운 빛을 즐겼기에 이제 더는 잠을 막을 수가 없었고, 건강에 나쁜 늪지 공기가 두려운데도 잠이 들어서, 테라치나에 도착해 말들을 바꿀 때까지 깨지도 않고 잤습니다.

이곳 마부들은 퍽 상냥했는데, 루케시니Lucchesini 후작이 그들에게 겁을 주었기 때문입니다. 그들은 우리에게 가장 좋은 말과 마부를 배치해 주었죠. 큰 암벽과 바다 사이로 난 길이 위험하기 때문입니다. 여기서 많은 사고가 일어났는데, 특히 말이 쉽사리 겁을 먹는 밤에는 사고가 더욱 잦아요. 말에 고삐를 채우고, 로마의 마지막 수비병에게 통행증을 보여 주는 동안에 나는 높은 암벽과 바다 사이로 산책을 나가 최고의 효과를 구경했어요. 어두운 암벽이 달빛을 받아 빛나고, 생생하게 흔들리는 [달빛] 기둥 하나가 푸른 바다로 던져져서 해변에서 출렁이는 파도까지도 비추어 주었지요.

어둑한 하늘색 산의 성가퀴 위에는 [반달 족의 왕] 겐저리히Genserich의 무너진 요새 잔해들이 있어요. 덕분에 나는 옛 시절을 생각했고, 불운한 콘라딘*의 구원을 향한 간절한 염원을 생각했습니다. 키케로Cicero와 마리우스Marius도 바로 이 지역에서 몹쓸 두려움을 느낀 적이 있었지요.

이어서 달빛을 받으며 산기슭을 따라, 바닷가로 굴러떨어진 큼직한 돌덩이 사이로 마차를 타고 달리는데 퍽 아름다웠어요. 폰디Fondi 근처에서는 그룹을 이룬 올리브 나무, 야자나무와 소나무 들이 밝은 달빛을 받고 있었습니다. 하지만 레몬 숲의

* 콘라딘(Konradin)은 슈타우펜(Stauffen) 왕조의 마지막 왕자로서 1268년 나폴리에서 처형당했다.

특별함은 보지 못했지요. 그야 햇빛이 황금색 열매를 비추어야 비로소 그 화려함이 완전히 드러나니까요. 수많은 올리브 나무와 캐럽 나무들이 서 있는 산을 넘어 수많은 묘비의 잔해들이 남아 있는 고대 도시의 폐허에 도착했을 때는, 벌써 낮이 되어 있었습니다. 묘비들 중 제일 큰 것은 키케로를 위한 것이라고들 하는데, 그것도 그가 살해당한 자리에 세워진 것이랍니다. 몇 시간 뒤에는 즐거운 만灣, 몰라 디 가에타에 도착했어요. 이미 어부들이 고기를 잡아 돌아왔고, 덕분에 해변은 아주 활기에 넘쳤지요. 어떤 이들은 물고기와 해산물을 바구니에 담아 운반하고, 다른 이들은 다음번 고기잡이를 위해 그물을 손질하고 있었어요. 여기서 우리는 기사 베누티Venuti가 발굴을 지휘하고 있는 가릴리아노로 갔어요. 하케르트는 여기서 우리 곁을 떠나 서둘러 카세르타로 향했고, 우리는 거리를 따라 아래로 내려가 바닷가로 갔지요. 그곳에 우리를 위한 아침 식사가 마련되어 있었는데, 점심 정찬이라 해도 손색이 없는 상차림이었습니다. 여기에는 발굴된 고대의 유물들이 보존되고 있는데, 비참하게 망가져 있더군요. 아름다운 물건들 사이에 조각상 다리 하나가 섞여 있는데, 벨베데레 아폴론상에도 뒤지지 않을 만한 것으로, 이 조각상의 나머지 부분도 찾아낼 수 있다면 대단한 행운이겠지요.

우리는 피곤해서 좀 자려고 누웠고, 다시 깨어나 보니 유쾌한 가족이 우리 곁에 있었어요. 이 지역에 사는 사람들인데, 우리에게 점심을 차려 주려고 이리로 왔더군요. 물론 먼저 떠난 하케르트 씨의 세심함 덕인데요. 그래서 다시 식탁이 차려졌어요. 하지만 나로서는 아무리 모임이 유쾌하다 해도, 먹을 수도 그냥 앉아 있을 수도 없기에 바닷가로 산책을 나갔지요. 매우 놀라운 돌들도 있었고, 특히 바다 곤충이 구멍을 뚫어 놓은 것들이 많은데, 그중 일부는 스펀지처럼 보이던걸요.

여기서 퍽 유쾌한 광경을 보았어요. 염소를 치는 목동이 바닷가를 따라 걸어왔지요. 염소들은 물로 들어가 몸을 식혔어요. 이어서 돼지를 모는 목동도 합류했는데, 두 짐승 떼가 물에서 몸을 식히는 사이 두 목동은 그늘에 앉아 음악을 연주했지요.

돼지지기는 피리를, 염소지기는 백파이프를 연주하는 겁니다. 마지막에 다 자란 소년 하나가 벌거벗은 채 말을 타고 다가오더니 깊은 물속으로 들어갔어요. 물이 깊어서 말도 헤엄을 칠 수 있는 곳이었지요. 몸매가 빼어난 이 소년이 전신이 다 보일 만큼 해변 가까이 다가왔는데 정말 보기가 좋았어요. 그는 다시 깊은 바다로 돌아갔고, 그곳에서는 헤엄치는 말의 머리와 소년의 어깨 말고 다른 것은 보이지 않았어요.

오후 세 시에 우리는 다시 길을 떠났지만, 카푸아를 떠나 3마일쯤 갔을 때는 벌써 밤의 첫 번째 시간이었는데, 우리 마차의 뒷바퀴가 부러진 겁니다. 바퀴를 가느라 몇 시간 붙잡혀 있었지요. 마침내 이 일이 끝나고 다시 몇 마일을 더 갔는데, 이번에는 차축이 부러지는 거예요. 정말 짜증이 났지요. 나폴리가 지척인데 아직도 친구들과 만나 이야기를 못 하다니요. 마침내 우리는 자정 지나 두어 시간 만에 나폴리에 도착했는데, 거리에는 다른 도시에서 대낮에도 보기 어려울 정도로 많은 사람들이 있는 게 아니겠어요.

이곳의 모든 친구들이 건강하게 잘 지내는 것을 보았고, 그들 모두 당신에 대해 같은 소식을 듣고 기뻐했답니다. 나는 하케르트 씨의 집에서 지내고 있어요. 그제는 기사 해밀턴과 함께 포실리포에 있는 그의 별장에 갔었지요. 지상에 그보다 더 훌륭할 수 없는 것들을 거기서 보았지요. 식사를 한 다음 열두 명의 젊은이들이 바다에서 헤엄을 쳤는데, 정말 보기가 좋았습니다. 여러 모양의 그룹을 이루어 포즈를 취해서 대단한 구경거리를 제공했지요! 그는 매일 오후 이 즐거운 광경을 보려고 그들에게 돈을 지불하고 있답니다. 해밀턴은 아주 내 마음에 들어요. 그와 많은 이야기를 나누었어요. 이곳에서, 그리고 바닷가를 산책하면서요. 그의 이야기를 그렇게 많이 듣게 되어 정말 기쁘고 이 사람에게 많은 좋은 일이 생기기를 바랍니다. 그 밖에도 이곳에 있는 당신 친구들의 이름을 써 보내 주십시오. 그들도 만나 뵙고 인사를 올릴 수 있도록요. 머지않아 이곳 소식을 더 전해 드리겠습니다. 친구들 모두에게 인사를 전해 주십시오, 특히 앙겔리카와 라이펜슈타인에게 인사를 전해 주십시오.

추신: 나폴리가 로마보다 훨씬 더워요. 차이가 있다면 공기가 더 건강하고, 늘 신선한 바람이 분다는 것뿐, 태양빛은 훨씬 더 강렬합니다. 처음 며칠 동안은 거의 견딜 수가 없을 정도였습니다. 얼음과 눈 녹인 물로 살았지요.

뒷날, 날짜 없음

어제 당신이 나폴리에 계셨더라면 좋았을 텐데요. 먹을 것을 사려고 벌이는 그 많은 소동, 그 많은 사람이라니, 그런 것은 한 번도 본 적이 없습니다. 하지만 이렇게 많은 먹을 것이 이렇듯 한데 모인 것을 다시는 보지 못할 겁니다. 톨레도 대로大路가 온통 온갖 종류의 먹을 것으로 가득 덮였으니까요. 연중 내내 열매가 영그는, 이토록 행운이 넘치는 지역에 사는 대중에 대한 관념을 이곳에서야 처음으로 얻었어요. 생각해 보십시오, 오늘 50만 명이 먹자판을, 그것도 나폴리식으로 벌였다니까요. 어제와 오늘 나는 그런 먹자판 파티에 참석했는데, 그야말로 깜짝 놀랐지요. 죄가 될 정도로 음식이 흘러넘치고 있었으니까요. 크니프도 거기 끼어서 온갖 종류의 맛난 음식을 엄청 먹어 댔는데 나는 그의 배가 터질까 봐 겁이 났답니다. 하지만 그는 끄떡도 하지 않고서, 배를 탔을 때와 시칠리아에서 자기가 대단한 식욕을 느꼈다는 것과, 당신은 돈을 많이 내고도 때로는 멀미 때문에 때로는 일부러 금식을 해서 거의 굶어 죽을 지경이었다는 말을 계속하지 않겠어요.

어제 팔린 것은 오늘이면 죄다 먹어 치우고, 사람들 말로는 내일이면 거리는 어제만큼이나 다시 풍성해질 거라네요. 톨레도는 이렇게 넘쳐 나는 식료품을 자랑하는 극장 같아요. 가게마다 온통 먹을 것으로 치장되고, 심지어는 일부 금칠까지 해서 붉은 끈으로 꿴 작은 소시지로 만든 화환들이 거리 위로 내걸리지요. 거세한 수탉들은 모두가 엉덩이에 붉은 깃발을 꽂았는데, 어제 그런 것이 3만 마리나 팔렸고, 여기다가 사람들이 집에서 키운 것들도 더해야 한답니다. 상당수의 나귀들이 거세한 닭을 싣고, 또 다른 나귀들은 귤을 운반하는데, 포도 위에 거대하게 쌓아 올린 황금색 과일 더미를 보고 깜짝 놀라게 됩니다. 하지만 그래도 가장 아름다운 것은 채소를 파는 가게들과, 건포도와 무화과, 멜론을 파는 가게들이지요. 모두가 보기에 좋도록 정리가 되어 눈과 마음이 즐겁답니다. 나폴리는 신이 모든 감각을 위해 축복을 내린 장소죠.

뒷날, 날짜 없음

여기 붙잡혀 있는 터키 사람들 스케치를 보냅니다. 처음에 알려졌던 것처럼 '헤라클레스'상을 싣고 온 배가 그들을 잡은 것이 아니고, 산호 채취 어부들을 호위하던 배가 잡았답니다. 터키 사람들은 이 그리스도교도들의 배를 보고 그것을 잡으려고 접근했지만 잘못 생각했던 거죠. 그리스도교도들이 더 강해서 오히려 터키 인들이 제압을 당해 잡혀서 이곳으로 끌려왔으니까요. 그리스도교 배에는 서른 명이, 터키 배에는 스물네 명이 타고 있었죠. 터키 사람 여섯이 죽고 한 명이 부상을 입었습니다. 그리스도교도는 한 명도 죽지 않았으니, 성모께서 그들을 보호하신 거죠.

선장은 엄청난 전리품을 거두었어요. 많은 돈과 상품, 비단과 커피 그리고 젊은 무어 여인이 소유한 패물을 잔뜩 찾아냈어요.

수천 명의 사람들이 포로들, 특히 젊은 여인을 보려고 배를 타고 몰려오는 게 볼만해요. 여러 사람이 그녀를 사겠다고 많은 금액을 제안했지만, 선장이 그녀를 보내려 하지 않는답니다.

나는 매일 그쪽으로 갔는데, 한번은 기사 해밀턴과 미스 하트를 보았죠. 그녀는 감동해서 울고 있었고, 무어 여인이 그것을 보고 자기도 울기 시작했죠. 미스 하트

사로잡힌 젊은 무어 여인, Johann Heinrich Wilhelm Tischbein 作

가 그녀를 사려고 했지만 선장이 단호히 그녀를 내주기를 거부했어요. 지금 그들은 여기 없습니다. 스케치가 나머지를 보여 줄 겁니다.

뒷날 덧붙임

교황의 벽걸이 양탄자

산꼭대기에서 거의 바다까지 흘러내리는 용암을 뒤에 남겨 두기로 했던 그 엄청난 희생은 본래 목표를 달성하면서 넉넉한 보상을 해 주었다. 성체 축일에 내걸린

저 벽걸이 양탄자들을 본 것인데, 이것은 라파엘로와 그 제자들과 그 시대를 가장 영광스러운 방법으로 상기시키는 작품이다.

날실[=세로 방향으로 놓인 실]로 작업하는 양탄자 또는 벽걸이 제조법은 오틀리스[Hautelisse, 수직법]라 불리는 것으로 네덜란드에서 최고의 경지에 이르렀다. 이런 양탄자 제조 기술이 시간이 흐르면서 어떻게 발전한 것인지 나는 모른다. 12세기에는 개별 인물들을 자수나 그 밖의 방법으로 먼저 완성하고, 이어서 특별히 작업된 중간 이음 부분을 동원해 다른 조각과 이어 붙였던 것인지도 모른다. 그런 것은 옛날 주교좌성당의 성가대석 의자 위쪽에서 아직도 찾아볼 수 있고, 처음에 아주 작은 채색 유리 조각들을 이어 붙여 그림을 만든 스테인드글라스에서도 비슷한 방식의 작업이 이루어졌다. 벽걸이에서는 납과 주석 막대 대신 바늘과 실이 나타난다. 예술과 기술의 시작은 언제나 이런 식이다. 우리는 같은 방식으로 작업된 귀한 중국 양탄자를 본 적이 있었다.

무역을 많이 해서 풍요로운 화려함을 갖춘 네덜란드에서는 16세기 초에, 아마도 오리엔트 무늬에 자극을 받아 예술성 풍부한 이 기술이 벌써 최고조에 도달했던 것 같다. 그와 같은 작업들은 다시 오리엔트로 되돌아갔고, 비잔틴 방식의 불완전한 무늬와 도안을 통한 것이나마 분명 로마에도 알려졌을 것이다. 많은 점에서, 특히 미적인 감각 면에서 자유로운 위대한 교황 레오 10세는 즉시, 벽화에 그려진 내용이 자기 주변의 벽걸이 양탄자에도 똑같이 자유롭고 위대한 모습으로 등장하는 것을 보고 싶었다. 그리고 이 교황의 권유를 받아 라파엘로가 밑그림을 완성했는데, 다행히도 그리스도와 사도들의 관계를 보여 주는, 이어서 대가가 죽은 다음에는 재능 있는 남자들의 활동을 보여 주는 주제를 잡았다.

성체 축일에 우리는 처음으로 이 벽걸이 양탄자[태피스트리]를 진짜로 보았다. 이 벽걸이들은 [베드로 성당 앞 광장에] 늘어선 기둥들과 툭 트인 공간을 화려한 홀과 복도로 바꾸어 버렸다. 그것도 가장 재능이 많은 이 남자의 능력을 우리 눈앞에 확실하게 보여 주면서, 동시에 예술과 공예 두 가지 모두가 완전히 살아서 서로 만나 최고가 되는 가장 다행스러운 예를 제시한다.

라파엘로의 밑그림들은 지금까지 영국에 보존되고 있는데, 아직도 전 세계의 경탄을 받고 있다. 그중 몇몇은 확실하게 라파엘로 혼자 만든 것이고, 다른 것들은 그의 드로잉이나 지시에 따라, 그리고 또 다른 일부는 그가 죽은 다음에야 비로소 완성된 것으로 여겨진다. 모든 작품이 한결같이 위대한 예술의 규정을 증언한다. 온 세상 모든 민족의 예술가들이 자기들의 정신을 드높이고 능력을 향상시키려고 이리로 몰려와 그것을 보았다.

이것은 우리에게 독일 화가들의 성향에 대해 생각해 볼 계기를 마련해 준다. 독일 화가들은 라파엘로의 초기 작품들을 높이 평가하고 거기 이끌리면서, 당시에 이미 그런 흔적들을 남겼다.

누구나 부드러움과 우아함과 자연스러움을 드러내는, 재능 많은 섬세한 젊은이와 더 가까이 연결되어 있다고 느끼고, 설사 감히 그와 견주려 하지는 않더라도 그가 성취한 것을 자신도 이룰 수 있지 않을까 하고 속으로는 그와 경쟁을 하게 마련이다.

그러나 이미 완성된 남자에게는 그렇게 편안한 마음으로 다가가지 못한다. 우리는 가장 분명한 재능이라 해도 대체 어떤 조건들 아래서 마지막 성공의 가능성으로 올라설 수 있었을지, 그 혹독한 조건들을 짐작하고, 따라서 스스로 절망하고 싶지 않다면 뒤로 물러나서 아직 노력 중인, 성장 도중의 사람과 자신을 비교하게 되는 것이다.

이것이 바로 독일 화가들이 젊은 시절 불완전한 라파엘로에게 애착과 존중과 신뢰를 보이는 이유이다. 아직 불완전한 사람 곁에서는 자기들도 무언가가 될 수 있을 거라는 희망으로 기분이 좋아질 수 있기 때문이지만, 실은 그러려면 수백 년 세월이 요구된다.

저 라파엘로의 벽걸이 밑그림으로 다시 이야기를 돌려서, 이들이 모두 남성적으로 고안된 것이라고 말해 두자. 도덕적인 진지함, 예감에 가득한 위대함이 어디에나 나타나 있고, 여기저기 수수께끼 같긴 해도, 구세주의 죽음과 그리스도가 제자들에게 남긴 경이로운 선물을 성서에서 제대로 읽어 낸 사람에게는 모든 것이 지극히 명료하다.

무엇보다도 저 아나니아Anania가 들켜서 처벌 받는 장면을[사도행전 5장 1~11절] 살펴보기로 하자. [이 그림에 대해서는] 라파엘로의 세밀한 스케치를 따라 마르칸토니오Marcantonio가 만든 것으로 생각되는—부당한 것도 아닌—작은 동판화와, 라파엘로의 밑그림을 도리니Dorigny가 복제한 그림이 있고, 이 두 작품을 우리는 언제라도 충분히 비교해 볼 수 있으니 말이다.

여기서 구성은 옆으로 제쳐 놓아도 될 것이다. 양쪽 모두 원대한 개념, 독자성의 측면에서 가장 중요한 행위가 완전한 다양성 속에 가장 명료하게 묘사되어 있다.

사도들은 신도들이 각자 자신의 재산을 공동의 소유물로 바치기를 기다리고 있다. 한편에는 자기 물건들을 가져오는 신도들, 다른 편에서는 그것을 나누어 받는 가난한 사람들, 그리고 가운데서는 속임수를 쓴 사람이 끔찍한 형벌을 받고 있다. 인물들의 좌우 대칭 구성은 상황에 의해 주어진 것으로, 주제의 요구로 인해 좌우 대칭 질서가 감추어지기보다 오히려 생생하게 드러난다. 인체의 피할 길 없는 좌우 대칭 비율이 다양한 삶의 동작을 통해 비로소 강렬한 관심을 끄는 것과 같은 이치이다.

이 예술 작품을 바라보면 할 말이 끝이 없겠지만, 여기서는 이 묘사의 중요한 공적 하나를 지적하고자 한다. 단단히 꾸린 옷 꾸러미를 짊어지고 다가오는 두 남성은 필연적으로 아나니아의 사람들이다. 하지만 이것만으로 재산의 일부를 뒤에 숨김으로써 공동체 재산을 횡령했다는 사실을 우리가 어떻게 알 수 있나? 하지만 우리는 곧 명랑한 얼굴로 오른손의 돈을 왼손으로 넘기며 헤아리는 젊고 예쁜 여인을 주목하게 된다. 곧바로 저 고귀한 말씀이 생각난다. "오른손이 하는 일을 왼손이 모르게 하라." 그리고 이 여인이 아나니아의 아내 삽피라Saphira임을 의심하지 않는다. 그녀는 돈의 일부를 빼돌리고 사도들에게 넉넉한 돈을 내놓는다. 그녀의 명랑하고 간교한 얼굴은 이렇게 빼돌린 돈을 암시하는 것으로 보인다. 이런 생각은 거기 빠져들고 보면 놀랍고도 두려운 것이다. 앞에서는 이미 남편이 벌을 받아 끔찍한 경련을 일으키며 바닥에 쓰러져 있는데, 겨우 몇 걸음 뒤에서 아내가 그것을 알아채지 못하고 자기가 어떤 운명을 향해 걸어 들어가는지도 모른 채로, 신과도 같은 사도들을 간교하게 속이려 한다. 이 그림은 우리 앞에 영원한 문제로 나타난다. 문제의 해결이 가능하고 명료해질수록, 우리는 점점 더 경탄하게 된다. 동일한 크기의 라파엘로의 [습작] 스케치를 모방한 마르칸토니오의 동판화와, 라파엘로의 밑그림을 따른 더 큰 크기의 도리니 복제화는 우리를 한 번 더 깊은 관찰로 안내한다. 이 정도 재능을 가진 사람이[=라파엘로] 동일한 구성을 두 번째로 다룰 때에 어떠한 지혜로 변경과 강화強化를 만들어 내는가 하는 관찰이다. 이런 탐색이 우리를 긴 삶에서 얻는 가장 아름다운 기쁨에 도달하도록 해 준다는 것을 기꺼이 고백하게 된다.

7월

편지

1787년 7월 5일, 로마

내 삶 전체가 어린 시절의 꿈과 아주 비슷해 보입니다. 내가 정말로 그것을 즐기는지 아니면 이것조차도 다른 많은 것처럼 그냥 공허하다는 것만을 경험하게 될지 두고 보기로 하지요. 티슈바인이 떠나고, 그의 방은 치워지고 먼지를 털고 청소를 해서 이제 내가 기꺼이 살고 싶은 모습이 되었어요. 지금 이 순간에 쾌적한 거처를 갖는다는 게 얼마나 필요한 일인지요. 더위가 대단합니다. 아침에 해가 뜨는 것과 동시에 일어나서 아쿠아 아체토사Acqua acetosa로 갑니다. 우리 집 근처에 있는 포르타 델 포폴로에서 반 시간쯤 걸어가면 나타나는 탄산천인데, 그곳에서 약한 슈발바흐Schwalbach 맛이 나는 물을 마시죠. 이런 날씨에는 이것만 해도 효과가 있어요. 여덟 시쯤에는 다시 집에 돌아와, 기분 내키는 여러 방식으로 부지런히 보냅니다. 건강은 아주 좋아요. 더위가 모든 체액을 밖으로 내보내고, 몸속에 있는 모든 산성을 피부로 몰아가지만, 그래도 쑤시고 당기는 것보다는 간질거리는 쪽이 낫지요. 드

아쿠아 아체토사, Goethe 作

로잉에서는 취향과 손을 꾸준히 발전시키는 중이고, 건축도 더욱 진지하게 공부하기 시작했어요. 모든 것이 놀랄 정도로 쉽습니다. (그러니까 이론적으로 말이죠, 실행은 물론 평생 걸리는 일이지만.) 가장 좋은 것은 내가 어떤 자만심 또는 그런 척해야 할 일이 없다는 것이죠. 나는 원래 여기 올 때 모습보다 더 많은 것을 요구하지 않으니까요. 지금은 그 무엇이든 그냥 이름으로만, 말로만 남아 있지 않도록 노력하고 있어요. 아름답고 위대하고 존경스러운 것을 내 눈으로 보고 깨달으려고 하는 거죠. 이런 것은 흉내 작업 없이는 가능하지가 않습니다. 그래서 지금은 석고 두상 작업을 해야 합니다. (올바른 방법은 예술가들이 가르쳐 주고, 나는 그냥 가능한 것을 하는 거죠.) 주초에는 여기저기 식사 초대를 거절할 수가 없었어요. 사람들이 나를 불러 대고 있지요. 이 일이 지나가기를 조용히 기다리고 있습니다. 모리츠, 이 집에 살고 있는 몇몇 독일인, 그리고 용감한 스위스 사람 하나가 매일 만나는 이웃이고. 앙겔리카와 라이펜슈타인 고문관에게도 자주 들릅니다. 어디서나 원래대로 신중하게 행동합니다. 내 마음을 완전히 열어 보이는 사람은 없어요. 루케시니도 다시 이리로 왔는데, 그는 온 세상을 보았고 사람들도 그를 온 세상처럼 보지요. 내가 잘못 본 것이 아니라면, 그는 자신의 일을 제대로 하는 사람입니다. 이제 곧 만날 것이라 생각되는 몇몇 사람들에 대해서는 다음번에 써 보내기로 하지요.

《에그몬트Egmont》는 작업 중입니다. 잘되기를 바라고 있죠. 적어도 이 일을 하는 동안에는, 그동안 나를 속인 적이 없는 증세들에 늘 사로잡힙니다. 이 희곡을 끝내는 일을 그토록 자주 방해받다가 이제 로마에서 마침내 끝내게 되다니 참으로 이상한 일이네요. 1막은 이미 깔끔하게 정서되었고, 그 밖에도 수정이 필요 없는 전체 장면들이 더 있어요.

온갖 예술에 대해 생각할 기회가 아주 많아서 《빌헬름 마이스터Wilhelm Meister》의 양이 점점 더 늘어나고 있어요. 이제는 그 안에 있는 낡은 것들을 끊어 버려야 할 것 같아요. 무언가를 이루고자 한다면, 이제 더는 머뭇거릴 수 없는 나이에 이르렀습니다. 아마 쉽게 짐작하시겠지만 내 머릿속에는 백 가지쯤 되는 새로운 생각들이 있으니, 중요한 것은 생각이 아니라 **행동**이지요. 대상들이 필히 그럴 수밖에 없는 모습으로만 등장하도록 그려 내기란 끔찍하게 힘든 일입니다. 지금 미술 이야기를 하고 싶지만, 작품도 없이 대체 무슨 이야기를 한단 말입니까? 수많은 자잘한 어려움을 극복하기를 바라고 있지요. 그러니 내가 여기서 그토록 경이롭고도 이상하게 보내는 이 시간을 내게 허용하시고, 그것도 여러분의 사랑의 갈채를 담아 허용해 주십시오.

이만 줄이고, 생각과는 달리 빈 페이지를 부쳐야 할 판입니다. 낮의 더위가 너무 지독해서 저녁 무렵에는 잠이 들어 버렸거든요.

7월 9일, 로마

앞으로는 매주 몇 줄이라도 편지를 쓰고, 우편물 수거 날이 더웠다거나 또는 다른 어떤 우연한 일이 나를 방해해서 편지를 쓰지 못하는 일이 생기지 않도록 하겠어요. 어제는 많은 것을 보고 또 보았지요. 가장 아름다운 제단화들이 있는 교회를 아마 열두 군데쯤 들렀던 것 같아요.

그런 다음 앙겔리카와 함께 영국인 풍경 화가인 무어Moore의 집에 갔어요. 그의 그림들은 대개 아주 많은 생각을 한 끝에 나온 것들입니다. 여러 그림 중에 대홍수 그림도 있는데, 그야말로 독특한 그림입니다. 다른 사람들이 흔히 하듯이 너른 바다를 잡지 않았는데, 이런 발상으로는 언제나 널리 퍼진 물을 그릴 뿐 높이 올라오는 물을 그리지 못하니까요. 그는 사방이 막힌 높은 골짜기를 잡아서, 점점 차오르는 물길이 마침내 이 골짜기로도 넘쳐 들어오는 순간을 포착하고 있어요. 여기서는 암벽들의 형태에 기대 물의 표면이 차츰 봉우리를 향해 다가오는 것을 보게 되지요. 또한 저 뒤쪽에 물이 차오른 모습과, 암벽들이 모두 가파른 것뿐이니 정말 무시무시한 효과를 냅니다. 잿빛 바탕에 다시 잿빛이 그려졌는데, 솟구쳐 오르는 더러운 물, 뚝뚝 떨어지는 빗방울이 극히 밀접하게 결합되어서 물은 암벽을 밀고 들어오고 또 암벽에서 뚝뚝 떨어지며 거대한 덩어리를 이루어 우주의 보편적 원소로 환원해 버리려는 것 같죠. 태양은 물빛 사이로 흐린 달처럼 광채를 내지 못하고 희미하게 비칠 뿐이지만, 어쨌든 밤은 아닙니다. 전면 중앙부에 고립된 암벽의 꼭대기 평평한 자리에 몇몇 낙담한 인간들이 한순간 구원을 받아 모여 있지만, 물길이 점점 차오르니 곧 물에 휩싸이겠지요. 전체 모습은 믿을 수 없을 정도로 철저히 사유된 것입니다. 그림은 커요. 가로 7~8피트, 세로 5~6피트 정도입니다. 또 다른 그림들, 찬란하게 아름다운 아침과 탁월한 밤 풍경에 대해서는 말하지 않을 셈입니다.

아라코엘리Aracoeli 교회에서 성 프란체스코 수도회 소속 거룩한 수도사 두 분의

로마의 카피톨리노 광장, Goethe 作

복자福者 추대식 축제가 꼬박 사흘 동안 계속되었어요. 교회의 장식, 음악, 조명, 밤의 불꽃놀이 등이 엄청난 인파를 불러들였지요. 근처에 있는 카피톨리노 언덕도 조명이 되고, 그곳 광장에서 불꽃놀이를 했답니다. 전체적으로 성 베드로 축제의 모방이긴 해도 아주 아름다웠죠. 로마 여성들이 이번 기회에 남편이나 친구들을 동반하고 나타났는데, 밤에 흰옷을 입고 검은 벨트를 하니 매우 아름답습니다. 밤이면 코르소Corso 거리에도 수많은 산책객과 드라이브하는 사람들이 있지요. 낮에는 사람들이 아예 집 밖으로 나오지를 않으니까요. 열기는 참을 만해서, 며칠 전부터 서늘한 바람이 불어요. 나는 서늘한 나의 홀에서 조용히 만족스럽게 지냅니다.

열심히 일해서 《에그몬트》가 많은 진척을 보았어요. 12년 전에 이미 써 둔 그대로 인물들이 마침 브뤼셀 장면*을 보여 주고 있으니 이상합니다. 지금 사람들은 많은 것을 풍자로 여기겠지요.

7월 16일, 로마

이미 밤이 된 지 오래지만 그걸 알아챌 수가 없네요. 거리마다 사람들이 기타나 바이올린을 연주하며 노래하고, 서로 어울리면서 오가고 있기 때문이죠. 밤은 서늘하고 청량하고, 낮도 참을 수 없을 만큼 덥지는 않습니다.

어제는 앙겔리카와 함께 프시케Psyche 이야기의 그림들이 있는 파르네시나Farnesina 미술관에 갔지요. 얼마나 자주, 또 얼마나 다양한 상황에서 나는 여러분과 함께 이 그림의 채색 복제화를 내 방에서 보았던가! 내가 이 그림들을 저 복제화를 통해 거의 암기하다시피 했기에 특히 마음이 끌렸어요. 이 홀, 또는 오히려 회랑은 장식이 망가져서 고친 것이긴 해도 그 장식만으로는 내가 아는 한 가장 아름다운 것입니다.

오늘은 아우구스투스Augustus 황제의 영묘에서 짐승 몰이가 있었죠. 속이 텅 비어 있고 위쪽이 열려 있는, 크고 둥근 이 건물은 지금은 격투장이 되어 있는데, 일종의 원형 극장처럼 황소 몰이에 쓰이고 있어요. 4천~5천 명의 사람들이 들어갈 수 있죠. 구경거리 자체는 별로 즐겁지 않았고,

* 《에그몬트》에서 요제프 2세 황제와 총독인 마리아 크리스티네(Maria Christine)에 맞서는 네덜란드 사람들의 반란은 브뤼셀에서 시작된다.

7월 17일 화요일

저녁에 고대 조각상을 복원하는 전문가 알바치니Albacini의 집에 갔어요. 토르소 하나를 보려고 간 것인데, 사람들이 지금 나폴리로 옮기고 있는 파르네세 소유물 중에서 찾아낸 것입니다. 앉아 있는 아폴론 신의 토르소로, 아름다움이라는 점에서 비할 바가 없는 작품이죠. 어쨌든 이것은 고대에서 남은 일등품에 낄 만한 것입니다.

프리스Fries 백작 집에서 식사를 했어요. 그와 함께 여행 중인 카스티Casti 수도원장이 자신의 작품 《프라하의 대주교》를 낭송했죠. 작품은 매우 뛰어난 것은 아니라도 퍽 아름다운 8행시로 쓰인 것입니다. 이 사람이 내가 좋아하는 《베네치아의 테오도로 왕Re Teodoro in Venezia》의 작가이기 때문에 나는 그를 높이 평가하죠. 지금 그는 《코르시카의 테오도로 왕》을 썼고, 나는 그 작품의 1막을 읽었는데, 이 또한 극히 사랑스러운 작품입니다.

프리스 백작은 많은 것을 사들였고, 그중에는 금화 600체키노를 내고 산 안드레아 델 사르토Andrea del Sarto의 성모도 있습니다. 지난 3월에 앙겔리카가 이 작품에 450체키노를 제안했었고, 조심스러운 그녀의 남편이 반대하지 않았더라면 이 금액에 샀을 겁니다. 지금은 두 사람 모두 후회하고 있어요. 믿을 수 없을 만큼 아름다운 작품이니, 그것을 보지 않고는 상상도 못 할 종류의 것이니까요.

이렇게 매일 무언가 새로운 일이 나타나 이미 오래 지속된 것에 덧붙여지면서 큰 즐거움을 선사하지요. 나의 눈길이 좋은 발전을 하고 있으니, 시간이 흐르면 나는 진짜 전문가가 될지도 모르지요.

티슈바인은 한 편지에서 나폴리의 끔찍한 더위에 대해 불평하고 있습니다. 이곳의 더위도 정말 심하죠. 화요일에는 어찌나 더웠던지 외국인들은 스페인과 포르투갈에서도 그런 더위를 경험하지 못했다고들 합니다.

《에그몬트》는 4막으로 들어섰으니 이 작품이 여러분을 기쁘게 하기를 바라고 있어요. 3주 뒤에는 완성해서 곧바로 헤르더에게 보낼 겁니다.

스케치와 색칠도 부지런히 하고 있지요. 집에서 나가 아주 잠깐만 산책해도 가장 고귀한 대상들을 만나게 됩니다. 나의 표상과 기억은 온통 무한히 아름다운 대상들로 가득 채워지고 있어요.

7월 20일, 로마

요즈음 내 평생을 따라다니며 괴롭힌 두 가지 심각한 자신의 오류를 발견했지요. **하나는** 내가 하고자 하는, 또는 해야 하는 어떤 **기술**도 배운 적이 없다는 것입니다. 그래서 그토록 많은 타고난 소질을 갖고도 거의 아무것도 못 했지요. 그냥 정신력으로 밀어붙여서 행운이나 우연에 따라 성공 또는 실패를 하든지, 아니면 어떤 일을 제대로 생각하면서 하려고 하면 두려워하며 완성할 수가 없게 되든지 둘 중 하나입니다. 이것과 밀접하게 연관된 또 다른 결점은, 내가 어떤 일이나 사업에 필요한 충분한 시간을 거기 바치려 하지 않는다는 것입니다. 아주 많은 것을 짧은 시간 안에 생각하고 조합할 수 있다는 복을 타고났기에, 한 걸음씩 차근차근 진행하는 것을 참지 못하는 것입니다. 이제는 스스로를 교정할 시간이 되었다고 생각해요. 나는 예술의 나라에 있으니, 예술 분야를 철저히 공부해서 남은 생애 동안 우리가 편안함과 기쁨을 누리고, 또 다른 것을 향할 수 있어야겠지요.

로마는 그러기에 아주 좋은 장소입니다. 온갖 종류의 대상들만 있는 게 아니라 온갖 종류의 사람들도 여기 있어요. 올바른 길을 가는 것을 진지하게 여기는 사람들, 또 더불어 편하게 이야기를 나누며 서로 빠르게 발전할 수가 있는 그런 사람들 말입니다. 다행히도 나는 다른 사람들에게서 배우고 그들의 말을 받아들이기 시작했습니다.

그래서 이전보다 육체와 영혼의 상태가 더 좋아요! 여러분이 내가 만들어 낸 생산품을 보고 내가 거기 없음을 칭찬하시기를 바랍니다. 내가 만들고 생각하는 것을 통해 여러분과 결합되어 있지요. 그 밖에는 물론 매우 고독하고 대화를 나눌 때도 자신을 조절해야 합니다. 하지만 여기서는 다른 어느 곳보다도 그것이 쉬워요. 누구하고든 아주 흥미로운 이야기를 나눌 수 있으니까요.

멩스는 어느 구절에선가 벨베데레의 아폴론에 대해 말하면서, 똑같이 위대한 양식에다가 육체의 진실을 더 많이 결합시킨 조각상이 있다면 그것은 인간이 생각할 수 있는 가장 위대한 것이라고 말하고 있습니다. 위에 설명한 저 아폴론의 (또는 바쿠스의) 토르소를 통해 내게는 그의 소망, 또는 그의 예언이 실현된 것처럼 보였어요. 내 눈은 이런 섬세한 문제를 결정할 수 있을 만큼 충분히 훈련되지 못했는데도, 이 토르소가 내가 본 가장 아름다운 작품이라고 여기고 싶어요. 유감스럽게도 이것은 단순히 [머리와 팔다리가 없는] **토르소**일 뿐만 아니라, 조각상의 겉 부분도 여러 군데가 물에 씻겨 나갔어요. 아무래도 홈통 아래 놓여 있었던 모양입니다.

7월 22일 일요일

앙겔리카의 집에서 저녁 식사를 했죠. 이제 거의 그 집의 일요 손님이 되다시피 했어요. 식사 전에 우리는 바르베리니Barberini 궁전으로 가서 뛰어난 레오나르도 다빈치의 그림과, 라파엘로가 그린 애인의 초상화를 보았지요. 앙겔리카와 함께 그림을 관찰하는 것은 매우 즐거운 일입니다. 그녀의 눈길이 아주 잘 훈련되어 있고, 또한 미술에 대한 기본 지식이 크기 때문입니다. 게다가 그녀는 모든 아름다움, 참됨, 부드러움에 대해 극히 민감하고 믿을 수 없을 정도로 겸손하거든요.

오후에는 부유한 프랑스 사람 기사 다쟁쿠르d'Agincourt의 집에 갔었습니다. 그는 시간과 돈을 들여 미술의 쇠망부터 부활까지의 미술사를 쓰고 있지요. 그가 모아 놓은 수집품은 정말로 흥미롭습니다. 저 어둡고 막막하던 시절에도 인간의 정신이 얼마나 바빴던가를 볼 수가 있어요. 그의 책이 완성되면 매우 주목할 만한 책이 될 겁니다.

지금 나는 무언가를 계획해서 그것을 배우고 있습니다. 내가 풍경화 하나를 상상해서 스케치했는데, 능숙한 화가 디스Dies가 내 앞에서 내 그림에 색을 입히고 있어요. 그를 통해 눈과 정신이 색채와 하모니에 점점 더 익숙해집니다. 전체적으로 모든 일이 잘 진척되고 있는데, 다만 언제나 그렇듯이 내가 일을 너무 많이 하고 있어요. 가장 큰 기쁨은 내 눈이 더욱 확고한 형식들을 볼 수 있고 쉽사리 형태와 비율에 익숙해지면서 동시에 자세와 전체에 대한 나의 옛 감정이 생생히 되살아 난 일입니다. 모든 것이 훈련에 달린 것 같아요.

7월 23일 월요일

저녁때 트라야누스Trajanus 기둥이 있는 곳으로 올라가 이루 말할 수 없이 귀한 전망을 즐겼어요. 해가 질 때 그 위에서 바라보는 콜로세움이 매우 찬란한데, 카피톨리노 언덕이 아주 가까이에 있고, 그 뒤로 팔라티노 언덕, 이어서 도시가 보입니다. 늦게야 거리를 통해 천천히 돌아왔어요. 오벨리스크가 서 있는 몬테 카발로Monte Cavallo 광장은 정말 볼만한 곳입니다.

7월 24일 화요일

해가 지는 것을 보고 신선한 공기를 마시고, 내 정신을 위대한 도시의 모습으로 가득 채우고, 그 긴 선線들을 통해 내 관점을 확장하면서 또 단순하게 만들고, 수많은 아름답고 다양한 대상들을 통해 더 풍부하게 만들 셈으로 빌라 파트리치Villa Patrizi에 갔었어요. 또한 안토니누스Antoninus 기둥을* 보고 달빛을 받은 키지Chigi 궁전도 보았죠. 흰색으로 빛나는 기둥 받침이 있는, 옛날부터 검은색인 기둥을 더 밝은 밤하늘을 배경으로 바라보았어요. 이런 산책길에 얼마나 많은 아름다운 개별 대상들을 만나는 것인지요. 하지만 이 모든 것의 일부만이라도 자기 것으로 만들려고 하면, 얼마나 많은 노력을 기울여야 하는지요! 단계적으로 하나하나 배우려면 한평생, 아니 여러 사람의 평생이 필요한 것 같아요.

7월 25일 수요일

프리스 백작과 함께 피옴비노Piombino 왕자의 보석 수집품을 보러 갔어요.

27일 금요일

그 밖에도 젊은이나 나이 든 이나 모든 화가들이 내 얼마 안 되는 재능을 키우고 확장하도록 도와줍니다. 원근법과 건축물 묘사, 그리고 풍경 구성에서 조금 진척을 보고 있어요. 살아 있는 생명체를 그리는 일은 아직 제자리걸음인데, 이게 일종의 심연이라 해도 진지함과 근면함으로 이 심연도 건널 수 있겠지요.

* 여기서 말하는 안토니누스 기둥(Colonna Antonina)은 오늘날 마르쿠스 아우렐리우스 기둥(Colonna di Marco Aurelio)으로 불린다. 키지 궁전 바로 앞에 위치. 한동안 안토니누스 피우스 황제의 기둥으로 잘못 알려졌었다. 실은 아우렐리우스 황제의 아들 코모두스가 아버지의 업적을 기리기 위해 세운 기념 기둥.

내가 지난주에 베푼 음악회 이야기를 했는지 모르겠군요. 여기서 내게 많은 도움을 주신 분들 몇을 음악회에 초대하고, 코믹[희극] 오페라의 가수들을 동원해 최근의 막간극들 중에서 최고 작품들을 연주하게 했지요. 모두 만족했어요.

내 방은 이제 말끔히 청소되어서 더위가 심할 때도 여기서 극히 편하게 지낼 수 있답니다. 하루는 흐리고, 하루는 비, 하루는 천둥 치는 날씨, 그리고 맑지만 아주 덥지 않은 며칠을 보냈지요.

1787년 7월 29일 일요일

앙겔리카와 함께 론다니니Rondanini 궁전에 갔어요. 내가 처음으로 보낸 편지들에서 메두사 이야기를 했던 것 기억하시죠. 이것은 당시에 이미 내게 매우 또렷한 인상을 주었는데, 지금은 가장 큰 기쁨을 주고 있어요. 그 작품이 세상에 있으며 그런 것을 만드는 게 가능하다는 사실을 안다는 것만 해도, 자신이 전보다 두 배나 더 인간이 된 기분입니다. 그 작품에 대해 말해 봤자 모조리 공허한 입김에 지나지 않는 것만 아니라면, 얼마나 기꺼이 그 이야기를 하고 싶은지요. 하지만 미술품은 보라고 있는 것이지, 이야기하라고 있는 것은 아니지요. 고작해야 작품을 눈앞에 두고 이야기를 할 수 있는 정도겠지요. 내가 전에 이미 내뱉은 미술에 대한 온갖 수다가 얼마나 부끄러운지요. 이 메두사의 훌륭한 석고 모형을 입수하는 것이 가능하다면 하나 가져가겠지만, 그러려면 아마 새로 만들어야 할 겁니다. 여기서 파는 것 몇 가지는 갖고 싶지 않은 것들뿐이니까요. 이런 것들은 우리에게 원본에 대한 개념을 제공하고 보존해 주기보다는, 오히려 그 개념을 망가뜨릴 뿐입니다. 특히 입이 이루 말할 수 없이 크네요.

30일 월요일

하루 종일 집에 머물러 부지런히 작업했어요. 《에그몬트》는 서서히 마지막으로 향하는데, 4막이 거의 완성 단계입니다. 복사본이 만들어지면 곧바로 승마 우편으로 보내 드리지요. 여러분이 이 작품에 어느 정도 갈채를 보낸다는 말을 듣는다면, 얼마나 큰 기쁨이 될는지요! 이 작품을 쓰고 있으니 다시 젊어진 기분입니다. 읽는 이에게도 신선한 인상을 준다면 좋겠습니다. 저녁에는 집 뒤쪽 정원에서 작은 무도회가 있었는데, 우리도 초대를 받았지요. 지금이 무도회 철이 아닌데도 매우 즐거웠어요. 이탈리아 여자들은 자기들만의 매력이 있어서 10년 전이었다면 몇 가지 일이 벌어졌을 수도 있겠지만, 이제 이런 종류의 불길은 식어 버렸네요. 그래서 끝까지 남아 있지도 않고 도중에 자리를 떴습니다. 달밤은 믿을 수 없을 정도로 아름다워요. 안개를 뚫고 올라올 때까지 달은—come il sole d'Inghilterra[마치 영국의 태양처럼]—누렇고 따스하지만, 나머지 밤 동안은 환하고도 친절합니다. 서늘한 바람이 불어오니 모든 것이 살아납니다. 새벽 무렵까지 거리에는 사람들이 남아서 연주와 노래가 계속되는데, 자주 오페라나 콘서트에서 듣는 것만큼, 또는 그 이상으로 아름다운 듀엣을 듣게 됩니다.

7월 31일 화요일

이런 달밤 효과 일부를 종이에 옮기려 애써 보았고, 그다음에도 다른 온갖 미술 작업으로 보냈습니다. 저녁에는 동향 사람 하나와 산책을 나갔는데, 우리는 미켈란젤로와 라파엘로 중 누가 더 나은가를 두고 입씨름을 벌였어요. 나는 미켈란젤로를, 상대방은 라파엘로를 옹호하다가 마지막에는 레오나르도 다빈치를 찬양하는 것으로 마무리를 지었죠. 이 모든 이름들이 단순한 이름이기를 그치고, 이 뛰어난 사람들이 지닌 살아 있는 가치에 대한 개념이 점점 더 완전해지고 있으니 나는 얼마나 행복한지요.

밤에는 희극 오페라에 갔어요. 새로운 막간극으로 쓰인 [도메니코 치마로사의 오페라] 《L'Impresario in angustie[노심초사 극장 지배인]》는 아주 훌륭했고, 극장이 몹시 무덥긴 했어도 여러 밤이나 계속될 것 같습니다. 시인은 작품을 낭송하고 단장과 프리마 돈나는 그를 찬양하고, 다른 편에서 작곡가와 세콘다 돈나가 그를 비판하다가 모두의 싸움질로 끝나는 5중주곡이 퍽 재미있어요. 여자로 분한 카스트라토들이 자기 역할을 시간이 흐르며 점점 더 잘해서 점점 더 인기를 끌었죠. 급조된 작은 여름 극단으로서는 정말 훌륭했어요. 그들은 매우 자연스럽게 훌륭한 유머로 연기를 했으니까요. 이 가엾은 사람들은 더위로 정말 고생을 했죠.

뒷날 덧붙임

다음에 내가 끼워 넣으려고 생각하는 글을 준비하기 위해, 앞서 이미 나온 책에서 사건이 일어나는 동안에는 별로 주목받지 못한 몇몇 구절을 여기에 다시 끼워 넣을 필요가 생겼다. 그로써 내게는 그토록 중요한 사건들을 자연 과학의 벗들에게 한 번 더 읽도록 추천하는 바이다.

1787년 4월 17일 화요일, 팔레르모

사람이 여러 유령에게 쫓기고 유혹을 당한다면 그야말로 진짜 불운이다! 오늘 오전에 나의 문학적 꿈을 계속하겠노라는 확고하고도 고요한 의도를 품고 공원으로 나갔다. 다만 실행에 옮기기도 전에 요즘 내 뒤를 쫓던 또 다른 유령에게 붙잡히고 말았다. 한 해의 대부분을 온실 안에서 지내는, 보통 때는 화분에 심어진 것만 보던 수많은 식물이 여기서는 자유로운 하늘 아래 즐겁고도 싱싱하게 서 있다. 게다가 이런 식물들이 본래의 규정을 완벽하게 실현하고 있으니, 우리 눈에는 더욱 분명해진다. 갖가지로 새로운 형태들과 새로워진 형태들을 보면서 이런 식물 무리에서 원형 식물을 발견할 수 있을 게 아닌가 하는 나의 오랜 망상이 다시 나타났다. 원형 식물이란 게 있을 것이 분명하다. 그들이 **하나의** 모범에 따라 형성된 것이 아니라면, 이것 또는 저것이 식물이라는 사실을 우리가 무엇을 보고 안단 말인가?

수많은 서로 다른 형태들이 무엇으로 서로 분간되는가를 알아내려고 많은 탐색을 했다. 그리고 언제나 차이점보다는 비슷한 점을 더 많이 발견했고, 나의 식물학 용어를 동원하면 술술 풀리기는 했으나 결실은 없고, 그것은 나를 돕지는 못한 채 오히려 불안하게만 했다. 나의 훌륭한 문학적 의도는 방해를 받고, [《오디세이》에 나오는 나우시카의 아버지] 알키노스Alcinoos의 정원은 사라지고, 대신 세계 정원이 펼쳐졌다. 우리 현대인은 어쩌자고 이리 산만한지, 우리 자신이 성취할 수도 도달할 수도 없는 도전에 어쩌자고 그리 자극을 받는 것인지!

1787년 5월 17일, 나폴리

나아가 내가 식물의 번식 및 기관의 비밀에 매우 가까이 다가갔으며, 그것이 생각할 수 있는 가장 단순한 것이라는 점도 털어놓아야겠지요. 이탈리아의 하늘 아래서 가장 아름다운 관찰을 할 수 있으니. 싹이 맺히는 지점을 아주 분명하고도 의심의 여지 없이 찾아냈죠. 나머지 모든 것도 전체로는 이미 보고 있으나, 몇 가지 점들은 더욱 확실하게 규정되어야 해요. 원형 식물은 자연 자체도 나를 질투할 정도로, 세상에서 가장 경이로운 피조물이 될 것입니다. 이 모델 또는 이 열쇠를 가지면, 일관성을 지닐 수밖에 없는 식물들을 무한히 창안해 낼 수 있지요. 그러니까 어떤 식물이 설사 존재하지 않더라도, 회화적인 또는 문학적인 그림자나 환영이 아닌, 내적인 진실성과 필연성을 지닌 존재 가능한 식물들을 말입니다. 동일한 법칙이 나머지 모든 생명체에도 적용될 것입니다.

더욱 상세한 이해를 위해서는 짤막하게 몇 마디 더 해야 한다. 우리가 흔히 잎이라고 부르는 식물의 기관器官에는, 온갖 형태로 변해 모습을 감추거나 드러낼 수 있는 [무한한 변신의 능력을 지닌 해신海神] 프로테우스Proteus가 감추어져 있다는 생각이 떠올랐다. 식물은 이전이나 이후에 언제나 미래의 싹과 떼어 낼 수 없이 합쳐져 있는 잎에 지나지 않으니, 하나가[=잎] 없이는 다른 하나도[=미래의 싹] 생각할 수가 없다. 그와 같은 개념을 파악하고 견디고, 그것을 자연에서 찾아내는 것은 하나의 과제인데, 이 과제는 우리를 고통스러운 달콤함으로 데려간다.

마음을 흔드는 자연 관찰들

가능성이 풍부한 생각이란 게 어떤 것인지 스스로 경험한 사람이라면, 그것이 우리 자신에게서 나온 것이든 아니면 다른 사람과의 공감에서 얻은 것이든 어쨌든, 그런 생각을 통해 우리 정신 안에서 얼마나 정열적인 움직임이 일어나는지 알 것이다. 이런 생각이 앞으로 점점 더 발전하면 마침내 어떤 결론에 도달할 것인지 전체를 예감하면서 우리는 얼마나 열광하는 것인가. 이런 점을 생각한다면, 내가 그런 깨달음과 정열을 받아들여 계속 거기 이끌렸다는 것을, 오로지 거기에만 몰두했다고 할 수는 없지만, 어쨌든 나머지 삶 전체를 통해 내가 거기 집중하지 않을 수 없다는 것을 인정해 줄 것이다.

이런 성향이 내면에서 나를 아무리 사로잡았다 한들, 로마로 돌아온 다음 그 어떤 규칙적인 탐색도 생각할 수가 없었다. 문학, 미술, 고대 등 모든 것이 제각기 나를 어느 정도 완전히 붙잡아서 나는 살면서 이보다 더 열성적으로 몰두한 적이 없었다. 그런데도 매일 산책길이나 작은 드라이브에서 만나는 그 어떤 정원에서든 눈에 띄는 식물의 표본을 가져왔다고 말한다면, 식물학자들에게는 아마 너무 순진한 일로만 생각될 것이다. 특히 씨앗이 영글기 시작할 때 그중 얼마나 많은 것이 낮에 처음으로 나오는지를 관찰하는 것이 내게는 중요했다. 다 자라면 보기 흉해지는 백년초Cactus opuntia의 싹트기에 주목하고, 이 선인장이 처음에 쌍떡잎식물의 방식으로 두 개의 섬세한 작은 잎을 펼치는 것과, 이어서 차츰 자라면서 뒷날의 흉한 모습을 드러내는 것을 만족감을 품고 관찰했다.

씨앗 꼬투리에서도 역시 눈에 띄는 점을 보았다. 쥐꼬리망촛과인 아칸서스Acanthus mollis의 꼬투리 여럿을 집으로 가져다가 뚜껑 없는 상자에 놓아두었다. 어느 날 밤 탁 소리가 들리더니 작은 물체들이 벽과 천장으로 튀었다. 처음에는 무언지 몰랐지만 나중에야 아칸서스 깍지들이 터져서 씨앗이 사방으로 튀었음을 깨달았다. 방이 건조해서 겨우 며칠 만에 씨앗이 튀어 나갈 정도로 여물었던 것이다.

이런 식으로 관찰한 많은 씨앗들 가운데 몇 가지를 더 언급해야겠다. 그들 중 일부가 얼마 동안 옛 로마에서 번성했기 때문이다. 소나무 씨앗들은 아주 특이한 방식으로 열린다. 이들은 부풀어 올라 마치 계란처럼 되었다가 두건이 갑자기 떨어지고, 초록색 바늘로 이루어진 화관 속에는 벌써 장래 모습이 단초를 드러낸다.

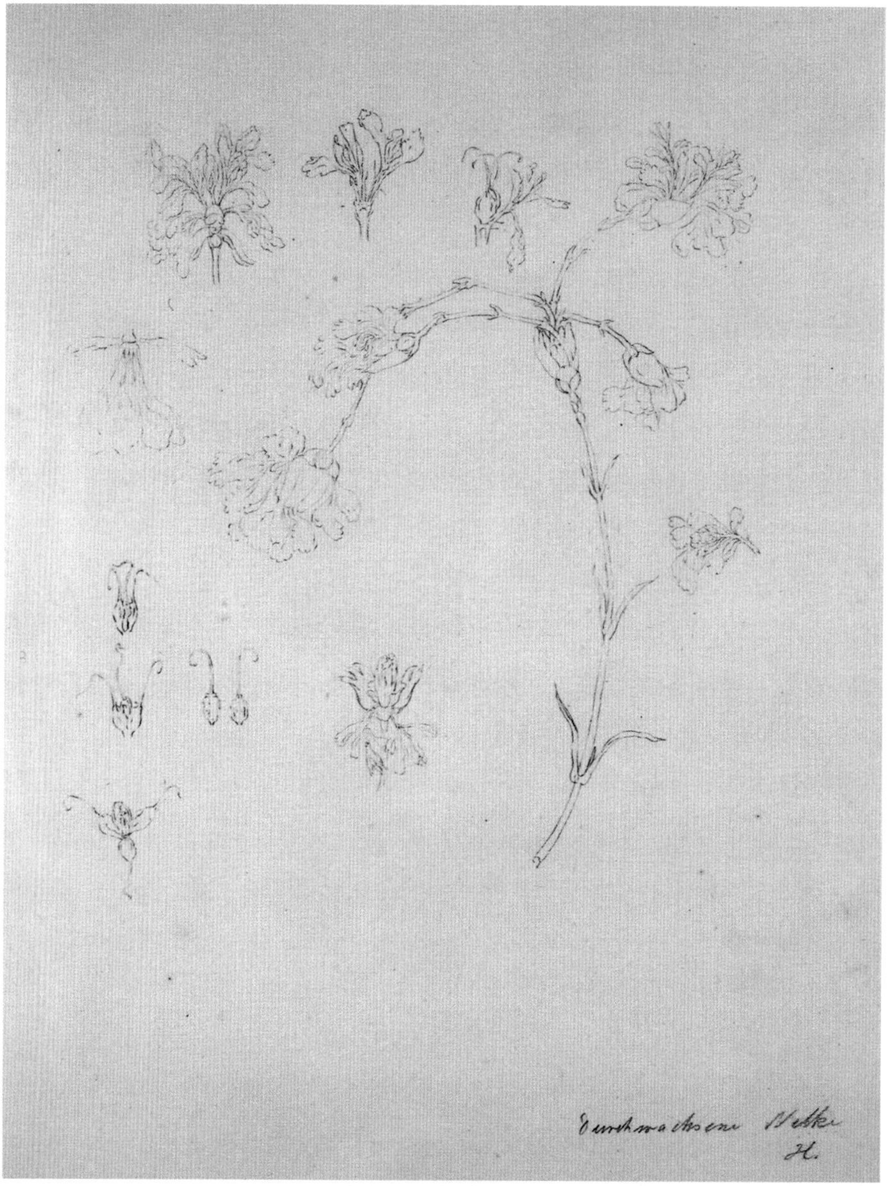

줄기를 잘라 낸 카네이션, Goethe 作

지금까지의 설명은 씨앗을 통한 번식의 설명이지만, 나는 눈bud을 통한 번식에도 주의를 기울이게 되었다. 산책할 때마다 여기저기서 나뭇가지를 꺾어다가 땅에 다 꽂기만 하면 번식한다고 매우 꼼꼼히 주장한 라이펜슈타인을 통해서였다. 그는 자신의 주장에 대한 결정적인 증거로 자기 집 정원에서 뿌리를 내리기 시작한 이런 나뭇가지 몇 개를 보여 주었다. 그가 제대로 체험하기를 내가 진정 소망했건만, 원예 영역에서 이렇게 널리 시도된 번식 방식이 바로 다음 세대에는 얼마나 덜 중요하게 되었던가.

덤불처럼 높이 자란 카네이션 종류가 가장 놀라운 것이었다. 이 식물의 강력한 생명력과 번식력을 볼 수 있다. 줄기가 온통 눈으로 덮여서 눈 위에 다시 눈이 있고, 마디 속에 다시 마디가 들어 있다. 시간이 흐르면서 이런 마디가 다시 높아지고, 일일이 탐색하기 어려울 정도로 촘촘하게 눈들이 들어차서, 피어난 꽃의 품에서 다시 네 개의 꽃들이 솟아 나온다.

이런 경이로운 모습을 보존할 그 어떤 수단도 눈앞에 보이지 않기에 나는 그것을 정밀하게 스케치하려 노력했고, 그 과정에서 형태 변화라는 기본 개념에 대해 점점 더 많은 통찰에 도달했다. 너무 많은 의무로 인해 산만해지는 탓에 점점 더 집요해졌으며, 로마 체류의 끝이 보이면서 점점 더 꼼꼼해지고 더욱 부담감을 느꼈다.

* * *

상당히 긴 시간을 완전히 조용히 보내고, 상류층의 이런저런 온갖 모임에서 멀어지게 된 다음에 우리는 한 가지 잘못을 범하는 바람에, 언제나 새롭고 이상한 사건들을 찾으려는 사회의 관심을 적잖이 우리에게로 끌어들이고 말았다. 일은 다음과 같이 일어났다. 앙겔리카는 극장에 가는 법이 없었고, 우리는 그 이유가 무엇인지 알아보지도 않았다. 하지만 열렬한 무대의 벗인 우리는 그녀가 있는 자리에서 치마로사Cimarosa 음악의 효과와 가수들의 우아함과 노련함을 제대로 칭찬할 바를 몰랐기에, 그리고 그녀가 그런 즐거움에 동참하기를 원했기에, 일이 차츰 커져서 우리 젊은 사람들, 특히 가수나 음악가들과 좋은 관계를 유지하고 있던 부리Bury가 일을 추진해서 이들 음악가들이 자기들의 열광적인 벗이자 열렬히 갈채를 보내는 우리 앞에서, 어쩌면 한 번쯤은 우리 숙소의 홀에서 음악을 연주하고 노래를 하겠노라고 자청하고 나서게 되었다. 그런 의도는 자주 이야기되고 제안되고 미루어지고, 그러다가 마침내 젊은 축의 소망에 따라 즐거운 실현에 이르렀다. 바이마르 공작에게 봉사하는 숙련된 바이올리니스트로 콘서트마스터이기도 한 크란츠Kranz가 마침 이탈리아에서 연습 겸 휴가를 보내려고, 우리가 짐작도 못 하고 있을 때 이곳에 도착한 것을 계기로 서둘러 날짜가 결정되었다. 그의 재능이 음악을 좋아하는 사람들의 편을 들면서 우리는 마담 앙겔리카와 그 남편, 고문관 라이펜슈타인, 젠킨스Jenkins 씨, 볼파토Volpato 씨, 그 밖에도 우리에게 친절하게 대해 준 다른 신사들을 작은 축제에 초대할 기회를 얻었다. 유대인들과 도배공들이 홀을 꾸미고, 가까이에 있는 커피 집 주인이 다과를 맡았다. 그렇게 해서 극히 아름다운 여름밤에 빛나는 콘서트가 열렸는데, 그러자 창문 아래로 상당히 많은 군중이 모여서는, 마치 극장에서 하는 것처럼 노래에 어울리는 갈채를 보내 주었다.

가장 눈에 띄는 일은, 음악 팬들로 이루어진 오케스트라가 타고 있던 큼직한 마차 한 대가 밤의 도시를 통과해서 즐거운 드라이브를 나가다가 우리 창문 아래 멈추어서는, 위에서 나오는 음악에 열렬한 갈채를 보내고 나서, 우리가 일부만 공연한 오페라에서 임의의 아리아 하나를 골라 베이스 목소리 하나가 온갖 악기들로 이루어진 반주와 함께 노래를 했다. 우리도 요란한 박수로 답례를 보냈고, 그곳에 모여 있던 군중도 박수에 합세했다. 모든 사람이 밤의 즐거움에 여러 번이나 참석해 보았지만, 이렇듯 우연까지 합쳐져서 완벽하게 성공적인 즐거움을 누려 본 적은 없노라고 말했다.

론다니니 궁전 건너편에 있는 단정하고 조용하던 우리 집이 갑자기 코르소 거리의 주목을 끌게 되었다. 부유한 나리 한 사람이 저 집에 들어온 것이 분명한데, 도시의 잘 알려진 이름들 중에 찾을 수 있는 이름이 아니라는 소문이 돌았다. 물론 여기서는 예술가들이 예술가들을 위해 공연한 것이라 경비가 적당히 들었을 뿐이지만, 만일 그런 축제 하나를 돈으로 감당하려 했다면 상당한 금액이 필요했을 것이다. 우리는 전과 마찬가지로 조용한 생활을 계속했지만, 부자에다 유명한 집안 출신이라는 선입견이 우리를 떠나지 않았다.

프리스 백작이 도착하면서 더욱 생동하는 사교 생활의 계기가 되었다. 그는 카스티 수도원장을 동반했는데, 카스티는 당시 아직 인쇄되지 않은 사랑의 이야기[《Novelle Galanti》]들을 낭송해서 큰 즐거움을 만들어 냈다. 명료하고도 자유로운 그의 낭송은 위트가 넘치는 매우 외설적인 묘사들에 완벽한 생명력을 불어넣었다. 선량하고 부유한 예술 애호가가 늘 믿음직한 사람들하고만 거래하지 못한다는 것이 유감이다. 잘라서 위조된 보석을 사들인 사건이 많은 논쟁과 불쾌감을 만들어 냈다. 하지만 아름다운 조각상을 산 것은 그에게 기쁨이 될 만했다. 파리스Paris 또는 다른 사람들 생각으로는 미트라스Mithras의 조각상이었다. 이 조각상은 지금 피오-클레멘티노Pio-Clementino 박물관[=바티칸 박물관]에 서 있는 조각상과 짝을 이루는 것으로, 이 두 조각상은 함께 모래 구덩이에서 발견되었다. 하지만 이런 미술품 거래에서 백작을 기다리고 있던 것은 중개인들만이 아니었기에 그는 여러 번이나 못마땅한 경험을 했고, 게다가 이런 더운 계절에 스스로를 어떻게 보호해야 할지를 몰라서 여러 질병에도 시달렸다. 그가 여러모로 내게 친절함을 보였기에 나로서는 그럴수록 더욱 고통스러웠다. 피옴비노 왕자의 희귀한 보석 수집품을 관람한 것도 그의 친절함 덕이었다.

친구들로 둘러싸인 괴테를 그리는 화가, Friedrich Bury 作

프리스 백작의 거처에는 미술품 거래상들 말고도 수도사 복장의 이른바 문인文人들도 드나든다. 이 사람들과는 쾌적한 대화를 할 수가 없다. 민족 문학에 대한 이야기가 시작되어 어떤 가르침이라도 얻으려고만 하면 곧바로 아리오스토를 좋아하느냐, 아니면 타소를 좋아하느냐, 둘 중 누가 가장 위대한 시인이라고 생각하느냐는 질문으로 넘어간다. 만일에 하느님과 자연 덕분에 그렇게 탁월한 두 사람이 한 민족에게 주어졌고, 시기와 상황에 따라, 처지와 느낌에 따라, 두 사람이 제각기 가장 탁월한 순간들을 우리에게 제공하고 우리를 안심시키고 매혹한다고 대답하면, 아무도 이런 이성적인 답변에 만족하지 않는다. 자기가 편드는 사람을 점점 더 추어올리고, 반대로 다른 사람은 한없이 아래로 추락시킨다. 나는 처음에 몇 번 그렇게 깎아내려진 사람을 옹호하는 일을 스스로 떠맡아 그의 장점을 부각시키려고 해 보았다. 하지만 이것은 제대로 되지 않았고, 사람들은 편을 갈라 굳건하게 고집을 부렸다. 언제나 같은 일이 계속 되풀이되는 데다, 그런 주제가 내게는 너무 중요해서 변증법으로 그 주제를 논할 수가 없기에 그런 대화를 피했다. 특히 사람들이 본래 대상에 대한 관심은 없이 그냥 구절들만 놓고 발언하고 주장한다는 사실을 알았기 때문에 더욱 그랬다.

하지만 단테가 주제로 떠오르면 일은 더욱 고약해졌다. 신분이 높고 재치도 있으며 이 특별한 작가에 대해 진짜 관심도 가진 한 젊은 남자가 나의 갈채와 인정을 좋게 받아들이지 않고서, 이탈리아 사람도 전부 따라가기 힘든 이렇듯 특별한 인물을 이해하는 일을 외국인들은 포기해야 한다고 거침없이 주장했다. 몇 번이나 설전이 오간 다음 나는 마침내 지겨워져서 그의 발언에 찬사를 보내고 싶어진다고 고백했다. 이 작품을 대체 어떻게 탐구해야 할지 알 수가 없었노라고 말이다. '지옥'은 내게는 아주 역겨웠고, '연옥'은 이중 의미로 느껴졌고, '천국'은 지루했다고 말했다. 그러자 그는 매우 만족해서 자신의 주장에 대한 논거를 여기서 이끌어 냈다. 이거야말로 내가 이 문학 작품의 깊이와 높이를 이해하지 못한다는 것을 입증하는 증거란다. 우리는 최고의 친구가 되어 작별했다. 그는 심지어 자기가 오래 고심해서 마침내 그 의미를 습득하게 된 몇몇 어려운 구절을 내게 알려 주고 설명해 주겠노라는 약속까지 했다.

유감스럽게도 화가나 미술 애호가와의 대화도 이보다 더 낫지가 않았다. 하지만 자신도 가지고 있음을 인정하는 오류를 다른 사람에게도 용서해 줄 수밖에 없다. 때로는 라파엘로가, 때로는 미켈란젤로가 더 낫다고 주장하다가 마지막에는 다음과 같은 결론이 나왔다. 인간이란 이렇듯 제한된 존재이니 위대한 사람을 향해 자신의 정신을 열어 놓은 경우라도, 서로 다른 종류의 위대함을 똑같이 찬양하고 인정하는 능력에는 도달하지 못한다고 말이다.

나는 티슈바인이 그리웠는데, 그의 생생한 편지들이 그가 여기 없는 것을 많이 메꾸어 주었다. 그는 천재적인 발상들과 기묘한 사건들에 대한 재치 있는 이야기들 말고도, 나폴리에서 자기를 유명하게 만든 어떤 그림의 스케치와 드로잉들을 보내 주었기에 상세한 것을 알 수 있었다. 이 스케치에는 상반신만 그려진 오레스테스Orestes가 이피게니아의 제단 앞에 서 있고, 지금까지 그를 쫓던 복수의 여신들이 이제 그를 떠나고 있다. 이피게니아는 당시 아름다움과 명성의 절정에 올라 빛나던 레이디 해밀턴[=미스 하트]의 뛰어난 초상화이다. 복수의 여신 한 명도 그녀와 닮은 모습으로 고귀하게 묘사되었는데, 이렇게 해서 그녀는 모든 여주인공, 뮤즈, 반신半神들의 전형典型이 되었다. 그와 같은 일을 할 수 있는 화가라면 기사 해밀턴의 사교 모임에서 분명 매우 환영받았을 것이다.

8월

편지

1787년 8월 1일

더위 때문에 하루 종일 조용히 부지런히 지내고 있죠. 이렇게 대단한 더위에 느끼는 가장 큰 기쁨이라면, 여러분도 아마 독일에서 이번 여름에 좋은 날씨를 맞이하고 있으려니 하는 확신입니다. 여기서 건초 거두는 것을 보면 아주 재미있어요. 이 계절엔 비가 전혀 내리지 않아 원하는 시간 언제라도 일을 할 수 있거든요.

저녁에는 테베레Tevere 강변에서 수영을 했죠. 시설 좋고 안전한 이동식 탈의실이 있어요. 그런 다음엔 트리니타 데 몬티Trinita de Monti까지 걸어가면서 달빛 속에 신선한 공기를 즐겼어요. 이곳의 달빛은 우리가 생각하는, 또는 상상하는 모습 그대로입니다.

《에그몬트》 4막이 마무리되었으니 다음번 편지에선 이 희곡을 완전히 끝냈다는 소식을 전할 수 있기를 바랍니다.

8월 11일

내년 부활절까지는 이탈리아에 머물 예정입니다. 지금은 배우는 일을 그만둘 수가 없어요. 내가 잘 견디기만 한다면 나는 분명 나 자신 말고 친구들에게도 기쁨을 줄 수 있을 정도까지 발전할 겁니다. 여러분은 계속 내 편지를 받을 것이고, 또 내가 쓴 글은 하나씩 그쪽으로 보낼 거예요. 전에는 툭하면 내가 거기 있으나 죽은 사람이라고 탄식하셨지만, 이제 나는 거기 없으나 살아 있는 사람이라고 생각하실 겁니다.

《에그몬트》는 거의 완성되었으니 이달 말에는 원고를 부칠 수 있을 거예요. 그런 다음엔 고통스러운 마음으로 여러분의 판결을 기다리겠지요.

미술에 대한 지식과 연습을 덧붙이지 않고 지나가는 날이 하루도 없습니다. 뚜껑을 열고 물속에 집어넣은 병이 쉽게 물로 채워지듯이, 여기서는 감수성이 있고 각오만 되어 있으면 쉽사리 속이 가득 채워지지요. 사방에서 미술 요소가 쏟아져 들어오니까요.

여러분이 지금쯤 좋은 여름 날씨를 맞이할 것을 나는 여기서 미리 예상할 수 있었어요. 이곳에서는 여름내 똑같이 맑은 하늘에 한낮에는 더위가 기승을 부리는데, 내가 머무는 서늘한 홀에서는 이런 더위를 피할 수 있습니다. 9월과 10월에는 시골에서 보내면서 자연을 그릴 셈입니다. 어쩌면 다시 나폴리로 가서 하케르트의 수업을 받을지도 모르겠어요. 시골에서 그와 함께 머문 2주 동안 나는 혼자서 여러 해 걸려 진척시켰을 것보다 더 많은 발전을 경험했으니까요. 아직 당신에게 아무것도 보내지 않은 채 작은 스케치 열두어 장을 보관하고 있어요. 뭔가 훌륭한 것을 한꺼번에 보내려고요.

이번 주는 조용하고 부지런히 공부하는 가운데 지나갔어요. 특히 원근법에서 많은 것을 배웠죠. 만하임Mannheim 아카데미의 교장 아들인 페어샤펠트Verschaffelt는 이 분야를 철저히 공부한 사람인데, 자신의 기술을 내게 가르쳐 주고 있어요. 내 화판에는 몇몇 달빛 풍경과 색칠한 것들이 있고, 그 밖에도 너무 대담해서 여기서 이야기하기 어려운 몇몇 착상들도 있습니다.

1787년 8월 11일, 로마

공작부인께 긴 편지를 썼어요. 이탈리아 여행을 1년 연기하시라고 말씀드렸죠. 10월에 출발한다면 날씨가 바뀌는 시점에 이 아름다운 나라에 도착할 것이고, 그러면 별 재미가 없을 테니까요. 공작부인이 이 문제와 또 다른 점에서 내 충고를 따르신다면, 물론 운이 따라야겠지만 기쁨을 누리실 겁니다. 나는 충심으로 그분이 이탈리아 여행을 하시기를 빕니다.

나나 다른 사람을 위해 모든 것이 잘 정리되어 있으니 편안한 마음으로 장래를 기다립니다. 아무도 자신을 바꾸거나 자신의 운명을 벗어날 수 없는 법이죠. 이 편지를 보고 당신은 내 계획이 무언지 아실 터이니, 그것을 인정해 주시기를 바랍니다.

앞으로 자주 편지를 쓸 것이고, 겨우내 마음속으로는 여러분과 함께할 것입니다. 《타소Tasso》는 새해가 지난 직후에 나올 것이고, 《파우스트》는 외투를 입은 심부름꾼이 되어, 내가 곧 도착한다는 소식을 알리게 될 겁니다. 그러면 내 삶에서 가장 중요한 시기를 이미 끝낸 상태일 것인데, 그런 다음에 처음부터 다시 시작해서 꼭 필요한 것을 붙잡을 수 있을 겁니다. 나는 훨씬 더 가벼운 마음이고, 1년 전과는 거의 다른 사람이 된 것만 같아요.

내게 본질적이고도 가치가 있는 것들을 풍부하게 넘치도록 지니고 살고 있어요. 지난 몇 달 동안 비로소 이곳에서의 시간을 진짜로 즐겼어요. 이제 모든 것이 명료해졌고, 미네르바 여신이 유피테르의 머리에서 태어난 것처럼, 예술은 위대한 남자들의 머리에서 태어나 이제 나의 두 번째 천성이 되었어요. 나중에 여러분은 이 모든 이야기를 여러 날, 또는 여러 해 동안 듣게 될 겁니다.

여러분 모두 좋은 9월을 맞이하시기를 빌어요. 우리 모두의 생일이 모여 있는 8월 말에 부지런히 여러분을 생각할게요. 더위가 가시면 시골로 나가 스케치를 할 거고, 그사이에는 스튜디오에서 할 수 있는 것을 하기는 하는데, 자주 쉬어야만 합니다. 저녁이면 특히 감기에 걸리지 않도록 조심해야지요.

1787년 8월 18일, 로마

이번 주에는 북유럽 방식 부지런함을 어느 정도 소홀히 했습니다. 처음 며칠은 너무 더워서 원하는 만큼 일을 많이 못 했죠. 이틀 전부터 알프스에서 극히 상쾌한 바람이 불어오고 있어요. 9월과 10월은 천국의 날씨가 될 겁니다.

어제는 해 뜨기 전에 아쿠아 아체토사로 마차를 타고 갔지요. 명료함, 다양함, 안개 낀 청량함, 풍경 특히 먼 곳의 낙원 같은 풍경을 바라보니 정말로 기뻤어요.

모리츠는 지금 고대 미술을 연구하고 있는데, 젊은이들이 사용하고, 생각하는 모든 사람이 이용할 수 있도록, 책 곰팡이와 학교 먼지를 없애 버린 인간적인 책을 쓰려고 합니다. 그는 사물을 바라보는 다행스럽고도 올바른 방식을 갖고 있으니, 나로서는 그가 충분한 시간을 들여 모든 것을 철저히 다루기를 바라고 있죠. 우리는 저녁때 함께 산책하곤 하는데, 그는 그날 어떤 생각을 했는지, 어떤 책을 읽었는지 등을 내게 털어놓곤 합니다. 덕분에 내가 다른 일을 하느라 소홀히 했다가 나중에야 상당히 애써서 뒤따라 잡곤 하는 결함을 이런 식으로 메우곤 합니다. 이야기 도중에도 나는 건물과 거리와 지역과 기념비들을 자세히 관찰하고, 저녁에 집으로 돌아와서도 이야기를 나누면서 특별히 내 마음에 든 모습을 종이에 옮깁니다. 어제저녁에 그린 스케치 한 장을 동봉합니다. 이것은 뒤쪽에서 카피톨리노 언덕을 올라갈 때 보이는 모습을 대강 그린 것입니다.

지난 일요일에 선량한 앙겔리카와 함께 알도브란디니Aldobrandini 왕자의 그림들, 그중에서도 특히 매우 탁월한 레오나르도 다빈치의 그림 한 점을 보았지요. 그녀는 진짜 대단한 재능을 갖고 있는 데다 매일 재산이 불어나고 있다는 점을 감안하면, 그다지 행복하지가 않아요. 팔기 위한 그림들을 그리는 일에 지쳐 있지만, 늙은 남편은 그렇게 쉽게 일해서 그토록 많은 돈을 버는 걸 너무 좋게 생각하죠. 그녀는 자신을 위한 그림을 그리면서, 더 한가롭게 연구도 하면서 세심하게 작업하고 싶어 하고, 실제로도 그럴 수가 있죠. 이들 부부는 자녀가 없으니 자본금에서 나오는 이자도 다 쓰지 못하는데, 그녀가 매일 적당량의 일을 해서 넉넉한 돈을 벌고 있거든요. 하지만 이제 더는 그러지 않을 겁니다. 그녀는 내게 아주 솔직하게 털어놓고, 나는 내 의견을 말하면서 충고도 하고, 곁에 있을 때는 격려도 합니다. 남들은 결핍과 불운을 이야기하는데, 넉넉히 소유한 사람들이 쓰지도 즐기지도 못하다니요! 그녀는 믿을 수 없을 정도의 재능, 여성으로서는 실로 엄청난 재능을 갖고 있어요. 그녀가 **못 한** 일이 아니라 이미 **행한** 것을 보고 평가해야지요. 실패한 것을 따지기로 한다면, 대체 얼마나 많은 예술가들이 이런 척도를 견딜 수 있을까요!

내 사랑하는 벗들이여, 로마와 로마의 생활, 예술과 예술가들이 내게 점점 더 친숙해지고, 나는 상황을 통찰하고 있답니다. 그들과 더불어 살고, 이리저리 오가는 가운데 그들은 내게 가깝고 또 자연스럽게 되었어요. 단순히 방문해서는 로마에 대해 잘못된 개념을 얻게 되죠. 여기서도 사람들은 나를 고요함과 질서에서 불러내 세상으로 이끌어 가려 하고, 나는 할 수 있는 한 저항하고 있어요. 약속하고 망설이고 피하고, 다시 약속하고, 이탈리아 사람들 사이에서 이탈리아 사람 노릇을 합니다. [교황청의] 국무 추기경 부온콤파니Buoncompagni는 나를 초대하려고 거의 압력을 행사했지만, 9월 중순 시골에 갈 때까지 계속 피할 겁니다. 나는 신사와 귀부인을 마치 나쁜 질병처럼 꺼리고 있으니, 그들이 마차를 타고 지나가는 것만 보아도 통증이 생길 지경이죠.

1787년 8월 23일, 로마

그제 바티칸으로 출발하려다가 여러분의 사랑스러운 편지 24호[Nr. 24]를 받았고, 도중에 그리고 시스티나 예배당에서도 보고 살피는 일을 멈추고 휴식을 취할 때마다, 거듭 편지를 읽었어요. 여러분이 내 곁에 있었으면 하고 얼마나 바라는지 다 표현할 길이 없군요. 여러분이 온전한 인간 **단 한** 명이 어떤 것을 행하고 달성할 수 있는지 그냥 개념이라도 가질 수 있도록 말이죠. 시스티나 예배당을 보지 않고는 한 인간이 무엇을 할 수 있는가에 대한 개념을 가질 수가 없습니다. 많은 위대하고 용감한 사람들에 대한 이야기를 듣고 또 읽곤 하지만, 여기서는 그것을 아주 생생하게 머리 위에, 또 눈앞에 [미켈란젤로가 그린 천장화와 제단화] 두고 있으니까요. 나는 머릿속으로 끊임없이 여러분과 많은 이야기를 나누었으니, 그 모든 것을 이 종이에 적을 수 있다면 좋겠습니다. 여러분은 **내** 소식을 듣고 싶다고요! 얼마나 많은 이야기를 할 수 있는지요! 나는 그야말로 다시 태어났고, 새로워졌으며, 가득 채워졌으니 말이지요. 내 힘들이 모조리 서로 결합되는 것을 느끼는데 그러면서도 아직도 무언가 더 하기를 바라고 있어요. 풍경과 건축에 대해 요즈음 진지하게 생각했고, 몇 가지를 시도했으며, 이제는 그로써 어디를 향하는지, 어디까지 나아갈 수 있을지 알게 되었답니다.

우리에게 알려진 모든 것의 알파와 오메가인 인체 형태가 마침내 나를 붙잡았고, 나도 그것을 붙잡았으니, 나는 이렇게 말하는 중이지요. "주님, 나를 축복해 주십시오, 그렇지 않으면 놓아 드리지 않겠습니다. 마비되도록 싸울 것입니다."* 드로잉이 진척이 없어서 모형을 만들기로 결심했는데, 그것은 약간 발전을 보는 듯해요. 적어도 많은 것을 더 쉽게 만들어 주는 한 가지 생각을 갖게 되었죠. 너무 번거로워서 그것을 상세히 설명할 수는 없고, 말하기보다 행하는 편이 더 낫지요. 어쨌든 짤막하게 이렇게 말하겠습니다. 고집스러운 자연 연구와, 또 비교 해부학에 조심스럽게 주목한 결과 나는 자연과 고대의 많은 것을 전체로 바라볼 수 있게 되었다고 말입니다. 이것은 전문 예술가들도 오로지 힘들게 세부 사항을 연구해서만 찾아내는 것으로, 설사 그들이 마침내 깨달음에 도달했다고 해도 홀로 그것을 지닐 수 있을 뿐, 다른 사람에게 전달할 수는 없는 것입니다.

나는 다시 골상학을 만지작거리기 시작했는데—골상학의 예언자[=라바터]에 대한 분노에서 집어치웠던 것—이게 퍽 유익하더군요. 헤라클레스의 두상을 시작했는데, 이게 잘된다면 앞으로 더 나아갈 생각입니다.

지금 나는 세상과 온갖 세상사에서 아주 멀리 떨어져 있으니, 어쩌다 새로운 소식을 읽으면 너무나 이상한 기분이 듭니다. 이 세상의 모습이 사라지고, 나는 오로지 영속하는 것들에만 빠져서 저 스피노자의 가르침을 따라 내 정신에 영원성을 부여하는 것에만 열중하고 있지요.

어제는 그리스, 이집트 등지를 여행한 리처드 워슬리 경Sir Richard Worsley의 집에서 많은 스케치들을 보았어요. 내 마음을 가장 사로잡은 것은 아테네 아크로폴리스의 파르테논 신전에 붙은 띠 장식 부조를 베낀 스케치였지요. 페이디아스Pheidias의 작업들이죠. 몇몇 단순한 인물보다 더 아름다운 것은 생각할 수도 없어요. 그 밖에 스케치된 많은 대상들에선 별다른 자극을 얻지 못했고요. 그 지방은 그리 행운의 땅으로 보이지 않고, 건축이 더 나은걸요.

오늘은 이만 줄입니다. 내 흉상이 만들어지는 중이라, 이번 주에 세 번이나 오전

* 창세기 32장 26절. 야곱이 하느님과 붙어 싸우고 청하는 말을 자유롭게 변형하여 인용.

시간을 거기 바쳤죠.

1787년 8월 28일

요즈음 많은 좋은 일이 있었는데, 신神에 대한 생각을 가득 담은 헤르더의 작은 책자가 오늘[괴테의 생일]을 축하하여 도착했어요. 수많은 기만과 오류의 어머니인 이곳 바벨탑에서, 그토록 순수하고 아름다운 책을 읽고 생각하는 일은 위안이자 청량제입니다. 지금이야말로 그런 기질, 그런 사고방식을 널리 전파할 수 있고, 또 그래야 할 시간인 것 같네요. 고독한 시간에 그 책을 자주 읽어 마음에 간직하고, 또한 그에 대한 촌평들을 기록해서 장차 이야기를 나눌 계기를 만들 생각입니다.

요즈음 미술 관찰의 기회가 많았죠. 이제는 수행해야 할 과제 거의 모두를 훑어보고 있어요. 그것을 다 수행한다 해도 아직 아무것도 한 게 없는 셈인데요. 어쩌면 같은 일이라도 재능과 능숙함이 주어져 있다면 더 쉽게 더 잘하겠지요.

프랑스 아카데미에서 주최한 전시회가 열렸는데 그중에 흥미로운 작품들도 있어요. 신들에게 행복한 최후를 간구한 핀다로스Pindaros가, 몹시 사랑한 소년의 품에 안겨 죽는 그림 같은 것. 이 그림에는 상당한 업적이 들어 있습니다. 건축가 한 명이 매우 뛰어난 착상을 선보였는데, 한편에는 구석구석이 잘 들어맞게 현재의 로마를 스케치했어요. 또 다른 종이에는 거의 같은 관점에서 바라본 옛날 로마를 그렸어요. 옛날 기념비들이 서 있던 장소들을 누구나 알고, 그 형태도 대개는 알고 있으니까요. 그중 많은 것이 폐허의 모습으로 아직 서 있죠. 이 그림에서 그는 새로운 것을 싹 없애 버리고 옛것을 되살려 냈는데, 대략 디오클레티아누스Diocletianus 황제 시대라 생각되는 모습으로, 취향과 연구의 결과를 고스란히 보여 주면서도 극히 사랑스러운 색을 입혔지요.

지금 내가 할 수 있는 것을 하고, 이 모든 개념과 재능들에서 내가 가져갈 수 있는 만큼을 습득합니다. 이런 식으로 가장 현실적인 것을 얻지요.

트리펠Trippel이 나의 흉상 작업을 한다는 말을 이미 했던가요? 발데크 영주가 그에게 주문한 작품입니다. 작품이 거의 완성되었는데, 전체적으로 좋아요. 아주 견고한 양식으로 작업되었지요. 진흙 모형이 완성되면 그것의 석고 모형을 만들고, 그런 다음엔 즉시 대리석으로 작업할 텐데, 실물 크기로 완성하려고 해요. 대리석으로 작업하는 것을 다른 어떤 소재로도 이룰 수 없지요.

앙겔리카의 지금 그림은 매우 성공적인 작품이 될 것입니다. 그라쿠스Gracchus 형제의 어머니가, 여러 개의 보석을 자랑하는 친구에게 자기의 가장 귀한 보물이라면서 아들들을 보여 주는 장면이지요. 자연스럽고 매우 성공적인 구성입니다.

열매를 거두기 위해 씨앗을 뿌리는 일은 얼마나 아름다운지요! 오늘이 내 생일이라는 걸 여기서는 철저히 침묵했지만, 아침에 일어나면서 이런 생각을 했어요. 고향에서 무언가 기념 선물이 오려나? 그런데 보라, 여러분이 보낸 소포가 도착했으니, 나로서는 이루 말할 수 없이 기뻤어요. 곧바로 자리에 앉아 읽기 시작했고, 지금은 읽기가 끝나 감사 인사를 적고 있어요.

여러분과 함께 있고 싶어요. 그럴 때 이야기가 이 지점에 이르면, 몇 가지 암시된 점들에 대해 상세히 설명하기로 하지요. 그것으로 충분해요. 우리의 이정표를 헤아려 나갈 중심 기둥 하나가 세워졌으니 진심으로 감사드려요. 나는 강력한 걸음으로 자연과 예술의 들판을 이리저리 헤매다가, 그곳에서 기쁨을 안고 당신에게로 갈 것입니다.

오늘 당신의 편지를 받고 한 번 더 생각했는데, 이렇게 고집을 부려야겠어요. 나의 미술 연구, 작가로서의 존재, 이 모든 것이 지금의 이 시간을 요구한다고 말이죠. 미술에서 많은 발전을 이루어서 모든 것이 관찰의 지식이 되고, 그 무엇도 전통이나 이름만으로 남지 않게 해야지요. 이 반년 동안 억지로 그렇게 하고 있는데, 로마 말고는 그 어디서도 그게 되지가 않죠. 내 작은 일들을(이들은 내게는 축소형으로만 생각되니까요.) 하다못해 수집과 기쁨으로 마무리해야겠지요.

그러면 모든 것이 나를 조국으로 불러들일 겁니다. 내가 설사 고립된 은둔 생활을 하더라도, 따라잡고 통합해야 할 것들이 너무 많아서 10년 동안은 전혀 쉬지 못할 거예요.

자연사自然史 분야에서 나는 당신이 생각지도 못한 물건들을 가져갈 겁니다. 유기 조직의 '어떻게'라는 것에 매우 가까이 다가간 것 같습니다. 우리 신神의 (번개가 아닌) 이런 선포들을* 즐거운 마음으로 관찰하면서, 고대와 현대에 누가 비슷한 것을 발견하거나 생각했는지, 그것도 이런 측면에서 아니면 약간 빗나간 관점에서 발견하거나 생각했는지를 당신이 알려 주시기를 바랍니다.

뒷날 덧붙임

다가오는 겨울을 로마에서 보내야겠다는 생각이 8월 초에 무르익었다. [예정대로 귀국했다가는] 아직 전혀 미숙한 상태로 현재의 상황에서 멀어지게 되고, 이 세상 어디서도 내 작업들을 끝낼 만한 장소와 평화를 다시는 찾아낼 수 없으리라는 느낌과 깨달음이 마침내 마음을 정하게 만들었다. 이 사실을 고향에 알리고 나자, 새로운

* diese Manifestationen (nicht Fulgurationen) unsres Gottes: 철학자 라이프니츠(Leibniz)의 용어를 동원한 표현. "모나드(monad)는 신성(神性)의 항구적인 번개(Fulgurationen)에 의해 만들어진다." 괴테는 이에 대해 유기 조직의 '어떻게'가 신의 선포(Manifestationen)라고 말하는 것. 헤르더에게서 나온 개념이다. 참고로 Fulguration은 마른번개, 섬광, 고주파 등을 뜻함.

종류의 시간이 시작되었다.

무더위가 점점 기승을 부리면서 지나치게 성급한 활동을 제한하게 되자, 평화와 서늘함 속에서 시간을 쓸모 있게 보낼 수 있도록 해 주는 몇몇 공간들이 더욱 쾌적하고 좋아졌다. 이런 점에서 시스티나 예배당이 가장 멋진 기회를 제공했다. 미켈란젤로는 여기서 일하던 시절에 예술가들의 존경을 새로이 얻었다. 위대한 다른 특성들에 덧붙여 심지어 색채 면에서도 뛰어넘을 수 없는 사람이 되었던 것이다. 미켈란젤로와 라파엘로 중에 누가 더 천재냐를 두고 논쟁을 벌이는 것이 당시 유행이었다. 그사이 라파엘로의 《그리스도의 변용變容》은 엄격한 질책을 받고, 《성체聖體 논쟁》이 그의 작품 중에 최고라고 여겨지게 되었다. 이런 일들을 통해 옛날 예술가들의 작품에 대한 후세의 판단이 힘을 얻게 되지만, 조용한 관찰자는 그런 것을 독립적이지 못한 설익은 재능의 징후라 여기면서 그런 것과는 절대로 가까이하지 않는다.

위대한 재능 하나를 파악하기도 그리 어려운데, 재능 둘을 동시에 파악하려 하니 말해 무엇하랴. 그래서 우리는 편 가르기를 통해 이것을 쉽게 만드는 것이다. 그런 탓에 화가들과 작가들에 대한 평가는 언제나 흔들리고, 늘 이 사람 또는 저 사람 혼자만이 한 시대를 지배하곤 한다. 하지만 그런 논쟁들이 나를 헷갈리게 하지는 못했다. 나는 그들을 각자 제자리에 놓아둔 채, 직접 관찰을 통해 모든 가치를 평가하려고 노력했기 때문이다. 위대한 피렌체 사람[=미켈란젤로]에 대한 선호는 곧 예술가들을 통해 재빨리 애호가들 사이에도 알려졌으니, 바로 이 시기에 부리와 립스Lips가 프리스 백작의 주문을 받아 시스티나 예배당에서 [《최후의 심판》] 복제 수채화를 완성하고 있었기 때문이다. 예배당 관리자는 넉넉한 돈을 받고 뒷문으로 우리를 제단 옆으로 들여보내 주었고, 우리는 있고 싶은 만큼 오래 그곳에 머물렀다. 먹을 것도 부족하지 않았고, 나는 무더위에 지쳐 교황의 의자에서 낮잠을 잔 기억도 있다.

사다리를 타고 올라가서야 도달하는 제단화[=《최후의 심판》]에서 두 사람은 아래쪽의 머리들과 형태들을 먼저 검은 천 위에 흰 초크로, 이어서 커다란 종이 위에 붉은 초크로 베꼈다.

옛날 거장에 열중하면서 레오나르도 다빈치도 똑같이 유명해졌다. 나는 앙겔리카와 함께 알도브란디니의 수집품에 들어 있는, 높은 평가를 받는 다빈치의 《바리새파 사람들 사이에 있는 그리스도》를 보았다. 일요일 정오에 앙겔리카와 그녀의 남편, 그리고 고문관 라이펜슈타인이 마차를 타고 우리 집으로 왔고, 우리는 가능한 한 평온함을 유지한 채 오븐 속 같은 무더위를 뚫고 어디든 미술관으로 가서 거기서 몇 시간을 보낸 다음, 그녀의 집으로 돌아와 잘 차려진 정찬을 즐기는 것이 습관이 되다시피 했다. 이 세 사람이 제각기 자기 방식으로 이론과 실천, 미학과 기술의 측면에서 잘 훈련된 사람들이라 그들과 함께 중요한 미술품 앞에서 이야기를 나누는 것은 정말 좋은 공부가 되었다.

그리스 여행에서 돌아온 워슬리 경은 자신이 가져온 스케치들을 친절하게도 우리에게 보여 주었는데, 그중에서 아크로폴리스 [파르테논 신전의] 정면부에 있는 페이디아스 작품을 베낀 것이 내게 지울 수 없는 인상을 남겼다. 내가 마침 미켈란젤로의 막강한 인물들에 자극을 받아 인체에 대해 지금까지보다 더 많은 주목과 연구를 하고 난 참이라, 이런 인상이 더욱 강렬했다.

이달 말에 프랑스 아카데미가 주최한 전시회가 활발한 예술 생활에서 중요한 기점이 되었다. 다비드David의 《호라티우스 3형제》를 통해 프랑스 화가들 쪽으로 무게가 기울었다. 티슈바인은 이에 자극을 받아 《헬레나의 눈앞에서 파리스에게 도전하는 헥토르》를 실물 크기로 그리기 시작했다. 드루에Drouais, 가네로Gagneraux, 드마레Desmarais, 고피에Gauffier, 생투르St. Ours를 통해 프랑스 사람들의 명성이 유지되고, 푸생의 계열에서 풍경화가인 부케Bouquet가 새로운 이름을 얻고 있다.

그사이에 모리츠는 옛날 신화에 몰두해 있었다. 그는 이전 방식에 따라 여행기를 써서 여행 경비를 마련하려고 로마로 온 것이었다. 서적 상인 한 사람이 그에게 선인세를 지급했다. 하지만 로마에 머무는 동안 그는 쉽고 가벼운 여행기를 그리 호락호락하게 쓸 수는 없다는 사실을 깨달았다. 매일의 대화와 수많은 중요한 미술품을 감상하는 일 등을 통해서, 순수하게 인간의 의미에서 고전 신화를 쓰고, 그것을 설명해 주는 석판화 삽화를 넣어야겠다는 생각이 떠올랐다. 그가 열심히 작업을 하고 있으니, 우리 모임에서는 그 주제에 대해서도 충분히 이야기를 나누었다.

나의 소망이나 목적과 직접 연관된, 가장 즐겁고도 배울 게 많은 대화는 조각가 트리펠과 나눈 것이다. 그가 자신의 스튜디오에서 발데크 영주를 위해 대리석 조각품을 제작하려고 내 흉상의 모형을 만드는 동안, 우리는 많은 대화를 나누었다. 인체 형태의 연구를 위해서, 그리고 기준으로서의 혹은 빗나간 특성으로서의 인체의 비율에 대해 설명하는 일은 다른 조건에서라면 이루어지기 어려웠을 것이다. 쥬스티니아니Giustiniani 궁전의 수집품 중에서 그때까지 주목을 받지 못하던 아폴론 두상에 대한 트리펠의 지식 덕분에, 이런 대화가 두 배나 더 흥미로워졌다. 그는 이 작품을 가장 고귀한 예술품의 하나로 여기고, 그것을 사려는 소망을 품었지만 뜻대로 되지 않았다. 이 고대 작품은 그 뒤로 유명해져서 나중에 푸르탈레Pourtalès 씨에게로 넘어가 뇌프샤텔Neufchatel로 갔다.

바다로 나가 바람과 험한 날씨를 뚫고 나아갈 운명을 지닌 사람이, 한 번은 이쪽으로 한 번은 저쪽으로 방향을 잡듯이, 내 형편도 그렇게 흘러갔다. 페어샤펠트가 원근법 코스를 개설했고, 우리는 저녁마다 그곳에 모여 아주 많은 사람이 그의 가르침을 듣고 즉석에서 원근법 연습을 했다. 여기서 가장 훌륭한 점은, 넘치지 않을 만큼 충분히 배웠다는 것이다.

사람들이 나를 이렇게 명상적으로 활동적이고 바쁜 평온함 가운데서 밖으로 불러내려고 했다. 로마에서의 저 불운한 음악회 덕분에, 그날에 대한 이런저런 소문이 마치 소도시에서처럼 널리 퍼졌다. 사람들은 나와 나의 문학 작품에 주목하게 되었다. 나는 친구들을 위해《이피게니아》와 다른 작품을 낭독했었는데, 그에 대한 소문도 퍼졌다. 부온콤파니 추기경이 나를 보고 싶어 했으나 나는 은둔처에 꼭 붙어 있었다. 특히 고문관 라이펜슈타인이 확고히 이것을 고집했기에 그렇게 할 수 있었다. 내가 그의 소개로도 모습을 드러내지 않았으니, 다른 누구도 나를 끌어낼 수는 없다는 것이다. 이런 고집이 내게는 매우 유리했다. 나는 스스로 선택하여 선포한 은둔지에 머물기 위해 언제나 그의 명성을 이용했다.

9월

편지

1787년 9월 1일

오늘《에그몬트》가 끝났다고 말할 수가 있겠네요. 요즈음 언제나 거듭 이 작품 여기저기를 손보았지요. 취리히를 거쳐 원고를 보내드리지요. 카이저Kayser가 막간을 위한 음악과 또 그 밖에도 필요한 음악을 작곡했으면 해서요. 그런 다음 여러분도 원고를 받고 즐거움을 얻기를 바랍니다.

미술 공부는 많은 진척을 보고 있어요. 나의 원칙이 어디서나 잘 들어맞으면서 내게 모든 것을 열어 주고 있어요. 예술가들이 하나씩 힘들게 모아야 하는 모든 것이 지금 내 앞에 한데 모여 활짝 열린 채 놓여 있죠. 이제는 나 자신이 얼마나 모르는지를 알고 있으며, 모든 것을 배우고 파악할 길이 열렸어요.

신神에 대한 헤르더의 개념이 모리츠에게 아주 좋은 영향을 주었지요. 그는 아마도 그것을 자기 생애의 전환점 하나로 꼽을걸요. 그 자신이 천성적으로 그런 성향을 지녔고 나와의 교류를 통해서도 준비가 되었으니, 마른 장작처럼 환한 불꽃을 피울 겁니다.

9월 3일, 로마

오늘이 내가 카를스바트를 떠난 지 1년째 되는 날이네요. 대체 그 어떤 1년이었던가! 내게 오늘은 얼마나 특별한 날짜인지요, 공작님의 생일이며, 나로서는 새로운 삶을 향해 탄생한 날이니 말입니다. 지금으로서는 지난 1년이 내게 어떤 이점을 가져왔는지, 나 자신이나 다른 사람을 위해 아직 결산할 수가 없어요. 앞으로 언젠가 여러분과 함께 이 모든 것을 결산해 볼 멋진 시간이 오기를 바랍니다.

이곳에서의 내 공부는 이제 바야흐로 시작되고 있으니, 더 일찍 떠났더라면 나는 로마를 전혀 못 본 셈이 되었겠지요. 여기서 무엇을 보고 배울지는 그 누구도 아예 짐작 못 하니까요. 로마 밖에서는 그런 개념을 얻을 수가 없어요.

다시 이집트 유물에 빠져들고 있어요. 부서져서 아직 궁정 뜰의 잔해 속에 누워 있는 큰 오벨리스크를 요즘 몇 번 보았지요. 세소스트리스Sesostris의 오벨리스크*인데요, 아우구스투스 황제를 기리기 위해 로마에 세워진 것으로, 마르스 들판(캄푸스 마르티우스) 바닥에 그려진 거대한 해시계의 바늘로 이용되었지요. 모든 기념비들 중에서 가장 오래되고 장엄한 이 기념비는 지금 조각나 있고, 몇 군데는 (아마도 화재로) 형태도 손상되었어요. 그런데도 거기 누워서, 망가지지 않은 부분들은 마치 어제 만들어진 것처럼 아직도 말짱하고, (그 나름으로) 가장 아름다운 작품에 속하죠. 나는 오벨리스크 꼭대기 스핑크스의 모델과, 다른 스핑크스들, 인간들, 새들의 밀랍 모델을 만들고, 이어서 이들의 석고상도 제조해 달라고 주문했어요. 이루

* 실제로는 프삼메티코스 2세(Psammetichos II. 기원전 594~589년 재위)의 오벨리스크.

스핑크스가 있는 테라스 계단과 정원, Goethe 作

말로 다 할 수 없이 소중한 이것들을 반드시 소장해야 합니다. 특히 교황님이 이 오벨리스크를 일으켜 세울 예정이라는데, 그렇게 되면 거기 적힌 상형 문자에 접근할 수가 없을 테니까요. 그 밖에도 가장 뛰어난 에트루리아Etruria 유물들에 대해서도 같은 모형을 만들 셈입니다. 이 모든 것을 나 자신의 것으로 만들기 위해서, 나는 점토로 이런 형태들의 모형을 만들고 있어요.

9월 5일

나 자신을 위해 축하할 만한 오늘 아침에 이 글을 씁니다. 오늘《에그몬트》를 정말로 완성했기 때문이지요. 표지와 인물들의 이름을 적고, 그동안 남겨 두었던 몇몇 구멍들을 완전히 메웠어요. 여러분이 이것을 받아서 읽을 시간을 벌써 고대하게 됩니다. 스케치 몇 장도 동봉합니다.

9월 6일

여러분에게 많은 것을 쓰면서 지난번 편지에 대해서도 많은 이야기를 할 생각이었지만 중간에 방해를 받았고, 내일은 프라스카티Frascati로 갑니다. [그러니 긴 답장은 불가능하고] 토요일에 이 편지를 부칠 것인데, 작별 인사로 겨우 몇 마디만 적습니다. 우리가 여기서 누리는 좋은 날씨를 지금쯤 여러분도 누리고 있겠지요. 나는 계속 새로운 아이디어들을 얻는데, 주변의 수많은 대상들이 때로는 이런 아이디어를, 때로는 저런 아이디어를 일깨우곤 합니다. 수많은 길에서 온갖 것들이 나와서는 결국은 **하나의** 점으로 모이는데요, 나 자신과 나의 능력이 어느 곳을 지향하는지 이제야 어렴풋이 보인다고 말할 수 있을 것도 같아요. 사람은 저 자신에 대해 어느 정도 알기 위해서만도 일정한 나이에 도달해야 하나 봅니다. [슈바벤 속담에] 똑똑해지는 데 40년이 걸린다지만, 슈바벤 사람만 그런 게 아닌 거죠.[괴테는 지금 만 38세]

헤르더의 건강이 좋지 않다는 소식을 들으니 걱정입니다. 곧 나아졌다는 소식을 듣기를 고대합니다.

나는 영혼과 육체 모두 건강하니 더욱 격하게 치유되기를 희망할 수 있을 정도죠. 모든 것이 손에서 가볍게 이루어지니, 이따금 젊은 날의 숨결이 다시 불어오는 것만 같아요. 이 편지와 함께《에그몬트》원고를 보낼 텐데, 원고는 우편 마차 편에 보낼 거니까 더 늦게 도착할 겁니다. 여러분이 이 작품에 대해 무어라고 말할지 간절히 고대하며 또한 무척 궁금하기도 합니다.

어쩌면 곧바로 인쇄에 들어가는 것도 좋을 듯해요. 이 희곡이 이렇듯 신선한 모습으로 곧바로 대중에게 다가간다면 나로선 기쁠 겁니다. 가능한 한 힘껏 애써 주시기 바랍니다. 이번 책의 나머지 부분에도 오래 붙잡혀 있지 않을 셈이니까요.

《신神》은 내게 최고의 동무 노릇을 해 주고 있거니와* 모리츠도 이 글을 통해 정말로 많은 것을 배웠답니다. 이 글은, 아직도 계속 무너지곤 하는 그의 여러 사색을 똑바로 세워 줄 마지막 쐐기돌이 되어 준다고 해요. 그의 책도 대단한 작품이 될 겁니다. 그도 내게 자연 과학 분야의 작업을 계속하라고 격려하고 있지요. 특히 식물학 분야에서 나는 ἓν και πᾶν[엔 카이 판: 하나의 법칙으로 모두에 적용 가능한 법칙]에 도달했는데, 이것이 나를 놀라게 만들고 있어요. 이것이 대체 어느 정도까지를 포괄하게

* 헤르더(Johann Gottfried Herder, 1744~1803)의 논문《신. 대화 몇 편(Gott. Einige Gespräche)》을 가리킨다. 헤르더는 바이마르에서 괴테의 선배이자 중요한 동료로서 당대 독일 최고 지식인의 한 사람. 괴테와 많은 영향을 서로 주고받았다. 헤르더는 1785년부터 1797년까지 논문과 문학 번역들을 포함하여 잡다한 글을 발표했다. 1787년에 베를린 학술원의 명예 회원이 되면서 같은 해에 위의 논문을 발표했다. 스피노자 철학을 해설하고 옹호하는 내용.
여기서 괴테의 편지 문맥으로 보자면 다음과 같다. 이탈리아에 머무는 동안에도 괴테는 바이마르의 여러 지식인들과의 교류를 게을리하지 않았고, 자신의 작품들을 계속 친구들, 특히 헤르더에게 보내 그들의 의견을 듣고 그들의 도움을 받아 인쇄도 했다. 당시 괴셴 출판사에서 발행하고 있던 괴테 전집을 위한 교정 작업도 헤르더가 맡아 하고 있었다. 헤르더도 마찬가지로 괴테에게 책이나 미발표 원고를 보내 그의 의견을 들었다. 괴테는 헤르더의《신. 대화 몇 편》을 읽고 깊은 공감을 느끼며 여기서 간략하게 자신의 인상을 전달하고 있다. 이 논문이 모리츠에게도 역시 많은 깨달음을 주었다는 것.

될지 나 자신도 아직 모르겠습니다.

나의 원칙을 적용해 볼 때마다 그것이 옳다는 것을 더욱 확인하게 됩니다. 곧 예술 작품을 설명해 주는 원칙으로서, 예술의 복구[=르네상스] 이후로 화가와 전문가들이 밝혀내려고 열렬히 시도해 온 내용이기도 하죠. 물론 이것 또한 콜럼버스의 달걀이긴 해요. 이런 비밀의 마스터키를 가지고 있다는 말을 하지 않은 채로, 나는 화가들과 디테일에 대해 이야기를 나누면서 그들이 어디까지 도달했으며, 무엇을 알고, 또 어디서 어려움을 겪는지를 보곤 합니다. 나는 이미 문을 활짝 열고 문지방에서 있는데, 거기서 신전을 그냥 둘러만 보고 도로 떠나야 한다니 정말 유감이네요.

한 가지만은 분명해요. 고대의 미술가들도 호메로스만큼이나 자연에 대해 위대한 지식을 지녔고, 묘사 대상에 대해 호메로스만큼이나 확고한 개념과 묘사 방식을 알았었다는 것이죠. 유감스럽게도 현존하는 일급 미술품의 수가 너무 부족합니다만. 일급 미술품을 한 번 보면, 그 작품들을 제대로 알고서 죽고 싶다는 소망 말고는 다른 소망을 품을 수가 없죠. 이런 고급 예술 작품들은 인간이 만든 최고의 자연작품으로서, 참된 자연법칙에 따라 만들어진 것입니다. 제멋대로인 것, 망상에 의한 것은 모조리 무너지고 말죠. 필연성이란 게 있으니까요, 신이 있으니까요.

[시리아의 유적지] 팔미라Palmyra를 방문해 그곳의 유적들을 대단한 지성과 취향으로 스케치한 유능한 건축가의 작품을 며칠 뒤에 보기로 되어 있어요. 곧바로 그에 대한 보고를 할 것이고, 이 중요한 유적지에 대한 여러분의 생각도 듣기를 고대합니다.

내가 행복하다는 것을 나와 함께 기뻐해 주십시오. 나는 평생 이 정도로 행복한 적이 없었다고 감히 말할 수 있어요. 극히 평화롭고 순수한 상태로, 타고난 정열을 만족시키고, 지속적인 즐거움에서 지속적인 이익을 얻을 거라고 스스로에게 약속할 수 있다면, 엄청난 일이지요. 내 사랑하는 벗들에게 나의 기쁨과 내 느낌의 일부라도 전달할 수만 있다면 얼마나 좋을까요.

정치의 하늘에 펼쳐진 먹구름이 걷히기를 희망합니다. 현대의 전쟁은 그것이 지속되는 동안 많은 이들을 불행하게 만들고, 그것이 끝나도 아무도 행복해지지 않지요.

1787년 9월 12일

내 사랑하는 벗들이여, 나는 여전히 수고롭게 일하는 인간인 모양입니다. 요 며칠 동안 즐겼다기보다는 일을 더 많이 했으니까요. 이제 또 한 주가 지나가니 여러분에게 편지를 씁니다.

벨베데레[바이마르 공작의 별장]의 알로에가 내가 거기 없는 해를 골라 꽃을 피운다니 정말 속상해요. 시칠리아에서는 꽃피기에 아직 일렀고, 이곳에서는 겨우 한 송이가, 그리 크지도 않은 것이 그나마 너무 높은 곳에 피어서 가까이 다가갈 길이 없네요. 다만 이것은 인도의 식물로 이 지역 식물은 아니지만요.

그 영국인의 묘사는 내게 기쁨을 주지 못합니다. 영국에서 성직자들은 매우 신중해야 하는 것 같고, 대신 그들도 나머지 청중을 엄격하게 대하는 모양이죠. 이 자유로운 영국인은 도덕적인 글을 쓰면서 매우 제한을 받은 게 분명합니다.

꼬리 달린 인간들이 내게는 놀랍지가 않아요. 묘사를 보면 오히려 매우 자연스러운 것이죠. 훨씬 더 이상한 일들이 매일 우리 눈앞에 있건만, 그런 것들이 우리와 그리 가깝지 않아서 우리는 거기 주목하지 않는 거죠.

많은 사람이 그렇듯, B가 평생 동안 진짜로 신을 경배하는 마음이 없다가 늙어서야 그렇게 **경건**해졌다 해도 그 또한 상관이 없습니다. 다만 그런 사람들과 함께 기뻐해야 하는 것만 아니라면 말이죠.

며칠 동안 고문관 라이펜슈타인과 함께 프라스카티에서 지냈고, 일요일에 앙겔리카가 와서 우리를 도시로 데려왔죠. 그야말로 낙원입니다.

《에르빈과 엘미레Erwin und Elmire》를 절반 정도 고쳤어요. 이 작은 작품에 더 많은 관심과 생명을 불어넣으려 애썼고, 극히 진부한 대화들을 없애 버렸습니다. 이것은 학생의 습작 또는 차라리 치졸한 작품이네요. 가장 중요한 부분인 아름다운 노래들은 당연한 일이지만 모두 그대로 남겨 두었습니다.

미술 작업들도 힘차게 아주 잘 진행되고 있어요.

나의 흉상이 퍽 훌륭하게 나와서 모두들 만족하고 있죠. 아름답고도 고귀한 양식으로 만들어져서, 나로서는 이런 모습으로 후세에 남는다 해도 전혀 반대할 게 없을 정도죠. 곧바로 대리석 작업이 시작되어 최종적으로 대리석으로 완성될 겁니다. 운송이 극히 힘들어요. 그렇지 않다면 곧바로 복제품 하나를 보냈을 테지만. 어쩌면 배편으로 보낼지도 모릅니다. 어차피 마지막에는 큰 짐 몇 덩이를 꾸려야 할 테니까요.

크란츠가 아직 도착하지 않았나요? 그의 편에 아이들을 위한 상자 하나를 보냈는데.

발레Valle 극장에서 다시 매혹적인 오페레타를 공연하고 있어요. 지난 두 번의 공연이 참패를 겪고 난 다음인데도 그들은 큰 즐거움으로 연기를 하고, 이번엔 모든 것이 서로 조화를 이루네요. 다시 시골로 갈 겁니다. 몇 번 비가 내리면서 날씨가 많이 서늘해졌어요. 이 지역은 다시 초록입니다.

그곳에서도 신문이 에트나 화산의 대폭발을 이미 보도했거나 아니면 곧 보도하겠지요.

9월 15일

트렝크Trenck의 삶의 이야기를 읽었어요.* 아주 흥미롭고, 생각할 거리를 넉넉히 제공하는 이야기네요.

다음번 편지에 내일 만나기로 되어 있는 독특한 여행자와의 만남에 대해 설명할

네 가지 형태의 두상, Goethe 作

겁니다.

내 로마 체류를 기뻐해 주십시오! 이제 로마는 내게 퍽 친숙해졌고, 나를 지나치게 긴장시키는 것도 거의 없어졌어요. 대상들이 나를 차츰 자기들의 높이로 끌어올렸지요. 이제 점점 더 순수하게, 점점 더 많은 지식을 갖추고 즐기고 있거니와, 행운이 앞으로도 나를 계속 도와주겠지요.

여기 내가 베낀 서류 하나를 동봉하니 그것을 친구들에게 널리 알려 주십시오. 로마 체류가 흥미로운 이유는, 로마가 많은 것이 여기로 향하는 중심점이기 때문입니다. 카사Cassas의 드로잉들은 극히 아름다워요. 나는 그의 여러 아이디어를 훔쳐

* 프리드리히 폰 데어 트렝크(Friedrich von der Trenck, 1726~1794) 남작. 프리드리히 대왕의 총신이었다가 뒷날 모함을 받아 여러 해 동안이나 감옥에 갇혔다. 1786년에 그는《프리드리히 폰 데어 트렝크 남작의 특별한 삶의 이야기(Des Friedrich Freiherrn von der Trenck merkwürdige Lebensgeschichte)》를 썼다.

냈으니, 그것을 여러분에게 가져갈 겁니다.

여전히 부지런히 일하고 있어요. 내 원칙의 근거가 확실한지 보려고 작은 석고 두상을 스케치했어요. 원칙이 완벽하게 맞는다는 것과, 일하기가 놀랄 만큼 쉽다는 사실을 알아냈지요. 내가 그것을 해냈다는 것을 사람들은 믿으려 하지 않았지만 그건 아무것도 아니죠. 이제 원칙을 적용하면 얼마나 대단한 것이 나올지를 알게 되었으니까요.

월요일에 다시 프라스카티로 갑니다. 하지만 일주일 뒤에 편지 한 통을 보내도록 할게요. 그런 다음 알바노Albano로 가게 될 것 같아요. 아주 부지런히 자연을 보고 스케치를 하겠지요. 지금 나로서는 무언가를 만들고 감각을 제대로 훈련하는 것 말고는 다른 어떤 것도 알고 싶지 않습니다. 젊은 날부터 가졌던 이 질병을 도로 앓고 있거니와, 언젠가 이 질병을 극복하는 일은 신께로 돌립니다.

9월 22일

어제는 성 프란체스코의 피를 모시고 행진하는 축제 행렬이 있었지요. 나는 프란체스코회 수도사의 행렬이 지나가는 동안 그 머리와 얼굴들을 깊이 생각하며 관찰했어요.

고대의 최고 보석의 모조 작품 200여 점을 샀어요. 예로부터 인간이 만들어 낸 가장 아름다운 것들이지요. 일부는 뛰어난 아이디어 때문에 골랐죠. 로마에서 이보다 더 값진 것을 가져갈 순 없어요. 특히 이 모작模作들이 그토록 아름답고도 정확한 것이니 더욱 그렇습니다.

내 작은 배를 타고 돌아간다면 나는 좋은 것을 많이 가져갈 테지만, 무엇보다도 좋은 것은, 나를 기다리는 사랑과 우정을 더욱 잘 즐기는 능력과 행복한 마음이지요. 다만 내 능력 밖의 것을 다시 시도해서는 안 되겠지요. 그런 것은 그냥 품만 들고 수확은 없을 테니까요.

9월 22일

사랑하는 벗들이여, 이번 우편에 서둘러 한 장을 더 덧붙여 보냅니다. 오늘은 내게 아주 특별한 날이니까요. 수많은 벗들의 편지, 공작 어머님의 편지, 나의 생일 축하 소식과 덧붙여 나의 책들.

내 반평생의 결실인 이 네 권의 작은 책들이 로마로 나를 찾아오다니, 정말 특별한 느낌입니다. 이렇게 말할 수 있을 것 같아요. 이 책들에는 그 안에서 살고 느끼고 즐기고 고통받고 생각하지 않은 글자가 없다고, 그렇기에 그들이 더욱 생생하게 내게 말을 걸어온다고. 앞으로 나올 네 권이 이들에 뒤지지 않았으면 하는 것이 내 걱정이자 바람입니다. 페이지마다 여러분이 행한 그 모든 노고에 감사드려요. 그리고 여러분에게 기쁨도 드릴 수 있기를 바랍니다. 다음에 나올 책들을 위해서도 충심으로 애써 주시기를!

영지*라는 표현을 두고 여러분이 나를 놀리니, 이 표현이 매우 부적합했음을 고백하는 바입니다. 로마에 있으면 모든 것을 얼마나 큰 규모로 생각하는지 볼 수 있는 부분이죠. 정말로 나는 로마 인이 되어 가나 봅니다. 로마 인들은 항상 'cose grosse[큰 것들]'만 알고 큰 것들에 대해서만 말한다는 비난을 받으니까요.

나는 여전히 부지런히 공부하면서 인체 형태에 붙잡혀 있어요. 한 번이라도 제대

* 바이마르 공작에게 보내는 편지에서 괴테가 'Territorien(영토)'이라는 표현 대신 'Provinzen(영지, 로마 제국의 속주(屬州)들을 가리키는 말)'이라고 썼기 때문.

로 유한한 것에 매달려 본다면, 아 예술은 얼마나 넓고 길며, 세상은 얼마나 무한한지요.

25일 화요일에 프라스카티로 가서 다시 애써 공부할 겁니다. 지금 벌써 시작되고 있어요. 제대로 된다면 얼마나 좋을까.

대도시 넓은 공간에서는 가장 가난하고 가장 하찮은 사람도 자신이 대단한 사람이라고 느끼는데, 작은 고장에서는 그곳 최고의 사람, 가장 부유한 사람도 자신을 대단하다 느끼지 못하고 숨도 제대로 못 쉰다는 생각이 떠올랐어요.

1787년 9월 28일, 프라스카티

여기서 매우 행복해요. 밤늦게까지 종일 스케치하고 그리고, 색칠하고 붙이고, 손작업과 예술을 그야말로 전문적으로 행하지요. 집주인인 고문관 라이펜슈타인이 동무를 해 주니 우리는 명랑하고 즐거워요. 저녁이면 달빛을 받으며 여러 빌라들을 찾아가고, 심지어는 어둠 속에서도 극히 특이한 모티프들을 스케치하지요. 내가 단 한 번이라도 해냈으면 좋겠다고 소원하는 몇 가지 모티프들도 시도해 보았어요. 곧 완성의 시간도 다가오기를 바랍니다. 멀리 내다본다면 완성이란 너무 멀리 있지만요.

어제는 알바노로 드라이브 갔다가 다시 돌아왔어요. 오가는 길에 날아가는 새들을 사냥했지요. 매우 풍성한 가운데 무언가를 즐길 수가 있어요. 나는 모든 것을 차지하려는 열망으로 타오르고, 내 영혼이 더 많은 대상을 붙잡는 만큼 내 취향이 순화되는 것을 느껴요. 이 모든 것을 말하는 대신 무언가 좋은 것을 보내 드릴 수가 있다면! 몇 가지 소소한 것들을 동향인 편에 보냅니다.

로마에서 [음악가] 카이저를 만나는 즐거움을 누릴 것 같아요. 그렇게 음악도 내게로 합류하면서, 여러 예술 장르가 나를 둘러싸고 도는 이 윤무를 완성하려는 걸까요. 이런 예술들이 [힘을 합쳐서, 내가 고향으로 돌아가] 친구들을 만나는 일을 방해라도 하려는 것처럼 말이죠. 하지만 [친구들이라는] 이 챕터를 건드리기만 해도 나는 얼마나 자주 홀로 고독감을 느끼는지, 그리고 여러분 곁에 있고 싶다는 그리움이 얼마나 마음을 사로잡는지요. 그런데도 근본적으로 도취 속에 살면서 그 이상은 생각할 수도 없고, 생각하려고 하지도 않지요.

모리츠와는 정말 좋은 시간을 보내고 있어요. 그에게 나의 식물 체계를 설명하면서 그가 있는 자리에서 우리가 도달한 부분까지를 글로 쓰기 시작했죠. 이런 방식으로 내 생각을 종이에 옮길 수가 있었어요. 이 표상 방식의 가장 추상적인 면이, 준비된 영혼에게 올바르게 설명된다면, 어디까지 이해가 가능한 것인지 내 새로운 학생에게서 보게 됩니다. 그는 이 내용에 큰 기쁨을 느끼면서, 스스로 열쇠를 들고 앞으로 나아가지요. 하지만 [이 내용을] 글로 쓰기란 매우 어려운 일이고, 또한 모든 것을 극히 독특하고 명료하게 적는다 해도, 그냥 읽어서 이해하기란 불가능한 일입니다.

이렇게 행복하게 지냅니다. 나는 [내가 마땅히 있어야 할] 내 아버지의 집에 있는 것이니까요. 내게 은총을 베풀고, 직간접적으로 나를 도와준, 나를 격려하고 뒷받침해준 모든 분에게 인사를 전해 주세요!

뒷날 덧붙임

9월 3일은 두 배 세 배로 특히 축하할 일이 많은 날이었다. 나의 충성을 언제나 다양한 선의로 보상해 주시는 영주님의 생일이자 내가 카를스바트를 떠나 [이탈리아로] 이주한 날짜이기도 하므로. 매우 깊게 경험한, 완전히 낯선 이런 상태가 내게 어떤 영향을 미쳤는지, 무엇을 가져다주었으며 선물해 주었는지 당시 아직 제대로 돌아보지도 못했다. 물론 많은 생각을 할 여유도 거의 없었지만.

로마는 미술 활동의 중심지로 생각되기 때문에, 매우 유리한 점이 있다. 교양이 있는 여행자들은 이곳에 짧게 또는 오래 머물며 정말 많은 것을 얻었다고 이구동성으로 말한다. 그들은 계속 움직이고 활동하고 수집한다. 그런 다음 풍요해져서 집으로 돌아가면, 명예와 즐거움을 위해 자기가 습득한 것을 해석하고, 멀리 또는 눈앞에 있는 스승들에게 감사의 제물을 바치려 한다.

카사라는 이름의 프랑스 건축가가 오리엔트 지방을 여행하고 돌아왔다. 그는 가장 중요한 옛날 기념비들, 그중에서도 특히 아직 출판된 적도 측정된 적도 없는 기념비들과 지역들을 스케치했다. 일부는 무너지고 파괴된 현재의 상태를 있는 그대로 보여 주고, 일부는 그림 속에서 옛날의 원상태를 복원하여 매우 정밀하게 훌륭한 취향으로 붓질하고 수채화 물감 칠을 해서 원래의 모습을 생생하게 눈앞에 제공한다.

1. 바다에서 바라본 콘스탄티노플의 황제 궁, 도시와 소피아 사원 일부를 포함한 그림. 유럽에서 가장 매혹적인 언덕 위에 우리가 생각할 수 있는 한 가장 즐거운 모습으로 황제의 궁전이 지어졌다. 여전히 존경을 받는 고귀한 나무들이 대개 서로 연결된 큰 그룹을 이루어 줄지어 서 있고, 그 아래로 큰 성벽과 궁전들이 아니라, 작은 집들, 격자문, 통행로, 매점, 펼쳐진 양탄자 등이 극히 가정적으로, 작고도 친밀한 모습으로 서로 뒤섞여 있어서 즐거운 분위기를 만들어 낸다. 스케치가 색채로 마무리되어 친근한 효과를 낸다. 아름다운 바다가 사람들이 사는 해안 지대와 맞닿아 있다. 건너편에는 아시아가 있고, 다르다넬스로 통하는 해협도 보인다. 이 드로잉은 가로 7피트, 세로 3~4피트 정도.

2. 팔미라 유적지의 전체 전망, 같은 크기.

그는 먼저 우리에게 자기가 쓰레기 더미에서 찾아낸 도시의 평면도 모습을 보여주었다.

이탈리아 척도로 1마일 길이의 열주列柱가 성문에서 시작되어 도시를 관통하고 태양의 사원까지 연결되어 있다. 이 열주 도로는 아주 직선이 아니라 가운데 부분이 완만하게 휘어진다. 열주는 직경의 10배 높이 기둥들이 네 줄로 늘어선 모습. 열주 위로 지붕이 덮여 있었는지는 알 수가 없다. 그는 양탄자를 지붕으로 삼았을 것으로 본다. 커다란 스케치에서 열주의 일부가 아직도 전면에 우뚝 선 모습으로 등장한다. 배경에는 태양의 신전이 서 있고, 오른쪽으로는 너른 광야가 펼쳐져 있는데, 친위대인 야니차 부대원 몇 명이 전속력으로 말을 달리고 있다. 특이한 현상은 바다의 수평선 같은 푸른 선이 그림을 마무리한다는 것. 카사는 사막의 지평선이 멀리서 보면 푸른색blue이라, 우리 눈에는 바다와 똑같아 보인다고 설명했다. 이 그림에서도 자연에서와 똑같이 이것이 처음에 우리 눈을 속이지만, 우리는 팔미라가 바다에서 멀리 떨어진 곳에 자리 잡고 있다는 것을 잘 안다.

3. 팔미라의 무덤들.

4. [오늘날 레바논] 바알베크Baalbeck에 있는 태양 신전의 복원도. 그리고 현재 폐허의 풍경화.

5. 예루살렘 시 솔로몬 성전 터에 세워진 대형 모스크.

6. 페니키아의 작은 신전의 유적.

7. 레바논의 산기슭 지역. 생각할 수 있는 한 가장 쾌적한 모습. 작은 소나무 숲, 호수, 호숫가의 수양버들, 그 아래의 무덤들, 멀리 보이는 산.

8. 터키 무덤들. 비석들은 모두 죽은 사람이 지녔던 보물로 장식되었다. 터키 인들이 머리 장식으로 서로를 구분하기 때문에 무덤 주인의 신분을 금방 알 수 있다. 처녀들의 무덤은 극히 조심스럽게 꾸민 꽃들로 장식되었다.

9. 커다란 스핑크스 머리와 함께 이집트의 피라미드. 카사의 설명으로는 이 머리

는 석회암을 깎아 만든 것인데, 원래의 암석에 균열들이 있고 균일하지도 않아서 이 거대한 암석 덩이를 석고로 덮고 칠을 했다. 머리 장식의 주름에서 그것을 알아볼 수 있다. 얼굴 부분은 높이가 대략 10피트. 그는 스핑크스의 아랫입술 위에서 편안하게 걸어 다닐 수가 있었다.

10. 피라미드 하나가 문서 고증과 추정과 여러 계기들에 따라 복원되었다. 이 피라미드는 네 방면으로 튀어나온 홀과 제각기 옆에 세워진 오벨리스크를 포함한다. 홀로 들어가는 통로에는 상부 이집트에서 볼 수 있는 스핑크스들이 있다. 이 그림은 내가 평생 본 중에 가장 거대한 건축 아이디어를 보여 주는 것으로 나는 그 이상이 나올 수 없을 것이라 생각한다.

넉넉한 시간을 갖고 이 모든 그림들을 보고 나서, 저녁에는 팔라티노 언덕의 정원들로 갔다. 이 정원들은 황제 궁전들의 폐허 사이에 놓인 여러 공간들을 가꾸어 쾌적한 장소로 만든 것. 그곳 공공 광장 한곳에 우람한 나무들 아래로 장식이 붙은 기둥머리들, 매끈한 혹은 홈이 팬 기둥들, 부서진 돋을새김 조각들, 그 밖에도 그 비슷한 것들이 광범위한 영역에 걸쳐 마치 사람들이 탁자와 의자와 걸상을 놓고 야외에서 즐거운 소풍을 즐길 때 하는 방식으로 사방에 늘어 놓여 있다. 그곳에서 우리는 마음껏 이 매혹적인 시간을 즐겼다. 방금 깨끗이 씻고 새로 교육받은 눈길로 석양 무렵의 극히 다채로운 이 광경을 둘러보면서, 우리는 오늘 우리가 관람한 전혀 다른 그림들에 뒤이어 이 그림을 보는 것이 정말 좋다고 고백하지 않을 수 없었다. 카사의 취향으로 스케치하고 색칠을 한다면 이 그림은 어디서라도 인기를 끌 것이다. 이런 미술 작업들을 통해 우리 눈길이 차츰 조율되어 우리는 자연의 모습에 대해서도 점점 더 감수성이 커지고, 자연이 제공하는 아름다움에 대해서도 더욱 크게 눈을 열게 된다.

우리는 예술가의 집에서 위대하고 무한한 것을 보고 그에 자극받은 나머지, 다음 날 재미 삼아 지극히 낮고도 품위가 없는 좁은 장소를 찾아갔다. 곧 저 위대한 이

집트의 기념비 그림들을 본 덕분에, 아우구스투스 황제가 마르스 평야에 세워서 해시계의 바늘로 썼던 저 강력한 오벨리스크가 기억났던 것이다. 이 오벨리스크는 지금은 여러 조각으로 흩어져 지저분한 구석에서 나무 울타리 안에 갇힌 채, 저를 다시 일으켜 세울 임무를 맡을 건축가를 기다리는 신세. (그사이 몬테 치토리오Monte Citorio 광장에 세워져서 로마 시대처럼 다시 해시계 바늘 노릇을 하고 있다.) 이 오벨리스크는 가장 진짜배기 이집트 화강암을 깎아 만든 것인데, 잘 알려진 양식으로 여기저기 화려하고 단순한 형태들로 치장되어 있다. 보통은 공중으로 높이 올라가 있는 오벨리스크의 꼭대기 옆에 섰다. 동일한 스핑크스가 점점 가늘어지면서 가장 장식적인 방식으로 반복되는 것을 바라보자니 기묘했다. 이들은 전에는 그 어떤 인간의 눈길도 닿지 못하고 오로지 햇빛만이 가서 닿을 수 있었다. 이것은 예술의 제의祭義적 요소가 인간의 눈길에 미치는 효과를 계산하지 않는다는 예가 된다. 우리는 이 거룩한 모습들을 모형으로 제작해 달라는 주문을 냈다. 오로지 구름의 영역만을 향해 있던 것을 눈 가까이서 편안하게 보기 위해서였다.

가장 고귀한 작품을 담고 있는 역겨운 공간에서 우리는 로마를 하나의 뒤죽박죽 혼합체로 보지 않을 수 없었다. 하지만 로마는 이런 면에서도 여전히 유일무이한 것. 이런 의미에서도 이 엄청난 장소는 가장 위대한 장점들을 가지니 말이다. 여기서 우연이 만들어 낸 것은 없다. 우연은 그냥 파괴를 했을 뿐이다. 아직 제자리에 서 있는 것은 모두 장엄하고, 파괴되어 이리저리 흩어진 것도 여전히 품위가 있으며, 폐허의 불규칙함은 교회와 궁전의 새로운 위대한 양식들 안에 되살아나면서 고대의 규칙성을 보여 주고 있으니 말이다.

금방 완성된 복제품들을 보자, 상당한 규모의 복제품 수집품실이 있어 복제품을 전체로, 또는 부분으로 팔고 있다는 사실이 기억났다. 흔히 하나에서 다른 하나가 나오는 법, 나는 기억난 수집품 중에서 가장 뛰어난 것들을 골라 주문했다. 이렇게 만들어진 복제품들은 최고의 보물이 되어, 재력에 한계가 있는 애호가가 장차 극히 다양한 이점을 위해 이용할 수집품의 바탕이 된다.

괴셴 출판사에서 펴낸 네 권짜리 나의 전집이 도착했다. 특별 제본된 책은 곧바로 앙겔리카에게 넘겨주었다. 그녀는 자신의 모국어를 새롭게 찬양할 이유를 얻었다고 여겼다.

하지만 나는 이전의 활동들을 돌아보자 다시 밀려드는 [옛날의] 관찰들에 뒤늦게 매달려 있을 수가 없었다. 현재 내가 접어든 이 길이 나를 얼마나 멀리 이끌어 갈지도 모르거니와, 이전의 노력이 어느 정도로 성공할 것이며, 이런 동경과 변화의 결실이 현재 투자하는 노력에 대해 어디까지 보상을 해 줄지 전혀 짐작할 수 없었으니 말이다.

실제로도 뒤를 돌아보고 생각할 시간도 여유도 없었다. 유기적 자연의 형성과 변형에 대해 마음에 떠오른 아이디어들이 내가 멈추어 있도록 버려두지 않았다. 나는 깊은 생각에 잠겨 하나씩 결실을 향해 나아가면서, 매일 매시간 자신을 훈련하고 또 다른 사람에게도 전달해야만 했다. 모리츠와 함께 그 일을 시도하여, 나는 할 수 있는 한 그에게 식물의 형태 변화Metamorphose에 대해 설명했다. 그는 매일 스스로를 비우고 새로운 내용물을 갈망하는 특별한 그릇이 되어 주었다. 즉 자기가 습득할 수 있는 대상들을 갈망하여 허겁지겁 흡수하니, 나로서는 적어도 내 이론을 지속적으로 설명할 용기가 생겼다.

그러는 중에 특별한 책 한 권이 나타났다. 쓸모가 있느냐를 물으려는 게 아니라, 우리에게 중요한 자극을 준 책이었다. 간결한 제목을 달고 있는 헤르더의 이 논문은 신과 신성神性에 관한 다양한 관점들을 대화 형식으로 펼친 글이다. 이 글은 특별한 친구인 헤르더와 직접 이런 주제들을 놓고 자주 이야기를 주고받던 시절로 나를 데려갔다. 극히 경건한 관찰들에 집중한 이 글이, 특별한 성인聖人의 축일 즈음에 등장하여 그야말로 기묘한 대조를 이루었다.

9월 21일은 성 프란체스코의 축일이었고, 수도사와 신자들이 성인의 피를 모시고 긴 행렬을 이루어 도시를 행진했다. 수많은 수도사들이 지나가는데, 그들의 의상이 극히 단순하여 머리head로만 관찰이 집중되었다. 남자들을 개인으로 관찰하는 데에는 머리hair와 수염이 큰 몫을 한다는 사실이 눈에 뜨였다. 처음에는 그냥 주목하다가 나중에는 깜짝 놀라서 내 앞을 지나가는 행렬을 자세히 살펴보았고, 머리와 수염이 가장자리 틀을 이룬 얼굴은 수염 없는 얼굴과는 완전히 달라 보인다는 사실을 알게 되었다. 그림에 묘사된 이런 얼굴들이 이루 말할 수 없는 방식으로 관찰자의 눈길을 끌어당긴다는 사실을 이제야 비로소 확실히 알 수 있었다.

외국인을 안내하고 접대하는 직책을 맡고 있고, 따라서 그에 알맞은 교육을 받은 고문관 라이펜슈타인은, 물론 자기 일을 계속하는 과정에서 다음의 사실을 금방 알아챘다. 곧 대부분의 사람들이 구경도 하고 기분 전환도 할 겸 로마로 왔다가, 평소 하던 방식으로 외국에서 여가 시간을 보내기가 어렵다는 사실을 깨닫고는 엄청 지루해한다는 사실이다. 현실적인 측면에서 인간을 잘 이해하는 이 사람은 단순한 구경이 사람을 얼마나 지치게 하는지, 자발적인 활동을 통해 사람들을 즐겁게 하고 진정시키는 것이 얼마나 절실한 일인지도 금방 알아챘다. 그래서 그는 사람들의 활동성을 이끌어 낼 활동 분야 두 가지를 골랐다. 밀랍화 그리기와 유리로 고대 보석을 복제하는 일이다. 밀랍 비누를 채색 매개물로 이용하는 밀랍화는 얼마 전부터 다시 유행하게 된 것이다. 미술 세계에서는 어떤 식으로든 화가가 활동할 수 있게 하는 것이 중요하다. 따라서 익숙해진 방식으로 행해지던 것에 새로운 방식이 도입되는 일은 언제나 주목을 끌게 마련이고, 낡은 방식으로는 시도할 마음조차 없던 일도 새로운 방식으로 한번 시도해 보게 만드는 신선한 자극제가 되곤 한다.

러시아의 예카테리나 여황제를 위해 [바티칸의] 라파엘로 방들을 복제하고, 세부 장식을 포함하는 건축물 전체를 페테르부르크에 재현하겠다는 대담한 기획은 이런 새로운 기법을 염두에 두고 이루어진 일이었다. 이런 기법이 없었다면 그것은 아마 실행이 어려웠을 것이다. 건물 영역들, 벽면, 기둥 받침, 벽기둥, 기둥머리, 돌림띠

등을 튼튼한 밤나무 널빤지와 통나무로 제작하고, 그 위에 아마포를 씌우고 초벌칠을 해서 밀랍화의 바탕으로 삼았다. 라이펜슈타인의 지휘를 받아 특히 운터베르거 Unterberger가 여러 해 동안 작업한 이 작품은 매우 꼼꼼하게 완성되었는데, 내가 도착했을 때는 벌써 러시아로 떠난 뒤였다. 그래서 나는 그 엄청난 기획에서 남은 것들만을 볼 수가 있었다.

하지만 그 작업을 통해 이제는 밀랍화가 매우 높은 평가를 받기에 이르렀다. 어느 정도 재능을 지닌 외국인들은 그것을 실습해서 익힌다. 여기 사용되는 채색 용품은 값이 싸다. 한가하고 느긋한 순간들이 생기면 직접 만들거나 살 수가 있다. 중간급 화가들도 도제나 보조자 노릇을 할 수 있으니, 외국인들이 로마에서 자기들이 작업한 밀랍화 작품을 극히 즐거운 마음으로 고국으로 가져가는 것을 나는 여러 번이나 목격했다.

다른 활동, 곧 모조 보석 만들기는 주로 남자들에게 어울리는 작업이다. 라이펜슈타인 저택의 커다란 낡은 아치형 부엌이 이 작업을 위해 충분하고도 남을 공간을 제공했다. 불에 녹지 않는 내화성 물질을 먼저 곱게 빻아 체로 쳐서 가루를 만들고, 이 가루로 반죽을 만들어 반죽을 단단히 뭉쳐서 보석 형태를 만든다. 이것을 조심스럽게 말려서 쇠고리를 두르고, 활활 타는 불 속에 집어넣는다. 그런 다음 녹인 유리 페이스트를 그 위에 씌우면 이를 통해 작은 예술품이 나타나게 되는데, 그것은 자신의 손가락이 그 모든 일을 해냈다고 생각하는 사람에게는 상당한 기쁨이 되는 일이다.

고문관 라이펜슈타인은 기꺼이 나를 이 일에 끌어들였지만, 머지않아 이런 종류의 일이 내게는 맞지 않으며, 나의 원래 성향은 자연 대상과 예술품을 모방함으로써 손재주와 눈길을 가능한 한 향상시키는 것이라는 사실을 알아차렸다. 엄청난 무더위가 지나자마자 그는 벌써 나를 프라스카티의 예술가들의 모임에 데려갔다. 시설이 잘 갖추어진 그곳의 한 개인 집에서 숙소와 그 밖에 필요한 문제를 해결한 다

라이펜슈타인의 프라스카티 별장, Goethe 作

음, 우리는 하루 종일 야외에서 보내고 저녁이면 기꺼이 커다란 단풍나무 탁자 둘레로 모이곤 했다. 프랑크푸르트 출신인 게오르크 쉬츠Georg Schütz는 대단한 재능은 아니라도 세련된 사람으로서, 지속적인 예술 활동보다는 어느 정도 편안한 쾌감을 좋아한다. 덕분에 로마 인들이 그를 남작이라 부르는데, 그는 나와 함께 야외에서 이리저리 돌아다녔고, 내게는 여러모로 쓸모가 많은 사람이었다. 이 장소에는 긴 세월 최고 의미의 건물들이 있었거니와, 아직 남아 있는 강력한 토대 위에서, 탁월한 지식인들의 예술에 대한 사유가 나오고 또한 서술되었음을 생각해 보라. 침묵의 음악처럼 끊겼다 이어졌다 하며 나타나는 다양한 수평선들과 무수히 많은 수직선들을 [낮과 달밤과 석양 등] 온갖 빛의 조건 아래서 바라보면, 정신과 눈이 얼마나 즐거울지 그제야 이해하게 될 것이다. 우리 안에 있는 제한된 하찮은 요소들은, 약간 고통스럽긴 해도 이런 자극을 통해 모조리 밀려나 버리고 만다. 개별적인 즐거움이나 이름 붙이기 어려운 것들은 완전히 사라지고, 오로지 빛과 그림자의 거대한 덩어리가 우아한 대칭의 조화를 이루어 대형 풍경을 보여 주는 달밤의 풍성한 모습은 특히 온갖 상상을 넘어선다. 저녁이면 또한 공부가 되는 또는 유쾌한 담화도 부족하지 않았다.

그러므로 젊은 예술가들이 대담한 라이펜슈타인의 특성, 특히 그의 약점이라 할 만한 것들을 알아내고는, 자주 은근한 방식으로 농담과 조롱을 퍼부었다는 사실도 감추어선 안 될 것이다. 어느 날 저녁, 우리 예술 담화의 원천인 벨베데레의 아폴론 조각상이 다시 대화의 주제가 되었는데, 이 특별한 조각상의 머리에서 귀만은 그다지 특별하지 않다는 말이 나오자 대화는 자연스럽게 귀의 품위와 아름다움으로 넘어갔다. 자연에서 아름다운 귀를 찾아내기란 어렵고, 따라서 예술에서도 아름다운 귀를 모방하기가 어렵다는 이야기들이 나왔다. 쉬츠가 아름다운 귀로 유명했기에, 나는 그가 램프 불빛을 잘 받도록 내 옆에 앉히고는 그의 오른쪽 귀를 조심스럽게 스케치했다. 이렇게 꼼짝도 할 수 없는 모델 자세로 그는 마침 라이펜슈타인의 맞은편에 앉아 있었고, 덕분에 라이펜슈타인에게서 눈길을 뗄 수가 없었다. 라이펜슈타인은 여러 번이나 찬양을 받은 자신의 강의를 다시 시작했다. 처음부터 곧바로 최고의 작품을 향해 나아가서는 안 되고, 먼저 파르네세 미술관에 있는 카라치의 작품들로 시작하여 라파엘로의 작품들로 넘어갔다가, 마지막에 벨베데레 아폴론을 거듭 스케치해서 그것을 거의 외다시피 해야 한다는 내용이었다. 벨베데레 아폴론 이상의 것을 소망하거나 바랄 수 없기 때문이란다.[이미 여러 번이나 되풀이해서 잘 알려진 내용]

선량한 쉬츠는 속에서부터 솟아나는 웃음 발작을 겨우 억누르고 있었지만 겉으로 그것을 감추기가 거의 불가능해서, 내가 그를 정지 자세로 오래 붙들어 둘수록 그의 고통은 점점 커졌다. 그러니 스승으로서 선의를 행하는 사람은, 자기가 지닌 개인적인 성벽으로 인해 언제나 이런 조롱과 배은背恩을 얻곤 한다.

알도브란디니 영주의 별장 창문에서 과연 예상했던 대로 탁월한 전망을 목격했

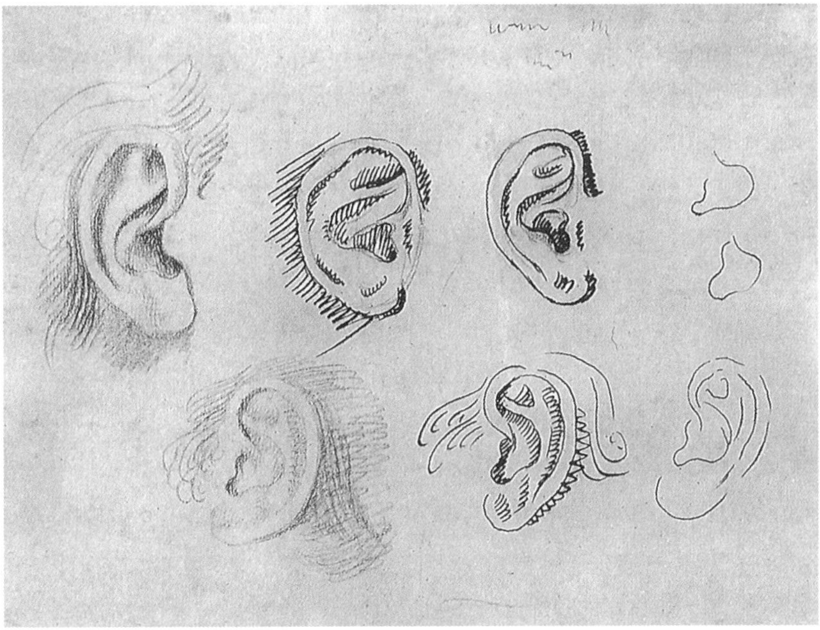

사람의 귓바퀴, Goethe 作

다. 마침 별장에 머물고 있던 영주가 친절하게 우리를 초대해서, 종교계 친구들과 세속의 친구들을 위한 훌륭한 만찬으로 우리를 대접해 주었다. 이 성城은 이곳 언덕들과 평원의 화려함을 한눈에 조망하도록 세워진 것이라는 생각이 든다. 별장들에 대한 이야기는 많지만, 이곳에서 사방을 둘러보면 이보다 더 훌륭한 자리를 잡기가 어렵다는 것을 확신하게 된다.

여기에 나는 한 가지 관찰을 끼워 넣어야겠다. 그 진지한 의미를 남에게 말해도 될 것 같으므로. 이 관찰은 위의 설명에 빛을 비추어 주고, 나아가 다음의 사실도 알려 준다. 계속 성장하는 선량한 정신을 지닌 사람들도 이로써 자기 검증의 계기를 얻을 수 있을 것이다.

생동하며 앞으로 나아가는 정신은 쾌락만으로 만족하지 못하고 반드시 지식을 구한다. 지식이 그들을 자발적인 활동으로 이끌어 가고, 그 결과가 성공적이든 아니든 그런 사람은 자기가 만들어 낸 것 말고는 다른 어떤 것도 평가할 수 없다고 느낀다. 하지만 인간은 이 점에서 그리 쉽사리 명료함에 이르지 못하는 법이니, 잘못된 열성들도 생겨난다. 의도가 정직하고 순수할수록 그런 열성은 더욱 조바심을 낸다. 이 시기 이런 편안한 상태 한가운데서 나를 불안하게 만드는 의심과 추측들이 내 안에서 솟아나기 시작했다. 내가 여기 머물기로 하면서 가졌던 원래의 소망이나 의도가 성취되기 어려움을 느끼지 않을 수 없었기 때문이다.

며칠간 유쾌한 시간을 보낸 다음에 우리는 로마로 돌아왔다. 로마에서는 야외의 자유가 없는 대신에, 사람이 꽉 들어찬 밝은 홀에서 새롭고 극히 유쾌한 오페라를 즐길 수 있었다. 지층의 앞줄 한 줄을 차지한 독일 예술가들의 좌석은 언제나 그렇듯이 꽉 들어찼고, 게다가 이번에는 과거와 현재의 빚을 다 갚을 정도로 갈채와 외침도 부족하지 않았다. 좋아하는 아리아나 그 밖에도 좋아하는 부분 후렴이 나올 때마다 '조용히[쉿]' 하는 외침이 처음에는 나직하게, 그러다가 점점 강해져서 마지막에는 호령하는 소리로 울려 나와 객석 전체를 조용하게 만들었다. 무대에 등장한 우리 친구들은 그 대가로 정중한 예절을 보이면서 가장 흥미로운 장면을 우리를 향해 공연해 주었다.

10월

편지

10월 2일, 프라스카티

여러분이 제때 편지를 받으려면 내가 제때에 편지를 시작해야 합니다. 워낙은 할 말이 많기도 없기도 합니다만. 스케치를 계속하고, 그러면서 혼자 조용히 친구들 생각을 하니까요. 요즘 고향을 그리는 마음이 부쩍 커졌는데, 이곳 생활이 편한데도 내게 가장 사랑스러운 것이 결핍되어 있음을 느끼기 때문인 듯해요.

참으로 기묘한 처지에 빠졌으니, 매일 힘을 모아 할 일을 하면서 이번 겨울을 일로 보내려 합니다.

1년 동안 완전히 낯선 사람들 사이에 섞여 지내는 것이 쓸모 있으면서도 또한 얼마나 어려운 일인지요. 특히 티슈바인은—우리끼리의 이야기지만—내가 바라는 그런 사람이 아닙니다. 그는 정말 좋은 사람이지만 그래도 그의 편지만큼 그렇게 순수하거나 자연스럽고 개방된 사람은 아니에요. 그에게 부당하지 않으려면 그의 성격을 구두口頭로만 전할 수 있겠는데, 그런 묘사가 대체 어떤 것이겠어요! 한 인간의 성격이 곧 그의 삶이죠. 지금 나는 카이저를 사귀려는 희망을 품고 있어요. 이 사람은 내게 큰 기쁨이 될 것입니다. 하늘이 그것을 방해하지 않기를!

가볍게 드로잉을 해내고 처음부터 다시 시작하지 않는 정도의 수준에 도달하고 싶다는 처음의 의도는, 유감스럽게도 삶에서 가장 아름다운 시간을 낭비했다고 할 정도로, 아직도 그냥 그 자리네요. 그래도 자신을 변명하기 위해 이렇게 말해야겠지요. 드로잉을 위한 드로잉이란, 말을 위한 말이나 같은 것이라고 말이죠. 표현할 것이 없으면 그 무엇도 나를 자극하지 않으니, 가치 있는 대상을 먼저 애써 찾아내야 하는데 아무리 찾아도 잘 찾아지지 않는다면, 대체 어디서 모방의 열정이 나오겠습니까? 이 지역에서는 누구나 화가가 되어야 하죠, 모든 것이 사람을 그쪽으로 몰아가고 무언가 만들어 낼 것을 거듭 강요하니 말입니다. 내 취향과 방식을 생각해 보면, 여기서 여러 해를 지내면 나는 매우 많은 발전을 이루리라고 확신합니다.

사랑하는 벗들이여, 여러분은 내가 내 이야기를 쓰기를 바라는데 내 생각은 이래요. 우리가 다시 만나면 많은 이야기를 들려 드릴게요. 나 자신과 다른 사람에 대해, 세계와 역사에 대해 많은 생각을 할 기회를 가졌으며, 꼭 새로운 것은 아닐지라도 그에 대해 많은 좋은 것을 내 방식으로 전해 드릴 겁니다. 결국 모든 것은《빌헬름 마이스터》에서 요약되겠지요.

모리츠는 지금까지 나의 가장 사랑스러운 벗으로 남아 있어요. 그가 나와 교제하면서 그냥 영리해지기만 할 뿐 더 올바르거나 더 행복해지지 않을까 걱정이긴 하지만요. 내가 완전히 솔직해지지 못하게 만드는 부분이죠.

전체적으로는 여러 사람과 함께 사는 일이 내게는 아주 좋아요. 온갖 기질과 행동 방식을 보게 되니까요. 어떤 이는 자기 게임을 벌이고, 어떤 이는 그렇지 못하며, 이 사람은 앞으로 나아가는데 저 사람은 거의 그러지 못합니다. 누군가는 모으고 누군가는 부수죠. 어떤 이는 무엇에든 만족하고, 어떤 이는 그 무엇에도 만족하지 못하죠. 저이는 재능이 있으나 그것을 행하지 않고, 또 저이는 재능이 없는데도 부지런하다는 등등입니다. 이 모든 것을 보면서 그 가운데서 나 자신도 봅니다. 이 사람들의 삶이 나의 관심사가 아니고 내가 그들에게 책임감을 느끼지 않으므로, 이런 일은 내게 즐거움을 제공하며, 고약한 유머를 만들어 내지도 않습니다. 나의 벗들이여, 누구든 제 방식대로 행동하면서 그것이 전부라고 주장하고, 나더러도 거기 동의하라고 요구한다면, 그야말로 도망치거나 아니면 미쳐 버리고 말겠지요.

1787년 10월 5일, 알바노

이 편지를 내일 로마로 가는 우편 마차 편에 보낼 수 있을지 보기로 하죠, 편지에는 내가 하고 싶은 말의 1천 분의 1밖에 담기지 않겠지만.

여러분의 편지와 함께, '**흩어진**' 것이라기보다 '**모아 놓은** 나뭇잎들'[=《산문집》, 원래 제목은 《흩어진 나뭇잎들》] 《**이념들**, 인류의 역사 철학》*과 모로코가죽으로 장정한 나 자신의 네 권짜리 전집을 동시에 받았어요. 어제 프라스카티에서 알바노로 출발하려는 순간에 말이죠. 덕분에 이 책들은 빌라 체류 기간의 보물이 되었죠.

어젯밤에 [《산문집》에 들어 있는] 《**페르세폴리스** Persepolis》 부분을 읽고 무한히 기뻤습니다. 이런 방식의 예술이 여기선 전혀 알려져 있지 않으니 나로서는 덧붙일 말이 없네요. 이곳 어느 도서관에서 당신이 추천한 책들을 찾아볼 생각이고 다시금 감사드려요. 계속 작업하십시오, 제발, 작업을 계속해서 모든 것을 당신의 빛으로 비추어 주셔야 합니다.

《**이념들**》과 **시**詩**들**은 아직 건드리지도 못했어요. 나의 작품들도 세상으로 나가야 할 테니 나도 열심히 계속할게요. 여기 마지막 권들을 위한 동판화 넷이 있습니다.

* 헤르더의 작품들.

이 책에 **언급된 사람들**에 대한 우리의 관계는, 양측의 선의의 휴전 상태라고나 할까요.* 나는 그 점을 잘 알고 있었어요. 될 수 있는 것만 되는 법이죠. 계속 서로 멀리 떨어져 있다 보면, 잘되면 조용하고 느긋한 작별이 되겠지요. 한 사람은 소박한 표현들로 가득 찬 바보입니다. "**내 어머니에겐 거위가 있어**"라는 것이 "저 하늘에 계신 하느님께만 영광을"이라는 것보다 노래하기가 더 편하죠. 말하자면 그 자신도 거위[어리석은 사람]니까요. "**그들은 건초와 볏짚을, 건초와 볏짚을 헷갈리지 않는**"다네요. 여러분은 이런 사람들을 멀리하시오! 처음 배은背恩이 나중 배은보다 나으니까요. 또 다른 사람은 낯선 땅에서 자기가 **자기 나라**에 온 것이라 여기지만, 실은 고백하지도 않은 채로 "**저 자신을 찾으려는**" 사람들에게로 온 것이지요. 그는 고립감을 느끼지만 왜 그런지도 모를걸요. 내가 아주 잘못 생각한 것이 아니라면 "**알키비아데스의 너그러움**"은 취리히 예언자의 요술 장난입니다. 그는 충분히 영리하고 세련되어서 믿을 수 없을 정도의 민첩함으로, 크고 작은 유리구슬을 서로 바꿔치거나 뒤섞어서 자신의 신학적인 문인 기질에 따라, 참과 거짓을 멋대로 드러내기도 없애기도 하죠. 처음부터 거짓과 악마론과 예감과 동경 등등을 좋아하는 악마가 그를 붙잡아 차지해라!

새로운 종이에 새로 써야겠어요. 손보다는 영혼으로 쓰는 이 내용을, 당신이 눈보다는 정신으로 읽기를 청합니다.

사랑하는 형제여, 다른 이들을 신경 쓰지 말고 계속 찾아내어 결합하고 시와 다른 글을 쓰십시오, 먼저 자기 자신을 위해 자기가 사는 방식으로 써야 합니다. 그런 다음에야 가까운 존재들을 위해서도 쓰는 거죠.

플라톤은 'ἀγεωμέτρητον'[아게오메트레톤, 수학을 모르는 자]가 자기 학교에 들어오는

* 여기서 괴테는 시인이자 목사인 마티아스 클라우디우스(Matthias Claudius, 1740~1815), 스위스의 철학자 야코비(F.H. Jacobi, 1743~1819)에 대해 말하는 것인데, 헤르더는 자신의 글에서 이 두 사람과 관상학자 라바터(J.K. Lavater, 1741~1801)를 한데 싸잡아서 공격했다.

알바노 산골의 목가적 풍경, Goethe 作

것을 거부하려 했지요. 내가 그럴 수 있다면 나는 자연 연구를 진지하게 선택하지 않은 사람을 거부할 것입니다. 최근에 나는 취리히 예언자의 사도使徒 방식-카푸친 수도회 방식 연설에서 엉터리 소리를 발견했어요. **"생명이 있는 모든 것은 제 바깥의 무언가를 통해 살아간다."** 뭐 이 비슷한 말이죠. 이런 것은 그 종파 사람이나 쓸 법한 말입니다. 교정볼 때에 수호 정령이 [정신 좀 차리라고] 그의 소매를 잡아당기지도 않았던 거죠. 이들은 가장 초보적이고도 간단한 자연의 진실을 이해하지 못하면서도 옥좌 주변 가까운 의자에 앉으려 하는데, 그런 자리는 다른 사람의 것이거나 아니면 그 누구의 자리도 아니죠. 그대로 놓아두십시오, 나도 그러니까요. 나야 물론 이제 이런 일이 더욱 쉽지만.

내 삶에 대해서는 그 어떤 말도 하고 싶지 않아요. 너무 우스워 보여서. 무엇보다도 풍경 드로잉에 열중하고 있는데 이 하늘과 이 땅이 그렇게 하라고 초대하고 있으니까요. 심지어 낙원 같은 목가牧歌 풍경 몇 군데도 찾아냈어요. 내가 무엇인들 못 하겠습니까! 우리 같은 사람은 주변에서 늘 새로운 대상들을 찾아내야 하죠. 그래야만 편안하니까요.

안녕히, 편하게 지내십시오. 힘든 일이 생기면 그래도 여러분은 서로 **함께** 있음을 기억하세요. 나는 자발적으로 추방당해서, 어디서나 이방인이고 어디서나 고향처럼 되었지요. 내 삶을 이끌어 간다기보다 흘러가도록 놓아두고 있는데, 어느 경우든 어디를 지향하는지도 모른답니다.

안녕히, 공작부인께 인사를 전해 주십시오. 고문관 라이펜슈타인과 함께 프라스카티에서 공작부인의 체류 일정 전체를 계획했어요. 모든 것이 잘 풀린다면 훌륭한 계획이 될 겁니다. 지금은 빌라를 두고 협상 중인데, 어느 정도 억지로 **세를** 얻었어요. 다른 사람이라면 그런 집을 소유하거나, 아니면 대가족이 선의에서 비켜 주어야 하는 것이죠, 그랬다간 의무와 복잡한 관계에 매이게 됩니다. 조금 더 확실한 것이 생기면 곧바로 편지를 쓰지요. 로마에도 정원 딸린 아름다운 독립된 거처가 준비되었어요. 공작부인께서 어디서나 편안하게 지내시기를 바랍니다. 그렇지 않았다가는 아무것도 즐기지 못할 테니까요. 시간은 흐르고 돈은 이미 지불되었으니, 내 손을 떠나 날아가 버린 새를 바라보는 사람처럼 사방을 둘러볼 뿐입니다. 공작부인의 발이 돌에 채이지 않도록 모든 준비를 할 수만 있다면 그렇게 할 겁니다.

쓸 자리가 남아 있지만 더는 쓸 수가 없네요. 안녕히, 이렇게 서둘러 맺는 것을 용서하십시오.

10월 8일, 실은 12일, 카스텔 간돌포Castel Gandolfo

이번 주는 편지도 쓰지 못한 채로 지나갔네요. 이 편지는 서둘러 로마로 보내서 다시 여러분에게 보내질 겁니다.

우리는 여기서 온천지에서처럼 지내고 있어요. 나는 아침에만 따로 물러나 스케치를 하고, 그런 다음 하루 종일 사람들과 함께 보냅니다. 이렇게 짧은 시간에는 그것이 아주 좋아요. 시간을 많이 잃지 않고 사람들을, 그것도 한꺼번에 여러 명을 만나게 되니까요.

앙겔리카도 이곳으로 와서 내 숙소에서 멀지 않은 곳에 묵고 있어요. 그 밖에 몇몇 명랑한 아가씨들, 몇몇 부인들, 멩스의 사위인 마론Maron 씨도 가족과 함께, 일부는 나와 같은 집에, 일부는 이웃에 머물고 있어요. 모임은 유쾌해서 늘 웃을 일이 많아요. 저녁이면 풀치넬라가 주인공인 희극 공연에 가고, 이튿날엔 하루 종일 전날 저녁의 재담을 써먹죠. Tout comme chez nous[우리가 하는 짓이나 비슷하죠]—더욱 명랑하고 밝은 하늘 아래서 이루어진다는 점만 빼고는. 오늘은 바람이 불어서 나는 하루 종일 집에 머물러 있어요. 나를 내 바깥으로 끌어낼 수 있는 날이 있다면 바로 이런 날들이겠지만, 나는 언제나 도로 내 안으로 침잠하고, 내 성향은 오로지 예술을 지향합니다. 매일 새로운 빛이 비추니, 나는 적어도 보는 법을 배우는 것 같군요.

《에르빈과 엘미레》는 거의 끝나 가죠. 글이 잘 써지는 아침 몇 번이면 끝날 겁니다. 구상은 이미 되어 있으니까요.

헤르더는 내게, 질문과 제안을 통해 포르스터*의 세계 여행을 후원하라고 부탁했어요. 기꺼이 그렇게 하고 싶긴 한데 시간을 낼 수 있을지 모르겠군요. 두고 보기로

* 포르스터(J.G.A. Forster, 1754~1794): 독일의 박물학자, 민속학자, 여행기 작가. 제임스 쿡 선장의 두 번째 세계 일주 항해에 동참하여 흥미로운 여행기를 남겼다.

하죠.

그곳에선 벌써 춥고 흐린 날씨를 맞고 있겠지만, 여기선 아직 한 달 정도는 산책을 계속할 수 있답니다. 헤르더의 《이념들》을 얼마나 기쁜 마음으로 읽고 있는지 이루 다 말할 수가 없을 정도네요. 나는 메시아를 기다리는 사람이 아니므로, 이 책이 내게는 가장 사랑스러운 복음서입니다. 모두에게 인사를 전해 주십시오. 나는 생각 속에서 늘 여러분과 함께 있으니, 나를 사랑해 주십시오.

사랑하는 벗들이여, 지난번 우편물 배달 날에 여러분은 편지를 못 받았지요. 카스텔로에서는 이동이 극히 힘든 데다가, 나도 스케치를 하고 싶었으니까요. [이곳 사정은] 우리 온천지와 비슷해요. 항상 인기 있는 집에 살고 있으니, 거기 맞추어야 하지요. 이번 기회에 지난 1년 동안보다 더 많은 이탈리아 사람들을 보았고, 이 경험에 만족하고 있어요.

이곳에 일주일 동안 머문 밀라노 여성 한 사람이 내 관심을 끌었지요. 자연스러움과 상식과 선량한 매너가 로마 여성들보다 비할 바 없이 뛰어났어요. 언제나 그렇듯이, 앙겔리카는 이해심이 있고 착하고 호감을 주며 싹싹합니다. 그녀의 친구가 되어야 해요, 그녀에게서 특히 일에 대해 많이 배울 수가 있죠. 거의 믿을 수 없을 정도로 모든 것을 잘 마무리하니까요.

지난 며칠 동안 날씨가 서늘해졌고, 나는 다시 로마에 돌아와서 기쁩니다.

어제저녁에 잠자리에 드는데 여기 있는 게 정말 좋다는 느낌이 들었어요. 넓고도 확고한 기반에 정착했다는 생각이 들었지요.

《**신**》을 두고 헤르더와 이야기를 나누고 싶군요. 핵심을 이렇게 지적할 수 있을 것 같아요. 다른 글들도 그렇지만, 이 작은 책자를 **음식**이라 여기면 좋을 것 같다고. 이것은 정말로 **주발**이니까요. 안에 담을 것이 없는 사람이라면 그것이 텅 비어 보이겠지요. 알레고리 비유를 조금 더 계속할게요. 내 이런 알레고리를 헤르더가 가장 잘 설명해 줄 겁니다. 우리는 지렛대와 롤러를 이용해서 무거운 것을 운반할 수 있습니다. 토막 난 오벨리스크 조각들을 움직이려면, 윈치와 도르래 등등이 필요합니다. 짐이 무거울수록, 또는 목적이 섬세할수록(예를 들면 시계와 같은) 이런 기계들은 서로 잘 연결된 것, 기술적으로 뛰어난 것이어야 하고, 그러면서도 내부에 가장 큰 통일성을 지녀야 합니다. 모든 가설, 또는 오히려 모든 **원칙**들은 바로 이와 같아요. 옮길 것이 많지 않은 사람은 지렛대를 잡고 나의 도르래를 무시하죠. 조각가가 무한 나사를 가지고 대체 무얼 하겠습니까? L.[라바터]이 동화를 현실로 만들려고 온갖 힘을 다 들이고, J.[야코비]가 텅 빈 아이 두뇌의 감성을 신격화하려고 애쓴다면, 그리고 C.[클라우디우스]가 달리는 심부름꾼 대신 복음서 전달자가 되고 싶어 한다면, 이들이 자연의 깊이를 탐구하기를 극히 싫어한다는 것도 자명한 일이겠지요. 그들이 있는 힘을 다해 어린양의 옥좌 주변에 의자를 놓으려 하는 것이 아니라면, 자연의 확고한 토대를 조심스럽게 안 밟으려 하는 것이 아니라면—누구든 무엇이 되었든, 우리 모두 이 토대를 딛으라는 동일한 요구를 갖는데도—한 사람은 **"생명이 있는 모든 것은 제 바깥의 무언가를 통해 살아간다"**고 두려움도 없이 말할까요? 그리고 다른 사람은 개념의 혼란, 곧 '**지식**'과 '**믿음**', '**전승**'과 '**경험**'이란 개념의 혼란을 부끄러워하지도 않게 되나요? 그리고 세 번째 사람은 몇 단계 아래로 내려가야 하지 않나요?

그에 비해《이념》의 3부를 읽으면서, 저자가 '신'의 개념도 없이 이것을 쓸 수 있었을까 하고 물어보는 것이 가능한 일인가요? 절대 그럴 수는 없죠. 이 작품이 지닌 진짜 위대함과 내면성은 바로 '신'과 '세계'라는 개념의 **안**에서, 그리고 그 개념**에서 출발하여**, 그 개념을 **통해** 이루어지는 것이니까요.

그러므로 어딘가 부족한 점이 있다면, 그것은 상품의 부족함이 아니라 구매자가 없다는 것이죠. 기계가 아니라 그것을 사용할 줄 아는 사람이 없다는 것입니다. 사람들이 형이상학적인 대화에서 내가 완전하지 않다고 생각하면, 나는 언제나 조용한 미소로 그것을 받아들였지요. 하지만 나는 예술가이니 나한테는 그래도 상관이 없어요. 내게는 오히려 작업할 때 기반으로 삼고 이용하는 원칙들이 감추어져 있어야 한다는 점이 중요하죠. 나는 모든 사람에게 자신의 지렛대를 허용하고, 나 자신은 무한 나사를 사용한 지 오래되었거니와, 이제는 더 큰 기쁨과 편안한 마음으로 그렇게 할 겁니다.

1787년 10월 12일, 카스텔 간돌포

헤르더에게

잠깐 몇 마디만. 무엇보다도 당신의 《이념》에 감사하며! 이 작품은 내게 가장 사랑스러운 복음이며, 내 평생의 가장 흥미로운 탐색들이 모조리 합쳐진 것입니다. 그토록 오래 나를 괴롭히던 것이 그토록 완벽하게 밝혀졌으니, 이 책으로 당신은 내게 얼마나 많은 즐거움을 주었는지, 또 묵은 즐거움을 다시 새롭게 만들었는지! 이제 겨우 절반을 읽었을 뿐인데도. 159쪽에서 전개하는 캄페르* 인용문 전체를 가능하면 빨리 베껴서 보내 주십시오, 그리스 예술의 이상을 지배한 법칙들 중에서 그가 무엇을 찾아냈는지 보고 싶어요. 나는 그가 동판화에 나오는 옆얼굴을 보여 주던 과정만 생각날 뿐입니다. 그에 대한 의견을 알려 주시고, 그 밖에도 당신이 보기에 내게 쓸모 있을 것으로 생각되는 발췌문도 보내 주세요, 이런 사유가 어디까지 나아갔는지 최종 지점을 확인하고 싶어요. 나는 언제나 신생아 같으니까요. 라바터의 《골상학》에서 이에 대해 들을 만한 말이 있나요? 포르스터를 격려하라는 권고를

* 페터 캄페르(Peter Camper, 1722~1789): 네덜란드의 의사이자 해부학자. 인간은 아래턱뼈가 없다는 그의 이론을 괴테는 틀렸다고 여겼다.

기꺼이 따르려 하지만, 가능할지 아직은 모르겠어요. 내 가설들을 자세히 살펴보고 글로 써야 하니까요. 그 내용을 글로 쓰기가 얼마나 어려운지 당신도 아시겠지요. 언제 어디로 보내야 하는지 최종 날짜를 알려 주십시오. 지금 나는 갈대 사이에 앉아, 피리를 불 줄도 모르면서 피리를 깎고 있는 꼴입니다. 이번 과제를 하려면 구술口述을 해야 할 겁니다. 당신의 요청을 보고, 모든 측면에서 집을 정리하고 이제 그만 책들을 끝내라는 신호라 여기고 있어요.

내게 가장 어려운 일은 이겁니다. 모든 것을 내 머리에서만 이끌어 내야 한다는 것, 나의 발췌문 기록도 없고 그 어떤 스케치도 없으며, 지금은 아무것도 지니고 있지 않다는 것. 이곳엔 최신 책들이 전혀 없으니까요.

앞으로 2주 동안은 아마 카스텔로에 더 머물면서 온천지 생활을 계속할 거예요. 아침이면 스케치를 하고, 이어서 계속 사람들을 만나죠. 그들을 한꺼번에 만난다는 점이 좋아요. 개별적으로 만난다면 매우 성가신 일이었을 겁니다. 앙겔리카도 여기 머물면서 내가 모든 것을 견디도록 도와주고 있지요.

암스테르담이 프로이센에 통합되었다는 소식을 교황이 들었다고 해요. 다음번 신문이 확실한 것을 알려 줄 겁니다. 이건 18세기가 전체 모습을 드러내는 최초의 모험일 겁니다. 나는 이걸 sodezza![얼어붙음]라 부르죠. 칼 한 번 휘두르지 않고 대포 몇 방 날렸을 뿐인데, 아무도 이 일을 떠맡을 생각도 없으니 말이죠! 잘 계십시오. 나는 평화의 자식이니, 앞으로도 온 세상과 평화를 유지할 셈입니다. 나 자신과는 이미 평화 조약을 맺었으니까요.

1787년 10월 27일, 로마

이 마법 영역에 다시 도착하여 또다시 마법에 걸린 것처럼 만족하고, 조용히 일하면서 내 바깥에 있는 것을 모두 잊지요. 친구들 모습이 평화롭고도 친절하게 나를 찾아오곤 합니다. 도착하고 처음 며칠 동안은 편지를 쓰면서 보내고, 시골에서 제작한 드로잉들을 자세히 살펴보기도 했어요. 다음 주에는 새로운 일을 시작할 것입니다. 풍경화 스케치 분야에서, 좋은 조건 아래서라면 내가 어떤 희망을 가질 수 있는지 앙겔리카가 해 준 말을 당신에게 전하기가 조금 민망하네요. 어쨌든 나는 절대로 도달할 수 없는 것에 가까이 다가가려고 계속 노력할 참입니다.

《에그몬트》가 거기 도착했다는 소식과, 여러분이 그 작품을 어떻게 받아들였는지 하는 소식을 간절히 기다리고 있어요. 카이저가 도착했다는 말을 이미 했던가요? 그가 며칠 안으로 우리의 스카핀* 작품 총보를 완성해서 들고 나타나기를 기다리고 있어요. 대체 얼마나 대단한 축제가 될지 당신은 상상할 수 있겠죠! 곧바로 새로운 오페레타를 시작할 것이고, 그의 방문과 충고에 힘입어 《클라우디네》와 《에르빈》도 수정할 생각입니다.

헤르더의 《이념》을 다 읽었는데, 이 작품에서 특별한 기쁨을 느꼈어요. 종결부는 훌륭하고 참되고 기분 좋은 것이죠. 시간이 흐르면 이 책과 헤르더 자신이 낯선 이름들 사이에서 인류에게 좋은 영향을 남길 겁니다. 이런 사고방식이 힘을 얻을수록, 생각하는 인간은 더욱 행복해지죠. 나도 올해는 낯선 사람들 사이에서 많은 것을 살펴보았고, 정말 영리한 사람은 다소 섬세한 또는 거친 방식으로 결국은 이 지점에 도달한다는 것을 알았어요. 즉 순간이 전부라는 것, 삶이 자신에 의해 좌우되는 한에서 이성적인 인간은 자신의 삶이 이성적이고 행복한 순간들을 많이 포함하도록 행동한다는 것을 말입니다. 그것이 이성적인 인간의 유일한 장점인 거지요.

이 책과 또 다른 책을 읽으며 생각한 것들을 말하려면, 다시 책 한 권을 써야 할

* 스카핀과 스카피네(Scapin und Scapine): 괴테가 코메디아 델 아르테 방식으로 쓴 노래극 《농담, 간계, 복수(Scherz, List und Rache)》(1784)에 등장하는 인물들.

판입니다. 지금은 다시 멋대로 책을 펼쳐서 나오는 구절들을 읽고 있어요. 모든 페이지를 전부 즐길 셈으로 말이죠. 그야말로 철저히 멋지게 구상되어 쓰인 작품이니까요.

그리스 시대를 다룬 부분이 특히 아름답네요. 이렇게 표현해도 좋다면, 로마 시대에 대해서는 구체성이 부족하다고 여겨지는데, 내가 굳이 그렇게 말하지 않아도 생각할 수 있는 점입니다. 자연스러운 일이기도 하고요. 내 마음속에는 옛날에 국가 자체였던 것의 덩어리가 현존해 있으니까요. 이 국가는 내게는 마치 조국처럼 다른 모든 것을 배제해 버리죠. 거대한 세계 전체와의 연관성 속에서 이 개별적 존재의 가치를 결정해야 합니다. 물론 많은 것이 위축되고 연기처럼 사라졌다 해도 말입니다.

콜로세움은 여전히 내게 그토록 위풍당당해 보입니다. 그것이 어떤 시대에 건축되었는지를 생각한다 해도, 이 엄청난 건물을 가득 채운 사람들이 더는 고대 로마의 민중이 아니었다는 점을 생각해도 여전히 그래요.

로마의 회화와 조각을 다룬 책이 우리에게도 도착했어요. 독일인의 작품인데, 그보다 더 고약한 것은 독일 귀족의 작품이라는 거지요. 이리저리 돌아다니며 기록하고 듣고 경청하고 글을 읽을 에너지를 지녔지만, 오만함으로 가득 찬 젊은 사람인 듯해요. 그는 책에 전체라는 인상을 부여할 줄을 알기에 정말로 참되고 좋은 것도 들어 있지만, 동시에 거짓되고 뻔한 소리, 남이 사색한 것과 남이 하는 말을 따라 한 것, 지루한 것과 도망치는 내용도 함께 있지요. 멀리서도 그것을 꿰뚫어 보는 사람이라면, 편집과 스스로 사색한 내용이 괴물처럼 뒤엉켜서 이 거대한 작품을 이루고 있음을 금방 알아볼 겁니다.

《에그몬트》가 도착했다니 기쁘고도 안심이 되네요. 그에 대한 여러분의 의견도 듣기를 바라지만, 지금쯤 아마 벌써 이리로 오는 중이겠지요. 모로코가죽 장정본 전집이 도착해서 그것을 앙겔리카에게 선물했어요. 카이저의 오페레타 작품으로 우리는 남들이 충고해 준 것보다 더 지적으로 되려고 합니다. 그가 도착하면 더 많은 소식을 전해 드리지요.

서평은 그 어른*의 스타일로 쓰였네요. 너무 지나치기도 너무 모자라기도 해요. 이미 **창작된 것**이 완벽한 것은 아니라도 어쨌든 천 년을 두고 **서평이 이루어지리라**는 것을, 다시 말해 그 존재 자체가 스스로에 대해 이야기하리라는 것을 알기에, 나는 이제 오로지 **창작**에만 신경을 쓰려고요.

내가 별 탈 없이 어떻게 견뎌 냈을까 모두들 이상하게 여기지만, 사람들은 내가 무엇을 하며 지냈는지도 역시 모르지요. 여기서는 퍽 아름다운 날들이 계속되는데도, 올해 10월이 가장 아름다운 편은 아니라고 하네요.

이제 내게는 새로운 시대가 시작되고 있어요. 많은 것을 보고 깨달으면서 내 기질이 확장되었으니, 어떤 한 가지 일에 자신을 제한하고 몰두할 필요가 있지요. 한 인간의 개체성은 경이로운 것입니다. 나 자신의 개성을 이제야 알아 가는 것 같아요. 올 한 해 동안 한편으로는 오로지 나 자신에게만 기대어 왔고, 다른 한편으로는 완전히 낯선 사람들에 둘러싸여 지냈기 때문이지요.

뒷날 덧붙임

이달 초에는 아주 맑고 찬란하고도 온화한 날씨를 맞아 카스텔 간돌포에서 격식을 갖춘 시골 생활을 즐겼다. 덕분에 우리는 비할 바 없는 이 지역의 한가운데로 들어가, 거기 사람이 되어 그곳을 알게 되었다. 부유한 영국인 미술상 젠킨스Jenkins 씨

* 빌란트(C.M. Wieland, 1733~1813)가 《메르쿠어》지의 편집자로서 괴테의 작품 서평을 썼다.

가 그곳의 당당한 건물[궁전]에 살고 있는데, 이 건물은 예전에 예수회 총장이 거처하던 곳이라, 많은 수의 친구들이 쾌적하게 생활할 수 있는 방들, 함께 모임을 가질 수 있는 홀들, 즐겁게 산책할 수 있는 아치 통로[=아케이드]들이 부족하지 않은 곳이다.

우리나라의 온천지 체류를 생각하면, [이탈리아에서] 가을철의 이런 별장 체류를 어느 정도 이해할 수 있다. 서로 조금도 관계가 없는 사람들이 우연히 만나 순간적으로 가장 가까운 이웃이 된다. 아침 식사와 점심 식사, 산책과 즐거운 모임, 진지한 또는 장난스러운 대화 등을 통해 사람들은 재빨리 서로 사귀고 속을 털어놓는다. [온천지의 특징인] 질병과 요양이라는 요소조차 없이 완전히 한가롭게 보내는 이런 곳에서, 가장 결정적인 남녀 사이 끌림[=친화력]이 맨 먼저 나타나지 않는다면 오히려 기적일 것이다. 라이펜슈타인 고문관은 사람들의 모임이 너무 커져서 우리가 공동의 재미에 동참할 필요성이 생기기 전에 얼른 서둘러 일대를 돌아보아야만, 드라이브와 그 밖에도 예술 탐색에 필요한 시간을 가질 수 있을 것이라 여겼는데, 올바른 생각이었다. 우리는 맨 먼저 도착했기에 경험 많은 안내자의 안내를 받아 일대를 제대로 돌아볼 수 있었고, 덕분에 가장 멋진 즐거움과 배움을 얻었다.

시간이 얼마 흐르고 나는 로마의 우리 집에서 멀지 않은 코르소 거리에 사는 아름다운 로마 여성 한 명이 어머니와 함께 이리로 올라오는 것을 보았다. 내가 [콘서트 이후로] 귀족의 호칭인 '나리' 소리를 듣게 되면서 이들 두 사람은 내 인사를 보통보다 더욱 친절하게 받아들이곤 했었다. 다만 나는 그들이 저녁 무렵 문 앞에 나와 앉아 있을 때 자주 그들 곁을 아주 가까이 스쳐 지나가곤 했어도, 그들에게 말을 걸지는 않았었다. 이런 종류의 관계를 통해 내 핵심 목적에서 벗어나지 않겠노라는 맹세를 확고히 지키고 있었기 때문이다. 하지만 이곳에서 우리는 갑자기 서로 아주 오랫동안 알아 온 사람들처럼 되고 말았다. 저 콘서트가 최초의 대화를 위한 넉넉한 이야깃거리를 제공했다. 게다가 로마 여성이 자연스러운 대화에서 명랑한 태도

카스텔 간돌포와 알바노 호수, Goethe 作

를 보이면서, 순수하게 현실적인 것에 주목하고 우아하게 자신을 드러내며, 듣기 좋은 로마 말투로 매우 빠르면서도 또렷하게 말하는 것을 듣는 것보다 더 유쾌한 일도 없다. 가장 자연스러운 것, 보편적인 것에 대해서는 중간 계층도 자신의 계급을 뛰어넘어 어느 정도 귀족적인 특성을 얻게 해 주는 고상한 말투이다. 나는 이런 특성들을 알고는 있었지만, 그렇게도 마음을 사로잡는 방식은 아직까지 들어 본 적이 없었다.

동시에 그들은 함께 온 젊은 밀라노 여성 한 명에게 나를 소개했는데, 그녀는 젠킨스 씨의 가게에서 일하면서, 능력과 달변으로 주인의 귀여움을 받는 젊은 직원의 누이였다. 로마 여성과 밀라노 여성은 서로 가까운 친구인 듯했다.

이 두 미인들은—그야말로 미인이라 부를 만한 여성들—과격하지는 않아도 상당히 뚜렷한 대조를 이루었다. 로마 여성은 짙은 갈색 머리, 밀라노 여성은 옅은 갈색 머리. 로마 여성은 얼굴색이 갈색이고, 밀라노 여성은 섬세하고 맑은 피부. 밀라노 여성은 거의 푸른색 눈, 로마 여성은 갈색 눈. 로마 여성은 어느 정도 진지하고 약간 조심스러운 편, 밀라노 여성은 활달하여 말을 걸기도 하고 질문을 내놓는 편이었다. 나는 어느 날 두 친구들 사이에 끼어 앉아 일종의 로또 게임을 했다. 로마 여성과 한편이 되어 운을 시험하다가, 게임이 진행되면서 밀라노 여성과도 한편이 되어 내기 등을 하며 운을 걸어 보았다. 그러자 이런 측면에서도 일종의 동지 관계가 생겨났다. 다만 나는 순진하게도 이렇게 둘로 나뉜 관심이 문제가 되리라는 사실을 알아채지 못했다. 마침내 게임이 끝난 다음 어머니가 나를 옆으로 불러내더니, 고귀한 외국인에게 공손하긴 해도·진짜 어머니 같은 태도로 일러 주었다. 자기 딸과 먼저 한편이 되었기 때문에 다른 여성과 동일한 동지 관계를 맺는 것은 어울리지 않는 일이라는 것이다. 이런 별장 체류에서는 한 번 어느 정도 결속이 이루어진 사람들은 모임에서 계속 그 상태를 유지하면서 경쾌한 상호 호감을 지니는 것이 관례라는 말이었다. 나는 최선을 다해 사과하면서, 외국인으로서는 그런 의무를 알아채기가 거의 불가능하다고, 우리나라에서는 모임에 참가한 모든 여성에게 차례로 봉사하여 친절함을 표시하는 것이 전통이며, 이 경우에는 두 사람이 그렇듯 가까운 친구이니 더욱 그래야 하는 상황이었다고 변명했다.

하지만 유감이었다! 그렇게 변명을 하면서 나는 가장 놀라운 방식으로 나의 호감이 이미 밀라노 여성 쪽으로 기울어 있었음을 느꼈다. 한가한 마음에 생겨나는 방식으로, 번개처럼 빠르게 결정된 일이었다. 한가한 마음이란 고요한 자신감에서, 그 무엇도 겁내지 않고 그 무엇도 소망하지 않다가, 단번에 가장 바람직한 것을 향해 곧바로 다가가는 것이기 때문이다. 하지만 이런 순간 이렇게 우쭐한 방식으로 우리를 위협하는 위험을 간과하지 말지어다.

다음 날 아침 우리 세 사람만 있을 때, 밀라노 여성 편으로 무게 추가 더욱 기울었다. 그녀는 발언 중에 열심히 노력하는 모습을 드러내서 로마 여성보다 월등히 유리한 위치가 되었다. 그녀는 이미 놓쳐 버린, 이제는 너무 두려운 배움에 대해 탄식하며 이렇게 말했다. "우리[여자]가 붓을 들고 연애편지를 쓸까 봐 어른들은 우리한테 쓰기를 가르치지 않죠. 기도서를 읽어야 하는 것만 아니라면 읽기도 가르치지 않았을 거예요. 그러니 외국어를 가르치겠다는 생각은 당연히 아무도 안 하죠. 나는 영어를 배울 수만 있다면 무엇이든 다 할 텐데. 젠킨스 씨가 우리 오빠나 마담 앙겔리카, 추키 씨, 볼파토 씨, 카무치니 씨와 영어로 이야기하는 것을 자주 듣는데, 그럴 때마다 시기심 비슷한 것을 느껴요. 내 앞 탁자 위에 이런 신문들이 잔뜩 놓여 있고, 가만 보면 거기엔 온 세상 소식이 들어 있는데, 나는 그 소식이 무언지를 모르는 거죠."

"그것 참 유감인걸요." 하고 내가 대답했다. "영어는 배우기가 쉬우니 말이죠. 짧은 시간에 그걸 익힐 수 있을걸요. 지금 당장 시험해 보죠." 나는 이렇게 말하면서 거기서 자주 뒹굴고 있던 영어 신문 하나를 집어 들었다.

재빨리 훑어보다가 한 여성이 물에 빠졌다가 다행스럽게도 구조되어 무사히 가족의 품으로 돌아갔다는 기사를 찾아냈다. 이 기사에는 사건을 약간 복잡하고도 흥미롭게 만드는 요소가 있었다. 즉 그녀가 자살하려고 물에 뛰어들었는지, 나중에 그녀를 구한 사람이 그녀를 숭배하는 두 남자 중에서 그녀의 호감을 얻은 쪽인지 아닌지가 분명하지가 않았다. 나는 그녀에게 이 구절을 가리키면서 거기 주목하라고 말했다. 이어서 우선 명사名詞를 모조리 번역해 주면서 그녀가 그 의미를 잘 기억하고 있는지 시험해 보았다. 그녀는 곧바로 이 핵심적인 기본 낱말들의 위치를 살펴보고 명사들이 차지한 자리를 익혔다. 그런 다음에 원인을 나타내는, 동기를 나타내는, 판단하는 낱말들로 넘어가서 이런 낱말들이 전체를 어떻게 생동하게 만드는지, 가장 확실한 부분을 기억하게 한 다음 한참 동안 문답 방식으로 가르쳐서 마침내 그녀는 극히 우아한 태도로, 마치 그 글이 이탈리아 말로 쓰인 것처럼 전체를 거침없이 낭독하기에 이르렀다. 그녀가 이 새로운 영역을 들여다볼 수 있게 된 것에 대해 극히 사랑스러운 감사의 인사를 표현했을 때처럼 진심 어린 기쁨을 나는 자주 보지 못했다. 그녀는 자신의 가장 간절한 소망이 그토록 쉽사리, 시도만 했는데도 벌써 성취된 것을 보고, 소망의 실현 가능성을 깨닫고는 거의 자제하기 어려운 기쁨을 드러냈던 것이다.

방문객 수가 점점 더 늘었고, 앙겔리카도 도착했다. 대형 식탁에서 나는 앙겔리카의 오른편에 자리를 배정받았다. 나의 여제자는 식탁 맞은편에 서 있었는데, 다른 사람들이 식탁의 자리를 두고 서로 양보하면서 식탁 주변을 돌아가고 있을 때 그녀는 단 한 순간의 망설임도 없이 내 옆자리에 앉아 버렸다. 진지한 앙겔리카는 어느 정도 놀란 눈길로 이것을 바라보는 듯했다. 여기서 무슨 일이 벌어졌다는 사실을 알아채기 위해서는 꼭 영리한 여자가 아니라도 충분했다. 그녀는 그때까지 거의 냉정한 무례함이라고 할 정도로 여성들을 멀리하던 친구가, 자기가 사로잡혀 길든 것에 스스로도 놀라고 있다는 것을 분명히 알아보았다.

겉으로는 상당히 잘 버티고 있었지만, 내가 이웃한 두 여성 사이에서 대화를 배분하면서 보이는 당혹감을 통해 내면의 동요가 밖으로 드러났을 것이다. 나는 이날 특히 침묵하고 있는 중년 친구와의 대화에 활기를 불어넣으려 애쓰면서, 아직도 외국어에 빠져서 갑자기 소망하던 빛이 열린 것에 눈이 멀어 자기 주변을 제대로 알아채지 못하는 듯한 또 다른 여성을 친절하지만 조용히, 거부하는 태도로 진정시키려고 애썼다.

하지만 이런 흥분 상태는 곧바로 과격한 변화를 겪게 되었다. 저녁 무렵 젊은 여성들을 찾아가는 길에, 나이 든 여성들이 가장 훌륭한 전망을 제공하는 정자에 모여 있는 것을 보았다. 눈길로 그들을 쓱 훑어보다가, 경치나 회화와는 전혀 다른 요소가 눈에 들어왔다. 해가 지는 것이나 저녁 공기 탓으로만 돌릴 수 없는 어떤 색조가 그 지역을 뒤덮고 있었다. 높은 곳에 드러난 빛과 골짜기의 서늘한 푸른 그림자는, 유화나 수채화의 그 무엇보다도 더 훌륭해 보였다. 아무리 바라보아도 부족했겠지만, 나는 얼른 이 장소를 떠나 마음이 끌리는 작은 모임에서 저무는 해를 바라보고 싶었다.

하지만 유감스럽게도 이웃집 어머니와 그녀 친구들의 초대를 거절하지 못했다. 특히 그들이 나를 위해 창가의 전망이 가장 좋은 자리를 내주는 데야 어쩔 도리가 없어서 그들 곁에 자리를 잡고 앉았다. 그들은 지참금 이야기를 하고 있었는데, 계속해서 다함이 없이 거듭 그 주제로 돌아가곤 했다. 온갖 종류의 필요한 물품이 자세히 검토되고, 다양한 선물의 숫자와 특성, 가족의 기본 선물, 친구와 여자 친구들의 기여 부분 등, 일부는 비밀이지만, 이 모든 것을 정밀하게 차례로 이야기하면서 내 소중한 시간을 뺏는 것을 나는 참을성 있게 들었다. 숙녀들이 저녁 산책을 나가면서도 나를 놓아주지 않았기 때문이다.

마침내 대화가 신랑에 이르렀다. 그들은 그를 퍽 좋게 서술했지만, 부족한 점에 대해서도 감추려 하지 않았다. 하지만 신부의 우아함과 분별력과 사랑스러움이 장차 결혼 생활에서 이런 결함들을 완화하고 개선하기에 충분할 거라는 희망을 드러냈다.

태양이 점점 더 먼 바다로 가라앉으면서 먼 그림자와, 약해져서도 여전히 강렬한 광선을 통해 이루 말할 수 없이 아름다운 모습을 보여 주고 있을 때, 나는 마침내 초조해져서 극히 공손하게 이 신부가 대체 누구냐고 물었다. 그들은 깜짝 놀라서 누구나 아는 것을 아직도 모르느냐고 말했다. 그제야 비로소 그들은 내가 집안의 친구가 아니라 외국인이라는 사실을 기억해 냈다.

신부가 바로 얼마 전에 나의 마음을 사로잡은 여제자라는 말을 듣고 내가 얼마나 놀랐을지 따로 설명이 필요 없을 것이다. 해는 떨어졌고 나는 무언가 핑계를 대고는, 스스로 알지도 못한 채 잔인한 방식으로 내게 교훈을 준 이 모임에서 벗어났다.

한동안 조심성 없이 이끌리던 호감이 꿈에서 깨어나 고통스러운 상황으로 바뀐다는 것이야 예로부터 흔한 일이지만, 이번 경우는 생생한 상호 끌림이 싹트는 순간에 파괴되고, 그로써 이 감정이 앞으로 발전하면서 나타날 온갖 행복의 예감도 깨지고 말았다는 기묘한 사정으로 인해 아마도 흥미를 끄는 일일 것이다. 나는 늦게야 집으로 돌아왔다. 이튿날 아침 일찌감치 스케치 가방을 팔에 끼고, 오늘은 유감스럽게도 식사에 참석하지 못한다는 뜻을 전달하고는 멀리 길을 떠났다.

경험과 세월을 통해 비록 고통스럽긴 해도 즉석에서 정신을 가다듬을 정도는 되었다. "참 이상한 일이다." 이렇게 나는 외쳤다. "베르테르의 운명이 이곳 로마에서 너를 덮쳐서, 잘 보존해 온 의미 있는 너의 상황들을 망쳐 버리다니."

나는 성급하게 다시 그동안 소홀히 했던 풍경화를 향하고, 가능한 한 충실하게 자연을 모방하려고 애썼지만, 그냥 자연을 더욱 잘 보게 되었을 뿐이다. 내가 지닌 얼마 안 되는 기술로는 가장 눈에 띄지 않는 윤곽을 거의 잡아낼 수 없었지만, 바위들과 나무들, 오르막과 내리막, 고요한 호수들, 생생한 시냇가의 모습 등을 지닌 이 지역이 제공하는 대상의 풍부함만은 이전보다 더욱 생생하게 눈에 들어왔다. 나의 내적 감각과 외적 감각을 그토록 예민하게 되살려 내는 이런 고통을 완전히 싫어할 수만은 없었다.

이제부터는 짧게 줄여 말하겠다. 수많은 방문객이 우리 숙소와 이웃집들을 가득 메웠기에 별다른 꾸밈이 없이도 서로를 피하는 것이 가능했다. 이런 종류의 애착에 잘 어울리는, 속에서 우러나는 친절한 태도는 어디서나 잘 받아들여졌다. 나의 태도가 사람들을 기쁘게 했고, 집주인 젠킨스 씨와 딱 한 번 부딪친 것 말고는 그 어떤 불쾌한 일이나 갈등을 만들어 내지 않았다. 젠킨스 씨와의 사이에는 다음과 같은 일이 있었다. 나는 멀리 산과 숲을 돌아다니다가, 가장 식욕을 돋우는 버섯 한 바구니를 따 와서 요리사에게 넘겨주었다. 요리사는 이 지역에서 매우 유명한 이 귀한 버섯을 보고 기뻐하면서 아주 맛있는 요리를 만들어 식탁에 내놓았다. 모든 사람이 이 요리를 좋아했고, 나를 칭찬하는 의미에서 숲에서 버섯을 따 온 사람이 나라는 사실이 공개되었다. 그러자 영국인 집주인은 비록 내게 직접 말한 것은 아니라도, 자기가 모르는 가운데 자기가 명령하거나 선택하지 않은 식재료를 이방인이 가져왔다는 사실에 격분했다. 집주인이 조사해 보지도 않은 식재료를 제공해서 집

주인을 자기 집 식탁에서 깜짝 놀라게 하는 것은 예의에 맞지 않는다는 것이었다. 식사가 끝난 다음 고문관 라이펜슈타인이 외교적인 방식으로 내게 이 모든 일을 알려 주었다. 버섯으로 인한 것과는 전혀 다른 고통을 속으로 삭이고 있던 나는 그 말에 겸손하게 대답했다. 요리사가 주인장께 고할 것이라고 생각했었고, 앞으로는 혹시라도 그런 식품을 손에 넣게 될 경우, 미리 검사하고 허락할 수 있도록 주인장에게 내놓겠노라고 했다. 공정하게 말하자면, 위험할 수도 있는 이런 식품이 적절한 검사도 거치지 않고 식탁에 제공되었다는 데서 처음부터 그의 분노가 생겨난 것이기 때문이다. 물론 요리사는 내게 미리 확인해 주었었다. 또한 자주는 아니라도 이 계절에 이런 버섯이 특히 귀한 식품으로 제공되어 언제나 대단한 찬사를 받곤 했다는 사실을 주인의 기억에도 되살려 주었다.

이번 버섯 모험을 겪으면서, 나는 아주 특별한 독에 중독된 상태에서, 동일한 부주의함으로 집안 사람 전체를 중독시키려 한다는 의혹을 샀다고 속으로 재미있게 여겼다.

결심을 지속하기란 쉬운 일이었다. 나는 아침 일찍 외출해서, 여러 사람과 함께 있는 자리가 아니고는 남몰래 흠모하는 여제자를 절대로 가까이하지 않음으로써 영어 수업을 피했다.

여러 가지 일로 분주한 내 마음에서 머지않아 이 일은 다시 진정되었고, 그것도 아주 우아한 방식으로 그렇게 되었다. 그녀를 장차 다른 사람의 신부라고 여기자, 그녀는 내 눈에 차츰 평범한 아가씨의 자리에서 벗어나 더욱 높은 자리로 올라갔고, 이전과 동일한 애착이긴 해도 이기적이지 않은, 더 높은 방식으로 그녀를 대하면서, 이제 더는 경박한 청년이 아니던 나는 머지않아 그녀에게 가장 친절하고 편안한 태도를 보였다. 자연스러운 이끌림을 이렇게 불러도 된다면, 나의 봉사는 전혀 추근거림이 없이 만나면 일종의 존경심을 드러냈다. 그녀는 자신이 약혼한 사실을 내가 알았다는 것을 깨닫고는, 나의 이런 태도에 완전히 만족할 수가 있었다. 하지만 나머지 사람들은 내가 아무나와 이야기를 나누곤 했기에 아무것도 알아채지 못했고, 아니면 적어도 그 어떤 고약한 것을 알아채지 못했다. 그렇게 고요하고 편안하게 날이 가고 시간이 흘렀다.

다양한 즐거움에 대해서는 할 말이 많다. 그곳에는 극장도 있어서, 사육제에서 우리의 갈채를 자주 받은 풀치넬라 한 사람이 평소에는 구두 수선공으로 일하다가 여기서는 점잖은 소시민의 모습으로 등장했다. 그는 팬터마임-희극-무언극 방식의 부조리함으로 우리를 최고로 즐겁게 만들기도 하고, 극히 쾌적한 존재의 허무함으로 데려가기도 했다.

고향에서 온 편지들은, 오랫동안 이탈리아를 동경하면서도 거듭 미루어지다가 마침내 갑자기 실현된 나의 여행이, 뒤에 남은 사람들에게 어느 정도의 불안감과 초조함을 만들어 냈음을 알려 주었다. 심지어는 나처럼 이탈리아로 와서 똑같은 행복을 누리고 싶다는 소망까지 만들어 냈다. 자세한 상황을 명랑하게 알려 주는 내 편지들이 이런 행복을 가장 유리하게 증언했기 때문이다. 우리 아말리에 공작부인의 주변, 정신성이 풍부하고 예술을 사랑하는 사람들의 모임에서, 이탈리아가 진짜 교양인의 새로운 예루살렘으로 간주되고, 미뇽의 표현처럼 그곳을 향한 생동하는 동경이 늘 마음속에 간직되어 있다는 것은 어차피 일종의 전통이었다. 마침내 둑이 터졌으니, 아말리에 공작부인과 주변 사람들이 한 가지 계획을 세우고, 헤르더와 젊은 달베르크는 다른 편에서 알프스를 넘겠다는 진지한 기획을 했다. 겨울을 넘기고 이듬해 중간쯤에 로마에 도착하여, 옛날 세계 수도의 주변과 이탈리아 남부가 제공하는 좋은 것을 모조리 차례로 즐기라는 것이 나의 충고였다.

이런 나의 충고는 솔직하고 사정에 맞는 것이면서, 나 자신에게도 유리한 것이었다. 내 삶의 특이한 날들을 지금까지 극히 낯선 상태에서 낯선 사람들과 함께 보냈고, 나는 이제 다시 새롭게 인간적인 상태를 즐기고 있었다. 우연하고도 자연스러운 상황에서 실로 오랜만에 그런 상태를 다시 깨달았다. 고향의 폐쇄된 그룹, 완전히 친숙하게 연관된 사람들과 함께 보내는 삶이 마지막에는 우리를 극히 기묘한 상황에 빠뜨렸기 때문이다. 서로를 참고 견디고, 동참하거나 없이 지내는 것 등을 통해, 체념이라는 어느 정도 중간 감정이 생겨났다. 고통과 기쁨, 넌더리와 즐거움 등의 느낌들이 오래 묵은 습관이 되면서 서로를 상쇄했다. 개별적인 체험의 특성을 지워버리는 중간 감정에서, 마지막에는 편안함을 원하는 마음에서, 자유로운 영혼으로 고통이나 기쁨에 완전히 빠져들 수가 없게 된 것이다.

이런 감정과 예감에 사로잡힌 나는 친구들이 이탈리아에 도착하기를 기다리지 않기로 굳게 마음먹었다. 사물을 바라보는 나의 방식이 그들의 방식과 같지 않기 때문이었다. 내가 1년 전부터 저 북부 키메르 족의 어두운 사고방식에서 벗어나려고 애쓰면서, 푸른 하늘이라는 아치 아래서 더 자유롭게 주변을 살펴보고 숨 쉬는 것에 익숙해졌음을 뚜렷이 느낄 수가 있었다. 그동안 독일에서 오는 여행자들이 내게는 계속 부담스러웠다. 그들은 잊어 마땅한 것을 추구하고, 이미 오래전부터 소망하던 것이 자기 눈앞에 있어도 알아보지 못했다. 내가 스스로 옳다고 결정한 길을, 사유와 행동을 통해 계속 걸어가는 일만 해도 내게는 늘 힘들었다.

낯선 독일인들이야 피할 수가 있다지만 이렇듯 밀접하게 결합된, 존경하고 사랑하는 사람들은, 그들 자신의 오류와 피상적인 지식과 고집으로 내 사고에 방해가 될 것이다. 북부의 여행자들은 자기 존재를 보충해 줄 것을 찾고, 자신에게 부족한 것을 채우려고 로마에 온다고 생각한다. 북부에서 온 여행자는 자신의 생각 전체를 바꾸고 처음부터 다시 시작해야 한다는 사실을, 아주 느리게 그것도 몹시 불쾌한 마음을 품고 깨닫는다.

이런 사정이 분명해질수록, 나는 지혜를 발휘하여 내 출발 날짜를 모든 사람에게 불확실하게 감추어 두고, 남은 시간을 극히 조심스럽게 이용하려고 애썼다. 독립적인 사색, 다른 사람의 말 경청하기, 예술적 노력들 구경하기, 실질적인 시도 등이 번갈아 나타났다. 아니 이들이 서로 경쟁을 벌였다.

이 과정에서 특히 취리히 출신의 하인리히 마이어Heinrich Meyer가 나를 격려해 주었다. 그와의 대화는 좀 드물어도 퍽 유익했다. 그가 부지런하면서도 자신에 대해 엄격한 예술가여서 젊은 예술가 그룹보다 시간을 더 잘 활용할 줄을 알았기 때문이다. 젊은 사람들은 재빠르고 즐거운 삶을 살면서도, 개념과 기술에서 엄격한 발전을 이룰 수 있으리라 믿는다.

11월

편지

1787년 11월 3일, 로마

카이저가 도착했는데, 그에 대해 한 주 내내 아무 말도 쓰지 못했군요. 그는 아직 피아노 조율 중인데, 그것이 끝나면 우리는 오페레타를 한 페이지씩 차례로 검토할 겁니다. 그가 옴으로써 다시 특별한 결합의 시기가 되고 있으며, 나는 누구나 자신의 길을 조용히 계속 나아가야 한다는 사실을 깨닫고 있지요. 하루하루가 가장 좋은 일과 가장 나쁜 일을 가져오곤 하니까요.

《에그몬트》를 좋게 받아 주시니 기쁩니다. 다시 읽어도 더 나빠지지 않기를 바랍니다. 내가 작업해 넣은 것이 무엇인지, 그리고 그것이 단번에 읽어지는 게 아니라는 것을 알고 있으니까요. 여러분이 작품에서 칭찬한 것을 실행하려고 했지요. 그것이 이루어졌다고 하신다면, 나는 최종 목적을 달성한 것입니다. 이루 말할 수 없이 어려운 작업이었으니, 삶과 기질에 엄청난 자유가 주어지지 않았더라면 해낼 수가 없었을 거예요. 이렇게 한번 생각해 보십시오. 12년 전에 쓴 작품을 붙잡아 완전히 새로 쓰지 않은 채 완성했다고 말입니다. 이 시기의 특별한 상황이 내 작업을 어렵게도 쉽게도 만들었죠. 아직도 돌 두 개가 더 내 앞에 놓여 있어요. 《파우스트》와 《타소》죠. 자비로운 신들이 미래를 향해 나아가는 내게 시시포스의 형벌을 면제해 주신 것처럼 보이니, 나로서는 이 돌덩이들도 산꼭대기까지 끌고 올라가기만 희망할 뿐이죠. 그들을 붙잡고 저 위에 서게 되면 새로운 일이 시작되겠지요. 여러분의 갈채를 얻기 위해 가능한 일을 할 셈입니다. 여러분이 공로도 없는 내게 계속 사랑을 베풀어 주니까요.

당신이 클레르헨Klärchen에 대해 말한 것을 잘 이해할 수가 없어 당신의 다음번 편지를 기다립니다. 다만 당신이 그냥 아가씨와 여신 사이의 뉘앙스를 놓친 것만은 알겠어요. 하지만 나는 에그몬트에 대한 그녀의 관계를 늘 완전히 독점적인 것이라 여겨 왔지요. 그녀의 사랑이 관능적 요소에 있기보다는 애인이 완벽하다는 생각에 들어 있다고 보고, 또 **이** 남자가 자기에게 속한다는 이해하기 어려운 만족감이야말로 그녀의 기쁨이라고 여겨 왔죠. 또한 그녀를 여주인공으로 등장시켰고, 그녀가 사랑의 영원성이라는 가장 내밀한 감정에서 애인을 따르게 하고, 마침내 정화하는 꿈을 통해 그의 영혼 앞에서 찬란히 빛나게 했습니다. 그랬던 만큼 나는 이런 어중간한 뉘앙스를 어떻게 이해해야 할지를 모르겠네요. 뚝딱뚝딱 두들겨 맞추는 연극의 필요성 때문에 위에 설명한 뉘앙스들이 너무 억눌려서 안 보이게 된 것인지, 아니면 암시가 너무 허약했던 탓인지를 모르겠단 말이죠. 어쩌면 다시 읽으면 도움이 될지도 모르니, 다음번 편지에서 좀 더 상세히 이야기해 주십시오.

앙겔리카가 《에그몬트》의 표지를 위한 밑그림을 그리고 립스Lips가 동판화를 제작했어요. 독일에서라면 제작하기가 어려웠을 종류의 것들입니다.

11월 3일, 로마

이제는 미술을 완전히 뒤로 미루어야 할 판입니다. 그러지 않았다가는 극작품들을 완성하지 못할 테니까요. 이들도 완성되려면 자체의 수집과 조용한 개작을 요구하니 말입니다. 지금 《클라우디네Claudine》를 작업 중인데, 말하자면 완전히 새로 작업하면서 내 존재의 낡은 쭉정이를 벗기고 있지요.

11월 10일, 로마

카이저가 도착했고 덕분에 음악이 합세하면서 나는 3중[문학, 미술, 음악]의 삶을 보내고 있어요. 그는 훌륭하고 선량한 사람으로 우리와 잘 어울리죠. 우리는 지구 상 그 어디서도 가능하지 않은 자연의 삶을 살고 있으니까요. 티슈바인이 나폴리에서 돌아왔고, 두 사람의 숙소와 더불어 많은 것이 변했지만, 우리의 선량한 본성에 따라 일주일 만에 모든 것이 정상을 되찾았어요.

어머니-공작부인[공작의 어머니]께 그녀를 위해 여러 가지 작은 예술품을 사도록 200체키네를 지출하는 것을 허용해 주십사는 제안을 올렸습니다. 이 제안에 힘을 보태 주십시오. 내 편지를 보면 아시겠지만 이 돈이 금방 한꺼번에 필요한 것은 아닙니다. 이것이 중요한 일인데, 별다른 설명이 없어도 전체 규모를 짐작하시겠지요. 내 앞에 분명하게 펼쳐진 이곳의 상황을 당신이 아신다면, 내 충고와 청원의 필요성과 쓸모를 더욱 잘 이해하실 겁니다만. 작은 것들을 장만하여 공작부인께 큰 만족을 드리려는 것이죠. 지금 내가 차례로 주문하려는 것들은, 공작부인이 나중에 보시겠지만, 누가 되었든 여기 도착하는 사람에게 생겨나는 자연스러운 소유욕을 만족시키기 위한 것입니다. 미리 준비하지 않았다간 공작부인은 고통스러운 체념으로 그런 욕구를 억누르거나, 아니면 비용을 많이 들여 손해를 보면서 욕구를 만족시키는 수밖에 없을 테니까요. 그에 대해 여러 페이지나 계속 쓸 수도 있지요.

11월 10일, 로마

나의《에그몬트》가 갈채를 얻었다니 진정 기쁩니다. 그 어떤 작품도 이보다 더 많은 심정의 자유와 양심으로 완성한 것은 없습니다. 그런데도 전에 이와 다른 것을 만들었다면 독자를 만족시키기란 어렵지요. 독자는 늘 이전의 어떤 요소를 원하니까요.

11월 24일, 로마

지난번 편지에서 이 지역의 풍경화 색깔에 대해 질문하셨지요. 이렇게 대답해야겠네요. 맑은 날씨, 특히 가을이면 **색깔이** 아주 **풍부**해서 어떤 묘사에서든 **온갖** 색깔을 동원해야 한다고 말이죠. 지금 나폴리에 머물고 있는 독일인이 그린 그림 몇 점을 곧 보내 드리도록 하겠습니다. [그림의] 물 빛깔은 실제 자연의 광채에 훨씬 못 미치는데도, 여러분은 이런 건 불가능하다고 생각하실걸요. 여기서 가장 아름다운 점은 이런 생생한 색깔들이 조금만 떨어져서 보아도, 벌써 대기의 색조를 통해 부드러워지면서 찬 색조와 따뜻한 색조(라고 흔히들 말하죠.)의 대립이 아주 분명해진다는 점이죠. 뚜렷한 푸른색 그림자가 온갖 녹색, 누런색, 붉은색, 갈색 등과 분명한 대조를 이루면서 먼 곳의 푸르스름한 아지랑이와 합쳐집니다. 북쪽에서는 생각하기도 어려운, 전체적으로 섬세한 단계를 이룬 광채이자 조화인 것이지요. 그곳에서는 모든 것이 단호하거나 아니면 흐릿하고, 다채롭거나 아니면 단조로울 뿐인데요. 어쨌든 지금 이곳에서 매일 매 순간 눈앞에 보는 것과 비슷하기라도 한 그 어떤 효과도 잘 기억나지 않네요. 어쩌면 내 눈이 더욱 훈련된 지금이라면, 북쪽에서도 더 많은 아름다움을 찾아낼지도 모르겠습니다만.

그 밖에도 이제 나는 모든 조형 예술[미술]로 이끄는 거의 똑바른 길을 분명히 안다고 말할 수 있겠지요. 그럴수록 그 넓기와 멀기도 더 잘 측정할 수 있고요. 나는 이미 나이가 들어서 서툴게 만지작거리는 것 이상의 일을 할 수는 없지만, 다른 사람이 무엇을 하는지 볼 수는 있어요. 또한 일부 사람들이 올바른 길에 서 있다는 것도 보지만, 그들 중 누구도 큰 걸음으로 가지는 못해요. 미술 공부도 운이나 지혜와 같아요. 이상理想의 모습들이 우리 눈앞에 떠돌지만 우리는 고작 그 옷단을 건드릴 뿐이지요.

카이저가 도착하고 집안 질서가 조금 바뀌었는데, 덕분에 내가 약간 뒤로 밀려나면서 내 일도 정체되었어요. 이제 다시 잘 돌아가고 있으며, 나의 오페레타 작품들이 거의 끝나 가고 있지요. 카이저는 싹싹하고 이해심이 있으며 반듯하고도 침착한데, 자신의 예술에서는 아주 확고하고 자신감이 있어요. 그와 가까이하면 누구든 더욱 건강해지지요. 게다가 마음의 선량함도 지녔고 삶과 사회를 바라보는 올바른 눈길도 있으니, 덕분에 그의 엄격한 성격에 융통성이 더해지고, 그와의 교제는 독특한 우아함을 얻게 됩니다.

뒷날 덧붙임

점차 물러남을 조용히 생각하는 중에 씩씩한 옛 친구 크리스토프 카이저의 도착으로 새로운 연결이 준비되었다. 프랑크푸르트 출신인 그는 옛날에 클링거*와 동시에 우리 다른 사람들과도 가까워졌었다. 천성적으로 독특한 음악의 재능을 타고난 사람이라 벌써 오래전에 《농담, 간계, 복수Scherz, List und Rache》를 작곡하면서 《에그몬트》에 어울리는 음악도 내놓기 시작했었다. 나는 로마에서 그에게 《에그몬트》가 완성되었으며, 내게 사본 한 부가 남아 있다고 알렸다. 번거로운 편지 왕래를 피해 그가 직접 지체 없이 이리로 오는 편이 더 낫겠다고 생각되었다. 그는 정말로 지체하지 않고 파발꾼과 함께 이탈리아를 가로질러 머지않아 우리 앞에 나타났고, 론다니니 맞은편 코르소Corso 거리에 본부를 둔 화가들 사이에서 친절한 영접을 받았다.

하지만 여기에 꼭 필요한 수집과 결합 대신 새로운 산만함이 나타났다.

먼저 피아노 한 대를 마련하여, 시험하고 조율해서 예술가의 독특한 의지대로 만드는 데 여러 날이 걸렸다. 그 과정에서 무언가 필요한 것이 계속 생겨나곤 했다. 매우 능숙하고 자기 시대에 완전히 어울리는, 당시 가장 어려운 작품도 쉽게 만들어 내는 그의 재능이 성과를 드러내면서, 수고와 태만에 따른 비용을 보상해 주었다. 음악의 역사를 아는 사람이라면 이게 무슨 이야기인지 금방 이해할 수 있도록, 여기 이 말을 덧붙여야겠다. 당시에는 슈바르트**의 작품이 비할 바 없는 것으로 여겨졌다. 또한 단순한 주제를 가장 예술적인 방식으로 연주하여 청중의 호흡을 되살려 내는 변주곡 연주도 능숙한 피아노 연주자를 가려내는 시험이라고 생각되고 있었다.

카이저는 《에그몬트》를 위한 관현악곡을 갖고 왔다. 덕분에 이 분야에서 점점 멀어지던 나의 열성이 생생히 되살아났는데, 옛날과는 달리 이제는 필요성과 애정에서 음악 극장을 지향하였다.

* 클링거(F.M.V. Klinger, 1752~1831): 독일의 시인이며 극작가. 그의 희곡 작품 하나의 제목이 《슈투름 운트 드랑(Sturm und Drang)》으로 이 제목을 본떠서 '질풍노도 시대'라는 말이 나왔다.

** 슈바르트(F.C. Schubart, 1739~1791): 슈바벤 출신의 시인이자 작곡가.

나의 [오페레타 대본] 작품들인 《에르빈과 엘미레》 그리고 《벨라 별장의 클라우디네 Claudine von Villa Bella》를 곧 독일로 보내야 하는 상황이었다. 《에그몬트》를 개작하는 과정에서 나 자신에 대한 요구가 더 높아져서, 이 작품들도 처음의 형태 그대로 보낼 수는 없었다. 여기 포함된 서정적 부분은 사랑스럽고도 가치가 있었다. 이들은 생각 없이 활달하던 청춘 시절의 고통과 근심, 어리석지만 행복하게 보낸 많은 시간들을 증언하고 있었다. 그에 반해 산문 대화는 너무나 많이 저 프랑스 오페레타를 연상시켰다. 물론 프랑스 오페레타 덕에 우리는 좋은 추억을 얻었다. 명랑한 노래의 요소를 처음으로 우리 극장에도 전해 주었기 때문이다. 하지만 이제 나는 이탈리아 사람이 되다시피 했기에, 명랑한 노래 요소만으로 만족할 수는 없었다. 멜로디 노래[=아리아]와 낭송 또는 낭독 부분[=레치타티보]을 결합시키는 이탈리아 방식을 받아들였기 때문이다.

두 오페레타 《에르빈과 엘미레》, 《클라우디네》가 이런 의미로 개작된 것을 앞으로 보게 될 것이다. 그렇게 작곡된 음악은 여기저기서 즐거움을 만들어 냈고, 또한 연극의 흐름에 실려 자기 시대로 넘어갔다.

흔히 사람들은 이탈리아 리브레토[=대본]에서 별생각 없이 연속으로 되풀이되는 구절들을 비난한다. 이런 부분들은 물론 쉽고 명랑하지만, 작곡가와 가수들이 제공하고자 마음먹는 것 이상을 요구하지 않는다. 이에 대해 번잡하게 말하지 않고, 그냥 《비밀 결혼Il Matrimonio Segreto》의 대본을 보라고 말하고 싶다. 대본 작가가 누군지 모르겠지만, 누가 되었든, 이 분야에서 오래 일한 가장 능숙한 작가의 한 사람임이 분명하다. 나도 이런 의미에서 행동하여, 똑같은 자유로움으로 특별한 목적에 따른 효과를 내자는 것이 내 의도였다. 내가 어느 정도나 원래의 의도에 접근했는지는 나로서도 모르겠다.

다만 친구 카이저와 함께 오래전부터 공동 기획을 해 왔는데, 이러 기획이 시간이 흐르면서 유감스럽게도 점점 더 의심스럽고 실현하기 어려운 것으로 여겨졌다.

독일 오페라에서 페르골레시Pergolesi의 《마님이 된 하녀La Serva Padrona》 같은 단순한 막간극이 찬사를 받던, 아직 순진하던 시절을 생각해 보라. 당시에 베르거Berger라는 이름의 독일 어릿광대가 예쁘고 당당하고 세련된 아내와 함께 등장했었다. 그들은 독일의 도시와 시골의 실내에서, 약간의 분장과 별스럽지 않은 음악으로 명랑하고도 시끄러운 수많은 공연을 펼쳤고, 언제나 물론 사랑에 빠진 늙은 바보를 기만하고 부끄럽게 만드는 내용으로 끝나곤 했다.

나는 이 두 인물에 덧붙여 구하기 쉬운 평범한 세 번째 목소리를 생각했다. 그렇게 해서 이미 오래전에 《농담, 간계, 복수》라는 노래 연극 대본이 생겨났고, 그 대본을 취리히에 있던 카이저에게 보냈는데, 카이저는 진지하고 양심적인 사람이라 이 작품을 극히 성실하게 길게 만들었다. 대본 자체도 이미 막간극의 수준을 넘어서 있었고, 비록 소재는 평범해도 수많은 아리아들을 포함하기에, 가수 세 명으로 전체 작품의 공연을 이끌어 가기란 거의 불가능했다. 게다가 카이저는 아리아들을 옛날 방식으로 길게 만들어서 성공적인 부분도 많았고, 전체적으로도 매력이 없지 않다고 할 만했다.

다만 대체 어디서 어떻게 이것을 공연한단 말인가? 불행히도 우리는 가수의 수를 최소화한다는 옛날 원칙을 따르고 있었기에 가수가 부족했다. 의사의 만병통치 약병을* 살려 내고, 이어서 종결 코러스로 넘어가고 싶기는 했으나, 삼중창 이상이 될 길이 없었다. 단순하고 제한된 이런 상태로 종결부를 맺으려는 우리의 온갖 노력은 모차르트가 등장하면서 그대로 수포로 돌아가고 말았다. 《후궁으로부터의 유괴Entführung aus dem Serail》가 우리의 희망에 종지부를 찍었다. 우리가 그렇듯 조심스럽게 작업한 작품은 단 한 번도 무대에 올라 본 적이 없다.

* 만병통치 약병을 든 의사는 《농담, 간계, 복수》에 등장하는 세 번째 인물.

우리의 카이저가 나타나면서, 그때까지는 극장 무대에 올라간 것에만 한정되어 있던 음악 사랑이 이제 더 커지고 확장되었다. 그는 조심스럽게 교회의 축제들을 주목했고, 덕분에 우리는 교회의 축제일에 공연되는 장엄한 음악도 듣게 되었다. 물론 성악이 여전히 지배적이긴 했지만, 전체 오케스트라를 동원한 그런 음악이 매우 세속적이라는 느낌을 받았다. 체칠리아 성인의 축일에 처음으로, 감동적인 코러스와 함께 기교적으로 화려한 아리아를 들었던 것이 기억난다. 이 아리아가 내게 특별한 영향을 남겼다. 지금도 그런 아리아는 오페라에 등장해도 관객에게 대단한 작용을 한다.

이것 말고도 카이저는 또 다른 미덕을 지녔는데, 원래 옛날 음악에 상당한 관심이 있었기에 그는 음악사를 진지하게 탐구하는 것도 의무라 여기고는, 여기저기 도서관을 둘러보았다. 그의 성실한 열성이 특히 미네르바 도서관에서 대단한 성과를 올렸다. 그는 16세기의 오래된 동판화 책들을 주목했는데, 예를 들면 《Speculum romanae magnificentiae[찬란한 로마의 볼거리들]》, 로마초Lomazzo의 《건축가들》 등과 더 뒷날의 《Admiranda Romae[로마의 장관들]》 등이었다. 우리 다른 사람들도 이런 책들을 수집하는 순례 여행에 동참했고, 훌륭하게 인쇄된 책을 눈앞에 보는 것은 큰 가치가 있었다. 이런 책들은 진지하고도 수줍은 태도로 고대를 관찰하였고, 그로써 당시 아직 남아 있는 것을 튼실하게 표현하던 이전 시대를 우리 눈앞에 보여 주었다. 그렇게 해서 우리는 예를 들면 콜론나 정원의 옛 구석에 아직 서 있던 거대한 입상들에 접근했다. 또한 절반은 파괴된 세베루스Severus 황제의 셉티초니움[Septizonium, 일곱 행성 신들의 신전] 그림도 사라져 버린 이 건물의 원래 윤곽을 대강 전해 주었다. 아직 정면부가 없던 성 베드로 성당, 둥근 지붕이 올라가기 전의 거대한 중간 부분, 안뜰에서 기마 창 시합이 벌어지던 옛날 바티칸, 이 모든 그림이 우리를 옛 시대로 데려갔다. 또한 뒤이은 200년 세월 동안 어떤 변화가 나타났는지, 중요한 방해에도 불구하고 파괴된 것들을 다시 세우고 소홀히 하던 것을 되찾으려고 어떤 노력들이 이루어졌는지, 극히 분명하게 알려 주었다.

취리히의 하인리히 마이어는 내가 자주 기억해 낼 만한 이유가 있는 사람인데, 비록 은둔생활을 하며 부지런히 일하긴 했어도, 중요한 것을 보거나 체험하고 배우는 자리에는 빠지지 않았다. 그가 모임에서 겸손하면서도 아는 것이 많다는 사실이 드러나면서, 나머지 사람들도 그를 찾고 또 함께하기를 원했기 때문이다. 그는 빙켈만과 멩스가 열어 놓은 확고한 길을 조용히 계속 나아갔다. 그가 자이델만Seidelmann 방식으로 고대의 흉상들을 세피아 물감으로 아주 훌륭하게 묘사할 수가 있었기 때문에, 고대와 후대 예술의 섬세한 단계들을 그보다 더 잘 검토하여 알 만한 사람은 아무도 없었다.

횃불 조명만으로 바티칸 박물관과 카피톨리노 박물관을 돌아보는 일은 모든 외국인, 예술가, 전문가와 문외한 들조차도 간절히 바라는 일인데, 우리가 그런 방문을 준비하고 있을 때, 그도 우리에게 합류했다. 내 서류 중에는 그가 이 방문을 언급한 논문 한 편이 있다. 대개의 경우 즐겁지만 차츰 사라져 가는 꿈처럼 영혼 앞에서 떠돌다 사라지고 마는, 찬란한 예술의 잔해를 흥겹게 만난 사건은, 이 논문을 통해 지식과 통찰력에도 유리하게 작용하면서 지속적인 의미를 갖게 되었다.

> "위대한 로마 박물관들, 예를 들어 피오-클레멘티노 박물관, 카피톨리노 박물관 등을 밀랍 횃불 빛에 비추어 바라보는 관습은 17세기의 80년대에도 아직 상당히 새로운 일이었던 것 같다. 다만 정확하게 언제부터 시작된 일인지는 모르겠다.
>
> 각각의 작품이 나머지 작품과 분리되어 개별적으로 관찰된다는 것이야말로 횃불 조명의 이점이다. 관객의 주의력이 오직 이 한 작품에만 쏠리는데, 강력하고도 효과적인 횃불 조명에서는 작품의 온갖 섬세한 뉘앙스들이 훨씬 더 뚜렷해지고, 방해하는 온갖 반사광이 (특히 매끈하게 다듬은 조각상들에서) 사라지면서, 그림자는 더 분명해지고 조명을 받

은 부분은 더욱 밝게 드러난다. 하지만 핵심적인 이점은, 불리한 자리에 전시된 작품들이 이런 조명 아래서 정당한 권리를 되찾는다는 점이다. 예를 들어 '라오콘Laokoon' 조각상이 서 있는 벽감 안에서는 오로지 횃불 조명 아래서만 이 조각상을 제대로 보게 된다. 직접적인 빛이 들어오지 않고, 기둥들로 둘러싸인 작고 둥근 벨베데레 안뜰에서 반사광만 오기 때문이다. 그곳에 있는 '아폴론'상과 이른바 '안티누스Antinoos(메르쿠어)' 상도 이 점은 마찬가지이다. '나일'과 '멜레아그로스Meleagros'상을 보고 이들이 지닌 뛰어난 점을 평가하기 위해서는 횃불 조명이 더욱 필요하다. 그 어떤 고대 작품도 이른바 '포키온Phocion'상만큼 횃불 조명에서 이익을 얻는 작품은 없다. 이 조각상이 불리한 자리에 세워져 있기에 보통 때의 조명에서는 볼 수가 없지만, 횃불 조명을 받으면 그제야 단순한 의상 뒤에서 놀랄 정도로 섬세하게 드러나는 신체 부분들을 알아볼 수 있기 때문이다. '앉은 바쿠스'상의 탁월한 동체도 아름답게 드러나고, '아름다운 머리의 바쿠스'상의 상체도 마찬가지이며, '트리톤Triton'의 반신半身 조각상도, 그리고 무엇보다도 이루 다 찬양할 수 없을 정도로 유명한 '토르소'의 기적도 그렇다.

카피톨리노 박물관의 기념비들은 피오-클레멘티노 박물관의 기념비들보다는 본질적으로 덜 중요하지만 그래도 몇 가지는 큰 중요성을 지닌다. 이들이 지닌 미덕을 제대로 이해하기 위해서는 역시 횃불 조명에서 바라보는 것이 좋다. 이른바 '피루스Pyrrhus'상은 아주 탁월한 작품인데, 계단에 세워져서 일광을 전혀 받지 못한다. 기둥들 앞쪽의 회랑에는 흔히 '옷을 입은 베누스'로 알려진 아름다운 반신상이 서 있는데, 이 조각상은 3면에서 허약한 빛을 받는다. '벌거벗은 베누스'는 로마에서 이런 종류로는 가장 아름다운 조각상이지만, 구석방에 서 있어서, 일광으로는 그 빼어난 점을 드러내지 못한다. 이른바 '아름다운 옷을 입은 유노'상은 두 창문 사이의 벽에 세워져서 그냥 스쳐 가는 광선을 조금 받을 뿐이다. 잡다한 작품을 모아 놓은 방에 있는 유명한 '아리아드네Ariadne' 두상도 횃불 조명 말고 다른 조명 아래서는 제가 지닌 뛰어남을 완전히 보여 주지 못한다. 이 박물관의 더 많은 작품들이 이렇듯 불리한 자리에 세워져 있으니, 그런 작품들을 제대로 보고 그 좋은 점을 평가하려면 횃불 조명이 절대로 필요하다.

그 밖에도 유행을 따라 일어나는 수많은 일들이 잘못 이용되곤 하듯이, 횃불 조명도 마찬가지이다. 이것이 어디에 쓸모가 있는지를 이해할 경우에만 이점이 될 수가 있다. 앞에서 몇 가지 경우를 통해 소개했듯이, 허약한 일광을 받는 기념비들을 보는 데만 꼭 필요하다. 그래야 부분들의 높이와 깊이, 상호 연결 등을 더욱 올바르게 알 수 있기 때문이다. 예술의 전성기에 나온 작품들에는 (횃불을 든 사람과 관객이 무엇이 중요한지를 안다면) 특히 유리하다. 작품들의 덩어리를 더 잘 보여 주고, 작업의 극히 섬세한 뉘앙스들을 드러내 보여 주기 때문이다. 그에 반해 어차피 밝은 빛을 받으며 서 있는, 강력하고 자체로 높이를 갖춘 옛날 양식의 작품들은 새로 더 얻을 것이 별로 없다. 당시의 예술가들은 빛과 그림자에 대해 아직 잘 모르고 있었으니, 작업하면서 어떻게 빛과 그림자를 고려했겠는가? 예술이 경시되기 시작하던 뒷날에 작업된 작품들도 마찬가지이다. 취향이 이미 너무나 타락해서 조각 작품에서 빛과 그림자를 더는 주목하지 않았고, 덩어리 이론도 잊었기 때문이다. 이런 종류의 기념비에 횃불 조명이 무슨 소용이란 말인가?"

이 좋은 기회에 히르트Hirt 씨 생각도 하는 것이 어울리는 것 같다. 그는 우리 모임에서 한 가지 이상의 방식으로 우리를 격려해 주었다. 1759년에 퓌르스텐베르크Fürstenberg에서 태어난 그는 고전 작가들을 공부한 다음 로마로 가고 싶다는 억누를 길 없는 충동을 느꼈다. 나보다 몇 년 앞서 로마에 도착했고, 고대와 현대의 건축 및 회화 작품들을 극히 진지하게 탐구하여, 배우려는 열망을 가진 이방인들을 가르치는 안내자의 특성을 갖추었다. 그리고 내게도 헌신적인 열성으로 안내를 해 주었다.

그는 고대의 장소들이나 수많은 다른 특별한 것들에 대한 관심을 간직한 채 주로 건축술에 관심을 두었다. 예술에 대한 그의 이론적 관점은, 싸움과 패거리 짓기를 좋아하는 로마에서 여러 번이나 생생한 토론의 계기가 되었다. 특히 어디서나 예술에 대한 이야기가 이루어지는 곳에서는, 관점이 서로 다른 탓에 이런저런 여러 논쟁이 나타나고, 덕분에 그와 가까이 있는 사람은 중요한 대상들에 대해 극히 생생한 자극과 격려를 받게 된다. 우리 히르트의 원칙은, 가장 오래되고 가장 필연적인 목조 건축에서 그리스와 로마의 건축술이 나왔다는 것이다. 그는 목조 건축에 기반을 두고 이후의 건축술을 찬양하거나 질책하면서 역사와 예들을 능숙하게 이용하곤 했다. 그에 반해 다른 사람들은 건축술이나 다른 분야에서도 취향이 풍부한 허구虛構가 나타났다고 주장했다. 건축가는 절대로 이런 허구를 포기해서는 안 되며, 그가 부딪히는 다양한 경우에 때로는 이 방식, 때로는 저 방식으로 스스로를 도와 엄격한 규칙에서 벗어날 필요가 있다는 것이다.

아름다움을 놓고도 히르트는 자주 다른 예술가들과 갈등을 빚곤 했다. 그는 아름다움의 토대를 성격의 요소에 두었다. 성격이 모든 예술 작품의 기반이 되는 것이 마땅하지만, 아름다움의 감각과 취향에 따라 작업을 해야 한다고 확신하는 예술가들이 이 점에서는 그의 의견에 동의했기 때문인데, 이들은 모든 성격을 적절하고 우아하게 묘사하려고 한다.

하지만 예술은 말보다는 행동이고, 그런데도 사람들은 언제나 행동보다는 말을 더 많이 하기에, 오늘날에도 여전히 그렇듯이, 당시 그런 논쟁들이 끝도 없이 계속되었으리라는 사실을 쉽사리 이해할 것이다.

예술가들이 지닌 서로 다른 의견들이 너무 많은 불쾌한 일을 만들어 내고 또 서로 멀어지는 계기가 되곤 했지만, 비록 드물기는 해도 그런 계기에 유쾌한 사건도 일어날 수 있는 법. 다음의 이야기는 그 한 예가 될 수 있을 것이다.

상당수의 화가들이 바티칸에서 오후를 보내고는, 도심을 통과하는 먼 거리를 이

테베레 강 유역, Goethe 作

동해서 숙소로 돌아가기가 귀찮아서, 저녁에 긴 열주列柱 회랑 곁의 문으로 나가 포도원들을 거쳐 테베레 강에 이르렀다. 도중에도 그들은 계속 싸웠고, 그렇게 싸우면서 강변에 이르러 배에 타고도 논쟁이 열성적으로 이어졌다. 리페타Ripetta에서 배를 내리면서, 이제 헤어질 시간인데 그러면 양측에 아직 넉넉하게 남아 있는 쟁점들이 막 태어나는 순간에 질식하겠다는 생각이 떠올랐다. 그래서 그들은 헤어지지 말고 함께 남아 배를 타고 저쪽까지 다시 갔다가 되돌아오면서 흔들리는 배 위에서 토론을 계속하기로 합의했다. 하지만 한 번 왕래하는 것만으로는 충분치가 않았다. 어차피 시작한 참이니 뱃사공에게 같은 일을 거듭 되풀이해 달라고 요구했다. 사공은 물론 기꺼이 동의했다. 한 번 왕래할 때마다 1인당 1바요코Bajocco의 요금을 받는데, 이렇게 늦은 시간에는 쉽게 벌기 힘든 금액이었으니까. 그래서 그는 아주 조용히 그들의 요구를 따랐다. 사공의 꼬마 아들이 이상하게 여기고 아버지에게 물었다. "저 사람들은 대체 무얼 하는 거죠?" 그러자 아버지는 조용한 태도로 이렇게 대답했다. "모르겠다. 하지만 그들은 미쳤단다."

이 무렵에 고향에서 온 소포에는 다음과 같은 프랑스 어 편지 한 통이 들어 있었다.

"선생님이 이해가 서툰 독자들을 갖고 있다 해도 전혀 놀랍지 않습니다. 아주 많은 사람들이 느끼기보다는 말하기를 더 좋아하지만, 실은 그들을 불쌍히 여기고, 자기가 그들과 같지 않음을 기뻐해야 하지요. 그렇습니다. 저는 선생님 덕분에 제 삶에서 가장 훌륭한 행동을 알게 되었고, 덕분에 다른 많은 것들의 근원까지도 찾아냈습니다. 저는 당신의 책들이 좋아요. 제가 당신과 같은 나라에 사는 행운을 가졌다면 당신을 포옹하고 저의 비밀을 말씀드렸겠지요. 그러나 저는 불행히도 그런 행동을 결심하는 동기를 믿어 주지 않는 나라에 살고 있어요. 선생님, 저는 당신이 사는 곳에서 300리외[lieues, 1리외는 약 4km]나 떨어진 곳에 살고 있는데, 그런 젊은이의 마음을 선생님이 성실함과 미덕으로 되돌려 놓으셨다는 것을 만족스럽게 여기십시오. 온 가족이 평화를 얻고, 저의 마음은 선량한 행동에 기쁨을 느껴요. 많은 사람의 운명에 영향을 미칠 만한 재능이나 지위가 제게 있다면, 당신께 제 이름을 말씀드렸겠지요. 하지만 저는 전혀 그런 사람이 못 되니, 제가 바라면 안 되는 것이 무엇인지도 알아요. 선생님, 당신이 아직 젊은 마음으로 글쓰기 의욕을 가지시기를, 베르테르를 만나지 않은 샤를로테의 배우자가 되시기를 빕니다. 당신은 남자들 중에 가장 행복한 분이 되실 겁니다. 당신이 미덕을 사랑하신다는 것을 저는 믿으니까요."

12월

편지

12월 1일, 로마

이것만은 당신께 말할 수 있어요. 가장 중요한 점들에 대해 나는 아주 확고합니다. 인식이 무한으로 확장될 수 있다 하더라도, 유한성-무한성에 대한 개념 하나를, 다른 사람에게 전달할 수도 있을 만큼 명료한 개념을 갖고 있지요.

나는 가장 경이로운 일들을 계획하고 있으며, 내 활동의 능력만 어느 정도 계속 앞으로 나아가게 하려고 인식의 능력을 누르고 있어요. 뛰어난 것들이 손바닥만큼이나 분명히 보이니까요. 그냥 움켜쥐기만 하면 될 만큼.

1787년 12월 7일, 로마

작품 쓰기가 앞으로 나아갈 기미가 보이지 않기에 이번 주는 스케치로 시간을 보냈지요. 모든 시기를 정확히 알고 적절히 이용해야 하니까요. 우리의 숙소 아카데미는 계속되는 중이고, 우리는 늙은 앙간티르*를 잠에서 깨우려 노력하고 있죠. 저녁이면 원근법에 몰두하고, 나는 여전히 인체의 몇몇 부분들을 더 낫고도 확실하게 그리는 법을 배우려 애쓰고 있어요. 모든 기본은 너무 어렵고, 실행에서의 열성적인 적용을 요구합니다.

앙겔리카는 사랑스럽고도 선량해요. 온갖 방식으로 나를 도와주고 있으니 나는 그녀에게 빚을 지고 있습니다. 일요일은 함께 보내고, 주중에는 저녁때 한 번 그녀를 만나지요. 그녀는 아주 많은 일을 하고 있어서 그게 어떻게 가능한지 알 수가 없으니, 언제나 그녀가 아무 일도 안 한다고 생각하곤 하죠.

12월 8일, 로마

내 작은 노래가 당신 마음에 들었다는 게 얼마나 기쁜지 모르실걸요. 당신의 마음에 꼭 맞는 소리를 내는 것이 내게 얼마나 기쁜 일인지. 당신이 거의 언급하지 않는《에그몬트》에 대해서도 같은 것을 기대하지만, 그 작품은 아마 당신 마음에 들기보다는 안 든 것 같군요. 오, 우리는 그렇게 거대한 구성이 아주 순수한 울림을 갖기 어려움을 잘 알지만, 그래도 근본적으로는 예술가 자신 말고는 그 누구도 예술의 어려움을 제대로 짐작하기 어렵지요.

예술에는 보통 생각하는 것보다 훨씬 더 **긍정적**인 일이 많아요. 그러니까 **배울 점**과 **미래로 전해질 수 있는 것들** 말입니다. (물론 언제나 정신을 통해) 가장 정신적인 효과들을 만들어 낼 수단이 되는 기계적 이점들이 아주 많지요. 이 작은 예술적

* 앙간티르(Anganthyr): 북유럽 신화에 등장하는 영웅의 이름. 헤르더의《여러 나라의 민요 모음집》에 나온다.

기교들을 안다면, 언뜻 기적처럼 보이는 것들 중에도 많은 것이 장난처럼 되고 말지요. 로마에서처럼 높은 것과 저급한 것을 많이 배울 수 있는 장소는 없을 것 같네요.

12월 15일, 로마

그냥 편지를 쓰려는 마음으로 밤늦게 이 글을 씁니다. 이번 주는 매우 즐겁게 보냈어요. 지난주엔 이 일도 저 일도 잘되지를 않았죠. 이번 주 월요일에 날씨가 아주 좋았고, 날씨에 대한 지식을 동원해 보니 앞으로 며칠은 날씨가 아주 좋을 거라는 희망이 생겼어요. 그래서 카이저와 또 다른 프리츠[부리]와 함께 길을 나서서, 화요일부터 오늘 저녁까지 이미 잘 아는 곳들과 또 내가 모르는 여러 곳들을 걸어서 돌아다녔습니다.

화요일 저녁에 우리는 프라스카티에 도착했고, 수요일에는 가장 아름다운 별장들과, 특히 몬테 드라고네Monte Dragone의 안티누스 별장을 방문했어요. 목요일에는 프라스카티에서 로카 디 파파Rocca di Papa를 거쳐 몬테 카보Monte Cavo로 갔습니다. 당신은 이 장소들의 스케치를 보게 될 겁니다. 말로 하는 서술은 아무것도 아니니까요. 그런 다음 알바노로 내려갔죠. 금요일에 카이저가 몸이 좋지 않아 우리와 작별했고, 나는 프리츠와 함께 두 번째로 아리치아Aricia와 네미Nemi 호숫가의 겐차노Genzano로 갔다가 알바노로 돌아왔어요. 오늘 우리는 카스텔 간돌포와 마리노Marino로 갔다가, 그곳에서 로마로 돌아왔죠. 날씨는 믿을 수 없을 정도로 좋아서 올해 거의 가장 좋은 날씨라고 할 만했어요. 상록수 말고도 몇몇 떡갈나무가 아직 잎사귀를 갖추었고, 밤나무도 누렇긴 해도 잎사귀를 매달고 있었죠. 극히 아름다운 풍경화 색조들입니다. 그리고 밤의 어둠 속에 드러난 장엄하고 위대한 형태들이란! 큰 기쁨을 맛보았어요. 매우 만족하고 몸도 건강합니다.

프라스카티의 별장들, Goethe 作

12월 21일, 로마

스케치를 하고 미술 공부를 하는 것이 문학의 능력을 방해하지 않고 오히려 도움이 됩니다. 쓰는 것은 조금 해야 하지만, 그리기는 많이 해야 하니까요. 지금 내가 가진 미술의 개념을 당신에게 전할 수 있다면 좋으련만. 그 개념이 여전히 별것 아니라도, 그것이 참되고 계속 의미를 갖는 것이니 기쁩니다. 위대한 대가들의 이해력과 일관성은 믿을 수가 없을 정도죠. 이탈리아에 도착하면서 나는 다시 태어난 것 같고, 새로 교육을 받은 것이지요.

지금까지 보내 드린 것들은 오로지 경박한 시도에 지나지 않아요. 투르나이젠Thurneisen 편에 두루마리를 보냅니다. 가장 좋은 것은 낯선 것들인데, 이것들이 당신을 즐겁게 할 것입니다.

12월 25일, 로마

올해는 천둥과 번개 속에 그리스도가 탄생하셨네요. 자정에 우리는 사나운 날씨를 경험했어요.

가장 위대한 예술 작품들의 광채도 이제 더는 내 눈을 멀게 하지 않아요. 지금 나는 결정적인 올바른 인식을 품고 이런저런 구경을 하니까요. 이 점에서 조용하고 고독하고 부지런한, 마이어Meyer라는 이름의 스위스 사람에게 얼마나 많은 빚을 지고 있는지 이루 다 말할 수가 없을 정도입니다. 그는 처음에 세부 사항, 개별 형식들의 특성에 대한 눈을 내게 열어 주었어요. 그리고 진짜 '행하기'를 유도했지요. 그는 적은 것으로 만족하는 겸손한 사람입니다. 예술 작품을 이해하지도 못하면서 잔뜩 소유한 사람들보다도 작품을 더욱 잘 즐기지요. 또한 너무 두려워하면서 이룰 수 없는 것을 모방하려는 욕구에 이끌리는 예술가들보다도 더 많이 즐깁니다. 그야말로 명료한 개념들과, 천사 같은 심정의 선량함을 지닌 사람입니다. 그가 내게 말해 준 것은 적어 두어야겠다는 마음이 들지 않는 것이 없어요. 그의 말은 그토록 확고하고 올바르며, 유일하게 참된 노선을 서술하지요. 다른 어떤 사람도 주지 못한 것을 그의 가르침이 내게 주었고, 그가 멀어진다면 나로서는 그 공백을 대체할 길이 없을 겁니다. 그의 곁에서 시간이 흐르면서, 나는 그리기에서도 지금은 꿈도 꿀 수 없는 단계에 도달하기를 바라고 있어요. 독일에서 배우고 알고 생각한 모든 것을 그의 안내와 비교하면, 마치 나무껍질을 열매의 씨앗에 비교하는 것과 같다고나 할까요. 지금 내가 예술 작품을 관찰하면서 느끼는 그 고요하게 깨어 있는 행복감은 그 어떤 말로도 표현할 길이 없습니다. 내 정신은 넉넉하게 확장되어 예술 작품을 파악할 수 있고, 그것을 평가할 수 있도록 점점 더 훈련되고 있어요.

이곳에는 다시 이방인들이 도착했는데, 나는 이들과 더불어 이따금 화랑을 찾곤 하지요. 그들은 내 방에 들어온 말벌들 같아요. 환한 유리창을 바깥 대기로 여기고, 창문을 향해 달려들다가 거기 부딪히고는 벽에 붙어 윙윙거리지요.

나는 원수라도 침묵과 위축의 상태로 몰아가고 싶진 않아요. 사람들이 나를 **병들었다**거나 **편협하다**고 생각하기란 그 어느 때보다도 어려우니까요. 사랑하는 벗이여, 나를 위해 최고의 것을 생각하고 행동하시오, 내 삶을 유지하게 해 주시오, 그렇지 않으면 내 삶은 그 누구에게도 쓸모가 없이 시들어 버리고 말 것입니다. 나는 올해 도덕적으로 매우 버릇이 나빠졌다고 말해야겠군요. 온갖 세상에서 완전히 물러나 한동안 고독하게 홀로 서 있었지요. 지금은 다시 친밀한 그룹이 내 주위에 생겨났고, 그들 모두가 선량하며 모두가 **올바른 길**을 걷고 있어요. 그것은 그들이 내 곁에 있는 것을 견딜 수 있고, 나를 좋아하며, 자기들이 올바른 길에서 생각하고 행동할수록 내 곁에서 더욱 기쁨을 얻는다는 증거지요. 나는 자기 길에서 빈둥거리거나 방황하면서도, 자기가 심부름꾼이라거나 여행자라고 여겨지기를 바라는 모든 사람에게 냉혹하고, 그런 사람을 곁에 두지도 않으니까요. 농담과 조롱을 계속해서 그가 자신의 삶을 바꾸거나, 아니면 내 곁을 떠나게 만들지요. 물론 선량하고 올곧은 사람들만을 이야기하는 겁니다. 절반의 마음이나 비뚤어진 마음은, 어떤 상황에서라도 곧바로 키질해서 걸러 내 버리니까요. 두 사람이 자기들의 생각과 삶을 바꾼 것에 대해 내게 감사하고 있어요, 아니 세 사람이. 그들은 평생을 두고 내게 감사할 겁니다. 내 존재의 작용점인 이곳에서 나는 내 천성의 **건강함**과 그 건강을 **퍼뜨리고 있음**을 느끼지요. 하지만 누구나 그렇듯이 구두가 작으면 내 발이 병들고, 장벽에 가로막히면 나도 아무것도 못 보지요.

뒷날 덧붙임

12월 들어 밝고도 꽤 한결같은 날씨가 시작되었고, 덕분에 즐거운 모임과 더불어 유쾌한 날들을 마련해 보자는 생각이 나타났다. 그래서 이런 이야기들이 나왔다. 우리가 방금 로마에 도착했는데, 시간이 없는 외국인이라 서둘러서 가장 뛰어난 것들만 골라 보아야 한다고 쳐 보자. 이미 알고 있는 것이라도, 정신과 의미를 새롭게 만들겠다는 뜻에서 이런 의논을 시작했다.

이 생각은 곧바로 실현되기 시작하여 꽤 꾸준히 행동으로 옮겨졌다. 유감스럽게도 이 기회에 보고 생각한 좋은 것들 중 남은 것이 별로 없다. 이 시기의 편지, 메모, 그림, 기획안 등이 거의 없지만, 그래도 그중에 남은 것들을 여기 적는다.

로마의 남쪽 테베레 강에서 멀지 않은 곳에 중간 정도 크기의 교회가 있는데, '세 개 분수의 성 바울로 교회Chiesa di San Paolo alle Tre Fontane'라는 이름이다. 이 샘들은 성 바울로가 참수될 때 그의 피가 뿌려지면서 솟아 나왔다고 하는데, 오늘날까지도 샘물이 흘러나온다.

교회는 어차피 천장이 낮은 데다가, 교회 내부에서 관管으로 연결된 샘물이 나오기에 습기가 점점 늘어난다. 내부는 거의 장식이 없고 버려지다시피 했는데, 다만 특별한 예배를 위해서만, 곰팡이는 어쩔 수 없다 치고 나머지는 깨끗하게 유지된다. 이 교회의 가장 큰 장식품은 그리스도와 열두 제자의 그림인데, 이들은 라파엘로의 도안에 따라 본당 신자석의 벽기둥에 차례로 실물 크기 채색화로 그려졌다. 특별한 정신인 라파엘로는 보통의 올바른 장소에서는 사도들을 상당히 비슷한 옷을 입고 떼를 지어 모여 있는 모습으로 그리곤 했지만, 여기서는 각 개인이 개별적으로 등장하는 까닭에 모두를 특별하게 그렸다. 이들이 주님을 따르는 모습이 아니라, 주님이 승천한 이후 각자 제 발로 서서, 이제 자기만의 성격에 맞게 삶을 견디고 활동하는 모습이다.

이 그림들의 장점을 멀리서라도 배울 수 있도록 마르칸토니오Marcantonio의 성실한 손길로 제작된 복제화가 내게 남아 있다. 이 그림들은 내게 자주 기억을 되살려 주고, 내가 본 것들을 글로 적을 기회와 계기를 마련해 주었다. 1791년에 잡지《도이치 메르쿠어Deutsche Merkur》에 실린 내 논문의 일부를 발췌하여 여기 덧붙인다.

> "그리스도의 말씀과 삶을 따르고, 대개는 자신들의 간결한 변화를 순교로 끝맺은 그리스도의 가장 고귀한 처음 열두 제자와, 변용된 그리스도를 올바르게 묘사한다는 과제를 그[=라파엘로]는 이토록 단순하고도 다양하면서 당당하게, 풍부한 예술의 이해력으로 해결했다. 우리는 이 그림들을 라파엘로라는 다행스러운 존재의 가장 아름다운 기념비 하나로 볼 수 있다.
>
> 그는 사도들과 그리스도, 각자의 성격, 지위, 직업, 변화, 죽음 등에 대해 성서나 전승을 통해 전해지는 내용을 극히 섬세하게 이용하여 일련의 초상화를 제작했는데, 이들은 서로 같지 않으면서도 내적인 연관성을 갖는다. 여기서 우리 독자들이 이 흥미로운 수집품에 주목하도록 인물들을 하나씩 따로 관찰하기로 한다.
>
> **베드로**: 화가는 베드로를 맨 앞에 세우고 그에게 땅딸막한 모습을 부여했다. 이 인물과 다른 몇몇 인물들은 팔다리가 약간 크게 그려져서 키가 줄어 보인다. 목이 짧고, 짧은 머리카락은 13개의 초상화 중에서 가장 곱슬이다. 제일 큰 옷 주름은 신체 가운데로 모아지고, 얼굴은 나머지 인물들이 그렇듯이 완전히 정면을 바라본다. 이 인물은 완전히 자기 안에 집중되어 마치 무거운 짐을 짊어질 준비가 된 기둥처럼 서 있다.
>
> **바울로**도 서 있는 모습으로 그려졌지만, 떠나려고 하면서 한 번 더 뒤돌아보는 사람처럼 얼굴을 옆으로 돌리고 있다. 겉옷은 끌어올려서 책을 들고 있는 팔 위로 넘겼다. 그

가 맨발로 앞으로 나아가는 것을 방해할 만한 것은 아무것도 없다. 머리카락과 수염이 불꽃처럼 펄럭이니, 열광적인 정신이 얼굴에서 이글거리며 타오른다.

요한: 고귀한 젊은이는 길고도 아름다운, 끝만 곱슬거리는 머리카락을 지녔다. 그는 만족스럽게 조용히 종교의 증언인 책과 잔을 들어 앞으로 내밀어 보인다. 날개를 펼친 독수리가 옷자락을 하늘로 끌어 올려서, 아름답게 펼쳐진 옷 주름을 가장 완벽하게 보여 주니 매우 성공적인 기교이다.

마태오: 자신의 삶에 정착한 부유하고 쾌적한 남자. 너무 큰 고요함과 편안함이, 거의 부끄러워하는 진지한 눈길을 통해 균형을 되찾는다. 몸 위로 펼쳐진 옷 주름과 돈주머니가 이루 말할 수 없이 편안한 조화로움을 보여 준다.

토마는 가장 아름답고 가장 단순하게 표현력 풍부한 인물의 하나. 그가 입은 겉옷은 신체 양쪽으로 거의 대칭의 주름을 만들어 내는데, 이 주름은 극히 간단한 차이만으로 서로 완전히 다른 모습이 된다. 그 어떤 모습도 이보다 더 조용하고 평화롭고 겸손하게 그려질 수 없을 것이다. 머리를 돌린 것, 진지함, 거의 슬픈 눈길, 입의 섬세함 등이 고요한 전체 모습과 극히 아름답게 조화를 이룬다. 머리카락만이 움직이는데, 이는 고요한 겉모습 아래 격한 성정을 나타내는 것만 같다.

큰 야고보: 겉옷에 휩싸여 부드럽게 곁을 스쳐 지나가는 순례자의 모습.

빌립보: 이 초상화를 앞의 두 초상화 사이에 두고, 세 초상화의 옷 주름을 나란히 관찰해 보라. 이 인물의 주름이 앞의 두 인물의 경우에 비해 얼마나 풍부하고 넓고 큰지를 보게 될 것이다. 의상이 이토록 풍성하고 고귀한 것만큼이나 그 자신도 확고하게 서서 십자가를 단단히 쥐고 하늘 높은 곳을 바라보니, 전체 모습이 내적인 위대함과 고요함과 확고함을 보여 주는 듯하다.

안드레아는 십자가를 들고 있다기보다는 끌어안고 애무하다시피 한다. 겉옷의 단순한 주름들이 매우 잘 표현되어 있다.

타대오: 젊은이는 여행 중인 수도사들이 흔히 하는 방식으로 걷는 데 방해가 되지 않

도록 긴 겉옷을 높이 걷어 올렸다. 이런 단순한 행동에서 매우 아름다운 옷 주름이 생겨난다. 순교의 표시로 쌍 갈고리 창을 지팡이 삼아 손에 쥔 모습.

마티아스: 극히 탁월하게 표현된 옷 주름으로 다양한 태를 보이지만 실은 단순한 옷을 입은 생기 넘치는 노인이 창에 몸을 기댄 모습. 겉옷을 뒤로 넘겼다.

시몬: 옆모습이라기보다 오히려 뒷모습으로 그려진 이 인물이 입은 겉옷과 나머지 옷의 주름은 전체에서도 가장 아름다운 것에 속한다. 자세, 얼굴, 머리카락 등의 면에서도 이루 말할 수 없는 조화를 이룬 초상화.

바르톨로메오는 거칠고도 꾸밈없는 겉옷에 휩싸인 모습, 실은 기교를 잔뜩 동원한 것. 그의 자세, 머리카락, 칼을 쥔 태도 등은 그가 칼로 피부를 도려내는 일을 당한 쪽이 아니라, 오히려 행하려는 쪽 같다는 생각을 불러일으킬 정도.

그리스도: 기적을 행하는 신인神人의 모습을 여기서 찾으려는 사람은 실망하게 된다. 단순하고도 조용한 태도로 거기 모인 민중을 축복하려고 오른손을 쳐들고 앞으로 나서고 있다. 아래서 위로 들어 올려 아름다운 주름을 만들어 내는, 한쪽 무릎을 드러내며 몸에 붙어 있는 의상이 단 한 순간도 이 상태를 유지할 수는 없고 곧바로 도로 아래로 떨어질 거라는 생각을 만들어 낸다. 아마도 라파엘로는, 이 인물이 오른손으로 옷을 위로 끌어 올려 쥐고 있다가 축복하려고 팔을 들어 올리는 순간 손에서 옷을 놓아서, 옷이 떨어지는 순간을 포착한 듯하다. 그렇다면 이것은 남아 있는 주름의 상태를 통해 방금 전에 이루어진 행동을 암시하는, 그림에서의 멋진 기교의 한 예라고 할 수 있다."

이 작고 소박한 교회에서 그리 멀지 않은 곳에 높은 사도에게 바치는 더 큰 기념비가 있다. 곧 **성벽 앞의 성 바오로 교회**San Paolo fuori le Mura라는 곳인데, 고대의 폐허 더미를 모아 크게 지은 기념비이다. 이 교회에 들어서면 고귀한 인상을 받는다. 막강한 기둥 행렬이 그림이 그려진 높은 벽들을 떠받치고, 그 벽 위로는 교차된 목공

방식 천장이 놓였는데, 오늘날 우리 눈에 곡물 창고처럼 보이기는 해도, 축제일에 벽걸이 양탄자가 전체를 뒤덮으면 건물 전체가 분명 대단한 효과를 낼 것이다. 기둥머리에 높이 장식된 거대한 원래 건축물의 경이로운 잔해가 여기 제대로 보존되어 있다. 예전에 이 근처에 자리 잡고 있다가 지금은 거의 완전히 사라져 버린 카라칼라Caracalla 궁전에서 남은 잔해.

이어서 아직도 카라칼라의 이름을 달고 있는 전차 경주장은[오늘날 이름은 막센티우스 경기장] 대부분 무너졌지만, 그래도 그 옛날의 거대한 규모를 알려 준다. 스케치하는 사람이, 경주를 위해 말을 몰고 달려 나가는 전차 주자들의 왼편에 서 있다면, 자기 오른편 위쪽으로 지금은 무너진 관중석 너머로 체칠리아 메텔라Cecilia Metella의 무덤과 새로 생긴 주변 환경을 볼 수 있다. 이 무덤에서부터 옛날 관중석의 대열이 무한히 길게 뻗어 나가고 아주 멀리에 중요한 별장들이 보인다. 눈길을 다시 되돌리면 바로 눈앞에 스피나[Spina, 전차 경주자들의 출발점으로 쓰인 칸막이 벽]의 폐허가 놓인 것이 보이는데, 건축적 상상력을 지닌 사람이라면 그 옛날의 오만함을 어느 정도 눈앞에 그려 볼 수 있다. 지금 앞에 놓인 폐허 속 모습은, 재치가 풍부하고 지식을 갖춘 화가가 기획한다면, 가로가 세로 길이의 두 배가 되는 매우 훌륭한 그림의 소재가 될 것이다.

체스티우스Cestius 피라미드는 이번에는 밖에서 눈으로만 인사를 하고, 피라네시Piranesi가 이미 뛰어난 효과의 그림들로 보여 준 바가 있지만, 안토니누스 욕장浴場과 카라칼라 욕장의 폐허들은 오늘날 회화에 훈련된 눈길을 끌어당기기란 어렵다. 하지만 이 기회에 헤르만 폰 슈바네펠트Hermann von Schwanefeld에 대한 기억을 되살려 볼 수 있다. 그는 순수한 자연감정과 예술 감정을 표현하는 섬세한 바늘 붓을 이용해 이 과거를 되살려 낼 수가 있었다. 즉 과거를 살아 있는 현재를 가장 우아하게 담아내는 것으로 바꾸었다.

몬토리오Montorio의 산 피에트로 교회 앞 광장에서 아쿠아 파올라Acqua Paola의 콸 콸 쏟아지는 물길을 만나게 된다. 아쿠아 파올라는 다섯 개의 물줄기가 여러 개선문들을 통과하여 매우 큰 저수조를 채우고는 넘쳐흐른다. 이는 저 브라치아노Bracciano 호수에서부터 교황 바오로 5세가 복구한 옛날 수도교水道橋, 높이가 제각기 다르게 지그재그로 놓인 수도교를 통해 수많은 방앗간과 공장에 물을 공급하면서 25마일을 달려 이곳에 이르렀다가, 마지막에 트라스테베레Trastevere로 넘어간다.

여기서 건축의 벗들이 행복한 아이디어 하나를 내놓았다. 이 물길을 위해 어디서나 보이도록 개선문을 만들어 주면 어떨까 하는 생각이다. 기둥과 아치, 돌림띠와 낮은 다락 등[고대 로마의 개선문 형태]을 세워서 옛날 전쟁에서 승리한 용사들이 당당하게 행군해 들어오던 저 화려한 개선문을 생각나게 한다면 좋을 것이다. 가장 평화로운 영양 공급원인 물이 용사들과 똑같이 강력한 힘으로 등장하여, 먼 길을 달려온 노고를 사람들의 감사와 경탄으로 보상받는다면 말이다. 보르게세Borghese 가문 출신 교황 한 사람이 염려와 선의로, 영원하고도 끊이지 않는 이 장엄한 물의 흐름을 유지하게 만들었다는 사실을 제명題銘들이 우리에게 전해 준다.

얼마 전에 북쪽에서 로마에 도착한 사람이, 이 물살이 자연스럽게 보이도록 거친 암석을 쌓아 올리는 편이 더 낫지 않으냐고 말했다. 그러자 이 물길은 자연이 아닌 인공의 물길이니, 이런 물길이 여기 도착한 것에 대해서도 똑같이 인공적인 방식으로 꾸미는 쪽이 더 합당하다는 답변이 나왔다.

하지만 이 점에 대해서는 합의가 어려웠는데, 우리가 곧이어 가까운 수도원에서 감상의 기회를 가진 라파엘로의 《그리스도의 변용Transfiguration》이라는 그림에 대해서도 역시 합의가 어려웠다. 그에 대해 많은 이야기가 이루어졌다. [그림의 위쪽과 아래쪽에] 이중 줄거리라는 낡은 비난이 다시 나타나는 것을 보고, 조용한 사람들이 짜증을 냈다. 하지만 제 역할을 하는 동전과 나란히 값없는 동전도 언제나 유통되는 것이 세상 이치. 특히 최근에 거래되면서 신중한 고려나 망설임도 없이 차이를 없애려는 자리에서는 더욱 그렇다. 다만 전체적으로 이토록 통일된 모습의 그림을 앞에 두고도 언제나 허물을 찾아내려 한다는 것이 늘 놀라운 일이기는 하다. 주님이 없는 사이에 귀신 들린 소년의 부모들이 제자들을 찾아왔다. 제자들은 귀신을 쫓아내려고 이미 여러 시도를 해 본 것 같다. 심지어 이 재앙에 효과가 있다고 전해지는 어떤 방식이라도 있을까 알아보려고 책도 펼쳐 본 모습이다. 하지만 아무 소용이 없다. 이 순간에, 유일하게 힘이 있는 그리스도가 더욱 숭고해진 모습으로, 위대한 조상들의 인정을 받은 채로 나타난다. 사람들은 유일한 치유의 원천인 이 모습을 가리킨다. 대체 어떻게 윗부분과 아랫부분을 나누려 한단 말인가? 둘은 하나이다. 아래는 고통받는, 곤경에 처한 존재, 위에는 효력이 있는, 도움을 주는 존재, 둘은 서로를 가리키며 하나로 얽혀서 작용한다. 다른 방식으로 의미를 찾기 위해, 이 그림에서 현실에 대한 이념의 작용을 없애 버려야 한단 말인가?

같은 생각을 가진 사람들이 이번에는 확신에 차서 강력하게 주장을 펼쳤다. 그들은 자기들끼리 이렇게 말했다. "라파엘로는 올바른 사유로 특별한 사람이다. 여기서 분명히 보이듯이, 그는 신에게서 재능을 받은 사람인데, 그가 생애 절정기에 틀린 생각을 하여 잘못된 작업을 했을까? 그럴 리 없다. 그는 자연 자체처럼 언제나 옳고, 우리가 가장 이해하지 못하는 가장 근원적인 점에서는 특히 옳다."

선량한 모임을 이루어 잽싸게 로마를 훑어보기로 한 우리 약속은 의도야 좋았지만, 그것만 완전히 따로 떼어 내 실행하기가 어려운 약속이다. 이 사람 또는 저 사람이 우연히 어떤 일에 붙잡혀서 빠지고, 대신 또 다른 사람이 합류하여 이런저런 볼거리를 함께 구경했다. 그런데도 전체 핵심만은 그대로 유지된 채로 때로는 받아들이고 때로는 떼어 내고, 때로는 뒤로 처지고 때로는 지나치게 서둘렀다. 물론 이따금은 극히 이상한 발언을 듣는 일도 있었다. 그것은 꽤 오래전부터 특히 영국인과 프랑스 인 여행자들을 통해 퍼져 나온 일종의 경험적 판단이었다. 모든 예술가는 여러 가지 방식으로 즉, 자신만의 특별한 재능, 선배와 스승, 장소와 시간, 후원자와 주문자 등을 통해 제한을 받는다는 사실을 전혀 고려하지 않고, 그야말로 아무런 준비도 없이 순간적으로 말해 버린 판단이었다. 물론 순수한 존경에 필요한 그 무엇도 고려하지 않는다면, 여기서 칭찬과 비난, 긍정과 부정 등이 추하게 혼합되어 나타나는데, 이로써 문제가 되는 대상의 본래 가치는 사라지고 만다.

우리의 훌륭한 폴크만 안내서는 보통 때는 매우 주의 깊고, 안내서로 쓸모가 충분했지만, 이 부분에서는 철저히 저 외국인 비평가들의 의견을 따른 듯이 보인다. 그래서 그 자신의 평가들이 단연 더 돋보인다. 마리아 델라 파체Maria della Pace 교회에서 이 안내서에 적힌 말을 읽다 보면 이보다 더 이치에 안 맞기도 어렵다.

"라파엘로는 첫 번째 제단에 몇몇 시빌레들을 그렸는데, 이들은 많은 손상을 입었다. 도안은 옳지만 구성은 빈약한데, 이것은 아마도 불편한 자리에 끼워 맞추어져서 그런 것 같다. 두 번째 제단은 미켈란젤로의 도안을 본떠 아라베스크 무늬로 장식했는데, 이것은 높은 평가를 받지만 충분히 단순하지가 않다. 둥근 지붕 아래서 성모상 세 개를 보게 된다. 첫 번째 그림은 카를로 마라타Carlo Maratta가 그린《마리아[=성모]의 고향 방문》인데, 색이 차갑지만 구성은 좋은 편. 두 번째 그림은 피에트로 다 코르토나Pietro da Cortona 화풍으로 반니Vanni가 그린《마리아의 탄생》이고, 세 번째는 마리아 모란디Maria Morandi의《마리아의 죽음》이다. 구성이 약간 엉클어져 있고 거칠다. 성가대석 위의 아치에는 알바니Albani가 약한 채색으로《마리아의 승천》을 그려 놓았다. 둥근 지붕 아래 벽기둥에 그가 그린 그림들은 이보다는 낫다. 이 교회에 속하는 수도원의 안뜰은 브라만테Bramante가 지휘한 것."

이렇게 불충분하고 흔들리는 판단들은 이 책을 안내자로 선택한 관객을 철저히 헷갈리게 한다. 많은 것이 완전히 틀렸는데, 여기서 시빌레에 대해 말한 것이 그 예이다. 라파엘로는 단 한 번도 건축물이 제공하는 공간에 밀린 적이 없다. 오히려 그가 파르네시나에서 묘사한 것처럼 모든 공간을 가장 훌륭하게 채우고 장식했다는 점이야말로 그의 천재성이 지닌 위대함과 우아함의 일부를 이룬다.《볼세나의 미사》,《붙잡힌 베드로가 풀려남》,《파르나소스》 같은 작품들은 공간의 놀라운 제한이

팜필리 궁전에서 바라본 성 베드로 성당, Goethe 作

아니었다면, 그토록 이루 말할 수 없이 소중한 작품으로 여겨지지 않았을 것이다. 여기 시빌레들의 경우에도, 구성의 핵심인 감추어진 대칭이 극히 천재적인 방식으로 전체를 지배한다. 자연의 유기체에서도 그렇듯이 예술에서도, 가장 정밀한 한계 안에서 삶의 표현이 완벽하게 드러나기 때문이다.

그야 어찌 되었든 예술 작품을 받아들이는 방식은 각자에게 완전히 맡겨진 일이라고 해야 할 것이다. 나는 이번 관광에서 내가 가장 높은 의미의 고전적 발판을 딛고 서 있다는 느낌과 생각을 확인했다. 즉 과거 이곳에 위대함이 있었고, 지금도 있고, 앞으로도 있으리라는 감각적 · 정신적 확신이다. 가장 위대하고 장엄한 것조차 스러진다는 것은, 시간의 본성에, 그리고 무조건 서로 영향을 주고받는 도덕적 요소와 물리적 요소들의 본성에 들어 있다. 극히 일반적인 관찰에서 우리는 파괴된 것에서 슬픔을 느끼는 것이 아니라, 오히려 그렇게 많은 것이 아직 남아 있고, 재건되어 예전보다 더욱 장엄하고 훌륭한 모습으로 서 있다는 사실에 기쁨을 느낀다.

성 베드로 성당은 분명히 위대하게 기획되었고, 옛날의 그 어떤 사원보다도 더 크고 대담하다. 그런데도 지금 우리 눈앞에 놓인 이 건물은 2천 년 세월이 흐르면서 파괴될 뿐만이 아니라, 지금보다 더 뛰어난 건축물을 다시 세울 수 있게 해 줄 어떤 것이다.

예술 취향의 흔들림, 곧 단순히 큰 것을 향한 노력과 더 작게 여럿으로 분화된 것으로 되돌아감, 이런 흔들림은 모두 삶과 움직임을 알려 준다. 예술사와 인간사는 동일한 시간으로 우리 눈앞에 있는 것이다.

위대한 것조차 허망하다는 생각이 우리를 몰아붙인다고 해서 우리는 쓰러져서는 안 된다. 오히려 지나간 것이 위대했음을 본다면, 자신도 그토록 의미 있는 어떤 것을 이루겠노라는, 무너져 폐허가 되어서도 장차 우리 후손들에게 고귀한 활동을 하라고 격려해 줄 만한 어떤 것을 만들겠노라는 용기를 얻어야 한다. 이런 점에서 우리 조상들은 결코 부족함이 없었다.

하지만 이토록 많은 것을 배우는, 정신을 드높이는 관찰을 하는 내내, 이런 관찰이 어떤 고통스러운 감정으로 인해 파괴되거나 중단되지는 않았더라도, 고통스러운 감정과 뒤얽혀 있었다. 저 사랑스러운 밀라노 아가씨의 약혼자가, 내가 모르는 어떤 이유에서 약혼을 취소했다는 소식을 들었던 것이다. 나는 그 애정에 무조건 매달리지 않고 사랑스러운 아가씨 곁에서 얼른 물러난 자신을 칭찬하면서, 별장 체류에 따르는 여러 핑계들을 대고 더 이상 정확하게 알아보려는 생각조차 하지 않았었다. 아직도 내 마음에 그토록 명랑하고 친절하게 남아 있는 이 아가씨의 모습이 이제는 우울하게 일그러졌으리라는 사실이 극히 마음에 걸렸다. 사랑스러운 아가씨가 이 사건의 충격과 절망감으로 인해 격심한 열병에 걸려 목숨이 위태로운 지경이라는 말을 들었던 것이다. 그래서 나는 매일 사람을 보내 그녀의 상태가 어떤지 알아 오게 했고, 처음에는 하루에 두 번씩도 보냈는데, 내 상상력이 불가능한 어떤 것을 만들어 내려 하는 것을 보고 통증을 느꼈다. 즐겁고 개방적인 날에 어울리던 저 명랑한 모습, 고요히 거침없이 앞으로 나아가는 삶의 표현이던 그 모습이 이제는 눈물로 얼룩지고 질병으로 일그러지고, 그토록 싱싱하던 청춘이 내면의 고통과 외적인 고통으로 인해 그토록 일찌감치 창백해지고 여위고 말았다는 상상을 했던 것이다.

이런 기분 상태에서는 물론, 때로는 그 존재로 두 눈에, 때로는 절대 사라지지 않는 품위로 상상력에 많은 작용을 하는 의미심장한 예술품과는 정확히 반대되는 것을 간절히 열망하게 되니, 그 모든 것을 내면의 슬픔을 안고 바라보지 않을 수가 없었다.

옛날 기념비들이야 오랜 시간이 지나면서 무너져 형태도 없는 폐허 더미로 변했다지만, 비교적 최근에 새로 세운 화려한 건물에서도 벌써 수많은 가족들의 붕괴를 슬퍼해야만 하고, 심지어는 이제 갓 싱싱한 생명을 얻은 것조차 남몰래 근심의 벌레에 먹혀 병들고 만다. 도덕적 · 종교적인 뒷받침을 받는 물리적 힘이 없다면, 오늘날 지상의 존재가 어떻게 올바르게 유지될 수 있으랴? 명랑한 감각에는 폐허조차 마치 죽지 않는 싱싱한 식물처럼 되살아나고 무너진 성벽과 부서진 벽돌들도 다시 생명으로 채워지건만, 슬픈 감각은 가장 아름다운 장식에서도 살아 있는 생명을 빼앗고 우리에게 그냥 해골의 모습만 보여 줄 수도 있다.

겨울이 오기 전에 명랑한 그룹을 이루어 실행하고자 했던 산악 지대 여행도 얼른 결심하지 못했다. 그러다가 그녀가 분명히 나을 거라는 확신이 들면서, 또 저 사랑스럽고 아름답던 가을날에 그토록 명랑한 그녀를 처음으로 만난 그 지역에서 그녀의 치유 소식을 들을 수 있도록 조심스럽게 모든 준비를 마치고서야 비로소 여행을 결심했다.

바이마르에서 《에그몬트》에 대해 보내온 처음 편지들이 이미 이런저런 부분에 대한 몇 가지 비난들을 포함하고 있었다. 시민적인 안락에 안주한 비문학적인 사람이라면, 작가가 문제를 해결하여 아름답게 만들거나 문제를 감추려고 노력한 부분에서 반감을 느낄 것이라는 오래 묵은 발언이 또 나왔다. 그러니까 쾌적함을 좋아하는 독자는 자연스러운 진행이 계속되기를 바란다는 것이다. 통상적이지 않은 것도 자연스러울 수 있건만, 자신의 관점만 고집하는 사람에게는 그렇게 보이지 않는다. 이런 내용의 편지 한 통이 도착했고 나는 이 편지를 들고 보르게세 저택으로 갔다. 몇몇 장면들이 너무 길게 생각된다는 말도 읽었다. 나는 곰곰 생각해 보았지만, 중요한 모티프들이 이미 전개된 상황이라 이제는 줄일 수가 없었다. 여성 친구들의 눈에 가장 비난받을 것으로 여겨진 내용은, 에그몬트가 자신의 클레르헨을 페르디난트에게 추천하는 간결한 유언 부분이었다.

당시 내가 쓴 답장의 일부가 당시의 감정과 상태를 가장 잘 보여 줄 것이다.

"여러분의 소망을 충족시키기 위해 에그몬트의 유언에 몇 가지 변화를 만들어 내기를 내가 얼마나 소망하는지요! 찬란한 아침에 여러분의 편지를 들고 곧바로 보르게세 저택으로 가서 두 시간 동안 이 희곡의 전개, 인물들, 관계들에 대해 자세히 검토했으나 줄일 만한 자리를 찾아내지 못했어요. 내 생각을 모조리 여러분에게 얼마나 알리고 싶은지, 찬성하는 이유와 반대하는 이유를 쓰고 싶지만, 그랬다가는 책 한 권 분량이 될 것이고, 이 희곡의 경제[분량과 효과]를 주제로 한 박사 학위 논문이 되고 말겠지요. 일요일에 앙겔리카에게 가서 그녀에게 같은 질문을 내놓았어요. 그녀는 이 작품을 탐구했고 또 사본 한 부를 갖고 있으니까요, 당신도 그녀가 모든 것을 여성적으로 섬세하게 분석하고 상세히 설명하는 것을 함께 들었더라면 참 좋았을 텐데요. 그러니까 여러분이 주인공의 입에서 듣기를 원하는 설명이 현상에서 암묵적으로 표현되어 있다는 것인데요. 앙겔리카는 이렇게 말했죠. 이것은 잠자는 주인공의 마음에서 일어나는 현상이므로, 그는 자기가 그녀를 얼마나 사랑하고 높이 평가하는지를 꿈이 보여 주는 것 이상으로, 말로 더 강하게 표현할 수 없다는 것이죠. 사랑스러운 아가씨가 자기의 높이까지 올라오는 정도가 아니라 자신을 넘어 더 높아진다는 꿈 말입니다. 평생 어느 정도는 깨어서 꿈꾼 사람이 삶과 사랑을 더욱 귀하게 여긴다는 사실, 아니면 오히려 이 사람이 마지막에 어느 정도 꿈에서 깨어나면서, 사랑하는 여인이 자기 마음에 얼마나 깊이 살아 있는지, 그녀가 얼마나 높고도 귀한 위치를 차지하고 있는지 말없이 우리에게 알려 준다는 것이 그녀[앙겔리카]의 마음에 든다고 해요. 페르디난트 장면에서, 이 순간 어차피 그 무엇도 듣거나 인식할 수 없는 상태에 빠진 젊은 친구와의 이별에 대한 [관객의] 관심을 줄이지 않으려면, 클레르헨에 대한 생각은 오로지 부수적으로 나타날 수밖에 없다는 것에 대해서도 많은 관찰이 있었지요."

어원학자 모리츠

이미 오래전에 어떤 지혜로운 남자가 올바른 말을 했다. "꼭 필요하고 쓸모 있는 일에 능력이 미치지 못하는 사람은, 기꺼이 불필요하고 쓸모가 없는 일에 몰두하기를 좋아한다!" 다음에 나오는 것은 아마도 많은 점에서 이런 방식으로 판단될 수 있을 것이다.

우리 친구 모리츠는 최고 예술과 가장 아름다운 자연의 영역에서 지내는 지금, 인간의 내면성, 소질, 발전 등에 대해 지속적으로 생각하고 궁리하는 일을 그만두지 못했다. 그래서 그는 언어의 보편적 특성에도 특히 열중했다.

우리는 이 시기에, 상을 받은 헤르더의 논문《언어의 기원에 대하여》를 읽었고,

또한 당시 보편적이던 사고방식에 알맞게 다음과 같은 생각에 빠졌다. 즉 인간 종족은 오리엔트 지역 출신 한 쌍의 남녀에서 시작하여 지구 전체에 퍼진 것이 아니다. 지구가 어느 정도 특이하게 생산적이던 시기에, 자연이 극히 다양한 동물들을 단계적으로 생산해 내는 노력을 한 다음, 이곳저곳 여러 유리한 지역에서 인간 종족이 어느 정도는 완성된 형태로 출현했다는 생각이었다. 인간의 신체 기관과 정신적 능력을 가장 깊이 연관시켜 보면, 인간은 언어 능력을 타고났다. 언어라는 면에서는 자연의 그 어떤 안내도 필요하지 않으며 그렇다고 전승이 필요한 것도 아니다. 이런 의미에서 보편 언어라는 게 있었다. 그 어떤 토착 민족이든 보편 언어를 시도했다. 모든 언어가 친족 관계라는 것은, 창조주가 인간 종족과 인간의 신체 기관을 형성할 때의 이념에 완전히 들어맞는다. 따라서 매우 제한된 수의 모음과 자음만으로, 때로는 내면의 근원 충동에 따라, 때로는 외적인 동기에 따라, 인간은 감정과 생각을 올바르게 또는 옳지 못하게라도 표현했다. 극히 다양한 토착민들이 일부는 똑같이, 일부는 서로 다르게, 이런저런 언어를 순차로 더 나쁘게 아니면 더 좋게 만들었다는 것은 자연스러운 일, 아니 필연적인 일이다. 어간 낱말에 타당한 것은 파생 낱말에도 타당하고, 이를 통해 개별적인 개념과 표상의 연관성이 표현되고 더욱 명백하게 규정된다. 이것은 아마 좋은 일일 테지만, 탐색할 수 없는 것이기에, 절대로 확정적으로 설명되지는 않는다.

이 점에 대해 내 서류에서 다음과 같은 기록을 찾아냈다.

"모리츠가 부화孵化 기간의 게으름, 자신에 대한 불쾌감과 의심에서부터 일종의 활동으로 넘어간 것은 매우 기분 좋은 일이다. 그가 내게 극히 사랑스러운 사람이기 때문이다. 그의 망상은 진짜 기반을 지녔고, 그의 몽상도 목적과 의미를 지녔다. 이제 그는 나와도 몇 번 함께 이야기해 본 사색에 열중해 있다. 이런 사유를 전달하기란 어려운 일인데, 그것이 미친 소리처럼 들리기 때문이다. 그래도 한번 시도해 보기로 하자.

그는 이성 알파벳과 감정 알파벳을 고안했다. 이런 알파벳들을 통해, 철자들이 멋대로가 아니라 인간 본성에 기반을 둔다는 것, 모든 철자는, 그것이 발음되면서 표현하는 내적 감각의 특정한 신체 부위에 속한다는 것을 보여 주었다. 그러므로 이 알파벳에 따라 여러 언어들을 판단할 수 있다. 모든 민족은 내적인 감각에 맞게 자신을 표현하려고 애써 왔지만, 모두들 멋대로 또는 우연히 올바른 길에서 어느 정도 벗어났다. 따라서 우리는 모든 언어들에서 극히 다행스럽게도 일치하는 낱말들을 찾아낼 수 있다. 때로는 이 언어가, 때로는 저 언어가 올바르다. 그런 다음 우리는 올바르다고 생각되기까지 낱말을 변형시켜서 새로운 낱말을 만들어 낸다. 게임을 제대로 할 생각만 있다면, 사람들의 이름을 탐색해서, 그 이름이 이 사람 또는 저 사람에게 맞는지 어떤지 맞추어 볼 수도 있다.

이미 많은 사람이 이런 어원 놀이에 빠져 있거니와, 우리들 사이에서도 이런 유쾌한 방식으로 많은 일이 벌어졌다. 우리는 한데 모이면 곧바로 장기 게임하듯이 이런 놀이를 시작해서 온갖 가능한 결합들을 시도했다. 덕분에 누군가 우연히 우리가 하는 말을 들었다면, 분명 우리를 미친 사람들로 여겼을 것이다. 나도 이 게임은 극히 가까운 친구들 사이에서만 하고 싶다. 이로써 충분하다, 이것은 세상에서 가장 재미있는 게임인데다가, 언어 감각을 이루 말할 수 없이 단련시켜 준다."

유머가 넘치는 성인 필리포 네리Filippo Neri

1515년 피렌체에서 태어난 필리포 네리는 어린 시절부터 뛰어난 소질을 가진 순종적이고 도덕적인 소년이었다. 이런 그의 초상화가 다행스럽게도 피단차Fidanza의 《유명 인사들의 초상화》, 5권 31번에 보존되어 있다. 이보다 더 똑똑하고 건강하고 올곧은 소년은 상상할 수가 없다. 고귀한 집안의 자손인 그는 그 시대의 좋은 것과 알 만한 가치가 있는 것을 모두 배우고, 몇 살인지는 모르나 자신의 학업을 마치도록 로마로 보내졌다. 로마에서 그는 완벽한 청년으로 자란다. 아름다운 얼굴, 풍성한 고수머리가 특히 두드러졌다. 그는 사람을 끌면서도 동시에 밀어냈다. 어디서나 우아함과 품위가 넘쳤다.

잔혹한 로마 유린[1527년]이 있고 얼마 지나지 않아 가장 슬프던 시기에, 그는 많은 고귀한 사람의 예를 좇아 종교적 수행에 완전히 몸을 바쳤고, 아직 싱싱한 청춘의 힘으로 자신의 열광을 더욱 높였다. 종교적인 유산에 따라 끊임없이 교회들을 찾아갔고, 특히 일곱 개의 주요 교회들을 찾아가 다가오는 어려운 일에 대비하여, 열렬히 기도하며 도움을 요청하고, 열성적으로 고해하고 성찬식을 치르고, 간구하고 싸웠다.

이토록 열성적인 순간에 그는 제단의 층계에 몸을 던졌다가 갈빗대 몇 개를 부러뜨렸다. 이것이 제대로 치유되지 않아 평생 심장이 두근거리는 병을 얻었지만, 그럴수록 그의 감정은 더욱 높은 곳을 지향했다.

그의 주변으로 젊은 남자들이 모여들어 적극적인 도덕성과 경건함을 추구하였다. 이들은 지치는 일이 없이 가난한 사람을 보살피고, 환자를 간호하면서 공부는 소홀히 했던 듯하다. 아마도 이들은 집에서 오는 보조금을 좋은 목적에 쓰고, 언제나 모든 것을 내주고, 남을 도우면서 자기 자신을 위해서는 그 무엇도 남기지 않았던 것 같다. 그는 심지어 나중에는 자기 집안의 모든 도움을 분명한 말로 거절했다. 기부금으로 주어진 것을 절박한 사람들에게 내주고 스스로는 굶주렸다.

하지만 이런 경건한 행동들은 충심에서 나온 극히 생동하는 것이라, 가장 중요한 대상들을 놓고 종교적 · 감정적인 방식을 동원해 스스로 즐거움을 얻으려 했다고 생각할 수는 없을 것 같다. 이 작은 모임은 자신들만의 거처도 없었기에, 때로는 이 수도원 때로는 저 수도원에서 남아 있는 빈 공간에 머물게 해 달라고 간청했다. 그들은 조용히 짧은 기도를 올린 다음 성서의 한 구절을 낭독하고는, 이 구절에 대해 이 사람 또는 저 사람이 해석이나 적용을 하는 짧은 연설을 하곤 했다. 여기서도 실천적인 문제에 대해서만 이야기를 나누고, 변론이나 궤변적인 접근은 완전히 금지되었다. 하루의 나머지 시간은 언제나 환자를 세심히 보살피기, 병원에서의 봉사, 가난하고 곤궁으로 고통받는 자를 돕는 일 등에 바쳤다.

이런 상황에서 사람들이 아무런 제한도 없이 들어오거나 떠날 수 있었기에, 참가하는 사람들의 수가 점차 늘어나면서, 집회도 더욱 진지하고 더욱 포괄적으로 이루어졌다. 성인들의 생애에 대한 낭독이 이루어지고, 교부들의 말과 교회사도 여기저기서 인용되고는, 그것을 주제로 참가자 네 사람에게 제각기 30분씩 이야기할 권리와 의무가 주어졌다.

가장 높은 영혼의 일들을 이렇듯 경건한 일상으로, 거의 가족적 · 실용적으로 처리하는 것이 점점 더 많은 주목을 끌게 되었는데, 개인들뿐만 아니라 전체 모임 자체도 주목을 받았다. 그래서 이런저런 교회의 회랑과 공간으로 모임을 옮겼고, 몰려드는 사람도 점점 더 늘었다. 특히 도미니크 수도회는 이런 방식에 매우 호감을 보였다. 점점 더 많은 사람들이 이곳 훈련생 사이에 합류하였다. 이들은 수많은 저항을 통해 시련을 겪으면서도, 지도자의 힘과 높은 정신을 통해 한결같이 동일한 노선을 계속 나아갈 수 있었다.

뛰어난 지도자의 높은 정신에 따라 온갖 사변이 추방되고, 규칙적인 활동성이 삶에 집중되었기에, 그리고 삶이란 명랑함이 없이는 있을 수 없는 것이기에, 네리도 자기를 따르는 사람들의 죄 없는 욕구와 소망에 응답하였다. 봄이 오면 그는 사람들을 이끌고 산 오노프리오San Onofrio로 나갔는데, 높고도 넓은 이곳은 그런 봄날에 어울리는 가장 쾌적한 장소였다. 이른 봄 온갖 새싹들이 피어나는 이곳에서, 조용한 기도에 뒤이어 아름다운 소년이 앞으로 나와서 외워 익힌 설교를 낭송하고, 이어서 기도를 올리고, 특히 초빙된 가수들의 코러스가 즐겁고도 인상적으로 모임을 마무리했다. 당시 음악이 아직 널리 퍼지지도 그리 많이 발전되지도 않았을 때라, 어쩌면 여기서 처음으로 야외에서 종교 노래를 부른 것인지도 모르기에 이것은 더한층 의미가 있다.

이런 방식이 계속 이어지고 이 모임이 점점 커지면서, 사람의 숫자와 의미도 점점 커졌다. 피렌체 시민들은 피렌체 출신인 네리를 피렌체 소속인 [로마의] 산 지롤라모San Girolamo 교회와 연관시키지 않을 수 없었다. 이 기관이 점점 더 확장되고 활동도 계속 늘어나면서, 마지막에는 교황이 나보나Navona 광장 근처에 수도원 하나를 네리 일파의 것으로 지정하기에 이르렀다. 이 수도원은 이 경건한 사람들을 받아들이기 위해 근본적으로 새로 지은 것이다. 사람들은 예전처럼 함께 모여 기도하고 문서의 낭송을 듣고, 그에 대한 이야기도 듣고, 기도하고 마지막으로 음악으로 즐거움을 얻었다. 당시 자주, 아니 매일 행하던 일이 이제는 일요일에도 행해졌다. 거룩한 설립자에 대해 상세한 지식을 지닌 여행자들도 물론 이런 일들에 동참하면서, 앞에서 서술한 것을 기억과 마음에 한 번 간직하면, 그 뒤로도 계속 자신을 이런 식으로 정화하게 된다.

이 경우에 전체 모임이 여전히 세속적인 것과 경계를 이루고 있었음을 기억해야 한다. 그들 중에 진짜 사제 신분에 헌신한 사람은 극히 적어서, 고해를 받고 미사를 올리는 데 꼭 필요한 정도의 사제들이 있었을 뿐이다. 필리포 네리 자신도 서른여섯 살이 되도록 수도사나 사제가 되지 않았다. 그는 교회 단체에 묶이는 것보다는 현재 상태에서 훨씬 더 자유롭고 광범위하게 자신의 결정권을 행사할 수 있었다. 교회라는 거대한 서열 체계의 일원이 되면, 높은 존경을 받기는 해도 매우 제한을 받을 것이기 때문이다.

다만 위에서 이것을 그대로 두지 않았다. 그의 고해 신부는 서품 받은 사제가 되는 것을 그의 양심의 문제로 만들었다. 그리고 정말로 그는 사제가 되었다. 영리하게도 교회는 지금까지 독립적인 정신을 지닌 채, 성聖과 속俗, 미덕과 일상이 서로 한데 뒤얽힌 상태로 나아가던 한 사람을 이제 교회의 품에 받아들였다. 하지만 이런 변화, 곧 사제직을 받아들인 일이 그의 외적인 태도에 거의 영향을 미치지 않은 듯이 보인다.

그는 이제까지보다 더욱 엄격하게 모든 것을 포기하고, 시설이 나쁜 작은 수도원에서 다른 사람들과 함께 궁핍하게 살았다. 큰 기근이 들었을 때 자기에게 바쳐진 빵을 더 어려운 다른 사람에게 주고, 불행한 사람들을 위한 봉사를 계속했다.

하지만 사제직은 그의 내면에 매우 큰 영향을 미쳤다. 미사의 의무가 그를 열광에 빠뜨려서, 지금까지 그토록 자연스럽던 남자는 완전히 사라지고 망아의 경지로 빠져들었다. 그는 자기가 어디로 가는지도 모르고, 걸으면서 또는 제단 앞에서 비틀거렸다. 성체聖體를 공중으로 한번 높이 들어 올리면 다시는 팔을 아래로 내릴 수가 없었다. 마치 눈에 보이지 않는 힘이 그를 위로 잡아당기는 것만 같았다. 포도주를 따를 때는 몸이 심하게 떨렸다. 봉헌물이 신비로운 변화를 겪고 그것을 먹고 마셔야 할 순간이 되면, 그는 이루 말로 표현할 수 없이 기묘하게 탐욕스러운 모습이 되었다. 먼저 게걸스럽게 빵[=성체]을 먹고는, 예감에 가득 차서 잔을 깨물며 포도주[=피]를 후루룩 들이마셨다. 하지만 이런 도취가 지나고 나면 정열적으로 기묘하면서도 여전히 매우 분별이 있는 사내로 돌아오곤 했다.

이토록 생명력이 넘치면서도 이상한 작용을 하는 이런 사람이 다른 사람들에게 기묘하게 여겨지고, 특히 그의 미덕으로 인해 부담스럽고 역겨운 존재로 생각되었을 것이 분명하다. 아마 이전의 삶의 과정에도 이미 이런 일이 자주 있었을 것이다. 하지만 그가 사제 서품을 받고도, 그토록 빈곤한 꼴의 손님으로 가난한 수도원에 의지하게 된 뒤로는, 비웃음과 조롱으로 끊임없이 그를 괴롭히는 적대자들이 나타났다.

하지만 그래도 여전히, 그가 이런 종류의 사람 누구에게나 들어 있는 교만함을 극복하고, 체념과 결핍, 선의와 겸손과 능욕 속에 자기 삶의 광채를 감추려 애쓰는 극히 뛰어난 사람이었다고 말하고 싶다. 세상에는 어리석은 사람으로 보이고, 그로써 신과 신적인 일에 더욱 깊이 몰두하고 행하겠다는 것이 그의 지속적인 열망이었으니, 이 열망으로 그는 자신과 제자들을 가르치려 했다. 성 베른하르트의 원칙은 다음과 같다.

"Spernere mundum, 세상을 무시하고
Spernere neminem, 그 누구도 무시하지 말고
Spernere se ipsum, 너 자신을 무시하고
Spernere se sperni. 무시당한다는 것도 무시하라."

이 원칙이 완전히 그의 마음을 관통했던 것처럼, 아니 그에게서 새로이 발전되어 나온 것처럼 보인다.

비슷한 의도, 비슷한 상태에 있는 사람은, 같은 원칙에서 스스로를 형성하지 않을 수 없다. 가장 고귀하고 내적으로 자부심이 강한 사람들은 오로지 이런 원칙들만을 따른다고 확신할 수 있다. 선하고 위대한 사람을 향한 세상의 적대감을 미리 맛보고는, 경험이라는 쓰라린 잔이 주어지기도 전에 이미 그 잔을 마지막 한 방울까지 모조리 비우기로 결심하는 것이다. 그가 자기 제자들을 시험한 이야기는 끝도 없이 줄지어 있고 일부는 오늘날까지 전해지는데, 삶을 즐기는 사람이 그런 이야기를 들으면 정말로 초조해지고, 이런 계율에 복종해야 하는 사람에게는 극히 고통스럽고 거의 참을 수 없는 것으로 여겨질 수밖에 없었다. 그래서 모든 사람이 그런 불(火)의 시련을 이겨내지는 못했다.

독자가 어느 정도 못마땅하게 여길 수도 있는 그런 경이로운 이야기들을 시작하기 전에, 동시대 사람들이 그의 것으로 여겨 높이 찬양한 위대한 미덕들을 한 번 더 살펴보기로 하자. 그는 수업이나 교육을 통해서보다는 자연적으로 지식과 교양을 습득했다고 한다. 다른 사람들이 애써서 습득하는 모든 것이 그에게는 어느 정도

저절로 주어졌다는 것이다. 나아가 정신들을 구분하는 재능, 사람들의 특성과 능력을 알아보고 존중하는 대단한 재능을 가졌단다. 동시에 극히 날카로운 감각으로 세속의 일들을 깊이 꿰뚫어 보았기에, 사람들은 그가 예언의 능력을 가졌다고 여겼다. 또한 그는 결정적으로 남을 끌어당기는 능력, 곧 이탈리아 사람들이 아름다운 낱말, '아트라티바attrattiva'라는 낱말로 표현하는 능력을 상당히 많이 부여받았다. 그런 흡인력은 인간에게만이 아니라 동물에게도 작용했다. 그 예로 전해지는 이야기에 따르면, 친구의 개가 그에게로 오더니 그를 따랐다고 한다. 원래 소유자가 개를 돌려받기를 원해서 여러 수단을 동원하여 개를 도로 데려갔지만, 무슨 수를 써도 원래 주인 곁에 머물러 있게 할 수 없었다. 개는 언제나 도로 자기를 끌어당기는 이 사람에게로 돌아와서 그의 곁을 떠나려 하지 않았다. 그리고 여러 해가 지난 다음에, 자기가 선택한 주인의 침실에서 생을 마감했다고 한다. 이 동물은 저 시험의 이야기로 돌아갈 계기를 우리에게 마련해 준다. 개를 훈련하거나 데리고 다니는 것은, 잘 알려져 있다시피 중세에는 일반적으로, 그리고 아마 로마에서도, 극히 수치스러운 일로 여겨졌다. 이 점을 고려하여 경건한 사람 네리는 개를 개 목걸이에 묶어 도시를 통해 데리고 다녔다. 그의 제자들도 도심을 통과해서 가난한 사람에게 갈 때 개를 끌고 가야 했고, 이런 식으로 대중의 비웃음과 조롱을 받았다.

그는 제자들과 동무들에게 또 다른 품위 없는 겉모습을 요구했다. 이 수도회에 소속되는 명예를 누리고자 했던 로마의 젊은 귀족에게 여우 꼬리를 뒤에 매달고 로마 시내를 걸으라는 지시가 내려왔다. 그가 이 행동을 거부하자 단체에 받아들여지는 일도 거부되었다. 또 다른 사람은 겉옷 없이 밖으로 내보냈고, 또 다른 사람은 다 찢어진 소매가 달린 옷을 입고 로마 시내를 돌아다니도록 했다. 어떤 귀족이 찢어진 소매의 사내를 불쌍히 여겨 새로운 소매 한 쌍을 제공했지만, 젊은이는 그것을 거절했다. 하지만 나중에 스승의 명을 받고, 감사하며 소매를 받아 옷에 달았다. 새로운 교회를 건축할 때에, 그는 제자들에게 일용직 노동자들과 함께 건축 자재를

성인 필리포 네리, Guercino 作

운반해다가 노동자들의 손에 넘겨주도록 했다.

그는 인간이 느끼고 싶어 하는 모든 정신적 쾌락을 방해하고 망가뜨릴 줄을 알았다. 젊은 제자의 설교가 제법 성공해서 그가 이것을 즐기는 듯이 보이면, 네리는 연설 도중에 제자의 말을 중단시키고, 대신 능력이 그보다 못한 제자를 올려 보내 말을 계속하도록 했다. 그러면 이런 제자들은 뜻밖의 자극을 받아 즉석에서 기대보다 더 훌륭하게 설교를 하는 행운을 보이곤 했다.

16세기 후반에, 로마가 여러 교황들 아래서 들쑤셔진 원소처럼 보이던 황량한 상태를 연상해 보라. 네리의 이런 방식은 성향과 두려움을 통해, 순종을 통해 인간의 가장 내적인 의지에 강력한 힘을 부여하는 것이니, 효과가 있고 강력했으리라는 점을 이해할 수 있다. 그런 방식이 이성적이고 분별 있는 것, 전통적이고 적절한 것조차도 무조건 체념할 힘을 주기 때문에, 일어날 수 있는 모든 일에 맞설 힘을, 외부의 모든 일에도 불구하고 자신을 지킬 거대한 힘을 주는 것이다.

잘 알려진 것이긴 하지만 특별한 시험의 이야기를, 특히 그것이 우아한 것이니 여기서 되풀이하고 싶다. 지방에 있는 수도원에서 기적을 행하는 수녀가 나타났다는 소식이 교황에게 들어왔다. 교회에 매우 중요한 이 사건을 자세히 검토할 임무가 우리 주인공에게 주어졌다. 그는 명령을 수행하기 위해 노새 등에 올라타고 떠났지만, 교황이 기대한 것보다 훨씬 일찍 돌아왔다. 교황이 이상하게 여기자 네리는 다음과 같이 대답했다. "교황님, 이 수녀는 기적을 행하지 못해요. 그리스도교도의 첫 번째 미덕인 겸손함이 없기 때문이지요. 길과 날씨가 나쁜 탓에 더러워진 모습으로 수도원에 도착해서 저는 교황님의 이름으로 그분을 제 앞으로 불렀지요. 그분이 나타나길래 제가 인사 대신 장화를 가리키며 장화를 벗기라고 지시했답니다. 그러자 수녀는 깜짝 놀라 뒤로 물러서더니, 비난과 분노에 가득 찬 얼굴로 제 무리한 요구에 대해, 자기를 무엇으로 아느냐고 외쳤어요. 자기는 주님의 종이지, 자기에게 종노릇을 요구하는 지나가는 아무나의 종은 아니라는 거지요. 저는 침착하게 일어나 도로 노새를 타고 돌아와서 지금 교황님 앞에 서 있습니다. 여기서 더 이상의 시험이 필요하지 않다고 확신합니다." 교황은 미소를 지으며 그 일을 그대로 두었고, 아마도 그녀에게 더 이상의 기적은 나타나지 않았던 듯하다.

그가 다른 사람들에게 그런 시험을 했듯이, 그 자신도 동일한 생각을 품은 사람들, 곧 자기부정의 길을 가는 사람들에 의한 시험을 견뎌야 했다. 한번은 사람 통행이 아주 잦은 길에서 이미 성인聖人의 경지에 다가간 어떤 탁발 수도사를 만났는데,

그 수도사가 조심스럽게 품고 다니던 포도주 병에서 한 모금을 마시라고 네리에게 내밀었다. 필리포 네리는 단 한 순간도 망설이지 않고, 바구니로 싼 목이 긴 병을 받아 머리를 뒤로 젖히고 병나발을 불었다. 수도사 두 명이 그런 식으로 마시는 꼴을 보고, 사람들이 큰 소리로 비웃었다.

필리포 네리는 경건하고 겸손했음에도 불구하고, 어느 정도 화가 났던 모양이다. 그가 말했다. "당신이 나를 시험하셨으니 이젠 내가 시험할 차례요." 그러곤 자신의 사각 모자를 상대방의 대머리에 씌웠다. 이 사람도 즉시 남들의 비웃음을 받으며 조용히 길을 떠나면서 이렇게 말했다. "누군가 내 머리에서 이 모자를 벗긴다면, 그건 아마 당신이 되겠지요." 네리는 그의 머리에서 모자를 도로 벗겨 쓰고, 두 사람은 헤어졌다.

물론 그런 일들을 행하고도 가장 큰 도덕적인 효과를 내려면, 필리포 네리 정도가 되어야 할 것이다. 그의 행동은 자주 기적으로 여겨졌다. 고해를 받는 신부로서 그는 두려운 존재이면서도 덕분에 가장 큰 신뢰를 얻었다. 그는 자기에게 고해를 하는 형제들이 고백하지 않은 죄를 찾아냈고, 그들이 별로 주목하지 않는 결함들도 찾아냈다. 그의 열렬한 망아 상태의 기도는 주변 사람들을 놀라게 만들어 초자연적인 것을 보게 했다. 사람들은 감정의 자극을 받아 상상력이 그려 낸 것을, 자신들의 감각으로 경험한 것처럼 믿었다. 기적 같은 일, 불가능한 일이 거듭 이야기되다 보니, 마지막에는 현실의 자리, 일상의 자리를 차지하게 되었다. 사람들이 그가 제단 앞에서 미사를 집행하는 동안 공중에 떠 있는 것을 보았노라고 주장할 뿐만 아니라, 그가 무릎을 꿇고 가장 위험한 환자의 목숨을 살리려 기도하는 동안에도, 땅에서 하늘로 떠올라 머리가 천장 근처를 건드리는 것을 보았노라는 증인들까지 나타난 것도 이에 속한다.

철저히 감정과 상상력에 빠진 이런 상태에서는, 적대적인 악마의 개입을 완전히 배제할 수 없다는 것도 당연한 일이다.

한번은 이 경건한 사람이 안토니누스 욕장의 쓰러진 성벽 사이 위쪽에서 적대적 존재가 원숭이 모양을 하고 뛰어다니는 꼴을 보았는데, 그가 명령을 내리자 적敵은 곧바로 폐허와 틈 사이로 자취를 감추었다. 제자들이 성모와 성인들의 모습이라 여긴 행복한 현상들에 대해 황홀감에 차서 증언하는 것을 듣고, 그가 그들에게 보인 태도가 이런 개별 사항보다도 더욱 중요하다. 모든 것 중에 가장 고약하고도 고집스러운 영적인 오만이 흔히 그런 상상의 모습에서 생겨난다는 것을 잘 알고 있던 그는 제자들에게, 이런 천상의 명료함과 아름다움 뒤에는 필시 추악한 악마의 어둠이 감추어져 있을 것이라고 단언했다. 이것을 증명하기 위해서, 아름답고 행복한 성모의 모습이 다시 나타나거든 그 얼굴에 침을 뱉으라고 명령했다. 제자들은 복종했고, 그 즉석에서 악마가 모습을 드러내더라는 결과를 얻었다.

이 위대한 남자는 의식적으로, 또는 그보다 더욱 그럴싸하기로는 깊은 본능에서, 이런 일을 명령했을 것이다. 어쨌든 그는 환상적인 사랑과 동경을 불러일으키는 그런 아름다운 현상이, 반대의 작용을 하는 미움과 경멸의 대담함을 통해 곧바로 일그러진 모습으로 바뀔 것임을 확실히 알고 있었다.

최고로 정신적인 것과 최고로 육체적인 것들 사이에서 흔들리며 나타나는, 가장 특별한 자연적 재능이 그의 이런 이상한 교육법을 정당화시켜 주었다. 가까이 다가오는 사람이 아직 모습을 보이기도 전에 미리 알기, 멀리 떨어진 사건들을 느낌, 자기 앞에 서 있는 사람의 생각을 읽기, 다른 사람이 자신과 같은 생각을 하도록 강요하기 등의 능력이었다.

이런 능력들은 많은 사람 사이에 퍼져 있지만, 대개는 한두 번 그런 것을 자랑할 수 있을 뿐인데, 이런 능력이 끊임없이 나타나서 놀랄 만한 작용을 할 수 있다는 것은, 아마도 나뉘지 않은 정신력과 육체적 힘들이 응집되어 놀라운 에너지로 자신을 드러내던 세기에나 가능한 일이었을 것이다.

독립적이고 제한이 없는, 정신적 작용을 갈구하고 지향하는 이런 천성이, 엄격하게 둘러싼 로마 가톨릭의 속박을 어떻게 통과하고 여전히 그렇듯 응집될 수 있었는지 관찰해 보자.

미신적인 이교도들 사이에서 일한 성 크사베리우스Xaverius의 활동이 당시 로마에서 큰 주목을 끌었던 모양이다. 이를 통해 흥분한 네리와 친구들 몇 명도 똑같이 이른바 인도로 이끌리는 것을 느끼고는, 교황의 허락을 받아 그곳으로 가려고 했다. 다만 분명 상부의 지시를 받은 고해 신부가 그들을 말리면서, 이웃을 치료하고 종교를 전파하려는 경건한 남자들이라면, 로마에서도 넉넉히 인도를 찾아낼 수 있으며, 그런 사람들의 활동을 위한 자리가 여기에도 열려 있음을 생각해 보라고 권고했다. 그러면서 이 위대한 도시에 큰 재앙이 임박한 것 같다고 일러 주었다. 성 세바스티아노 문 앞의 샘물 세 군데가 얼마 전부터 흐려져 핏빛으로 흐르고 있으니, 이는 분명한 암시라고 했다.

고귀한 네리와 그의 제자들이 이로써 진정되어 로마 안에서 선량하고 기적을 행하는 삶을 계속 살아간 것이겠지만, 해가 갈수록 위대한 사람들과 일반인들 사이에서, 노인과 젊은이들 사이에서, 그들에 대한 신뢰와 존경이 더욱 커졌다는 것만은 확실하다.

물질적인 것과 정신적인 것, 일상의 일과 불가능한 일, 역겨운 것과 황홀한 것, 제한된 것과 제한이 없는 것, 그 밖에도 아직 한참이나 더 목록에 올릴 수 있는 이런 가장 강력한 대립들까지도 해결하는 인간 본성의 경이로운 복잡함을 생각해 보라. 그런 싸움이 특출한 사람의 내면에서 일어나 밖으로 드러난다면, 그런 싸움을 생각해 보라. 이런 싸움이 이해할 수 없는 것을 통해 이성을 헷갈리게 하고, 상상력을 풀어놓고, 신앙심을 넘어서고, 미신을 정당화하고, 그를 통해 자연스러운 상태가 극히 부자연스러운 상태와 직접 닿도록, 아니 아예 하나로 통합시켜 버리는 상황을 생각해 보라. 이런 관찰들을 지닌 채 널리 전해지는 우리 주인공의 생애를 살펴보아야만, 거의 1세기 가까이 그토록 거대한 무대에서, 한 가지 무시무시한 원소 안에서 쉬지 않고 끊임없이 활동한 이런 사람이 대체 얼마나 대단한 영향력을 가졌을지 그제야 비로소 이해가 될 것이다. 그에 대한 평가가 계속 커지면서, 건강하고 강력한 그의 활동에서만 쓸모와 치유와 지복의 감정을 얻는 것이 아니라, 심지어는 그의 질병조차도 신뢰를 더욱 높여 주었다. 사람들이 그의 질병을, 신과 신적인 일에 대한 그의 내면의 관계를 보여 주는 것으로 여기려고 했기 때문이다. 여기서 우리는 그가 살아서 이미 성인의 품위를 향해 나아갔음을, 그의 죽음은 동시대 사람들이 그에게 이미 부여한 내용을 강화해 주었을 뿐임을 알게 된다.

그래서 그가 세상을 떠난 직후에—그의 죽음은 그의 삶보다도 더 큰 기적을 수반하는 것이었으니—사람들은 교황 클레멘스 8세에게, 이른바 복자福者 선포를 위해 필요한 조사 과정을 시작해도 되느냐는 질문을 올렸다. 교황은 이렇게 대답했다. "나는 항상 그를 성인으로 여겨 왔으니, 이제 보편 교회가 신자들에게 그를 성인으로 선포하려 한다면 그에 반대할 이유가 전혀 없습니다."

그에게 활동하도록 주어진 그 오랜 세월 동안 그가 15명의 교황들을 겪었다는 것도 잠깐 주목할 필요가 있다. 그는 레오 10세 시절에 태어나 클레멘스 8세 시대에 세상을 떠났다. 덕분에 그는 교황들에 대해서도 독립적인 지위를 누릴 수가 있었고, 교회의 일원으로서 교회의 전반적인 질서 체계에 철저히 복종했으나 개별적인 경우에는 종속되지 않았으니, 심지어 교회의 수장에게도 명령하는 태도를 보일 수가 있었다. 그렇다면 그가 추기경 직위를 철저히 거부했으며, 자신의 새 교회에서 마치 낡은 요새의 반항적인 기사처럼, 교회의 최고 수장을 향해서도 감히 무례하게 행동했던 일도 설명이 될 것이다.

16세기 말의 상황은 이전의 더욱 험한 시대에서 아주 기묘한 모습으로 형성된 것이었으니, 네리가 죽기 직전에 새로 교황이 된 클레멘스 8세에게 올린 청원서보다 더 분명하게, 이 상황의 특성을 우리 눈에 보여 주고 우리 정신에 설명해 주는 것도 없을 것이다. 이 청원서에 대해 기이한 결정이 내려졌다.

성인의 위치에 다가가는 거의 80세의 한 남자가, 중요하고도 유능해서 여러 해 동안의 통치 기간을 통해 가장 주목할 만한 인물이 되는 당당한 로마 가톨릭교회의 수장[=교황]을 대한 태도는 다른 방식으로는 설명하기 어려운 것이니, 여기서 직접 살펴보기로 하자.

클레멘스 8세 교황에게 올린 필리포 네리의 청원서

"거룩하신 아버지! 추기경들이 저를 찾아오다니, 특히 어제저녁 피렌체 추기경과 쿠사노Cusano 추기경이 찾아오다니, 저는 대체 어떤 사람인지요? 제가 만나Manna 잎[=설사약]이 필요했던 까닭에, 피렌체 추기경이 산 스피리토San Spirito 병원에서 2온스를 가져오게 했지요. 추기경은 그 병원으로 상당량의 만나를 보냈으니까요. 그는 새벽 두 시까지 여기 머물면서 성하聖下에 대해 많은 좋은 이야기를 들려주었습니다. 내가 보기에 옳다고 여겨지는 것 이상으로 훨씬 더 많이 말이죠. 당신은 교황이시니 이제 겸손함 자체가 되어야 할 것인데요. 그리스도께서 저녁 일곱 시에 오셔서 나와 하나가 되셨으니, 성하께서도 우리 교회에 한번 오셔도 좋겠지요. 그리스도는 인간이자 하느님이신데, 여러 번이나 나를 찾아오셨습니다. 성하는 그냥 인간일 뿐으로, 거룩하고 올바른 남자에게서 나셨으나, 그리스도는 하느님에게서 나셨습니다. 성하의 어머니는 매우 경건한 부인 시뇨라 아녜시나Signora Agnesina입니다. 하지만 그리스도의 어머니는 모든 처녀들 중의 처녀이십니다. 내가 담즙[=분노]을 다 쏟아 내고자 한다면 무슨 말인들 못 하겠습니까. 내가 토레 데 스페키[Torre de' specchi, 로마의 성 프란체스카St. Francesca 수녀원]를 따라 만들려고 하는, 한 아가씨를 위한 내 의지를 성하께서 행하시라고 명합니다. 그녀는 클라우디오 네리Claudio Neri의 딸로서, 성하께서는 그에게 그의 자녀들을 보호하겠노라고 약속하셨습니다. 이제 교황이 약속을 지킨다면, 이는 아름다운 일임을 상기시켜 드립니다. 그러므로 당신이 생각하신 사업을 내게 넘겨주십시오. 그러면 나는 필요할 경우 당신의 이름을 이용할 수 있을 것입니다. 나아가 나는 이 아가씨의 의지를 알며, 그녀가 하느님의 계시를 통해 움직일 것을 확신합니다. 제 의무이기도 한 극도의 겸손으로 거룩하신 발에 키스를 올립니다."

청원서 아래쪽에 교황이 손수 쓴 답변

"교황이 말합니다. 이 글의 앞부분에 허영심이 조금 포함되어 있군요. 교황은 위의 글을 통해 추기경들이 당신을 그토록 자주 방문한다는 것을 알게 되었어요. 그를 통해 추기경들이 종교적이라는 것을 내게 암시하려는 게 아니라면 말입니다. 그야 누구나 잘 아는 일입니다만. 교황이 당신을 보러 가지 않았다는 점에 대해서는, 당신이 그토록 자주 당신에게 제안된 추기경직을 받아들이려 하지 않았으니, 스스로 자초하신 일이라고 말씀드리겠습니다. 명하신 일에 대해 말하자면, 당신이 당신의 습관적인 명령하는 버릇에 따라 선량한 어머님들께 쓸모 있는 모피를 드린 것을 기쁘게 생각합니다. 이제 교황은, 당신이 당신 자신을 잘 보존하시어 허락 없이 고해석에 앉지 않을 것을 명합니다. 우리 주님께서 찾아오신다면, 당신은 우리를 위해, 그리고 기독교의 가장 절박한 곤궁을 위해 기도해 주십시오."

1월

편지

1788년 1월 5일, 로마

오늘 긴 글을 쓰지 못해도 용서하십시오. 진지하고도 부지런한 마음으로 올해를 시작했는데, 주변을 돌아볼 여유도 없네요.

힘들게 보낸 몇 주의 멈춤이 있고 나서, 이제 다시 가장 아름다운—그래요, 이렇게 말해야겠지요,—'계시'를 받고 있습니다. 사물의 본질과 그 상황에 눈길을 던지는 일이 내게 허용되었지요. 덕분에 부유함과는 담을 쌓게 되었습니다만. 내가 계속 배우기 때문에, 그것도 다른 사람들에게서 배우기 때문에, 내 마음에서 이런 작용이 일어납니다. 스스로 자기 자신을 가르친다면, 일하는 힘과 소화하는 힘이 하나이니, 발전이 더 적고 느려질 수밖에 없지요.

인체 탐구가 이제 나를 완전히 붙잡아, 다른 것은 모조리 사라지고 말았어요. 이로써 내 삶 전체를 통해, 지금 다시 상황이 아주 이상하게 되었습니다. 그에 대해서는 드릴 말이 없네요. 내가 앞으로 무엇을 할지는 시간이 알려 주겠지요.

왼손, Goethe 作

오페라는 더 이상 나를 즐겁게 하지 못합니다. 오로지 내적으로 영원히 참된 것만이 나를 기쁘게 해요.

부활절 무렵까지 시간이 점점 더 긴박해질 것이라 느낍니다. 그러나 무엇이 나올지는 모르겠네요.

1월 10일, 로마

《에르빈과 엘미레》가 이 편지와 함께 가니, 당신도 이 희곡을 좋아하면 좋겠네요! 하지만 오페레타는 설사 좋은 작품이라도 그냥 읽어서 좋을 수는 없지요. 음악이 나타나야 비로소 작가가 생각한 전체가 완전히 표현되니까요. 《클라우디네》도 곧 뒤따라갑니다. 두 작품은 언뜻 보기보다 더 많이 작업한 것입니다. 카이저와 함께 먼저 노래극의 형태를 탐구했으니까요.

인체 드로잉은 부지런히 계속되고, 저녁에도 원근법 탐구가 이어지고 있지요. 작별에 필요한 용기를 얻으려고 준비하고 있어요. 천상의 존재들이 [로마와 작별할 시기를] 부활절 즈음으로 결정한다면 말입니다. 좋은 일이 일어나기를 바랍니다.

인체 형태에 대한 관심이 다른 모든 것을 지워 버립니다. 그것을 잘 느끼면서도, 눈을 멀게 하는 태양에서 눈길을 돌리듯이, 언제나 거기서 눈을 돌립니다. 로마 밖에서 이것을 공부하겠다는 건 모두 소용없는 헛일이지요. 여기서 짜는 법을 배운 실마리가 없다면, 이 미로迷路를 결코 벗어날 수 없으니까요. 유감스럽게도 내가 가진 실마리는 충분히 길지 못하지만, 그런데도 내가 처음 단계들을 통과하도록 도와줍니다.

똑같은 성좌星座의 상황에서 작품을 완성하려면, 올 한 해 동안《타소》를 완성하기 위해 공주와 사랑에 빠져야 하고,《파우스트》를 쓰려면 악마에게 자신을 바쳐야겠지요. 이 두 작품을 향한 의욕도 별로 없는데 말입니다. 지금까지도 그래 왔으니까요.《에그몬트》에 관심을 갖기 위해 로마의 **카이저**[Kaiser, 황제]는, 브라반트 사람들과 싸움을 시작했고, 내 오페라에 완전성을 부여하기 위해 취리히의 **카이저**Kayser가 로마로 왔지요. 그러니까 나는 헤르더가 말한 대로 '**고귀한 로마 인**'이 아니던가요. 이 로마 인이 이제는 전혀 나를 향하지도 않는 줄거리와 사건들의 궁극적인 이유가 되다니 퍽 재미있네요. 그걸 내 행운이라 불러야겠지요. 그러니 참을성 있게 공주와 악마를 기다려 보기로 하지요.

1월 10일, 로마

독일 방식으로 예술 작품을 검토하도록 이곳 로마에서《에르빈과 엘미레》를 보냅니다. 이 작품은《클라우디네》보다 먼저 완성되었지만, 나는 이 작품이 맨 먼저 인쇄되기를 바라지 않습니다.

여기서 모든 것이 내가 연구할 기회를 가졌던 서정시 무대의 요구에 맞추어진 것을 보시게 될 겁니다. 인물들은 모두 특별한 순서에 따라 특정한 길이로 등장해서, 가수가 충분히 휴식을 취할 수 있도록 만들어져 있죠. 이탈리아 사람들이 시詩의 온갖 **의미**를 희생하면서까지 살려내고자 하는 수많은 것들을 여기서 볼 수 있습니다. 나는 이런 음악적-연극적 요구들을, 아주 무의미하지만은 않은 하나의 작은 작품에서 충족시킬 수 있기를 바랍니다. 두 개의 오페레타가 이웃한 작품인《에그몬트》를 수치스럽게 하지 않도록, 어느 정도 읽힐 수도 있게 만들려고 노력했습니다. 이탈리아의 오페라 대본은 공연 당일 저녁 말고는 아무도 안 읽지요. 그리고 비극 대본을 낱권으로 만든다는 것은 이곳에서는, 도이치 말로 노래할 수 없듯이 불가능한 일로 여겨진답니다.

《에르빈》에 대해서는, 특히 2막에서 강약격(트로케우스Trochäus)을 더 자주 만날 것이라고 말해야겠네요. 이것은 우연이나 습관이 아니라, 이탈리아의 예를 따른 것입니다. 이 율격은 음악과 아주 잘 어울리니, 작곡가는 수많은 박자와 멜로디 종류를 통해 이것을 자유자재로 변주할 수 있어서, 동일한 율격이라는 것을 관객이 알아채지 못할 정도지요. 이탈리아 사람들은 오로지 매끈하고 단순한 율격과 리듬을 얼마나 고집하는지요.

젊은 캄페르는 아는 것이 많고 무엇이든 쉽게 파악하기에, 곧바로 본질을 넘어서 버리는 경솔한 사람입니다.

[헤르더의]《이념들》 4부에도 행운이 깃들기를 빕니다! 3부는 우리에게 거룩한 책

이었어요. 나는 그것이 끝이라고 생각했습니다만. 이제야 모리츠에게 3부를 읽으라고 내주었는데, 그는 인류를 교육하는 이런 세기에 자기가 살고 있으니 큰 행운이라며 좋아하고 있어요. 그러곤 이 책에 푹 빠져서 결말부에 대해 완전히 정신을 잃다시피 했죠.

단 한 번이라도 카피톨리노 언덕에서 당신에게 좋은 것들을 보여 줄 수 있다면! 이것은 내 가장 중요한 소원의 하나랍니다.

나의 거인적인 아이디어들은 더 진지한 시대를 위한 것으로, [현재로서는] 시대에 앞서 나타난 공중누각일 뿐이지요. 지금은 인체人體 스튜디오에 들어와 있어요. 그것은 모든 인간 지식과 행동의 절정입니다. 전체 자연의 스튜디오에서 부지런히 준비한 것들, 특히 골상학이 내가 강력한 발걸음으로 앞으로 나아가도록 도와줍니다. 이제야 비로소 고대가 우리에게 남긴 최고의 것을 보고, 이제야 비로소 그것을 즐깁니다. 인간이 평생 공부할 수 있음을, 그러고도 마지막에 여전히, "**이제야 비로소** [제대로] 보고, **이제야 비로소** 즐긴다"고 외칠 수 있음을 알겠습니다.

가능한 모든 힘을 다해서 부활절에는, 지금 내 눈길이 닿는 특정한 시대를 끝마치려 하고 있어요. 아주 못마땅한 기분으로 로마를 떠나지 않도록, 일부 탐구를 독일에서 편안하게 그러면서도 철저히 계속할 수 있기를 바라죠. 물론 훨씬 천천히. 여기선 배에 올라타기만 해도 벌써 강물이 앞으로 데려가지만.

뒷날 덧붙임

느긋하고 이기적인 소년 큐피드여,

겨우 몇 시간만 머물겠다며 내게 숙소를 구걸하더니!
벌써 몇 날 몇 밤을 묵었느냐,
그러고도 이젠 당당하게 이 집의 주인이 되고 말았구나.

나는 널찍한 내 침대에서 쫓겨나
이제 땅에 붙어 앉아 고통스러운 밤들을 보낸다,
네가 멋대로 화덕의 불씨를 계속 일으켜
겨우살이 물품을 다 태우고 나를 가난뱅이로 만들었으니.

너는 내 가구의 위치를 바꾸고 밀쳐놓았지.
나는 이리저리 찾으며 눈먼 사람처럼 헤맨다.
너는 그렇듯 서툰 소란을 피우니, 내 작은 영혼이
네게서 벗어나려고, 도망쳐서 오두막을 비울까 두렵구나.*

위의 짧은 시를 문자 그대로 받아들이지 말고, 또 사람들이 보통 아모르Amor라 부르는 꼬마 악당을 생각하지 말고, 한 인간의 가장 깊은 내면에 말을 걸어오는 여러 활동적인 정신들의 모임이라 상상한다면, 이 정신들이 그의 관심을 이리저리 이끌고 관심을 분산시켜 헷갈리게 한다고 상상한다면, 내가 빠져 있던 상태를 상징적으로 이해하는 것이다. 편지 발췌문과 지금까지의 설명들이 이미 충분히 설명해 준 내 상태 말이다. 이렇듯 수많은 것에 맞서 자신을 지키기 위해, 활동하다 지쳐 버리지 않고 받아들이기를 게을리하지 않기 위해, 매우 큰 노력이 필요했음을 고백해야겠다.

* 《벨라 별장의 클라우디네》 수정판의 2막 서두에 들어간 시. 프라스카티에서 쓴 것으로 저 밀라노 여인과의 체험이 반영되어 있다.

지난해 말에 내게 거듭 어떤 신청이 쏟아져 들어왔다. 이 또한 저 불운한 콘서트의 결과로 생각되는데, 바로 그 콘서트를 통해 나는 경솔하게도 나의 익명성을 잃었으니 말이다. 하지만 여러 측면에서 사람들이 내 신분을 확인하려고 했던 또 다른 계기들까지 합쳐져서, 그들은 나를 '아르카디아Arcadia' 모임에 이름이 있는 양치기[=회원]로 받아들이려고 했던 것 같다. 나는 오래 저항했으나, 마침내 이것을 어떤 특별한 가치로 여기는 듯이 보이는 친구들의 뜻에 따르는 수밖에 없었다.

이 아르카디아 회가 무엇을 뜻하는지 일반적으로 알려져 있기는 하지만, 그에 대한 설명을 조금 듣는 것이 꼭 불쾌한 일만은 아닐 것이다.

17세기가 지나는 동안 이탈리아의 문학은 여러 방식으로 나빠졌던 모양이다. 17세기 말에 이탈리아 문학을 대표하는 교양 있고 선량한 남자들이, 이탈리아 문학이 당시 내면의 아름다움이라 불리던 내용을 아예 소홀히 한다고 비난하고 있기 때문이다. 또한 형식, 즉 외적인 아름다움이라는 점에서도 철저히 질책을 받을 만했단다. 이탈리아 문학은 야만적 표현들과 용납하기 힘든 거친 시구詩句, 결함이 많은 수사법과 비유 등을 쓰고, 특히 적합하지 않은 과장, 환유, 은유 등을 연속적으로 이용하여, 겉모습에서 평가할 수 있는 우아함과 달콤함마저도 완전히 망가뜨렸다는 것이다.

이런 미로에 붙잡힌 사람들이 흔히 그러듯이, 그들은 자기들의 잘못을 슬쩍 넘기려고 진짜로 탁월한 것을 비난했다. 하지만 제대로 교육을 받은 합리적인 사람들이 이런 일을 더는 참을 수 없게 되어, 1690년에 신중하고 강력한 사람들 상당수가 한데 뭉쳐서 다른 길을 가기로 결의했다.

자기들의 모임이 주목을 끌어서 반대 활동을 야기하지 않도록 그들은 로마의 성벽 안에 있는 야외로, 시골풍의 정원으로 나아갔다. 덕분에 그들은 자연에 가까이 다가가고 신선한 대기 속에서 문학이 처음 시작될 때의 정신을 느낀다는 이점까지 얻었다. 그곳 우연한 장소에서 그들은 풀밭에 자리를 잡고 건축물의 잔해와 돌덩이 위에 앉았으며, 심지어는 그 자리에 참석한 추기경들도 그냥 푹신한 쿠션을 까는 정도였다. 여기서 그들은 자신들의 신념과 원칙과 의도에 대해 이야기를 나누었다. 그리고 더 높은 고대와 고귀한 토스카나Toscana 유파의 감각을 되살려 내려는 의도를 담은 시들을 읽었다. 그때 한 사람이 열광에 차서 소리쳤다. "여기가 우리의 아르카디아[Arcadia, 먼 옛날의 낙원]다!" 그것이 계기가 되어 이 모임의 이름과 그 목가적 방향성이 생겨났다. 이 모임은 영향력이 있는 위대한 사람의 보호를 원하지 않았고, 따라서 그 어떤 수장이나 회장도 인정하지 않았다. 수문장 한 사람이 아르카디아 공간들을 열거나 닫고, 꼭 필요한 경우에는 선출된 원로들의 위원회가 그를 보좌하였다.

여기서는 크레심베니Crescimbeni라는 이름이 존경을 받는다. 그는 아르카디아의 공동 창설자로 여겨지며, 최초의 수문장으로서 여러 해나 충실하게 자기 직책을 다하였다. 그는 더 나은, 더욱 순수한 취향을 지키고 야만적인 것을 몰아내려고 애를 썼다.

그는 '포에시아 볼가레La Poesia volgare'에 대한 일련의 대화편들을 내놓았다. '포에시아 볼가레'란 '대중 문학'이라 번역될 수는 없고, 혼란스러운 사람들의 변덕과 고집으로 망가지지 않은 채, 진짜 재능이 행할 경우에만 나타나는 민족정신의 문학이라는 뜻이다. 이 대화편들은 아르카디아 대화의 열매로서, 우리 시대의 미적 경향과 비교해 볼 때 극히 중요해진다. 그가 펴낸 《아르카디아》 시편들도 이런 의미에서 주목을 끈다. 그에 대해서는 다음과 같이 말해도 좋을 것이다.

야외의 초록 잔디 위에 자리 잡은 진짜 양치기들은 이로써 자연에 더 가까이 다가간다고 생각하기는 했지만, 사랑과 정열도 때로는 인간의 가슴에 슬그머니 스며드는 법. 하지만 이 모임은 종교인과 그 밖에도 품위 있는 사람들로 이루어진 것이기에, 저 로마의 삼두 집정관들을 사로잡은 아모르[=남녀의 사랑]가 개입하도록 놓아둘 수는 없어서, 아예 명시적으로 아모르를 밀쳐 냈다. 하지만 시인에게 사랑이란 없어서는 안 되는 것이니, 여기서는 초지상적인, 어느 정도 플라톤적인 동경에 기대는 것 말고는 다른 길이 없었다. 이로써 그들의 시는 극히 존경할 만한 독특한 특성을 얻었다. 이들은 어차피 위대한 선배인 단테와 페트라르카의 발자취를 따르기로 했었다.

내가 로마에 도착했을 때 이 모임은 이미 100년 가까이 지속된 것으로, 겉으로 드러난 형태로 보자면 장소와 지향점의 변화를 잔뜩 겪었지만, 여전히 큰 주목을 받지는 못해도 단정한 모습이었다. 어느 정도 중요성을 지닌 외국인이 로마에서 이 모임에 가입하라는 권고를 받지 않고 지내기란 쉽지 않은 일이다. 특히 이런 시적인 영토의 수문장이 그를 통해 약간의 수입을 챙길 경우에는 더욱 그렇다.

나의 입회는 다음과 같은 방식으로 이루어졌다. 단정한 건물의 전실前室에서 나는 중요한 성직자에게 소개되었는데, 그가 나의 보증인 또는 대부代父로서 나를 소개할 사람이었다. 우리는 이미 상당히 활기를 띠고 있는 커다란 홀로 들어서서 맨 첫 줄의 가운데, 연단을 마주 보는 의자에 나란히 앉았다. 점점 더 많은 청중이 들어왔다. 내 오른편의 비어 있는 의자로 당당한 남자가 다가왔는데, 그의 옷차림과 사람들이 그에게 보이는 존경심으로 보아 추기경으로 짐작되었다.

수문장이 연단에서 전체 모임의 개회 연설을 하고, 여러 사람을 차례로 부르자 그들은 일부는 시구로, 일부는 산문으로 답변했다. 한동안 이런 일을 하고 난 다음 수문장이 연설을 시작했는데, 그 내용과 형식이 전체적으로 내가 받은 명예 학위에 어울리는 것이었다. 그 입회 허가서 전문을 뒤에 싣겠다. 이어서 나는 공식적으로 회원으로 선포되고, 박수갈채 속에서 그 일원으로 환영을 받았다.

이른바 나의 대부와 나는 여러 번이나 일어서서 절하고 감사를 표시했다. 이어서 그는 너무 길지 않고 매우 세련된, 잘 고안된 연설을 했고, 그에 대해서도 박수갈채가 터졌으며, 그 박수 소리가 사라진 다음 나도 일일이 사람들에게 감사하고 몇 마디 간단한 말을 할 기회가 있었다. 다음 날 내가 받은 입회 허가서를 여기 원본대로 신는 바이며, 그것을 어떤 언어로 번역해도 그 본래의 고유성이 사라질 것이므로 번역은 하지 않기로 한다.* 그동안에도 나는 수문장과 그의 동료가 만족하도록 최선을 다했다.

C. U. C.**

Nivildo Amarinzio

Custode generale d'Arcadia

Trovandosi per avventura a beare le sponde del Tebbro uno di quei Genj di prim' Ordine, ch' oggi fioriscono nella Germania qual' è l'Inclito ed Erudito Signor DE GOETHE Consigliere attuale di Stato di Sua Altezza Serenissima il Duca di Sassonia Weimar, ed avendo celato fra noi con filosofica moderazione la chiarezza della sua Nascità, de' suoi Ministerj, e della virtù sua, non ha potuto ascondere la luce, che hanno sparso le sue dottissime produzioni tanto in Prosa ch' in Poesia per cui si è reso celebre a tutto il Mondo Letterario. Quindi essendosi compiaciuto il suddetto rinomato Signor DE GOETHE d'intervenire in una delle pubbliche nostre Accademie, appena Egli comparve, come un nuovo astro di cielo straniero tra le nostre selve, ed in una delle nostre Geniali Adunanze, che gli Arcadi in gran numero convocati co' segni del più sincero giubilo ed applauso vollero distinguerlo come Autore di tante celebrate opere, con annoverarlo a viva voce tra i più illustri membri della loro Pastoral Società sotto il Nome di *Megalio*, e vollero altresi assegnare al Medesimo il possesso delle Campagne *Melpomenie* sacre

* 이 책에서는 독자들의 이해를 돕기 위해 원문과 번역문을 함께 실었다. 이 부분의 번역은 번역가 윤병언 씨가 맡아 주었다. 옮긴이는 고마운 마음을 여기 표한다. 번역문에 대한 주석은 이 부분 번역자가 붙인 것.

** C.U.C.는 Coetus Universi Consulto의 축약형.

alla Tragica Musa dichiarandolo con ciò Pastore Arcade di Numero. Nel tempo stesso il Ceto Universale commise al Custode Generale di registrare l'Atto pubblico e solenne di si applaudita annoverazione tra i fasti d'Arcadia, e di presentare al Chiarissimo Novello Compastore *Megalio Melpomenio* il presente Diploma in segno dell' altissima stima, che fa la nostra Pastorale Letteraria Repubblica de' chiari e nobili ingegni a perpetua memoria. Dato dalla Capanna del Serbatojo dentro il Bosco Parrasio alla Neomenia di Possideone Olimpiade DCXLI. Anno II. dalla Ristorazione d'Arcadia Olimpiade XXIV. Anno IV. Giorno lieto per General Chiamata.

Nivildo Amarinzio Custode Generale.

Corimbo,
Melicronio, Sotto-
Florimonte, Custodi
Egireo,

모두의 의견에 따라

아르카디아의 수문장

니빌도 아마린치오

오늘날 독일 땅에서 활짝 피어난 최고의 천재들 가운에 한 명으로, 저명하고 박식한 학자일 뿐 아니라 현재 존귀하신 작센-바이마르 대공 전하의 국가 고문으로 계신 괴테 씨가 여행 중에 [이곳] 테베레 강변을 기꺼운 마음으로 찾아주셨는데, 겸손한 자세와 철학적 기지로 자신의 출신과 지위와 재능이 드러나는 것을 피하길 원했음에도 불구하고 그를 문단에서 가장 출중한 인물로 부각시킨 산문과 시 분야의 빼어난 문학 작품들이 지닌 예술적인 광채마저 감출 수는 없었기에, 이제 그가 우리 아르카디아의 아카데미 한곳에서 연설

할 기회를 기쁜 마음으로 받아들였으니, 이 낯선 땅의 숲 속에서 열린 모임에 새로운 별로 등장한 그를 이 천재들의 모임에 부름 받은 수많은 아르카디아 회원들이 가슴속에서 우러나오는 기쁨과 박수로 맞이하며 수많은 명작을 집필한 저자로서 그를 기리고 **메갈리오**라는 필명을[*] 수여하며 생생한 목소리로 그를 가장 뛰어난 목가시인 공동체의 일원으로 받아들임과 동시에 비극의 뮤즈 **멜포메니아**의 신성한 땅을 그에게 위임하며 그를 아르카디아의 정식 목가 시인으로 선언하였다. 아울러 모든 회원들은 열렬한 환영 가운데 치러진 이 장중한 아르카디아 입회 행사 내용을 연감에 기록하도록 수문장에게 위임했다. [본 증서는] 우리의 목가시인 공화국이 수문장을 통해 고결한 신입 회원이자 동료 목가시인 **메갈리오 멜포메니오**에게 그 고매한 인품을 영원히 기억하며 최고의 경의를 표하기 위해 전달하는 입회 허가서이다. 포시데오네에 초승달이 뜬 날, 641기 올림피아드 2년[**], 아르카디아 재건으로부터 24기 올림피아드 4년, 파라시오 숲 속의 오두막에서 [이 증서를 수여한다]. [오늘은] 이를 위해 모인 모두에게 기쁨이 되는 날이다.

수문장, 니빌도 아마린치오

인장은 절반 월계수, 절반 소나무로 된 화환 속
한가운데 판Pan 신의 피리가 그려지고
그 아래 Gli Arcadi라고 쓴 것.[***]

부수문장, 코림보 멜리크로니오
플로리몬테 에지레오

[*] 원문에는 "이름을" 수여한다고 되어 있다. 하지만 이 이름은 아르카디아의 모든 회원에게 주어지던 필명의 하나이다. 예를 들어 수문장의 이름 '니빌도 아마린치오'도 본명이 아니라 필명. 아르카디아 회원으로서 괴테에게 주어진 필명은 '메갈리오 멜포메니오'이다.

[**] 그리스 올림픽력에 따른 연도 표기법. 굳이 풀어 읽으면 '641차 올림픽이 열리고 2년째 되는 해'가 된다.

[***] 이탈리아 원문에는 없지만, 원서에서 괴테가 독일어로 추가한 문장이다.

로마의 사육제

로마의 사육제를 서술하려고 하면, 그런 축제는 서술할 수 없는 것이라는 비난을 두려워하지 않을 수 없다. 감각적 대상들의 살아 있는 덩어리가 바로 눈앞에서 움직이니, 누구나 제 방식으로 그것을 보고 파악하는 것이 옳을 것이다.

로마의 사육제를 처음으로 구경하는데, 오직 구경밖에 할 수 없는 외국인 구경꾼에게는, 그것이 전체의 인상도 즐거운 인상도 주지 못하고, 눈을 즐겁게 하는 것도 마음을 만족시키는 것도 아니라는 점을 나 자신도 고백하지 않을 수 없다면, 이런 비난은 더욱 생각할 여지가 있는 것이다.

수많은 사람들이 이리저리 물결치는 길고 좁은 거리는 전체가 조망되지 않는다. 눈길이 미치는 한, 이런 소동의 영역에서 무언가를 분간하기도 어렵다. 움직임은 단조롭고, 소음은 귀를 먹먹하게 만들고, 하루의 끝은 불만스럽다. 하지만 좀 더 자세히 설명하면, 이런 의심스러운 점들은 곧바로 사라진다. 이 서술 자체가 과연 우리에게 정당성을 인정해 줄 만한 글이냐 하는 질문이야말로 탁월한 질문이다.

로마의 사육제는 민중에게 베풀어지는 것이 아니라, 민중이 스스로 주도하는 축제이다.

국가는 이 축제를 위해 어떤 준비나 비용도 감당하지 않는다. 즐거움의 그룹이 스스로 움직이고, 경찰은 다만 단속의 손길을 느긋하게 해 주는 것뿐이다.

여기에는 로마의 수많은 종교 축제처럼 관객의 눈길을 멀게 하는 요소가 없다. 산탄젤로 성[=천사성]이 유일하게 제공하는 놀라운 풍경인 불꽃놀이도 없고, 온 세상에서 수많은 외국인을 끌어들여 만족시키는 베드로 대성당과 둥근 지붕의 조명도 없으며, 행렬이 다가오면 민중이 기도하고 경탄하는 저 찬란한 종교 행렬도 없다. 여기서는 싸움질이나 칼부림만 빼면 거의 모든 일이 허용되고 있으니, 그냥 누구나 제멋대로 미쳐 날뛸 수 있다는 표지만 있을 뿐이다.

신분의 높낮이에 대한 구분이 한순간 정지된 듯이 보인다. 모두들 서로를 격려하고, 모두가 주어진 것을 쉽사리 받아들이고, 서로 간의 뻔뻔함과 자유가 그냥 좋은 기분 덕에 균형을 유지한다.

우리 시대에도 사육제 기간에 로마 인들은, 그리스도의 탄생이 사투르누스Saturnus 축제를 몇 주 정도 뒤로 미루기는 했어도 완전히 없애지 못한 것을 기뻐한다.

우리는 여기서 독자의 상상력 앞에 이 며칠 동안의 기쁨과 소동을 보여 주려고 한다. 로마의 사육제를 경험해 보았기에 그 시기의 생생한 추억을 즐기고 싶어 하는 사람들에게 도움이 되고 싶다. 로마 여행을 눈앞에 둔 사람들에게도 역시 이 몇 페이지의 서술은, 사람을 압도하며 스쳐 지나가는 기쁨에 대한 조망과 즐거움을 제공할 수 있을 것이다.

코르소 거리

로마의 사육제는 코르소Corso 거리로* 모여든다. 이 거리가 이 기간의 공개 행사를 제한하고 결정한다. 광장마다 다른 축제장이 된다. 따라서 이 모든 것들에 앞서 코르소 거리 자체를 서술해야 한다.

이탈리아 도시들에서 긴 거리를 나타내는 코르소라는 이름은 경마 경주에서 나온 것이다. 로마에서 사육제 기간 내내 매일 저녁 경마 경주로 하루 일과가 끝나는데, 다른 곳에서는 수호성인의 축제나 교회 축성식이 역시 말들의 경주로 끝맺는다.

코르소 거리는 포폴로 광장에서 직선으로 죽 뻗어 베네치아 광장까지 이르는 도로이다. 대략 3500걸음 길이에, 대체로 화려하고 높은 건물이 도로 양쪽에 줄지어 서 있다. 다만 이 도로의 너비는 도로의 길이나 건물 높이와는 비할 바가 못 된다. 도로 양쪽에는 약 6~8피트[1.8~2.4미터] 정도의 약간 높여진 보행자 도로가 있다. 도로 가운데는 대부분의 장소에서 겨우 12~14걸음 너비의 공간이 마차들을 위해 남겨져 있다. 이 넓이에서는 고작 마차 세 대가 나란히 움직일 수 있음을 쉽게 알 수 있다.

포폴로 광장의 오벨리스크는 사육제 기간에 축제 거리의 끝 지점, 베네치아 광장은 그 시작점이 된다.

코르소 거리 드라이브

연중 모든 일요일과 축제일에 로마의 코르소 거리는 사람으로 넘친다. 로마의 귀족층과 부유층은 밤이 시작되기 한 시간 전, 또는 한 시간 반 전에 줄을 지어 드라이브에 나선다. 마차들은 베네치아 광장에서 내려와 왼편으로 바싹 붙어 앞으로 나아가는데, 날씨가 좋을 때면 오벨리스크를 거쳐 성문을 나서서 비아 플라미니

* 괴테가 화가들과 함께 머물던 집이 바로 코르소 거리에 있었다.

아Flaminia를 따라 이따금 몰레Molle 다리[오늘날의 밀비오 다리]까지 나아간다.

이렇게 드라이브를 나갔다가 돌아오는 사람들은 코르소 거리의 반대편에 바싹 붙어 달린다. 그렇게 해서 두 줄기 마차 행렬은 나란히 훌륭하게 질서를 지킬 수가 있다.

각국 대사들은 두 행렬의 가운데로 다닐 권리가 있다. 알바니아 공작이라는 이름으로 로마에 머물고 있는 젊은 왕위 계승 요구자*에게도 같은 권리가 주어졌다.

밤을 알리는 종소리가 울리자마자 이런 질서는 중단된다. 누구나 저 하고 싶은 대로 가장 가까운 길을 찾으면서 다른 마차를 불쾌하게 방해하니, 이 비좁은 도로에서 서로 방해받고 지체되게 마련이다.

많은 이탈리아 도시에서 이런 저녁 드라이브는 화려하고, 마차가 겨우 몇 대뿐인 작은 도시에서도 이것은 똑같다. 또한 이런 행렬이 수많은 보행자를 코르소 거리로 끌어들인다. 구경하려고 또는 과시하려고 누구나 이리로 오는 것이다.

앞으로 금방 보겠지만, 축제는 본래 일요일과 축제일이면 늘 벌어지는 즐거움의 연속, 또는 그 절정일 뿐이다. 새롭거나 낯선 것은 없고, 그냥 로마의 생활 방식에 아주 자연스럽게 합류하는 것일 뿐이다.

날씨와 성직자 의상

갑자기 길거리에서 가면을 잔뜩 본다고 해도 그 또한 이상해 보이지 않는다. 1년 내내 날씨가 좋을 때면 수많은 삶의 장면에서 그런 것을 보아 왔기 때문이다.

* 젊은 왕위 계승 요구자(The Young Pretender): 찰스 에드워드 스튜어트(Charles Edward Stuart, 1720~1788). 로마에서 태어나 로마에서 죽었다. 대영 제국과 아일랜드 왕위를 되찾으려는 시도가 좌절되면서 붙은 별명.

온갖 종류의 축제 때마다 커다란 홀과 회랑들에는 양탄자가 내걸리고, 꽃들이 뿌려지고 레이스와 헝겊들로 뒤덮인다.

복면 수도사들을 동반하지 않고 시신을 무덤으로 운반하는 법은 없다. 그런 만큼 수많은 수도사들의 복장이 눈길을 길들여, 낯설고 특이한 모습에도 익숙해진다. 마치 1년 내내 사육제처럼 보인다. 검은 옷을 입은 수도사들이 다른 성직자 마스크를 쓰고 고귀한 망토를 선보이는 것만 같다.

사육제 첫날

새해 첫날부터 이미 공연장들이 문을 열면서 사육제를 시작했다. 여기저기 칸막이 좌석에 아름다운 여성이 장교 복장을 하고서, 엄청난 자기만족에 빠져 견장들을 뽐낸다. 코르소 거리의 드라이브가 점점 늘어난다. 그런데도 모두가 마지막 일주일을 기다린다.

마지막 일주일을 위한 준비

수많은 준비들이 이루어져 대중에게 천국의 시간들을 예고한다.

로마에서도 1년 내내 청결이 유지되는 드문 거리의 하나인 코르소 거리는 더욱 조심스럽게 청소되어 깨끗해진다. 사각형으로 다듬은 작은 현무암 조각들을 이어 붙여 만든 아름다운 포석들은, 조금이라도 닳은 것을 빼내고 거기에 현무암 쐐기를 새로 박아 넣는다.

이것 말고도 살아 있는 전조들이 나타난다. 사육제 기간에는 저녁마다 앞서도 이야기했듯이 경주로 마무리를 한다. 이런 목적으로 키워진 말들은 대개 체구가 작은데, 가장 좋은 말은 외국산이기 때문에, 그들 사이에서는 바르베리Barberi라 불린다.

이런 작은 말은 머리, 목, 몸통이 꼭 맞춘 흰색 리넨 천으로 뒤덮이고, 그 솔기는 오색 리본들로 장식된다. 이런 말들이 뛰어나갈 순서에 맞추어 차례로 오벨리스크 앞의 제자리로 끌려온다. 말들이 머리를 코르소 방향으로 향하고 한동안 멈추어 서 있도록 훈련시킨다. 그런 다음 천천히 거리를 달려 베네치아 광장에 이르면, 귀리를 조금 먹인다. 말이 이 거리를 더 빨리 달릴 관심을 갖게 하기 위해서이다.

자주 열다섯에서 스무 마리나 되는 말들이 동시에 이런 훈련을 되풀이하고, 그런 행렬에는 언제나 즐겁게 외치는 상당수의 소년들이 함께하기 때문에, 실제 상황에서 나타날 더 큰 소동과 외침을 미리 맛볼 수 있다.

전에는 로마의 일급 가문들이 이런 경주용 말들을 마구간에서 길렀다. 자기 말이 상을 타면 큰 명예로 여겼다. 경마에 돈이 걸리고, 승리를 하면 잔치를 베풀었다.

하지만 최근 들어 이런 애착이 강력하게 줄면서, 말을 통해 명성을 얻으려는 열망은 중간 계층이나 심지어 가장 하층민에게로 내려갔다.

나팔수를 대동한 일단의 기수들이 이 기간에 상을 들고 로마 전역을 돌아다니면서 귀족들의 집으로 들어가서 나팔을 불고 팁을 받는 관습은, 아마도 그 옛날에 생겨난 것이 아직까지 남은 듯하다.

상 자체는 2.5야드 길이에 폭이 1야드가 채 안 되는 금라, 또는 은라 천으로, 천의 아래쪽에 달리는 말들의 모습을 비스듬히 짜 넣었는데, 이것을 오색으로 칠한 막대 끝에 깃발처럼 고정시킨다.

이 상은 팔리오palio라고 불리는 것인데, 사육제가 진행된 날짜만큼의 이런 상장 깃발이 위의 기마행렬에 등장한다.

그러는 사이 코르소 거리도 모습을 바꾸기 시작한다. 오벨리스크가 이 거리의 경계선이 된다. 오벨리스크 앞에, 수많은 좌석 대열을 갖춘 임시 관람석이 코르소 거리를 굽어보도록 세워진다. 이 관람석 앞쪽에 칸막이들이 세워지고, 앞으로는 그 칸막이에서 말들이 출발하게 된다.

도로 양쪽으로도 계속 커다란 관람석이 세워지는데, 이들은 제각기 코르소 거리에 면한 집들과 연결되고, 이런 식으로 광장까지 이어진다. 말들이 출발할 칸막이들의 양쪽에는 출발을 통제할 사람이 들어갈, 천장 덮인 작은 아치도 세워진다.

코르소 거리는, 저 위쪽까지 많은 집들 앞에 관람석이 세워진 것이 보인다. 산 카를로 광장과 콜론나 광장은 격벽을 통해 거리와 분리된다. 축제 전체가 길고 좁은 코르소 거리에만 한정되도록 모든 표시가 이루어진다.

경주마들이 매끄러운 포도에서 미끄러지는 것을 방지하기 위해 마지막으로 거리 한가운데에 포졸란 가루가 뿌려진다.

완전한 사육제 자유의 신호

이렇게 매일 기대가 커지고 부지런히 움직이다가, 마침내 카피톨리노 언덕에서 정오 직후에 종이 울리면, 이제 자유로운 하늘 아래 미친 짓을 해도 좋다는 신호가 떨어진 것이다.

1년 내내 실수를 하지 않으려고 조심하던 진지한 로마 사람들은 이 순간 갑자기 그런 진지함과 신중함을 내려놓는다.

마지막 순간까지 뚝딱거리며 포석을 다듬던 인부들은 주섬주섬 도구를 정리하고, 장난스러운 태도로 일을 끝마친다. 모든 발코니와 모든 창문에 차츰 양탄자가 내걸리고, 도로 양쪽 보행자 통로에는 의자들이 나오고, 하층민과 모든 아이들이 거리로 몰려나온다. 도로는 이미 도로이기를 중지한 상태. 코르소 거리는 거대한 축제 홀이나 장식을 주렁주렁 내건 거대한 회랑과 비슷하다.

모든 창문에는 양탄자가 걸리고, 모든 임시 관람석에도 낡은 벽걸이들이 둘러졌다. 수많은 의자들이 늘어 놓여 실내 같은 느낌이고, 좋은 날씨 덕에 지붕이 없다는 것도 잊어버린다.

이렇게 거리는 점점 더 사람이 들어가 살 만한 곳이 된다. 집에서 밖으로 나오면, 더는 노천에 낯선 사람들 사이에 있는 것 같지가 않고, 커다란 홀 안에서 아는 사람들 사이에 섞여 있는 것만 같다.

경비병

코르소 거리가 점점 더 활기를 띠고, 보통 때의 옷차림으로 산책을 하는 사람들 사이로 여기저기서 풀치넬라가 등장하는 동안에, 포폴로 광장의 성문 앞에 군대가 집결한다. 말 탄 장군의 지휘를 받아, 새 제복으로 빼입은 군인들이 질서정연하게 코르소 거리를 따라 올라가면서, 이 거리로 진입하는 모든 입구를 점령하고, 주요 광장에 초소 몇 개를 세우고, 행사의 질서를 관리한다.

의자와 관람석의 자리를 빌려주는 사람들이 지나가는 행인들에게 부지런히 소리를 친다. “자리 있어요! 자리! 나리! 자리요!”

마스크와 가장

이제 마스크의 수가 불어나기 시작한다. 가장 낮은 계층 여자들의 축제일 의상을 입고 가슴을 노출한 채 뻔뻔스러운 만족감을 보이는 젊은 남자들이 대개 맨 처음으로 등장한다. 이들은 길거리에서 만나는 다른 남자들에게 애무와 천박한 짓을 하고,

여자들에게는 동류로 여겨 친근함을 표하면서, 기분 내키는 대로 장난과 못된 짓을 해 댄다.

아무리 해도 진정시킬 수가 없는, 정열적이고 싸움질 좋아하는 여자 노릇을 탁월하게 해내던 젊은이가 기억난다. 그는 여자로 분장하고는 코르소 거리를 끝까지 내려가면서, 친구들이 진정시키려고 아무리 노력을 하는 척해도 싸움질을 계속하면서, 만나는 사람마다 붙잡고 시비를 걸었다.

여기에 풀치넬라 한 명이 등장했는데, 그는 온갖 색깔의 끈이 달린 커다란 뿔을 엉덩이에 매달았다. 그가 여자들과 이야기를 하면서 몸을 조금만 움직여도, 이 거룩한 도시 로마에서 옛날 정원의 신[=판]의 모습을 뻔뻔스럽게 흉내 낼 수가 있었으니, 이런 그의 경박함은 불쾌감보다는 즐거움을 만들어 냈다. 여기에 그와 동류인 또 다른 풀치넬라가 나타났는데, 이 사람은 더욱 겸손하고 만족하는 사람이라 자신의 아름다운 반쪽을 대동하고 있었다.

남자들이 여자 옷을 입고 나오는 것만큼이나, 여자들도 남자 옷을 입고 나오기를 좋아해서, 인기가 많은 광대 풀치넬라 옷을 입곤 하는데, 이렇게 중성의 차림으로도 자주 최고로 매력적으로 될 수가 있다는 것을 인정하지 않을 수 없다.

그 사이로 변호사 한 사람이 마치 법정에서처럼 연설을 하면서, 빠른 걸음으로 군중을 뚫고 지나간다. 그는 창가로 다가가서 분장한, 또는 하지 않은 행인들을 붙잡고 누구에게나 고소하겠다고 위협하고, 한 번은 이 사람에게 자기가 범했다는 우스꽝스러운 범죄 이야기를 아주 길게 늘어놓고, 또 다음번에는 저 사람에게 자기가 진 채무의 정확한 명세를 늘어놓는다. 부인들한테는 그들이 동반한 기사 때문에 야단치고, 아가씨들한테는 애인 때문에 야단친다. 그는 자기가 들고 있는 책을 인용하며 기록도 하고, 이 모든 것을 날카로운 목소리와 유창한 말솜씨로 진행한다. 모든 사람을 창피하게 만들고 혼란스럽게 만들려고 애쓴다. 그가 말을 끝냈다고 생각하면, 그제야 비로소 진짜로 시작한다. 그가 가는가 보다 하면 다시 돌아온다. 어떤 사

《로마의 사육제》 초판본에 실린 도판 Ⅰ, Georg Schütz 作

람에게 덤벼들어서는 그에게 말을 걸지 않고, 이미 지나가 버린 다른 사람을 붙잡는다. 그러다 자기와 동류의 사람을 만나면, 그들의 미친 짓은 절정에 이른다.

하지만 그들도 관객의 시선을 오래 끌지는 못한다. 가장 정신 나간 인상도 순식간에 대중과 다양성에 도로 삼켜지고 만다.

퀘이커 분장은 변호사처럼 그렇게 큰 소란을 만들어 내지는 않아도 주목은 그만큼 받는다. 고물상에서 고풍스러운 의상들을 쉽게 찾아낼 수 있기 때문에, 퀘이커 분장이 유행하게 된 것 같다.

이 분장의 가장 중요한 점은, 고풍스럽기는 하되 잘 보존된 고급 소재 의상이어야 한다는 점이다. 이런 종류는 비로드와 실크 소재 말고 다른 소재는 찾아보기 어렵다. 그들은 금란이나 자수를 놓은 조끼를 입고, 남자 퀘이커는 체형을 뚱뚱하게 만들어야 한다. 그가 얼굴에 쓰는 마스크는 통통한 뺨과 작은 눈을 하고 있다. 가발은 훌륭하게 땋은 머리꼬리, 모자는 작고 대개 레이스가 달려 있다.

이런 분장이 코믹 오페라의 '부포 카리카토Buffo caricato'와 아주 비슷한 것을 볼 수 있다. 그리고 부포 카리카토가 흔히 멍청한 데다 사랑에 빠져 속아 넘어가는 바보이듯이, 이들 퀘이커들도 망가진 멋쟁이 노릇을 한다. 이들은 발끝으로 가볍게 이리저리 뛰면서, 렌즈도 없는 커다란 검은 안경테를 [옛날 귀족이나 부유층이 들고 다니던] 외알 안경이랍시고 들고 다니면서, 이 안경을 통해 마차 속도 들여다보고, 온갖 창문 안도 들여다본다. 이들은 흔히 몸을 깊이 숙여 절을 하는데, 자기들끼리 서로 만나면 똑같은 발걸음으로 여러 번이나 높이 뛰어오르고, 날카롭고 높은, 불확실한 '부르르' 소리가 섞인 소리를 내서 기쁨을 표시한다.

그들이 자주 이런 소리로 서로 신호를 보내고, 그러면 가장 가까이 있던 다른 퀘이커들이 같은 소리로 답을 해 오기 때문에, 얼마 지나지 않아 이 날카로운 외침이 코르소 거리 전체를 이리저리 오간다.

그사이 버릇없는 소년들이 커다란 소라고둥을 불어 대서 참을 수 없는 소음으로 귀를 괴롭힌다.

공간이 좁고 비슷한 분장이 너무 많기 때문에 (언제나 몇백 명의 풀치넬라와 대략 100명의 퀘이커들이 코르소 거리 곳곳을 돌아다니고 있으므로) 거의 그 누구도 주목을 끌거나 특별한 관심을 받으려는 의도를 갖기가 어렵다. 그러려면 충분히 일찍 코르소 거리에 나타나야 한다. 그보다는 차라리 누구나 즐기면서 미친 짓도 좀 하고, 사육제의 자유를 만끽하려고 나오는 것이다.

아가씨와 부인들도 이 기간에 자기들 방식으로 즐거움을 맛보려 하고, 또 실제로도 즐긴다. 누구나 집에서 나오면서 어떤 식으로든 가장을 하려고 하는데, 많은 돈을 쓸 수 있는 사람은 극히 적기 때문에, 온갖 궁리를 다해서 꾸미기보다는 오히려 자신을 감춘다.

남녀 거지로 가장하는 것이 가장 쉽다. 아름다운 머리카락은 꼭 필요하다. 이어서 온통 흰색 얼굴 마스크에 색깔 레이스를 붙인 점토 그릇, 손에는 지팡이와 모자면 충분하다. 그들은 풀죽은 몸짓으로 창문 아래 아무에게나 다가가는데, 동전 대신 사탕이나 견과류, 그 밖에도 무엇이든 주는 대로 받는다.

다른 여자들은 이보다 더 쉽게 그냥 모피로 몸을 가리거나 무엇이든 집 안에서 입는 옷을 입고 얼굴 마스크만 쓴다. 이들은 대개 남자도 없이 돌아다니면서 공격 및 방어용 무기로, 갈대로 만든 작은 빗자루 하나만 들고 있다. 너무 번거롭게 들이대는 사람을 이것으로 막기도 하고, 때로는 아주 용감해져서 마스크 없이 다가오는 아는 사람이나 모르는 사람의 얼굴을 간질인다.

그녀들 네댓 명이 한 사람을 겨냥하면, 그 사람은 도무지 빠져나오기가 어렵다. 사방에 사람이 너무 많아 도망칠 수도 없고, 어느 방향을 향하든지 벌써 이 작은 빗자루가 코밑으로 들어온다. 이런저런 장난질에 진지하게 맞섰다가는 아주 위험해질 수도 있다. 분장한 사람들은 그리 쉽사리 삐치지도 않는 데다가, 경비대가 그들에게 가만히 서 있으라고 명령하기 때문이다.

모든 신분 계층의 일상의 옷차림도 분장이 될 수 있다. 마구간지기는 일할 때 쓰는 커다란 솔을 들고 나와서, 마음 내키는 대로 아무나의 등을 쓸어 준다. 마부들은 보통 때처럼 마차에 올라타라고 끈질기게 졸라 댄다. 시골 아가씨 분장은 더욱 장식이 많다. 프라스카티 여자들, 어부들, 나폴리 뱃사람들, 나폴리 경찰관들과 그리스 사람들이다.

이따금 극장의 분장을 모방한 것도 있다. 일부는 양탄자나 수의로 몸을 둘둘 말고는 머리 위쪽을 그대로 잡아 묶었다.

흰색 분장은 흔히 다른 사람의 길을 가로막고 그들 앞에서 폴짝거리며 뛰는데, 그냥 이렇게 함으로써 자기가 유령이라고 여긴다. 일부 사람들은 특별한 맥락을 통해 두드러진 모습을 보이고, '타바로'[=망토]는 전혀 두드러지지 않기 때문에 가장 고귀한 분장으로 여겨진다.

재미있고도 풍자적인 분장은 매우 드물다. 이들은 궁극 목적이 있고 또 눈에 띄기를 원하기 때문이다. 하지만 오쟁이 진[=마누라가 바람을 피운] 남편 노릇을 하는 풀치넬라를 본 적이 있다. 그는 움직일 수 있는 뿔 두 개를 갖고 있는데, 뿔을 달팽이처럼 넣었다 뺐다 할 수가 있었다. 신혼부부의 창문 아래서는 뿔 하나를 살짝 보일락 말락 하게 만들고, 또 다른 창문 아래서는 뿔 두 개를 모두 길게 내민다. 뿔 끝에 방울까지 매달아 요란하게 쩔렁거리니, 한순간 구경꾼의 명랑한 눈길을 받고, 간간이 큰 웃음도 만들어 낸다.

마법사 한 명이 사람들 사이에 나타나 숫자가 적힌 책을 보여 주어, 자기가 얼마나 로또 게임에 열광하는지 알려 준다.

양면兩面 분장을 한 사람이 군중 속으로 들어온다. 어느 쪽이 앞이며 어느 쪽이 뒤인지, 그가 앞으로 나아가는지 뒤로 걷는지 도무지 알 수가 없다.

외국인들도 사육제 기간에는 조롱받을 각오를 해야 한다. 북부 유럽 사람들의 긴 외투, 큰 단추, 이상하고 둥근 모자가 로마 사람들의 눈에 뜨였으니, 외국인 분장도 나타난다.

풍경과 건축물을 탐구하는 외국인 화가들이 로마 어디에나 앉아서 그림을 그리기 때문에, 이런 모습도 사육제 기간에 부지런히 분장으로 등장한다. 커다란 스케치 가방, 긴 외투, 특대형 먹줄펜 등을 지니고 있다.

독일 제과점의 하인은 로마에서 흔히 술에 취한 모습을 보인 덕에 이들도 원래의 복장으로, 또는 약간 장식이 들어간 복장을 하고, 와인 병을 들고 비틀거리며 나타난다.

단 한 번 풍자적인 분장을 본 기억이 난다. 트리니타 데 몬티 교회 앞에 오벨리스크가 세워질 계획이 있었다. 대중은 그것을 썩 좋아하지 않았다. 일부는 광장이 너무 좁기 때문에, 또 일부는 이 작은 오벨리스크를 어느 정도 높이기 위해서는 아래쪽에 매우 높은 기단을 세워야 하기 때문이었다. 이런 상황에서 어떤 사람이 커다란 흰색 기단을 모자 삼아 쓰고, 그 위에 아주 작은 붉은색 오벨리스크를 붙인 분장을 하고 나타났다. 기단에는 커다란 철자들이 쓰여 있었는데, 그 의미를 아는 사람이 거의 없었다.

마차

분장이 늘어날수록 마차들도 차츰 코르소 거리로 들어와서, 앞에서 일요일이나 축제일의 드라이브를 설명할 때 서술한 것과 같은 질서를 유지한다. 다만 차이가 있다면, 오늘 베네치아 광장에서 출발하여 길의 왼편에 붙어서 나아간 마차들은, 코르소 거리가 끝난 지점에서 방향을 돌려 반대편으로 도로 올라온다는 점이다.

보행자 통로가 높여지기 때문에, 대부분의 장소에서 도로는 마차가 세 대 이상 지나다닐 수 없다고 앞에서 이미 설명했다.

도로의 높여진 부분, 즉 보행자 통로는 모조리 임시 관람석으로 막히고, 의자들이 차지하고, 게다가 수많은 구경꾼이 벌써 자리를 잡았다. 양방향의 마차 행렬은 관람석과 의자 곁으로 바싹 붙어서 움직인다. 보행자들은 이 두 줄기 마차 행렬의 가운데, 고작해야 8피트 너비에 갇히게 된다. 모든 사람이 할 수 있는 한 이쪽이나 저쪽으로 나아가고, 모든 창문과 발코니에는 잔뜩 몰려든 사람들이 아래쪽의 몰려든 사람들을 내려다본다.

처음 며칠 동안에는 대개 보통의 마차들만을 볼 수 있다. 특별히 뽐내려고 준비한 화려한 마차들은 모두가 아껴서 뒤로 미루어 두기 때문이다. 사육제의 끝이 다가오면, 점점 더 많은 마차들이 문을 활짝 열고 속을 보여 준다. 일부 마차들은 여섯 개의 좌석을 지녔다. 귀부인 둘이 높여진 좌석에서 서로 마주 보고 앉아 있으니, 사람들은 그녀들의 전신을 볼 수 있다. 신사 네 명이 나머지 네 좌석을 차지하고, 마부와 하인은 마스크를 쓰고, 말들도 만발한 꽃들로 장식했다.

자주 장미 빛깔 리본으로 꾸민 하얀색 아름다운 푸들이 마부의 다리 사이에 서 있다. 마구에는 방울이 달려 짤랑거리니, 사람들의 눈길이 한동안 이런 행렬에 꼭 붙잡힌다.

쉽게 생각할 수 있는 일이지만, 오로지 아름다운 여인들만이 그렇게 높여진 자리에 앉아 모든 사람의 눈앞에 자신을 드러낼 용기를 갖게 마련이고, 오직 최고 미인만이 얼굴에 마스크도 없이 민낯을 드러내 보인다. 어차피 아주 느리게 움직일 수밖에 없는 마차가 어디에 접근하든 모든 사람의 눈길은 그녀에게 쏠리게 마련이고, 그녀는 사방에서 떠드는 사람들의 소리를 듣는 기쁨을 누린다. "O quanto è bella![와 진짜 미인이다!]"

예전에는 이렇게 화려한 마차들이 훨씬 더 많았고 더욱 비싼 치장을 했었으며, 게다가 신화 장면이나 알레고리 분장을 해서 훨씬 더 흥미로웠다고 한다. 하지만 요즘에는 귀족들이 어떤 이유에선지 전체적으로 이런 축제에서 그런 즐거움을 잃어버리고, 다른 사람들 앞에 두드러진 모습을 드러내 보이기보다는 오히려 스스로 즐기려고 하는 것 같다.

사육제가 진행될수록 마차 행렬은 더욱 재미있어진다.

가장을 하지 않고 마차 안에 앉아 있는 진지한 사람들도 마부와 하인들에게는 가장을 허용한다. 마부들은 대개 여자 복장을 하는데, 마지막 날에는 전부 여자들만 앉아 말을 몰고 있다. 그들은 대부분 얌전하고, 매혹적인 의상을 하고 있다. 그에 반해 큼직하고 못생긴 사내 하나가 완전 현대식 복장을 하고, 높이 틀어 올린 머리에 깃털까지 꽂고 나타나니 대단한 비틀기가 되었다. 저 미인들이 자기들을 찬양하는 소리를 듣는 것처럼, 그도 누군가가 자기 코밑으로 들어와서 이렇게 외치는 소리를 들어야 했다. "O fratello mio, che brutta puttana sei![내 형제여, 맙소사, 진짜 못생긴 여자다!]"

마부들은 보통 군중 사이에서 아는 여자가 한두 명 보이면 그들을 마부석에 태워주곤 한다. 이들은 대개는 남자 의상을 입고 마부 옆자리에 앉아 있는데, 상냥한 작은 풀치넬라는 높은 굽이 달린 구두를 신은 작은 발을 지나가는 사람의 머리 위로 덜렁거리며 흔들어 댄다.

마찬가지로 하인들도 자기가 아는 친구들을 마차 뒷좌석에 태우니, 마치 영국의 시골 마차에서 그러듯이 그들이 지붕 위로 올라가는 일도 흔하다.

주인들은 자기 마차가 그렇게 사람으로 꽉 채워진 것을 즐겁게 바라보는 것 같다. 이 기간에는 모든 것이 허용되고 또한 올바른 일이다.

군중

발코니마다 창문마다 길게 아래로 내려뜨려진 오색의 양탄자 위로 몰려든 구경꾼이, 길 양편에 구경꾼으로 가득 채워진 관람석과 구경꾼이 줄줄이 앉아 있는 의자들을 내려다보는, 좁고도 긴 도로를 한번 살펴보기로 하자. 두 줄기 마차 행렬이 천천히 움직이고, 언제든 제3의 마차가 끼어들 수 있는 가운데 공간은 사람으로 가득 차 있는데, 이 사람들은 이쪽이나 저쪽으로 간다기보다 이쪽이나 저쪽으로 떠밀리고 있다. 마차들은 정지하는 순간 곧바로 앞차에 부딪히지 않으려고, 어쨌든 가능한 한 조금이라도 서로 간격을 유지하지만, 보행자들은 한가운데로 몰린 인파를 벗어나 잠깐 숨이라도 좀 돌리려고, 앞서 가는 마차 바퀴와 뒤따라오는 마차의 말들 사이 비좁은 공간으로 대담하게 끼어들곤 한다. 보행자들의 위험과 어려움이 커질수록, 그들의 변덕과 대담함도 커지는 것 같다.

양방향으로 진행하는 마차의 행렬 사이에서 움직이는 대부분의 보행자들은 팔다리와 의상을 보호하려고 마차 바퀴와 축을 조심스럽게 피하기에, 보통은 그들과 마차 사이에 꼭 필요한 것보다 조금 더 넉넉한 공간을 둔다. 하지만 느려 터진 군중과 함께 앞으로 나아가는 것이 더는 참을 수 없어서 바퀴와 보행자 사이, 위험과 위험을 피하려는 사람 사이로 끼어들 배짱을 가진 사람은 짧은 시간에 상당히 먼 길을 갈 수가 있는데, 그런 다음엔 물론 다른 장애물에 가로막히고 만다.

이런 이야기가 이미 신뢰의 한계를 벗어난 것처럼 보이는데, 로마의 사육제를 직접 겪어 보아 여기서 내가 진실을 말한다는 것을 증언해 줄 사람이 많지 않다면, 그리고 이것이 해마다 반복되는 축제이니, 앞으로도 많은 사람이 이 책을 손에 들고 이 축제를 구경할 것이 아니라면, 여기서 이야기를 더 계속하지 못했을 것이다.

지금까지 이야기한 모든 것이, 군중과 소동과 소음과 태평스러움의 겨우 1단계에 지나지 않는다고 설명한다면, 대체 우리 독자들은 무어라고 할까?

총독의 행렬과 원로원 의원의 행렬

마차들이 천천히 앞으로 나아가다가 정체가 생겨 멈추어 서면, 보행자들은 수많은 방법으로 고통을 받는다.

우선 교황 경비대가 우연히 생겨난 무질서와 마차들의 정체 현상을 정상으로 되돌리려고 이따금 말을 타고 군중 한가운데를 뚫고 지나간다. 보행자가 마차 끄는 말을 피하면, 미처 알아채기도 전에 사람 탄 말의 머리가 등에 닿는 것을 느낀다. 곧 이어 더 큰 불편이 나타난다.

총독이 커다란 공식 의전 마차를 타고, 여러 대의 수행 마차들을 거느리고, 두 줄기로 흐르는 보통 마차들의 행렬 가운데로 지나간다. 교황 경비대와 앞서 나가는 하인들이 사람들에게 경고하여 자리를 만들어 내면, 조금 전까지 그나마 보행자들 차지였던 도로의 가운데 부분을 한순간 총독 일행이 차지해 버린다. 보행자들은 할 수 있는 한 이런 또는 저런 방식으로 다른 마차들 사이로 피신한다. 배가 지나갈 때 물이 한순간 갈라졌다가 노가 지나간 직후에 도로 합쳐지듯이, 가장한 사람들과 나머지 보행자들로 이루어진 군중은 이 행렬 직후에 벌써 도로 하나로 합쳐진다. 머지않아 또 다른 움직임이 이 빽빽한 군중을 방해한다.

원로원 의원이 비슷한 행렬을 이루어 다가오는 것이다. 그의 커다란 의전 마차와 수행원 마차들이 꽉 눌린 군중의 머리 위로 헤엄치듯이 지나가고, 내외국인이 모두 이 사람, 곧 원로원 의원인 레초니코Rezzonico 왕자의 사랑스러움에 매료되어 있기에, 이것은 이런 엄청난 대중이 그가 멀어지면 행복해하는 유일한 경우이다.

로마의 1급 사법관의 행렬과 1급 경찰관의 행렬은 사육제의 시작을 알리기 위해 사육제 첫날에만 코르소 거리를 통과한다. 그에 비해 알바니아 공작은 대중의 엄청난 불편을 야기하면서 매일 이 길에서 드라이브를 해 대니, 고대에 모든 왕들을 지배한 이 옛 도시에서 무언극의 시기인 사육제 기간에, 스스로 왕의 허망함이라는 사육제 연극을 상기시켜 주고 있다.

동일한 권리를 지닌 다른 대사들은, 인간적인 분별력으로 [길 가운데로 마차를 달릴 수 있는] 이 권리를 거의 이용하지 않는다.

루스폴리Ruspoli 궁전 앞의 아름다운 세상

하지만 코르소 거리의 순환은 이런 마차 행렬들로만 방해를 받는 것이 아니다. 루스폴리 궁전과 그 주변에서 도로는 조금도 넓어지지 않는데, 보행자 도로는 양쪽 모두 더 높아진다. 아름다운 세계가 이곳에 자리를 잡고 있기에, 이곳 의자들은 금방 차거나 또는 이미 거래 중이다. 이곳에서 중간 계급 출신의 가장 아름다운 여성들이 매혹적으로 가장하고 남성들에 둘러싸여서, 호기심 가득한 행인의 눈앞에 등장한다. 이 근처에 오는 사람은 누구나 멈추어 서서 이 보기 좋은 대열을 자세히 바라본다. 누구나 호기심에 가득 차서 저기 앉아 있는 남자들 사이에서 가장한 여자를 가려내려 하고, 저 말쑥한 장교 차림의 저 사람이 혹시 내 그리움의 여인인가 알아내려 한다. 이 자리에서 맨 먼저 움직임이 막힌다. 마차들은 될 수 있는 한 오래 여기 머물려 하고, 일단 멈추면 차라리 이 쾌적한 모임 속에 그대로 남아 있고 싶어 하기 때문이다.

콘페티 [Confetti, 사육제 탄알]

지금까지의 서술이 비좁은, 거의 두려울 정도의 상태만을 보여 주었다면, 이렇듯 사람이 많이 몰린 축제가 작은 장난 싸움에서 시작해서 자주 진지한 싸움판으로 바뀌는 과정을 설명하면, 더욱 특별한 인상이 생길 것이다.

아마도 옛날에 한 미인이 지나가는 남자 친구를 보고, 사람들과 마스크 사이에서 자기를 알아보게 하려고 설탕 입힌 아몬드를 던졌던 것 같다. 맞은 상대가 몸을 돌려 이런 못된 짓을 한 여자를 찾아보는 거야 극히 자연스러운 일이다. 이제 이것이 전반적인 관습이 되면서, 하나를 던지면 친구 두 명이 서로 만난다. 다만 지금은 좀 더 경제적이 되어 진짜 아몬드를 이런 식으로 낭비하지 않으려 하고 또 때로는 아몬드를 다 써 버려서 쉽게 살 수 있는 더 큰 대체품이 필요해진다.

누구도 이런 공격에서 안전하지 않다. 모두가 방어 상태에 있게 마련인데, 그러다가 장난삼아 또는 피치 못해 여기저기서 작은 싸움이 일어나고, 소규모의 또는 본격적인 전투도 일어난다. 보행자, 마부, 창문이나 임시 관람석에서 바라보는 구경꾼 등 모두가 서로를 공격하고 방어한다.

부인들은 금색이나 은색을 칠한 작은 바구니에 이런 탄알을 가득 채웠고, 동반자들도 자기들의 미인을 아주 용감하게 방어한다. 열어 둔 마차 창문은 공격을 기다리고, 친구들과는 장난을 치고, 모르는 사람들에 맞서서는 격렬히 자기 방어를 한다.

다만 루스폴리 궁전 지역은 어디서나 이런 싸움이 벌어지고 또 심각해진다. 이곳에 자리를 잡은 마스크들은 모두가 바구니, 작은 자루, 또는 손수건 보자기 따위를 갖추었다. 이들은 공격을 받기보다는 주로 공격을 한다. 그 어떤 마차도 벌 받지 않고 여기를 지나가지 못한다. 그러니까 가장한 사람들 몇이 적어도 마차에 무언가를 매달아 주기라도 한다. 그 어떤 보행자도 이들의 공격에서 안전하지 못하다. 특히 검은 복장의 수도사라도 나타나면, 사방에서 일제히 탄알이 날아온다. 이런 석고나 백묵 탄알은 어디에 맞든 그곳에 하얀 반점을 만들어 내므로, 수도사는 금방 온통 흰색과 회색의 반점투성이가 된다. 자주 이런 실랑이가 아주 심각하게 전체에 퍼지고, 그러면 질투심과 개인적인 증오심이 멋대로 터져 나오는 꼴을 목격하고 깜짝 놀라게 된다.

복면하고 가장한 인물이 살그머니 다가와 한 손 가득 탄알을 잡고, 아무 여성에게나 격하게 정면 공격을 하면, 얼굴 마스크는 탄알을 튕기지만 아름다운 목은 상처를 입는다. 그녀를 양쪽에서 동반한 사람들이 잔뜩 흥분해서, 자기들의 바구니와 작은 자루에서 탄알을 꺼내 공격자에게 사납게 던진다. 하지만 공격자는 하도 단단히 무장하고 있어서, 그들이 아무리 격하게 던져도 아무렇지도 않다. 그는 자기가 안전할수록 더욱 심하게 공격을 계속한다. 방어자들은 결국 여성을 망토로 가린다. 공격자는 격하게 싸우는 중에 옆 사람도 맞히게 되고, 그의 이런 사나움과 끈질김에 모든 사람이 분노하면서, 주변 사람들까지 이 싸움에 동참하여 자신들의 석고 탄알을 아끼지 않고, 또 이런 경우에는 대개 설탕 입힌 아몬드처럼 더 많이 비축된 다른 탄알까지 동원되는 판이니, 사방에서 날아드는 탄알로 공격자가 뒤덮이다시피 하면, 그로서는 퇴각하지 않을 도리가 없다. 특히 그가 탄알이 떨어졌을 경우엔 더욱 그렇다.

보통 이런 모험에 나서는 사람은 탄알을 공급해 줄 조수를 데리고 있게 마련이다. 게다가 그런 석고 탄알을 파는 사람들이 싸움 도중에 벌써 바구니를 들고 나타나서, 누구에게나 원하는 만큼의 탄알을 공급해 준다.

우리도 이런 싸움을 가까이서 구경한 적이 있다. 싸우는 사람들은 마지막에 탄알이 떨어지자 금색 입힌 탄알을 서로 상대방의 머리에 던져 대는데, 사나운 탄알 세례를 무릅쓰고 등장한 경비대의 경고도 그들을 말리지 못했다.

모퉁이마다 걸려 있는, 이탈리아 경찰의 유명한 고문 기구인 매듭 밧줄이, 이런 축제 한가운데서 모든 사람에게 이 순간 매우 위험해지면 위험한 무기가 동원될 수도 있음을 상기시키지 않았다면, 이런 다툼의 상당수는 칼부림으로 끝났을 것이다.

석고 탄알 싸움질은 수도 없이 일어나고, 대개는 심각하다기보다 유쾌하다.

예를 들어 풀치넬라들이 가득 앉아 문을 활짝 열어 놓은 마차 한 대가 루스폴리 궁전 근처로 다가왔다. 마차는 구경꾼들 옆을 지나쳐 가면서 모든 사람을 차례로 맞히려고 했다. 다만 불행히도 사람이 너무 빽빽해서 마차가 길 가운데서 붙잡히고 말았다. 갑자기 거기 모인 사람들이 모조리 한마음이 되면서, 사방에서 마차를 향해 탄알이 빗발치듯 날아왔다. 자기들의 탄알을 다 써 버린 풀치넬라들은 사방에서 날아오는 포화 속에 한동안 그대로 앉아 있었다. 그러다 마침내 모두들 웃으면서 또 못마땅해하는 가운데, 눈과 우박에 된통 얻어맞은 꼴로 마차는 천천히 멀어져 갔다.

코르소 위쪽 끝에서의 즐거운 대화

코르소 거리 한가운데서 이렇듯 격하고도 생동하는 놀이가 아름다운 세계의 대부분을 바쁘게 만들고 있는 사이, 또 다른 구경꾼 한 패거리는 코르소 거리의 위쪽 끝에서 전혀 다른 즐거움을 맛본다.

프랑스 아카데미에서 멀지 않은 곳에, 관람석에 앉아 구경하는 마스크들 사이에서 갑자기 깃털 달린 모자, 긴 검과 커다란 장갑을 낀 스페인 전통 의상 차림으로, 이탈리아 연극의 등장인물인 이른바 카피타노[=선장]가 등장하더니, 열정적인 말투로 육지와 바다에서 자신의 위대한 업적을 떠벌이기 시작했다. 오래지 않아 풀치넬라 한 명이 그에 맞서 일어서더니 의혹과 이의를 제기했다. 그는 저 영웅의 온갖 큰소리를 전부 인정하는 듯이 굴면서, 말장난과 온갖 진부한 말들을 동원해서 그의 발언을 우스꽝스럽게 만들어 버렸다.

여기서도 지나가는 사람 누구나 멈추어 서서, 이 생생한 입씨름을 귀담아 듣는다.

풀치넬라 왕

새로운 행렬이 군중을 더욱 늘린다. 열두어 명의 풀치넬라들이 한데 모여 왕을 한 사람 뽑더니, 그에게 왕관을 씌워 주고, 그 손에 왕홀을 들려 주고는, 음악을 연주한다. 그들은 큰 소리를 지르며 화려하게 장식한 작은 마차에 왕을 태우고 코르소 거리를 거슬러 올라간다. 이 행렬이 앞으로 나아가는 동안, 모든 풀치넬라들이 몰려들고, 뒤따르는 사람이 점점 늘면서, 소리를 지르고 모자를 집어 던져서 자리를 만들어 낸다.

그제야 비로소 그 많은 마스크가 제각기 다르게 보이려고 얼마나 애를 썼는지 알게 된다.

누구는 가발을 쓰고, 누구는 작고 검은 얼굴에 여자 두건을 쓰고, 또 다른 사람은 모자 대신 머리 위에 새장을 얹었는데, 새장 안에서 수도사와 귀부인 복장의 새 두 마리가 재잘거리며 이리저리 폴짝 뛰어오르고 있다.

옆길

우리가 지금까지 독자들에게 가능한 한 많이 보여 주려고 애쓴 이런 끔찍한 혼잡의 결과, 상당수의 마스크들이 코르소 거리에서 이웃한 옆길로 밀려나고야 만다. 거기엔 사랑에 빠진 커플들이 더욱 조용하고 친밀하게 나란히 걸어가고, 유쾌한 친구들이 온갖 정신 나간 공연을 펼칠 자리들이 있다.

평민층의 일요일 의상을 입은 남자들의 모임. 그중에는 금수 놓인 조끼와 함께 짧은 저고리를 입은 사람도 있고, 머리카락을 길게 내려뜨려 엮은 사람도 있는데, 이들은 여자로 분장한 젊은이들과 함께 이리저리 오가며 산책하고 있다. 여자 한 명은 만삭의 모습, 여자들은 평화롭게 오간다. 남자들이 갑자기 두 패로 나뉘어 심한 말다툼, 여자들이 끼어들고, 싸움이 심해져서 급기야 사내들은 마분지에 은색 칠을 한 칼을 꺼내 들고, 서로를 찔러 쓰러뜨린다. 여자들이 끔찍하게 소리를 지르면서 그들을 갈라서 한 패는 이쪽으로, 다른 패는 저쪽으로 데려간다. 마치 진짜 싸움이기라도 한 것처럼, 구경꾼들까지 끼어들어 양편을 진정시키려고 애쓴다.

그사이에 만삭의 여인이 충격을 받아서 상태가 나빠진다. 의자가 날라져 오고, 나머지 여자들이 그녀를 둘러싼다. 그녀는 고통스러운 몸짓을 하면서, 미처 준비도 되기 전에 둘러선 사람들의 커다란 환호성 속에 무언가 괴상한 형상을 낳는다. 이걸로 연극은 끝, 이 패거리는 다른 곳에서 비슷한 공연을 계속하려고 이곳을 떠난다.

로마 사람들은 이런 식으로 놀이를 하는데, 늘 살인 이야기가 눈앞에 어른거리니 기회가 될 때마다 살인의 아이디어가 나타난다. 아이들조차도 《교회Chiesa》라는 제목의 연극을 한다. 도이치 말로는 《구석구석 찾아봐!》 정도가 될 것이다. 이것은 교회 계단으로 도망친 살인자 이야기이다. 나머지 사람들은 경찰관 노릇을 하면서, 죄인의 피난처를 침범하지 않으면서 어떻게든 그를 잡으려고 애쓴다.

옆 도로에서는 이런 일들이 벌어진다. 특히 바부이노Babuino 거리와 스페인 광장이 아주 재미있다.

퀘이커 분장들도 떼를 지어서 자기들의 재주를 선보인다.

그들은 모두를 웃게 만드는 행진을 한다. 열두 명이 극히 반듯하게 발끝으로 서서 작고 빠른 걸음으로 행진해서는 매우 반듯한 횡렬을 선보인다. 광장에 도착하면 그들은 갑자기 우향우, 또는 좌향좌로 종렬을 이루어 총총걸음으로 차례로 행진한다. 갑자기 우향우로 다시 횡렬, 이런 식으로 거리로 들어오는데, 사람들이 미처 깨닫기도 전에 다시 좌향좌. 종렬을 이루어 어느 집 대문으로 밀려갔다가 완전히 사라진다.

저녁

차츰 저녁이 다가오면 모든 사람이 점점 더 많이 코르소로 들어온다. 마차들의 움직임은 벌써 오래전에 멈추었다. 밤이 되기 두 시간 전에는 이미 그 어떤 마차도 꼼짝도 할 수가 없다.

교황 경비대와 보병 경비들은 가능한 한 모든 마차들을 길 가운데서 몰아내 아주 반듯한 한 줄로 만들려고 하는데, 그 과정에서 여러 무질서와 짜증이 일어난다. 말은 뒷걸음질을 치고, 느릿느릿 걷거나 앞발을 위로 들어 올리는 등의 동작을 하게 마련이다. 마차 하나가 뒤로 움직이면 그 뒤의 모든 마차가 뒤로 물러나야 하고, 그러다 보면 마차 하나가 완전히 궁지에 몰려 말과 함께 가운데로 밀려 들어가게 된다. 그러면 교황 경비대의 질책, 보병들의 욕설과 협박이 쏟아진다.

불운한 마부가 지금 아무것도 할 수 없다고 설명해도 아무 소용이 없다. 그에게로 계속 질책이 떨어지고 협박이 이어지니, 다시 대열에 합류하든지, 아니면 근처에 옆길이라도 있으면 아무런 잘못도 없이 대열에서 빠져야 한다. 하지만 옆 골목에도 너무 늦게 나타난 마차들이 빽빽하게 정차하고 있는데, 마차들의 왕래가 이미 멎었기 때문에 그리로 들어갈 수도 없다.

경마 경주 준비

경마 경주 순간이 점점 다가오고, 수많은 사람들의 관심이 이 순간으로 쏠려 있다.

의자 빌려주는 사람, 관람석 사업자들의 손님 부르는 외침이 점점 더 많아진다. "자리요! 앞자리! 귀족 자리! 자리 있어요, 나리!" 이 마지막 순간에는 비록 얼마 안 되는 돈을 받더라도 모든 좌석이 다 나가는 것이 중요하기 때문이다.

다행히도 여기저기 자리가 남아 있다. 말 탄 장군이 경비대를 이끌고 마차들의 두 줄 행렬 사이로 코르소 거리를 내려가면서, 보행자에게 주어진 유일한 공간인 거리 중앙부에서 그들을 쫓아내고 있기 때문이다. 누구나 의자 아니면 관람석, 또는 마차, 아니면 마차 사이 공간이나 아는 사람의 집 창가에서 자리를 찾아내야 한다. 물론 창가 자리는 모조리 구경꾼으로 넘쳐 나고 있지만.

그사이에 오벨리스크 앞 광장은 사람들이 완전히 사라지고, 지금 세계에서 보이는 아마도 가장 아름다운 광경을 보여 준다.

앞에서 이미 서술한 대로 양탄자들이 쳐진 임시 관람석의 3면이 광장을 둘러싼다. 수천 명의 머리가 빼곡하게 겹쳐져서 옛날 원형 극장이나 전차 경주장의 모습을 알려 준다. 오벨리스크의 전체 모습이 관람석 중앙 면 위로 솟아 있다. 관람석 높이가 겨우 오벨리스크 받침대 높이에 도달하니, 이제야 비로소 오벨리스크의 엄청난 높이를 깨닫게 된다. 이 어마어마한 인파의 가늠자가 되고 있으니.

비어 있는 광장은 바라보는 눈길에 아름다운 평온을 허용하는데, 사람들은 밧줄이 앞에 드리워진, 아직은 비어 있는 말들의 칸막이를 기대에 가득 찬 눈길로 바라본다.

이제 장군이 코르소 거리를 내려오면서 거리가 말끔하게 정리되었음을 보여 주고, 그 뒤를 따르는 경비대는 그 누구도 마차 대열 밖으로 나오는 것을 허용하지 않는다. 장군은 관람석의 특별석 한 곳에 자리를 잡는다.

경주의 출발

추첨 순서에 따라 말들이 깔끔하게 단장한 마구간 하인에 이끌려 밧줄이 쳐진 칸막이로 들어간다. 말의 몸에는 아직 마구가 덮이지 않았다. 이제 그들의 몸 이곳저곳에 가시 박힌 공들을 끈으로 매달아 주고, 박차를 맞을 자리는 마지막 순간까지 가죽을 덮어 보호한다. 또한 커다란 금박 종이들도 말의 몸에 붙여 준다.

말들은 칸막이로 들어오면 대개 사납고 초조해진다. 마구간지기들은 힘과 기술을 다해 말들을 붙잡아 놓는다.

달려 나가고 싶은 욕구로 인해 말들은 제어가 어려운 데다, 이 많은 사람들을 보고 겁을 먹었다. 그들은 자주 옆 칸막이나 밧줄 위로 넘어가려 하고, 이런 동작과 무질서가 매 순간 기대를 더 키운다.

마구간지기들은 극히 긴장하여 조심하고 있다. 출발 순간에 말을 풀어 주는 기술과 우연한 상황이 합쳐져, 말이 얻는 이점을 결정할 수도 있기 때문이다.

마침내 밧줄이 아래로 떨어지고 말들은 달려 나간다.

너른 광장에서는 아직 서로 우위를 다툴 수 있지만, 두 마차 행렬 사이의 좁은 공간으로 들어서면 거의 모든 열성이 헛일이다.

있는 힘을 다하는 몇 마리가 보통 앞서 나간다. 사방에 포졸란을 뿌렸는데도 포도는 열기로 불타오르고, 갈기가 펄럭이며 금박이 바스락거리고, 말들을 보았는가 싶은데 벌써 지나가 버렸다. 나머지 말들은 서로 밀치며 몰려들어 서로를 방해한다. 보통 한 마리가 맨 마지막으로 뒤처져 오고, 말들이 지나간 자리에는 찢어진 금박 조각들이 흩어져 날린다. 말들은 순식간에 구경꾼의 눈에서 사라지고, 다시 사람들이 몰려들어 경주로를 메운다.

베네치아 광장에서는 또 다른 마구간지기들이 말들의 도착을 기다린다. 이들은 제한된 영역 안에 말들을 붙잡아 묶는다. 승리자에게 상장이 수여된다.

이렇게 축제는 강력하고도 번개처럼 빠른, 순간적인 인상과 더불어 끝난다. 그 많은 사람들이 한참 동안이나 이것을 숨죽여 기다렸지만, 자기들이 어째서 이 순간을 기다렸는지, 무엇 때문에 그리도 열광했는지 제대로 아는 사람이 거의 없다.

우리 서술을 보면, 이런 경주가 동물과 사람에게 위험할 수 있다는 것을 누구나 쉽게 알 수가 있다. 몇 가지 예만 들어 보자. 마차들 사이의 좁은 공간에서 오로지 마차 뒷바퀴만 약간 바깥쪽으로 세워 놓을 수가 있는데, 우연히도 하필 이런 마차 뒤에 약간 넓은 공간이 생기는 수가 있다. 다른 말들과 한데 뒤섞여 달려오던 말 한 마리가 이 넓어진 공간을 이용할 셈으로, 앞으로 뛰어들다가는 밖으로 튀어나온 바퀴에 부딪힌다.

우리도 말 한 마리가 그렇게 충돌하여 쓰러지는 것을 본 적이 있다. 뒤이어 세 마리 말들이 처음 말 위로 넘어져서 서로 엉키는데, 겨우 마지막 말만 다행히도 넘어진 말들을 뛰어넘어 경주를 계속할 수 있었다.

이런 말은 보통 즉석에서 사살되고, 많은 경우 구경꾼도 이런 상황에서 목숨을 잃었다. 말이 방향을 바꾸어도 역시 엄청난 재앙이 일어날 수 있다.

악의적이고 질투심에 찬 사람들이, 뒷말과의 차이를 잔뜩 벌려 놓은 채 선두로 달려오던 말의 눈에 외투를 덮어서 말이 결국 몸을 돌려 옆으로 달리도록 만드는 경우도 있었다. 더 고약한 것은 말들이 베네치아 광장에서 제대로 잡히지 않는 경우이다. 말들은 즉시 몸을 되돌리는데, 경주로가 이미 사람으로 가득 찼기 때문에, 이들은 엄청난 재앙을 만들어 낼 수 있다. 사람들은 이런 재앙을 경험하지 못했거나 아니면 거기 충분히 주의하지 않는다.

질서가 사라지다

보통 밤이 시작될 때 말들이 출발한다. 말이 베네치아 광장에 도착하면 작은 포를 몇 방 쏜다. 이 신호가 코르소 거리의 중간 부분에서 되풀이되고, 오벨리스크 지역에서 마지막으로 나온다.

이 순간 경비대가 초소를 떠나면서, 마차 대열은 더 이상 질서를 지키지 않는다. 평화롭게 창가에 서서 구경하던 구경꾼에게 이것은 분명 두렵고도 짜증 나는 순간이다. 이에 대해서도 몇 마디 설명이 필요할 것 같다.

앞에서 이미 이탈리아에서 많은 것을 결정하는 밤의 시작 무렵에, 보통 때의 일요일이나 축제일 드라이브도 흩어지는 것을 보았다. 경비대도 교황 경비대도 거기엔 없으니, 사람들이 적당한 질서에 따라 이쪽이나 저쪽으로 마차를 모는 것이 옛날부터 내려오는 보편적인 관습이다. 하지만 [저녁 기도 시간을 알리는] 아베 마리아 종소리가 울리자마자, 원하는 시간에 원하는 방식으로 방향을 돌려도 된다는 자신의 권리를 포기하는 사람은 아무도 없다. 사육제가 벌어지는 지금은 대중과 모든 상황이 전혀 다른데도 불구하고, 이 도로에서 비슷한 법칙에 따라 방향 돌리기가 이루어지니, 밤이 시작되는 것과 더불어 질서를 생각지 않고 마차를 몰아도 된다는 자신의 권리를 뺏기려는 사람이 단 한 명도 없는 것이다.

코르소 거리의 어마어마한 군중을 생각하고, 단 한 순간 비워졌던 경주로가 곧바로 도로 군중으로 메워진 것을 생각하면, 이성과 정의가 우리에게 허용하는 법칙이란, 모든 마차가 원래의 질서에 따라 계속 전진하다가, 자기에게 가장 유리한 골목길을 만나면 그리로 빠져나가서 집으로 돌아가는 것이다.

하지만 낮이 끝났다는 신호가 울린 직후에 벌써, 마차 몇 대가 도로 중앙부로 들어가서 보행자들을 방해하면서 서로 뒤엉킨다. 이 비좁은 중앙부에서 어떤 마차는 이 방향, 어떤 마차는 저 방향으로 가려고 하니, 양쪽 모두 그 자리에서 꼼짝도 못하면서, 원래의 줄에 남아 질서를 지키는 사람들이 그 자리를 떠나는 것마저 방해하는 경우가 흔하다.

만일 되돌아오던 말이 이렇게 꽉 막힌 지점에 도달하기라도 하면, 사방에서 위험과 재앙과 짜증이 늘어난다.

밤

하지만 이런 무질서는 비록 늦게나마 대개는 다행스럽게 끝난다. 밤이 시작되었으니, 누구나 어느 정도 휴식을 취하기를 원하는 덕에.

극장

모든 얼굴 마스크가 이 순간 내려지고, 대다수 대중은 서둘러 극장으로 달려간다. 극장의 칸막이 좌석에만 여전히 마스크와 분장을 다 갖춘, 망토와 귀부인들이 보인다. 1층 전체는 도로 시민 복장.

알리베르티Aliberti 극장과 아르젠티나Argentina 극장에서는 중간에 발레를 곁들이며 진지한 오페라를 공연한다. 발레Valle 극장과 카프라니카Capranica 극장에서는 코믹 오페라를 막간에 제공하면서, 희극과 비극 공연이 펼쳐진다. 파체Pace 극장은 불완전하기는 해도 이들을 모방하고, 그 밖에도 인형극이나 줄타기 광대 공연에 이르기까지 온갖 공연들이 제공된다.

한 번 불에 탔다가 재건했지만 도로 무너진 토르데노네Tordenone 대극장은, 이제는 원래의 대규모 연극이나 국가 행사와 또 다른 경이로운 공연들로 민중을 즐겁게 하지 못한다.

로마 사람들의 극장에 대한 열정이 원래도 대단한데, 사육제 기간에는 더욱 격해진다. 이 기간에만 극장의 공연들을 실컷 즐길 수가 있기 때문이다. 지금은 적어도 극장 하나가 여름과 가을철에도 문을 열고, 대중은 연중 대부분의 기간에 어느 정도 공연을 접할 수가 있기는 하다.

여기서 상세한 극장 서술로 넘어가 로마의 특별한 점들을 설명하려 한다면, 원래의 서술 목적에서 벗어나게 될 것이다. 다른 자리에서 이 주제를 다루었음을 기억하시라.

페스티네[Festine, 가장무도회]

마찬가지로 이른바 페스티네에 대해서도 잠깐 이야기를 해야겠다. 이는 화려한 조명을 한 알리베르티 극장에서 여러 번이나 펼쳐지는 대규모 가장무도회를 말한다.

여기서도 신사나 숙녀 모두에게 망토가 가장 점잖은 분장으로 간주되고, 덕분에 홀 전체가 검은 모습으로 채워진다. 색깔이 화려하고 특성이 뚜렷한 분장들이 그 사이로 섞인다.

매우 드물기는 하지만, 여러 다양한 예술 시대에서 선택한 마스크나, 로마에서 볼 수 있는 다양한 조각상을, 몇몇 고귀한 사람들이 훌륭하게 모방하면 그럴수록 호기심은 더욱 커진다.

덕분에 이집트의 신들과 여사제들, 바쿠스와 아리아드네, 비극의 무사이[Musai=뮤즈 여신], 이야기의 무사이, 도시[=알레고리 인물로 표현한 도시, 예를 들면 로마], 베스타 여신의 여사제들, 집정관 등이 상당히 훌륭하게, 원래 의상의 모습으로 등장한다.

춤

이 축제 기간에 춤을 출 때는, 대체로 긴 대열을 이루어 영국식 춤을 춘다. 다만 이곳의 춤이 몇 번의 회전 중에 대개는 무언가 특징적인 것을 무언극 방식으로 표현한다는 점에서만 차이가 난다. 예를 들어 사랑하는 연인들이 둘로 나뉘었다가 화해하고, 찢어졌다가 다시 만나곤 한다.

로마 사람들은 이런 마임mime 방식 발레를 통해 강력한 제스처에 익숙해진다. 그들은 사교춤에서도 우리에게는 과장과 허세로 보일 만한 표현을 좋아한다. 일부러 배운 사람이 아니고는 아무도 쉽사리 춤을 추려고 하지 않는다. 특히 미뉴에트는 워낙 예술로 생각되기 때문에, 겨우 몇 쌍만 춘다. 나머지 사람들은 이 커플을 둘러싸고 경탄하고, 마지막에는 박수갈채를 보낸다.

아침

우아한 세계가 이런 방식으로 아침까지 즐긴다면, 동틀 무렵 코르소에서는 벌써 거리를 청소하고 질서를 되찾는 작업이 한창이다. 특히 세심하게 도로 중앙 부분에 균일하고 깔끔하게 포졸란을 뿌린다.

머지않아 마구간지기들이 어제 성적이 가장 부진했던 경주마를 오벨리스크 앞으로 데려온다. 말 위에는 작은 사내아이를 태웠는데, 또 다른 말 탄 사람이 채찍을 들고 뒤따르면서 말을 앞으로 몰아대기 때문에, 말은 가능하면 빨리 달리려고 있는 힘을 다하게 된다.

매일 오후 두 시경이면 종소리가 울린 다음, 앞에 서술한 축제의 일과가 시작된다. 돌아다니는 사람들이 나타나고, 경비대도 등장하며, 발코니, 창문, 관람석도 양탄자로 덮인다. 분장한 사람들이 점차 늘어나서 바보짓을 하고, 마차도 오가며, 도로는 차츰 사람들로 북적인다. 물론 날씨나 또 다른 요인들이 유리하거나 불리하게 작용한다. 축제의 마지막이 다가오면 자연스러운 일이지만, 구경꾼, 마스크, 마차, 장식, 소음이 더 늘어난다. 하지만 마지막 날과 밤에, 군중과 방종함이 최고조에 이른다.

마지막 날

대체로 밤이 시작되기 두 시간 전에 이미 마차 행렬이 멈춘다. 어떤 마차도 더는 제자리에서 벗어날 수가 없고, 또 옆길에서 이리로 들어올 수도 없다. 관람석과 의자들은 값이 퍽 비싼데도 일찌감치 동난다. 누구나 얼른 자리를 잡으려 하고, 모두들 말들의 경주를 더욱 열렬히 기다린다.

마침내 경주의 순간도 지나고, 축제가 끝났다는 신호가 나온다. 다만 마차나, 마스크나 관객은 즉시 사라지지 않는다.

어둠이 살포시 내려오면, 모든 것은 평온하고, 세상은 극히 조용하다.

모콜리[Moccoli, 촛불]

좁고 높은 도로가 어두워지자마자 여기저기서 촛불이 나타나기 시작하고, 창가에서도 관람석에서도 빛들이 움직이고, 짧은 시간 안에 사방 어디서나 촛불이 움직이면서 도로 전체가 촛불로 밝혀진다.

발코니는 투명하게 속이 들여다보이는 종이 램프들로 장식되고, 누구나 창밖으로 촛불을 내밀고, 관람석도 모조리 촛불을 밝혔고, 마차에도 자주 천장에 작은 수정 샹들리에가 매달려서 거기 탄 사람들을 비추어 주고 있으니, 마차 속도 아름답다. 그사이 다른 마차에서는 안에 탄 귀부인들이 여러 색깔 초를 손에 들고는, 자신들의 아름다움을 보아 달라고 초대하는 것만 같다.

하인들은 마차 천장의 가장자리에 작은 촛불을 매달아 두고, 오색 종이 램프를 매단 채 문을 활짝 연 마차들도 나타난다. 보행자들 사이에서는 몇몇 사람이 머리 위로 높직한 빛의 피라미드를 올려놓고 등장하며, 다른 이들은 여러 개를 이어 붙인 막대 위에 촛불을 꽂았는데, 이런 막대의 높이가 때로는 2층, 3층 높이에 이른다.

이제 불을 켠 촛불을 손에 드는 것이 의무가 된다. 그러면 로마 사람들이 좋아하는 저주의 말 "시아 암마차토"가 사방 구석구석에서 울려 퍼지는 것을 듣는다.

로마의 사육제 전경, Jean-Baptiste-Marie Pierre 作

"시아 암마차토 키 논 포르타 모콜로Sia ammazzato chi non porta moccolo!" "불 없는 놈, 죽어라[=죽임을 당하라]!" 누구나 상대방의 촛불을 불어 끄려고 애쓰면서 이렇게 소리친다. 자기 촛불 켜고 남의 촛불 불어 끄고, "시아 암마차토"를 외치는 이런 행동이 금방 엄청난 군중 사이에 활기와 움직임과 상호 작용을 만들어 낸다.

아는 사람 모르는 사람 상관없이, 그냥 제 옆에 있는 촛불을 불어 끄거나 아니면 자기 촛불을 다시 켜려고 하는데, 물론 이때도 불 켜는 사람의 불을 꺼뜨리려고 한다. "시아 암마차토" 하는 소리가 사방에서 커질수록 그 끔찍한 말의 의미는 사라지고, 실제로 로마에서는 아주 사소한 일로도 이런 저주가 금방 누구한테나 실현될 수 있다는 사실도 함께 잊힌다.

이 말에 들어 있는 의미는 차츰 완전히 없어진다. 다른 나라 말에서도 저주나 점잖지 못한 표현이 경탄이나 기쁨의 표시로 사용되기도 하지만, "시아 암마차토"는 이날 저녁에 암호이자 기쁨의 외침, 모든 농담, 야유, 인사의 반복구가 된다.

그래서 다음과 같은 조롱의 말들을 듣게 된다. "Sia ammazzato il Signore Abbate che fa l'amore.[사랑을 한 수도사님, 죽어라]" 또는 자기 곁을 지나가는 친한 친구에게 이렇게 외친다. "Sia ammazzato il Signore Filippo.[필리포 씨, 죽어라]" 또는 아첨과 찬사를 이 말과 한데 엮는다. "Sia ammazzata la bella Principessa! Sia ammazzata la Signora Angelica, la prima pittrice del secolo.[아름다운 공주님 죽어라! 100년에 한 명 나올 만한 화가 앙겔리카 여사, 죽어라]"

이런 문장은 마지막에서 두 번째나 세 번째 음절을 길게 끌면서 격하고도 빠르게 내뱉는다. 이렇게 끊임없이 외쳐 대면서도 촛불을 불어 끄는 일과 다시 켜는 일이 계속된다. 누군가를 집이나 계단에서 만나도, 그 사람이 설사 한 공간에 자주 모이는 사람이라도, 또는 이쪽 창문에서 옆방 창문으로, 사방에서 모두들 상대방의 촛불을 꺼서 상대를 이기려고 한다.

계층과 나이를 초월해서, 마차 발판으로 올라서서, 그 어떤 매단 램프도, 그 밖의 다른 램프도 안전하지 않고, 아들이 아버지의 불을 끄면서 이렇게 외친다. "Sia ammazzato il Signore Padre![아버지, 죽어라]" 아버지가 이런 정신 나간 짓을 하지 말라고 야단쳐도 소용이 없다. 아들은 이날 저녁의 자유를 주장하면서 그럴수록 더욱 심하게 아버지에게 이 저주의 말을 퍼붓는다. 그런데도 코르소 거리의 양쪽 끝에서 혼잡이 차츰 사라지면, 군중은 더욱더 가운데로 몰려드는데, 그곳에서는 상상을 초월하는, 그야말로 가장 생생한 기억력도 다시는 기억해 낼 수 없을 정도의 혼잡이 일어난다.

아무도 지금 서 있는 장소에서 떠날 수가 없다. 수많은 사람과 이에 더해 촛불의 열기, 거듭 꺼지는 촛불의 연기, 사지를 움직일 수 없게 될수록 더욱 격하게 외쳐 대는 수많은 사람들의 외침 소리, 이런 혼잡은 가장 건강한 감각도 어지럽게 만든다. 사고가 일어나지 않을 수 없을 듯이 보이고, 마차의 말들이 사나워져서 많은 사람을 짓밟거나 다른 어떤 해를 입히지 않을 수가 없을 듯이 보인다.

그런데도 마침내 누구나 어느 정도는 떠나고 싶어 하면서 막 도착한 골목길로 접어들거나 아니면 다음번 광장에서 시원한 공기와 원기 보충을 원하기 때문에, 이런 대중도 차츰 흩어져서 가장자리부터 가운데로 줄어들어 점차 스러져 가고, 모든 사람의 자유와 해방의 축제, 현대의 사투르누스 축제는 전체적인 마비로 끝을 맺는다.

일반 대중은 고기 음식이 나오는 잔치가 자정까지만 허용되고 곧 금지될 것이기에, 그것을 즐기러 서둘러 떠나고, 더 섬세한 계층은 극장으로 달려가서 매우 축약된 연극을 마지막으로 보고, 이런 즐거움에 뒤이어 자정이 다가오면 이 축제는 완전히 끝난다.

재의 수요일

그렇게 방종한 축제가 꿈처럼, 동화처럼 지나가고 나면, 참가자들의 영혼에는 별로 남는 것도 없다. 지금까지 우리가 독자들의 상상력과 이성 앞에 이 전체를 나름의 맥락에 따라 서술해 보여 주려고 노력했는데, 그런 우리 독자들의 영혼에 남는 것보다 별로 더 많을 것도 없다.

이 바보짓들이 지나는 동안, 거친 풀치넬라는 어울리지도 않게 사랑의 기쁨을 기억나게 하고—그러니까 우리 존재가 그 덕에 생겨난 그 기쁨—풍요의 여신이 공공 광장에서 아기를 분만하는 여성의 비밀을 알려 주고, 아주 많은 밤의 촛불들이 마지막 화려함을 기억나게 해 주었으니, 이런 무의미의 한가운데서나마 우리 삶의 가장 중요한 장면들에도 주목했다고나 할까.

좁고 길고, 사람이 잔뜩 몰려든 이 거리는 세속적인 삶의 길들을 더 많이 알려 주었다. 민낯의 또는 가면을 쓴 구경꾼과 참가자들이, 발코니에서나 관람석에서 자기 앞과 주변 아주 작은 공간만을 조망할 수 있고, 마차에 타거나 걸어갈 때에도 겨우 한 걸음씩만 앞으로 나아가고, 아니면 간다기보다 오히려 밀려가고, 자기 의사로 멈추어 선다기보다는 오히려 정체되고, 그래도 더 낫고 즐거운 일이 벌어지는 곳에 도달하려고 열성이지만, 거기서도 다시금 비좁은 곳에 틀어박히거나 아니면 완전히 밀려나 버린다.

이 주제가 허용해 주는 것보다 더 진지한 방식으로 말을 계속하자면, 우리 곁을 잽싸게 스쳐 달려가 버린 말들이 단 한 순간 우리 앞에 나타났다 사라진 것처럼, 가장 생생한 최고 즐거움도 그렇게 우리를 슬쩍 건드리고는 우리 영혼에 거의 어떤 흔적도 남기지 않음을 깨닫는다. 자유와 평등이란 흥분한 광증 상태에서 잠시 누릴 수 있을 뿐, 최고 쾌락이라도 위험에 아주 가까이 다가가, 위험을 바로 옆에 두고 달콤하고 두려운 쾌감들을 맛볼 경우에만 비로소 우리를 자극한다는 사실을 깨닫는다.

우리는 생각지도 못한 채, 사육제 서술을 재의 수요일 관찰로 끝맺은 것 같다. 그로써 독자를 슬프게 만들지 모른다고 걱정하지도 않고서. 그보다는 삶이란 전체적으로 로마의 사육제처럼 그렇게 전체를 조망할 수도, 즐겁게 누릴 수도 없이 그저 위험한 것일 뿐이니, 이런 근심 없는 가장행렬의 관찰을 통해 모든 독자가, 자주 하찮게 생각하는 매 순간의 삶의 즐거움이 중요하다는 사실을 되새기기를 바란다.

2월

편지

2월 1일, 로마

다가오는 화요일 저녁에 바보들을 모조리 조용하게 만들 수 있다면 얼마나 기쁠까요. 스스로 즐거움에 물들지 않은 채, 다른 사람의 정신 나간 짓을 바라보기란 정말 끔찍하게 괴로운 일이니까요.

그동안 가능한 한 내 연구를 계속했어요. 《클라우디네》도 많이 진척되어서, 모든 수호 정령들이 도움을 거부하지만 않는다면 다음 주 오늘쯤 헤르더에게 3막을 보낼 겁니다. 그럼 전집 5권을 마치게 되지요. 그다음엔 다시 새로운 곤경이 나타나는데, 아무도 충고나 도움을 줄 수 없는 종류의 것입니다. 《타소》를 개작하는 일인데, 지금 있는 것은 어디에도 쓸모가 없고, 그렇다고 이대로 끝낼 수도, 전부를 버릴 수도 없으니 말입니다. 신은 인간에게 이런 고난을 주십니다!

전집 6권은 거의 확실하게 《타소》, 《릴라》, 《제리와 베틀리》* 등을 포함하게 될 것입니다. 모두가 개작되고 완성되어 여러분이 다시 알아보기 어려울 것입니다.

동시에 작은 시편들을 다 읽어 보고 전집 8권에 대해 생각해 보았는데, 어쩌면 8권이 7권보다 먼저 나올지도 모르겠네요. 자기 삶의 결산을 이끌어 낸다는 것은 정말 대단한 일이지요. 하지만 한 존재는 얼마나 적은 흔적만을 뒤에 남기는 것일까요!

이곳 사람들이 나의 《베르테르의 슬픔》의 번역본들로 나를 괴롭히네요. 내게 그 책들을 보여 주고 어느 것이 가장 좋은지, 또는 모두가 다 좋은지 따위를 물어봅니다. 그야말로 악몽처럼 나를 저 인도까지도 쫓아올 재앙이지요.

2월 6일, 로마

여기 《클라우디네》 3막을 동봉합니다. 내가 이것을 끝내면서 만족한 절반만큼이라도 이 작품이 당신 마음에 들었으면 좋겠어요. 지금 나는 노래 연극의 요구들을 정확하게 알기 때문에, 많은 것을 희생하면서 작곡가와 출연자에게 친절하게 작업하려고 애썼습니다. 수놓을 바탕천은 너른 실마리들을 가져야 하지요. 코믹 오페라를 위한 바탕천은 반드시 마를리[Marli, 거즈 방식] 천처럼 직조되어야 합니다. 하지만 나는 이 작품도 《에르빈》과 마찬가지로 잘 읽힐 수 있도록 작업했습니다. 어쨌든 할 수 있는 일을 다 한 거죠.

나는 진정되어 순수하고, 모든 부름에 겸손하게 따를 준비가 되었음을 확인해 드릴 수 있어요. 미술을 하기엔 이미 나이가 너무 많죠. 조금 더 하나 적게 하나 한가지입니다. [미술을 향한] 나의 갈증은 진정되었고, 관찰과 연구를 위한 올바른 길에 섰으니, 나의 즐거움은 평화롭고 넉넉합니다. 이 모든 것을 위해 여러분의 축복을 주

* 《릴라(Lila)》와 《제리와 베틀리(Jery und Bately)》는 모두 1780년에 쓰인 노래 연극.

십시오. 마지막 세 권을 끝내는 것 이상의 계획은 없습니다. 그런 다음엔《빌헬름 마이스터》차례가 되겠지요.

2월 9일, 로마

바보들이 월요일과 화요일까지 제대로 소동을 부렸어요. 특히 화요일 저녁은 그 놈의 모콜리 미친 짓으로 온통 난리였지요. 수요일에 사순절이 찾아온 것에 대해 하느님과 교회에 감사를 드렸습니다. 페스티네(여기선 사육제 가장무도회를 이렇게 부르는데)에는 아예 가지 않고, 내 머리가 잡으려는 것에만 열중했어요. 덕분에 5권이 끝났으니, 미술 공부 몇 가지를 하고 곧바로 6권으로 들어갈 생각입니다. 요즈음 레오나르도 다빈치의《회화론》을 읽었는데, 이제야 내가 그동안 어째서 회화의 어떤 점을 전혀 이해하지 못했는지를 깨달았어요.

오, 단순한 구경꾼은 얼마나 행복한지요! 그들은 자신이 영리해서 올바른 것을 알아챘다고 믿으니까요. 애호가나 전문가도 실은 그렇지요. 훌륭한 화가가 늘 별소리를 하지 않으니, 애호가와 전문가라는 게 얼마나 스스로 만족하는 사람들인지 당신은 모르실 겁니다. 나는 최근에도, 스스로 작업을 하지 않는 사람이 누군가를 평가하는 것을 들으며 이루 말할 수 없는 구역질을 느꼈어요. 그런 말은 자욱한 담배 연기처럼 즉석에서 불쾌감을 만들어 내지요.

앙겔리카는 그림 두 점을 사고는 기뻐하고 있어요. 티치아노의 작품과, 파리스 보르도네Paris Bordone의 작품인데요. 그녀는 부자라 연금을 다 못 쓰는데 해마다 거기 덧붙여 돈을 벌고 있으니, 스스로 기쁨을 느끼고 또 자신의 예술적 열성을 높여 주는 것을 사들인다면 찬양할 일이지요. 이 그림들이 집에 걸린 직후에, 그녀는 어떻게 하면 저 대가들의 장점을 자기 것으로 만들 수 있을까 시험해 보려고, 새로운 방식으로 그림을 그리기 시작했지요. 그녀는 지치지도 않고 일할 뿐만 아니라 탐구도 계속합니다. 그녀와 함께 예술품을 보는 것은 큰 기쁨이지요.

카이저도 대담한 예술가로서 작품 활동을 계속하고 있어요. 《에그몬트》에 붙이는 그의 음악은 잘 진척되고 있습니다. 아직 전체를 듣지는 못했습니다만. 작품 하나하나가 최종 목적과 잘 어울리는 듯해요.

그는《작고 느긋한 큐피드여》 등도 작곡할 겁니다. 그곳에서도 나를 기억하며 자주 부를 수 있도록, 곧바로 보내 드리지요. 이것은 내가 좋아하는 노래이기도 하니까요.

많이 쓰고, 많이 일하고, 생각도 많이 해서 머리가 황폐할 지경입니다. 나는 더 똑똑한 사람이 되지 못했기에, 자신에게 무리한 것을 요구하며, 무리한 짐을 지우고 있어요.

2월 16일, 로마

얼마 전에 프로이센 파발꾼 편에 우리 공작님 편지도 한 통 받았어요. 친절하고 사랑스럽고 선량하며 즐거운 편지로, 그런 편지를 쉽게 받을 수는 없지요. 거침없이 글을 쓰시는 편이니, 전체 정치 상황과 자신의 상황, 그 밖의 것들이 적혀 있습니다. 나 자신에 대해서는 가장 사랑스러운 방식으로 서술하셨네요.

2월 22일, 로마

예술가 그룹 전체를 슬프게 만드는 사건이 이번 주에 있었습니다. 드루에Drouais라는 이름의 스물다섯 살가량 된 젊은 프랑스 사람이 천연두로 죽었어요. 섬세한 어머니의 유일한 아들이자, 훌륭한 발전을 거듭하고 있었기에, 이곳에서 공부하는 모든 화가들 중에서도 가장 장래가 촉망된다고 여겨지던 사람이었으니, 모두들 슬픔과 당혹감에 빠졌지요. 그가 떠난 스튜디오에서 실물 크기 필록테테스Philoctetes 그림을 보았어요. 쓰러진 맹금의 날개를 부채처럼 부치며 상처의 통증을 식히는 모습. 구상이 훌륭해서 완성했다면 좋은 작품이 되었겠지만 완성을 못 했네요.

나는 부지런하고 만족하고 있으며, 미래도 그럴 것이라 기대합니다. 내가 문학을 위해 태어난 사람이라는 것이 매일 더욱 분명해지고 있으니, 아마도 계속 일할 수 있을 다음 10년 동안 이 재능을 발전시켜 좋은 작품을 써야겠지요. 큰 공부도 없이 젊음의 불꽃이 내게 많은 성공을 허용해 주었으니 말입니다. 로마에 더 오래 머물면서 나는 미술 작업을 포기한다는 이점을 얻을 거예요.

앙겔리카는 로마에서 나보다 미술 작품을 더 잘 **보는** 사람을 잘 모르겠다고 칭찬해 주었어요. 나는 내가 어디서 무엇을 아직도 못 보는지 분명히 알고 있어요. 그렇기에 내가 점점 더 발전한다는 것도, 또 더 멀리 보려면 무슨 일을 해야 하는지도 잘 느낍니다. 이것으로 족해요. 나는 이미 소원을 이루었어요. 내가 정열적으로 이끌린 어떤 일에서 눈이 먼 채 헤매지는 않게 되었으니까요.

《풍경화가 아모르》라는 시를 가능하면 빨리 당신에게 보낼 것인데, 이 작품에 행운이 있기를 빌어요. 내 작은 시편들에 어떤 질서를 부여하려고 했는데, 이들은 서로 기묘하게 어울리네요. 한스 작스Hans Sachs에 대한 시와 미딩스Miedings의 죽음을 노래한 시가 제8권을 마무리할 것이고, 현재 내 작품들은 여기까지입니다. 내가 체스티우스 피라미드 곁에 매장된다면, 이 두 편의 시가 행장기와 애도사를 대신해도 좋을 겁니다.

내일 아침에 교황의 성가대가 유명한 옛날 노래를 시작하는데, 이 음악은 나중에 수난 주간에 최고의 관심을 받게 되지요. 나는 일요일마다 일찍 가서 그 양식을 익힐 생각입니다. 원래 이 분야 음악을 공부한 카이저가 그 의미를 내게 잘 설명해 줄 거예요. 우편 마차가 올 때마다 성목요일 음악의 인쇄본이 오기를 기다리고 있어요. 카이저가 취리히에 남겨 두고 온 작품입니다. 그러면 먼저 피아노 연주로 듣고, 뒤이어 시스티나 예배당에서 듣게 될 겁니다.

뒷날 덧붙임

화가로 타고나면 많은 것이 예술 관찰의 대상이 되듯이, 사육제 마지막 날 밤의 소동과 어리석음 사이에서도 이런 예술 관찰이 내게 이롭게 작용했다. 내가 경험한 두 번째 사육제. 이런 민속 축제가, 되풀이되는 삶의 다른 직조처럼 확고한 과정을 가진 것임이 금방 눈에 들어왔던 모양이다.

그래서 나는 온갖 소동을 받아들이고, 이것을 다른 의미의 자연의 사건, 민족의 사건이라고 보았다. 이런 의미에서 거기 관심을 느껴 바보짓의 과정을 정확하게 눈여겨보자, 이 모든 일이 일정한 형식과 어떤 능숙함에 따라 진행되는 것임을 알게 되었다. 그래서 개별적인 사건들을 순서에 따라 기록했는데, 그런 사전 작업을 토대로, 위에 삽입한 글을 나중에 썼다. 그리고 당시 같은 집에 살고 있던 게오르크 쉬츠에게 개별 마스크와 분장들을 재빨리 스케치하여 채색해 달라고 부탁했고, 그는 평소의 상냥함으로 그 일을 해냈다.

이 그림들은 나중에 프랑크푸르트 출신의 바이마르 자유 데생 학교장인 멜키오르 크라우제Melchior Krause에 의해 4절판 동판화로 제작되고 채색되어, 웅어Unger 출판사에서 나온 첫 판본에 들어갔고, 이 판본은 희귀본이 되었다.

위에서 말한 목적을 위해, 분장한 대중 속으로 보통 때보다 더 자주 들어가야만 했는데, 아무리 예술적인 관점에서 바라보아도 이런 대중은 자주 역겹고도 무시무시한 인상을 주었다. 로마에서 1년 내내 고귀한 대상들에만 익숙해 있던 정신이, 지금 원래 제자리에 있지 않다는 것을 분명히 깨닫는 순간이었다.

하지만 내면의 더 나은 감각을 위해 최고의 청량제가 준비되어 있었다. 베네치아 광장에서는 많은 마차들이 서서, 움직이는 대열에 합류하기 전에 옆으로 흘러가는 사람들을 구경하곤 하는데, 그곳에서 마담 앙겔리카의 마차를 발견하고 그녀에게 인사하려고 문으로 다가갔다. 그녀는 몸을 밖으로 내밀어 내게 친절하게 인사를 하자마자, 몸을 뒤로 밀어 넣고 자기 옆에 앉은, 이제 건강을 회복한 밀라노 여성을 볼 수 있게 해 주었다. 그녀는 변하지 않았다. 건강한 청춘이 재빨리 회복하지 않을 도리가 있겠는가. 그녀의 눈은 더욱 싱싱하게 빛나면서 나를 바라보는 듯했고, 내 가장 깊은 내면까지 뚫고 들어오는 기쁨을 담고 있었다. 그렇게 한동안 우리는 아무 말도 없이 그대로 있었는데, 결국은 밀라노 여성이 몸을 숙이고 있을 때 마담 앙겔리카가 입을 열어 내게 말했다. "나는 그냥 통역을 하는 것뿐이에요. 이 젊은 여자가 그토록 오래 바라던 것, 그토록 자주 내게 되풀이하던 말을 할 것 같지 않으니 말이에요. 이 사람은 당신이 자신의 질병과 운명에 대해 보여 준 관심에 많은 덕을 입고 있다는 거죠. 위안을 주고 치유와 회복을 도와 다시 삶으로 돌아오도록 해 준 제일 중요한 것이 친구들의 관심, 특히 당신의 관심이었다고 해요. 그래서 가장 깊은 고독에서 단번에 빠져나와, 다시 좋은 사람들 사이 가장 아름다운 그룹에 섞이게 되었다고요."

"모두 사실이에요." 밀라노 여성이 친구의 어깨 너머로 내게 손을 내밀면서 말했다. 나는 그 손을 잡았지만 입술을 가져다 대지는 않았다.

조용한 만족감으로 앙겔리카에게 깊은 감사의 마음을 품은 채, 바보짓을 하는 군중 속으로 다시 들어갔다. 앙겔리카는 저 불운한 사건 직후에 이 선량한 아가씨를 따스한 태도로 대하고, 그때까지 모르던 그녀를 자신의 그룹 안으로 받아들였다. 로마에서는 매우 드문 일이다. 그것은 내게 더욱 감동적인 일이었는데, 이 선량한 아가씨에 대한 나의 관심이 적지 아니 거기 작용했다고 자부할 수 있었으니 말이다.

로마의 원로원 의원인 레초니코 백작은 독일에서 돌아오는 길로 일찌감치 나를 찾아왔었다. 그는 폰 디데von Diede 씨 부부와 가까운 친구 사이로, 나의 소중한 은인이자 친구인 두 사람의 인사를 내게 전해 주었다. 나는 관습대로 더 가까운 관계는 거부했지만, 마지막에는 결국 이 그룹에 끼지 않을 수 없었다.

위에 말한 나의 친구 폰 디데 씨 부부가 자기들의 소중한 친구인 레초니코에게 답례 방문을 했는데, 그러자 나로서는 빠져나갈 길이 더욱 줄어서, 여러 종류의 초대를 받아들여야 했다. 특히 피아노 연주로 유명한 폰 디데 부인의 연주회가 카피톨리노 언덕에 위치한 원로원 의원의 저택에서 열리면서, 우리 친구인 카이저의 연주 솜씨도 이미 소문이 난 터라, 이 연주회에서 함께 연주해 달라는 초청을 해 왔을 때는 더욱 그랬다. 석양 무렵에 의원 저택의 여러 방에서 콜로세움과, 여기저기서 그리로 합류하는 온갖 주변 풍경을 내려다보는 비할 바 없는 전망은, 화가의 눈길에는 세상에서 가장 장엄한 풍경을 제공하고 있었지만, 이 모임에 대한 존경심과 예의를 저버리지 않으려면 거기 빠져들 수는 없었다. 폰 디데 부인은 대단히 훌륭한 장점들을 드러내며 중요한 피아노 콘서트 작품을 연주했고, 곧이어 우리 친구의 차례가 되었다. 그가 얻은 찬사를 믿어도 된다면, 그도 아주 품위 있게 연주를 했다. 한동안 이렇게 여러 명이 번갈아 가며 연주가 계속되었다. 어떤 귀부인이 좋아하는 아리아를 부르고, 마지막에 다시 카이저 차례가 돌아오자, 그는 우아한 주제를 기본으로 삼아 이것을 극히 다양한 방식으로 변주했다.

모든 것은 잘 진행되었다. 다만 원로원 의원이 나와 이야기를 나누면서 많은 친절한 말을 했지만, 완전히 감추지 못하고 저 부드러운 베네치아 방식으로 절반은 유감스러워하면서, 자기로서는 그런 변주곡은 별로 좋아하지 않고, 자기 친구가 연주한 표현력 풍부한 아다지오에 거듭 매혹된다고 말했다.

나는 사람들이 흔히 아다지오와 라르고에 덧붙이는 그리움의 음조들에 반감을 느낀 적이 있다고 주장하려는 것은 아니지만, 음악에서 언제나 흥분시키는 종류를 더 좋아했다. [아다지오나 라르고를 들으면] 상실과 실패에 대한 감정과 사색이 너무 자주 우리를 짓누르고 압도해 버리려 하기 때문이다.

그렇다고 우리 원로원 의원을 비난할 수는 없었다. 오히려 그가 그런 음악에 자신의 귀를 내주기를 극히 친절하게 빌어 주어야 했다. 세상에서 가장 장엄한 장소에서 그토록 사랑스럽고도 귀한 음악가 친구를 접대하고 있으니 말이다.

우리 다른 사람들, 특히 독일인 청중에게 그것은 이루 말할 수 없이 소중한 즐거움이었다. 이미 오래전부터 존경해 온 뛰어난 부인이 그랜드피아노에서 가장 섬세한 음으로 자신을 표현하는 것을 들으면서, 동시에 창문 아래쪽으로 세상에서 유일한 지역을 내다볼 수 있었으니 말이다. 고개를 조금만 돌리면 석양에 빛나는 거대한 그림이 내려다보이는데, 셉티무스 세베루스의 개선문 왼편으로 캄포 바치노[=오늘날의 포로 로마노]를 따라 미네르바 신전과 평화의 신전까지의 광경이 펼쳐지고, 그 뒤로 콜로세움이 솟아 있다. 콜로세움에 뒤이어 눈길을 오른쪽으로 향하면, 티투스 개선문을 거쳐, 팔라티노의 폐허와, 정원과 거친 초목으로 장식된 적막함의 미로에서, 눈길이 방향을 잃고 한동안 헤매게 된다. (이 설명에 이어서, 카피톨리노 꼭대기에서 1824년에 프리스가 스케치하고 튀르머Thürmer가 동판화로 제작한 로마 북서부 전망을 살펴볼 것을 권한다. 이 전망은 몇 층 정도 더 높은 곳에서 바라본 것으로 새로운 발굴들이 이루어진 다음에 나온 것이지만, 우리가 당시 보았던 것 같은 석양과 그림자를 보여 준다. 물론 그림자와 푸른색의 대비, 거기서 나오는 온갖 마법을 지닌 그 빛나는 색깔은 그림에 없지만.)

멩스가 그린 것 중에 가장 훌륭한 그림인, 교황 클레멘스 13세 레초니코의—조카

로마의 팔라티노 폐허, Goethe 作

를 원로원 의원직에 앉힌 사람—초상화를 조용히 바라보던 이 시간들을 귀한 행운이라 여겨야 옳다. 이 그림의 가치에 대해서는 우리 친구의 일기장에서 한 구절을 인용하겠다.

"멩스가 그린 그림들 중에서 그의 기술을 가장 훌륭하게 보존하고 있는 것이 레초니코 [가문 출신] 교황의 초상화이다. 화가는 이 작품에서, 색채나 기법 면에서 베네치아 화가들을 모방하여 다행스러운 성과를 거두었다. 색채의 톤은 참되고 따스하며, 얼굴 표정은 생동하고 정신성이 풍부하다. 금라 커튼을 배경으로 인물의 머리와 다른 부분이 아름답게 드러나 있는데, 회화에서 대담한 작품이면서 탁월하게 성공했다. 그를 통해 이 그림은 풍부하고 조화롭고 우리 눈을 편안하게 감동시키는 모습을 얻는다."

3월

편지

3월 1일, 로마

일요일에 우리는 교황님이 추기경들과 함께 미사를 올리는 시스티나 예배당에 갔지요. 사순절 기간이라 추기경들이 붉은색이 아닌 보라색 옷을 입었기에 새로운 장관으로 보였어요. 며칠 전에 알브레히트 뒤러Albrecht Dürer의 그림을 보았는데, 그것을 이렇게 실제로 보게 되니 퍽 기뻤습니다. 전체가 모두 합쳐져서 위대하고도 단순해지는데, 모두가 모이는 수난 주간에 이방인이 여기 들어섰다가 어리둥절해진다 해도 나로서는 놀랍지가 않아요. 나는 예배당 자체를 잘 알지요. 지난여름에 자주 여기서 점심을 먹고 교황의 옥좌에서 낮잠을 잤으니, 이곳의 그림을 거의 외다시피 하지만, 모든 것이 합쳐져서 제대로 기능을 하자 사정이 완전히 달라져서, 내가 아는 곳 같지가 않더군요.

스페인 사람 모랄레스Morales가 작곡한 옛날 모테트Motett가 노래되었고, 우리는 앞으로 무엇을 더 들을까를 예감할 수 있었습니다. 카이저도 이런 음악은 여기서만들을 수 있고 또 그래야 한다고 생각하죠. 다른 곳에서는 가수들이 오르간이나 반주 없이 이런 노래를 하도록 훈련이 되어 있지 않고, 또 이런 노래는 교황 예배당의 고대 재산 목록에나 어울리며, 미켈란젤로의 그림들, 최후의 심판, 저 예언자들과 성서 이야기들하고만 앙상블을 이루기 때문이랍니다. 카이저는 언젠가 이 모든 것을 규정하는 평가를 내놓을 겁니다. 그는 고古음악의 숭배자로서, 고음악에 속하는 모든 것을 매우 열심히 탐구하고 있으니까요.

우리는 주목할 만한 찬송가 모음집을 갖고 있는데요. 이들은 이탈리아 시구로 옮겨져서 베네치아 귀족인 베네데토 마르첼로Benedetto Marcello가 18세기 초에 음악으로 옮긴 것입니다. 그는 많은 노래에서 스페인계 유대인과 독일계 유대인의 음조를 모티프로 받아들였고, 다른 노래에서는 고대 그리스 멜로디를 기반으로 삼았는데, 대단한 지성과 예술에 대한 지식과 절도를 가지고 완성했습니다. 이런 노래들은 솔로, 듀엣 또는 합창곡으로 만들어졌는데, 물론 누구나 스스로 그 의미를 찾아내야겠지만, 믿을 수 없을 정도로 독창적입니다. 카이저는 이런 찬송가들을 매우 높이 평가하고, 그중 일부를 베낄 생각이랍니다. 베네치아에서 1724년에 인쇄된, 처음 50편의 찬송가를 포함한 전체 작품을 어쩌면 언젠가는 가질 수도 있겠지요.

나는 용기를 내서 [내 전집의] 마지막 세 권을 한꺼번에 생각해 보았지요. 이제는 내가 무엇을 할 것인지 정확하게 알고 있습니다. 하늘이 내게 그것을 해낼 정서와 행운을 주시기를.

풍족한 한 주간이었네요. 돌아보면 마치 한 달처럼 여겨집니다.

우선《파우스트》의 계획을 세웠습니다. 이 작품이 성공적으로 만들어지기를 바라고 있어요. 물론 이 작품을 지금 쓰는 것과 15년 전에 쓰는 것은 전혀 다른 문제이지요. 여기서 그 무엇도 잃어버린 것은 아니라고 생각합니다. 특히 지금에서야 다시금 실마리를 찾은 것 같으니까요. 전체의 톤에 관해서도 이제야 위안을 얻습니다. 새로운 장면 하나를 썼는데, 그 종이의 가장자리를 조금만 그을린다면, 아무도 옛날에 쓴 것과 구분하지 못할걸요. 오래 쉬면서 멀리한 덕분에 나의 원래 존재의 바탕으로 되돌아왔는데, 내가 얼마나 옛날의 나 자신과 같은지, 그 여러 해와 사건들을 통해서도 내면이 얼마나 변하지 않았는지 놀랄 정도입니다. 옛날 원고를 눈앞에 두고 있으면, 여러 가지 생각이 떠오릅니다. 핵심적인 장면들을 전체 개요도 없이 그대로 써 내려간 최초의 원고인데, 이제는 시간이 흘러 종이가 누렇게 바랬고, 잘 잡히지도 않으며 (이들은 철해진 적도 없으니) 가장자리가 무르고 바스러져서 정말로 낡은 필사본의 일부처럼 보이거든요. 당시 나는 감각과 예감을 품고 저 옛날 세계로 들어갔었는데, 지금은 스스로 살아 버린 과거의 시간으로 다시 돌아가야 할 판이네요.

《타소》의 계획도 정리되고, 마지막 권을 위한 여러 종류의 시詩들도 대개 정서가 되었어요. 《예술가의 지구 여행》을 새로 써야 하고, 그 《숭배》도 덧붙여야 합니다. 이런 젊은 시절의 아이디어들을 이제 비로소 탐색했는데, 모든 세부 사항이 제대로 살아납니다. 그것이 기쁘고, 마지막 세 권에 대해 최고의 희망이 생깁니다. 이들이 전부 눈앞에 벌써 보이니, 이젠 생각한 것을 한 발짝씩 실천할 여유와 마음 상태를 소망합니다.

다양한 짧은 시들을 배치하기 위해 당신의 《흩어진 나뭇잎들》을 모범으로 삼고 있는데, 극히 개인적인 작품들과 순간적인 작품들을 어느 정도 즐길 수 있게, 극히 이질적인 것들을 합쳐 줄 좋은 접착제를 찾아냈다고 여기고 있지요.

이런 관찰에 이어 멩스가 쓴 저술의 새 판본이 도착했답니다. 이것은 지금 내게 이루 말할 수 없이 흥미로운 책입니다. 이 책을 단 한 줄만이라도 이해하려면 반드시 전제되어야 하는 감각적인 개념들을 내가 이미 가지고 있으니까요. 모든 점에서 탁월한 책입니다. 결정적인 이점이 없는 페이지가 없어요. 그의 《아름다움에 대한 단상斷想들》도 많은 사람들이 아주 불분명하다고 여기지만, 나는 다행스러운 깨달음을 이 책에서 얻었지요.

나아가 내게는 아주 중요한 색채에 대한 온갖 사색을 했답니다. 이것은 지금까지 내가 가장 이해하지 못한 부분이니까요. 어느 정도의 연습과 지속적인 사색으로, 세계 표면의 이런 아름다움도 내 것으로 삼을 수 있으리라 생각됩니다.

어느 날 아침에 보르게세 미술관에 갔어요. 1년 동안이나 들르지 않았던 곳인데, 즐겁게도, 내가 [전보다] 훨씬 더 큰 이해의 눈길로 바라보고 있더군요. 이 영주의 집에는 이루 말할 수 없이 소중한 미술의 보물들이 있습니다.

3월 7일, 로마

풍성하고 조용하고 좋은 한 주가 다시 지나갔어요. 일요일에는 교황의 예배당에 가는 것을 빼먹고 대신 앙겔리카와 함께 아름다운 그림을 보았는데, 합당하게도 코레지오Correggio의 작품으로 여겨지는 그림이지요.

라파엘로의 유골이 있는 산 루카 아카데미의 수집품을 보았어요. 유골은 의심의 여지가 없어 보였어요. 이런 훌륭한 골격 안에서 아름다운 영혼이 편안히 산책할 수 있었을 겁니다. 공작은 유골의 복제품을 원했는데, 내가 아마 구할 수 있을 겁니다. 같은 홀에 걸린, 라파엘로가 그린 그림은 과연 라파엘로의 가치를 지닌 것입니다.

카피톨리노도 다시 보았고, 내 마음에 남아 있던 몇 가지 다른 것들도 보았어요. 특히 카바체피Cavaceppi의 집인데, 나는 계속 여기를 못 보고 있었거든요. 많은 소중한 것들 사이에서, 몬테 카발로에 있는 거대 조각상들의 두상 복제품 두 개가 특히 좋았습니다. 카바체피 집 근처에서 그 전체 크기와 아름다움을 고스란히 간직한 복제품을 볼 수가 있지요. 유감스럽게도 가장 좋은 두상이 세월의 풍파에 씻겨 얼굴의 매끄러운 표면에서 거의 지푸라기 두께만큼이 사라지면서, 가까이서 보면 천연두를 앓은 것처럼 보이기는 합니다만.

오늘은 산 카를로 교회에서 비스콘티Visconti 추기경의 장례식이 있었어요. 시스티나 예배당에서 장엄 미사가 열리기에, 우리는 그리로 가서 내일을 위해 귀를 제대로 씻어 냈지요. 두 명의 소프라노가 레퀴엠을 불렀는데, 그것은 우리가 들을 수 있는 가장 이상한 음악입니다. 오르간 반주도 다른 반주도 없었어요.

어제저녁 성 베드로 성당에서 코러스를 들을 때, 오르간이 얼마나 불쾌한 악기인지 분명히 느껴지더군요. 저녁 기도 노래에 반주를 하고 있었지요. 오르간 음악은 성악과 전혀 어울리지 않고, 너무나 강렬했어요. 그에 비해 시스티나 예배당에서 성악부만 노래할 때는 얼마나 매혹적이었던가.

며칠 전부터 날씨가 흐리고 온화합니다. 아몬드 나무는 꽃이 벌써 대부분 시들었고, 초록색이 점점 짙어지고 있지요. 꼭대기 부분에만 아직 얼마간 꽃이 보입니다. 이제 복숭아꽃이 그 뒤를 잇는데, 아름다운 빛깔로 정원들을 장식하고 있어요. 폐허마다 가막살나무Viburnum Tinus가 꽃을 피우고, 딱총나무 관목과 내가 모르는 다른 관목들이 모조리 순을 내밀었어요. 성벽과 지붕들도 날로 푸르러 가는데, 몇 곳에서는 꽃들도 피었지요. 티슈바인이 나폴리에서 올 거라 내가 방을 옮겼는데, 이 방에서는 수많은 정원들과 많은 집들의 뒷마당을 볼 수 있어요. 정말 즐거운 광경입니다.

주형을 만드는 일을 시작했어요. 인식에 관련된 것이라면 매우 순수하고도 확실하게 앞으로 나아가지만, 실제 힘의 적용이라는 점에서는 좀 혼란스러워요. 대부분의 형제들처럼 나도 그렇지요.

3월 14일, 로마

이곳에서 다음 주는 생각할 일도 할 일도 없어요. 그냥 축제의 파도를 따라야지요. 부활절 이후에는 아직 남아 있는 몇 가지를 더 보고, 인연들을 정리하고, 계산을 치르고, 짐을 꾸려 카이저와 함께 떠날 겁니다. 모든 것이 내 소망과 계획대로 이루어진다면 4월 말에는 피렌체에 있을 겁니다. 여러분은 그사이로 내 소식을 들을 거고요.

새로운 상황으로 나를 몰아가는 외적인 동기에* 따라 여러 조치들을 취해야 하니 이상했어요. 덕분에 나의 로마 체류는 점점 더 아름다워지고 쓸모 있으며 행운이 되고 있지요. 그래요, 지난 8주 동안 내 삶에서 가장 만족스러운 시간을 누렸다고 할 수 있겠네요. 앞으로 내 존재의 온도를 측정할 기준이 되는, 적어도 외적인 지점 하나를 가진 것이죠.

이번 주는 나쁜 날씨에도 불구하고 잘 지냈습니다. 일요일에는 시스티나 예배당에서 팔레스트리나Palestrina의 모테트를 들었어요. 화요일에는 어떤 외국 여성을 기리기 위해 어떤 홀에서 수난 주간 음악의 다양한 부분 노래를 듣는 행운을 누렸는데요. 우리가 자주 피아노 앞에서 그 노래를 불러서 개요를 알고 있었기에, 극히 편하게 음악을 들었답니다. 이것은 믿을 수 없을 정도로 위대하고도 단순한 예술품입니다. 거듭 새로워지는 표현은 이곳의 이런 상황에서 말고는 다른 어디서도 듣기가 어렵지요. 더욱 자세히 관찰하면, 이것을 이상하고도 기묘하게 만드는, 기술적으로 불완전한 여러 전통들이 떨어져 나갑니다. 이런 모든 것을 지니고도 이것은 특별한 것, 완전히 새로운 것이죠. 카이저가 언젠가 그것을 탐구할 수 있겠지요. 보통은 아무에게도 허용되지 않는 일인데, 그는 시스티나 예배당에서의 리허설을 듣는 행운을 누릴 겁니다.

먼저 '뼈와 근육' 스튜디오에서 공부한 데 이어, 이번 주에는 발 모형 하나를 제작했는데, 스승의 칭찬을 듣고 있어요. 전신을 그렇게 철두철미 작업한다면, 그야말

* 바이마르 공작이 괴테에게 로마에 더 머물면서 그의 어머니 공작부인의 로마 체류를 위한 준비를 해 달라고 요청했기에.

로 많은 것에 대해 더 똑똑해질 겁니다. 온갖 수단과 전문가들의 다양한 충고가 있는 로마에서는 당연한 일이지요. 나는 발 뼈대 하나, 실물대로 주조한 아름다운 해부 모형, 그 밖에도 가장 아름다운 고대의 발 모형 여섯 개, 몇 가지 나쁜 발의 모형들을—아름다운 것은 모방하려고, 나쁜 것은 경고하려고—갖고 있는 데다가 현실도 참고할 수 있답니다. 관람하는 모든 별장에서 이 부분을 볼 기회가 있어요. 그림들은 내게 화가들이 생각하고 행한 것을 보여 주니까요. 화가들 서너 명이 매일 내 방으로 찾아오고, 나는 그들의 충고와 발언을 이용하는데, 정확하게 보자면 하인리히 마이어의 충고와 도움이 가장 많이 발전하도록 도와줍니다. 이런 바람으로는 배가 이 자리에서 전혀 앞으로 나갈 수가 없으니, 돛이나 미친 듯이 움직이는 키잡이가 나타나서는 안 된다는 것이죠. 나 자신이 만들어 낸 일반적인 미술 관찰에서는 부분들 하나하나에 주목하고 열심히 바라보는 것이 꼭 필요한 일입니다. 무한성 속에서도 앞으로 나아가는 것은 퍽 좋은 일이네요.

이리저리 돌아다니면서 그동안 소홀히 한 대상들을 관찰하는 일을 계속하고 있어요. 어제 처음으로 라파엘로의 빌라에 갔었는데, 이곳에서 그는 애인 곁에 머물며 모든 예술, 모든 명성보다 삶의 즐거움을 더 좋아했었죠. 이것은 거룩한 기념비입니다. 도리아Doria 영주는 이 저택을 사들여서 이 집에 합당하게 손질하려고 한 것 같아요. 라파엘로는 온갖 의상과 민속 의상을 입은 애인의 초상화를 벽에다 스물여덟 번이나 그렸지요. 역사적인 작품들에서도 여성들은 그녀의 모습과 비슷해요. 집의 위치는 아주 아름다워요. 그에 대해서는 글로 쓰는 것보다 이야기로 하는 편이 더 좋을 듯합니다. 전체 세부 사항을 자세히 보아 두어야지요.

그다음엔 알바니 빌라로 가서 그 안에 있는 것을 전체적으로 둘러보았어요. 아름다운 날이었죠. 지난밤엔 비가 내렸는데, 지금은 다시 태양이 빛나고 내 창문 밖 풍경은 낙원입니다. 아몬드 나무는 완전히 초록색이 되었고, 복숭아꽃이 떨어지기 시작했어요. 레몬 꽃들이 나무 꼭대기에서 펼쳐지고 있어요.

내가 이곳을 떠나는 것을 깊이 섭섭해하는 세 사람이 있어요.* 그들이 나와 함께 누린 것을 다시는 찾아내지 못할 것이니, 나는 무거운 마음으로 그들 곁을 떠납니다. 로마에서 나는 먼저 나 자신을 찾았지요. 처음으로 나 자신과의 일체감을 느끼며 행복하고 이성적으로 되었어요. 이 세 사람은 여러 의미와 정도에서 그런 나를 보았고, 차지했고, 즐겼던 것이지요.

3월 22일, 로마

오늘은 성 베드로 성당에 가지 않고 편지를 쓰려고요. 성聖주간이 그 온갖 기적 및 부담과 함께 지나갔고, 내일 우리는 한 번 더 교황의 축복을 받겠지만, 그러면 마음은 전혀 다른 삶을 향하게 됩니다.

나는 좋은 벗들의 은총과 노력으로 많은 것을 보고 들었어요. 특히 순례자의 발을 씻기는 것과 그들을 먹이는 일을 보려고 엄청난 노력과 압력을 행사해야 했지요.

음악은 정말 아름답습니다. 특히 알레그리Allegri의 《미제레레[Miserere=자비를 베푸소서]》와 십자가에 못 박힌 그리스도가 민중에게 던지는 질책인, 이른바 《임프로페리Improperien》**가 아름다워요. 이 노래들은 수난의 금요일[=예수가 십자가에 못 박힌 날] 새벽에 노래되었지요. 화려한 의상을 모조리 벗어 버린 교황이 옥좌에서 내려와 십자가에 간구하고, 나머지 모든 사람이 그 자리에 머물러 모두가 침묵을 지키는 순간에 합창이 시작됩니다. "Populus meus, quid feci tibi?[내 백성아, 내가 너희에게 무슨 짓을 했

* 앙겔리카, 모리츠, 마이어로 추정됨.

** 비토리오 알레그리(1584~1652)가 작곡한 아홉 성부(聲部)를 위한 미제레레. 뒤에 나오는 《그리스도의 질책(임프로페리)》은 팔레스트리나(1514~1594)의 작품.

느냐?]" 이 부분은 주목할 만한 모든 행사에서도 가장 아름다운 부분이죠. 자세한 것은 말로 전해야 하고, 음악에서 옮길 수 있는 것은 카이저가 가져갈 겁니다. 나는 내가 바라는 대로 행사에서 즐길 수 있는 것을 모조리 즐기고, 나머지는 조용히 관찰을 했어요. 사람들이 흔히 말하는 효과는 내게 나타나지 않았고, 실제로 그 무엇도 그렇게 엄청난 인상을 주지는 않았지만, 나는 모든 것을 경탄으로 바라보았어요. 그들이 철저히 작업해서 기독교 전통을 의식儀式으로 만들었음을 인정하지 않을 수 없거든요. 교황의 활동, 특히 시스티나 예배당에서의 그의 기능은, 최고의 취향과 완벽한 품위를 지니고 수행되었습니다. 벌써 오랜 옛날부터 모든 기술과 예술이 상세히 규정되어 있는 곳에서만 가능한 일입니다.

그 상세한 부분을 지금 이야기할 수는 없습니다. 더 오래 머물라는 요청에 따라 내가 정말로 더 오래 머물지 않았더라면, 다음 주에는 벌써 떠날 수 있을 텐데요. 하지만 이것도 내게는 최선이 되고 있지요. 이 시간에 다시 많은 탐구를 했고, 내가 바라던 기간이 이제는 끝나서 마무리를 지었습니다. 강한 발걸음으로 걷던 길을 떠난다는 것은 참으로 이상한 느낌이긴 합니다만, 그것도 참고 너무 법석을 떨지 않아야겠지요. 모든 큰 이별에는 광증의 맹아가 감추어져 있지만, 그것을 너무 곱씹어 싹을 틔워 키우지 않도록 조심해야 합니다.

함께 시칠리아에 갔던 화가 크니프가 그린 아름다운 그림들이 나폴리에서 왔어요. 내 여행의 아름답고 사랑스러운 결실이며, 여러분에게는 가장 즐거운 결실이지요. 눈에 보여 줄 수 있는 것이 가장 확실한 것이니까요. 그중 몇 가지는 색조로 보아 극히 훌륭하게 만들어졌으니, 여러분은 저 세계가 그토록 아름답다고는 믿기가 어려울 겁니다.

로마에서 점점 더 행복해졌다고 말할 수가 있겠네요. 날이 지날수록 만족감이 점점 더 커진다고 말입니다. 여기 남아서 정말 많은 것을 얻었으니 이제 작별해야 한다는 게 슬퍼 보이지만, 그래도 이 지점에 이를 만큼 오래 머물렀다는 사실이 여전히 큰 위안입니다.

방금 엄청난 소음과 함께 그리스도께서 부활하셨어요. 천사성에서 불꽃을 발사하고 모든 종들이 울리니, 사방 구석구석에서 폭약과 소음과 연발 총소리가 들립니다. 아침 열한 시에 말이죠.

뒷날 덧붙임

필리포 네리가 로마의 일곱 교회 방문을 자주 의무로 삼고, 그로써 가장 내면으로부터 자신의 신앙을 분명히 입증했던 것을 기억해 보자. 축제일에 맞추어 로마로 오는 모든 순례자에게 이 교회 순례가 필수 의무로 요구된다는 사실, 그리고 이 교회들이 서로 아주 멀리 떨어져 있는 탓에, 단 하루 만에 그 길을 모두 걸으라는 것은 힘든 여행을 한 번 더 하라는 요구와 같다는 점도 말해 두어야겠다.

그 일곱 교회란 다음과 같다: 성 베드로, 산타 마리아 마죠레, 성벽 밖의 성 로렌초, 성 세바스티아노, 성 죠반니 라테라노, 예루살렘의 성 십자가, 성벽 앞의 성 바울로.

경건한 로마 사람들도 수난 주간, 특히 성금요일에 이런 교회 순례를 한다. 이 순례를 통해 영혼이 사죄를 얻는다는 정신적인 이점에다가 육체적인 이점까지 덧붙인다면, 이것은 더욱 매혹적인 목표가 된다.

순례를 마치고 합당한 증서를 받고서 성 바울로 성당의 문으로 다시 들어서는 사람은, 정해진 날 마테이Mattei 저택에서 열리는 경건한 민속 축제에 들어갈 입장권을 받는다. 그곳에 들어간 사람은 빵, 포도주, 약간의 치즈나 계란 등으로 이루어진 간단한 식사를 대접받는다. 사람들은 정원에 둥글게 모이거나, 그곳의 작은 원형 극장에서 함께 식사를 한다. 저택의 휴게소에는 상류층 사람들이 모인다. 추기경, 고위 성직자, 영주, 신사들이 이런 풍경을 즐기면서, 마테이 가문이 내놓은 기부금에서 나온 식사를 대접받는다.

우리는 열 살에서 열두 살 정도의 소년들로 이루어진 행렬 하나가 다가오는 것을 보았다. 이들은 수도복이 아니라 기술 훈련생들이 축제일에 입을 법한 옷을 입었다. 40명 정도의 소년들이 모두 같은 색깔 같은 모양 옷차림에, 둘씩 짝을 지었다. 그들은 노래하고 경건하게 혼자 기도문을 중얼거리며 조용히 기율이 있는 모습으로 걸었다.

기술자 풍으로 강인한 모습의 나이 든 사내 하나가 그들 곁에서 걸어가는데, 그가 전체를 통솔하는 것 같았다. 그들이 곁을 지날 때 보니 옷을 잘 입은 대열에 이어서, 맨발에 누더기를 걸친 거지꼴의 소년들 여섯 명가량이 같은 규칙과 방식을 지키며 뒤따라가는 것이 눈에 뜨였다. 질문해서 얻은 답은 이랬다. 이 사내는 직업이 구두공인데, 자식이 없어서 일찌감치 가난한 소년을 도제로 받아들이기로 마음먹었다. 선량한 사람들의 도움을 받아 그 소년을 입히고 양육을 계속했다. 이런 예를 통해 다른 장인들도 그와 비슷하게 아이들을 도제로 받아들이게 되었는데, 그는 이 아이들도 역시 계속 보살폈다. 이런 방식으로 작은 집단이 만들어졌다. 그는 일요일이나 축제일의 해로운 한가함을 피하려고, 신을 경외하는 기도나 찬송을 계속하면서 하루 만에 멀리 떨어진 주요 교회들을 모조리 방문하도록 했다. 이런 식으로 이 경건한 공공 단체는 점점 커졌다. 그는 예나 지금이나 찬양할 만한 이 순례를 실천하는데, 이렇듯 사람들의 눈에 띄는 유용한 단체를 향해 수용 가능한 인원 이상의 아이들이 몰려들었기 때문에, 전체의 선의를 불러일으킬 수단을 이용하게 되었다. 즉 보살핌과 옷이 필요한 아이들을 자신의 행렬에 합류시키기로 한 것이다. 그렇게 해서 언제나 아이들을 보살피기에 충분한 기부금을 받을 수 있었다.

우리가 이런 이야기를 듣고 있을 때, 제대로 옷을 입은 나이 든 소년 하나가 우리

가까이로 다가와 접시를 내밀면서 점잖은 말솜씨로, 헐벗고 신발도 없는 아이들을 위해 기부를 해 주시라고 겸손하게 요청했다. 소년은 감동한 우리 외국인들에게서 넉넉한 기부금을 받았을 뿐만 아니라, 주변에 있던, 평소에는 동전 한 닢까지 아끼는 로마 사람들에게서도 기부금을 받았다. 그들은 그의 공적을 치하하는 많은 찬양의 말과 더불어 적당한 액수의 기부금을 내놓았다.

행사가 끝난 다음 경건한 양아버지가 언제나 제자들이 모은 기부금에서 일부를 제자들에게 나누어 준다는 말을 우리는 들었다. 이렇게 모인 기부금이 그의 고귀한 목적을 위해 부족한 적이 한 번도 없었던 것이다.

《미술에서 아름다움의 모방》

카를 필립 모리츠, 브라운슈바이크 1788

이런 제목으로 전지全紙 네 장[50~60쪽 정도]에 채 못 미치는 작은 책자가 인쇄되었다. 모리츠는 이탈리아 기행문 선인세를 놓고 어떻게든 출판업자를 달래 볼 요량으로 이 원고를 독일로 보냈다. 물론 그런 기행문이 [그가 이미 쓴] 영국을 걸어서 여행하는 기행문처럼 그리 쉽게 쓰일 수 있는 것은 아니었다.

하지만 나로서는 깊은 생각을 거쳐 나온 이 책자를 언급하지 않을 수가 없다. 이것은 우리의 대화에서 나온 내용으로, 모리츠가 자기 방식으로 그 대화를 이용하고 다듬은 것이다. 그야 어찌 되었든 이것은 역사적으로도 어느 정도 흥미롭다. 이를 통해 이 시기 우리들 사이에서 어떤 생각들이 나타났는지를 미루어 짐작할 수 있다. 이런 생각들은 나중에 더욱 발전되고 검토되고 적용되고 널리 퍼져서 세기의 사고방식과 잘 어울리는 것이 되었다.

이 글의 중간에서 발췌한 몇 페이지를 여기 싣는다. 어쩌면 이를 통해 이 책 전체를 새로 인쇄할 계기가 될지도 모르는 일이니.

"미술의 천재에게 있어 [예를 들면 라파엘로] 활동력의 지평은 자연 자체만큼이나 넓어야 한다. 다시 말해 조직Organisation이 극히 섬세하게 짜여 있으면서도, 모든 것을 포괄하는 자연의 무한히 많은 접촉 지점들을 제공해야 한다. 그래서 자연의 온갖 상황의 맨 끝부분들이 여기서 작게 나란히 놓이면, 서로를 밀어내지 않을 만큼 넉넉한 공간을 가져야 한다.

이렇게 더 섬세한 직조의 조직이 완전히 발전하는 중에, 갑자기 저 활동력의 막연한 예감 속에 전체가 포착되면, 그러니까 아직은 눈에도 귀에도 상상력에도 사유에도 잡히지 않는 전체가 포착되면, 사색하고 저울질하는 힘들 사이에서 어떤 불안, 어떤 알력이 생겨나므로 이들 사이의 균형을 반드시 다시 잡아야 한다.

영혼의 단순한 활동력이 막연한 예감으로나마 자연의 고귀한 전체를 포착하면, 이 영혼에서 뚜렷하게 인식하는 사고력, 더욱 생생하게 묘사하는 상상력, 가장 밝게 반영하는 외부 감각 기관은, 자연이라는 맥락에서 개별 물체들을 관찰하는 것만으로는 만족하지 못한다.

활동력 안에서 막연하게만 예감된 저 거대한 전체의 상황들은, 어떤 방식으로든 눈에 보이는 것으로, 또는 귀에 들리는 것으로, 또는 상상력이 파악할 수 있는 것으로 바뀌어야 한다. 이렇게 되기 위해서는 실행력이 제 특성에 맞게 저 자신으로부터 이런 상황들을 그려 내야 한다. 실행력은 저 거대한 전체의 모든 상황들과 그 안에 있는 가장 아름다운 것을 하나의 초점 안에 붙잡아야 한다. 실행력의 광선들이 모인 정점頂点에서 포착해야 한다. 이런 초점에서부터 눈에 어울리는 너비에 맞추어 최고 아름다움의 그림을 섬세하고도 충실하게 마무리해야 한다. 이 그림은 거대한 자연 전체의 가장 완벽한 상황들을 자연 자체처럼 참되고 올바르게, 작은 크기 안에 담아낸다.

하지만 최고 아름다움의 이런 복사는 필연적으로 어딘가에 달라붙어야 하기에, 미술의 능력은 제각기 개성에 따라 눈에 보이는, 귀에 들리는, 또는 상상력이 파악할 수 있는 어떤 대상을 선택하여, 유행하는 기준에 따라 최고 아름다움의 반사광을 이 대상에게 부여해야 한다. 그리고 만일 이 대상이 정말로 자기가 보여 주는 그것이라면, 제 바깥에 그 어떤 독자적인 전체도 용인하지 않는 자연과는 한데 어울릴 수 없는 것이므로, 이것은 우리를 처음의 그 지점으로 도로 데려간다. 즉 [아름다움의] 내적인 본질은 예술을 통해 독자적으로 존속하는 전체로 포착되어 아무런 방해도 받지 않고 자연의 위대한 전체 상황을 완벽한 크기로 반영할 수 있으려면, 내적 본질 자체가 매번 우선 현상으로 바뀌어야 한다.

하지만 아름다움을 포괄하는 저 거대한 상황이 사고력의 영역에 속하지 않으므로, 미술에서 아름다움의 모방에 대한 생생한 개념도, 작품을 생산하는 활동력의 감정 안에서만, 그것도 생성의 첫 순간에 생겨날 수 있다. 완성된 작품의 모습은, 점진적인 변화 과정의 모든 단계를 통해 막연한 예감 속에서 갑자기 영혼 앞에 나타난다. 곧 작품이 진짜로 존재하기 이전 처음 생성의 순간에 잠깐 나타나는 것이다. 이로써 창작하는 천재를 거듭 형성 작업으로 몰아가는, 무어라 이름 붙이기 어려운 매력이 생겨난다.

아름다운 예술 작품의 순수한 즐기기까지 합쳐, 미술에서 아름다움의 모방에 대한 이런 사색을 통해, 아름다운 예술 작품 즐기기를 더욱 높여 주는 생생한 개념에 더 가까이 데려가는 요소가 우리 안에서 생겨날 수 있다. 다만 우리가 아름다움을 최고로 즐기는 경우라도, 그런 즐기기가 우리의 능력에서 작품의 변화 과정을 포함할 수는 없으니, 최고로 즐기기는 언제나 그것을 만들어 낸 창작하는 천재에게만 주어진다. 따라서 아름다움은 그 생겨남에서, 그 변화 과정에서 이미 최고 목적을 달성한다. 완성된 작품을 나중에 우리가 즐기는 것은 오로지 그것이 존재한 결과인 것이니—그러므로 자연의 위대한 계획에서 미술의 천재는 먼저 저 자신을 위해 존재하고, 나중에야 우리를 위해 존재한다. 미술의 천재 바깥에 스스로는 창조하지도 그리지도 않는 존재들이 있고, 한 번 만들어진 것은 이들의 상상력까지도 함께 사로잡기 때문이다.

아름다움의 본성은 아름다움의 내적 본질이 사고력의 경계 밖에 있다는 것이다. 즉 생성의 순간, 곧 아름다움의 변화 과정 자체에 그 본질이 있다. 아름다움에서는, 그것이 어째서 아름다운가를 사고력이 질문할 수 없기 때문에 아름답다. 여기에는 사고력이 [무언가를 기준으로 삼아] 아름다움을 판단하고 관찰할 그 어떤 비교점도 아예 없기 때문이다. 어떤 사고력도 그것을 포괄하지 못하는, 거대한 자연 전체의 온갖 조화로운 상황이라는 것 말고, 진짜 아름다움을 위한 그 어떤 비교점이 있다는 말인가? 자연의 여기저기에 흩어져 있는 모든 개별적인 아름다움은, 저 거대한 전체 상황들의 진수眞髓가 그 안에 다소 드러난다는 한에서만 아름답다. 그러니까 그것[개별적 아름다움]은 미술의 아름다움을 위한 비교점이 되지 못한다. 뿐만 아니라 아름다움의 참된 모방을 위한 모범이 될 수도 없다. 자연의 개체들에 나타나는 최고 아름다움이란, 모든 것을 포괄하는 자연 전체의 거대하고 당당한 상황들의 모방을 위해서는 충분히 아름답지 않기 때문이다. 그러므로 아름다움은 인식될 수 있는 것이 아니라 생산되는 것이고, 또는 느낌으로 포착되는 것이다.

비교점이 전혀 없는 상황에서 아름다움이란 사고력의 대상이 아니므로, 우리는 스스로 아름다움을 생산할 수 없는 한, 누릴 수도 없게 된다. 아름다움을 덜 아름다운 것보다 더욱 분명하게 해 줄 그 어떤 척도에도 의존할 수 없으므로—스스로 생산하는 힘이 되지는 못해도 그 힘에 가장 가까운 무언가가 우리 안에서 생산하는 힘을 대신하지 않는다면 말이다. 이것은 우리가 아름다움의 취향Geschmack 또는 아름다움의 감각 능력이라 부르는 것이다. 감각 능력이 제 경계 안에 머물러 있는다면, 이 능력은 아름다움의 생산 과정에만 나타나는 더 높은 즐기기 대신에, 방해받지 않는 고요한 관찰의 평화를 줄 수 있다.

우리의 감각 기관이 거대한 상황을 작은 규모 안에 완전히 반영하는 데 꼭 필요한 수많은 접촉 지점들을 밀려 들어오는 자연 전체에 제공할 정도로 충분히 섬세하게 짜인 것이 아니라면, 순환을 완결시킬 한 점이 우리에게 부족하다면, 우리는 아름다움을 형성하는 힘 대신에, 오로지 감각할 능력만을 가졌다고 할 수 있다. 우리는 우리 바깥에서 아름다움을 다시 묘사하려는[=그려 내려는] 모든 시도에 실패할 것이고, 아름다움에 대한 우리의 감각 능력이 우리가 갖지 못한 형성 능력에 가까이 있을수록, 자신을 더욱 불만스럽게 여길 것이다.

아름다움의 본질이 제 안에서 스스로의 완성에 있는 것이기에, 완성 단계에서 마지막 한 점의 부족은 부족한 점 수천 개와 똑같은 정도로 아름다움의 본질에 해를 끼친다. 그것은 나머지 모든 점들을 제각기 속한 자리에서 쫓아내기 때문이다. 이런 완성 단계의 점이 없다면, 예술 작품은 시작의 노고와 생성의 시간이 모조리 보람 없게 되고 만다. 나쁜 것에서 쓸모없는 것으로 떨어지고, 그 존재는 필히 망각을 통해 저절로 지워질 것이다.

최종 완성으로 데려갈 한 점이 없다면, 그것은 더 섬세한 직조의 조직 안에 심어진 형성 능력에도 역시 천 가지로 해를 끼친다. 이런 능력이 감각 능력으로서 가질 수 있는 최고 가치라고 해 봐야 형성 능력으로서 별것이 아니듯이, 관찰에서도 극히 하찮은 것일 뿐이다. 감각 능력은 제 경계를 넘어서면 필연적으로 자신보다 아래로 떨어져 스스로를 지워 없앤다.

감각 능력이 특정한 아름다움의 장르에서 완전할수록, 그것이 스스로를 기만하여 자신을 형성 능력으로 여기고, 수많은 실패한 시도들을 통해 자신과의 평화를 해칠 위험은 더욱 커진다.

예를 들면 감각 능력은 어떤 미술 작품의 아름다움을 즐기는 과정에, 그 작품이 저를 만들어 낸 형성 능력으로 바뀌는 것을 꿰뚫어 본다. 그리고 스스로의 힘을 통해 예술품을 생산할 정도로 강력한 이런 능력의 느낌 안에서 이 아름다움을 즐기는 드높은 수준을 막연히 예감한다.

너무나 생생하게 건드려진 감각은, 이미 존재하는 작품에서는 형성 능력이라도 얻을 수가 없는 [생성 순간의] 드높은 즐거움을 얻기 위해, 자신도 비슷한 것을 만들어 내려고 노력하지만 헛일이다. 자신의 작품을 미워하여 내동댕이치면서, 제 바깥에 존재하는 모든 아름다움 즐기기를 망쳐 버린다. 이런 감각 능력은 제 협조 없이 아름다움이 존재하는 까닭에, 그런 아름다움에서 그 어떤 기쁨도 느끼지 못하게 되는 것이다.

이런 감각 능력이 지니는 유일한 소망과 노력은, 제가 막연히 예감하는, 저로서는 실패한 더 높은 즐기기에 동참하는 것이다. 형성 능력 덕에 생겨난 예술 작품에, 제 형성 능력의 의식을 지닌 채 자신을 비추어 보는 것 말이다.

다만 이 감각 능력은 제 소망을 영원히 이루지 못한다. 이기심이 그런 소망을 만들어 냈고, 오로지 저 자신만을 위해 아름다움을 예술가의 손에서 빼앗아 제 의지대로 만들라고 요구하기 때문이다.

예술 작품이 완성되어야 허용되는, [감각 능력의] 아름다움 즐기기의 표상이 창작하려는 형성 충동 안으로 들어와 뒤섞이는 순간, 그리고 이런 표상이 우리 활동력의 가장 강력한 첫 충동이 되는 순간, 활동력은 스스로 시작한 것이 제 안에서, 또는 저를 통해 일관되지 않음을 느끼는데, 그 순간 형성 충동은 물론 순수하지 않다. 아름다움의 초점 또는 완성점이 작품 너머로 떨어지면서, 한데로 모였던 광선들이 도로 흩어지고, 작품은 자신 안에서 마무리되지 못한다.

자신이 만들어 낸 아름다움을 가장 높이 즐기는 일을 그토록 가까이 느끼면서 그것을 포기하기란 물론 힘든 싸움처럼 보인다. 그런데도 우리가 스스로 가지고 있다고 여기는 형성 충동에서 그 본질을 고귀하게 만들기 위해, 우리가 찾아내는 온갖 이기심의 흔적을 없앤다면, 그것은 극히 쉬운 일이다. 우리가 만들어 내려 애쓰는 아름다움이 나타나면, 우리 자신이 지닌 능력의 느낌을 통해 아름다움이 우리에게 허용해 줄 즐기기에 대한 표상을 가능한 한 많이 추방하려고 노력하면, 그래서 우리가 마지막 호흡과 더불어 아름다움을 마침내 완성할 수 있게 되어서도, 여전히 그것을 완성하려고 계속 노력한다면, 그것은 정말로 쉬운 일이다.

우리가 예감하는 아름다움이 그 생산 과정에서도 오로지 그 자체로 여전히 우리의 활동력을 작동시키는 자극을 충분히 지닌다면, 우리는 안심하고 자신의 형성 충동을 따라도 된다. 그것이 진짜이고 순수하므로.

즐기기와 효과에 대한 생각을 완전히 없애면서 자극도 함께 사라지면, 이제 더는 싸움이 필요 없다. 우리 안에 평화가 만들어졌고, 다시 제 영역으로 돌아간 감각 능력은 제 경계 안으로 겸손하게 물러나고, 그 대신에 아름다움의 본질이 지닌 본성에 어울리는, 가장 순수한 즐기기를 보상으로 받는다.

물론 형성 능력과 감각 능력이 나뉘는 지점에서 아주 쉽사리 잘못되거나 위반이 일어날 수 있고, 그런 탓에 예술 작품에서 진짜 형성 충동 대신 가짜 형성 충동을 통해 수많은 주제넘은 엉터리 복제품들이 나타난다고 해도 전혀 놀라운 일이 아니다.

진짜 형성 능력도 작품이 처음으로 나타나는 것과 동시에 벌써, 작품에 대한 최초의 최고 즐거움을 이미 확실한 보상으로 자신 안에 지니기 때문이다. 다만 진짜 형성 능력은 제 작품이 주는 즐거움의 예감을 통해 첫 자극의 순간을 얻는 것이 아니라, 저 자신을 통해서 얻는다는 사실을 통해서만 거짓 형성 충동과 차이가 난다. 그리고 이런 정열의 순간에 사고력이 올바른 판단을 내릴 수가 없기 때문에, 상당수의 실패한 시도들이 없이는 자기기만에서 벗어나기가 어렵다.

이렇게 실패한 시도들도 여전히 형성 능력이 결핍되었다는 증거는 아니다. 진짜 형성 능력이라도 완전히 잘못된 방향을 잡는 일이 흔하기 때문이다. 눈으로 보는 것을 상상력 앞에 세우려 하거나, 아니면 귀로 듣는 것을 눈앞에 세우려는 따위의 잘못된 시도들을 한다.

타고난 형성 능력이라도 자연이 언제나 성숙하고 발전된 형태로 내놓는 것은 아니며, 또한 형성 능력이 절대로 스스로를 펼칠 수가 없는 잘못된 길로 접어들어도 자연이 그대로 내버려 두는 까닭에, 진짜 아름다움은 드물다.

그리고 주제넘은 형성 충동에서 비천하고 질 나쁜 것이 나와도 자연이 그것을 방해하지 않고 그대로 내버려 두기 때문에, 바로 그렇기 때문에 진짜 아름답고 고귀한 것은 그 희귀한 가치를 통해, 질 나쁘고 비천한 것과 분간이 되는 것이다.

감각 능력에는 여전히 형성 능력의 결과를 통해서만 메워지는 틈이 남는다. 형성 능력과 감각 능력의 관계는 남자와 여자의 관계와 같다. 형성 능력도 작품이 처음 생성되는 순간에 감각 능력과 동시에 최고 즐거움의 순간에 빠져들어, 자연이 그러듯이, 자신에게서 제 본질의 복제품을 만들어 내기 때문이다.

감각 능력과 형성 능력은 조직의 섬세한 직조에 기반을 둔다. 이 조직이 자신의 온갖 접촉 지점에서 자연의 거대한 전체 상황들에 대한 완벽한 복제, 또는 거의 완벽한 복제인 한 그렇다.

감각 능력이나 형성 능력이 사고 능력보다 더 많은 것을 포괄하고, 이 두 능력의 기반이 되는 활동력은, 사고력이 포함하는 모든 것도 동시에 포함한다. 활동력은 우리가 가질 수 있는 모든 개념들의 최초의 계기들을 끊임없이 자신에게서 자아내어 자신 안에 지니기 때문이다.

이런 활동력이 사고력의 영역에 속하지 않는 온갖 것을 생산하여 자신 안에 지니는 한, 그것은 형성 능력이라 불린다. 그리고 활동력이 사고력의 경계 밖에 있는 것을 생산하려는 성향을 보이면서 제 안에서 그것을 붙잡는 한, 이는 감각 능력이다.

형성 능력은 감각과 활동력 없이는 존재할 수 없는 데 반해, 순수한 활동력은 원래의 감각 능력과 형성 능력이 없이도 저 스스로 생겨날 수 있다. 활동력이 이들 감각 능력과 형성 능력의 토대이기 때문이다.

이런 순수한 활동력이 조직의 더욱 섬세한 직조에 기반을 두는 한, 신체 기관은 감각 능력과 형성 능력을 전제로 할 정도의 완전성이 요구되지는 않더라도, 모든 접촉 지점들에서 거대한 전체 상황의 복제가 되어야 할 것이다.

우리를 둘러싼 거대한 전체 상황들의 아주 많은 것이 우리 기관의 온갖 접촉 지점들에서 서로 만난다. 그래서 우리는 이 거대한 전체가 되지 않고도, 그것을 우리 안에서 어렴풋이 느끼는 것이다. 저 전체에서 우리 본질 안으로 짜여[직조] 들어온 상황들은 모든 면을 향해 다시 확장되려고 한다. 기관은 모든 면으로 무한까지 나아가기를 소망한다. 그것은 사방에서 둘러싼 전체를 자기 안에 반영하려 할뿐더러, 가능한 범위에서 스스로가 그렇게 모든 것을 둘러싼 전체가 되고자 한다.

그래서 더 고등한 [유기] 조직은 본성적으로 하급 조직을 붙잡아 제 본질 안에 받아들인다. 식물은 변화와 성장을 통해 무기질을 흡수한다. 동물은 변화와 성장과 즐기기를 통해 식물을 받아들인다. 인간은 변화와 성장과 즐기기를 통해 동물과 식물을 자신의 내적 본질로 바꿀 뿐만 아니라, 자신의 조직에 종속되는 모든 것을 [제 안에] 지닌다. 모든 것들 중에서 가장 밝게 갈고닦아 반영하는 자기 본질의 표면을 통해 이 모든 것을 자기 삶의 범위 안으로 받아들인다. 그리고 자신의 기관이 형성되면서 스스로 완성되면, 그것을 더욱 아름답게 만들어 자기 밖에서 [그림으로] 묘사하는 것이다.

그렇지 않은 곳에서 인간은 자기를 둘러싼 것을 파괴함으로써, 자신의 현실적 삶의 범위 안으로 끌어들여, 주변을 황폐하게 하면서 가능한 한 그것을 붙잡는다. 순수하고 죄 없는 구경이, 확장된 진짜 삶을 향한 갈증을 대신할 수는 없기 때문이다."

4월

편지

4월 10일, 로마

아직 몸은 로마에 있지만 영혼은 아닙니다. 떠나기로 결정되자마자 이미 그 어떤 관심도 더는 없어졌으니, 벌써 보름 전에 떠났을 것입니다. 다만 카이저 때문에, 그리고 부리Bury 때문에 여기 머물고 있습니다. 카이저는 오직 이곳 로마에서만 가능한 몇 가지 공부를 마쳐야 하고, 몇 가지 음악을 더 모아야 합니다. 부리는 나의 구상에 따른 그림의 도안을 깨끗이 정리해야 하는데, 나의 충고를 필요로 해요.

하지만 4월 21일이나 22일에는 출발하기로 정했어요.

4월 11일, 로마

나날이 흘러가는데 나는 아무 일도 못 하고 있어요, 거의 그 무엇도 보고 싶지 않

남성의 두 가지 몸동작, Goethe 作

습니다. 정직한 마이어가 아직 내 곁에 남아 있어서, 마지막으로 그의 가르침을 들으면서 보냅니다. 카이저가 아니었다면, 나는 마이어와 함께 지냈겠지요. 그의 곁에

1년만 더 있었다면 아주 많은 발전을 했을 겁니다. 특히 그는 두상[=초상] 드로잉에서 모든 망설임을 넘어서도록 도왔을 거예요.

오늘 아침에 선량한 마이어와 함께 고대의 가장 훌륭한 조각상들의 복제품을 모아 놓은 프랑스 아카데미에 갔었지요. 내가 여기서 무엇과 작별을 고하는지를 어찌 말로 표현할 수 있을까요? 그런 자리에서 인간은 자기를 넘어선 존재가 됩니다. 인간이 몰두해야 할 가장 고귀한 것이 인체 형태인데, 그런 형태가 여기서 극히 다양한 장엄함으로 나타난 것을 보니까요. 하지만 그런 모습을 보면 누군들 자신이 얼마나 부족한지 곧바로 느끼지 않을 수 있을까요. 각오를 했더라도, 마치 파괴된 것처럼 서 있게 되지요. 그동안 비율, 해부학, 동작의 규칙성 등을 어느 정도 분명히 하려고 노력해 왔지만, 여기서 너무 분명하게 눈에 띄는 것은, **형식**이 결국 모든 것을 포괄한다는 것이죠. 팔다리의 합목적성, 비례, 성격과 아름다움을 말입니다.

4월 14일, 로마

혼란이 이보다 더 클 순 없을 겁니다! 나는 발 모형 만들기를 중지하지 않았는데, 이제는《타소》를 붙잡아야겠다는 생각이 떠오른 거죠. 내 생각은《타소》를 향하는데, 이 작품은 눈앞에 둔 여행에서 그야말로 환영할 만한 동반자가 될 겁니다. 그사이로 짐을 싸는데, 이런 순간에야 비로소 자기가 그동안 대체 무엇을 수집했는지, 그리고 이 모든 것을 싸서 끌고 가야 한다는 걸 알게 되는 겁니다.

뒷날 덧붙임

마지막 몇 주 동안의 편지 왕래는 별로 중요한 내용을 제공하지 않는다. 나의 처지는 미술과 우정 사이, 소유와 열망 사이에서, 또 지금까지 살던 현실과 새로 적응해야 하는 미래 사이에서 뒤죽박죽이 되고 말았다. 이런 상황에서 내 편지들은 별 내용을 담을 수가 없었다. 이미 검증된 옛 친구들을 다시 만날 즐거움은 적당한 정도로만 표현되는데, 현재의 친구들과 헤어지는 고통은 거의 감출 수가 없었다. 그런 탓에 뒷날 쓰는 이 보고에서는 많은 것을 요약하고, 이 시기에 일부는 다른 서류들과 기념품을 통해 보존된 것과, 일부는 기억에서 다시 솟아 나오는 것들을 여기 적기로 한다.

티슈바인은 봄에 돌아오겠노라고 거듭 약속하고도 한동안 더 나폴리에 머물렀다. 그와는 잘 지낼 수 있지만, 장기적으로는 이런 변덕이 부담스러웠다. 그는 자기의 모든 계획을 일종의 불확실성 속에 남겨 두는데, 그로써 별로 나쁜 뜻도 없이, 다른 사람에게 손해와 불쾌감을 만들어 내곤 했다. 이번 경우도 그랬다. 그가 돌아오면 숙소에서 우리 모두가 편안하게 지낼 수 있도록 나는 숙소를 옮겼다. 우리 집 위층이 비어 있었기에 주저하지 않고 그것을 빌려서, 그가 돌아오면 아래층의 모든 준비가 끝나 있을 수 있도록, 미리 이사를 했다.

위층 공간은 아래층의 공간과 똑같지만, 뒤편이 우리 집과 이웃집의 정원들을 굽어보는 아주 사랑스러운 전망을 제공한다는 이점을 지녔다. 우리 집은 모퉁이 집이라 사방으로 전망이 열려 있었다.

여기서는 아주 많은 정원들이 규칙적으로 벽으로 나뉘면서 무한한 다양성으로 펼쳐진 것이 보였다. 사방 어디에나 솟아 있는 단순하고 고귀한 건축물이, 초록으로 변하면서 꽃을 피우는 이 낙원을 더욱 장엄하게 만들었다. 정원의 홀들, 발코니, 테라스, 그리고 더 높이 위치한 뒤쪽의 작은 집들 위에 지붕 없는 노천 공간, 그 사이로 이 지역의 온갖 나무와 식물.

우리 집 정원에는 늙은 교구 사제가 적당한 높이로 잘 자란 레몬 나무들을 불탄 흙으로 만든 화려한 화분에 담아 키웠는데, 여름철이면 이 나무들이 밖으로 나와 있다가, 겨울철에는 정원의 홀 안으로 옮겨졌다. 완전히 성숙하면 하나하나 부드러운 종이로 감싼 열매를 조심스럽게 따 모아서 출하하곤 했다. 이 열매는 특별히 훌륭해서 인기가 높았다. 시민 가정에서 이런 오렌지 정원은 해마다 일정한 수입을 가져오는 작은 자산으로 여겨진다.

하늘이 맑은 날 창문을 통해 그 많은 즐거운 광경을 아무 방해도 받지 않고 내다볼 수 있는데, 이 창문들은 미술 작품 관찰을 위해서도 뛰어난 빛을 선물해 주었다. 크니프는 약속대로, 시칠리아 여행에서 제작한 스케치 윤곽들에 조심스럽게 색을 입힌 수채화들을 보내 주었다. 이 수채화들은 극히 유리한 자연광에서 모든 구경꾼에게 기쁨과 경탄을 제공했다. 그가 애착을 품고 이 분야에 헌신했으니, 이런 방식의 명료함과 대기 상태를 그보다 더 잘 잡아낼 사람은 아마 없을 것이다. 이 그림들은 정말로 마음을 사로잡았으니, 바다의 축축함, 암벽들의 푸르른 그림자, 산맥들의 누렇고도 불그레한 색조, 멀리서 광채 또렷한 하늘과 합쳐지는 풍경 등을 새로이 느낄 수가 있었다. 하지만 이 그림들만 이렇게 유리한 것이 아니라, 같은 자리의 동일한 화가畫架 위에 올려놓으면 어떤 그림이든지 훨씬 더 효과가 뚜렷해지고 눈에 띄는 것이었다. 방에 들어서는 순간 몇 번이나 그림이 마치 마법처럼 내게로 다가왔던 것이 기억난다.

유리한 또는 불리한, 직접적인 또는 간접적인 자연조명은 당시 아직 제대로 의식되지 않았으나 철저히 느낄 수는 있었고, 경탄을 받았으나 우연 또는 설명하기 힘든 현상 정도로만 여겨졌다.

이 새로운 숙소는 내가 그동안 수집한 상당수의 석고 복제품을 빛을 잘 받도록 순서대로 늘어세울 기회를 주었으니, 이제야 비로소 극히 소중한 소유물을 즐길 수 있었다. 로마처럼 고대 조각품을 가까이서 접촉할 수가 있는 곳에서는, 마치 자연에 있을 때처럼, 탐구하기 어려운 무한함을 앞에 두고 있다는 느낌을 갖게 된다. 고귀함과 아름다움의 인상이 아무리 좋은 것이라도, 우리를 불안하게 해서 제가 본 것을 말로 붙잡아 표현해 보겠노라는 소망을 갖게 만든다. 그러기 위해서는 우선 인식하고 통찰하고 파악해야 한다. 분류하고 분간하고 질서를 세우는 일을 시작하지만, 완전히 불가능하지는 않더라도, 이 또한 극히 어렵다는 것을 알게 된다. 그러면 결국은 그냥 바라보고 즐기는 경탄의 단계로 돌아오고 만다.

모든 예술품은, 그것이 불러일으키는 시대나 개인들의 상태로 우리를 데려간다는 것이 그 가장 결정적인 작용이다. 고대의 조각상에 둘러싸여 있으면, 움직이는 자연의 삶에 들어 있음을 느끼고, 인체 형태의 다양성을 깨달으며, 가장 순수한 상태의 인간으로 되돌아가게 되는데, 이를 통해 구경꾼 자신이 생동하면서 순수하게 인간적으로 된다. 의상조차도, 자연에 어울리게 자태를 어느 정도 드높이고, 극히 일반적인 뜻에서 좋게 작용한다. 로마에서 그런 환경을 매일 누리다 보면, 동시에 소유욕도 느끼게 된다. 그런 형태들을 자기 옆에 세워 두고 싶어지는데, 가장 뛰어난 석고 복제품이 그런 기회를 제공한다. 아침에 눈을 뜨면 가장 뛰어난 존재가 자기를 건드리는 것을 느낀다. 그런 형태들이 우리의 사색과 감각을 따라다니니, 야만 상태로 되돌아가기란 불가능하다.

유노 루도비시*는 원작을 아무 때나 볼 수 있는 작품이 아니다. 그럴수록 더욱 높

* 유노 루도비시(Juno Ludovisi): 루도비시 집안에 소장되어 있던 유노, 또는 헤라 여신의 거대 두상이다. 빙켈만

이 평가하고 존경하거니와, 그 복제품을 항상 눈앞에 두고 있음을 행운으로 여기지 않을 수 없으니, 이 석고 작품이 으뜸 자리를 차지했다. 우리 동시대 사람 중 누구도, 처음으로 이 작품 앞으로 다가가서 그 눈길을 감당할 수 있노라고 감히 주장하지 못한다.

몇몇 작은 유노들이 비교를 위해 그 옆에 세워졌다. 유피테르 흉상 몇 개와, 또 다른 것으로 넘어가자면 메두사 론다니니의 뛰어난 복제품이 있다. 이는 죽음과 삶 사이, 고통과 쾌락 사이의 갈등을 표현하면서, 이루 말할 수 없는 매력을 뽐내는 작품이다.

덧붙여서 헤라클레스 아낙스도 있는데, 강력하고 거대하며, 분별력이 있고 온화하다. 그다음으로 극히 사랑스러운 메르쿠어 복제품, 오리지널 작품 둘은 영국에 있다.

돋을새김 작품과 테라코타 작품의 복제품들, 이집트 작품과 거대한 오벨리스크의 꼭대기 일부를 복제한 것들, 그 밖에도 여러 파편들, 그중 일부는 대리석 파편들도 있는데, 이들도 죽 늘어섰다.

나는 지금 마치 유언장에 쓸 말을 생각하면서 자기를 둘러싼 물건들을 침착하긴 해도 감동을 품고 살펴보는 사람처럼, 겨우 몇 주 동안 새 숙소에 세워져 있던 보물들 이야기를 한다. 그런 물건들을 다루기가 까다로운 데다 엄청난 노고와 비용, 어떻게 해 볼 수 없는 요소 등으로 인해 가장 뛰어난 것들을 즉시 독일로 보내지 못했다. 유노 루도비시는 고귀한 앙겔리카에게 주고, 그 밖에 몇 개는 또 다른 화가들에게, 일부는 아직 티슈바인의 것이고, 다른 것은 그대로 남겨 두어 내 뒤를 이어 이 숙소로 들어올 부리가 마음대로 처분하게 하면 된다는 등등의 생각들.

이 글을 쓰는 동안 나의 생각은 저 옛날로 거슬러 올라, 처음으로 이런 대상들과

과 괴테 등은 이 두상을 그리스 정신의 정수를 표현한 작품으로 높이 평가했다.

만나면서 내 관심을 일깨운 그 기회들을 다시 불러냈다. 그야말로 부족한 생각에도 이루 말할 수 없는 열광을 만들어 내서 이탈리아를 향한 한없는 동경을 만들어 낸 시간들.

어린 시절 내 고향 도시에서는 조각품을 하나도 보지 못했다. 라이프치히에서 처음으로 심벌즈를 연주하면서 춤을 추는 파우누스Faunus가 내게 깊은 인상을 남겨서 아직도 그 세세한 특성을 기억한다. 오랜 공백기가 지난 다음에 갑자기 조각상들의 바다에 빠졌으니, 바로 만하임 수집품을 만난 일이었다. 위로부터 조명을 받던 그 조각품들.

그 뒤로 석고 복제가들이 프랑크푸르트로 들어왔는데, 이들은 [이탈리아에서 만들어진] 여러 오리지널 복제품을 가지고 알프스를 넘어 북부로 왔다. 그들은 곧바로 이들을 본떠 다시 복제품을 만들면서 오리지널을 괜찮은 가격에 팔았다. 그렇게 해서 나는 상당히 훌륭한 라오콘 두상, 니오베의 딸들, 작은 두상 하나—나중에 사포Sappho라고 여겨진—그 밖에도 몇 개를 소유했다. 나중에 질이 나쁘거나 위조된, 또는 흉내 낸 것들이 나를 압도하려 할 때면, 이 고귀한 모습들이 일종의 비밀 해독제 노릇을 했다. 하지만 나는 모르는 것들에 관계된, 짓눌려도 거듭 일어서는, 충족되지 못한 동경으로 인해 늘 깊은 통증을 느꼈었다. 그러므로 로마를 떠나면서 이토록 간절히 바라던 것들, 그토록 오래 소망한 것들을 차지했다가 이제 도로 헤어져야만 했으니 아픔도 그만큼 컸다.

시칠리아에서 깨달았던 식물 유기 조직의 법칙성은, 애착에서 나와 우리 내면을 사로잡고 또 자신의 능력에도 어느 정도 어울린다 싶은 일들이 흔히 그렇듯이, 그 온갖 일들 사이로 계속 내 마음을 이끌었다. 나는 이미 낡아서 경우에 따라서는 남들이 별 매력을 못 느낄 수도 있는 식물원을 찾아가곤 했는데, 그곳에 있던 많은 것이 내게 새롭고도 예측하지 못한 것으로 생각되면서 큰 영향을 남겼다. 그래서 기회를 보아 주변의 희귀한 식물들을 모아 관찰을 계속했고, 일부는 내가 씨앗이나 열매를 심어 직접 키운 식물도 있었다.

특히 식물들은 내가 떠날 즈음 여러 친구들이 서로 나누어 가지려고 했다. 나는 어느 정도 자란 소나무 묘목을 앙겔리카의 집 정원에 심었다. 이 소나무는 여러 해가 지나 상당히 크게 자랐고, 관심이 있는 여행자들이 나를 생각해서 번갈아 그 장소에 찾아갔다가, 그에 대한 여러 이야기들을 내게 전해 주곤 했다. 유감스럽게도 저 소중한 앙겔리카가 죽은 다음에 새로 이사 온 주인은, 정원의 꽃밭에 전혀 안 어울리는 소나무가 자라는 것을 적절하지 않은 일이라고 여겼다. 나중에 선의를 갖고 이 나무에 대해 물어본 여행자들은 그 자리가 비어 있고, 이제는 그 우아한 나무가 자라던 흔적마저 없어진 것을 보았다.

내가 열매를 심어 키운 대추야자 몇 그루는 그보다 운이 좋았다. 나는 여러 표본들을 희생시키면서 이 식물의 특별한 발전 과정을 관찰했었다. 그때까지 살아남은, 새로 싹이 나온 표본들을 로마의 친구에게 넘겨주었는데, 그는 이 식물을 시스티나 거리의 어떤 정원에 심었고, 이들은 그곳에서 아직까지 살아남았다. 고상한 어떤 여행자가 내게 알려 준 바에 따르면 그것도 남자 키만큼이나 자랐다. 집주인이 이 나무들을 불쾌하게 여기지 않기를, 그래서 앞으로도 내 기억을 간직한 채 초록 잎사귀를 내면서 자라고 번성하기를!

로마를 떠나기 전까지 할 일의 목록에는 매우 어울리지 않는 것들도 들어 있었다. 고대 로마의 큰 하수도인 클로아카 막시마Cloaca Maxima와 산 세바스티아노의 지하 묘지 등을 보는 일이었다. 하수도는 피라네시가 우리 마음에 불러일으킨 거대함의 개념이 관심을 더욱 높였다. 지하 묘지[=카타콤베] 방문은 잘되지 않았다. 이 축축한 공간으로 처음 몇 걸음을 옮기자 곧바로 불쾌감이 생겨서 나는 도로 밖으로 나왔고, 나보다 단호한 마음으로 당당하게 그곳의 상태를 살펴보려고 결심한 친구들이 돌아올 때까지, 바깥 자유로운 공기를 맡으며, 멀리 떨어진 잘 모르는 로마의 이 지역에서 그들을 기다렸다.

오랜 시간이 흐른 뒤에 나는 안토니오 보시오 로마노Antonio Bosio Romano의 《Roma sotterranea[로마의 지하]》라는 커다란 책에서 당시 내가 보았을 또는 보지 못했을 것들을 꼼꼼히 살펴보았고, 그로써 충분하다고 생각했다.

또 다른 순례 여행은 쓸모와 결과가 더 컸다. 산 루카 아카데미로 가서 라파엘로의 두개골*에 우리의 존경심을 바쳤다. 이 두개골은 그곳에서 성유물로 보존되고 있는데, 건축 공사를 위해 이 특별한 남자의 무덤을 열었을 때 그곳에서 찾아내 이리로 가져온 것이었다.

진짜로 놀라운 모습이다! 생각할 수 있는 한 정말로 아름답고 둥근 두개골은 뒷날 다른 두개골들에서 발견되는, 또 프란츠 요제프 갈Franz Joseph Gall의 골상학 이론에서 아주 다양한 의미를 갖는, 혹이나 솟아오른 부분, 휘어짐 등이 전혀 없었다. 나는 이 모습에서 눈을 뗄 수가 없었다. 겨우 떠나면서, 가능하기만 하다면 이 두개골의 복제품을 갖는다면 자연과 예술을 좋아하는 사람에게는 얼마나 의미심장한 일일까 하고 말했다. 영향력이 있는 고문관 라이펜슈타인이 내게 희망을 주더니, 시간이 얼마 흐른 다음에 정말로 그 복제품을 독일로 보내서 내 희망을 실현시켜 주었다. 그것을 바라보면 지금도 나는 자주 극히 다양한 관찰을 위한 자극을 받곤 한다.

성 루카 앞에 모습을 나타낸 성모를 그린 라파엘로의 작품**은 화가가 성모를 성스러운 고귀함과 우아함을 지닌 인물로, 참되고 자연스럽게 묘사하고 있는데, 이 또한 극히 유쾌한 모습이다. 아직 젊은 라파엘로가 멀찍이 떨어진 곳에서 복음서 저자 루카가 일하는 모습을 바라본다. 자신이 천직으로 느끼는 직업을 이보다 더 우아하

* 뒤에 이것은 가짜로 밝혀졌다.

** 이 그림도 라파엘로의 것이 아니라, 티모테오 델라 비테(Timoteo della Vite)의 그림으로 밝혀짐.

게 묘사하고 고백할 수는 없을 것이다.

피에트로 디 코르토나Pietro di Cortona가 당시 이 작품을 소유했다가 이것을 아카데미에 유산으로 남겼다. 물론 많은 곳이 손상을 입어 복원되었지만, 여전히 중요한 가치를 지닌 그림이다.

이 마지막 며칠 동안에 나는 매우 독특한 유혹을 견뎌야 했다. 그것은 내 여행을 방해하여 로마에 도로 붙잡아 둘 수도 있을 만한 유혹이었다. 화가이며 화상畫商이기도 한 나폴리의 안토니오 레가Antonio Rega 씨가, 배를 타고 방금 로마에 도착했으며 배는 로마의 항구인 리파 그란데Ripa grande에 정박해 있다고 친구인 마이어에게 알려 왔다. 그는 마이어 씨에게 함께 자기 배로 가자고 초대했다. 배에는 중요한 고대 조각상이 있는데, 나폴리의 카라파 콜롬브라노Caraffa Colombrano 궁전 뜰의 벽감에, 아주 오래전부터 다른 조각상들과 나란히 세워져 있던 저 무용수 또는 뮤즈 상으로서, 뛰어난 작품으로 간주되는 것이라 했다. 극히 조용히 이 작품을 팔고 싶은데, 혹시 마이어 씨 자신이나 그와 가까운 친구 한 사람이 이것을 사지 않겠느냐는 것이었다. 그는 이 고귀한 예술품을 아주 괜찮은 가격인 300체키네에 내놓았는데, 파는 사람이나 사는 사람이 조심스럽게 행동할 이유가 있는 것이 아니라면 물론 훨씬 올라갈 수가 있는 가격이었다.

이 일은 곧바로 내게 보고되었고, 우리 세 사람은 서둘러 우리 숙소에서 상당히 멀리 떨어진 선착장으로 갔다. 레가 씨는 곧바로 갑판 위에 있던 상자에서 판자 하나를 위로 들어 올렸고, 그러자 극히 사랑스러운 머리가 보였다. 흩어진 고수머리 아래의 이 머리는 몸뚱이에서 분리된 적이 없는 것으로, 상자가 열리면서 차츰 사랑스럽게 움직이는 자태, 극히 우아한 의상이 드러났다. 그 밖에도 손상은 별로 크지 않았고, 한쪽 손은 극히 훌륭한 상태였다.

그러자 원래 서 있던 장소에서 이 작품을 본 기억이 떠올랐다. 당시에는 이 작품이 이토록 우리 곁으로 가까이 다가오리라고는 꿈에도 생각지 못했었다.

누구의 머리엔들 그러지 않으랴마는, 내 머리에도 곧바로 한 가지 생각이 떠올랐다. "물론, 1년 내내 상당한 경비를 들여 땅을 파다가 마침내 이런 보물을 만난다면 극히 행복할 겁니다." 나는 작품에서 눈을 뗄 수가 없었다. 쉽사리 복구할 수 있는 상태로 이토록 순수하게 잘 보존된 고대가 이렇게 내 눈앞으로 곧장 다가온 적이 한 번도 없었기 때문이다. 우리는 머지않아 답변을 드리겠노라고 약속하고는 헤어졌다.

우리 둘은 진짜 싸움에 빠져들었다. 이런 매매가 많은 점에서 우리에게는 권장할 만한 일이 아닌 것으로 생각되었다. 그래서 우리는 이 건을 선량한 앙겔리카 부인에게 알리기로 했다. 이것을 사들일 만한 넉넉한 재산이 있고, 또한 아는 사람이 많으니 복원과 그 밖의 여러 일들을 잘 처리할 수가 있을 것이기 때문이다. 이전에 다니엘레 다 볼테라의 그림 건으로도 그랬듯이 마이어가 그녀에게 알리기로 했고, 우리는 일이 잘 성사되기만을 바랐다. 하지만 조심스러운 부인과, 그보다는 오히려 경제적으로 꼼꼼한 그녀의 남편이 이것을 거절했다. 그들은 이미 회화 작품을 위해 상당한 금액을 썼으니, 조각상에 뛰어들 결심을 하지 못했던 것이다.

거부의 답변을 보내 놓고도 우리는 다시 생각에 잠겼다. 행운의 은총은 완전히 우리 편인 듯했다. 마이어가 보물을 한 번 더 살펴보고는, 전체적인 모습으로 보아 이 조각상이 그리스 인의 작업이라고 확신했다. 특히 아우구스투스 황제[재위 BC. 27~AD. 14]보다 훨씬 이전의 작품이라는 것이다. 어쩌면 [BC. 269~215년 사이 시라쿠사의 왕인] 히에론Hieron 2세 시대의 작품일 수도 있다는 것이다.

나는 이 중요한 작품을 사들일 만한 신용 거래가 가능했고, 레가 씨는 심지어 할부 지불도 허용할 용의가 있었다. 그러니 이것은 우리가 이 조각품을 사들여, 좋은 조명을 받는 커다란 홀에 세워 놓은 모습이 눈앞에 보이는 순간이었다.

하지만 이 일은 정열적인 사랑과, 실제로 체결된 혼인 계약서 사이에 수많은 생각들이 개입하는 것과 사정이 비슷했다. 우리와 가까이 지내는 고귀한 예술의 벗

추키 씨와 그의 선량한 아내[=앙겔리카 부부]의 자문 및 동의 없이, 그런 거래를 할 수는 없었다. 이런 거래는 피그말리온Pygmalion의 사랑과 비슷한 것이기 때문이다.* 정말이지 이 물건을 차지하겠노라는 생각이 내 속 깊이 뿌리를 내렸던 것을 부인할 수가 없다. 내가 여기 얼마나 깊이 빠져들었던가에 대한 증거로 다음의 사실을 고백할 수 있을 것이다. 나는 이 사건을 더욱 높은 수호 정령의 손짓으로 여겼는데, 이 수호 정령이 나를 로마에 붙잡아 두기로 했다고, 내가 떠나기로 결심한 온갖 이유들을 가장 효과적으로 물리치는 중이라고 생각했던 것이다.

다행히도 우리는 이런 사건에서 분별력과 함께 이성의 도움을 받는 나이에 이르러 있었다. 선량한 친구 앙겔리카가 분별력과 선의에서 내놓은 훌륭한 생각들을 듣고, 예술에 대한 애정, 소유욕, 그 밖에도 이런 마음을 응원하는 변증법과 미신 등 온갖 생각들이 뒤로 물러났던 것이다. 그녀의 설명을 통해, 이런 시도에 따르는 어려움과 고려해야 할 사항들이 극히 분명하게 드러났다. 지금껏 조용히 예술 연구와 고대 연구에만 헌신하던 남자들이 갑자기 예술품 매매에 끼어들면, 원래부터 이런 거래를 많이 해 오던 사람들의 시기심을 유발한단다. 복구 과정에서의 어려움은 극히 다양한데, 그 과정에서 얼마나 싸고도 정직한 서비스를 받을지 정말 의문이란다. 나아가 독일로 보내는 과정에서 온갖 가능한 질서를 따른다 해도, 이런 예술품의 반출 허가 문제 때문에 결국에는 장애에 부딪히게 된다. 그것 말고도 운송과 착륙과 다시 집까지 가져가는 일 역시 엄청난 난관에 부딪힐까 염려된다. 전문적인 화상畫商이라면 이런 문제들을 고려하고도 전체로 보아 그런 노고와 위험을 감수할 수 있지만, 개인이 이런 일을 시도하는 것은 여러 가지로 신중해야 한단다.

이런 설명을 듣고 열망과 소망과 의도가 점차 온건해지고 약화되기는 했으나, 그

* 피그말리온은 제가 만든 조각품과 사랑에 빠진 인물이다. 여기서는 자신이 만들어 낸 생각에 스스로 휘말려 들어 정말로 사고 싶어진다는 뜻.

래도 완전히 사라지지는 않았다. 특히 이 조각상이 결국은 큰 명예를 얻었기에 더욱 그랬다. 그것은 지금은 피오-클레멘티노 박물관[=바티칸 박물관]에 서 있다. 박물관에 잇대어 지은 작은 별실에 서 있는데, 별실 바닥에는 가면과 나뭇잎 장식의 기가 막히게 아름다운 모자이크가 들어가 있다. 위의 조각상과 함께 이 별실에 들어 있는 조각상들은 1) 뒤꿈치를 짚고 앉은 베누스, 그 기단에는 부팔루스*라는 이름이 새겨져 있다. 2) 아주 아름다운 작은 가니메데Ganymede 3) 젊은이의 조각상. 올바른 것인지는 모르지만 아도니스Adonis라는 이름으로 불린다. 4) 로소 안티코Rosso Antico의 파우누스 5) 고요히 서 있는 원반 던지는 사람 등이다.

비스콘티는 이 박물관을 서술한 제3권에서 위의 작품을 자세히 묘사하고, 자신의 방식으로 설명하고 30번째 도판에서 보여 준다. 그러므로 예술의 애호가라면 누구나, 이 작품을 독일로 가져다가 조국의 수집품에 끼워 넣지 못한 것을, 우리와 함께 유감으로 여길 것이다.

내가 작별을 위한 방문 과정에 저 우아한 밀라노 여성을 찾아간 일은 누구든 자연스럽게 여길 것이다. 나는 그 시간 이후로 그녀에 대해 여러 좋은 소식을 들었다. 그녀는 훌륭한 매너로 앙겔리카와 상류 사회에 점점 더 가까워졌다. 또한 추키 내외와 가깝게 지내는 부유한 젊은이 한 사람이, 그녀의 우아함에 무심하지 않아 더욱 진지한 의도를 관철시키려는 것 같다는 추측에 대해서도 들었다.

마지막으로 그녀를 방문했을 때 그녀는, 저 카스텔 간돌포에서 내가 그녀를 처음 만났을 때 입었던 순수한 아침 의상 차림이었다. 개방적인 우아함으로 나를 맞아들여서 자연스러운 애교로 아주 사랑스럽게, 나의 관심에 거듭 감사를 표현했다. 그녀는 이렇게 말했다. "제가 저 혼란에서 벗어나면서, 제 안부를 물어 온 친근한 이

* 부팔루스(Bupalus, Βούπαλος)와 그의 형제 아테니스는 기원전 6세기 키오스의 유명한 조각가들이다.

름들 사이에서 당신의 이름을 들었던 것을 앞으로도 절대로 잊지 못할 거예요. 정말이지 전 그게 진짜냐고 여러 번이나 물었었죠. 당신은 여러 주나 계속해서 안부를 물으셨고, 마침내 오빠가 당신을 방문해서 우리 두 사람의 감사하는 마음을 전했지요. 제가 부탁한 말을 오빠가 다 전했는지 모르겠어요. 어울리는 일이기만 했다면, 저도 함께 갔을 거예요." 그녀는 내가 어떤 길로 귀국하느냐고 물었고, 내가 여행 계획을 설명하자 이렇게 대답했다. "이런 여행을 포기하지 않을 만큼 부유하시니 당신은 행운아예요. 우리 같은 사람들은 하느님과 성인들이 우리에게 내주신 위치에 머물러야 하지요. 저는 벌써 한참 동안이나 제 창문 밖으로 배들이 왔다가 떠나고, 짐을 부리거나 싣는 것을 보았는데, 정말로 재미있어요. 저 모든 배들이 어디서 와서 어디로 가는 거지? 하고 저는 자주 생각하죠." 이 창문들은 리페타의 계단을 내려다보고 있었는데, 그곳에서는 지금도 모든 것이 활발하게 돌아가고 있었다.

그녀는 애정을 품고 오빠 이야기를 하면서 그의 사정이 좋은 것을 기뻐했다. 그는 중간 정도의 봉급에서 계속 저축을 하고 있으니, 이익이 많이 남는 사업에 손을 댈 수 있을 거라고 했다. 그녀는 자신의 상황에 대해서도 상세히 털어놓았다. 그녀가 그렇게 수다스럽게 이야기를 하는 것이 기뻤다. 우리가 만나던 그 모든 다정한 순간들을 처음부터 끝까지 재빨리 되돌아보니, 내가 매우 기묘한 역할을 하고 있었기 때문이다. 이 순간 오빠가 들어와서 친근하고도 평범한 산문의 방식으로 작별인사가 이루어졌다.

내가 문 앞에 이르렀을 때 마차에 마부가 없어서, 잽싼 소년을 보내 그를 찾아오게 했다. 그녀는 당당한 건물의 중간 2층에 살고 있었는데, 그녀가 창문으로 내다보았다. 이 창문은 높지 않아서 손을 내밀면 서로 잡을 수 있을 정도였다.

"사람들이 나를 당신에게서 떼어 놓지 않으려 하네요." 하고 내가 소리쳤다. "내가 당신과 작별하기를 싫어하는 걸 아마 아는 모양이지요."

그녀가 무어라고 답변했는지, 내가 또 무어라고 말했는지, 모든 속박에서 완전히 벗어나 절반쯤 서로를 의식하는 두 연인이, 각자의 내면을 털어놓는 극히 사랑스러운 대화의 과정을 여기서 되풀이하지는 않겠다. 이것은 우연히 나타난, 내면의 상황으로 보면 필연적으로 나타난, 가장 순수하고도 섬세한 애착에 대한 마지막 간결한 고백이었다. 덕분에 이 대화는 절대로 지워지지 않고 내 영혼과 기억에 남았다.

그러나 로마와의 작별은 특별히 화려한 방식으로 마련되어야 했다. 출발 사흘 전에 보름달이 가장 밝게 떠올랐다. 보름달이 뜨면서 이 거대한 도시 위로 퍼지는 마법은, 그동안에도 이미 자주 느꼈던 것이지만, 이제는 극히 절박한 방식으로 다가왔다. 햇빛 강하지 않은 낮만큼이나 훤하게 밝혀진 거대한 빛의 덩어리들, 그에 대비되는 짙은 그림자들이 빛의 반사를 통해 밝아지기도 하면서 전혀 다른, 더 단순하고 더 거대한 세계에 있는 것 같은 상태로 우리를 데려간다.

그동안 산만하고 고통스러운 날들을 보낸 다음, 다시 극소수의 친구들하고만 교제를 했다. 나는 긴 코르소 거리를 아마 마지막으로 걸어서, 마치 사막의 요정 궁전처럼 서 있는 카피톨리노 언덕으로 올라갔다. 마르쿠스 아우렐리우스의 조각상은 [모차르트의 오페라] 《돈 죠반니》의 석상石像의 기억을 불러내면서, 자기가 무언가 특별한 일을 시도한다는 것을 방랑자에게 알려 주었다. 그러거나 말거나 나는 뒤쪽의 계단을 내려갔다. 셉티무스 세베루스의 개선문이 어두운 모습으로, 그보다 더 어두운 그림자를 던지면서 눈앞으로 다가왔다. 고독한 비아 사크라[Via Sacra, 성스러운 길]에서 그토록 잘 아는 온갖 대상들이 낯선 유령처럼 보였다. 하지만 콜로세움의 고귀한 잔해로 다가가 잠겨 있는 어두운 내부를 격자 창살을 통해 들여다보자, 두려움이 나를 엄습하여 서둘러 돌아가지 않을 수 없었다는 것을 부인할 수 없다.

모든 거대한 것은 숭고하고도 두려운, 독특한 인상을 만들어 낸다. 거대한 것들을

로마에 머무를 때의 괴테, Lazarus Gottlieb Sichling 作

만나면서 나는 로마 체류 전체의 총결산을 이끌어 냈다. 흥분한 영혼으로 깊고도 거대하게 느낀 이런 것이, 영웅적-비가悲歌적이라 할 만한 어떤 정서를 불러일으켰다. 그것을 시의 형식으로 만들면, 비가Elegie가 될 것이다.

추방되어 달밤에 로마를 떠나야 했던 오비디우스Ovidius의 비가가 이 순간 어찌 기억에 떠오르지 않으리, “Cum repeto noctem!” 저 멀리 흑해에서 슬프고도 애통한 마음에 떠오르던 그의 회상이 내 마음을 떠나지 않았다. 나는 [외고 있던] 그의 시를 다시 읊어 보려 했으나 일부는 정확하게 기억에 솟아났지만, 나 자신이 만들어 낸 것 일부가 이 작품과 뒤섞이면서 거듭 방해했다. 뒷날에도 같은 시도를 할 때면, 이 구절은 절대로 정확하게 기억에 나타나지 않았다.

저 밤의 슬프던 그 모습 내 영혼 앞에 오락가락하나니,
로마 시에서 보낸 나의 마지막 밤,
소중한 것을 그토록 많이 내게 남긴 그 밤을 거듭 기억하노라면,
지금도 눈에서 눈물이 흘러내린다.
사람들 소리와 개 짖는 소리 이미 잠잠한데,
달님이여, 달님이 하늘에서 밤의 마차를 끌고 가시네.
달님을 올려다보다가 카피톨리노 사원을 보았지,
우리 수호 정령 라레스들이 그 사원과 맞닿아 있었건만 아무 소용 없었네.

Cum subit illius tristissima noctis imago,
Quae mihi supremum tempus in Urbe fuit;
Cum repeto noctem, qua tot mihi cara reliqui;
Labitur ex oculis nunc quoque gutta meis.
Iamque quiescebant voces hominumque canumque:

Lunaque nocturnos alta regebat equos.

Hanc ego suspiciens, et ab hac Capitolia cernens,

Quae nostro frustra iuncta fuere Lari.*

끝

* Ovidius, 《Tristia(비가)》, 제3권.

옮긴이의 글

괴테의 재탄생, 《이탈리아 여행》

I. 이 책에 대하여

이것은 괴테의 이탈리아 그랜드 투어grand tour의 기록이다. 그 자신은 이탈리아 여행의 체험을 자신의 '재탄생'이라 부른다. 그랜드 투어는 16세기 이후로 유럽의 상류층 자제들 사이에 널리 퍼진 교양 여행, 또는 비교적 짧은 유학을 가리키는 말로 이탈리아가 주요 목적지였다. 대부분의 여행자들이 자기들의 여행을 꼼꼼히 기록했다. 괴테의 아버지가 이미 이런 여행을 했고, 당연히 상세한 여행의 기록을 남겼다.

《이탈리아 여행》은 당시 괴테가 쓴 일기와 편지들을 모은 것이다. 편지는 주로 샤를로테 폰 슈타인Charlotte von Stein 부인, 카를 아우구스트Carl August 공작, 헤르더 부부에게 보낸 것들이다. 물론 여기 공개된 편지들은 대개 바이마르의 친구들 사이에서 내용이 공유되었다. 본문에서 알 수 있듯이 괴테는 틈틈이 일기 기록들을 모아 정리해서 바이마르의 친구들에게 보내곤 했다. 그의 상세하고도 흥미진진한 여행의 기록에 자극을 받아 헤르더와 다른 친구들, 그리고 공작 어머니 아말리에까지 이탈리아 여행을 감행하기로 한 것을 3부에서 볼 수 있다.

괴테는 이탈리아를 여행한(1786~1788) 시절로부터 30년이 지난 다음에 이 여행의 기록들을 모으고 정리해서 《나의 삶에서. 두 번째 국면의 제1부Aus meinem Leben. Zweyter Abtheilung Erster Theil》(1816)와 《나의 삶에서. 두 번째 국면의 제2부Aus meinem Leben. Zweyter Abtheilung Zweyter Theil》(1817)라는 제목으로 두 권의 책을 펴냈다. 이것이 우리 책의 1부와 2부이다. 전체적으로 여행기의 특징을 지니고 있지만, 중간중간 괴테가 보고 겪은 특이한 관찰과 체험들 덕분에 매우 흥미롭고도 독특한 기록이 되고 있다. 이 두 권의 책이 1829년에 다시 인쇄되면서, 책의 3부인 '두 번째 로마 체류Zweyter Römischer Aufenthalt'도 더해져서 《이탈리아 여행Italienische Reise》이라는 전체 제목을 얻게 된다. 우리 책에서는 3부 제목을 '괴테의 로마 유학의 기록'으로 바꾸었다.

책을 자세히 살펴보면 알 수 있는 일이지만 이런 연유로 1, 2부와 3부는 성격이 다르다. 3부에서는 편지가 훨씬 드물어지고, 친구들에게도 일기 기록을 보내지 않았던 것 같다. 대신 괴테는 3부를 월별로 정리하고 '뒷날 덧붙임Bericht'을 따로 썼다. 여기저기 남긴 기록들을 참조하여 뒷날의 관점에서 그 시절을 돌아보는 부분이다. 덕분에 앞부분과 중복되는 내용도 조금 있지만 그다지 문제가 되지는 않는다. 또한 그 시기에 자신이나 다른 사람이 쓴 논문이나 관찰들도 덧붙여서, 두 번째 로마 체류 기간에 자신의 마음을 사로잡은 여러 사색과 당시의 분위기도 함께 전해 준다.

이탈리아에서 괴테는 대부분의 시간을 화가들과 함께 보냈다. 그 자신도 부지런히 건축과 미술 공부를 하고 실제 꽤 많은 습작 과정을 거쳤다. 덕분에 이 책에서 우리는 풍성한 미술품 감상의 기회를 얻는다. 사진 기술이 없던 당시에 스케치가 오늘날 사진과 비슷한 역할을 한 것을 볼 수 있다. 또한 음악가 카이저의 도착과 더불어 그는 놀랍게도 음악에도 열중한다. 그야말로 세계 수도 로마에서 문학-미술-음악이라는 삼중의 예술적인 사색과 '윤무'(510쪽)가 현란하게 펼쳐지던 풍성한 시간이었다. 이런 풍성한 시간이 괴테 같은 비옥한 정신에 주어졌으니 결실이 없을 리 없었다. 그 결실 또한 풍성하였다.

II. 고위 관리 괴테 – 생의 위기에서

괴테는 부유한 지식인 집안 출신으로 아버지의 강권에 밀려 법학을 공부한 법률가였다. 하지만 그의 관심은 일찍부터 연극과 문학으로 쏠렸기에 희곡 습작과 시 쓰기를 게을리하지 않았다. 그렇게 해서 고위 관리이자 작가라는 그의 독특한 이력이 생겨났다. 스물다섯의 나이로 《젊은 베르테르의 슬픔》을 발표하여 유럽 전역에 이름을 날렸다.

그리고 이듬해인 1775년에는 작센-바이마르-아이제나흐[줄여서 바이마르] 공국의 영주인 카를 아우구스트 공작의 초빙을 받아 그의 개인적인 고문 겸 관리로서의 경력을 시작했다. 공작은 괴테보다 여덟 살 아래였다. 그러니까 당시 열여덟 살짜리 공작과 그의 고문관인 스물여섯 살짜리 괴테가 바이마르 공국을 다스렸다는 얘기이다. 공작은 태어나고 1년이 되었을 때 아버지가 죽으면서 이미 바이마르 공국의 공작이 되었지만, 아버지의 유언에 따라 그의 뒤에서 어머니 안나 아말리에 공작부인이 섭정 노릇을 했다.

1775년에 공작은 성년이 되면서 어머니의 섭정에서 벗어났다. 1774년에 괴테를 만났을 때 이미 그를 바이마르로 초빙했었고, 괴테는 약속대로 1775년에 바이마르로 왔다. 공작은 괴테에게 여러 고위관직을 연달아 내리고, 1782년에는 괴테를 귀족 신분으로 승격시켰다. 괴테는 자연 과학 연구를 하면서 광산 책임자 노릇을 했고, 당연히 광물학 분야에 깊은 관심을 가졌다. 이어서 공국의 전쟁 부서와 도로 건설 부서도 담당했으며, 해부학 연구에도 빠져들었다. 이런 그의 관심사는 우리 텍스트에서도 계속 읽을 수 있다. 그러니까 광물학, 지질학, 식물학, 해부학 등에 대해 그는 이미 여행 전부터 상당한 지식을 지녔다.

부잣집에서 태어나 좋은 교육을 받고, 매우 뛰어난 두뇌의 소유자로서 일찌감치 작가로서의 명성을 얻었으며, 공작의 총애와 탄탄한 관직을 차지하여 일찍 출세한 인물이었지만, 그의 삶은 꼭 만족스럽지만은 않았다.

바이마르에서 만난 슈타인 부인과 깊은 정신적 우정과 사랑을 나누었지만, 시간이 흐르면서 이 관계는 점점 더 고착되어 괴테를 구속했다. 그리고 여러 관직을 수행하느라 차츰 문학적 성과도 줄고 있었다. 이미 수많은 작품을 시작했고,《초고 파우스트Urfaust》,《초고 빌헬름 마이스터Urmeister》 등도 썼지만 제대로 완성하지 못했다. 그럴 시간도 능력도 부족했던 것이다.

이제 그는 중년의 나이에 예술가로서 삶의 기로에 섰다. 그냥 고위 관리로 지내면서 몇 가지 문학적 성과를 지닌 꽤 그럴싸한 작가로 남을 것인가, 아니면 온전히 예술가로서의 삶을 되찾을 것인가?

이 심각한 삶의 질문 앞에서 괴테는 중대한 선택을 했다. 만 37세 생일이 지난 직후인 1786년 9월 2일에, 서면으로 카를 아우구스트 공작에게 '불확실한 기간의 휴가' 청원을 냈다. 그리고 다음 날인 9월 3일 새벽에, 당시 바이마르 궁정 사회가 머물고 있던 보헤미아의 온천지 카를스바트를 떠나 남몰래 이탈리아로 도주했다. 아무도 짐작하지 못한 여행이었고, 그는 거의 2년이 지나 1788년 전반부에야 바이마르로 돌아왔다.

Ⅲ. 이탈리아와의 만남

이런 출발 전의 배경을 통해 우리는 이 책의 처음 시작 부분의 분위기를 만나게 된다. 그는 허겁지겁 도망쳤다. 따라오는 사람은 없었으나, 스스로 자신의 내면에

쫓겨 알프스 산맥을 넘고, 이어서 베로나와 베네치아에 잠시 묵기는 하지만 볼로냐부터는 다시 질주하는 도망자 또는 초조하게 갈망하는 사람의 모습. 원래 목적지인 로마에 도착해서야 비로소 한시름 내려놓는다. 어린 시절부터 그토록 오래 동경해서 마지막에는 숨 쉬기도 어려울 정도의 그리움을 만들어 낸 곳, 로마에서 그는 무엇을 보고자 했던가?

그는 로마로 오기 전부터 이미 많은 것을 익숙하게 알고 있었다. 특히 기본적인 역사 지식을 지녔다. 로마는 이중의 고전적 토양이다. 먼저 고대 로마 공화국(509~27 BC.)과 제국(27 BC.~476 AD.)의 수도, 두 번째로 피렌체와 나란히 이탈리아 르네상스(14~16세기)의 문화와 미술이라는 또 다른 고전을 주도한 토양이다. 로마는 물론 예나 지금이나 전 세계 가톨릭교회의 수도이기도 하다. 괴테 당시 르네상스는 아직 '르네상스'라는 이름을 얻기 이전이었다. 괴테는 이 책에서 그 시대를 '부활의 시대'라 부른다. 괴테를 그토록 초조하게 이탈리아로 끌어들인 이 이중의 고전적 토양에 대해 잠시 살펴보자.

1. 고대

고대의 도시 국가(폴리스)로 출발한(BC. 753) 작은 도시 로마는 먼저 이탈리아 반도를 통일하고 이어서 지중해로 진출했다. 로마 공화국이 지중해로 진출하기 위해서는 먼저 전략적 요충지인 시칠리아 섬을 장악해야 했다. 지중해 전체의 지도를 펼쳐 놓고 자세히 음미하면 시칠리아 섬이 서부 지중해의 요충지라는 사실을 쉽게 알아볼 수 있다. 시칠리아 섬의 발치에 자리 잡은 작은 섬 몰타 역시 요충지이다. 당시 시칠리아 섬의 대부분을 차지한 세력이 지중해의 무역 강국 카르타고였으니, 로마 공화국이 지중해로 뻗어 나가기 위해 제일 먼저 제압해야 할 상대는 바로 카르타고였다. 기원전 264년~146년에 걸쳐 세 번의 카르타고 전쟁[=포에니 전쟁]에서 로마가 승리하면서 지중해 세계의 패권을 잡았다.

로마 공화국이 포에니 전쟁을 치르고 있을 때 지중해 전역은 아직 고대 그리스의 문화권에 들어 있었다. 고전적인 고대 그리스는 기원전 5세기 아테네가 중심이었다. 하지만 도시 국가 아테네가 망하고 나서도, 기원전 323년(4세기) 알렉산드로스 대왕이 죽으면서 시작되는 찬란한 헬레니즘 문화, 곧 동양 문화를 흡수한 그리스 문화는 지중해 전역에 흩어진 옛날 그리스 식민 도시들을 중심으로 고대 세계를 지배하였다.

로마 공화국은 그리스의 모든 영토를 점령하였으나 헬레니즘 문화를 열렬히 숭배했고 또한 고스란히 받아들였다. 고전 그리스 문화와 헬레니즘[둘을 합쳐 고대 그리스] 문화는 고대 로마 공화국과 제국을 통해 보존되었다고 말할 수 있을 것이다. 오랫동안 그리스 식민 도시들이 번성한 시칠리아 섬은 지금도 그리스 영토 바깥에 고대 그리스의 유적이 가장 많이 남아 있는 곳이다. 그리고 괴테가 나폴리에서 방문하는 헤르쿨라네움, 파에스툼 등도 모두 고대 그리스 유적지들이다. 따라서 괴테의 남부 이탈리아 여행은 고대와의 만남을 포함한다. 그는 시칠리아에서 호메로스의《오디세이》(BC. 8세기)를 읽고 있다.

기원후 79년에 화산재에 파묻힌 도시 폼페이는 고대 로마 인들이 거주한 지역이지만, 그곳에서 발굴된 수많은 조각상들은 고대 그리스의 조각상을 복제한 것들이었다. 폼페이 유물은 다른 고대 유물과 함께 현재 나폴리 국립 고고학 박물관에서 전시되고 있다. 물론 괴테가 여행하던 때에는 이런 박물관이 아직 없었다. 어쨌든 폼페이와 나폴리는 로마 제국의 중요한 유적지이자, 수많은 그리스 조각 복제품의 보존 장소이기도 하다.

로마 공화국과 이어서 로마 제국의 1천 년 역사는 두말할 나위도 없이 수도 로마를 중심으로 펼쳐졌다. 로마 시에 있는 일곱 언덕, 그중에서도 카피톨리노 아래로 펼쳐진 저 비아 사크라[=포로 로마노]와 기원후 1세기에 건축된 콜로세움은 오직 폐허로 남아 고대 로마 공화국과 제국의 중심지를 보여 준다. 비아 사크라와 팔라티노 언덕의 옛날 로마 황제들의 궁터에서, 그리고 콜로세움에서 괴테는 거듭 고대를 만났다. 바로 그 중심지에서.

2. 르네상스Renaissance

중세의 끝 무렵에 이탈리아 사람들은 두터운 종교의 벽 너머로 차츰 기독교 세계와는 전혀 다른 또 하나의 세계가 옛날에 있었음을 깨닫기 시작했다. 거의 300년 가까운 시간에 걸쳐 처음에 피렌체에서, 이어서 로마에서 고대와의 만남을 통해 자극을 받아 중세 시대와는 전혀 다른 예술과 문화의 방향이 나타났다. 고대와의 만남은 고대의 모방을 불러왔고, 고대와는 전혀 다른 생활 감정을 가진 당시 사람들은 머지않아 모방을 넘어 완전히 새로운 예술 감각을 발전시켰다. 이는 또 하나의 고전Klassik이라 불러 마땅한 위대한 창작의 시대를 만들어 냈으니 바로 이탈리아 르네상스이다.

이탈리아 르네상스는 현대 유럽 정신이 태동하는 원초적 지점이다. 유럽 인들의 '개인' 개념이 여기서 완전히 발전했고 개인의 지식과 교양, 매너와 언변 등이 매우 높은 중요성을 얻었다. 위대한 개인들, 곧 천재들의 활동이 가장 활발하게 나타난 시대로서, 그들은 높은 평가와 존경을 받았고, 그런 만큼 위대한 예술 작품들이 많이 쏟아져 나왔다.

이탈리아 르네상스는 맨 먼저 문학과 기록이 주도하였다. 르네상스의 시작 부분에 단테, 페트라르카, 보카치오의 이름이 등장하고, 전성기에 아리오스토, 타소 등의 문인들이 활약한다. 마지막 무렵에 철학자이자 역사가인 마키아벨리가 나타난다. 그 사이에 수많은 인문학자와 문인들이 활동했고 그들은 물론 수많은 주목할 만한 번역과 문필 작업을 남겼다.

이어서 르네상스의 가장 풍성한 열매인 미술의 발전이 있다. 지오토Giotto와 마사치오Masaccio에서 시작하여 마지막에 3대 거장인 레오나르도, 라파엘로, 미켈란젤로로 끝나는[모두 피렌체 출신이거나 피렌체를 거쳐 갔다.] 거대한 발전 과정은 이탈리아의 유명한 르네상스 도시들에 남겨진 수많은 작품들에 보존되어, 그 혼란스럽고도 당당하던 르네상스 시대를 생생하게 증언하고 있다.

16세기 이후로 유럽에서 유행한 그랜드 투어는 이탈리아에서 바로 이런 고대의 고전과 현대의 고전을 직접 보고 체험하는 것이 가장 중요한 목적이었다. 이탈리아가 괴테를 그토록 끌어당긴 힘도 마찬가지로 이것이었다. 앞서도 말했지만, 당시 아직 '르네상스'라는 전체 개념이 정립되기 이전이라—이것은 19세기 후반 스위스의 위대한 문화사가인 야코프 부르크하르트Jakob Burckhardt의 공로—괴테는 오늘날 우리에게 알려진 것들 중에서 중요한 것들을 일부 놓치고 있다. 그리고 피렌체는 아마도 나중을 기약하고 일부러 그냥 지나친다. 하지만 어차피 내용이 넘치는 판인데 그게 그리 문제가 되는가?

괴테가 베로나에서 고대의 원형 경기장을 만나고, 이어서 비첸차에서 만나는 팔라디오는 바로 르네상스의 건축가이다. 팔라디오는 고대 건축가 비트루비우스를 괴테에게 소개해 주고 있다. 팔라디오의 발전 과정 자체가 고대의 건축을 익히면서 고대와는 다른 완전히 새로운 고전을 만들어 내는 르네상스의 원칙을 보여 준다. 아시시에서도 괴테는 저 유명한 성 프란체스코 교회에는 들르지도 않고, 고대의 미네르바 신전만을 바라보며 경탄한다. 그가 외면한 교회에는 유명한 르네상스 화가들의 그림이 잔뜩 들어 있었건만. 마찬가지로 파도바에 묵으면서도 그는 중요한 르네상스 화가들을 그냥 놓치고 있다.

세상에 둘도 없는 물의 도시 베네치아에서 괴테는 다시 르네상스 화가들을 만난다. 베네치아는 고대 없이, 약간 뒤늦었으나 매우 독특한 르네상스 유파 화가들을 보여 준다. 그리고 마침내 도착한 로마에서도, 그는 고대와 함께 거듭 르네상스 화가들을 만난다. 한동안 미켈란젤로에 홀려서 지내는 장면들을 생각해 보라. 이어서 라파엘로를 향한 경탄이 거듭 나타난다.

개신교도로 양육된 괴테는 무시하려고 애썼지만, 그러나 로마는 로마 가톨릭의 중심지이기도 하다. 그가 그리도 경탄하는 미켈란젤로의 천장화와 제단화, 라파엘로의 방들, 벨베데레 아폴론 상과 조각상들은 모두가 바티칸에 수집되어 있는 작품들이다.

로마는 역사와 문화가 연달아 또는 중첩되어 나타나는 그야말로 '세계 수도'이다. '옛 로마에 뒤이어 새로운 로마'가 나타나고, '옛날 로마와 새로운 로마의 여러 시대들이 포개져서 나타나는'(166쪽) 곳이다. 부활 또는 재탄생의 능력이야말로 고급문화의 특성이라고 지적한 역사가 야코프 부르크하르트의 통찰을 그 어느 곳보다 로마에서 실감할 수 있다. 이곳에서 예술 시대는 거듭 부활하고 있으며, 괴테는 바로 그것을 정확하게 체험하고 또 보여 준다.

하지만 그는 이런 과거의 이탈리아, 과거의 로마만 만나는 게 아니다. 무엇보다도 현재 살아 있는 이탈리아, 살아 있는 로마를 만난다. 이것이 실은 처음부터 그의 관찰의 핵심이다. 그는 언제나 사람들을 관찰하고 시장의 물건들을 꼼꼼히 살펴보고, 그들의 생활 방식도 시간을 두고 관찰하여 기록한다. 수많은 재미있는 이야기들은 바로 현재 일어나는 일들이 아니던가?

이런 관찰의 밑바탕에는 사람들의 삶의 토대를 이루는 날씨, 지질, 광석, 식물, 동물 등의 관찰이 놓여 있다. 다방면의 관심을 지닌 다방면의 천재[=르네상스 방식 천재, 전인全人]에게 어울리는 그야말로 다채로운 관찰들을 우리는 여기서 만난다. 열광적인 화산 탐색을 생각해 보라. 우리가 그의 모든 관찰을 다 이해해야 하는 것은 아니다.

하지만 화산 탐색은 그냥 호사가에게도 아주 재미있다. 용감하게 폭발 지점 근처까지 접근하는 그의 생생한 증언은 우리의 호기심을 만족시킨다. 물론 그가 남긴 자연 과학 탐구의 일부는 오늘날 과학적으로 보면 맞지 않는다. 그러니까 일부는 우리가 괴테보다 훨씬 더 정확하게 알고 있다. 하지만 시간의 차이에서 생기는 이런 오류가 그리 문제가 되는가?

Ⅳ. 재탄생

책의 1부는 로마를 향해 질주하는 여정을 보여 준다. 저 중요한 르네상스 도시 피렌체를 겨우 세 시간 만에 지나쳐 버린 것이 그의 여행의 속도와 목적지를 잘 보여 준다. 물론 그 여정의 이야기들이 그 자체로 충분히 재미있지만.

로마에 도착하면서 그는 곧 자신의 '재탄생'에 대해 말한다. '내가 로마로 들어선 날부터 진정한 재탄생이 시작된 것이다.'(191쪽) '로마라는 그야말로 큰 학교'(167쪽)에서 재탄생의 과정이 시작되었는데, 그 규모가 원래 예상했던 것보다 훨씬 더 크다는 것이다.

이 책에서 여행자 괴테의 눈길은 거의 언제나 두 가지를 향하고 있다. 먼저 자기가 보고 있는 대상들, 즉 이탈리아의 자연과, 또 거대한 고대 유적과 찬란한 르네상스의 예술품을 바라보고 관찰하고 경탄한다. 동시에 그의 눈길은 그 모든 것을 바라보고 관찰하는 자기 자신을 향하고 있다.

이것이 바로 이 책이 지닌 미묘하고도 흥미로운 지점인데, 우리는 괴테의 눈길을 따라 그가 보는 대상들을 바라보지만, 동시에 괴테라는 인간의 내면도 슬그머니 함께 들여다보게 된다. 일부 진솔한 고백들을 읽다 보면, 창작하는 작가의 내면의 고민과 온갖 성찰들이 그가 묘사하는 대상들에 못지않게 흥미롭다는 사실을 인정하지 않을 수 없다.

그는 중요한 유적과 예술품에 대한 상당한 지식을 이미 지니고 이곳으로 왔다. 하지만 오리지널을 접하고, 또 저 북부에서는 몰랐던 2등급과 3등급 예술가들의 작품도 접하면서 훨씬 더 큰 세계의 더 큰 풍요로움을 확인한다. 진지한 자세로 탐색하면서 "로마에서 보낸 지난 4개월 동안 나는 단 한 순간도 헛되이 보내지 않았다".(227쪽)

하지만 행복한 자연의 선물을 풍족하게 받은 나폴리와 시칠리아를 서술하는 2부에서 그의 삶의 태도는 완전히 달라진다. 그야말로 태평스러운 나폴리 사람들, 내일을 걱정하는 대신 오늘을 즐기는 나폴리 사람들 사이에서 그는 자신의 삶을 되돌아보면서 중대한 변화를 겪는다. "로마에서는 공부를 하고 싶었다면 이곳에서는 그저 살고 싶을 뿐"이다.(272쪽) 온갖 예술을 향한 사랑에서 점차 현실의 삶과 한 여성을 사랑하게 된 예가 바로 나폴리에 정착한 늙은 영국인 해밀턴 경과 그의 젊은 연인 미스 하트[나중에 그의 부인]이다.

우리 텍스트에는 나타나지 않지만, 괴테의 내면에서 저 슈타인 부인을 향한 불가능한 정신적 사랑에 대한 전면적인 성찰이 일어나고 있었음을 짐작할 수 있다. 이곳에서 드디어 엄격한 정신의 사람 괴테의 내면에 잠자고 있던 감각성, 그의 관능이 자극받고 깨어나기 시작한다. 그는 '사람들과 더 잘 지내기 시작'한다.(275쪽) 이제야 일상의 평범한 삶을 제대로 배우기 시작한 것이다. 크니프의 애인도 만나 보고, 이들 커플의 미래를 축복한다. 나폴리는 그에게 '가볍고 즐거운 삶의 학교'(282쪽)였다.

특히 베수비오 화산의 폭발과 폼페이의 폐허를 바로 옆에 두고 삶에서의 전체적인 태도 변화가 일어나고 있으니 그야말로 흥미진진해진다. 영원의 삶, 영원한 명성을 갈구하던 그의 눈길은 나폴리에서 비로소, 바로 지금 여기서 벌어지는 현재의 삶, 평범한 삶을 중시하는 태도를 얻는다. 이는 평범한 사람들과는 전혀 다른 인식 과정이기도 하다. '영원한 고전인 지구의 고대'(304쪽)를 열성적으로 탐색하는 사람은, 동시에 하루살이 같은 삶의 순간적인 중요성에도 확실하게 눈뜬다.

시칠리아를 거쳐 나폴리로 돌아온 그는 자기를 만나고 싶어 하는 어떤 영국인을 만난 이야기를 전한다. 반년 전만 해도 이런 만남을 분명히 거절했을 테지만, 이제 이런 만남을 자신에게 허용하는 것은 바로 '시칠리아 여행이 남긴 다행스러운 영향'(410쪽)이란다.

나폴리에서 로마로 돌아온 그는 삶을 향해 이렇듯 열린 태도로 저 '밀라노 여인'을 향한 체험을 보고한다. 하지만 이 또한 어떤 비가悲歌인가! 그 자신의 표현대로 《베르테르》의 작가는 자신의 삶에서 한 번 더 베르테르의 운명을 맛보는 것이다.

그것만이 아니다. 로마로 돌아온 그는 '평생을 따라다니며 괴롭힌 두 가지 심각한 자신의 오류'(468쪽)를 고백한다. 첫째 모든 것을 정신력으로만 밀어붙이고 한 번도 손 기술을 익힌 적이 없다는 것, 둘째 어떤 일에도 그 일에 꼭 필요한 충분한 시간을 바치려 하지 않았다는 것. 자신의 오류를 파악하고 고백한다는 것은 곧 그 교정 과정이 시작되었음을 뜻한다.

이제 그는 '나 자신과 나의 능력이 어느 곳을 지향하는지 어렴풋이 보인다'.(502쪽) '마흔 살이 되기 전에 위대한 대상들을 열심히 연구하고, 배우고, 자신을 훈련하려고 로마로 온'(173쪽) 이 사람은 그 원래의 목적을 달성하기 위해 자신의 미적 감각을 더욱 훈련한다. 오로지 정신력만이 아니라 감각성도 중시하는 인간으로서, 아름다움의 이해만이 아닌 아름다움을 만들어 내는 손 기술을 익히는 것이다. 괴테의 로마 유학은, 미적인 측면에서도 아직까지 잠자고 있던 여러 감각성을 훈련하는 과정이다. 눈, 손, 귀, 감촉 등 모든 감각 기관이 아름다움을 창작하는 미술 훈련을 통해 이제 마침내 활짝 열린다.

괴테는 이탈리아에서 이렇듯 자신의 오류를 찾아내 고치려 애썼다. 그에게 이탈리아 여행은 실로 재탄생의 과정이었다.

V. 결실

앞의 만남과 재탄생의 과정을 어느 정도 이해한다면 괴테가 이탈리아 여행 이후에 얻은 결실을 쉽게 짐작할 수 있다. 이는 당연히 인간적인 측면, 곧 개인적인 삶에서의 결실과 예술가로서의 결실 두 가지로 나타난다.

이탈리아에서 괴테는 본질적으로 변했다. 그렇지 않았다면 그 자신이 재탄생이라는 용어를 그리 쉽사리 반복하지 않았을 것이다. 3부에서 그는 고향 친구들이 두 팀으로 나뉘어 이탈리아를 방문하기로 결정했다고 보고한다. 40년 뒤에 나온 고백에 따르면, 그는 '친구들이 이탈리아에 도착하기를 기다리지 않기로 굳게 마음먹었다. 사물을 바라보는 나의 방식이 그들의 방식과 같지 않기 때문'(546쪽)이다.

그는 '고향의 폐쇄된 그룹'에서 '체념이라는 어느 정도 중간 감정'(546쪽)에 붙잡힌 삶에 더는 구애받지 않기로 나폴리와 로마에서 이미 굳게 결심했던 듯하다. 귀국한 해인 1788년 여름에 벌써 바이마르 상류층 전체에 엄청난 충격을 주면서, 가난한 중산층 출신의 배운 것 없는 젊은 여성인 크리스티아네 불피우스를 만나 애정 관계를 시작한다. 바이마르 공국의 점잖은 장관님이 어울리지 않는 처자와 애정 행각을 시작한 것이다.

그녀는 괴테보다 열여섯 살 아래로, 매우 육감적인 인상의 여자였다. 두 사람은 만나고 얼마 지나지 않아 열렬한 사랑에 빠져들었다. 괴테가 그동안 경험하고 노래한 정신적 사랑과는 거리가 먼 관능적인 사랑이었다. 괴테의 생애에서 이 부분을 읽고 있으면 통쾌한 느낌을 지우기 어렵다. 지난 10년 세월 괴테의 정신을 구속하던 슈타인 부인에 대한 사랑에서 그가 마침내 완전히 해방된 것을 알 수 있기 때문이다. 무식하고 육감적인 젊은 여자 크리스티아네가 괴테를 똑똑하고 지적인 유부녀 슈타인 부인에게서 구원해 낸 것이다. 이탈리아 여행이 아니고는 무슨 수로 이런 엄청난 변화를 설명할 수 있는가?! 그는 이듬해 그녀에게서 아들을 얻고, 뒷날

1806년에 그녀와 결혼한다. 가장 바람직한 결합은 아니었을지라도, 어쨌든 그 개인의 삶에서 하나의 해방이자 구원이었다.

그리고 인류를 위해 더욱 중요한 예술가로서의 결실이 나타난다. 그는 어려서부터 재능을 보이던 미술 공부를 로마에서 부지런히 했다. 하지만 그 자신의 말대로 나이가 들어서 하는 이 공부가 그다지 잘되지는 않았던 모양이다. 다만 작품을 보는 능력만은 아주 좋아졌던 것 같다. 이는 우리 책에서 그가 전하는 예술품에 대한 여러 설명들이나 그가 남긴 미술 관련 논문에서도 알 수 있는 일이다. 어쨌든 그림 그리기가 그다지 잘되지 않은 덕분에 그는 자신의 재능이 문학적 재능임을 더욱 확실하게 깨닫고, 아주 분명하게 글쓰기 작업에 열성을 쏟는다.

다만 그는 '아주 많은 것을 짧은 시간 안에 생각하고 조합할 수 있다는 복을 타고났기에, 한 걸음씩 차근차근 진행하는 것을 참지 못하는'(468쪽) 습성을 지니고 있었다. 말하자면 아이디어와 영감은 많지만, 위대한 영감에서 시작한 작품이라도 그것을 끈질기게 붙잡고 완성하는 끈기가 없었던 것이다. 로마 유학의 기간에 괴테는 늘지 않는 미술 연습을 계속하면서 작품의 완성에 꼭 필요한 손 기술과 끈기를 연마했다.

그것이 예술가로서의 그의 삶을 변화시켰다. 바이마르로 돌아온 그는 이제 많은 공직에서 물러나 예술과 연극, 예나 대학의 관리 등, 예술 및 교육 장관직만 유지한 채 창작에 집중하였다. 이탈리아에서 이미 괴테는《타우리스의 이피게니아》를 완성했다. 이것은 도이치 문화사에서 최초의 고전주의 작품으로 꼽힌다. 하지만 가장 중요한 결실은 바로 초안 상태로 머물러 있던 두 대표작《빌헬름 마이스터》와《파우스트》를 완성했다는 사실이다. 이것은 그가 남은 평생 계속한 작업들이다. 그 밖에도 많은 작품들을 더 완성했다.

괴테가 이 위대한 문학 작품들을 남기지 않았더라면 오늘날 그가 얻은 명성은 아마 얻지 못했을 것이다. 그의 가장 위대한 대작들은 이탈리아에서 그가 스스로를 교정하면서 비로소 제대로 완성될 기회를 얻었다. 풍성한 결실이었다.

VI. 맺는말

이것은 위대한 독일 정신이 이탈리아의 역사와 문화와 예술을 만나 경탄하고 숭배하면서 스스로 새롭게 탄생하는 과정을 기록한 작품이다. 괴테는 뒤늦은 나이에 그랜드 투어를 떠났다. 하지만 그랜드 투어, 또는 유학이란 게 꼭 젊은 나이에만 해야 하는 것이 아님을 이 글을 통해 알 수 있다. 어느 정도 경험을 쌓은 중년의 위기에 그는 뚜렷한 목적의식을 지니고 이탈리아로 떠났고, 과연 뚜렷한 결실을 얻었다.

괴테가 원래 세 권으로 내놓은 책을 우리는 단 한 권으로 만난다. 덕분에 그 무게에 짓눌릴 지경이 된다. 하지만 책을 단숨에 읽어 치우려는 욕심을 접고 차근차근 음미하면서 읽어 나가면 은근히 다방면의 재미를 얻을 수 있다.

괴테는 젊은 날 일찌감치 《젊은 베르테르의 슬픔》의 작가로 유럽 전역에 문명文名을 날린 사람이다. 여기서 이미 그의 독특한 대중성을 짐작할 수 있다. 그는 작가로서 무조건 근엄한 사람만은 아니었다. 당연히 대중성과 오락성을 겸비한다. 그리고 이 작품 《이탈리아 여행》에서도 우리는 그 사실을 확인할 수 있다. 자칫 지루해지기 쉬운 여행의 보고 중간에 언제나 흥미로운 이야기들이 끼어들곤 한다. 덕분에 그는 보통의 독자들이 읽기 싫어하는 온갖 자연 관찰도 넘치지 않게 끼워 넣을 수 있었다. 그야말로 구성의 묘미이다.

그의 문장에 스며들어 있는 유머와 경쾌 발랄한 문체가 단연 우리의 현대적인 감각을 사로잡는다. 고전이 어렵다고? 물론 쉽지는 않다. 하지만 이렇듯 경쾌하고 재미있다면 고전도 그리 나쁘지는 않다는 느낌이 든다. 괴테를 터무니없이 어렵게 만든 것은 학자들이 한 짓이다. 학자가 아닌 작가인 괴테는 분명 그에 반대했을 것이다.

물론 '경쾌 발랄한 문체'에는 옮긴이의 취향도 조금은 들어 있다. 많이는 아니고 조금. 우리 번역은 원서의 문장들을 일일이 직역直譯하여 우리말을 충실하게 다듬은 것으로, 옮긴이의 취향이 들어갈 자리가 크지 않았기 때문이다. 어려운 낱말과 한자말을 가능한 한 줄여 쉬운 낱말과 문장을 선택하고, 문장의 마지막을 좀 경쾌하게 만든 것뿐이다.

이 책은 자전적自傳的인 기록이다. 놀라운 관찰력과 함께 매우 뛰어난 문체를 드러내는 기록이긴 해도 여전히 자전적인 기록이라는 점을 염두에 두어야 한다. 책 전체를 통해 괴테의 모습에서 오로지 긍정적이고 밝고 아름다운 면들만 드러나 있다. 그의 부정적인 특성들은 대체로 여기서 빠졌지만, 한 인간이 오로지 긍정적인 면만을 가질 수는 없다는 것을, 그리고 만일 그렇다면 그야말로 괴물이 될 것이라는 점을 우리가 체험으로 알기에, 여기에 빠진 부정적인 측면이 있었으리라는 점도 함께 기억해야 공정한 일이 될 것이다.

18세기에 쓰인 이 난해한 글을 번역하다 힘들어서 거의 죽을 뻔했다는 엄살을 여기서 늘어놓고 싶기는 하다. 하지만 언제나 어려움 뒤에는 즐거움과 쾌감이 있었다. 괴테 친구인 실러의 말이 맞다. '기쁨이 진리의 불꽃 거울에서 탐구자에게 미소를 보내나니'(《환희의 송가》) 나도 그렇듯 기쁨에 이끌려 이 책을 번역했다. 다시 읽을수록 그 기쁨이 더욱 커진다.

아아, 위대한 고전 작가들이여, 길이 영원하기를! 괴테와 함께 이렇게 말하고 싶다. '비록 우리 자신은 완전히 스러진다 해도 이 그림[=책]은 영원히 존속하기를 소망하게 된다.'(131쪽)

안인희

괴테 연보

1749년	8월 28일 마인 강변의 프랑크푸르트에서 부유한 법률가이자 황제 고문관 요한 카스파르 괴테(1710~1782)와 프랑크푸르트 시장의 딸인 카타리나 엘리자베트(처녀 성 텍스토르, 1731~1808) 사이에서 태어나다.
1750년(1세)	12월 7일 누이동생 코르넬리아Cornelia가 태어나다. 오빠와 절친하여 그의 어린 시절에 중요한 역할을 했다. 나중에 태어난 네 명의 형제자매는 모두 어린 시절에 죽었다. 교육은 아버지의 지휘에 따라 거의 오로지 집에서만 이루어졌다. 어린 시절과 청소년기에 가장 인상 깊었던 일들 중에는 개신교 종교 교육, 아버지의 예술, 문학, 자연 과학에 대한 관심이 있다. 특히 인형극과 7년 전쟁 기간에 프랑크푸르트에 머물던 프랑스 극단의 공연이 깊은 인상을 남겼다.
1759년(10세)	프랑스 군이 프랑크푸르트를 점령했다. 이때 괴테의 집에 토랑 백작이 2년 반쯤 머물렀는데, 그의 영향을 받아 미술과 프랑스 연극에 깊은 관심을 보이기 시작하다.
1765년(16세)	10월 아버지의 권고에 따라 라이프치히 대학에서 법률 공부를 시작하다. 철학과 시학 강의, 특히 고트셰트Gottsched와 겔러르트Gellert의 강의를 들었다. 계몽주의와 감상주의 문학에 열중, 레싱Lessing과 빌란트Wieland에게 깊이 빠지다. 안나 카타리나 쇤코프Anna Katharina Schönkopf를 향한 사랑의 맥락에서 일련의 시들을 쓰다(아네테Annette 시편들, 1767).

1767년(18세)	첫 희곡《연인의 변덕Die Laune des Verliebten》,《공범자Die Mitschuldigen》집필.
1768년(19세)	심각한 객혈로 인해 프랑크푸르트로 귀향. 수잔네 폰 클레텐베르크Susanne von Klettenberg의 자극을 받아 경건주의 사고 체계와 가까워지다. 연금술 서적들에 열중하다.
1769년(20세)	미술 이론의 쟁점들에 열중하다(특히 레싱의《라오콘Laokoon》).
1770년(21세)	슈트라스부르크 대학에서 법률 공부 재개. 융-슈틸링Jung-Stilling, 렌츠Lenz와 친교, 또한 삶의 방향을 제시하는 만남, 헤르더Herder와 교우하다. 제젠하임에서 목사의 딸 프리데리케 브리온Friederike Brion을 향한 사랑의 영감을 받아 시편들을 남기다(제젠하임 시편들).
1771년(22세)	8월 6일 법률학 학사 취득. 이어서 프랑크푸르트 배심 재판소에서 변호사로 일하다.
1772년(23세)	요한 하인리히 메르크J. H. Merck를 통해 다름슈타트의 '감상주의자 서클'에 들어가다.《나그네의 폭풍의 노래》를 쓰다. 5월부터 9월까지 베츨라르Wetzlar의 제국대법원에서 법률 실습(변호사 시보). 여기서 샤를로테 부프Charlotte Buff를 만나다(《젊은 베르테르의 슬픔》의 여주인공 로테의 모델).《초고 파우스트Urfaust》작업을 시작하다(1775년까지).
1773년(24세)	질풍노도 작가들과 빈번히 왕래했다. 막시밀리안 브렌타노M. Brenntano와 알게 되다. 작가로서 공식적인 인정을 받은 최초의 작품인 질풍노도 희곡《괴츠 폰 베를리힝겐Götz von Berlichingen》인쇄본 완성.
1774년(25세)	그보다 더욱 성공적인 편지 소설《젊은 베르테르의 슬픔》을 썼다. 비극《클라비고Clavigo》집필. 안나 엘리자베트 쇠네만Anna Elisabeth Schönemann과 잠시 약혼 상태를 유지하다.
1775년(26세)	스위스를 여행하다. 11월에 작센-바이마르-아이제나흐 공작 카를 아우구스트Carl August의 초빙을 받아 바이마르Weimar로 이주. 샤를로테 폰 슈타인Charlotte von Stein과의 오랜 우정이 시작되다.
1776년(27세)	7월 (바이마르 공국의) 고위직 추밀 고문관에 임명되다. 자연 과학 연구 시작. 괴테의 주선으로 헤르더가 바이마르의 개신교 관구管區 총감독이 되다.

1777년(28세)	누이 코르넬리아가 죽다. 하르츠 산맥 여행. 광산위원회 위원장에 임명되다.
1778년(29세)	카를 아우구스트 공작을 수행하여 베를린에 머물다.
1779년(30세)	두 번째 스위스 여행. 추밀 고문관에 임명되다. 동시에 전쟁 위원회와 도로 건설도 지휘하다(장관에 해당).
1780년(31세)	희곡 《타소》 구상. 카를 아우구스트 공작 앞에서 《파우스트》를 낭독하다.
1781년(32세)	광물학 연구와 해부학 강연들에 열중하다.
1782년(33세)	요제프 2세 황제가 귀족 작위를 부여하다. 재무부 지휘. 죽을 때까지 머물게 되는 바이마르의 프라우엔플란에 있는 집으로 이사하다. 5월 아버지 요한 카스파르 별세.
1783년(34세)	두 번째 하르츠 여행. 프리메이슨에 가입하다.
1784년(35세)	최초로 사이턱뼈를 발견. 마지막으로 하르츠에 머물다.
1785년(36세)	카를스바트에 처음으로 체류하다.
1786년(37세)	필립 묄러Philipp Möller라는 가명으로 비밀리에 이탈리아로 출발.
1787년(38세)	희곡 《에그몬트》와 《타우리스의 이피게니아》 완성.
1788년(39세)	바이마르로 돌아오다. 바이마르 상류층에 충격을 주면서, 하층 계급의 크리스티아네 불피우스Christiane Vulpius와 동거 시작. 이 결합에서 태어난 다섯 아이 중에서 첫째인 아우구스트(1789~1830)만 살아남다. 실러Schiller와 처음으로 만나다. 식물 형태학과 광학 연구. 《로마 비가悲歌》 시편들 나오다(1790년까지).
1789년(40세)	희곡 《토르콰토 타소》 완성.
1790년(41세)	두 번째 이탈리아 여행. 예나로 실러를 방문. 《파우스트. 단편》 완성(1790년 인쇄본). 《색채론》 작업을 시작하다.
1791년(42세)	바이마르 궁정 극장의 총책임자가 되다.
1792년(43세)	자코뱅 프랑스에 맞서 도이치-오스트리아 연합군에 참가하다.
1793년(44세)	5월 마인츠 포위에 참가 후 8월에 귀환하다.
1794년(45세)	실러와의 우정 및 창작에 대한 사상 교류를 시작하다.

1795년(46세)	카를스바트에 머물다. 성장 소설인 《빌헬름 마이스터의 수업 시대》 발표(~1796년).
1797년(48세)	세 번째 스위스 여행. 《무젠알마나흐》 잡지에 실러와 공동 집필한 《크세니엔》 발표. 같은 해 운문 서사시 《헤르만과 도로테아》를 출간하다.
1801년(52세)	중병을 앓아 고통을 겪다.
1803년(54세)	《자연의 딸》 첫 공연과 인쇄본 나오다. 헤르더 사망.
1805년(56세)	5월에 실러 사망.
1806년(57세)	크리스티아네 불피우스와 정식 결혼. 《파우스트 1부》 최종 작업(1808년에 《파우스트. 하나의 비극》이란 제목으로 인쇄본). 나폴레옹 군대가 바이마르 약탈. 1806년부터는 여름철에 카를스바트에 머물다.
1807년(58세)	베티네 브렌타노가 처음으로 괴테를 방문. 《빌헬름 마이스터의 편력 시대》 작업. 18세 소녀 민나 헬르츨립Minna Herzlieb에게 반하다(《친화력》에서 오틸리에의 모델).
1808년(59세)	나폴레옹 1세를 예방하다.
1809년(60세)	소설 《친화력》 완성, 인쇄본이 나오다.
1810년(61세)	자연과학 주저主著인 《색채론에 대하여》를 발간하다.
1811년(62세)	《시와 진실》 1부 집필.
1812년(63세)	《시와 진실》 2부 집필. 이해부터 루드비히 판 베토벤Ludwig van Beethoven과 여러 번 만나다.
1813년(64세)	《시와 진실》 3부 집필.
1814년(65세)	라인-마인 지역 여행. 마지막 시집인 《서동 시집》(1819)의 영감의 원천이었던 마리안네 폰 빌레머Marianne von Willemer에게 반하다.
1815년(66세)	작센-바이마르-아이제나흐가 대공작령으로 승격된 뒤에 예술과 학문부 최초의 장관이며 총감독이 되다. 두 번째 라인-마인 여행. 야콥 그림과 빌헬름 그림 형제와 만나다.
1816년(67세)	아내 크리스티아네 사망. 《이탈리아 여행》 1권 출간.

1817년(68세)	《이탈리아 여행》 2권 출간. 바이마르 궁정 극장에서 물러나다.
1821년(72세)	요한 페터 에커만J. P. Eckermann이 그의 비서이자 친구가 되다. 1819년 이후로 요양을 위해 머물던 마리엔바트에서 열일곱 살의 울리케 폰 레베초Ulrike von Levetzow에게 반하다. 청혼을 했으나 거부당하고 실망하여(1823) 《마리엔바트 비가》를 쓰다.
1827년(78세)	샤를로테 폰 슈타인 사망.
1828년(79세)	카를 아우구스트 공작 사망.
1831년(82세)	《파우스트 2부》 완성(인쇄본은 사후인 1833년). 《시와 진실》 4부, 최종 부분 완성(인쇄본 사후 1833년).
1832년(83세)	3월 22일 폐렴으로 사망. 3월 26일 바이마르 영주 묘역에 매장되다.
1833년	에커만에 의해 《시와 진실》이 출판되다.

괴테 생애 주요 세계사와 한국사

	1740~1759	1760~1779
괴테 (1749. 8. 28~ 1832. 3. 22)	**1749** 마인 강변의 프랑크푸르트에서 출생 **1750** 누이동생 코르넬리아 출생 **1759** 프랑스 군이 프랑크푸르트 점령	**1765** 라이프치히 대학에서 법률 공부 시작 **1767** 첫 희곡 《연인의 변덕》 《공범자》 집필 **1768** 심각한 객혈로 귀향 **1770** 헤르더와 교우 **1771** 고향에서 변호사로 근무 **1774** 《젊은 베르테르의 슬픔》 집필 **1775** 스위스 여행. 샤를로테 폰 슈타인과 교우 **1776** 바이마르 공국 고위직 추밀 고문관에 임명됨
세계사	**1740~1748** 오스트리아 왕위 계승 전쟁 **1744~1764** 영국-프랑스, 인도의 카르나티크 전쟁 **1751~1772** 디드로와 달랑베르 등 《백과전서》 간행 **1756~1763** 7년 전쟁 **1757** 플라시 전투에서 영국 승리, 영국의 벵골 점령 **1759** 청나라, 신장과 시짱 영토화(현재의 중국 영토 조성)	**1772** 폴란드 1차 분할 **1773** 영국, 노스 규제법 통과로 본격적인 인도 식민 지배 **1773** 미국, 보스턴 차 사건 **1776** 미국, 독립선언
한국사	**1742** 영조, 탕평비 세움 **1746** 《속대전》 간행 **1750** 균역법 실시	**1762** 사도세자가 뒤주에 갇혀 살해됨 **1776** 정조가 규장각 설치 **1778** 박제가 《북학의》 저술

1780~1799	1800~1819	1820~1839
1785 카를스바트에 처음 체류 1786 비밀리에 이탈리아로 출발 1787 희곡 《에그몬트》와 《타우리스의 이피게니아》 완성 1788 바이마르로 귀환 1792 도이치-오스트리아 연합군에 참가 1794 실러와의 우정 및 교류 시작	1801 중병을 앓음 1806 크리스티아네 불피우스와 정식 결혼 1809 소설 《친화력》 완성 1811 《시와 진실》 1부 집필. 잇달아 매해 2부, 3부 집필 1814 마리안네 폰 빌레머에게 반함 1815 예술과 학문부 최초의 장관이자 총감독이 됨 1816 아내 크리스티아네 사망, 《이탈리아 여행》 1권 출간 1817 《이탈리아 여행》 2권 출간	1827 샤를로테 폰 슈타인 사망 1828 카를 아우구스트 공작 사망 1831 《파우스트 2부》 완성 1832 폐렴으로 사망 1833 에커만에 의해 《시와 진실》 출판
1783 영국, 파리 조약으로 미국의 독립 승인 1789 프랑스 혁명 발발 1792 프랑스 최초의 공화정 수립 1796 영국, 실론 점령 1799 나폴레옹의 집권	1804 나폴레옹의 황제 즉위 1805 나폴레옹이 정복 전쟁에 나섬 1806 신성 로마 제국 멸망 1812 나폴레옹의 몰락 1814 빈 회의 개최 1816~1825 라틴아메리카 여러 나라의 독립 1819 영국, 싱가포르에 자유 무역항 설치	1825~1830 디파느가라의 자와 전쟁 1829 그리스 독립 1830 프랑스, 7월 혁명 1835 인도에서 벤팅크 총독이 영어 교육 착수
1780 박지원 《열하일기》 저술 1781 《사고전서》 완성 1784 이승훈이 베이징에서 최초로 영세를 받음 1787 최초의 서양 선박인 프랑스 함대가 제주도와 울릉도에서 근해 측량 1791 신해박해 1793 장용영 설치 1796 정조 화성 완성	1800 순조 즉위로 세도정치 시작 1801 신유박해 1811 홍경래의 난 1818 정약용 《목민심서》 저술	1832 영국 상선 애머스트호가 최초로 통상 요구 1836 프랑스 신부 모방의 밀입국

이탈리아 여행

2판 1쇄 발행 2017. 5. 22. | 2판 3쇄 발행 2021. 7. 1. | 지은이 요한 볼프강 폰 괴테 | 옮긴이 안인희 | 발행인 고세규 | 발행처 김영사 | 등록 1979년 5월 17일(제406-2003- 036호) | 주소 경기도 파주시 문발로 197(문발동) 우편번호 10881 | 값은 뒤표지에 있습니다. ISBN 978-89-349-7803-9 03900

번역

안인희

독일어권의 대표적인 번역가이자 주목받는 인문학자이다. 한국외국어대학교에서 독문학을 전공, 1986~1987년 독일 밤베르크 대학에서 수학한 뒤 1990년 박사 학위를 취득했다. 1986년 프리드리히 실러의 《발렌슈타인 3부작》을 시작으로 지금까지 70여 권의 책을 번역했다. 유럽 문화사에서 중요한 저작들을 국내에 소개해 온 그는, 탄탄한 인문학 지식과 해석을 담은 정교하면서도 읽기 편한 우리말 문장으로 인정받고 있다.

지은 책으로 《게르만 신화 바그너 히틀러》 《말이 올라야 나라가 오른다 2》(공저) 《안인희의 북유럽신화》 1, 2, 3권이 있으며, 옮긴 책은 다음과 같다. 야코프 부르크하르트의 《이탈리아 르네상스의 문화》와 《세계 역사의 관찰》, 윌 듀런트의 《역사의 교훈》과 《역사 속의 영웅들》, 역시 윌 듀런트의 문명이야기 중 5~6권 《르네상스》, 그 밖에도 《피렌체 1900년: 아르카디아를 찾아서》 《중세로의 초대》 《최초의 과학자 레오나르도》 등 역사와 르네상스 관련 책들이 있고, 미술 분야 책으로 하인리히 뵐플린의 《르네상스의 미술》 그리고 《서양 건축》 《20세기 건축》과 소설 《미켈란젤로의 복수》 등이 있다. 그 밖에 《동 카를로스》 《데미안》 《베를린 알렉산더 광장》 등 중요한 문학 작품 번역들이 있다.

1995년　실러의 《인간의 미적 교육에 관한 편지》로 제2회 '한독문학번역상' 수상
2000년　《이탈리아 르네상스의 문화》로 '한국번역가협회 번역 대상' 수상
2003년　《게르만 신화 바그너 히틀러》로 '올해의 논픽션 상' 수상